知の地平を越えて

長崎高等商業学校から長崎大学経済学部への100年

長崎大学経済学部 編

九州大学出版会

『知の地平を越えて』刊行によせて

　1905 年，長崎大学経済学部の前身となる長崎高等商業学校が創立されました。爾来，25,000 人を超える有為な人材を，経済界を中心に輩出してきています。

　本学部は，「実践的エコノミストの育成」を伝統的に教育理念としてきています。この理念を達成するために，本学部教員は，基盤となる研究に精力を注いできており，国内外の様々な学術研究雑誌や大学紀要，著書，学会報告などを通じて，その研究成果を発信してきました。このたび刊行する『知の地平を越えて―長崎高等商業学校から長崎大学経済学部への 100 年―』は，2005 年に本学部が迎えた創立 100 周年に合わせて本学部卒業生から賜った寄付金を研究費として活用させていただいた教員の研究成果（学部外との共同研究を含む）をまとめたものです。

　本書は，本学部教員の論文を，以下の 4 つのパートに分けて掲載しました。

　「経済と政策編」には，経済学分野の研究成果とともに，歴史および法律分野の研究もここにまとめました。

　「グローバル経済編」は，グローバルな経済及び経営の諸問題や諸事情に関する研究成果を中心としていますが，本学部が取り組むグローバル人材育成事業との関連で，英語教育に関連する研究成果を含めています。

　「ファイナンス編」は，文字通りファイナンス分野の論文をまとめています。本学部は，日本の国立大学では特徴的な「ファイナンス学科」（現在のファイナンスコース）を設置したことから，この分野の研究は本学部の特色の一つとなっています。

　「経営編」は，ブランドやイノベーションなど最近の経営のテーマに関連する論文を主として収めています。

本学部に所属する教員は，経済学分野や経営学分野に加えて，法律，コミュニケーション分野など多岐にわたっています。本書に法律やコミュニケーションに関連する研究成果も含まれているのは，このためです。

　本学部は，2015年に創立110周年を迎えました。この意味では，100周年寄附金による研究成果の刊行に時間がかかってしまいました。このため，状況や制度が変わり，必ずしも現状と整合していない部分もあります。この点について，関係する各位にお詫びを申し上げます。

　現在の大学を取り巻く状況は，教育研究面において非常に厳しいものがあります。「グローバル化」と「地方創生」も，これを象徴する言葉でしょう。これを研究面で見れば，一方で研究成果の国際的な発信や海外の大学などとの共同研究のいっそうの推進と，他方で地域に還元できる研究も求められていることになると思います。皆様のご協力のもと本学部の教員の研究が国際的にも国内的にも活性化すればこれに優る喜びはありません。今後も本学部の教員に対して，ご指導・ご鞭撻のほどお願い申し上げます。

　最後になりますが，出版事情の厳しい中，本論文集の刊行にご尽力いただいた九州大学出版会の野本敦様，永山俊二様はじめ多くの皆様に御礼を申し上げます。

2015年12月25日
長崎大学経済学部長　岡田裕正

目　次

『知の地平を越えて』刊行によせて ...... 岡田裕正　i

第 1 部　経済と政策編

第 1 章　線形コミットメントゲームと混合戦略
　　　　── The Action Commitment Game with Mixed Strategy ──
　　　　　　　　　　　　　　　　　　　　　　...... 村田省三　3

第 2 章　貿易構造の変化による産業構造への影響分析
　　　　── 輸出誘発輸入と輸入制約耐性から測る空洞化の進捗 ──
　　　　　　　　　　　　　　　　　　　　　　...... 藤田　渉　11

第 3 章　近世前期福岡藩における財政政策の転換
　　　　── 貞享 4 年新高挫廃止の意義 ──　...... 柴多一雄　97

第 4 章　保守という名の漸進・改革という名の停滞
　　　　── 長い 18 世紀と英国経験論 ──　...... 深浦厚之　115

第 5 章　通信ネットワーク上の役務提供者が通信役務を
　　　　利用する局面における「法の下の平等」　...... 海野敦史　153

第 6 章　金融所得課税の一体化に関する考察　...... 角田享介　219

第 2 部　グローバル経済編

第 1 章　Economic Growth and Investment in Developing
　　　　Nations of Asia　...... Shigeru Uchida and Celia Lopez Umali　247

第2章　Origins of the American Entanglement in Vietnam
　　　　　　　　　　　　　　　　　　……Geoffrey C. Gunn　267

第3章　Economic Root of the Middle-East Crisis
　　　　　　　　　　　　　　　　　　……Dipak Basu　307

第4章　中国の農村金融と新たな金融組織　　……薛　　軍　335

第5章　ユーロ危機下におけるスペイン直接投資
　　　　　　　　　　　　　　　　　　……成田真樹子　365

第6章　タイ進出企業における導入訓練に関する研究
　　　　　　　　　　　　　　　　　　……宇都宮　譲　391

第7章　長崎大学経済学部生のG-TELPスコアに見る
　　　　英語習熟度の伸長に関する考察　……丸山真純　417

第3部　ファイナンス編

第1章　Empirical Exploration on the Foreign Exchange Market Microstructure with Duration, Volume and Orderflow
　　　　　　　　　　　　　　　　　　……Masayuki Susai　451

第2章　Very Low Interest Rate Policy under Imperfect Capital Mobility　　　　　　　……Takeshi Kudo　467

第3章　日経225先物の価格発見
　　　　——大阪証券取引所とシンガポール取引所からの証左——
　　　　　　　　　　　　　　　　　　……森保　洋　491

第4部　経営編

第1章　How Can Incumbent Manufacturing Firms Design and Implement e-service?
　　　── A Case Study on a Heavy Machinery Manufacturing Firm ──
　　　　　　　　　　　　　…… Nobuhiko Nishimura　515

第2章　再生可能エネルギー推進と地域経営
　　　── 飯田市の成功要因と地熱資源活用事例を中心に ──
　　　　　　　　　　　　　…… 小野隆弘・岡田裕正　537

第3章　高級ブランドの崩壊に関する一考察　…… 林　徹　563

第4章　ソーシャル・イノベーションの普及プロセスと
　　　それを育むエコシステム等をめぐる考察　…… 桃井謙祐　579

第5章　ソーシャルビジネスに必要とされる人材像
　　　── 九州の先進事例を踏まえた試論 ──
　　　　　　　　　　　　　…… 山口純哉　597

第1部

経済と政策編

第1章

線形コミットメントゲームと混合戦略
—— The Action Commitment Game with Mixed Strategy ——

村田　省三

概要

本稿では，Hamilton and Slutsky（1990）で提示されたコミットメントゲームの混合戦略均衡について考察する。まず，線形の数量戦略複占ゲームにおいては，それが仮にコミットメントゲームとして実施されるとすると，真正な混合戦略均衡は存在しないことを示す。その他，この均衡存在問題に関連するいくつかの補題を示す。

キーワード：コミットメントゲーム，混合戦略，複占ゲーム

はじめに

　複占コミットメントゲーム（The Extended Game of Action Commitment）の支配されない純戦略均衡が，基本ゲームにおける2つのシュタッケルベルグ均衡であることは，Hamilton and Slutsky（1990）（以下，HS（1990））定理7により証明された。混合戦略均衡についての直接的論証はないが，両方のプレイヤーが共にコミットする第1期では，最適反応曲線以外の点が実現されるのは不合理であり，仮に発生するなら何かの錯誤によると考えられている。共にWaitの第2期は，もはやWait戦略を選択しえない最終部分ゲームになっているから，同時手番均衡が仮定されなければならない。このとき，真正な混合戦略均衡は存在せず，両者が共にコミットするのは基本ゲームにおける同時手番均衡の他にはない。

　一方，Pastine and Pastine（2004）（以下，PP（2004））では，両方のプレイ

ヤーがコミットする場合，そのコミットメント戦略値が実現される（Stackelberg Walfare）と考えている。2つのシュタッケルベルグのみが純戦略均衡になりうることから，そこでは混合戦略均衡の存在が予想された。それにもかかわらず，PP（2004）では，共に右上がりの最適反応曲線をもつ価格戦略ゲームでは，各プレイヤーの利得関数に大きな非対称性がなければ，混合戦略均衡は存在しないことを示した。

　本稿では，右下がり最適反応曲線の線形数量戦略複占コミットメントゲームには，混合戦略均衡が存在しないことを具体的に論証する2つの補題をあたえる。複占コミットンメントゲームにおける混合戦略均衡をもとめるには，形式的に，4極大条件の縮約が必要である。補題1では，最適確率戦略の満たす2条件，補題2では最適コミットメント数量の満たす2条件に縮約して，混合戦略均衡の不存在を確認する。

　一般には，基本ゲームにおける同時手番ナッシュ均衡点を原点とする直交座標系において，パレート優位集合が出現する象限，undominated 領域が出現する象限，一方が先手のシュタッケルベルグ均衡点が出現する象限，他方が先手のシュタッケルベルグ均衡点が出現する象限については，すべて同一象限に集中するか，すべて異なる象限に出現するか，さもなくば，パレート優位集合と一方のシュタッケルベルグの組が出現する象限と undominated 領域と他方のシュタッケルベルグの組が出現する象限が隣り合わせに配置されるかのいずれかであるが，このうち，すべて異なる象限に配置される場合に，PP（2004）論法による混合戦略の不存在証明の方法が適用できない。本稿が主として検討するのは，このケースに対応する数量戦略複占ゲームである。

　本稿では，Dowrick（1986）における Stackelberg Welfare は生じうるという前提を暗黙のうちに置いているが，これは，最適反応曲線以外の点は結果的に選択されるはずがないという（HS（1990）による）批判はあるものの，期待利潤最大化行動の実行可能領域から，事前に排除されるまでの理由は見あたらないことによる。

　なお，ゲームの第1段階で手番（先手，後手）決定後，第2段階で戦略値を選択する手番コミットメントゲームの均衡によって，内在的に決定される

手番については，HS (1990) 定理 5 が，通常の手番決定ゲームに関する限り，有効である。定理 5 の適用についての，Amir (1995) 等による批判は，結局，利潤関数の特異点をめぐる問題であることは，近年，村田 (2008) によって明らかにされたが，本稿ゲームモデルにおいては，結果的に，利潤関数の特異点は排除される構造となっていて，特異点をめぐる問題は発生しない。

1. 線形コミットメントゲーム

プレイヤー A,B のコミットメント数量を x,y とする。また，$\pi_A(x,R_B(x))$，$\pi_B(R_A(y),y)$ を最大にするコミットメント数量を，各々，x^L, y^L とする。また，プレイヤー A,B の最適反応関数を $R_A(*), R_B(*)$ とする。q_A, q_B はコミットメント確率，(x^s, y^s) は基本ゲームの同時手番均衡である。プレイヤー A,B の期待利潤 $E\pi_A(x,y)$ および $E\pi_B(x,y)$ は以下となり，混合戦略均衡は，その次の4条件を満たす。

$$E\pi_A(x,y) = q_A q_B \pi_A(x,y) + q_A(1-q_B)\pi_A(x,R_B(x)) \\ + (1-q_A)q_B \pi_A(R_A(y),y) + (1-q_A)(1-q_B)\pi_A(x^s,y^s)$$

$$E\pi_B(x,y) = q_A q_B \pi_B(x,y) + q_B(1-q_A)\pi_B(R_A(y),y) \\ + (1-q_B)q_A \pi_B(x,R_B(x)) + (1-q_B)(1-q_A)\pi_B(x^s,y^s)$$

$$\frac{\partial E\pi_A}{\partial x}=0, \frac{\partial E\pi_A}{\partial q_A}=0, \frac{\partial E\pi_B}{\partial y}=0, \frac{\partial E\pi_B}{\partial q_B}=0$$

補題 1　プレイヤー A,B の利潤関数が，各々，

$$\pi_A(x,y) = (a-b(x+y))x$$
$$\pi_B(x,y) = (a-b(x+y))y$$

であるとする。戦略値に関する極値条件から得られる最適確率 $q_A, q_B (\in (0,1))$ のもとで，確率に関する各プレイヤー極値条件を満たす曲線（プレイヤー A,B の最適混合戦略曲線）の交点は，正値であれば，

$(q_A, q_B) = (1, 1)$ のみとなり，真正な（nondegenerate）混合戦略均衡はない．

証明 最適コミットメント確率 $q_A, q_B \in (0, 1)$ は以下の2つの条件を満たしている．

$$q_B(a - 2bx - by) + (1 - q_B)(\frac{a}{2} - bx) = 0$$

$$q_A(a - bx - 2by) + (1 - q_A)(\frac{a}{2} - by) = 0$$

これから，

$$x = \frac{(q_A + 1)a}{2(q_A + q_B + 1)b}$$

$$y = \frac{(q_B + 1)a}{2(q_A + q_B + 1)b}$$

となる．

一方，確率変数についての条件は，

$$-(1+q_B)\frac{b}{2}x^2 + (1+q_B)\frac{a}{2}x - bq_B xy - q_B\frac{b}{4}y^2 + q_B\frac{a}{2}y = q_B\frac{a^2}{4b} + (1-q_B)\frac{a^2}{9b})$$

$$-(1+q_A)\frac{b}{2}y^2 + (1+q_A)\frac{a}{2}y - bq_A xy - q_A\frac{b}{4}x^2 + q_A\frac{a}{2}x = q_A\frac{a^2}{4b} + (1-q_A)\frac{a^2}{9b})$$

であるから，変数変換，

$$Q_A = q_A + 1$$
$$Q_B = q_B + 1$$
$$Q + 1 = Q_A + Q_B$$

を行えば，各プレイヤーの最適混合戦略曲線は，以下になり，

$$(Q_B - 2)(2Q_A^2 + 4Q_A Q_B - Q_A - 7Q_B^2 + 5Q_B + 2) = 0$$

$$(Q_A - 2)(2Q_B^2 + 4Q_A Q_B - Q_B - 7Q_A^2 + 5Q_A + 2) = 0$$

プレイヤー A の区分曲線は(1)，(2)，プレイヤー B の最適混合戦略曲線は(3)，(4)になる．

$$Q_B = 2 \tag{1}$$

$$2Q_A^2+4Q_AQ_B-Q_A-7Q_B^2+5Q_B=-2 \tag{2}$$
$$Q_A=2 \tag{3}$$
$$2Q_B^2+4Q_AQ_B-Q_B-7Q_A^2+5Q_A=-2 \tag{4}$$

プレイヤー A,B の最適混合戦略曲線交点は4つある。最適確率であるための必要条件 $q_A,q_B\in(0,1)$ を満たすものはない。**QED**

 補題1の証明における直線（$Q_B=2$）は，相手プレイヤー（B）が純戦略（$q_B=1$）のとき，プレイヤー A にとって，あらゆる確率戦略が無差別になることを意味する。最適反応曲線上において，純戦略が最適条件を満足するためである。プレイヤー A,B の最適混合戦略曲線の交点は以下の4つである。また，undominated 領域内の異符号領域に対応する領域は，いうまでもなく，$(x,y)\in\{(x,y);1<x<2, 1<y<2\}$。

$$(Q_A,Q_B)=(2,2)$$
$$(Q_A,Q_B)=(1,0)$$
$$(Q_A,Q_B)=(0,1)$$
$$(Q_A,Q_B)=(-1,-1)$$

補題2 プレイヤーA,Bの利潤関数が，各々，

$$\pi_A(x,y)=(a-b(x+y))x$$
$$\pi_B(x,y)=(a-b(x+y))y$$

であるとする。戦略値に関する極値条件から得られる最適確率 $q_A,q_B(\in(0,1))$ のもとで，各プレイヤーのコミットメント数量に関する極値条件を満たす曲線（プレイヤー A,B の最適混合戦略曲線）の交点は，正値であれば $(\frac{a}{3b},\frac{a}{3b})$ のみとなり，真正な（nondegenerate）混合戦略均衡はない。

証明 undominated 領域内の異符号領域に混合戦略均衡コミットメントがあるとする。このとき，最適コミットメント確率は以下の2つの条件を満たしている。

$$q_B(a-2bx-by)+(1-q_B)(\frac{a}{2}-bx)=0$$
$$q_A(a-bx-2by)+(1-q_A)(\frac{a}{2}-by)=0$$

これから，

$$\frac{1-q_B}{q_B}=\frac{2a-4bx-2by}{a-2bx}$$
$$\frac{1-q_A}{q_A}=\frac{2a-4by-2bx}{a-2by}$$

が得られる。これら最適確率を，確率変数についての条件

$$q_B(\pi_A(x,y)-\pi_A(R_A(y),y))=(1-q_B)(\pi_A(x^s,y^s)-\pi_A(x,R_B(x)))$$
$$q_A(\pi_B(x,y)-\pi_B(x,R_B(x)))=(1-q_A)(\pi_B(x^s,y^s)-\pi_B(R_A(y),y))$$

に代入して，得られる，

$$(a^2-9aby+18b^2xy)(a-2bx-by)=0$$
$$(a^2-9abx+18b^2xy)(a-2by-bx)=0$$

より，プレイヤー A の最適混合戦略曲線(5)，(6)とプレイヤー B の最適混合戦略曲線(7)，(8)は以下になる。

$$a-2bx-by=0 \tag{5}$$
$$a^2-9aby+18b^2xy=0 \tag{6}$$
$$a-2by-bx=0 \tag{7}$$
$$a^2-9abx+18b^2xy=0 \tag{8}$$

したがって，各プレイヤーの最適混合戦略曲線は，(x^s,y^s) 以外の undominated 領域で交点を保有しない。**QED**

　補題1が，最適確率の満たすべき条件を検討しているのに対して，補題2では，最適コミットメント数量についての極大条件を縮約したものであるから，基本ゲームにおける最適反応曲線が最適混合戦略曲線となっている事実をただちに確認できる。補題2で確認された2つの最適混合戦略曲線は同時

手番均衡点で交差する．最適混合戦略曲線の交点は 4 つあるが，このうち正値であるものは以下の 2 つである．

$$(x,y) = (\frac{1}{2}, \frac{1}{2})$$

$$(x,y) = (\frac{1}{4}, \frac{1}{4})$$

後者は undominated 領域になく，前者は undominated 領域内の異符号領域にない．

確率からの縮約を行う場合（補題 1），基本ゲームのパラメータに依存しない最適混合戦略曲線が得られるが，コミットメント数量からの縮約（補題 2）では，最適混合戦略曲線はパラメータ数値によって変化する．基本ゲームとの対応を考慮するときには，補題 2 が有効である．この 2 つのレンマから，より一般の非線形数量戦略コミットメントゲームを分析する場合の論点が明らかになる．

ひとつは，本来の意味での最適混合戦略曲線が一意でないことである．基本ゲームにおける最適反応曲線は，常に，ひとつの最適混合戦略曲線になる．したがって，最適混合戦略曲線に 1 価関数を想定していないこととなり，分析方法によってはこの事実からの影響が避けられない．

もうひとつは，不連続点の問題である．確率に縮約する場合，いわゆる不連続点の影響を受けることはない．ところが，数量に縮約する場合，コミットと Wait の最適確率 ($\frac{1-q_B}{q_B}$) は不連続点をもつ．シュタッケルベルグ均衡に対応する点である．

おわりに

線形数量戦略複占ゲームの場合，基本ゲームの同時手番ナッシュ均衡点は，最適反応曲線の交点になる．混合戦略の範囲では，最適混合戦略曲線は同時手番ナッシュ均衡点以外の交点を保有せず，真正な混合戦略均衡に限定すれば交点はない．同時手番ナッシュ均衡点以外の最適混合戦略曲線の交点は，同点の左下に広がるパレート優位集合内にあり，これに対応する最適確

率 q_A, q_B の値は1になることがある。

　価格戦略複占ゲームの場合，（自己の）シュタッケルベルグ先手価格が（自己の）シュタッケルベルグ後手価格より大きければ，真正な混合戦略均衡はない。このことは，真正な混合戦略均衡が undominated 領域内に存在する場合には，Wait 戦略と Commit 戦略とが無差別になることを利用して，この利得を上回る Commit 戦略値の存在を指摘することで証明できる。

　これらのことが意味することは，コミットメントゲームの手番決定が内在的に決定されるかどうか，また，均衡が混合戦略均衡を含むものとなるかどうかは，シュタッケルベルグ均衡点が存在する領域と，同時手番ナッシュ均衡利得よりもパレート優位となる領域との位置関係によって決まるということである。価格戦略ゲームでは，これら2つの領域は同一領域に出現し，数量戦略ゲームではそうならないことが通例となる。

[参考文献]

1. Amir, R (1995), "Endogenous Timing Two-Player Games : A Counter Example," *Games and Economic Behavior* 9, 234-237
2. Dowrick, S (1986), "von Stackelberg and Cournot Duopoly : Choosing Roles," *Rand Journal of Economics* 17, 251-260
3. Hamilton, J., and S, Slutsky (1990), "Endogenious Timing in Duopoly Games : Stackelberg or Cournot Equilibria," *Games and Economic Behavior* 2. 29-46
4. Pastine, I., and E. Pastine. (2004), "Cost of Delay and Endogeneous Price Leadership," *International Journal of Industorial Organization* 22, 135-145
5. 村田省三(2008),「外部経済と複占ゲームの均衡」, 日本応用経済学会編『応用経済学研究』2, 30-43

第 2 章

貿易構造の変化による産業構造への影響分析
―― 輸出誘発輸入と輸入制約耐性から測る空洞化の進捗 ――

藤 田　　渉

概要

産業の空洞化は濃密な国際貿易リンケージの中心部からの乖離で発生する。特に双方向の中間財貿易，たとえばフラグメンテーションのような貿易形態を考えると，輸出によって誘発される輸入額や，輸入制約によるショックの可能性を評価することにより，国外とのリンケージの強さを測ることができる。
これらは産業連関分析の対象である。前者は後方連関効果，後者は前方連関効果である。これと輸出入額の推移から立体的に空洞化を分析する。これらの分析は，容易に入手しやすい競争輸入型の産業連関表を用いている。

キーワード：貿易，産業の空洞化，産業連関分析

はじめに

　20 世紀末から世界の貿易，特に東アジアにおける貿易量は凄まじいほどの伸張を見せた。世界銀行による World Development Indicator の東アジア途上国集計データ系列（East Asia & Pacific（developing only））では，リーマンショックとそれに続く世界金融危機（2007 年）の前には，その貿易量（輸出入合計額）の対 GDP 比率は約 74 %（サービス貿易も含めれば 86 %）までに達していた。それに対して，わが国の貿易量の対 GDP 比率は，長期に渡って 10 数 % 台であったが，2000 年代になって上昇を始め，2008 年には 31.8 % にまでなっている（図 1）[1]。いずれも世界金融危機の後にはいったん

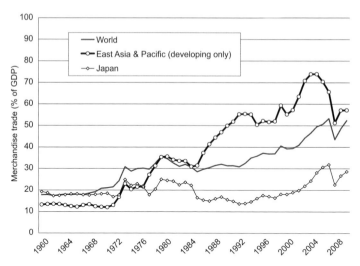

World Development Indicator/The World Bank より作成

図1 Merchandise trade (% of GDP)

低下したものの、再び伸張を始めている。しかし、2011年までのデータでは東アジア途上国集計データ系列は他地域と比較して低迷している。

この貿易量の激増の現象にはフラグメンテーション（fragmentation）があるとされる。すなわち、「国境を越えたプロセスの細分化」が貿易量を増大させたと考えられる。実態としては国際化した企業のアウトソーシングや社内取引であるものが、国境を越えることにより、貿易として浮かび上がってくるわけである。これまで筆者は、この地域におけるフラグメンテーションについて（藤田（2006a, 2007））、さらに国境を越えてサプライチェーンが形成されていることについて（藤田・福澤（2010））、考察を継続的に行ってきた。

問題は、このようなフラグメンテーションの存在は安定的な貿易形態なのか、それとも過渡的な現象であるのかということである。国境を越えたプロセスの細分化は技術的理由や経済的理由で一方向的に進捗していくのか、あるいは過渡的な現象であり、プロセスの拠点は次第にコスト優位性があったり市場に近いところへ集約されてゆき、コスト的に劣位で、なおかつ市場の

有望性が薄れていくような地域は技術的な優位性が残存していたとしても次第にサプライチェーンから迂回されてゆき，結果フラグメンテーションは弱まっていくのか，そういった動的な傾向についての計測や考察はほとんどなされていない。

以前の研究の期間では貿易量が増大する局面であり，長期での状況は把握はできなかった。それでも，これまでの研究のサーベイで取り上げた多くの事例では，日本の関与する国境を越えたサプライチェーンは最終仕向地は北米向けが多く，中間生産地は中国から他のアジア地域に移転するなど安定的なものではなく，また日本にはマザー工場が残るとされるが，そのマザー工場も研究開発拠点というより，シワ取りのために残置の傾向があり，いずれ現地化に収束していく可能性を示唆している（田（2009），山崎（2010）等）。

フラグメンテーションを形成する複数の端点は常に移動していくとすれば，わが国はそのネットワークからどのような位置づけに変化していくのであろうか。産業の空洞化という術語が人口に膾炙して久しいが，フラグメンテーションの世界から国境線を消してみたときに，空洞化は産業の盛衰のような平面的なイメージではなく，濃密に絡み合った国際産業構造の高気圧が地表を這って移動して去った後のような，あたかも天気図のような，立体的なイメージで見る必要があるのではないだろうか。

フラグメンテーションの研究では，輸出にどれだけ輸入の付加価値が含まれているかが一つの関心であり，また国際産業連関表を用いることでその循環的構造を見ようとする分析方法が有効であった。これは，単なる貿易量の増加というだけではなく，フラグメンテーション，すなわち中間財の往復を定量的に把握しようとしたものである。前述の藤田（2006b，2007）においてはHummels et al.（1999，2001）によるvertical specialization shareを拡張してASEAN・東アジアにおける中間財貿易の循環的連結構造を分析している。

中間財貿易の増大を，輸出とそれによって誘発される中間財輸入のchainととらえ直したときには，国際的な垂直分業構造は産業連関分析の対象となることから，HummelsらはOECD主要国の非競争型産業連関表を用い，vertical specialization share（VS，またはVSSと略記される）なる指標を提示

した。しかし，それは国別の産業連関表を用いたものであったため，single-stage のモデルであったが，藤田はアジア国際産業連関表（アジア経済研究所 (1998, 2001, 2006)）を用いることにより，Hummels らによる vertical specialization share（VS）を multi-stage 化できることを示し，同時に拡張された中間財の multi-stage VS を計測することにより ASEAN・東アジアにおける中間財貿易の循環的連結構造を分析した。また行列の要素和であった VS について，要素に還元することにより輸入国部門別・当該国部門別・輸出国部門別 VS へ拡張することができた。

この研究分析の方法は現在でも有用であり，新たな国際産業連関表の発表が待たれている状態であるが，多国間の関係を分析することではなく一国の産業構造の変化や空洞化を分析する場合は，よりシンプルな分析が産業連関分析により可能である。また，VS の分析では産業連関表が非競争輸入型であることが重要であったが，信頼のおける非競争輸入型の産業連関表は毎期公表されるわけではなく，小回りの利く分析には競争輸入型産業連関表を用いざるを得ない。

フラグメンテーションの進捗による変化は，まず同部門や近接部門間の中間財貿易量が増加することがあげられる。藤田（2006b, 2007）においては，このパターンは，産業連関表の三角化と類似の考え方で可視化できることを示した。産業連関表の三角化においては上三角がゼロに近い場合に一方的連結関係を確認することになる（完全三角化）。逆に上三角に係数が残存する場合に循環的連結関係とする。フラグメンテーションの存在が予想される部門では，非競争型産業連関表における輸入による投入係数表を見る限り，三角化は直感的には容易でないように感じられる。しかしながら VS の水準の大きいものから要素を順に出現させていった場合，下三角がほぼ皆無で一方的な連結関係をもたず，部分的に小さな上三角部が出現して，局部的に強い循環的連結関係のみを表示できる。このような利点は精度の高い非競争輸入型産業連関表から分析を始めることによって得られるものであり，入手しやすい競争輸入型産業連関表からでは困難がある。競争輸入型による分析は，安定した非競争輸入型産業連関表が入手できないことによるある種の便法の側面がある。このために，利用できる産業連関表の特性に合わせ，次のよう

な視点で分析手法を選択することにする．

- まず輸出入ともに貿易量の大きな部門をチェックする．とくに中間財生産部門に着目する．
- そして，輸入制約が引き起こす可能性を調べる．これはそのチェーンが致命的な重要性を持っているかどうかを調べることになる．またこれを時系列的に見ることにより，わが国が重要なチェーンに組み込まれていく，あるいは脱落しつつある，といったことを見る．
- 次にその部門は水平分業の可能性があるのか，垂直分業の可能性があるのかを，輸出による輸入誘発を調べることによって検討する．これも同様に時系列的にその変化を見る．

空洞化は資本や雇用データの側面から見るだけではなく，国際的に重要なリンケージやチェーンから脱落することとして見ることができる．最重要なチェーンは北米向けであることは変わらないとしても，そのチェーンがわが国を迂回し始めるのかどうかが重要である．輸出のための中間財輸入誘発が多く，輸出自体も大きく，そして中間財輸入のリンクが切れると国内経済に甚大な影響を及ぼす．このような部門，あるいはかってこのようであった部門はどのような推移をたどっているのかを分析するわけである．

1. フラグメンテーション再考

分析の前に，藤田（2006b, 2007）における整理に従って，経済のグローバル化にともない進む現象として考えられていたフラグメンテーションについて，その定義の歴史的な経緯から現在の現象までを俯瞰してみよう．

1990年頃まででも実質的な経済統合が急速に拡大し，たとえば貿易額の対GDP比率の伸張が，当時の大半のOECD諸国で観測することができた．こういった現象の理由としては，伝統的な貿易理論においてはサービス貿易の増大，またはそのシェアの増大や，関税自由化・撤廃による効果などをあげてきた．

これに対してJones and Kierzkowski（1990）は，生産活動が貿易によって大きく影響を受けるとして，新たな議論を提示した．ここでは生産ブロッ

ク（production block）とサービスリンク（service link）なる概念を導入し，収益増大と特化の優位性が成長企業をして，その生産工程をサービスリンクで接続されている寸断された（fragmented）[2] 生産ブロック群に転換することを促進させること，またこのサービスリンクは調整や管理，運輸，金融サービスやなどからなる活動をまとめたものであるが，生産工程のフラグメンテーションが別の場所にある生産ブロック間を結合しているものならば，このリンクの需要はますます増大するものになる。そしてこのようなフラグメンテーションは，国際市場にあふれ出ることとなり，国同士で比較して生産性や要素価格が相違していれば，ある生産工程を構成する生産ブロックは多くの国々に立地を広げていくことになる。

なお，フラグメンテーションが生じる原因として，サービスリンクのコスト低下と，サービス活動における規模の経済が重要であるとしている。

また，こういった生産工程の変化においては，もとの生産工程が単一企業のものであったとしても，寸断化した個々の生産ブロックやサービスリンクが依然，単一の企業のものである必要はない。極端な状況では，すべての生産ブロックやサービスリンクが別個の企業になっているかもしれないし，またこの生産の連鎖の末端にある最終生産者は必要な中間財やサービスをすべて市場で調達することもありえる。さらに，この複雑な垂直的国際分業化（vertical international specialization）および垂直統合生産工程化（vertically integrated production processes）の過程で，新しい企業やビジネスの生起も考えられる。

その結果として，生産ブロック間を移動する部品や半製品といった中間財が貿易量の増大という形で観測されることになる。

なお，藤田（2006b，2007）は，このフラグメンテーションに近い概念である，垂直的国際分業を観測するひとつの方法として提起された指標である，Hummels et al.（2001）による vertical specialization share を発展させ，国際産業連関表を用いて中間財貿易の状況を観測することを目的としていた。

上述のように，フラグメンテーション概念は，Jones and Kierzkowski（1990）による。その後の Jones and Kierzkowski（2000）[3] において，用語としてのフラグメンテーションとは，以前は統合されていた生産工程が，ふた

つあるいはそれ以上の構成要素（これを fragment という）に分裂すること (spliting up) としている。

　ある意味では，かなり曖昧な定義であり，ひとつの問題は何を指しているのかについて，非常に広義で拡大解釈が可能なことである。たとえば生産のモジュール化や，インターネット調達などのひとつひとつはフラグメンテーションにきわめて密接な事象であろう。また企業にとっては海外直接投資による生産拠点における工程や製品の変更，納入先の転換や，外注，請負の選択といったこと，また部門分離や国際提携など。さらには規制緩和によるネットワーク産業の水平，垂直の分離や統合，またバイパス企業の出現なども，密接な関連事象であるといえる。産業融合という用語で説明される事象の大半も，フラグメンテーションの一側面と見ることも可能ではないかと考えられる。わが国の元請・下請制度も，もしかしたらフラグメンテーション的であったのかもしれないし，カンバン方式やジャストインタイム方式も，自分が fragment するのではなく，協力企業を fragment させるものとして解釈できるかもしれない。

　もうひとつの問題は，理論の検証の問題であろう。実際に移動する中間財は企業レベルの取引であるはずであり，個々の取引の様相は金額・数量的にも貿易統計という規模では把握しきれない可能性があるし，またサービスリンク・コストの分析や，生産関数を用いたサービス活動の規模の経済性の分析も，対象が小規模で多様・多数であることから課題が多いと考えられる。

　また，国際的な物質移動を対象に議論される領域，たとえば環境問題を対象とする学問領域などにおいては，根本的な視点の変化が求められる可能性がある。完全に国際化して分断化して拡散した生産プロセスを環境負荷として分析しなければならないからである。

　この曖昧な定義，したがって類似概念が多数あることに対する交通整理は，Jones ら以降の多くの研究者が通過する作業になっている。たとえば，Hummels et al.（1999, 2001）は，それらの類似概念を以下のように列挙している[4]。

- fragmentation（of production）
- vertical specialization

- slicing up the value chain
- outsourcing
- multi-stage production
- intra-product specialization

　Hummels らは，フラグメンテーションについては Jones and Kierzkowski (1990) ではなく，1997 年の working paper を引用している[5]。Hummels らは vertical specialization を採り，これは Balassa (1967) での造語であろうとし，Findlay も 1978 年の論文から，早い時期にこの述語を用いていたとする[6]。そのため vertical specialization を採用しているようである[7]。

　なお Hummels らは以下のように vertical specialization を定義している。
(a) 財は2つあるいはそれ以上の連続したステージで生産される。
(b) 財の生産の間に2つまたはそれ以上の国々が付加価値を付与する。
(c) 生産工程のステージにおいて少なくてもひとつの国が輸入の投入を用いなければならない，そして産出されたものの一部は輸出されなければならない。

　slicing up the value chain は，Krugman (1995, 1996) による。Krugman はこれを，数多くの場所で，数多くの段階を経て商品を製造することであり，それぞれの段階でわずかずつ付加価値が付けられていることであるとしている。例として自動車製造をあげている。またこれが貿易に影響を与えるであろうことを示唆している[8]。

　outsourcing は国際貿易理論以外でも多用されている用語である。Hummels らは Feenstra and Hanson (1995, 1997) を例としてあげている[9]。この outsourcing は外部委託ではなく（多国籍企業等による）海外生産の輸入をさしていた。わが国でも「海外アウトソーシング」は「業務の海外移転」や「海外部品調達」(offshore sourcing) の意味として用いられている。現在では製造業部門だけではなく，ソフトウェア生産やコールセンター業務なども含まれる。

　Feenstra らは outsourcing が国内で中間財または最終財として何度も取引されることが，国内工業統計のダブルカウントを引き起こしたり，当時の工業統計は取引コストや外注コストを含まないことを指摘し，outsourcing の

影響が適切に統計に反映していないことを議論している。この結果，たとえばナイキの海外生産シューズは原材料が工業統計に計上されないことや，GE 社が GE ブランドで販売する韓国 Samsung 製電子レンジが，原材料も最終製品としても工業統計に反映されないことを例にあげている。

こういった雇用や賃金の評価に影響を与えかねない統計の是正の見地から Feenstra らは，outsourcing とは米国の多国籍企業の輸入に加えて，米国企業の生産に用いられる，あるいは米国企業のブランドで販売されるすべての輸入中間財と最終財を含むものという定義を提示した[10]。さらに，Feenstra らは Feenstra and Hanson（1999，2001）などで outsourcing として研究を進めている。

disintegration of production（process）または disintegration は Feenstra（1998）によって用いられているが，同論文においても基本的には（foreign）outsourcing を用いている。そしてこれは「integration of world markets は disintegration of production によってもたらされる」のように対比的に使用された用語であり，国外でなされた生産やサービス活動が，国内でなされたものと結合することであるとしている。垂直統合された生産工程の分解を表し，フォード社がこの分野の論文において例示とされることが多いが，Fordist production のことであるとしている。

multi-stage production は，Dixit and Grossman（1981，1982）による。これはそれまでの Balassa 以来の中間財貿易に関する理論モデルは基本的に 2-stage 生産モデルであり，基本的に上段で中間財が生産され，他の中間財とともに下段で最終財になるという構造になっていたのに対し，多段の垂直構造を導入した。これにより国境をまたぐステージのモデルも考察できるとした。

intra-product specialization は，Arndt（1997）による。これは海外調達のモデルを考察するにあたって，標準的な貿易理論に生産工程の部品段階への分解という修正を加えたので，国境を越えた製品間特化ということになるからである。

以上は，Hummels et al.（1999，2001）の列挙したものをあらためてサーベイしたものであるが，この中で前出の Feenstra（1998）はさらに類似の概念

をあげている。

- Kaleidoscope comparative advantage（Bhagwatiの1994年の論文による[11]）
- delocalization（Leamerの1996年の論文による[12]）
- Intra-mediate trade（Antweiler and Trefler（2002））

　さらに，Splintering や，internationalization も同様の概念に使われている。また，略語にする場合は，IFP（international fragmentation of production）とするものもある（Helg and Tajoli（2005））。これらはいずれもそれぞれの研究者が自分の視点で名づけたものであり，工程に着目するのか，国境に着目するのか，財・サービスに着目するのかなどによって少しずつ変わったニュアンスを持つ。これらに加えて，理論的な部分に関してはJones and Kierzkowski（1997），Deardorff（1998, 2001），Cheng and Kierzkowski（2001），Grossman and Helpman（2005），Jones and Kierzkowski（2005）などに詳しい。このように，フラグメンテーションは比較的近年登場してきた新しい国際経済の一様相である。したがってその状況を観測するとしても，いかなる変数を対象にするべきかは難しい問題である。貿易統計も工業統計も，それに対応したものではない。また企業レベルで生じているとすれば，ミクロデータからアプローチするしかないという考え方もできよう。

　前出のFeenstra（1998）では，広範囲で曖昧な定義に沿うような単一の指標はないとして，いくつかの異なった指標の観測によるとしている。Feenstraは長期データの分析により，1970年代からoutsourcingが拡大しているとしている。ここで彼は貿易の統合状態，生産の分解状態，賃金の不平等化などから，間接的に判断を下している。もしフラグメンテーションが主として量的な変化ではなく，質的な変化が主要なものであれば，このようなアプローチが妥当であるかもしれない。

　以上が藤田（2006b，2007）において行われたフラグメンテーション概念への考察とサーベイであったが，多国籍企業の行動に対する概念から国際貿易における概念に拡張されていった経緯が見える。しかしながらこれは再び多国籍企業の行動に収斂していく可能性が高い。

2. 輸出入の状況から見た循環的構造

2.1 使用するデータとその特徴

中間財貿易の循環的構造を見る端緒として，わが国の輸出入の状況を産業連関表を用いて調べる。産業連関表は，以下のものを用いた。

- 総務省『平成 7-12-17 年接続産業連関表』（取引基本表，生産者価格表 102 部門表），平成 23（2011）年 8 月。
- 経済産業省『平成 22 年延長産業連関表（延長表）』（平成 17 年（2005 年）基準，80 部門，取引額表，時価評価），平成 25（2013）年 5 月。
- 経済産業省『平成 21 年延長産業連関表（延長表）』（平成 17 年（2005 年）基準，80 部門，取引額表，時価評価），平成 24（2012）年 5 月。
- 経済産業省『平成 20 年延長産業連関表（延長表）』（平成 17 年（2005 年）基準，80 部門，取引額表，時価評価），平成 23（2011）年 5 月。

『平成 7-12-17 年接続産業連関表』は，接続表として長期にわたって同じ部門分類が使用できることが選択の理由である。また，延長表は平成 17 年（2005 年）基準での部門分類が利用できる平成 20 年表以降を選択した。

接続産業連関表は統合 102 部門，延長表は統合 80 部門を用いている。基本表をもとにしている接続産業連関表は生産者価格評価表であり運賃や商業マージンを分離しているが，延長表は統合 80 部門であることと，運賃や商業マージンを分離していないので数値を異にするが，分析結果の比較ではサービス部門を除外すれば同様の結果が得られ，また主要な製造業はほぼ対応できる。

2.2 輸入-輸出の関係

平成 7 年，12 年，17 年，20 年，21 年，22 年表の輸出表と輸入表を抽出し，横軸を輸入額，縦軸を輸出額とし，いずれも対数軸で散布図を描いた。なお，接続産業連関表によるものは平成 7 年，12 年，17 年を，延長表によるものは 5 年間隔を意識して 22 年表によるもののみである（図 2, 3）。

グラフには輸入額，輸出額とも当該年の平均値を表す直線を記入してある。この十字をなす直線で分けられた領域のうち，右上の第 I 象限にプロッ

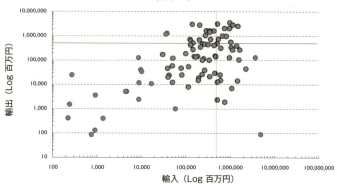

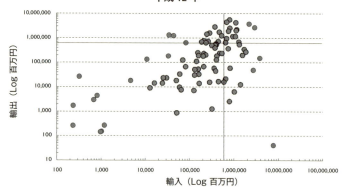

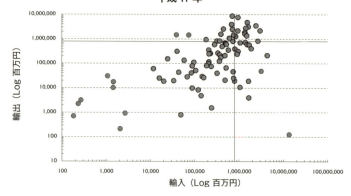

図2　各部門の輸入と輸出の状況（平成7-12-17年接続産業連関表による）

第2章 貿易構造の変化による産業構造への影響分析

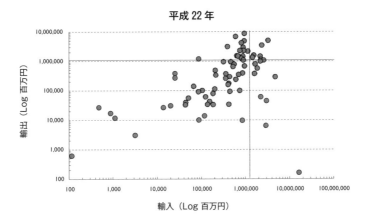

図3 各部門の輸入と輸出の状況（平成22年延長表による）

トされているのが輸入・輸出ともに額が非常に大きい部門である。

各散布図を比較すると，20年という期間を考えてもパターンはそれほど大きく変化はしていない。名目額のデータなので輸出入ともに微増している程度である。しかし微細に見れば各部門のプロットの位置は少しずつではあるが変化は生じている。

図2,3では，輸出入には弱い相関がうかがわれる。このため，「輸入額」と「輸出額」の積を計算して上位から並べ替えたのが表1である。この表では延長表と接続表では若干部門分類が異なることや，接続表では運輸部門や商業部門が上位に上がってくるのでそれを除外しているため，この段階では別表に分けてある。また，接続表は生産者価格表であるため「輸入額」と「輸出額」の積の上位には運輸部門などが上がってくるため，表1ではサービス業を除外して作表してある。

表の読み方は左右ともそれぞれ平成17年と平成22年の順位で部門が並べられており，他の年次の数値は，その年次における順位である。たとえば左側（接続表での順位推移）の最上位の「半導体素子・集積回路」は，平成17年には1位であるが，同様に12年も1位であったこと，しかし7年では3位であったことが読み取れる。従って5年毎に3位→1位→1位という順位で推移していたということが分かる。

表1 輸入×輸出額の上位の変化，上位20部門

	接続表での順位推移					延長表での順位推移			
No.	部門	平成(年)			No.	部門	平成(年)		
		7	12	17			20	21	22
55	半導体素子・集積回路	3	1	1	48	半導体素子・集積回路	1	1	1
46	特殊産業機械	4	3	2	39	特殊産業機械	2	5	2
57	乗用車	2	4	3	50	乗用車	3	4	3
54	電子計算機・同付属装置	1	2	4	52	自動車部品・同付属品	6	8	4
56	その他の電子部品	13	6	5	47	電子計算機・同付属装置	5	3	5
59	自動車部品・同付属品	9	10	6	22	石油製品	4	10	6
53	通信機械・同関連機器	5	5	7	53	その他の輸送機械	8	2	7
28	石油製品	16	16	8	46	通信機械・同関連機器	11	9	8
23	有機化学工業製品(除石油化学基礎製品)	6	9	9	49	その他の電子部品	7	6	9
62	精密機械	8	8	10	17	有機化学工業製品(除石油化学基礎製品)	10	7	10
49	産業用電気機器	7	7	11	34	非鉄金属製錬・精製	9	15	11
45	一般産業機械	10	11	12	42	産業用電気機器	12	11	12
38	鋼材	12	19	13	54	精密機械	14	12	13
50	電子応用装置・電気計測器	18	13	14	38	一般産業機械	13	13	14
27	化学最終製品（除医薬品）	15	14	15	5	食料品・たばこ	18	14	15
9	食料品	14	15	16	20	化学最終製品（除医薬品）	19	16	16
63	その他の製造工業製品	11	12	17	31	鋼材	15	20	17
41	非鉄金属製錬・精製	21	21	18	55	その他の製造工業製品	16	17	18
61	その他の輸送機械・同修理	20	18	19	43	電子応用装置・電気計測器	21	21	19
30	プラスチック製品	28	22	20	24	プラスチック製品	22	19	20

　さらに，両表には相違があることを認識した上で，接続して同様の表を作成したものが，表2である．多少強引な接続であるが，主要な製造業部門はほぼ対応するので，比較は可能である．また接続表側では商業や運輸部門が除去されているが，非サービス業の順位だけ見れば延長表側と対応できていることが分かる．

　図2，3において，部門別輸出入の平均値に対しての第Ⅰ象限に入っている部門は10部門前後である．それらは表2の上半分でほぼ網羅されている．

　部門別の貿易量と順位の変化傾向を同時に見るためにこれらをプロットした散布図を作成した（図5）．これをもとにすれば，これら上位部門の順位の変化傾向は以下のようになる．なお，図5においては両軸とも3分位（33.3

第 2 章　貿易構造の変化による産業構造への影響分析　　25

表 2　輸入×輸出額の上位の変化，上位 20 部門（強制的に接続）

	接続表での順位推移					延長表での順位推移			
No.	部門	平成(年)			No.	部門	平成(年)		
		7	12	17			20	21	22
55	半導体素子・集積回路	3	1	1	48	半導体素子・集積回路	1	1	1
46	特殊産業機械	4	3	2	39	特殊産業機械	2	5	2
57	乗用車	2	4	3	50	乗用車	3	4	3
59	自動車部品・同付属品	9	10	6	52	自動車部品・同付属品	6	8	4
54	電子計算機・同付属装置	1	2	4	47	電子計算機・同付属装置	5	3	5
28	石油製品	16	16	8	22	石油製品	4	10	6
61	その他の輸送機械・同修理	20	18	19	53	その他の輸送機械	8	2	7
60	船舶・同修理	33	35	36					
53	通信機械・同関連機器	5	5	7	46	通信機械・同関連機器	11	9	8
56	その他の電子部品	13	6	5	49	その他の電子部品	7	6	9
23	有機化学工業製品(除石油化学基礎製品)	6	9	9	17	有機化学工業製品(除石油化学基礎製品)	10	7	10
41	非鉄金属製錬・精製	21	21	18	34	非鉄金属製錬・精製	9	15	11
49	産業用電気機器	7	7	11	42	産業用電気機器	12	11	12
62	精密機械	8	8	10	54	精密機械	14	12	13
45	一般産業機械	10	11	12	38	一般産業機械	13	13	14
9	食料品	14	15	16	5	食料品・たばこ	18	14	15
11	飼料・有機質肥料(除別掲)	54	53	58					
27	化学最終製品（除医薬品）	15	14	17	20	化学最終製品（除医薬品）	19	16	16
38	鋼材	12	19	13	31	鋼材	15	20	17
63	その他の製造工業製品	11	12	17	55	その他の製造工業製品	16	17	18
32	なめし革・毛皮・同製品	39	41	42					
50	電子応用装置・電気計測器	18	13	14	43	電子応用装置・電気計測器	21	21	19
30	プラスチック製品	28	22	20	24	プラスチック製品	22	19	20

パーセンタイルと 66.6 パーセンタイル）でデータを区切っている．
- 「その他の製造工業製品」(39)，「精密機械」(47)，「産業用電気機器」(40)，「通信機械・同関連機器」(52)，「電子応用装置・電気計測器」(51)，「鋼材」(34)，「一般産業機械」(45)，「電子計算機・同付属装置」(53)，「有機化学工業製品（除石油化学基礎製品）」(17)，「化学最終製品（除医薬品）」(38)，「食料品・たばこ」(44)などはこの順で強く順位が上昇している．（　）の中の数値は平成 22 年における内生部門計の国内生産額に占める割合の順位（図 4 参照）である．これが高い比率（順

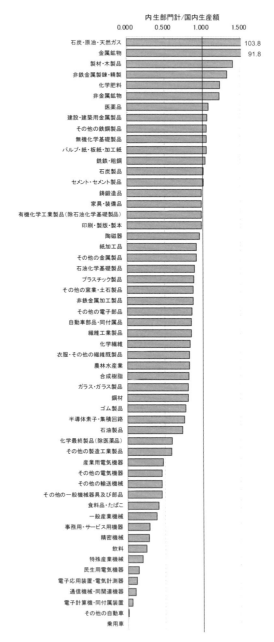

図4　内生部門計／国内生産額（平成22年）

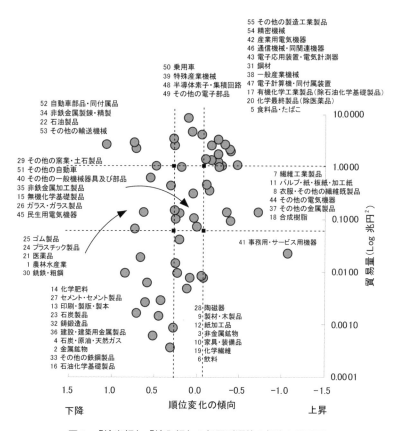

図 5 「輸出額」×「輸入額」の部門別順位の傾向と貿易量

位が高い）の場合は中間財生産が主であることを示している．あまりに高い場合はそれがほとんど輸入に依存する中間財であることを意味する．またその値が小さければ，その部門は主として最終需要向けの生産をしていることが分かる．平成 22 年の順位では，第 37 位の「石油製品」までが 70％ を超えるが，38 位以降は急激に比率が下がり，内生部門計の国内生産額に占める割合が低い部門になっている．

　この中で中間財生産が主である部門は，「鋼材」(34)，「有機化学工業製品（除石油化学基礎製品）」(17)になるが，素材系である．鋼材などの素材系の部門では輸出入ともに大きいのは生産設備の能力から，内外

の需要に応じて品目別に輸出もあれば輸入もありえたためであると考えられる。残りの品目は主として最終財が主であるとともにそれらの多くは生産財である。これらも生産国の優位性や独占供給などのために，そしてわが国も主要な生産国であるために輸出入とも大きかったものであると考えられる。輸出入の積が増加するということは自国の投資も増加し，また他国の投資も増加するか，国際競争力が強化するなどの要因があげられる。

- 「乗用車」(55)，「特殊産業機械」(49)，「半導体素子・集積回路」(36)，「その他の電子部品」(26)などはあまり順位の変動はない。上述のように第37位をひとつの目安にすれば，「その他の電子部品」と「半導体素子・集積回路」が中間財が主の部門になる。これに対して「乗用車」の内生部門計の国内生産額に占める割合はゼロであり，典型的な最終財生産部門である。
- 「石油製品」(37)，「非鉄金属製錬・精製」(4)，「プラスチック製品」(23)，「自動車部品・同付属品」(27)などはこの順で強く順位が低下している。「その他の輸送機械」(42)も特に順接続表での順位推移延長表での順位推移を下げているが，内生部門計の国内生産額に占める割合はそれほど高くない。

中間財で順位が上昇している部門は，国境を越えた循環的な生産構造に組み込まれ始めている可能性があり，また順位が下降している中間財部門はそういった生産構造から脱落，空洞化の可能性がある。また変化にかかわらず上位にある中間財部門は，当然ながら国境を越えた循環的な生産構造に大規模に組み込まれている可能性が高い。

伝統的な産業構造分析では，部門別の水準とシェア，そして順位の変動を調べることが中心であるとすれば，ここまでのファインディングで主要な結果は得られたことになろう。すなわち，国境を越えた加工組立系で「中間財」の循環的な生産構造に近年強く組み込まれ始めた部門はほとんどなく，これまで強く組み込まれていたと考えられる「プラスチック製品」，「自動車部品・同付属品」はウェイトが下がっている傾向がうかがわれる。また「半導体素子・集積回路」，「その他の電子部品」はあまり変化なく，それより以

第 2 章　貿易構造の変化による産業構造への影響分析

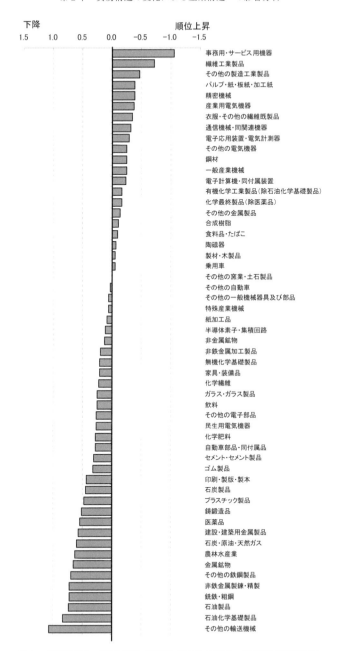

図 6　「輸出額」×「輸入額」の部門別順位の傾向（年平均変化傾向）

前にすでに組み込まれていたことが示されている。またこれらの結果は他の研究成果などと矛盾していない。

しかし本稿では，さらにこれらの「中間財」の循環的な生産構造が他部門にまでどのような影響を及ぼしているかも研究対象にしている。これを調べるために，

  (a) 輸入制約によるショックの程度（前方連関効果から見た国際的生産構造）
  (b) 輸出による輸入誘発の程度（後方連関効果から見た国際的生産構造）

を分析し，後方連関的な産業構造と，前方連関的な産業構造の両面から海外との生産上の結びつきを計測する。その上で，表2などから把握される重要性と合わせて，その産業部門が現在置かれている状況を推測するとともに，わが国の産業構造上の問題点を考察することになる。

なお，全部門を機械的に順位と年次による単回帰でその傾向を測ったものは，図6にその結果を示す。このグラフの値は，順位と年次による単回帰の係数なので，順位が上昇＝順位番号が減少，すなわち負数の絶対値が大きいほど急速に順位が上昇したことを示している。順位の傾向の判断はこれをもとに行っているが，目視を合わせて総合的に判断している。

3. サプライチェーン切断の影響：輸入制約波及の分析

3.1 供給制約と産業連関分析：Ghosh Model の導入

まず始めに，前方連関効果の考え方による輸入制約によるショックの程度を計測する。

産業連関分析を用いた輸入制約によるショック分析は，最終需要の変化に対して総産出の変化を求める均衡産出高モデル（$\mathbf{Ax}+\mathbf{f}=\mathbf{x}$）に対して，均衡価格モデル（$\mathbf{A'p}+\mathbf{v}=\mathbf{p}$）によって価格波及を分析する方法がよく知られている。ここで，$\mathbf{x}$，$\mathbf{f}$，$\mathbf{v}$，$\mathbf{p}$，$\mathbf{A}$ はそれぞれ，生産額，最終需要，付加価値，価格のベクトル，および投入係数行列である。

ただし後者の均衡価格モデルは費用構成に基づくコストの価格波及を分析するものであり，供給制約を分析するものではない。

これに対し，需要から作用するモデルである Leontief 型モデルと同じデータを用いた，1958 年に Ghosh により提起された別なモデルは以下のように記述される（以下，Miller and Blair（2009）による）。

まず基本的なモデルの枠組みを整理する。原著の notation に従うが，原著の n 部門に対して論点を明瞭にするため，一般化を失わない範囲で 2 部門で議論する。また，本稿は Ghosh によるモデルの利用を前提にしているため，原著に沿った解説ではない。

まず，x_i，f_i をそれぞれ第 i 部門の生産額および最終需要，z_{ij} を第 i 部門から第 j 部門への中間投入とする[13]。

産出方向の均衡から，

$$x_1 = z_{11} + z_{12} + f_1$$
$$x_2 = z_{21} + z_{22} + f_2$$

これを行列表示すれば，

$$\mathbf{x} = \begin{pmatrix} x_1 \\ x_2 \end{pmatrix}, \quad \mathbf{Z} = \begin{pmatrix} z_{11} & z_{12} \\ z_{21} & z_{22} \end{pmatrix}, \quad \mathbf{f} = \begin{pmatrix} f_1 \\ f_2 \end{pmatrix}$$

として，原式は以下のようになる。

$$\mathbf{x} = \mathbf{Z}\mathbf{i} + \mathbf{f} \tag{3.1}$$

ここで，

$$\mathbf{i} = \begin{pmatrix} 1 \\ 1 \end{pmatrix}$$

は，summation（総和）ベクトルであり，行列の右からかけて，行和からなる列ベクトルを生成する[14]。また同様に，転置行列である $\mathbf{i}^T = (1 \quad 1)$ は，行列の左からかけて列和からなる行ベクトルを生成する summation（総和）ベクトルとして定義できる。さらに，支出方向の均衡は，v_i を第 i 部門の総付加価値支出とすれば，

$$x_1 = z_{11} + z_{21} + v_1$$
$$x_2 = z_{12} + z_{22} + v_2$$

これを行列表示すれば，

$$\mathbf{v}^T = (v_1 \ v_2)$$

として，原式は以下のようになる。

$$\mathbf{x}^T = \mathbf{i}^T \mathbf{Z} + \mathbf{v}^T \tag{3.2}$$

ここで，列ベクトルの対角化記号として $\hat{\mathbf{x}}$ を用いることにする。すなわち，

$$\hat{\mathbf{x}} = \begin{pmatrix} x_1 & 0 \\ 0 & x_2 \end{pmatrix}$$

対角要素を逆数にした行列はこの行列の逆行列になる。

$$\hat{\mathbf{x}}^{-1} = \begin{pmatrix} 1/x_1 & 0 \\ 0 & 1/x_2 \end{pmatrix}, \quad \hat{\mathbf{x}}^{-1}\hat{\mathbf{x}} = \hat{\mathbf{x}}\hat{\mathbf{x}}^{-1} = \begin{pmatrix} x_1 & 0 \\ 0 & x_2 \end{pmatrix}\begin{pmatrix} 1/x_1 & 0 \\ 0 & 1/x_2 \end{pmatrix} = \begin{pmatrix} 1 & 0 \\ 0 & 1 \end{pmatrix} = \mathbf{I}$$

これを用いれば，投入係数行列 $\mathbf{A} = [a_{ij}] = [z_{ij}/x_j]$ は以下のように記述できる。

$$\mathbf{A} = \mathbf{Z}\hat{\mathbf{x}}^{-1} = \begin{pmatrix} z_{11} & z_{12} \\ z_{21} & z_{22} \end{pmatrix}\begin{pmatrix} 1/x_1 & 0 \\ 0 & 1/x_2 \end{pmatrix} = \begin{pmatrix} z_{11}/x_1 & z_{12}/x_2 \\ z_{21}/x_1 & z_{22}/x_2 \end{pmatrix} \tag{3.3}$$

$\mathbf{A}\hat{\mathbf{x}} = \mathbf{Z}\hat{\mathbf{x}}^{-1}\hat{\mathbf{x}} = \mathbf{ZI} = \mathbf{Z}$ なので，(3.1)，(3.3) より，産出方向の均衡式は以下のように表すことができる。

$$\mathbf{x} = \mathbf{A}\mathbf{x} + \mathbf{f} \tag{3.4}$$

よって，$\det(\mathbf{I}-\mathbf{A}) \neq 0$ で Leontief の逆行列 $\mathbf{L} = (\mathbf{I}-\mathbf{A})^{-1}$ を用いて以下の結果を得る。

$$\mathbf{x} = (\mathbf{I}-\mathbf{A})^{-1}\mathbf{f} = \mathbf{L}\mathbf{f} \tag{3.5}$$

このなじみ深い Leontief 型のモデルに対して，次の行列 $\mathbf{B}$ を考える。

$$\mathbf{B} = \begin{pmatrix} b_{11} & b_{12} \\ b_{21} & b_{22} \end{pmatrix} = \begin{pmatrix} z_{11}/x_1 & z_{12}/x_1 \\ z_{21}/x_2 & z_{22}/x_2 \end{pmatrix} = \begin{pmatrix} 1/x_1 & 0 \\ 0 & 1/x_2 \end{pmatrix}\begin{pmatrix} z_{11} & z_{12} \\ z_{21} & z_{22} \end{pmatrix} = \hat{\mathbf{x}}^{-1}\mathbf{Z} \tag{3.6}$$

行列 $\mathbf{B}$ と，投入係数行列 $\mathbf{A}$ の違いは，後者は行列 $\mathbf{Z}$ の部門別の列要素を当該部門の生産額（総投入）x_j で除したものであり，求められた行列 $\mathbf{A}$ の

要素はある部門の1単位の産出に対して,各部門からの投入比率であり,産業技術を意味する。また仮定としてそれらの係数は安定的(固定的)であるとする。

これに対して,行列 $\mathbf{B}$ の要素は,行列 $\mathbf{Z}$ の部門別の「行要素」を当該部門の総産出で除したものであり,これは行列 $\mathbf{A}$ の各部門からの投入係数概念に対して,各部門への分配概念,あるいは(直接)産出係数(direct-output coefficients)とも言うべきものである。本稿では,行列 $\mathbf{B}$ の呼称については下田・藤川 (2012) など同様,Miller and Blair (2009) において b_{ij} を allocation coefficients とするのに従って,「配分係数」とする。従って行列 $\mathbf{B}$ を配分係数行列とする。

(3.6) より, $\hat{\mathbf{x}}\mathbf{B}=\hat{\mathbf{x}}\hat{\mathbf{x}}^{-1}\mathbf{Z}=\mathbf{IZ}=\mathbf{Z}$ なので,(3.2) より, $\mathbf{x}^T=\mathbf{i}^T\mathbf{Z}+\mathbf{v}^T$, に代入して[15],

$$\mathbf{x}^T=\mathbf{I}^T\hat{\mathbf{x}}\mathbf{B}+\mathbf{V}^T=\mathbf{x}^T\mathbf{B}+\mathbf{v}^T \tag{3.7}$$

以下,Leontief の逆行列導出の時と同様の手法で, $\mathbf{G}=(\mathbf{I}-\mathbf{B})^{-1}$ を導入すれば,

$$\mathbf{x}^T(\mathbf{I}-\mathbf{B})=\mathbf{v}^T$$
$$\mathbf{x}^T=\mathbf{v}^T(\mathbf{I}-\mathbf{B})^{-1}=\mathbf{v}^T\mathbf{G} \tag{3.8}$$

のように変形できるが,より見やすくするため(3.7)の段階で両辺を転置すれば,

$$\mathbf{x}=\mathbf{B}^T\mathbf{x}+\mathbf{v}$$
$$(\mathbf{I}-\mathbf{B}^T)\mathbf{x}=\mathbf{v}$$
$$\mathbf{x}=(\mathbf{I}-\mathbf{B}^T)^{-1}\mathbf{v}=\mathbf{G}^T\mathbf{v} \tag{3.9}$$

ここで,逆行列 $\mathbf{G}=(\mathbf{I}-\mathbf{B})^{-1}$ は,Leontief の逆行列 $\mathbf{L}=(\mathbf{I}-\mathbf{A})^{-1}$ に対応するものであるが,Leontief の逆行列は input inverse と言われるのに対して,逆行列 $\mathbf{G}=(\mathbf{I}-\mathbf{B})^{-1}$ は output inverse と言われるものである。Miller and Blair (2009) では,Leontief にちなむ $\mathbf{L}$ に対応して,Ghosh にちなんだ $\mathbf{G}$ を用いている。

すると，付加価値支出の変化 $\Delta \mathbf{v}$ に対して，各部門の生産額の変化 $\Delta \mathbf{x}$ は以下のように表現される。

$$\Delta \mathbf{x} = \mathbf{G}^T \Delta \mathbf{v} \tag{3.10}$$

なお，この供給側のアプローチにおける前提条件としては，配分係数 b_{ij} の安定性が強く求められる。

この式の意味を考えるために，2部門で(3.9)を要素で見てみよう。行列 $\mathbf{G}$ の要素を g_{ij} とすれば，

$$\mathbf{x} = \begin{pmatrix} x_1 \\ x_2 \end{pmatrix} = \mathbf{G}^T \mathbf{v} = \begin{pmatrix} g_{11} & g_{21} \\ g_{12} & g_{22} \end{pmatrix} \begin{pmatrix} v_1 \\ v_2 \end{pmatrix} = \begin{pmatrix} g_{11} v_1 + g_{21} v_2 \\ g_{12} v_1 + g_{22} v_2 \end{pmatrix} \tag{3.11}$$

この要素を比較した場合，$\frac{\partial x_i}{\partial v_j} = g_{ji}$ であり，行列 $\mathbf{G}$ の要素 g_{ij} とは第 j 部門の付加価値が1単位厳しくなった場合，第 i 部門の生産額がどれだけ減少するかという式になっている。これは第 j 部門の要素投入制約から第 i 部門生産への前方連関の累積効果である（徳井他（2012））。

なお，行列 $\mathbf{B}$ は前方連関の一次波及効果を表し，行列 $\mathbf{G} = (\mathbf{I} - \mathbf{B})^{-1}$ はその効果が続くことを表している。

ちょうど Leontief 逆行列による(3.5)が，

$$\mathbf{x} = \mathbf{f} + \mathbf{A}\mathbf{f} + \mathbf{A}^2 \mathbf{f} + \cdots + \mathbf{A}^{r-1} \mathbf{f} + \cdots$$

のように効果の次数を級数で表せるように，(3.9)も，以下のように効果の次数を級数で表せる。

$$\mathbf{x} = \mathbf{v} + \mathbf{B}^T \mathbf{v} + (\mathbf{B}^T)^2 \mathbf{v} + \cdots + (\mathbf{B}^T)^{r-1} \mathbf{v} + \cdots$$

3.2 輸入制約分析用のモデルの改良

(1) 先行研究における Ghosh Model の改良

本来の Ghosh Model の分析は，「個々の生産要素の被害にいったん遡ってそれを要素所得単位に変換する」（徳井他（2012））という作業を行うことと等価であり，本稿の輸入制約を対象とする分析に直接適合させることはできない。

また，多くの先行研究においても，供給制約を付加価値支出の変化として把握するのではなく，直接的な生産や移入量に変換しようとしている。たとえば，徳井他（2012）においては，供給制約の発生を当該産業部門の産出額の低下（産出額ベースの推定被害額）として捉えようとした。

ここでは，

$$\frac{\Delta x_i}{\Delta v_j}=g_{ji}, \quad \frac{\Delta x_j}{\Delta v_j}=g_{jj}$$

$$\frac{\Delta x_i}{\Delta x_j}=\frac{\dfrac{\Delta x_i}{\Delta v_j}}{\dfrac{\Delta x_j}{\Delta v_j}}=\frac{g_{ji}}{g_{jj}}$$

より，

$$\Delta x_i=\frac{g_{ji}}{g_{jj}}\Delta v_j$$

が得られる。そしてこれから，第 j 部門の産業で生産の縮小が生じたことで，前方連関，すなわちサプライチェーンの途絶を通じて第 i 部門の生産に累積的にどれだけ影響を与えるかが，行列 **G** の対応する要素の比，$\dfrac{g_{ji}}{g_{jj}}$ で得られるとしている。

このスキームでは，前方連関の波及効果の影響の累積は直接行列計算を行うのではなく，事前に行列 **G**＝**(I**－**B)**$^{-1}$ の要素が評価できれば計算できることになる。

下田・藤川（2012）では，地域間産業連関表を用いて，ある地域における生産減少がもたらす他地域への前方連関効果を計算している。このため，(3.8)，(3.9)の形のモデルになるが，付加価値ベクトルを相殺して生産ベクトル間の関係に整理している。

(2) 非競争輸入型での Ghosh Model の改良

この考え方を本稿の分析対象である輸入制約に修正してみよう。まず，非競争輸入型の連関表があるとする（表3）。これをもとに(3.7)に相当する式を行列表示で記述すると，以下のようになる。

表3　2部門非競争輸入型産業連関表の例

		中間需要		最終需要	総産出
中間投入	国産	z_{11}	z_{12}	f_1	x_1
		z_{21}	z_{22}	f_2	x_2
	輸入	z_{11}^m	z_{12}^m	f_1^m	0
		z_{21}^m	z_{22}^m	f_2^m	0
粗付加価値		v_1	v_2		
総産出		x_1	x_2		

$$(x_1 \quad x_2) = (x_1 \quad x_2)\begin{pmatrix} z_{11}/x_1 & z_{12}/x_1 \\ z_{21}/x_2 & z_{22}/x_2 \end{pmatrix} + (m_1 \quad m_2)\begin{pmatrix} z_{11}^m/m_1 & z_{12}^m/m_1 \\ z_{21}^m/m_2 & z_{22}^m/m_2 \end{pmatrix} + (v_1 \quad v_2)$$

ここで，m_i は，各部門に投入される輸入総量であり，$m = \begin{pmatrix} m_1 \\ m_2 \end{pmatrix}$ は輸入ベクトルである。

このとき，

$$\mathbf{B} = \begin{pmatrix} z_{11}/x_1 & z_{12}/x_1 \\ z_{21}/x_2 & z_{22}/x_2 \end{pmatrix}$$

は，既出の配分係数行列であるが，

$$\mathbf{B}_m = \begin{pmatrix} z_{11}^m/m_1 & z_{12}^m/m_1 \\ z_{21}^m/m_2 & z_{22}^m/m_2 \end{pmatrix}$$

は，輸入についての配分行列と言える行列になっている。すると (3.7) に相当する式は以下のように拡張される。

$$\mathbf{x}^T = \mathbf{x}^T \mathbf{B} + \mathbf{m}^T \mathbf{B}_m + \mathbf{v}^T \tag{3.12}$$

さらに変形すれば，

$$\mathbf{x}^T - \mathbf{x}^T \mathbf{B} = \mathbf{m}^T \mathbf{B}_m + \mathbf{v}^T$$
$$\mathbf{x}^T (\mathbf{I} - \mathbf{B}) = \mathbf{m}^T \mathbf{B}_m + \mathbf{v}^T$$
$$\mathbf{x}^T = (\mathbf{m}^T \mathbf{B}_m + \mathbf{v}^T)(\mathbf{I} - \mathbf{B})^{-1} = (\mathbf{m}^T \mathbf{B}_m + \mathbf{v}^T) \mathbf{G} \tag{3.13}$$

ここで，輸入の変化 $\Delta \mathbf{m}$ による産出量の変化を $\Delta \mathbf{x}$ とする。付加価値 $\mathbf{v}$ は

変化しないと仮定すれば，

$$\Delta \mathbf{x}^T = \mathbf{m}^T \mathbf{B}_m (\mathbf{I}-\mathbf{B})^{-1} = (\Delta \mathbf{m}^T \mathbf{B}_m) \mathbf{G} \tag{3.14}$$

転置を戻せば，

$$\Delta \mathbf{x} = (\mathbf{I}-\mathbf{B}^T)^{-1} \mathbf{B}_m^T \Delta \mathbf{m}$$

効果の次数を級数として表せば，

$$\Delta \mathbf{x}^T = (\Delta \mathbf{m}^T \mathbf{B}_m) + (\Delta \mathbf{m}^T \mathbf{B}_m) \mathbf{B}^T + (\Delta \mathbf{m}^T \mathbf{B}_m)(\mathbf{B}^T)^2 + \cdots \\ + (\Delta \mathbf{m}^T \mathbf{B}_m)(\mathbf{B}^T)^{r-1} + \cdots$$

 Ghosh Model の前提として **B** が安定であることについては，実際は保証はない。対応する投入係数行列 **A** の安定性の仮定と比較したとき，その妥当性は低いと考えられる。さらに上記のモデルでは輸入についての配分行列 $\mathbf{B}_m$ もあり，これについてはさらに安定とするのは仮定としては強すぎる可能性がある。

 こういった問題を回避するためにいくつかの先行研究では初期には Ghosh Model 的としても，前方連関効果は直接効果あるいは1次効果を加えた程度で止める，あるいは途中から通常の Leontief Model として後方連関効果が働くモデルと組み合わせるなどの工夫がなされている[16]。

 輸入制約が延々と産業構造を通じて影響を与えるかどうかは検討の必要があるが，制約が生じた段階で直ちにそれに応じた需要に合わせて生産が再開されるであろうという仮定はそれほど無理はない。このためショックは直接効果のみで，それが産業構造を通じて後方連関的に波及するという下田・藤川（2012）のモデルを（4.14）と合わせて採用することにする。前方連関効果は直接効果までの影響を測り，あとは後方連関効果が働くとした場合，以下のようなモデルになる。

$$\Delta \mathbf{x} = (\mathbf{I}-\mathbf{A})^{-1} (\Delta \mathbf{m}^T \mathbf{B}_m)^T = (\mathbf{I}-\mathbf{A})^{-1} (\mathbf{B}_m^T \Delta \mathbf{m}) \tag{3.15}$$

(3) 競争輸入型での Ghosh Model の拡張

入手可能性が高いのは競争輸入型の産業連関表である。競争輸入型モデルは複数あるが，いずれも限界を知った上で非競争輸入型の産業連関表の代替として用いられるものである。非競争輸入型表は競争輸入型に変換できるが，逆はできない。

いま，以下の輸入係数 M_i と，この輸入係数からなる対角行列 $\hat{\mathbf{M}}$ を定義する。

$$M_i = \frac{m_i}{z_{i1}+z_{i2}+f_i}, \quad \hat{\mathbf{M}} = \begin{pmatrix} M_1 & 0 \\ 0 & M_2 \end{pmatrix}$$

この $\hat{\mathbf{M}}$ はさらに以下のように変形できる。

$$\begin{pmatrix} z_{11}+z_{12}+f_i \\ z_{21}+z_{22}+f_2 \end{pmatrix} = \begin{pmatrix} z_{11} & z_{12} \\ z_{21} & z_{22} \end{pmatrix} \begin{pmatrix} 1 \\ 1 \end{pmatrix} + \begin{pmatrix} f_i \\ f_2 \end{pmatrix} = \mathbf{Zi} + \mathbf{f}$$

$$\begin{bmatrix} \dfrac{1}{z_{11}+z_{12}+f_i} & 0 \\ 0 & \dfrac{1}{z_{21}+z_{22}+f_2} \end{bmatrix} = \mathrm{diag}(\mathbf{Zi}+\mathbf{f})^{-1}$$

$$\hat{\mathbf{M}} = \begin{pmatrix} M_1 & 0 \\ 0 & M_2 \end{pmatrix} = \mathrm{diag}(\mathbf{Zi}+\mathbf{f})^{-1}\hat{\mathbf{m}}$$

ここで，輸入ベクトル $\mathbf{m}$ は，$\hat{\mathbf{M}}$ を用いて以下のように表すことができる。

$$\mathbf{m} = \begin{pmatrix} m_1 \\ m_2 \end{pmatrix} = \begin{pmatrix} M_1 \cdot (z_{11}+z_{12}+f_1) \\ M_2 \cdot (z_{21}+z_{22}+f_2) \end{pmatrix} = \begin{pmatrix} M_1 & 0 \\ 0 & M_2 \end{pmatrix} \begin{pmatrix} z_{11}+z_{12}+f_1 \\ z_{21}+z_{22}+f_2 \end{pmatrix}$$

$$= \begin{pmatrix} M_1 & 0 \\ 0 & M_2 \end{pmatrix} \left(\begin{pmatrix} z_{11}+z_{12} \\ z_{21}+z_{22} \end{pmatrix} + \begin{pmatrix} f_1 \\ f_2 \end{pmatrix} \right)$$

$$= \begin{pmatrix} M_1 & 0 \\ 0 & M_2 \end{pmatrix} \left(\begin{pmatrix} z_{11}/x_1 & z_{12}/x_2 \\ z_{21}/x_1 & z_{22}/x_2 \end{pmatrix} \begin{pmatrix} x_1 \\ x_2 \end{pmatrix} + \begin{pmatrix} f_1 \\ f_2 \end{pmatrix} \right) = \hat{\mathbf{M}}(\mathbf{Ax}+\mathbf{f}) \quad (3.16)$$

以上を用いて，次の競争輸入型モデルを考える。ここで，$\mathbf{e} = \begin{pmatrix} e_1 \\ e_2 \end{pmatrix}$ は，輸出ベクトルである。

$$\mathbf{x} = \mathbf{Ax} + \mathbf{f} + \mathbf{e} - \mathbf{m}$$
$$= \mathbf{Ax} + \mathbf{f} + \mathbf{e} - \hat{\mathbf{M}}(\mathbf{Ax}+\mathbf{f})$$

$$= \mathbf{Ax} - \hat{\mathbf{M}}\mathbf{Ax} + \mathbf{f} - \hat{\mathbf{M}}\mathbf{f} + \mathbf{e}$$
$$= (\mathbf{I} - \hat{\mathbf{M}})\mathbf{Ax} + (\mathbf{I} - \hat{\mathbf{M}})\mathbf{f} + \mathbf{e}$$

さらに整理すれば,

$$\mathbf{x} - (\mathbf{I} - \hat{\mathbf{M}})\mathbf{Ax} = (\mathbf{I} - \hat{\mathbf{M}})\mathbf{f} + \mathbf{e}$$
$$(\mathbf{I} - (\mathbf{I} - \hat{\mathbf{M}})\mathbf{A})\mathbf{x} = (\mathbf{I} - \hat{\mathbf{M}})\mathbf{f} + \mathbf{e}$$

両辺に左から逆行列 $(\mathbf{I} - (\mathbf{I} - \hat{\mathbf{M}})\mathbf{A})^{-1}$ をかければ, $\mathbf{x}$ について解くことができる.

$$\mathbf{x} = (\mathbf{I} - (\mathbf{I} - \hat{\mathbf{M}})\mathbf{A})^{-1}((\mathbf{I} - \hat{\mathbf{M}})\mathbf{f} + \mathbf{e}) \tag{3.17}$$

これは最も多用される競争輸入型モデルであり, $(\mathbf{I} - \hat{\mathbf{M}})\mathbf{A}$ は, 投入係数 $\mathbf{A}$ から輸入分を控除した国産分の投入係数になっている. ただし, いずれの需要部門からも同率で輸入を控除する形になっている (宮沢健一 (1975)). このため非競争輸入型と比較して, 輸入に関する配分行列は, 部門ごとに同率になってしまうという問題がある.

それらの問題点を認識したうえで, このモデルを非競争輸入型と同様な形に変形してみよう.

$$(\mathbf{I} - \hat{\mathbf{M}})\mathbf{A} = \begin{bmatrix} 1 - \dfrac{m_1}{z_{11} + z_{12} + f_1} & 0 \\ 0 & 1 - \dfrac{m_2}{z_{21} + z_{22} + f_2} \end{bmatrix} \begin{pmatrix} z_{11}/x_1 & z_{12}/x_2 \\ z_{21}/x_1 & z_{22}/x_2 \end{pmatrix}$$

$$= \begin{bmatrix} \left(1 - \dfrac{m_1}{z_{11} + z_{12} + f_1}\right)\dfrac{z_{11}}{x_1} & \left(1 - \dfrac{m_1}{z_{11} + z_{12} + f_1}\right)\dfrac{z_{12}}{x_2} \\ \left(1 - \dfrac{m_2}{z_{21} + z_{22} + f_2}\right)\dfrac{z_{21}}{x_1} & \left(1 - \dfrac{m_2}{z_{21} + z_{22} + f_2}\right)\dfrac{z_{22}}{x_2} \end{bmatrix}$$

これをもとに非競争輸入表のように要素を配置すると, 表4のようになる. 対応する国産の行と輸入の行を足し合わせれば, もとの非競争型の産業連関表になる.

表4 2部門競争輸入モデルの非競争的な配置の試み

		中間需要		最終需要	総産出
中間投入	国産	$\left(1-\dfrac{m_1}{z_{11}+z_{12}+f_1}\right)z_{11}$	$\left(1-\dfrac{m_1}{z_{11}+z_{12}+f_1}\right)z_{12}$	$\left(1-\dfrac{m_1}{z_{11}+z_{12}+f_1}\right)f_1+e_1$	x_1
		$\left(1-\dfrac{m_2}{z_{21}+z_{22}+f_2}\right)z_{21}$	$\left(1-\dfrac{m_2}{z_{21}+z_{22}+f_2}\right)z_{22}$	$\left(1-\dfrac{m_2}{z_{21}+z_{22}+f_2}\right)f_2+e_2$	x_2
	輸入	$\dfrac{z_{11}}{z_{11}+z_{12}+f_1}m_1$	$\dfrac{z_{12}}{z_{11}+z_{12}+f_1}m_1$	$\dfrac{f_1}{z_{11}+z_{12}+f_1}m_1$	0
		$\dfrac{z_{21}}{z_{21}+z_{22}+f_2}m_2$	$\dfrac{z_{22}}{z_{21}+z_{22}+f_2}m_2$	$\dfrac{f_2}{z_{21}+z_{22}+f_2}m_2$	0
粗付加価値		v_1	v_2		
総産出		x_1	x_2		

輸入制約を扱うため,国産分の投入係数については固定的な値にする。このため,$M_i=m_i/(z_{i1}+z_{i2}+f_i)$ はいったん計算したら固定的な比率としておく。

非競争輸入型モデルの場合と区別するため,競争輸入型モデルの配分係数行列と輸入の配分行列の記号を $\mathbf{C}$ と $\mathbf{C}_m$ に変えて記述する。すると配分係数行列は次のように表すことができる。

$$\mathbf{C} = \begin{bmatrix} \left(1-\dfrac{m_1}{z_{11}+z_{12}+f_1}\right)z_{11}/x_1 & \left(1-\dfrac{m_1}{z_{11}+z_{12}+f_1}\right)z_{12}/x_1 \\ \left(1-\dfrac{m_2}{z_{21}+z_{22}+f_2}\right)z_{21}/x_2 & \left(1-\dfrac{m_2}{z_{21}+z_{22}+f_2}\right)z_{22}/x_2 \end{bmatrix}$$

$$= \begin{pmatrix} (1-M_1)z_{11}/x_1 & (1-M_1)z_{12}/x_1 \\ (1-M_2)z_{21}/x_2 & (1-M_2)z_{22}/x_2 \end{pmatrix}$$

$$= \begin{pmatrix} 1-M_1 & 0 \\ 0 & 1-M_2 \end{pmatrix} \begin{pmatrix} z_{11}/x_1 & z_{12}/x_1 \\ z_{21}/x_2 & z_{22}/x_2 \end{pmatrix} = (\mathbf{I}-\hat{\mathbf{M}})\mathbf{B} = (\mathbf{I}-\hat{\mathbf{M}})\hat{\mathbf{x}}^{-1}\mathbf{Z}$$

また,輸入の配分係数行列は,

第 2 章　貿易構造の変化による産業構造への影響分析　　　　　　　　　　41

$$\mathbf{C}_m = \begin{bmatrix} \dfrac{z_{11}}{z_{11}+z_{12}+f_1}m_1/m_1 & \dfrac{z_{12}}{z_{11}+z_{12}+f_1}m_1/m_1 \\ \dfrac{z_{21}}{z_{21}+z_{22}+f_2}m_2/m_2 & \dfrac{z_{22}}{z_{21}+z_{22}+f_2}m_2/m_2 \end{bmatrix}$$

$$= \begin{bmatrix} \dfrac{m_1}{z_{11}+z_{12}+f_1}z_{11}/m_1 & \dfrac{m_1}{z_{11}+z_{12}+f_1}z_{12}/m_1 \\ \dfrac{m_2}{z_{21}+z_{22}+f_2}z_{21}/m_2 & \dfrac{m_2}{z_{21}+z_{22}+f_2}z_{22}/m_2 \end{bmatrix}$$

$$= \begin{pmatrix} M_1 \cdot z_{11}/m_1 & M_1 \cdot z_{12}/m_1 \\ M_2 \cdot z_{21}/m_2 & M_2 \cdot z_{22}/m_2 \end{pmatrix} = \begin{pmatrix} M_1 & 0 \\ 0 & M_2 \end{pmatrix} \begin{pmatrix} z_{11}/m_1 & z_{12}/m_1 \\ z_{21}/m_2 & z_{22}/m_2 \end{pmatrix}$$

$$= \hat{\mathbf{M}} \begin{pmatrix} z_{11}/m_1 & z_{12}/m_1 \\ z_{21}/m_2 & z_{22}/m_2 \end{pmatrix} = \hat{\mathbf{M}} \hat{\mathbf{m}}^{-1} \mathbf{Z}$$

あるいは，

$$\mathbf{C}_m = \begin{bmatrix} \dfrac{z_{11}}{z_{11}+z_{12}+f_1}m_1/m_1 & \dfrac{z_{12}}{z_{11}+z_{12}+f_1}m_1/m_1 \\ \dfrac{z_{21}}{z_{21}+z_{22}+f_2}m_2/m_2 & \dfrac{z_{22}}{z_{21}+z_{22}+f_2}m_2/m_2 \end{bmatrix}$$

$$= \begin{bmatrix} \dfrac{z_{11}}{z_{11}+z_{12}+f_1} & \dfrac{z_{12}}{z_{11}+z_{12}+f_1} \\ \dfrac{z_{21}}{z_{21}+z_{22}+f_2} & \dfrac{z_{22}}{z_{21}+z_{22}+f_2} \end{bmatrix} = (\mathbf{diag}(\mathbf{Zi}+\mathbf{f}))^{-1}\mathbf{Z}$$

配分係数には輸入 m が含まれているが，これは輸入制約前の値であり，いったん計算したら固定することになる。

これらを，(3.14)，(3.15) に代入すれば，すべて前方連関効果が続くとすれば，

$$\Delta \mathbf{x} = (\mathbf{I} - \mathbf{C}^T)^{-1} \mathbf{C}_m^T \Delta \mathbf{m} \tag{3.18}$$

また前方連関効果は直接効果のみで，あとは通常の後方連関効果が作用するとした場合は以下のようになる。

$$\Delta x = (I-A)^{-1} C_m^T \Delta m \qquad (3.19)$$

以下，この2種類のモデルを用いて分析を進める。

3.3 輸入制約シミュレーション

以上の検討のもとに，各年ごとにどの部門の輸入制約がわが国の生産に大きな影響を与えるのかを分析し，その推移を検討する。

(1) $\Delta x = (I-C^T)^{-1} C_m^T \Delta m$ 型のモデルによる結果

まず，すべて前方連関効果が続く（3.18）のモデルによる輸入制約の波及効果分析の結果を，表5に示す。この表では，左側は平成22年における1単位の輸入制約の波及効果の順位で整理したものであり，その順位に至るまでの推移を示している。また右側はその1単位の輸入制約の波及効果の水準を記載してある。

なお，使用した平成7-12-17年接続連関表と平成20年以降の延長表では若干の産業分類の細かさが異なるが，正確さを失わない範囲で部門を対応付けている。接続産業連関表ではサービス業を除いた範囲では，「農林水産業」がさらに細分化されていること，「なめし革・毛皮・同製品」，「飼料・有機質肥料（除別掲）」，「たばこ」，「船舶・同修理」が分離されていることがある。対応を付けるために，「なめし革・毛皮・同製品」は「その他の製造工業製品」に，「飼料・有機質肥料（除別掲）」，「たばこ」は「食料品」に，「船舶・同修理」は「その他の輸送機械・同修理」と合わせて，それぞれ延長表の「農林水産業」，「その他の製造工業製品」，「食料品・たばこ」，「その他の輸送機械」と対応させている。またこれは産業連関表の段階で統合したのではなく，輸入制約の波及効果を求めた後で輸入額で加重平均し，接続産業連関表の部門項目の中で上位に現れたものと延長表の部門項目を突き合わせている。

図7は，表5の1単位の輸入制約の波及効果の水準（平成22年分）を図示したものである。同様に順位で整理されている。

さらに，導出された単位輸入制約のショックに対して，輸入量をかけるこ

とによってショックの規模を見るために作成されたグラフが図 8 である（数値は平成 22 年）。注意しなければならないことは，このグラフは「輸入規模」×「1 単位の輸入制約の波及効果」で計算された，単位ショックと輸入規模を同時に見ようとする作図であり，「輸入規模」総額が輸入制約されたときのショックではないことである。線型モデルであるので輸入総額をすべて制約した時の計算は可能であるが，経済活動が停止するところまでのディテールの再現はできない。

　これらの計算結果と順位変化の傾向を同時に見るためにこれらをプロットした散布図を作成した（図 9）。なお図 9 においては両軸とも 3 分位でデータを区切っている。

　図 9 からは，輸入制約の波及効果が大きい部門の順位変化の傾向は以下のようになる。

　1 単位の輸入制約の波及効果が大きい部門（上位 33.3 % タイル）は上位はほぼ素材・原料系で占められている。先にデータファインディングで抽出された貿易量の大きな加工・組立系の中間財，「半導体素子・集積回路」，「その他の電子部品」，「自動車部品・同付属品」，「プラスチック製品」，を中心に見ていこう（貿易量増加傾向の順位で列挙）。前 2 者は貿易量はあまり変化しないグループ，後 2 者は貿易量が減少傾向にあるグループに含まれていた。また「プラスチック製品」は貿易量が大きい部門（上位 33.3 パーセンタイル）からはわずかに外れた所にあった。これらの部門については以下のような状況にある。

- 「プラスチック製品」は 1 単位の輸入制約の波及効果が大きい部門（上位 33.3 % タイル）に入っている。順位の変化が鈍いグループに入っているが，相対的に順位上昇傾向にある。
- 「その他の電子部品」，「半導体素子・集積回路」，「自動車部品・同付属品」は 1 単位の輸入制約の波及効果は素材系よりも大きくはないが，その順位は穏やかではあるが上昇傾向にある。すなわち，国外とのリンケージはある程度は強化されつつある。
- 上記の国外との関連が深くなりつつあるグループの中に，貿易量は上位ではなかった「その他の一般機械器具及び部品」があり，順位上昇傾向

表5　1単位の輸入制約の波及効果（$\Delta x = (I - C^T)^{-1} C_m^T \Delta m$, $\Delta m = 1$ 単位）

接続産業連関表		順位推移				
		接続産業連関表			延長表	
No.	部門	H7	H12	H17	H20	H21	H22

No.	部門	H7	H12	H17	H20	H21	H22
37	銑鉄・粗鋼	2	2	2	2	1	1
6	金属鉱物	1	1	1	1	2	2
29	石炭製品	8	8	5	3	3	3
17	パルプ・紙・板紙・加工紙	4	4	3	4	5	4
22	石油化学基礎製品	3	3	4	5	4	5
24	合成樹脂	6	6	6	6	6	6
8	石炭・原油・天然ガス	10	10	9	7	9	7
23	有機化学工業製品（除石化）	5	5	8	9	7	8
20	化学肥料	12	12	12	24	12	9
38	鋼材	11	11	11	11	11	10
21	無機化学工業製品	9	9	10	10	10	11
41	非鉄金属製錬・精製	7	7	7	8	8	12
40	その他の鉄鋼製品	14	14	14	12	13	13
25	化学繊維	15	15	15	16	14	14
30	プラスチック製品	16	16	16	15	16	15
19	印刷・製版・製本	13	13	13	13	19	16
36	その他の窯業・土石製品	23	23	20	18	20	17
15	製材・木製品	24	24	25	14	18	18
7	非金属鉱物	21	21	22	17	21	19
39	鋳鍛造品	18	18	17	19	17	20
59	自動車部品・同付属品	19	19	18	20	15	21
35	陶磁器	36	36	31	28	22	22
18	紙加工品	17	17	21	22	27	23
42	非鉄金属加工製品	20	20	19	21	25	24
56	その他の電子部品	27	27	24	23	24	25
33	ガラス・ガラス製品	22	22	26	26	23	26
44	その他の金属製品	28	28	23	30	29	27
31	ゴム製品	25	25	27	25	26	28
55	半導体素子・集積回路	30	30	28	27	28	29
13	繊維工業製品	26	26	29	32	30	30
28	石油製品	29	29	30	29	31	31
43	建設・建築用金属製品	34	34	33	33	32	32
34	セメント・セメント製品	32	32	34	34	34	33
26	医薬品	39	39	38	31	33	34
16	家具・装備品	40	40	35	35	35	35

第2章 貿易構造の変化による産業構造への影響分析

1単位の輸入制約の波及効果					延長表	
接続産業連関表			延長表			
H7	H12	H17	H20	H21	H22	部門	No.
---	---	---	---	---	---	---	---
3.59	3.59	3.57	3.47	3.85	3.63	銑鉄・粗鋼	30
3.92	3.92	3.66	3.55	3.72	3.50	金属鉱物	2
2.56	2.56	2.79	3.11	3.20	3.13	石炭製品	23
2.86	2.86	2.93	2.88	2.98	2.97	パルプ・紙・板紙・加工紙	11
3.26	3.26	2.86	2.77	3.02	2.73	石油化学基礎製品	16
2.61	2.61	2.58	2.47	2.76	2.48	合成樹脂	18
2.50	2.50	2.45	2.45	2.51	2.42	石炭・原油・天然ガス	4
2.71	2.71	2.47	2.36	2.59	2.39	有機化学工業製品（除石化）	17
2.23	2.23	2.17	1.65	2.33	2.33	化学肥料	14
2.30	2.30	2.27	2.27	2.47	2.32	鋼材	31
2.51	2.51	2.35	2.29	2.47	2.30	無機化学基礎製品	15
2.58	2.58	2.49	2.43	2.55	2.27	非鉄金属製錬・精製	34
2.06	2.06	2.06	1.99	2.15	2.03	その他の鉄鋼製品	33
2.00	2.00	2.04	1.89	2.15	2.01	化学繊維	19
1.87	1.87	1.98	1.92	2.02	1.94	プラスチック製品	24
2.08	2.08	2.06	1.99	1.96	1.92	印刷・製版・製本	13
1.64	1.64	1.79	1.86	1.91	1.90	その他の窯業・土石製品	29
1.61	1.61	1.63	1.92	2.01	1.90	製材・木製品	9
1.72	1.72	1.67	1.88	1.91	1.88	非金属鉱物	3
1.80	1.80	1.90	1.84	2.01	1.87	鋳鍛造品	32
1.73	1.73	1.86	1.80	2.04	1.76	自動車部品・同付属品	52
1.13	1.13	1.39	1.57	1.81	1.73	陶磁器	28
1.83	1.83	1.76	1.69	1.70	1.68	紙加工品	12
1.72	1.72	1.81	1.73	1.75	1.67	非鉄金属加工製品	35
1.57	1.57	1.63	1.65	1.75	1.63	その他の電子部品	49
1.67	1.67	1.62	1.59	1.78	1.61	ガラス・ガラス製品	26
1.55	1.55	1.64	1.52	1.61	1.57	その他の金属製品	37
1.59	1.59	1.62	1.59	1.70	1.57	ゴム製品	25
1.37	1.37	1.55	1.58	1.68	1.56	半導体素子・集積回路	48
1.59	1.59	1.55	1.39	1.56	1.52	繊維工業製品	7
1.47	1.47	1.43	1.54	1.46	1.42	石油製品	22
1.22	1.22	1.32	1.30	1.37	1.37	建設・建築用金属製品	36
1.23	1.23	1.30	1.30	1.35	1.34	セメント・セメント製品	27
0.97	0.97	0.99	1.40	1.36	1.33	化学最終製品（除医薬品）	20
0.97	0.97	1.29	1.27	1.30	1.31	家具・装備品	10

表5（つづき）

接続産業連関表		順位推移					
		接続産業連関表			延長表		
No.	部門	H7	H12	H17	H20	H21	H22
1〜5	（農林水産業）	35	35	36	36	36	36
47	その他の一般機械器具及び部品	41	41	40	37	37	37
49	産業用電気機器	38	38	37	40	38	38
60・61	（その他の輸送機械）	37	37	41	41	39	39
27	化学最終製品（除医薬品）	31	31	32	38	40	40
51	その他の電気機器	33	33	39	39	41	41
45	一般産業機械	42	42	42	42	42	42
32・63	（その他の製造工業製品）	43	43	43	43	43	43
48	事務用・サービス用機器	44	44	44	44	44	44
46	特殊産業機械	47	47	46	46	45	45
9・11・12	（食料品・たばこ）	46	46	47	45	46	46
14	衣服・その他の繊維既製品	48	48	45	47	47	47
62	精密機械	45	45	48	48	48	48
10	飲料	49	49	49	49	49	49
50	電子応用装置・電気計測器	51	51	50	50	51	50
52	民生用電気機器	50	50	51	51	50	51
53	通信機械・同関連機器	53	53	52	52	52	52
54	電子計算機・同付属装置	52	52	53	53	53	53
58	その他の自動車	54	54	54	54	54	54
57	乗用車	55	55	55	55	55	55

　は上記3部門よりも強い。
- 1単位の輸入制約の波及効果が素材系ほど大きくはない中位グループ内には加工・組立系の中間財を主とする生産部門として，「その他の金属製品」，「鋳鍛造品」，「非鉄金属加工製品」などがあるが，順位変化は低下傾向にある。

　貿易量は低下傾向であるが，1単位の輸入制約の波及効果が上昇傾向にある「その他の電子部品」，「自動車部品・同付属品」などは，わが国がキーノードであるサプライチェーンからサブノードでに転じていく様相を示している可能性がある。

　これに対して「半導体素子・集積回路」は貿易量が非常に大きく，またそ

第 2 章　貿易構造の変化による産業構造への影響分析　　47

| 1 単位の輸入制約の波及効果 ||||| 延長表 ||
| 接続産業連関表 ||| 延長表 ||||
H7	H12	H17	H20	H21	H22	部門	No.
1.17	1.13	1.05	1.14	1.12	1.11	農林水産業	1
0.92	0.92	0.94	1.01	1.08	1.09	その他の一般機械器具及び部品	40
1.00	1.00	1.03	0.95	1.03	1.07	産業用電気機器	42
1.02	1.02	0.92	0.93	1.02	1.04	その他の輸送機械	53
1.32	1.32	1.35	1.00	0.98	1.00	医薬品	21
1.23	1.23	0.95	0.98	0.97	0.97	その他の電気機器	44
0.79	0.79	0.82	0.72	0.77	0.80	一般産業機械	38
0.64	0.63	0.65	0.68	0.71	0.72	その他の製造工業製品	55
0.61	0.61	0.55	0.62	0.58	0.57	事務用・サービス用機器	41
0.38	0.38	0.48	0.49	0.54	0.53	特殊産業機械	39
0.41	0.40	0.42	0.50	0.51	0.51	食料品・たばこ	5
0.37	0.37	0.50	0.48	0.50	0.48	衣服・その他の繊維既製品	8
0.44	0.44	0.37	0.34	0.37	0.37	精密機械	54
0.29	0.29	0.28	0.29	0.29	0.27	飲料	6
0.23	0.23	0.24	0.22	0.23	0.20	電子応用装置・電気計測器	43
0.28	0.28	0.23	0.22	0.24	0.20	民生用電気機器	45
0.17	0.17	0.16	0.13	0.13	0.12	通信機械・同関連機器	46
0.19	0.19	0.08	0.08	0.07	0.06	電子計算機・同付属装置	47
0.01	0.01	0.01	0.01	0.01	0.02	その他の自動車	51
0.00	0.00	0.00	0.00	0.00	0.00	乗用車	50

の順位変化も鈍い。しかし輸入制約の波及効果では順位は上昇気味である。貿易量だけではあまり変化していないように見えるが，技術的な位置づけ，サプライチェーン内での位置づけの変化がうかがわれる。計測期間（平成 7 年（1995）～平成 22 年（2010））は DRAM シェアの下降から液晶の栄枯盛衰を含む。この後の変動に着目する必要はあるだろう。

　さらに輸入量の規模を含めて輸入制約の波及効果を見るために，図 9 の縦軸を「輸入規模」×「輸入制約の波及効果」に換えたグラフが図 10 である。

　輸入規模による影響の大きさを加味した図 10 からは以下のことが分かる。先に注目した加工・組立系の中間財生産部門では，

- 「その他の電子部品」，「半導体素子・集積回路」，「自動車部品・同付属

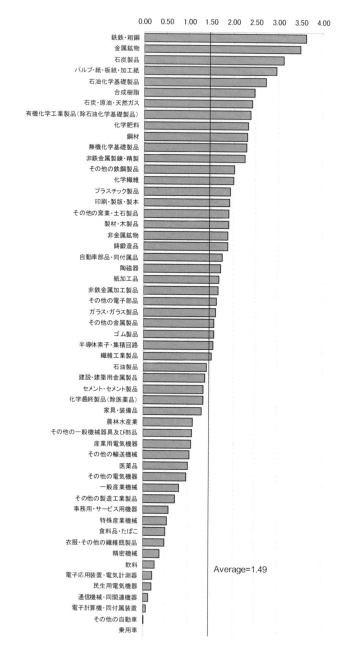

図7　1単位の輸入制約の波及効果（$\Delta x = (I-C^T)^{-1} C_m^T \Delta m$, $\Delta m = 1$ 単位），平成22年

第2章 貿易構造の変化による産業構造への影響分析

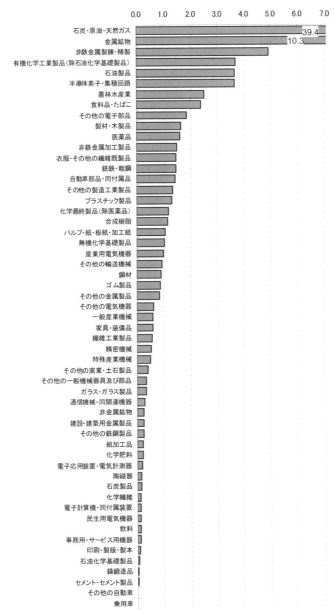

図8 「輸入規模」×「輸入制約の波及効果」
$(\mathbf{m}^T \Delta \mathbf{x} = \mathbf{\dot{m}}^T (\mathbf{I} - \mathbf{C}^T)^{-1} \mathbf{C}_m^T \Delta \mathbf{m}, \ \Delta \mathbf{m} = 1 \text{単位})$, 平成22年

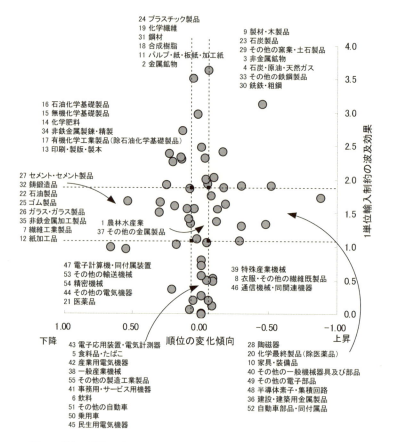

図9 「輸入制約の波及効果」の順位変化の傾向と水準
(使用モデル：$\Delta x = (I - C^T)^{-1} C_m^T \Delta m$, $\Delta m = 1$ 単位), 平成22年

品」は1単位輸入制約の波及効果も順位上昇傾向であり，また輸入規模も大きいため，図10では右上部の3分位象限に現れる（1単位輸入制約の波及効果自体は素材系に劣る）。
- 「プラスチック製品」はそれらに次ぐ位置にある。
- 1単位輸入制約の波及効果が順位上昇傾向だった「その他の金属製品」，「鋳鍛造品」は，輸入規模では下位になるが，「非鉄金属加工製品」は輸入規模は大きい。しかし1単位輸入制約の波及効果は順位低下傾向にあ

第2章 貿易構造の変化による産業構造への影響分析

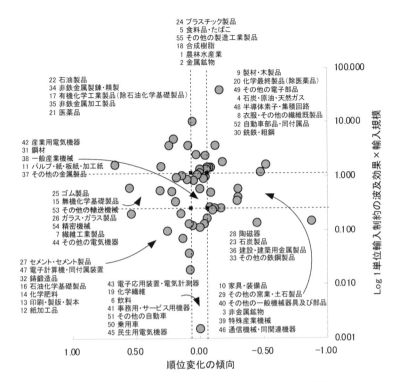

図10 「輸入規模」×「輸入制約の波及効果」の順位変化の傾向と水準
（使用モデル：$m^T \Delta x = m^T (I - C^T)^{-1} C_m^T \Delta m$, $\Delta m = 1$ 単位），平成22年

る。

　前節で貿易量（輸出入量の積）の位置づけから見た注目部門の動向では，生産財関連と比較して，加工・組立系の中間財関連部門は順位が低下しつつあることが見られた。「半導体素子・集積回路」「その他の電子部品」はほとんど順位は変化しなかったが，「自動車部品・同付属品」，「プラスチック製品」は順位を下げつつあった。

　これに図10から得られる情報を付加すれば，「その他の電子部品」，「半導体素子・集積回路」，「自動車部品・同付属品」，「プラスチック製品」は輸入される付加価値の影響が上昇しつつあることが分かる。国際的なチェーンへの関与が弱くなり，なおかつ輸入付加価値の影響が増大するということは，

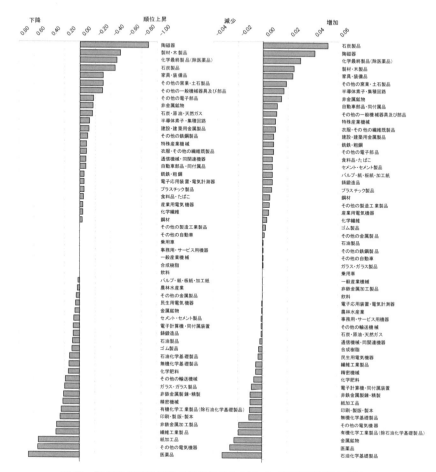

図11 「1単位の輸入制約の波及効果」(右) と「部門別順位」(左) の平均変化傾向 ($\Delta x = (I - C^T)^{-1} C_m^T \Delta m$)

フラグメンテーションの中心が移動して，なおかつそれ自体は濃密化したことを意味している可能性がある。

なお，部門別順位と，1単位の輸入制約の波及効果の平均変化傾向を測ったものは，図11にその結果を示す。このグラフも先に示した図6と同様，順位と年次の単回帰の係数なので，順位が上昇＝順位番号が減少，すなわち負数の絶対値が大きいほど急速に順位が上昇したことを示している。

表6　24 プラスチック製品

順位	24 プラスチック製品の輸入制約がショックを与える部門			輸入制約により，24 プラスチック製品へショックを与える他部門		
	部門（to）	Δx	累積比率	部門（by）	Δx	投入係数
1	24 プラスチック製品	0.334	0.250	18 合成樹脂	0.959	0.173
2	52 自動車部品・同付属品	0.168	0.375	24 プラスチック製品	0.334	0.236
3	50 乗用車	0.110	0.458	16 石油化学基礎製品	0.281	0.000
4	5 食料品・たばこ	0.088	0.524	17 有機化学工業製品(除石化基)	0.271	0.037
5	6 飲料	0.052	0.562	15 無機化学基礎製品	0.078	0.005
6	13 印刷・製版・製本	0.051	0.601	26 ガラス・ガラス製品	0.057	0.006
7	46 通信機械・同関連機器	0.039	0.63	14 化学肥料	0.051	0.000
8	44 その他の電気機器	0.039	0.658	22 石油製品	0.036	0.002
9	21 医薬品	0.036	0.686	11 パルプ・紙・板紙・加工紙	0.031	0.004
10	49 その他の電子部品	0.034	0.711	4 石炭・原油・天然ガス	0.029	0.000
11	55 その他の製造工業製品	0.034	0.736	20 化学最終製品(除医薬品)	0.025	0.007
12	20 化学最終製品(除医薬品)	0.032	0.76	12 紙加工品	0.021	0.003
13	1 農林水産業	0.026	0.779	19 化学繊維	0.020	0.000
14	42 産業用電気機器	0.026	0.799	10 家具・装備品	0.012	0.001
15	48 半導体素子・集積回路	0.024	0.817	23 石炭製品	0.012	0.000
16	12 紙加工品	0.023	0.834	29 その他の窯業・土石製品	0.011	0.000
17	39 特殊産業機械	0.021	0.849	7 繊維工業製品	0.010	0.001
18	54 精密機械	0.019	0.864	9 製材・木製品	0.010	0.000
19	51 その他の自動車	0.017	0.877	13 印刷・製版・製本	0.009	0.000
20	41 事務用・サービス用機器	0.017	0.889	37 その他の金属製品	0.009	0.002
	合計	1.339	1.000	合計	－	1.000

（2）　輸入制約の波及効果から見た産業構造

　着目した加工・組立系の中間財生産部門について，その輸入制約が他の部門にどのような影響を及ぼすか，すなわち生産額減少は影響を受けたどの部門によるものか，および逆の他部門からの影響について，計算結果をさらに詳細に検討する。ここでは計算結果が膨大な量になるので，平成22年のデータを特に取り上げる。

　表6～9は，それぞれ「プラスチック製品」，「半導体素子・集積回路」，「その他の電子部品」，「自動車部品・同付属品」について整理したものである。いずれの表も左側に当該部門の1単位の輸入制約の及ぼす影響を上位か

表7　48 半導体素子・集積回路

順位	48 半導体素子・集積回路の輸入制約がショックを与える部門			輸入制約により，48 半導体素子・集積回路へショックを与える他部門		
	部門（to）	Δx	累積比率	部門（by）	Δx	投入係数
1	49 その他の電子部品	0.319	0.230	49 その他の電子部品	0.164	0.185
2	46 通信機械・同関連機器	0.206	0.380	44 その他の電気機器	0.164	0.071
3	48 半導体素子・集積回路	0.149	0.488	48 半導体素子・集積回路	0.149	0.087
4	47 電子計算機・同付属装置	0.135	0.585	28 陶磁器	0.149	0.011
5	52 自動車部品・同付属品	0.113	0.667	34 非鉄金属製錬・精製	0.037	0.014
6	41 事務用・サービス用機器	0.084	0.728	26 ガラス・ガラス製品	0.030	0.002
7	43 電子応用装置・電気計測器	0.081	0.787	29 その他の窯業・土石製品	0.030	0.006
8	54 精密機械	0.062	0.832	15 無機化学基礎製品	0.029	0.006
9	42 産業用電気機器	0.053	0.870	18 合成樹脂	0.026	0.003
10	45 民生用電気機器	0.049	0.905	24 プラスチック製品	0.024	0.021
11	50 乗用車	0.043	0.936	35 非鉄金属加工製品	0.020	0.008
12	39 特殊産業機械	0.020	0.951	17 有機化学工業製品(除石化基)	0.015	0.004
13	55 その他の製造工業製品	0.015	0.962	25 ゴム製品	0.015	0.005
14	51 その他の自動車	0.009	0.968	13 印刷・製版・製本	0.015	0.007
15	44 その他の電気機器	0.009	0.974	2 金属鉱物	0.014	0.000
16	38 一般産業機械	0.008	0.980	7 繊維工業製品	0.014	0.002
17	53 その他の輸送機械	0.007	0.985	11 パルプ・紙・板紙・加工紙	0.012	0.001
18	37 その他の金属製品	0.003	0.987	16 石油化学基礎製品	0.012	0.000
19	5 食料品・たばこ	0.003	0.989	37 その他の金属製品	0.012	0.006
20	40 その他の一般機械器具及び部品	0.002	0.990	3 非金属鉱物	0.009	0.000
	合計	1.383	1.000	合計	−	1.000

ら，右側に他部門からのショックについて上位から列挙している。左側の当該部門の1単位の輸入制約がショックを与える部門とその波及効果（Δx）は，どの部門で生産額がどの程度減少するかを示している。また右側では，参考のために当該部門の投入係数を掲載している。

投入係数の大きさの順序と，輸入制約により当該部門に影響を及ぼす他部門の順序はほとんど一致していない。輸入制約によるショックと，投入係数には上位で登場するものには当然のことながら共通するものもあるが，輸入制約によるショックはさまざまな経路をたどって影響を及ぼしていることが分かる。各表を見ることに，よってさらに以下のようなことが分かる。

表8　49 その他の電子部品

順位	49 その他の電子部品の輸入制約がショックを与える部門			輸入制約により，49 その他の電子部品へショックを与える他部門		
	部門（to）	Δx	累積比率	部門（by）	Δx	投入係数
1	49 その他の電子部品	0.381	0.288	28 陶磁器	0.516	0.026
2	46 通信機械・同関連機器	0.237	0.467	49 その他の電子部品	0.381	0.250
3	48 半導体素子・集積回路	0.164	0.591	48 半導体素子・集積回路	0.319	0.106
4	47 電子計算機・同付属装置	0.117	0.679	26 ガラス・ガラス製品	0.163	0.019
5	43 電子応用装置・電気計測器	0.071	0.733	44 その他の電気機器	0.080	0.014
6	52 自動車部品・同付属品	0.060	0.778	35 非鉄金属加工製品	0.077	0.033
7	54 精密機械	0.058	0.822	34 非鉄金属製錬・精製	0.067	0.007
8	41 事務用・サービス用機器	0.051	0.861	18 合成樹脂	0.052	0.006
9	42 産業用電気機器	0.034	0.886	15 無機化学基礎製品	0.048	0.005
10	45 民生用電気機器	0.027	0.907	37 その他の金属製品	0.044	0.022
11	50 乗用車	0.027	0.927	24 プラスチック製品	0.034	0.016
12	39 特殊産業機械	0.021	0.943	11 パルプ・紙・板紙・加工紙	0.032	0.004
13	38 一般産業機械	0.018	0.956	17 有機化学工業製品（除石化基）	0.027	0.004
14	37 その他の金属製品	0.007	0.961	2 金属鉱物	0.027	0.000
15	51 その他の自動車	0.006	0.966	29 その他の窯業・土石製品	0.027	0.001
16	53 その他の輸送機械	0.006	0.970	3 非金属鉱物	0.027	0.000
17	55 その他の製造工業製品	0.005	0.974	33 その他の鉄鋼製品	0.024	0.002
18	44 その他の電気機器	0.005	0.977	16 石油化学基礎製品	0.023	0.000
19	5 食料品・たばこ	0.004	0.981	13 印刷・製版・製本	0.021	0.004
20	31 鋼材	0.002	0.982	12 紙加工品	0.021	0.003
	合計	1.324	1.000	合計	−	1.000

- 「半導体素子・集積回路」の輸入制約が電気・電子系の製品に影響を及ぼす，また電気・電子系の製品・部品や素材系の輸入制約から影響を及ぼされることは直感的である．しかし，ガラスや窯業，無機化学などからの影響は，投入係数で示されるよりもはるかに影響が大きい．また，自動車部品など，輸送機器への影響がかなり大きいことがわかる．
- 「その他の電子部品」についても同様に，電気・電子系と相互に影響を及ぼしあうのと同時に，輸送機器への影響がかなり大きい．
- 「プラスチック製品」は「自動車部品・同付属品」，「乗用車」への影響が極めて大きい．

表9 52 自動車部品・同付属品

順位	52 自動車部品・同付属品の輸入制約がショックを与える部門			輸入制約により、52 自動車部品・同付属品へショックを与える他部門		
	部門（to）	Δx	累積比率	部門（by）	Δx	投入係数
1	52 自動車部品・同付属品	0.762	0.500	52 自動車部品・同付属品	0.762	0.404
2	50 乗用車	0.589	0.887	32 鋳鍛造品	0.551	0.022
3	51 その他の自動車	0.124	0.968	35 非鉄金属加工製品	0.272	0.029
4	53 その他の輸送機械	0.012	0.976	42 産業用電気機器	0.264	0.027
5	5 食料品・たばこ	0.004	0.978	33 その他の鉄鋼製品	0.258	0.010
6	49 その他の電子部品	0.002	0.98	34 非鉄金属製錬・精製	0.247	0.008
7	39 特殊産業機械	0.002	0.981	31 鋼材	0.245	0.034
8	31 鋼材	0.002	0.982	25 ゴム製品	0.236	0.012
9	24 プラスチック製品	0.002	0.983	30 銑鉄・粗鋼	0.202	-0.001
10	38 一般産業機械	0.002	0.984	40 その他の一般機械器具及び部品	0.199	0.009
11	1 農林水産業	0.001	0.985	2 金属鉱業	0.177	0.000
12	21 医薬品	0.001	0.986	18 合成樹脂	0.170	0.015
13	46 通信機械・同関連機器	0.001	0.987	24 プラスチック製品	0.168	0.024
14	48 半導体素子・集積回路	0.001	0.988	23 石炭製品	0.124	0.000
15	42 産業用電気機器	0.001	0.988	48 半導体素子・集積回路	0.113	0.008
16	30 銑鉄・粗鋼	0.001	0.989	20 化学最終製品(除医薬品)	0.104	0.011
17	13 印刷・製版・製本	0.001	0.99	29 その他の窯業・土石製品	0.100	0.002
18	20 化学最終製品(除医薬品)	0.001	0.99	37 その他の金属製品	0.100	0.011
19	37 その他の金属製品	0.001	0.991	17 有機化学工業製品(除石化基)	0.081	0.000
20	6 飲料	0.001	0.991	16 石油化学基礎製品	0.070	0.000
	合計	1.523	1.000	合計	―	1.000

(3) $\Delta x = (I - A^T)^{-1} C_m^T \Delta m$ 型のモデルによる結果

次に，前方連関効果は直接効果のみで，あとは通常の後方連関効果が作用するとした（3.19）のモデルによる輸入制約の波及効果分析の結果を，表10 に示す。

図12 は，表10 の1単位の輸入制約の波及効果の水準（平成22年分）を図示したものである。同様に順位で整理されている。

さらに，導出された単位輸入制約のショックに対して，輸入量をかけることによってショックの規模を見るために作成されたグラフが図13 である（数値は平成22年）。すでに図9 で解説したが，このグラフは「輸入規模」×

「1 単位の輸入制約の波及効果」で計算された，単位ショックと輸入規模を同時に見ようとする作図であり，「輸入規模」総額が輸入制約されたときのショックではない。線型モデルであるので輸入総額をすべて制約した時の計算は可能であるが，経済活動が停止するところまでのディテールの再現はできないことは同じである。

これらの計算結果と順位変化の傾向を同時に見るためにこれらをプロットした散布図を作成した（図 14）。なお図 9 と同様に，両軸とも 3 分位でデータを区切っている。

すべて前方連関効果が続くとした先のモデル（$\Delta \mathbf{x} = (\mathbf{I} - \mathbf{C}^T)^{-1} \mathbf{C}_m^T \Delta \mathbf{m}$，図 9）では，1 単位の輸入制約の波及効果が大きい部門（上位 33.3 ％ タイル）は上位はほぼ素材・原料系で占められていた。これに対してこの前方連関効果は直接効果のみで，あとは通常の後方連関効果が作用するとしたモデル（$\Delta \mathbf{x} = (\mathbf{I} - \mathbf{A}^T)^{-1} \mathbf{C}_m^T \Delta \mathbf{m}$，図 14）では，上位に「その他の電子部品」，「プラスチック製品」，「半導体素子・集積回路」，「自動車部品・同付属品」が出現している。これは後方連関の効果がかなり大きいためである。いったんショックを受けた後は，それにあわせて生産調整を行うことを模式している。ただし，先のモデルと異なり，「その他の電子部品」以外はそれほど順位については大きな変化のないグループに入っている。

さらに輸入量の規模を含めて輸入制約の波及効果を見るために，図 14 の縦軸を「輸入規模」×「輸入制約の波及効果」に換えたグラフが図 15 である。

輸入規模による影響の大きさを加味した場合は，先のモデル（図 14）では「その他の電子部品」，「半導体素子・集積回路」，「自動車部品・同付属品」は右上部の 3 分位象限（もっとも前方連関効果が大きく，また順位が上昇しているグループ）に出現していた。本モデル（図 15）では「その他の電子部品」以外は前方連関効果は大きいが，それほど順位については大きな変化のないグループに入っている。これは図 14 の場合と同様である。

モデルの選択によって「半導体素子・集積回路」，「自動車部品・同付属品」の輸入制約の影響の順位グループが変化するということは，これらが境界に近い位置にあることを示している。すなわち，「その他の電子部品」のみは確実に輸入される付加価値の影響が上昇しつつあることが確認できる。

表10　1単位の輸入制約の波及効果（$\Delta x = (I-A)^{-1} C_m^T \Delta m$, $\Delta m = 1$ 単位）

接続産業連関表		順位推移					
		接続産業連関表			延長表		
No.	部門	H7	H12	H17	H20	H21	H22
37	銑鉄・粗鋼	1	1	3	2	1	1
22	石油化学基礎製品	3	2	1	1	2	2
59	自動車部品・同付属品	2	3	2	3	3	3
38	鋼材	5	7	7	5	4	4
23	有機化学工業製品（除石化）	7	4	4	4	5	5
6	金属鉱物	4	5	6	8	10	6
29	石炭製品	15	18	17	11	13	7
24	合成樹脂	8	6	8	7	6	8
55	半導体素子・集積回路	9	8	9	9	8	9
39	鋳鍛造品	10	10	10	10	9	10
40	その他の鉄鋼製品	11	13	13	13	12	11
56	その他の電子部品	13	12	11	12	11	12
41	非鉄金属製錬・精製	6	9	5	6	7	13
21	無機化学工業製品	12	11	12	14	15	14
33	ガラス・ガラス製品	17	16	16	16	14	15
25	化学繊維	14	14	14	18	16	16
17	パルプ・紙・板紙・加工紙	18	19	19	20	20	17
35	陶磁器	33	31	30	21	17	18
30	プラスチック製品	19	17	18	17	18	19
20	化学肥料	29	26	23	32	21	20
42	非鉄金属加工製品	16	15	15	15	19	21
7	非金属鉱物	22	22	27	22	22	22
36	その他の窯業・土石製品	27	28	24	23	24	23
8	石炭・原油・天然ガス	30	27	20	19	23	24
43	建設・建築用金属製品	23	25	26	28	28	25
44	その他の金属製品	28	30	22	26	26	26
15	製材・木製品	20	20	29	24	25	27
34	セメント・セメント製品	24	24	25	27	29	28
31	ゴム製品	25	21	21	25	27	29
13	繊維工業製品	21	23	28	31	30	30
18	紙加工品	26	29	31	29	31	31
19	印刷・製版・製本	31	32	32	30	32	32
51	その他の電気機器	32	33	34	33	33	33
49	産業用電気機器	36	38	35	39	38	34
27	化学最終製品（除医薬品）	37	36	38	36	34	35

第2章 貿易構造の変化による産業構造への影響分析

1単位の輸入制約の波及効果						延長表	
接続産業連関表			延長表				
H7	H12	H17	H20	H21	H22	部門	No.
2.86	2.90	3.20	3.37	3.60	3.46	銑鉄・粗鋼	30
2.60	2.89	3.28	3.56	3.42	3.24	石油化学基礎製品	16
2.80	2.85	3.28	3.31	3.40	3.10	自動車部品・同付属品	52
2.51	2.55	2.8	3.01	3.16	3.00	鋼材	31
2.45	2.65	2.92	3.08	3.10	2.93	有機化学工業製品(除石化)	17
2.57	2.60	2.80	2.90	2.90	2.83	金属鉱物	2
2.21	2.20	2.49	2.79	2.74	2.78	石炭製品	23
2.44	2.56	2.77	2.90	3.04	2.77	合成樹脂	18
2.41	2.52	2.75	2.85	2.96	2.74	半導体素子・集積回路	48
2.39	2.45	2.70	2.80	2.91	2.71	鋳鍛造品	32
2.35	2.35	2.59	2.75	2.76	2.68	その他の鉄鋼製品	33
2.28	2.37	2.67	2.76	2.83	2.68	その他の電子部品	49
2.50	2.48	2.83	2.96	2.98	2.67	非鉄金属製錬・精製	34
2.29	2.39	2.59	2.69	2.70	2.57	無機化学基礎製品	15
2.20	2.21	2.50	2.56	2.74	2.54	ガラス・ガラス製品	26
2.24	2.32	2.55	2.53	2.68	2.49	化学繊維	19
2.18	2.19	2.34	2.43	2.45	2.48	パルプ・紙・板紙・加工紙	11
1.72	1.88	2.13	2.40	2.58	2.46	陶磁器	28
2.15	2.21	2.45	2.55	2.52	2.44	プラスチック製品	24
1.86	2.04	2.18	1.88	2.38	2.40	化学肥料	14
2.20	2.23	2.54	2.61	2.50	2.40	非鉄金属加工製品	35
2.10	2.08	2.14	2.35	2.36	2.32	非金属鉱物	3
1.95	2.01	2.16	2.34	2.35	2.31	その他の窯業・土石製品	29
1.83	2.01	2.34	2.52	2.36	2.30	石炭・原油・天然ガス	4
2.06	2.06	2.14	2.22	2.25	2.24	建設・建築用金属製品	36
1.94	1.97	2.18	2.24	2.26	2.22	その他の金属製品	37
2.11	2.15	2.13	2.3	2.32	2.21	製材・木製品	9
2.05	2.07	2.15	2.23	2.22	2.21	セメント・セメント製品	27
2.03	2.09	2.29	2.25	2.25	2.10	ゴム製品	25
2.10	2.08	2.14	1.99	2.13	2.07	繊維工業製品	7
2.03	1.98	2.06	2.08	2.04	2.03	紙加工品	12
1.82	1.85	1.90	2.00	1.94	1.91	印刷・製版・製本	13
1.76	1.76	1.66	1.76	1.71	1.68	その他の電気機器	44
1.41	1.35	1.62	1.58	1.60	1.66	産業用電気機器	42
1.40	1.46	1.57	1.69	1.64	1.65	医薬品	21

表10（つづき）

接続産業連関表		順位推移					
		接続産業連関表			延長表		
No.	部門	H7	H12	H17	H20	H21	H22
16	家具・装備品	40	39	37	38	35	36
26	医薬品	34	34	33	34	36	37
1～5	（農林水産業）	35	35	36	35	37	38
28	石油製品	38	37	39	37	39	39
60・61	（その他の輸送機械）	39	40	40	40	40	40
47	その他の一般機械器具及び部品	41	41	41	41	41	41
45	一般産業機械	42	42	42	42	42	42
32・63	（その他の製造工業製品）	44	44	45	43	43	43
9・11・12	（食料品・たばこ）	46	46	46	45	44	44
46	特殊産業機械	47	45	44	44	45	45
48	事務用・サービス用機器	43	43	43	46	46	46
14	衣服・その他の繊維既製品	51	50	47	47	47	47
62	精密機械	45	47	48	48	48	48
10	飲料	48	48	49	49	49	49
50	電子応用装置・電気計測器	52	51	50	50	50	50
52	民生用電気機器	49	49	51	51	51	51
53	通信機械・同関連機器	53	53	52	52	52	52
54	電子計算機・同付属装置	50	52	53	53	53	53
58	その他の自動車	54	54	54	54	54	54
57	乗用車	55	55	55	55	55	55

なお，部門別順位と，1単位の輸入制約の波及効果の平均変化傾向を測ったものは，図16にその結果を示す。

3.4 2種類のモデルの比較

すべて前方連関効果が続くとした先のモデル（$\Delta \mathbf{x} = (\mathbf{I} - \mathbf{C}^T)^{-1} \mathbf{C}_m^T \Delta \mathbf{m}$）での結果と，後出の前方連関効果は直接効果のみで，あとは通常の後方連関効果が作用するとしたモデル（$\Delta \mathbf{x} = (\mathbf{I} - \mathbf{A}^T)^{-1} \mathbf{C}_m^T \Delta \mathbf{m}$）では，やや効果が異なっていた。顕著な差は図9，図14に見えた，前者のモデルでは1単位の輸入制約の波及効果では上位には素材や原燃料系のみが出現したが，後者のモデルでは加工・組立系の部門も出現していたことがあげられる。

1単位の輸入制約の波及効果						延長表	
接続産業連関表			延長表				
H7	H12	H17	H20	H21	H22	部門	No.
1.21	1.32	1.57	1.66	1.64	1.64	家具・装備品	10
1.61	1.61	1.67	1.75	1.61	1.59	化学最終製品（除医薬品）	20
1.58	1.51	1.59	1.71	1.61	1.59	農林水産業	1
1.36	1.35	1.47	1.67	1.48	1.46	石油製品	22
1.26	1.32	1.29	1.40	1.46	1.45	その他の輸送機械	53
1.14	1.19	1.28	1.39	1.38	1.42	その他の一般機械器具及び部品	40
1.11	1.07	1.25	1.11	1.09	1.13	一般産業機械	38
0.72	0.71	0.74	0.85	0.87	0.87	その他の製造工業製品	55
0.64	0.67	0.69	0.78	0.76	0.76	食料品・たばこ	5
0.57	0.68	0.76	0.78	0.73	0.74	特殊産業機械	39
0.81	0.76	0.79	0.74	0.69	0.67	事務用・サービス用機器	41
0.40	0.41	0.57	0.60	0.60	0.58	衣服・その他の繊維既製品	8
0.66	0.62	0.56	0.53	0.58	0.56	精密機械	54
0.56	0.55	0.55	0.49	0.49	0.45	飲料	6
0.40	0.39	0.44	0.42	0.41	0.36	電子応用装置・電気計測器	43
0.49	0.41	0.39	0.34	0.35	0.32	民生用電気機器	45
0.34	0.25	0.36	0.30	0.26	0.25	通信機械・同関連機器	46
0.42	0.33	0.18	0.18	0.17	0.14	電子計算機・同付属装置	47
0.02	0.02	0.02	0.02	0.02	0.03	その他の自動車	51
0.00	0.00	0.00	0.00	0.00	0.00	乗用車	50

　また，国内での連関構造が密な産業の場合，後者のモデルでは輸入制約の影響が大きく評価される。両モデルで得られた各部門の値を散布図にすると図17のようになる。

4. 輸出による輸入誘発から見た産業構造と貿易構造

4.1　輸出誘発輸入のモデル化

　次に，海外とのリンケージの強さを別な側面，すなわち後方連関効果の考え方による，輸出による輸入誘発から見てみる。まず，前出の競争輸入型モデル（式 (3.17)）を変形する。

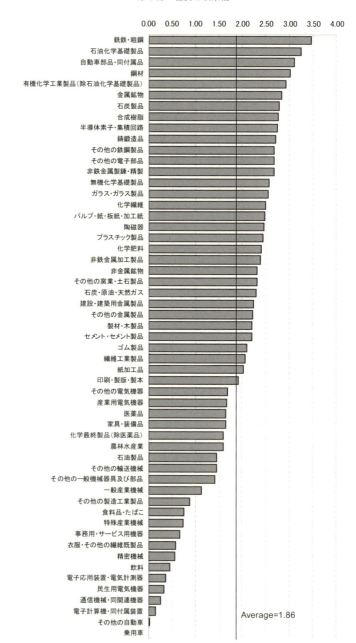

図 12　1 単位の輸入制約の波及効果（$\Delta x = (I-A)^{-1} C_m^T \Delta m$, $\Delta m = 1$ 単位），平成 22 年

第 2 章 貿易構造の変化による産業構造への影響分析

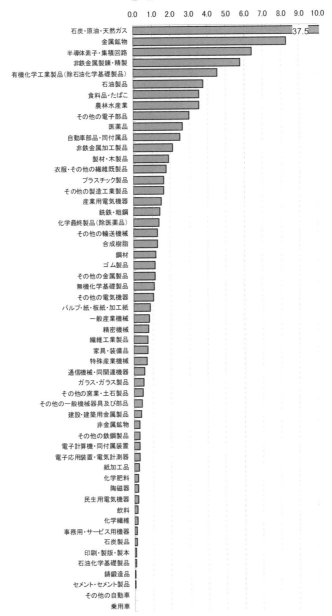

図 13 「輸入規模」×「輸入制約の波及効果」
($\mathbf{m}^T \Delta \mathbf{x} = \mathbf{m}^T (\mathbf{I}-\mathbf{A})^{-1} \mathbf{C}_m^T \Delta \mathbf{m}$, $\Delta \mathbf{m}=1$ 単位), 平成 22 年

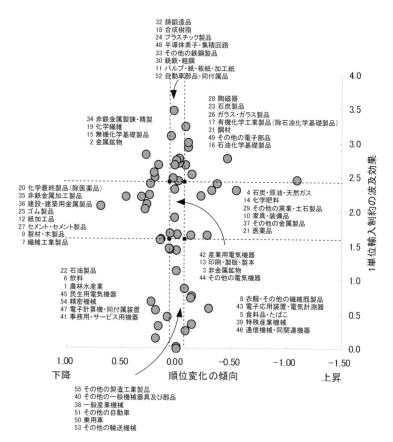

図14 「輸入制約の波及効果」の順位変化の傾向と水準
（使用モデル：$\Delta x = (I-A)^{-1} C_m^T \Delta m$, $\Delta m = 1$ 単位），平成22年

$$x = (I - (I - \hat{M})A)^{-1}((I - \hat{M})f + e)$$
$$= \overline{L}((I - \hat{M})f + e)$$

最後の項では，競争輸入型モデルのLeontief逆行列を，$\overline{L} = (I - (I - \hat{M})A)^{-1}$ と置いている。

ここで，このモデルの最終需要部分を国内最終需要と輸出とに分解する。

第 2 章　貿易構造の変化による産業構造への影響分析　　　65

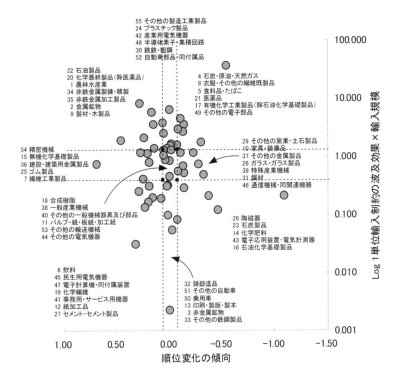

図15　「輸入規模」×「輸入制約の波及効果」の順位変化の傾向と水準
　　　（使用モデル：$m^T \Delta x = m^T (I-A)^{-1} C_m^T \Delta m$，$\Delta m = 1$ 単位），平成 22 年

$$x = \overline{L}((I-\hat{M})f + e) = \overline{L}(I-\hat{M})f + \overline{L} \cdot e$$

第 1 項，$x_d = \overline{L}(I-\hat{M})f$ は国内最終需要による産出分，第 2 項，$x_e = \overline{L} \cdot e$ は輸出による産出分である。この輸出による産出分 x_e のために必要な輸入 m_e（輸出による輸入誘発）は，以下のように考える。

上記の分解から，産出 x は国内最終需要による産出分 x_d と輸出による産出分 x_e からなる。

$$x = x_d + x_e$$

輸入ベクトル m と，輸入係数行列 $\hat{M}$ の関係は式（3.16）より，

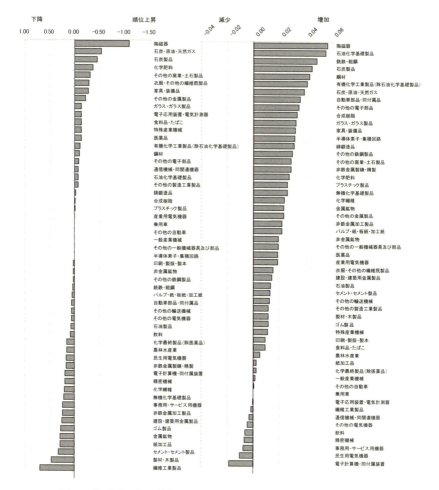

図16 「1単位の輸入制約の波及効果」(右) と「部門別順位」(左) の平均変化傾向 ($\Delta x = (I-A)^{-1} C_m^T \Delta m$)

$$m = \hat{M}(Ax+f)$$

よって以上から,

$$m = \hat{M}(A(x_d+x_e)+f) = \hat{M}Ax_d + \hat{M}Ax_e + \hat{M}f$$

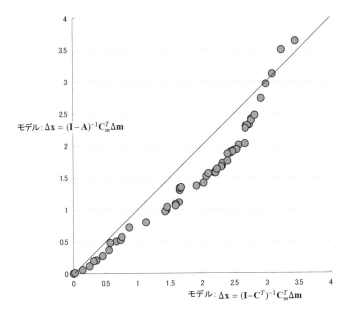

図17 モデル（$\Delta x = (I - C^T)^{-1}C_m^T\Delta m$）とモデル（$\Delta x = (I - A)^{-1}C_m^T\Delta m$）の比較

この輸入を分解した式の意味は，第1項は中間需要による輸入誘発分，第3項は最終需要による輸入誘発分であり，第2項の $m_e = MAx_e$ が，輸出による輸入誘発分になる[17]。

第1項と第3項をあわせて，国内需要によって誘発される輸入として，$m_d = \hat{M}Ax_d + \hat{M}f = \hat{M}(Ax_d + f)$ と置くことができる。以上を整理すれば，

$$m_e = \hat{M}Ax_e = \hat{M}AL \cdot e = \hat{M}A(I - (I - \hat{M})A)^{-1}e \quad (4.1)$$

であり，$m_d = m - m_e$ である。なお，$\hat{M}A\overline{L}$ の部分を，輸出による輸入誘発係数行列という。この考え方に従って，輸出 e，輸入 m およびその分解である，国内需要による輸入誘発 m_d と輸出による輸入誘発 m_e の関係から，貿易構造を分析できる。

計算の方法は，輸出による輸入誘発係数行列 $\hat{M}A\overline{L}$ を求め，これを用いて輸出による輸入誘発 $m_e = \hat{M}A\overline{L}e$ と国内需要による輸入誘発 $m_d = m - m_e$ を求める。産業構造・貿易構造の分析には，さらに輸出に誘発される輸入の比

率 $\frac{m_e}{m}$，国内需要に誘発される輸入の比率 $\frac{m_d}{m}$，輸出に対する誘発輸入の比率 $\frac{m_e}{e}$ などを用いて議論することができる．

4.2 輸出誘発輸入の導出
(1) 輸出誘発輸入の水準と変化傾向

以上のモデル（式 (4.1)）を用いて，各年ごとに各部門の単位輸出がどのように輸入を誘発しているのか分析し，さらにその推移を検討する．

まず，輸出誘発輸入の分析結果を表 11 に示す．これは，式 4.1 を用いて，各部門が独立に 1 単位の輸出をした場合，全部門で誘発される輸入額を計算し，総和したものである．この表では，これまでの分析同様，左側は平成 22 年における 1 単位の輸出による誘発輸入額の順位で整理したものであり，その順位に至るまでの推移を示している．また右側はその 1 単位の輸出誘発輸入の水準を記載してある．

使用した平成 7-12-17 年接続連関表と平成 20 年以降の延長表では若干の産業分類の細かさが異なるが，正確さを失わない範囲で部門を対応付けていることもこれまでの分析と同様である．

なお，表 11 における輸出誘発輸入額の順位を図 18 に示す．図 18 には平成 12 年と 10 年後の平成 22 年の結果を示し，後で検討する部門別の順位変化も分かるようにしてある．さらにこの図ではこれまで着目してきた加工・組立系の中間財生産部門である「半導体素子・集積回路」，「その他の電子部品」，「自動車部品・同付属品」，「プラスチック製品」の各部門の推移を記入してある．さらに部門別順位と，1 単位の輸出誘発輸入の平均変化傾向を測った結果を，図 19 に示す．このグラフもこれまでの分析と同様，，順位と年次の単回帰の係数なので，順位が上昇＝順位番号が減少，すなわち負数の絶対値が大きいほど急速に順位が上昇したことを示している．

表 11，図 19 からは，これまで着目してきた加工・組立系の中間財生産部門である「半導体素子・集積回路」，「その他の電子部品」，「自動車部品・同付属品」，「プラスチック製品」は，いずれも急速に順位を上げてきたことが分かる．ただし，水準から見た場合，「半導体素子・集積回路」，「その他の電子部品」は素材系に次いで増加傾向の上位にあるが，「自動車部品・同付

属品」はどちらかというと中位にある。またこれは増加傾向の順位に近い。特に「その他の電子部品」,「半導体素子・集積回路」の各部門は輸出誘発輸入額も上位にあり，またさらに増加傾向も大きかった。これに対して「自動車部品・同付属品」はいずれも中位であった。

図19より判明するより特徴的な傾向は，すべての部門で輸出誘発輸入が増加傾向にあるということである。その中で，順位を上げた部門と順位を下げた部門がある。

これらの傾向は，先の図18に明らかである。「その他の電子部品」,「半導体素子・集積回路」はきわめて急激に輸出誘発輸入の水準と順位を上げたことが示されている。これに対して「自動車部品・同付属品」,「プラスチック製品」は増加し，また順位も増加しているが，先の2部門ほどではない。

(2) 輸出誘発輸入における自部門比率の水準と変化傾向

次に表12に，誘発された輸入の内，輸出した部門と同じ部門に対する誘発輸入の比率を計算したものを示す。これは式4.1を用いて，各年ごとに各部門の単位輸出がどのように輸入を誘発するかが算出されるが，その誘発輸入は産業構造を介して全部門にわたる。表11ではそれらを総和したが，表12はその部門別内訳に入り，独立に単位輸出をした部門と同部門からの輸入額を抽出し，それを誘発輸入額総和で除した比率を計算したものである。同部門への誘発輸入の傾向は，フラグメンテーションに代表される生産工程の分断を示唆する。

なお，表12における輸出誘発輸入の内，自部門からの輸入比率の順位を図20に示す。先の図18同様，図20には平成12年と10年後の平成22年の結果を示し，後で検討する部門別の順位変化も分かるようにしてある。同様に，この図ではこれまで着目してきた加工・組立系の中間財生産部門である「半導体素子・集積回路」,「その他の電子部品」,「自動車部品・同付属品」,「プラスチック製品」の各部門の推移を記入してある。

なおこの図においてはグラフのバー自体の長さは図18と同じものであるが，黒い部分が自部門に対する誘発輸入を示している。自部門に対する誘発輸入比率を直接示したものではないので読み方には注意する必要がある。

表11 単位輸出による誘発輸入

No.	接続表 部門	順位推移 接続表			延長表		
		H7	H12	H17	H20	H21	H22
29	石炭製品	3	2	3	3	1	1
28	石油製品	1	3	1	1	2	2
41	非鉄金属製錬・精製	2	1	2	4	3	3
22	石油化学基礎製品	4	5	4	2	4	4
37	銑鉄・粗鋼	6	6	7	7	5	5
42	非鉄金属加工製品	5	4	5	5	6	6
23	有機化学工業製品（除石化）	9	8	6	6	7	7
24	合成樹脂	7	7	8	8	8	8
38	鋼材	10	10	11	10	9	9
54	電子計算機・同付属装置	8	11	9	11	10	10
20	化学肥料	11	13	10	9	11	11
56	その他の電子部品	21	39	13	14	12	12
53	通信機械・同関連機器	14	21	14	16	14	13
40	その他の鉄鋼製品	25	15	23	20	17	14
25	化学繊維	13	14	12	12	13	15
55	半導体素子・集積回路	40	46	17	18	15	16
50	電子応用装置・電気計測器	12	22	15	17	16	17
21	無機化学工業製品	15	16	16	13	18	18
26	医薬品	52	52	52	15	19	19
48	事務用・サービス用機器	16	29	18	22	20	20
52	民生用電気機器	28	34	22	24	25	21
51	その他の電気機器	17	12	19	19	21	22
30	プラスチック製品	27	30	24	21	22	23
13	繊維工業製品	22	20	20	23	23	24
43	建設・建築用金属製品	38	31	37	27	36	25
49	産業用電気機器	30	33	27	26	30	26
57	乗用車	34	38	29	28	26	27
61	（その他の輸送機械・同修理）	35	32	31	25	24	28
17	パルプ・紙・板紙・加工紙	19	17	34	31	34	29
59	自動車部品・同付属品	36	40	32	32	27	30
31	ゴム製品	20	25	26	29	29	31
58	その他の自動車	31	36	30	33	28	32
62	精密機械	26	27	28	36	31	33
15	製材・木製品	18	9	33	35	35	34
14	衣服・その他の繊維既製品	29	26	25	40	32	35

第2章 貿易構造の変化による産業構造への影響分析　　71

| 1単位の輸出の誘発輸入 | | | | | | 延長表 | |
| 接続表 | | | 延長表 | | | | |
H7	H12	H17	H20	H21	H22	部門	No.
0.38	0.39	0.57	0.69	0.62	0.63	石炭製品	23
0.49	0.35	0.63	0.77	0.57	0.61	石油製品	22
0.43	0.45	0.57	0.57	0.56	0.54	非鉄金属製錬・精製	34
0.36	0.26	0.54	0.70	0.46	0.52	石油化学基礎製品	16
0.24	0.20	0.33	0.46	0.41	0.48	銑鉄・粗鋼	30
0.30	0.31	0.42	0.49	0.39	0.42	非鉄金属加工製品	35
0.20	0.15	0.34	0.47	0.34	0.36	有機化学工業製品（除石化）	17
0.21	0.16	0.33	0.45	0.33	0.35	合成樹脂	18
0.16	0.14	0.24	0.33	0.31	0.33	鋼材	31
0.21	0.14	0.27	0.30	0.28	0.29	電子計算機・同付属装置	47
0.15	0.12	0.25	0.37	0.28	0.28	化学肥料	14
0.12	0.08	0.22	0.27	0.25	0.25	その他の電子部品	49
0.14	0.10	0.21	0.25	0.23	0.24	通信機械・同関連機器	46
0.12	0.11	0.17	0.24	0.22	0.24	その他の鉄鋼製品	33
0.15	0.11	0.23	0.29	0.24	0.24	化学繊維	19
0.09	0.07	0.19	0.24	0.23	0.23	半導体素子・集積回路	48
0.15	0.10	0.21	0.24	0.23	0.22	電子応用装置・電気計測器	43
0.13	0.11	0.19	0.27	0.20	0.21	無機化学基礎製品	15
0.07	0.05	0.10	0.26	0.20	0.21	化学最終製品（除医薬品）	20
0.13	0.09	0.19	0.23	0.19	0.21	事務用・サービス用機器	41
0.11	0.08	0.18	0.22	0.18	0.20	民生用電気機器	45
0.13	0.12	0.18	0.24	0.19	0.20	その他の電気機器	44
0.11	0.08	0.17	0.24	0.19	0.20	プラスチック製品	24
0.12	0.10	0.18	0.22	0.18	0.20	繊維工業製品	7
0.09	0.08	0.14	0.20	0.16	0.19	建設・建築用金属製品	36
0.11	0.08	0.16	0.21	0.17	0.18	産業用電気機器	42
0.10	0.08	0.16	0.20	0.18	0.18	乗用車	50
0.10	0.08	0.15	0.21	0.18	0.18	その他の輸送機械	53
0.12	0.11	0.15	0.20	0.16	0.18	パルプ・紙・板紙・加工紙	11
0.10	0.07	0.15	0.20	0.17	0.18	自動車部品・同付属品	52
0.12	0.09	0.16	0.20	0.17	0.18	ゴム製品	25
0.11	0.08	0.15	0.20	0.17	0.18	その他の自動車	51
0.11	0.09	0.16	0.19	0.16	0.17	精密機械	54
0.12	0.15	0.15	0.19	0.16	0.17	製材・木製品	9
0.11	0.09	0.16	0.18	0.16	0.17	衣服・その他の繊維既製品	8

表11（つづき）

	接続表	順位推移					
		接続表			延長表		
No.	部門	H7	H12	H17	H20	H21	H22
63	（その他の製造工業製品）	24	18	35	34	33	36
16	家具・装備品	33	23	38	41	37	37
39	鋳鍛造品	42	35	39	30	38	38
44	その他の金属製品	46	44	46	44	43	39
9	（食料品・たばこ）	32	19	36	39	40	40
45	一般産業機械	43	41	45	46	42	41
7	非金属鉱物	37	49	43	38	44	42
46	特殊産業機械	39	45	40	45	39	43
35	陶磁器	41	51	42	37	41	44
33	ガラス・ガラス製品	47	47	47	42	46	45
36	その他の窯業・土石製品	44	42	44	43	45	46
47	その他の一般機械器具及び部品	50	50	51	49	50	47
18	紙加工品	45	37	49	50	47	48
34	セメント・セメント製品	48	43	50	48	49	49
1	（農林水産業）	49	48	48	47	48	50
27	化学最終製品（除医薬品）	23	28	21	51	51	51
6	金属鉱物	51	53	53	52	52	52
10	飲料	53	24	41	53	53	53
19	印刷・製版・製本	54	54	54	54	55	54
8	石炭・原油・天然ガス	55	55	55	55	54	55

　さらに表12における部門別順位と，自部門への輸出誘発輸入比率の平均変化傾向を測った結果を，図21にその結果を示す。このグラフもこれまでの分析と同様，順位と年次の単回帰の係数なので，順位が上昇＝順位番号が減少，すなわち負数の絶対値が大きいほど急速に順位が上昇したことを示している。

　表12，図21からは，平成22年には「半導体素子・集積回路」が輸出誘発輸入の自部門比率できわめて高い位置にあることが示されている。「その他の電子部品」，「自動車部品・同付属品」，「プラスチック製品」はいずれも高い順位にあるが「半導体素子・集積回路」ほどではない。図21からはこれらの部門がいずれも高い順位変化傾向にあることが示されているが，やは

1単位の輸出の誘発輸入						延長表	
接続表			延長表				
H7	H12	H17	H20	H21	H22	部門	No.
0.12	0.10	0.15	0.20	0.16	0.17	その他の製造工業製品	55
0.11	0.10	0.14	0.18	0.15	0.16	家具・装備品	10
0.09	0.08	0.14	0.20	0.15	0.15	鋳鍛造品	32
0.08	0.07	0.12	0.17	0.13	0.15	その他の金属製品	37
0.11	0.10	0.14	0.18	0.14	0.15	食料品・たばこ	5
0.09	0.07	0.12	0.16	0.13	0.14	一般産業機械	38
0.09	0.06	0.13	0.19	0.13	0.14	非金属鉱物	3
0.09	0.07	0.14	0.16	0.14	0.14	特殊産業機械	39
0.09	0.06	0.13	0.19	0.13	0.14	陶磁器	28
0.08	0.07	0.12	0.17	0.12	0.13	ガラス・ガラス製品	26
0.09	0.07	0.13	0.17	0.13	0.13	その他の窯業・土石製品	29
0.07	0.06	0.10	0.15	0.12	0.13	その他の一般機械器具及び部品	40
0.09	0.08	0.11	0.14	0.12	0.13	紙加工品	12
0.07	0.07	0.10	0.15	0.12	0.13	セメント・セメント製品	27
0.07	0.06	0.11	0.15	0.12	0.13	農林水産業	1
0.12	0.09	0.18	0.13	0.11	0.11	医薬品	21
0.07	0.05	0.09	0.12	0.10	0.10	金属鉱物	2
0.06	0.09	0.13	0.11	0.08	0.09	飲料	6
0.06	0.05	0.07	0.09	0.07	0.08	印刷・製版・製本	13
0.04	0.03	0.06	0.09	0.07	0.07	石炭・原油・天然ガス	4

り「半導体素子・集積回路」がきわめて高い順位にある。

　これらの傾向は図20でもうかがわれるが，誘発輸入自体の図18にあったような「その他の電子部品」，「半導体素子・集積回路」だけの急激な上昇はない。

(3) 輸出誘発輸入・自部門比率の水準と変化傾向

　輸出誘発輸入そして自部門比率について，その水準と変化が見やすくなるように，それぞれの順位変化の傾向と水準を両軸にとって示した散布図を図22，図23に示す。この図もこれまでの水準と傾向の散布図と同様に3分位で象限を分割してある。

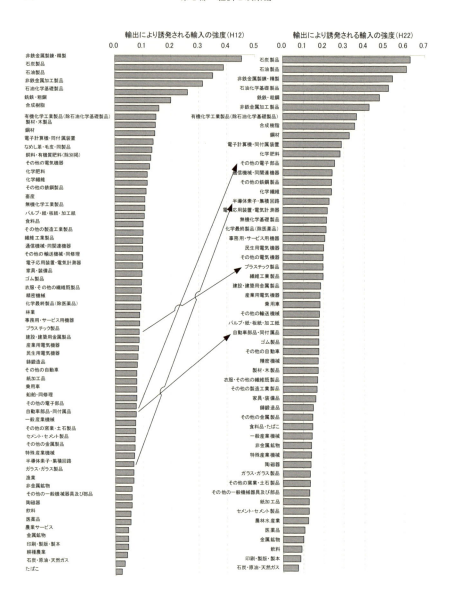

図18 各部門の単位輸出による誘発輸入（平成12年・22年）

第2章 貿易構造の変化による産業構造への影響分析　　75

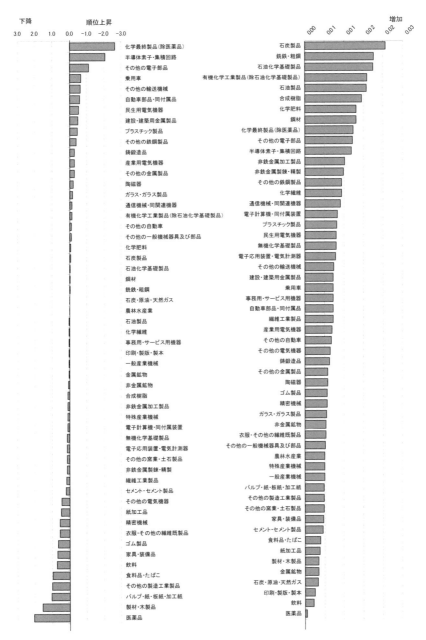

図19　「1単位輸出による誘発輸入の波及効果」（右）と「部門別順位」（左）の平均変化傾向

表12 輸出による誘発輸入における自部門輸入比率

	接続表	順位推移					
		接続表			延長表		
No.	部門	H7	H12	H17	H20	H21	H22
8	石炭・原油・天然ガス	1	4	2	1	1	1
15	製材・木製品	3	6	1	2	2	2
55	半導体素子・集積回路	14	15	4	5	5	3
13	繊維工業製品	2	1	3	4	6	4
23	有機化学工業製品（除石化）	4	2	5	9	3	5
61	その他の輸送機械・同修理	11	8	8	3	4	6
9	食料品	12	9	7	6	7	7
1	耕種農業	19	20	26	7	9	8
17	パルプ・紙・板紙・加工紙	7	3	11	12	10	9
56	その他の電子部品	13	19	9	8	8	10
20	化学肥料	9	12	12	10	12	11
46	特殊産業機械	6	14	6	11	13	12
21	無機化学工業製品	18	17	17	15	15	13
45	一般産業機械	17	16	13	16	14	14
63	その他の製造工業製品	15	13	16	13	11	15
49	産業用電気機器	16	18	15	19	16	16
59	自動車部品・同付属品	20	26	19	17	17	17
54	電子計算機・同付属装置	8	7	14	18	18	18
30	プラスチック製品	22	30	20	21	19	19
41	非鉄金属製錬・精製	10	11	18	14	21	20
52	民生用電気機器	28	29	24	22	20	21
47	その他の一般機械器具及び部品	24	35	22	23	22	22
26	医薬品	31	28	30	24	24	23
51	その他の電気機器	25	24	33	26	25	24
50	電子応用装置・電気計測器	26	21	25	25	26	25
14	衣服・その他の繊維既製品	34	37	27	27	23	26
27	化学最終製品（除医薬品）	21	25	23	29	28	27
37	銑鉄・粗鋼	27	22	21	20	32	28
36	その他の窯業・土石製品	32	31	34	30	29	29
33	ガラス・ガラス製品	29	33	31	34	31	30
31	ゴム製品	33	32	35	31	30	31
48	事務用・サービス用機器	23	23	28	28	27	32
16	家具・装備品	35	39	36	33	33	33
62	精密機械	5	5	32	32	34	34
38	鋼材	30	27	29	35	36	35

第2章　貿易構造の変化による産業構造への影響分析　　　　　　　　　　77

1単位の輸出の誘発輸入						延長表	
接続表			延長表				
H7	H12	H17	H20	H21	H22	部門	No.
0.38	0.31	0.40	0.49	0.46	0.48	石炭・原油・天然ガス	4
0.33	0.28	0.40	0.35	0.38	0.37	製材・木製品	9
0.19	0.15	0.28	0.24	0.30	0.30	半導体素子・集積回路	48
0.34	0.38	0.32	0.26	0.30	0.30	繊維工業製品	7
0.32	0.37	0.25	0.19	0.32	0.27	有機化学工業製品（除石化）	17
0.21	0.24	0.23	0.28	0.32	0.26	その他の輸送機械	53
0.21	0.24	0.23	0.22	0.26	0.26	食料品・たばこ	5
0.11	0.12	0.07	0.21	0.20	0.21	農林水産業	1
0.25	0.32	0.21	0.16	0.18	0.20	パルプ・紙・板紙・加工紙	11
0.20	0.12	0.23	0.20	0.23	0.20	その他の電子部品	49
0.22	0.21	0.19	0.18	0.18	0.18	化学肥料	14
0.29	0.16	0.25	0.17	0.17	0.17	特殊産業機械	39
0.13	0.13	0.14	0.14	0.15	0.17	無機化学基礎製品	15
0.16	0.15	0.17	0.14	0.16	0.17	一般産業機械	38
0.16	0.16	0.15	0.15	0.18	0.16	その他の製造工業製品	55
0.16	0.13	0.15	0.13	0.16	0.14	産業用電気機器	42
0.10	0.08	0.12	0.13	0.13	0.13	自動車部品・同付属品	52
0.24	0.24	0.17	0.13	0.12	0.13	電子計算機・同付属装置	47
0.10	0.06	0.11	0.09	0.12	0.11	プラスチック製品	24
0.22	0.22	0.13	0.15	0.09	0.10	非鉄金属製錬・精製	34
0.06	0.07	0.08	0.08	0.11	0.09	民生用電気機器	45
0.08	0.05	0.09	0.08	0.09	0.09	その他の一般機械器具及び部品	40
0.06	0.07	0.06	0.07	0.08	0.08	化学最終製品（除医薬品）	20
0.08	0.10	0.05	0.07	0.08	0.08	その他の電気機器	44
0.08	0.11	0.08	0.07	0.08	0.08	電子応用装置・電気計測器	43
0.05	0.04	0.07	0.06	0.08	0.07	衣服・その他の繊維既製品	8
0.10	0.09	0.09	0.05	0.07	0.07	医薬品	21
0.07	0.11	0.09	0.09	0.05	0.07	銑鉄・粗鋼	30
0.06	0.06	0.05	0.05	0.06	0.06	その他の窯業・土石製品	29
0.06	0.06	0.06	0.04	0.06	0.06	ガラス・ガラス製品	26
0.05	0.06	0.05	0.04	0.04	0.05	ゴム製品	25
0.09	0.10	0.06	0.06	0.07	0.05	事務用・サービス用機器	41
0.04	0.02	0.05	0.04	0.05	0.05	家具・装備品	10
0.30	0.30	0.05	0.04	0.04	0.04	精密機械	54
0.06	0.08	0.06	0.04	0.03	0.04	鋼材	31

表12（つづき）

No.	接続表 部門	順位推移 接続表			順位推移 延長表		
		H7	H12	H17	H20	H21	H22
44	その他の金属製品	37	38	37	36	35	36
42	非鉄金属加工製品	41	44	38	37	37	37
10	飲料	38	10	10	38	38	38
53	通信機械・同関連機器	36	34	39	39	39	39
35	陶磁器	39	36	40	40	40	40
28	石油製品	40	42	42	41	42	41
6	金属鉱物	43	41	41	42	41	42
19	印刷・製版・製本	42	40	43	43	43	43
34	セメント・セメント製品	44	46	45	44	44	44
7	非金属鉱物	48	43	47	46	47	45
43	建設・建築用金属製品	50	50	49	47	45	46
18	紙加工品	47	48	48	49	48	47
22	石油化学基礎製品	46	45	46	48	46	48
24	合成樹脂	49	47	50	50	49	49
29	石炭製品	45	49	44	45	51	50
25	化学繊維	51	51	51	51	50	51
39	鋳鍛造品	52	52	52	52	52	52
40	その他の鉄鋼製品	53	53	53	53	53	53
57	乗用車	54	54	54	54	54	54
58	その他の自動車	55	55	55	55	55	55

　1単位の輸出による誘発輸入の順位変化の傾向と水準を散布図にした図22では，「その他の電子部品」と「半導体素子・集積回路」が水準も順位上昇も最も大きな右上の領域にある。これは先の表12，図20，図21で見た結果を端的に示している。「プラスチック製品」，「自動車部品・同付属品」は上昇傾向は大きいが，中程度の水準にある。

　輸入誘発の水準の大きな部門（領域としては最上部）はほぼ素材系である。加工・組立系では「その他の電子部品」と「半導体素子・集積回路」以外には「通信機械・同関連機器」，「電子計算機・同付属装置」，「電子応用装置・電気計測器」があるがいずれも最終財を主とする部門である。また「通信機械・同関連機器」は順位上昇が大きい領域にあるが，あとの2部門は順

第 2 章　貿易構造の変化による産業構造への影響分析　　79

1 単位の輸出の誘発輸入						延長表	
接続表			延長表				
H7	H12	H17	H20	H21	H22	部門	No.
0.03	0.03	0.04	0.03	0.04	0.03	その他の金属製品	37
0.01	0.01	0.02	0.03	0.03	0.03	非鉄金属加工製品	35
0.02	0.22	0.22	0.02	0.03	0.02	飲料	6
0.03	0.05	0.02	0.01	0.02	0.02	通信機械・同関連機器	46
0.01	0.04	0.01	0.01	0.01	0.01	陶磁器	28
0.01	0.01	0.01	0.01	0.01	0.01	石油製品	22
0.01	0.01	0.01	0.01	0.01	0.01	金属鉱物	2
0.01	0.01	0.01	0.01	0.01	0.01	印刷・製版・製本	13
0.01	0.01	0.01	0.00	0.01	0.01	セメント・セメント製品	27
0.00	0.01	0.00	0.00	0.00	0.01	非金属鉱物	3
0.00	0.00	0.00	0.00	0.01	0.00	建設・建築用金属製品	36
0.00	0.00	0.00	0.00	0.00	0.00	紙加工品	12
0.00	0.01	0.00	0.00	0.01	0.00	石油化学基礎製品	16
0.00	0.00	0.00	0.00	0.00	0.00	合成樹脂	18
0.00	0.00	0.01	0.00	0.00	0.00	石炭製品	23
0.00	0.00	0.00	0.00	0.00	0.00	化学繊維	19
0.00	0.00	0.00	0.00	0.00	0.00	鋳鍛造品	32
0.00	0.00	0.00	0.00	0.00	0.00	その他の鉄鋼製品	33
0.00	0.00	0.00	0.00	0.00	0.00	乗用車	50
0.00	0.00	0.00	0.00	0.00	0.00	その他の自動車	51

位低下の領域にある。「通信機械・同関連機器」は携帯電話などに代表される部門である。

　順位の上昇が著しい領域（最右部）では多くの加工・組立系の部門が存在する。しかし中間財系で水準の大きいものは上で述べたとおりである。

　次に輸出誘発輸入における自部門比率の順位変化の傾向と水準を散布図にした図23では，水準も高く（最上部），順位の上昇も著しい（最右部）の領域に「半導体素子・集積回路」，「その他の電子部品」，「プラスチック製品」，「自動車部品・同付属品」があることが示されている。

　図22では「半導体素子・集積回路」が突出していたが，ここではそれほどではない。

第1部 経済と政策編

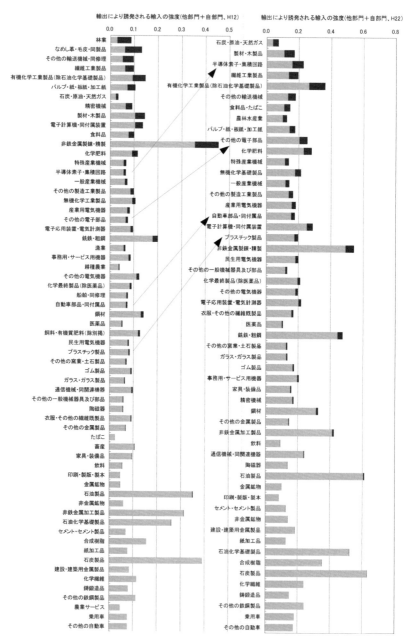

図20 各部門の単位輸出による誘発輸入における自部門輸入比率（平成12年・22年）

第2章 貿易構造の変化による産業構造への影響分析

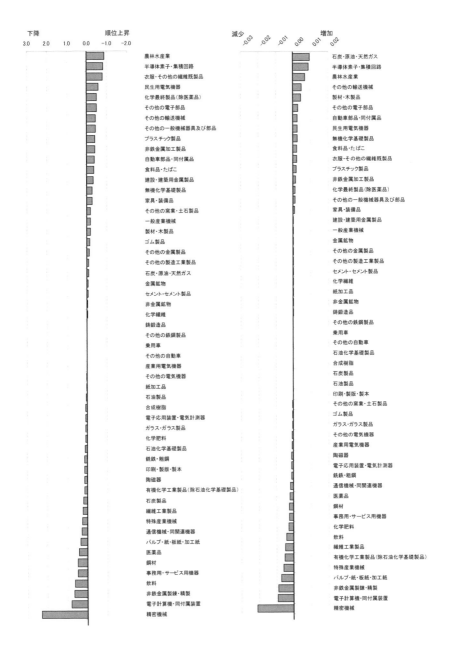

図21 「輸出の誘発輸入における自部門輸入比率」(右)と「部門別順位」(左)の平均変化傾向

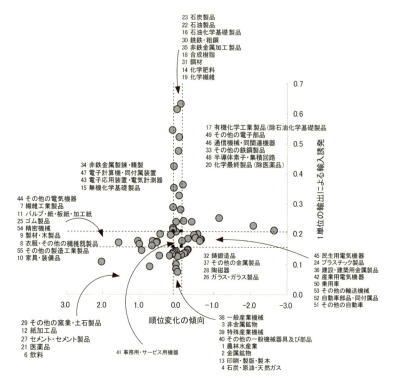

図22 「1単位の輸出による誘発輸入」の順位変化の傾向と水準

5. 両方向の連関効果から見た構造変化

5.1 輸出・誘発輸入倍率と1単位輸入制約の波及効果

　これまで分析してきた前方連関効果と後方連関効果の関連を見るために，輸出・誘発輸入倍率 $\left(\Delta \dfrac{1}{m_e}\right)$ と1単位輸入制約の波及効果 (Δx) を両軸にとって散布図を描いた（図24，図25，図26）。なお，この図では輸入制約の効果は2つのモデルの平均値を用いている。これらは長期の変化が見えるように図24，図25はそれぞれ平成12年，および10年後の平成22年のデータを用いて描かれている。この両図は変化を比較できるように同じ軸を用いている。また図26は平成12年と22年を重ねて描いたものである。

　図24，図25では輸出・誘発輸入倍率 $\left(\Delta \dfrac{1}{m_e}\right)$ と1単位輸入制約の波及効

第 2 章　貿易構造の変化による産業構造への影響分析　　　　　　　　　　83

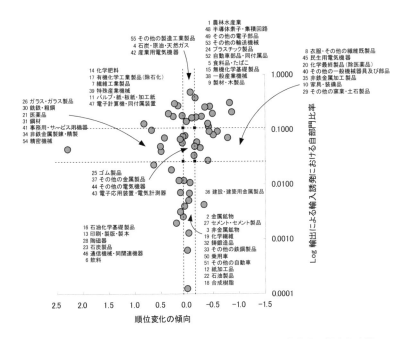

図 23　「輸出による輸入誘発における自部門比率」の順位変化の傾向と水準

果 (Δx) のそれぞれの平均値で領域に分割している．また，2 期を重ねた図 26 では両期それぞれの平均値は重複しないように十字線で書き込まれている．なお，これまでの議論で着目した「半導体素子・集積回路」，「その他の電子部品」，「プラスチック製品」，「自動車部品・同付属品」については平成 12 年は黒色の矩形マーカー，平成 22 年については白抜きの矩形マーカーで示し，さらに図 26 では変化の方向を矢印で示している．

　輸出による誘発輸入を，逆数である輸出・誘発輸入倍率 $\left(\Delta \frac{1}{m_e}\right)$ で示したのは，内生率の高低をより強調するためである．

　図 24, 図 25 を比較すると，ほとんどの部門で輸出誘発輸入が上昇したことが分かる．また平成 12 年には着目している部門である「半導体素子・集積回路」，「その他の電子部品」，「プラスチック製品」，「自動車部品・同付属品」はすべて平均よりも輸出誘発輸入の程度は低かったが，平成 12 年にはすべて平均よりも上位に移動している．

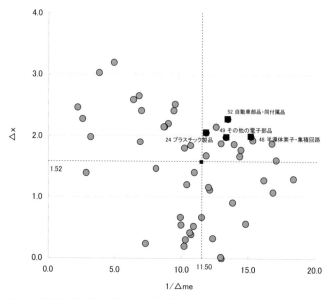

図24 輸出・誘発輸入倍率と1単位輸入制約の波及効果（平成12年）

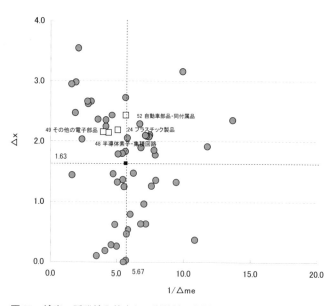

図25 輸出・誘発輸入倍率と1単位輸入制約の波及効果（平成22年）

第 2 章　貿易構造の変化による産業構造への影響分析　　　　　　　85

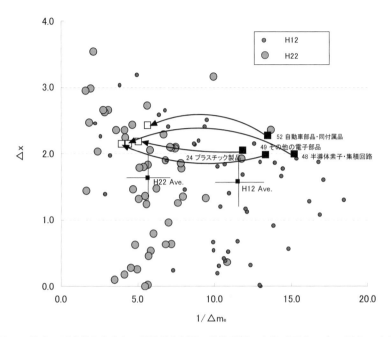

図 26　輸出・誘発輸入倍率と 1 単位輸入制約の波及効果の変化（平成 12 年・平成 22 年）

　輸出・誘発輸入倍率 $\left(\Delta\dfrac{1}{m_e}\right)$ 方向の変化に対して 1 単位輸入制約の波及効果（Δx）の変化はやや少ない，この様子は図 26 で見た方が明らかである。ひとつには競争輸入型の産業連関表を用いて分析するために各指標は平均化されたものになりがちであり大きな差が現れにくいことも考えられる。また，これは変化として産業連関表上に現れやすい輸入額の変化と比較して，1 単位輸入制約の波及効果（Δx）は産業構造を経由する現象であるため，10 年間程度では数値的に大きな変化は生じにくいためであると考えられる。このためにも部門別の順位の変化を調べることは重要である。

　両期を重ねた図 26 では，輸出・誘発輸入倍率 $\left(\Delta\dfrac{1}{m_e}\right)$ と 1 単位輸入制約の波及効果（Δx）とも平均は図中の左上方向，すなわち輸出誘発輸入も，輸入制約の波及効果も増勢の傾向にあることが示されている。その中でもその水準を大きく上げたグループの中に着目している部門である「半導体素子・集積回路」，「その他の電子部品」，「プラスチック製品」，「自動車部品・同付

属品」が入っていることがより明確に示されている。中でも「半導体素子・集積回路」の輸出誘発輸入の増加は著しい。

5.2　各分析からの考察

これまで，貿易量（輸出×輸入），内生部門比率，ショックが続くとしたときの輸入制約の波及効果（前方連関効果），ショックは直接効果のみであとは後方連関効果が働くとした輸入制約の波及効果（前方連関効果＋後方連関効果），輸出誘発輸入（後方連関効果），輸出誘発輸入における同部門への誘発輸入比率，という多方面からわが国の貿易構造と産業構造を見てきた。

本稿の関心は，国際貿易のリンケージにわが国の産業構造がどのように組み込まれたか，あるいはどのように脱落しうるのかということを，利用しやすい一国の競争輸入型産業連関表から分析できるかということであった。このため貿易量と後方連関効果，前方連関効果という視点で再整理し考察を加えてみよう。

具体的に国際貿易のリンケージに組み込まれる過程を考えてみよう。わが国の場合は北米輸出のチェーンを東南アジア・東アジアを迂回することで貿易摩擦の回避が図られてきた。そして為替レートの変動回避，需要地生産化，国内高コスト環境（人件費，法人税，環境規制など）の忌避，貿易協定の遅れ，といった理由から資本の移転が進んだと考えられる。この結果は産業構造や貿易構造にはどのように反映していくのであろうか。

これが一方向ではなく，産業の高度化や国内への開発センターやマザー工場の残置，系列から国際的な中間財調達，といったことが輻輳して，単純に輸入が増加して産業構造の連結が希薄化して行くようなことではない。リンケージは双方向であり，このため国内産業の海外依存の点から検討するわけである。

まず，技術的な面，すなわち1単位の作用による効果から判別できるものについて見ていこう。フラグメンテーションのような海外とのリンケージが形成されると同部門・近接部門間の貿易量が増加する。ある国の固定視点から見ると輸出をするために輸入が増えてくる。これは同部門・近接部門間が重要である。単に原材料を輸入して加工して輸出という加工貿易の形態では

表13 分析の整理（順位，▲は低下方向）

	輸出誘発輸入			同部門誘発			前方連関効果			直接効果+後方			輸出×輸入		
	H22水準	順位変化	水準変化	H22水準	順位変化	水準変化	H22水準	順位変化	水準変化	H22水準	順位変化	水準変化	H22水準	順位変化	水準変化
24 プラスチック製品	23	9	18	19	9	24	15	20	20	19	22	24	20	▲43	▲55
48 半導体素子・集積回路	16	2	11	3	2	2	29	11	7	9	▲24	13	1	▲27	▲50
49 その他の電子部品	12	3	10	10	6	6	25	8	15	12	16	9	9	▲35	▲39
52 自動車部品・同付属品	30	6	26	17	11	7	21	17	9	3	▲34	8	4	▲38	1

ない。このため後方連関効果から現象が現れてくると考えられる。投入係数や輸入係数からもアプローチ可能であるが，近接部門を経由した同部門からの輸入まで考慮する場合は，単純な投入係数のみのアプローチでは対応できない。このために用いられた分析が輸出誘発輸入（後方連関効果），および輸出誘発輸入における同部門への誘発輸入比率，である。次に海外でのプロセスに依存するようになると国内の産業構造，すなわち国内でのリンケージが海外とのリンケージに置換していく。この結果，チェーンのボトルネックが発生したり，チェーン切断によるショックが大きくなってくる。これは産業連関分析における前方連関効果の分析が有効になってくる。本稿で用いた $\Delta x = (I - C^T)^{-1} C_m^T \Delta m$ 型のモデル，および $\Delta x = (I - A)^{-1} C_m^T \Delta m$ 型のモデルがそれに相当する。後者は前方連関効果による輸入制約ショックは直接効果のみで，あとは後方連関効果の影響を計算する。このため国内のリンケージがまだ多い場合は後者の値の方が大きく評価されると考えられる。

そして数量的な面，すなわち貿易量は重要である。同部門での輸出入相互の貿易量の推移は海外との中間財リンケージの大きな流れを示すことになる。国際的なリンケージから脱落が始まれば，前方連関効果が大きいまま，輸出入量は低減していく可能性が高い。

以上の視点でこれまでの分析を整理してみる。特に着目した中間財生産部門である「半導体素子・集積回路」，「その他の電子部品」，「プラスチック製品」，「自動車部品・同付属品」を軸に推移を見てみよう（図24）。

まず輸出誘発輸入を見てみよう。わが国では原材料・燃料系が上位を占め

るため，加工・組立系の中間財は水準においてはそれほど高い位置にはいない。誘発水準では相対的に上位である「半導体素子・集積回路」，「その他の電子部品」，中位にある「プラスチック製品」，すこし低位に「自動車部品・同付属品」という順序である。そして部門間の順位はいずれも非常に急速に上昇したこと，しかし誘発輸入の水準自体はそれほどでもないことが示されている（図22などで既に解説）。これは過去においては低水準であったこれら中間財の誘発輸入が近年高水準に変化したこと，全体では増加傾向にあるが，相対的に誘発輸入が伸びていない多くの部門があることも意味している。

「半導体素子・集積回路」，「その他の電子部品」の部門では低水準から急速に増加した効果が，「プラスチック製品」や「自動車部品・同付属品」ではそれ自体も水準は増加しているが，増加が少なかった他部門の影響も大きい。

次に輸出誘発輸入の内，同部門への誘発輸入の比率では，「半導体素子・集積回路」が非常に高い。「その他の電子部品」がそれに次ぐ。順位変化の傾向も輸出誘発輸入と同様であるが，水準の変化傾向では「プラスチック製品」が中位程度であり，他の3部門と比較して非常に低い。これは誘発輸入の内容が原材料など素材系が多いためであると考えられる。

輸出誘発輸入と，その同部門への誘発輸入の比率の結果を比較すると，両者の水準が高いほど海外とのリンケージが強いことは明らかであるが，「半導体素子・集積回路」は特にその傾向を強めており，同部門への誘発輸入というフラグメンテーション的なリンケージは既に全部門内でも最上位に達していることが分かる。これに対して「自動車部品・同付属品」はまだ水準的にはそれほどでもないが，徐々に海外とのリンケージが強くなりつつある状態である。

次に前方連関効果の考え方による輸入制約によるショックの可能性を見てみる。これは前述のように $\Delta \mathbf{x} = (\mathbf{I} - \mathbf{C}^T)^{-1} \mathbf{C}_m^T \Delta \mathbf{m}$ 型のモデル（表頭では「前方連関効果」）と，およびは前方連関効果による輸入制約ショックは直接効果のみで，あとは後方連関効果の影響を計算する $\Delta \mathbf{x} = (\mathbf{I} - \mathbf{A})^{-1} \mathbf{C}_m^T \Delta \mathbf{m}$ 型のモデル（表頭では「直接効果＋後方」）の2種類で分析している。まず特

徴的な点は，「半導体素子・集積回路」，「その他の電子部品」，「自動車部品・同付属品」の3部門では前方連関効果のみのモデルの方より前方連関効果による輸入制約ショックは直接効果のみで，あとは後方連関効果の影響とする後者のモデルの方が，波及効果が大きく評価されている。しかし「プラスチック製品」では逆になっている。これは国内でのリンケージが海外とのリンケージよりも希薄化している可能性を示す。そして他の3部門よりも輸入制約ショックの大きさが大きくなっている。他の3部門は国内でのリンケージはまだ強いと考えられる。

　前方連関効果による輸入制約ショックは直接効果のみで，あとは後方連関効果の影響とする後者のモデルにおいてはいずれも順位の上昇は低位であり，水準の非常に高い「半導体素子・集積回路」，「自動車部品・同付属品」は順位が低下している。前方連関効果のみのモデルではいずれも順位は上昇しているので，その低下の効果は後方連関の部分にあると考えられる。すなわち国内でのリンケージが薄れ始めているということである。そしてこの2部門は前方連関効果のみのモデルでは水準の変化が非常に大きい。技術的に海外依存性が高まり，なおかつ国内のリンケージが弱くなり始めていることを示している可能性がある。

　貿易量（輸出×輸入）では，水準では「半導体素子・集積回路」が首位であり，「自動車部品・同付属品」，「その他の電子部品」が続く。しかし水準では上位にあるこれらの部門は順位は低下傾向にある。また水準自体の変化傾向も「自動車部品・同付属品」を除く3部門は減少傾向にある。

　「自動車部品・同付属品」は最も水準の上昇が著しい部門になっている。

　これらを部門別に再整理すれば，

- 「半導体素子・集積回路」はすでに貿易量では最上位にあり，国外とのリンケージは非常に強い。しかし貿易量は増加方向にはなく，これまで貿易量がずば抜けて大きかったために多少減少しても最上位であることは変わらなかった。技術的な面では輸出誘発輸入は素材系について高くなっており，また近年非常な順位上昇をしている。特に同部門への誘発輸入比率が高く，この順位上昇・水準上昇は最上位であった。輸入制約ショックを評価すれば，後方連関効果と組み合わせたモデルの方が高水

準に評価されていることからまだ国内でのリンケージは強いと考えられるが，その効果の部門別順位は低落傾向であり，国内リンケージは弱まり始めたと考えられる。

- 「自動車部品・同付属品」の貿易量も最上位にある。国外とのリンケージは非常に強い。貿易量の増加傾向も最も強い。技術的な面では輸出誘発輸入は下位にある。同部門への誘発輸入比率もそれほど上位にはない。しかしいずれもその順位の上昇傾向は非常に強いグループに入っている。輸入制約ショックを評価すれば，後方連関効果と組み合わせたモデルの方が高水準に評価されていることからまだ国内でのリンケージは強いと考えられるが，その効果の部門別順位は低落傾向であり，国内リンケージは弱まり始めたと考えられる。輸入制約ショックの増加傾向は強い。

- 「その他の電子部品」の貿易量も最上位にあり，国外とのリンケージは非常に強い。ただし減少傾向にある。輸出による輸入誘発ではやや上位であるが上昇傾向は強い。輸入制約ショックの評価では，後方連関効果と組み合わせたモデルの方が効果が大きいので国内のリンケージはまだ強いと考えられる。さらにその順位上昇傾向も強い。国内でのリンケージはまだ弱まっていない。

- 「プラスチック製品」は貿易量は中程度であり，また減少傾向にある。輸出誘発輸入の水準も中位であるが，その順位上昇傾向は強い。輸入制約ショックの評価では，後方連関効果と組み合わせたモデルの方が効果が小さいので，すでに国外とのリンケージの方が強固になっている可能性が高い。

このことから「半導体素子・集積回路」は貿易量は非常に大きいが，国際的には水平分業的な構造からフラグメンテーション的な構造に移行しつつあり，そのため輸入制約のショックは高まりつつある。また国内のリンケージは薄まりつつある。貿易量は長期的に逓減傾向にあり，フラグメンテーションの中心部は国外に移動している可能性がある。

また「自動車部品・同付属品」はこれから海外とのリンケージを強化しながらさらに貿易量が増加していく可能性がある。その動きは「半導体素子・

集積回路」よりも速いペースである。フラグメンテーションの中心部はまだわが国周辺にある。

「その他の電子部品」は「半導体素子・集積回路」と似たような傾向にあるが，これからも国内リンケージは強まる傾向にある。しかし貿易量は長期的に逓減傾向にあり，フラグメンテーションの中心部は国外に移動している可能性がある。そして「プラスチック製品」はすでにリンケージは国外中心である可能性が高い。

おわりに

　本稿は入手性の高い競争輸入型産業連関表を積極的に用いることにより，各部門，特に中間財生産部門の海外とのリンケージについて定量的に評価し，国内産業部門の状況を把握することを試みた。これは国内に存在する製造業部門を単なる空洞化かどうかの視点で検討するのではなく，国外との量と質のリンケージ，すなわち貿易量と技術的なキャラクターで評価し，リンケージの中心からの乖離を見ようとしたものである。

　後方連関効果の考え方による輸出誘発輸入は国外との技術的な結びつきの粗密を，前方連関効果の考え方による輸入制約の波及効果は国外との技術的な結びつきの強弱（場合によっては致命性）を，また輸入制約の直接効果の後過程を前方連関効果と後方連関効果に分けて比較することからは国内のリンケージの強さを計量し，これと貿易量の推移から立体的な検討がある程度可能になったと考える。

　これらの指標を前述したように，あたかも天気図のように，気圧，気温，風速のような指標にして，立体的に可視化するといったことは一つの研究テーマになるだろう。

　しかしながら分析の精度を高めるためには実際のミクロレベルでの企業行動と比較することなどの検証作業が残っている。さらに産業連関分析は地域表や地域間表を用いることにより国内地域間の分析に適用することも，また逆に国際産業連関表を用いて国際地域間の分析に拡大するすることも可能である。これらを今後の研究テーマにしていきたいと考えている。

[注]

1) World Development Indicator/The World Bank の貿易量の対 GDP 比については，Trade (% of GDP) はサービス貿易を含み，わが国で通常言われる貿易量の対 GDP 比は，Merchandise trade (% of GDP) の方の系列である。財務省貿易統計「年別輸出入総額（確定値）」を内閣府「国内総生産（支出側）及び各需要項目」の名目暦年値で除せば，ほぼ同じ値になっていることが確認できる。
2) 初期の邦文の文献においては，fragment は「分断」としているものが多い（Wakasugi (2003a)，Wakasugi (2003b)）。ただし，fragmentation は，もはや「生産工程の分断」とはせずに，そのまま「フラグメンテーション」とすることが多い。
3) Jones, Ronald W. and Henryk Kierzkowski (2001) "A Framework for Fragmentation," in by Sven W. Arndt and Henryk Kierzkowski eds. *Fragmentation: New Production Patterns in the World Economy*: Oxford University Press として，出版されている。
4) Hummels et al. (2001) において列挙された類似概念の内，multi-stage production は Hummels et al. (1999) においては列挙されていない。ただし，それを用いた Dixit and Grossman (1982) は引用している。またフラグメンテーションは fragmentation of production としている。短い期間に "fragmentation" という多少ともインパクトのある用語が普及したものと考えられる。
5) Jones, Ronald W. and Henryk Kierzkowski (1997) "Globalization and the Consequences of International Fragmentation," manuscript, University of Rochester and Graduate Institute of International Studies, Geneva. これは現在入手できないが，Calvo, Guillermo A., Maurice Obstfeld and Rudiger Dornbusch (2001) *Money, Capital Mobility, and Trade: Essays in Honor of Robert A. Mundell*, The MIT Press の中に所収されている。
6) Hummels らは，以下の文献をあげている。Findlay, Ronald (1978) "An Austrian Model of International Trade and Interest Rate Equalization," *Journal of Political Economy*, Vol. 86, pp. 989-1008
7) "our prefered label" という表現をとっている。
8) Krugman (1995) の，pp. 333-334 参照。
9) Hummels が引用したのは Feenstra and Hanson (1995) が公刊された，Feenstra, Robert C. and Gordon H. Han-son (1996) "Foreign Investment, Outsourcing and Relative Wages," in G.M. Grossman, R.C. Feenstra and D.A. Irwin eds. *The Political Economy of Trade Policy: Honor of Jagdish Bhagwati*, Cambridge, MA: MIT Press, pp. 89-127 である。本論のサーベイはほぼ同じ内容の Feenstra and Hanson (1995) によった。
10) Feenstra and Hanson (1995) の，pp.19-20 参照。Feenstra and Hanson (1997) では，foreign outsourcing という表現もしている。
11) Feenstra は，Bhagwati, Jagdish N. and Vivek H. Dehejia (1994) "Freer Trade and Wages of the Unskilled. Is Marx Striking Again?," in Jagdish N. Bhagwati and

Marvin Kosters eds. *Trade and Wages: Leveling Wages Down?*, Washington D.C.: American Enterprise Institute, pp. 36-75 によるとしている。
12) 同じく Feenstra は，Leamer, Edward E.（1996）"The Effects of Trade in Services, Technology Transfer and Delocalisation on Local and Global Income Inequality." *Asia-Pacific Economic Review*, Vol. 2, pp. 44-60 によるとしている。
13) 通常使用される notation では，取引額は z_{ij} ではなく，x_{ij}，また生産額は X_i で表記されることが多い。本節では Miller and Blair（2009）の表記に沿って記述している。
14) すなわち，

$$\mathbf{Zi} = \begin{pmatrix} z_{11} & z_{12} \\ z_{21} & z_{22} \end{pmatrix} \begin{pmatrix} 1 \\ 1 \end{pmatrix} = \begin{pmatrix} z_{11} \cdot 1 + z_{12} \cdot 1 \\ z_{21} \cdot 1 + z_{22} \cdot 1 \end{pmatrix} = \begin{pmatrix} z_{11} + z_{12} \\ z_{21} + z_{22} \end{pmatrix}$$

15)
$$\mathbf{i}^T \hat{\mathbf{x}} = (1 \quad 1) \begin{pmatrix} x_1 & 0 \\ 0 & x_2 \end{pmatrix} = (x_1 \quad x_2) = \mathbf{x}^T \text{ を用いる。}$$

16) 下田・藤川（2012）では，前方連関効果は直接効果のみで，あとは後方連関効果が働くモデルを「ハイブリッド型モデル」として提示している。また，岡田他（2012）では，直接効果から逐次下位の効果を加えるなどして，慎重に前方連関効果を計算している
17) 式の変形は，秋山裕（1999）『経済発展論入門』東洋経済新報社を参考にしている。

[参考文献]

Antweiler, Werner and Daniel Trefler（2002）"Increasing Returns and All That: A View from Trade," *American Economic Review*, Vol. 92, pp. 93-119, March

Arndt, Sven W（1997）"Globalization and the Open Economy," *North American Journal of Economics and Finance*, Vol. 8, pp. 71-79

Balassa, Bela（1967）Trade Liberalization Among Industrial Countries, New York: McGrawHill

Cheng, Leonard K. and Henryk Kierzkowski（2001）*Global Production and Trade in East Asia*, Boston: Kluwer Academic Publishers

Deardorff, Alan V.（1998）"Fragmentation in Simple Trade Models," manuscript, University of Michigan

Deardorff, Alan V.（2001）"Fragmentation in Simple Trade Models," *North American Journal of Eco- nomics and Finance*, Vol. 12, pp. 121-137

Dixit, Avinash K. and Gene M. Grossman（1981）"Trade and Protection with Multistage Production," Working Paper w794, NBER

Dixit, Avinash K. and Gene M. Grossman（1982）"Trade and Protection with Multistage Production," *Review of Economic Studies*, Vol. 59, pp. 583-594, August

Feenstra, Robert C.（1998）"Integration of Trade and Disintegration of Production in the Global Economy," *Journal of Economic Perspectives*, Vol. 12 (Fall), pp. 31-50

Feenstra, Robert C. and Gordon H. Hanson (1995) "Foreign Investment, Outsourcing and Relative Wages," Working Paper w5121, NBER

Feenstra, Robert C. and Gordon H. Hanson (1997) "Foreign Direct Investment and Relative Wages: Evidence from Mexico's Maquiladoras," *Journal of International Economics*, Vol. 42, pp. 371-394, May

Feenstra, Robert C. and Gordon H. Hanson (1999) "Productivity Measurement and the Impact of Trade and Technology on Wages: Estimates for the U.S., 1972-1990," *Quarterly Journal of Economics*, Vol. 114, No. 3, pp. 907-940, August

Feenstra, Robert C. and Gordon H. Hanson (2001) "Global Production Sharing and Rising Inequality: A Survey of Trade and Wages," Working Paper w8372, NBER

Grossman, Gene M. and Elhanan Helpman (2005) "Outsourcing in a Global Economy," *Review of Economic Studies*, Vol. 72, pp. 135-159

Helg, Rodolfo and Lucia Tajoli (2005) "Patterns of international fragmentation of production and the relative demand for labor," Serie Economia e Impresa LIUC Papers n.167, Cattaneo University (LIUC)

Hummels, David, Jun Ishiib, and Kei Mu Yic (1999) "The Nature and Growth of Vertical Specialization in World Trade," Staff Reports 72, Federal Reserve Bank of New York

Hummels, David, Jun Ishiib, and Kei Mu Yic (2001) "The nature and growth of vertical specialization in world trade," *Journal of International Economics*, Vol. 54, No. 1, pp. 75-96

Jones, Ronald W. and Henryk Kierzkowski (1990) "The Role of Services in Production and International Trade: A Theoretical Framework," in Jones, Ronald W. and Anne O. Krueger eds. *The Political Economy of International Trade: Essays in Honor of Robert E. Baldwin*, Cambridge, MA: Blackwell, pp. 31-48

Jones, Ronald W. and Henryk Kierzkowski (1997) "Globalization and the Consequences of Interna- tional Fragmentation," manuscript, University of Rochester and Graduate Institute of International Studies, Geneva

Jones, Ronald W. and Henryk Kierzkowski (2000) "A Framework for Fragmentation," Discussion Paper TI 2000-056/2, Tinbergen Institute

Jones, Ronald W. and Henryk Kierzkowski (2005) "International fragmentation and the new economic geography," *The North American Journal of Economics and Finance*, Vol. 16, No. 1, pp. 1-10, Mar

Krugman, Paul R. (1995) "Growing World Trade: Causes and Consequences," *Brookings Papers on Economic Activity*, Vol. 1, pp. 327-377

Krugman, Paul R. (1996) "Does Third World Growth Hurt First World Prosperity?" *Harvard Business Review*, Vol. 72, pp. 113-121

Miller, Ronald E. and Peter D. Blair (2009) Input-Output Analysis: *Foundations and Extensions (2nd Ed.)*: Cambridge University Press

アジア経済研究所（1998）『アジア国際産業連関表：1990 年』，統計資料シリーズ，第 81 号，日本貿易振興会アジア経済研究所
アジア経済研究所（2001）『アジア国際産業連関表：1995 年』，統計資料シリーズ，第 82 号，日本貿易振興会アジア経済研究所
アジア経済研究所（2006）『アジア国際産業連関表：2000 年』，統計資料シリーズ，第 90 号，日本貿易振興会アジア経済研究所
田鑫（2009）「日本マザー工場の生産調整バッファー機能：トヨタ自動車「グローバルリンク生産体制」に対する考察」，『世界経済評論』，44-54 頁，8 月
藤田渉（2006a）「国際産業連関表を用いた vertical specialization share の拡張」，『経営と経済』，第 85 巻，第 3・4 号，431-470 頁，2 月
藤田渉（2006b）「国際産業連関表を用いた vertical specialization share の拡張」，『環太平洋産業連関分析学会第 17 回（2006 年度）大会予稿集』，186-190 頁，10 月
藤田渉（2007）「ASEAN・東アジアにおける中間財貿易の循環的連結構造：1990-1995-2000 年アジア国際産業連関表による分析」，『東南アジア研究年報』，第 48 巻，1-36 頁，3 月
藤田渉・福澤勝彦（2010）『直接投資・貿易・雇用の様相：わが国と東アジアの相互関係』，第 42 巻，東南アジア研究叢書，長崎大学経済学部東南アジア研究所
山崎修嗣（2010）『中国・日本の自動車産業サプライヤー・システム』，法律文化社
下田充・藤川清史（2012）「産業連関分析モデルと東日本大震災による供給制約」，『産業連関』，第 20 巻，第 2 号，133-146 頁，6 月．
宮沢健一（1975）『産業連関分析入門〈新版〉』，日本経済新聞社，日経文庫 857
岡田有祐・奥田隆明・林良嗣・加藤博和（2012）「前方連関効果を考慮した広域巨大災害の産業への影響評価」，『第 45 回土木計画学研究発表会（春大会）予稿集』，URL：http://www.urban.env.nagoya-u.ac.jp/sustain/paper/2012/jiyu/12j_okada1.pdf
徳井丞次・荒井信幸・川崎一泰・宮川努・深尾京司・新井園枝・枝村一磨・児玉直美・野口尚洋（2012）「東日本大震災の経済的影響：過去の災害との比較，サプライチェーンの寸断効果，電力供給制約の影響」，RIETI Policy Discussion Paper Series，第 12-P-004 号，1-64 頁，URL：http://www.rieti.go.jp/jp/publications/pdp/12p004.pdf

第3章

近世前期福岡藩における財政政策の転換
—— 貞享4年新高揩廃止の意義 ——

柴多　一雄

概要

寛文13年（1673）に福岡藩で実施された新高揩は，財政問題を解決するために実施されたものであり，知行制の改革そのものを直接の目的としたものではなかった。しかし，これまでの研究は，新高揩を知行制の問題としてしか検討してこなかったため，新高揩の廃止について正しく評価することができなかった。本稿は，新高揩を財政問題の観点から検討することによって，貞享4年（1687）の新高揩廃止の意義を明らかにしようとするものである。

キーワード：財政政策，福岡藩，新高揩

はじめに

　福岡藩では，寛文13年（1673）に新高揩が実施され，地方知行が廃止された。その後，貞享4年（1687）に新高揩が廃止されて「采地所務」となったが，これはかならずしももとの地方知行の復活を意味するものではなかったといわれている。

　新高揩が廃止された理由について，寛文13年の新高揩以後，福岡藩の地方知行は形骸化したと評価する松下志朗氏は，「おそらく年貢収納と給人への物成渡しの煩わしさが原因であろう」[1]と述べている。また，軍役論・武士論の観点から福岡藩では地方知行制の枠組みが維持されたと地方知行制存続の意義を論じた福田千鶴氏は，「給人側の采地所務の復活要求により揩高制は廃止された」[2]としている。

両者の考えは大きく異なっているが，どちらも，なぜこの時期に新高掫を廃止する必要があったのか，また新高掫を廃止する意義はどこにあったのかなど，かならずしも十分に検討されているとはいえない。

新高掫は，これまで主に知行制度の問題として研究が行われてきたが，新高掫は「御家中御救」を目的に実施されたことからも明らかなように，知行制度の改変それ自体を直接の目的として実施されたものではなく，家臣の救済という広い意味での財政問題を課題として実施されたものであった。

しかし，これまでの新高掫の研究では，こうした財政問題についてはほとんど検討されることがなく，知行制度の問題と財政問題とが混同されたまま議論されており，それが新高掫の評価をあいまいなものにしてきたと考えられるのである。

本稿は，貞享4年の新高掫の廃止について，知行制度の問題としてではなく，その直接の課題であった財政問題に焦点をあてて検討しようとするものである。

1. 新高掫の廃止

貞享4年（1687）7月，寛文13年（1673）以来14年間にわたって実施されてきた新高掫が廃止された。「知所」[3]や「御積帳注解」[4]など後年福岡藩で編纂された知行制度や財政に関する史料は，これ以後，福岡藩は寛文12年以前と同じ「采地所務」に復したと記している。

福岡藩では，初代藩主黒田長政が筑前に入国した慶長5年（1600）から新高掫が実施される前年の寛文12年まで，給人がみずから年貢率を決定し，みずから知行地から年貢を収納する地方知行が実施されていた。「采地所務」がこのような地方知行を意味しているとすれば，貞享4年以後もこうした地方知行に復したことになる。

しかし，新高掫の廃止を達した貞享4年7月の「覚」には，「近年之内者，在々諸事之儀を，掫之時同前ニ御郡方御役人中支配可仕旨被仰付候。勿論免相御郡奉行衆より相極，所務之儀者取立代官懸置，銘々知行夫々ニ収納仕，給人〰ニ相納させ申筈ニ候。御蔵納給知共ニ，五厘之修復も，今迄のこと

く被召置候」[5]と記され，農村の支配については，今後もしばらくの間は新高揣のときと同じように藩の郡方役人が担当するとしており，年貢率の決定や年貢の収納は郡奉行や取立代官が行い，堤や川除の普請のために賦課される修復米もこれまでどおり藩が徴収することになっていた。すなわち，「惣而知行方之儀，不依何事揣之内同前ニ御郡奉行衆・御代官頭衆ニ任せ置可被申候」[6]とあるように，知行地の支配は，新高揣実施時と同様，藩の支配に委ねられたままであり，寛文12年以前の地方知行の状態には復していないのである。

新高揣とは，寛文13年に「御家中御救之為」[7]に実施された制度で，蔵入地・知行地とも年貢率を3ツ5歩（石高の35％）とし，3ツ5歩以下の知行地を有する家臣には足米を支給して3ツ5歩に相当する年貢を確保し，3ツ5歩以上の知行地を有する家臣には3ツ5歩という年貢率から逆算した擬制的な知行高（新高）を設定することによって，それまでの年貢量を保証するというものであった。一方，藩による知行地の支配は，この新たに実施された新高揣という制度を効率的に実施するため，新高揣と同時に採用された農村支配の新しい方法で，知行地についても藩の役人が年貢率の決定や年貢の収納を行い，勧農政策も藩が統一的に実施するというものであった。

新高揣の廃止によって，給人はもとの知行高（古高）とそれぞれの知行地の年貢率にもとづいて年貢を受け取る（ただし，年貢率は郡奉行が決定し，年貢も取立代官が収納する）ことになり，同じ知行高であっても給人によって受け取る年貢の量に差がでることになった。したがって，知行地支配の違い（給人が行うか，藩が行うか）を考えなければ，個々の給人がそれぞれの知行地からそれぞれの知行地の年貢率で年貢を受け取るという点においては，寛文12年以前と貞享4年以後は同じであり，福岡藩ではこうした給人の年貢収納のあり方を「采地所務」と称していたのである。「采地所務」とは，地方知行のことではなく，給人がそれぞれの知行地からそれぞれの知行地の年貢率で年貢を受け取るという，年貢収納のあり方を意味していたということになるのである。

こうした年貢収納のあり方の変更＝新高揣の廃止は，給人にとっては大きな変化であったが，知行地支配のあり方という点では，貞享4年の前と後で

はまったく変化がなかった。いいかえれば，新高挴の廃止によって，家臣に3ツ5歩の年貢量を保証するという制度（「御家中御救之為」の制度）は廃止されたが，その手段，方法として採用された農村支配のあり方（「在々諸事之儀」）は変更されなかったのである。

新高挴が廃止されたにもかかわらず，農村支配のあり方が寛文12年以前の状態に戻されなかったのは，新高挴の廃止を達した貞享4年7月の「覚」において，「御国中在々之儀，挴以前ハ侍中知行分銘々支配ニ付，年々免相并民之取捌，普請所等之儀，御郡方御役人衆差而構不申候付，百姓も痛，普請彼是，別而麁末成次第ニ候。如此ニテハ，在々相続之為，御仕置不可然候由，御僉儀有之，十五年已前，丑年ゟ新高挴ニ被仰付置候。最前ゟ之積りのことく，挴以来大造成諸普請，新田以下段々出来，民之救迄自由ニ支配被仰付候故，在々も有付申候」⁸ と述べているように，新高挴実施以前は，給人が各自の知行地を自分で支配していたため，百姓も痛み，普請も粗末であったが，新高挴実施後は，大規模な普請もでき，新田も開発され，農民の救済も自由できるようになったので，農村も繁栄するようになったと，新高挴実施後の農村支配のあり方を高く評価していたからであった。また，「其まゝ自分ニ諸事取捌所務等も勝手次第ニ仕様ニ有之候而ハ，免相其外心々之様ニ罷成，却而給人仕にくき首尾ニより，百姓も可致迷惑候。第一年来挴ニ而民之上養育之御仕置も無詮罷成，如何敷儀ニ可有之候」⁹ とあるように，給人に知行地の支配を任せると，給人の恣意的な支配によって農民が迷惑し，以前のように農村の荒廃を引き起こすおそれがあると考えていたからであった。

翌貞享5年3月には，農村支配について詳細な規定が達せられた[10]。そこでは，相給村落の年貢率を同一にする一村一免制の導入や年貢率の低下に対する給人の異議申し立ての否定など，藩による知行地支配がこれまで以上に強化されているようにみえる。しかし，その多くは，藩による知行地支配の継続を前提に，新高挴の廃止という新たな事態に対応するために必要な事項を整備したもので，結果的に藩による知行地支配を強化するものであったとしても，藩による知行地支配の強化それ自体を直接の目的としたものではなかった。

では，なぜ新高摺は廃止されたのであろうか。新高摺の廃止を達した貞享4年（1687）7月の「覚」は，その理由について，「然者自今已後も，摺ニ而可被召置候哉と，重畳被加御僉儀候処，摺之御仕置，弥宜ニ致決定，永々被御立置趣にひしと落着候上ニてハ，直方分ハ不及申，御一国之内ニ候ヘハ，秋月御領も同前ニ不被仰談候てハ，不叶事ニ候。左様成一統之御吟味被成候而は，何かと相障儀共多く候。然時ハ在々普請方を初，其外常体之取扱迄も，大抵近年仕よせ申上ハ，最早如先規銘々拝領地御戻シ被下可然時節と被思召上，今年よりならし御やめ被成候」[11]と述べている。今後も新高摺を続けるかどうか検討したところ，新高摺がよいと決定して，これを恒久的な制度にするには，直方分だけでなく秋月藩[12]も同じようにしなければならず，そのようなことになってはいろいろ問題が多い。そうであれば，普請をはじめ通常の取扱いもだいたい近年はできるようになったので，以前のように給人に知行地を戻していい時期と思われ，今年から新高摺を廃止することにしたというのである。

しかし，すでに十年以上にわたって実施されてきた新高摺を恒久的なものとするのに，福岡藩領となった直方分はともかく，成立以来独自の支配を行ってきた支藩の秋月藩となぜ統一しなければならないのか，またその場合に生じる問題とは何なのか，これらについてはまったく記されていない。

このように，新高摺は，新高摺という制度自体に問題があって廃止されたというのではなく，具体的な理由はまったく示されないまま，恒久的な制度とするには支藩との関係で多くの問題が生じるという，判然としない理由によって廃止されているのである。

ところで，この新高摺の廃止を達した貞享4年7月の「覚」は，新高摺を廃止することによって生じる問題について，「知行所悪敷面々ハ，平均の内取来候余米引ケ申事に候間，不勝手ニ可有之候ヘとも」[13]と，知行所の地味が悪く免率が3ツ5歩に満たない給人は，それまで支給されてきた足米が支給されなくなるので，困窮するであろうと指摘している。

また前年2月，「殿様御借銀大分ニ及候ニ付，当秋ゟ御国中上り米被召上候，未員数ハ相究不申候，四・五歩之間ニ而可有之候」[14]と，実際に上米が実施されることはなかったが，累積した借銀に対処するため上米を実施する

ことが達せられた。このとき，これに関連して，「尤上リ米有之間ハ御公儀ゟ役米御赦免，多分平均も御破可被成哉之由」[15]と，上米が実施される間は平均＝新高揶が廃止されるであろうとの予測がなされており，藩財政が逼迫し，上米を実施しなければならないような状況においては，新高揶は廃止されると考えられていたことがわかる。新高揶は，3ツ5歩以下の家臣に対する足米の支給＝藩の負担によって支えられており，藩財政が悪化すれば藩は足米の支給ができなくなるので，新高揶は廃止せざるをえないと考えられていたものと思われる。

こうしたことから，新高揶の廃止の理由は，藩財政の逼迫によって，免率3ツ5歩以下の給人に足米を支給できなくなったことにあったのではないかと推測することができるのであるが，事実，新高揶の廃止を達した貞享4年7月の「覚」は，その第1条で，新高揶の廃止を告げ，第2条で今後の農村支配のあり方について述べたのち，第3条で藩財政の逼迫とその対応策について述べており[16]，財政問題が新高揶廃止の大きな理由であったことが示唆されているのである。

2. 寛文〜天和期福岡藩の財政政策

本節では，貞享4年（1687）7月の新高揶の廃止と財政問題との関係を検討する前提として，貞享4年に至る福岡藩の藩財政の動向を確認しておきたい[17]。

寛文7年（1667）11月，第3代福岡藩主黒田光之は，困窮した家臣を救済するため，与頭に対し困窮した家臣の要望を調査して目付に提出するように達し，その調査にもとづいて京都から銀を借り入れて家臣に貸し付けようとした。しかし，京都で借銀を行っていては年内に調達するのは困難なため，その間は用銀のうちから建て替え，低利，7か年賦で家臣に貸し付けている[18]。

翌寛文8年4月朔日には，料理や家作，衣類をはじめ刀の長さや馬具の仕様，若党・中間の衣類に至るまで詳細な倹約令を達し[19]，同月24日にはこの冬参勤の供に召し連れられる家臣に対し衣類等の心得を達している[20]。

寛文9年閏10月には，凶作のため年貢が石別3升（3%）以上下がった家臣に拝借銀米の上納を免除し[21]，翌11月には倹約令を達している[22]。

しかし，寛文12年（1672）には，「御家中衆手前不如意ニ付数年之間段々御救被成来候得共，殿様ニ茂御不勝手ニ有之，其上毎度拝借銀等被仰付候而茂，兼而勝手仕直申躰も無之候得者，却而無詮事か之様ニも被思召上候付，此後者拝借銀曽而被仰付間敷候」[23]と，ここ数年来困窮した家臣を救済するため拝借銀を貸し付けてきたが，藩主自身不勝手のうえ，拝借銀を貸し付けても困窮から回復するようすが見られないとして，それまで実施してきた拝借銀の貸付を停止し，倹約を実施するように達した。

寛文13年に実施された新高揃は，こうした拝借銀貸付の停止に対応するために実施されたものであったが，この新高揃も深刻化した家臣の困窮を救済するには効果がなく，家臣からの拝借願が相次いだ。このため，同年11月には再び借銀をして家臣への拝借銀貸付を行うことを決定し，翌延宝2年（1674）正月には京・大坂の商人から銀700貫目を借り入れている[24]。

延宝4年（1676）4月には，困窮した家臣に対し，存続の方法について意見があれば申し出るように達し，拝借銀を願い出たものにはこれを貸し与え，困窮がはなはだしくて蟄居を願い出たものには蟄居を許している[25]。

延宝6年2月には，家臣の困窮を救うため京都から借銀を行い，低利，15か年賦で家臣に貸し付けている[26]。寛文7年，延宝2年に続き，家臣救済のために行われた3度目の借銀であった。

延宝8年正月には，財政難のため上米を実施することが達せられ，家臣もそれに応じて人馬を減らすように命じられたが[27]，閏8月には上米の実施は回避され，「御借銀等被遊，当秋御参勤被成」[28]ことになった。

このように，延宝期は新高揃の実施後も家臣の困窮が進行したため，光之はたびたび京都から借銀をして家臣を救済した。しかし京都からの借銀が繰り返された結果，延宝末年には借銀が累積し，累積した借銀を返済するため家臣からの上米を検討しなければならなくなっているのである。

天和3年（1683）8月には，「近年上方其外ニて之御借銀夥敷儀ニ罷成，弥以次第ニ御指迫被成，至当年ひしと御難儀成御仕廻ニ候」と，借銀が累積して藩財政の運営が困難となったため，「江戸表御勤之儀，御献上物并御老中

様方御役人様方え之御勤迄被成，其余ハ御一家様を初め御音信贈答，御参府之御土産迄も，すきと御止被成，御内外稠敷御簡略可被遊」と，幕府への献上物や老中・役人以外の音信贈答を停止する「公儀押立御倹約」が実施されることになった[29]。

また，このような状態であるので上米を実施すべきであるが，家臣の困窮がはなはだしいので上米は実施しないと述べ，「至今年諸士別而指迫候通被聞召付候ゆへ，重畳被加御憐愍，只今迄之拝借銀大分之儀ニ候へ共，不残御捨被成被遣候」と，これまで家臣が拝借していた拝借銀の返済を破棄することを達した[30]。破棄された拝借銀の額は，4,000貫目余[31]とも，5,000貫目[32]ともいわれる。延宝3年（1675）に福岡藩が大坂で売却した米が113,011俵余，その代銀が2,120貫余であったから[33]，その額がいかに大きなものであったかがわかる。

一方，「両殿様御供，其外江戸役相勤之衆，何之御構もなく被差置候而ハ，勤かたく可有之と被加御了簡右之通ニ御勝手向ハ候へ共，御蔵納より壱歩宛除米可被仰付候。給知并御無足之面々よりも，除米可仕候。其除米を以，江戸役之衆中知行高切米高ニ応配当仕，向後勤候様ニ可被仰付旨候條，可被得其意候事」[34]とあるように，蔵入地から1歩（石高の1％），給知・無足からも1歩を拠出し，経済的負担の重い参勤御供や江戸在勤の家臣に支給されることが達せられた。この100石につき1石の上納は，これ以後，壱歩除（壱歩米）として毎年家臣から上納され，「旅行之節本救銀」[35]として使用されることになった。

厳しい財政状況のなかで，このように大量の拝借銀が破棄されたのは，壱歩米という新たな負担導入に対する家臣の抵抗を和らげる意味を持つものであったということができる。しかし，家臣の借銀を肩代わりすることによって大量の借銀を抱えることになった福岡藩は，それまで以上に藩財政の運営に苦しむことになったのである。

3. 上米の中止と山林の売却

天和3年（1683）に家臣の拝借銀返済を免除し，大量の借銀を抱えること

になった福岡藩は，すでにみたように，貞享3年（1686）2月，「殿様御借銀大分ニ及候ニ付，当秋ゟ御国中上り米被召上候」[36]と，同年秋に上米を実施することを決定した。上米の割合は4歩か5歩と予想され，上米実施中は新高掫の中止も予測されたが，実際に上米が実施されることはなかった。

そして，翌貞享4年7月，新高掫の廃止が達せられ，その「覚」の第3条において，次のような財政政策が達せられたのである。

　　一御勝手御不如意之儀，段々御倹約之次第，各中も存知之通ニ候。上ヶ米等被仰付候様ニと，度々達御耳候ヘ共，何とそ御用捨可被成旨にて被差置候。至今年者とかく相応ニ上米不仕候而ハ，上方御借銀差引之手立無之と相極候付，無御料簡上ヶ米之儀近日可被仰出，御詮義候処，山方支配之儀，村山角左衛門存寄，扨又御用銀差引之儀ニ，両大賀え角左衛門手前ゟ重畳申談候ヘハ，乍憚此節之儀ニ被存候由ニて，過分之銀高請相申候。依之当年も上ヶ米之儀不被仰付候。然共大形之御倹約ニてハ，御勝手向曾不相調候。山方支配之儀も，積候ことく年々潤沢ニ御勝手宜程ニ仕立可申儀難計候。彼是以，今年ゟ弥堅御倹約を被用事候。此等之時節と申，御家中諸士上ヶ米，今年も不被仰付，其上前々度々御心ヲ被付儀候ヘハ，不勝手之衆中たり共，御断かましき儀可被申上様無之段，勿論之儀ニ候。扨又御勝手向随分指つかへたる事ニ候歟。此已後何とそ御用捨難成趣之儀出來候ハゝ，至其節（ママ）上ヶ米被仰付儀も可有之候。左候ヘハ，弥銘々手前急度相慎，先年ゟ被仰出置候内外倹約之次第，無相違専之御奉公無懈怠被相勤候心得肝要に候事[37]

これによれば，藩財政の逼迫のため，これまでたびたび上米を実施するように藩主光之に申し上げてきたが，なんとか上米を実施しないようにということであったので，これまでは上米を実施しないできた。しかし，今年に至っていよいよ上米をせずに上方の借銀の差引をすることができなくなったので，上米を実施することを決定したが，勘定奉行の村山角左衛門が領内の山林売却のことを提案し，御用銀の差引についても村山角左衛門から博多の

商人両大賀に交渉して引き受けることになったので，今年も上米は行わないことになった。しかし，一通りの倹約では藩財政を立て直すことは困難であり，山林も毎年十分に仕立てられるわけではないので，今年から厳しい倹約を実施する。また，藩財政が非常に逼迫しており，今後どうしても避けられない場合は上米を実施することもあるので，各自倹約を守り，奉公に励むようにというのである。

　山林の売却や上方との交渉は村山角左衛門が担当し，博多の商人大賀惣右衛門と同善右衛門（善兵衛か）および福岡の商人竹森迷雪がこれに関わることになった。山林の伐採は後世に悪い影響を与えるが，眼前の急をしのぐため，また，なによりも上米を実施しないという光之の意向に沿うものとして，この方針が決定されたのであった[38]。

　このように，累積した借銀の返済に行き詰まった福岡藩は，上米によって借銀の返済を行うことを決定したが，なんとしても上米を回避したいという藩主光之の強い意向によって，領内の山林を売却し，その売却代銀をもって借銀を返済することになったのである。上米による借銀返済の財源確保計画が，山林売却による借銀返済の財源確保計画に変更されたのであるが，こうした借銀返済のための財源確保計画の変更にもかかわらず，新高撫は前年の予測どおり廃止されており，3ツ5歩以下の家臣に足米を支給する新高撫は，藩財政の負担軽減のため，財政改革時には廃止すべきものと早くから判断されていたとも考えられるのである。

　家老の三奈木黒田家の家臣で下座郡三奈木村に住んでいた加藤正房の貞享4年7月16日の日記には，「加左近右方ゟ庄屋共ニ触状，御国中証拠山被召上候，爰元侍中立山被召上候，逐付山奉行衆請取ニ可被参候，其内ハ少茂切取不申様ニ手堅可申付由，子細ハ当暮三歩上り米被召上筈候へ共，御詮儀之上ヲ以，御国中竹木御売払，御借銀利分御返弁，就夫上り米不召上候，此後竹木望次第ニ可被遣候，書上候様ニと御公儀ゟ被仰出」[39]と記されており，三奈木黒田家の家臣で郡代をつとめていた加藤左近右衛門から庄屋に触状が出され，領内の証拠山が召し上げられることになり，下座郡在住の三奈木黒田家の家臣が所持している立山も召し上げられること，近日中にこれらの山を受け取るため山奉行がやって来るので，それまで竹木は切ってはならない

こと，その理由は，今年暮に 3 歩（30％）の上米が実施されることになっていたが，上米のかわりに領内の竹木を売り払って借銀の利息分を返済することになったためで，今後は必要な竹木は藩から支給されるようになったことなどが達せられていることがわかる。

また翌 17 日には，「今日於御茶やニ被仰渡，（中略）当暮三歩上り米被召上筈候へとも，村山角左存寄ニテ御国中竹木御切御払，就夫証拠山被召上候，下座何茂之立山逐付山奉行まいり請取候迄は，木一本茂不切様ニ被仰渡」[40]と，同様の趣旨が三奈木村の御茶屋で達せられている。

8 月 7 日には，「村山角左山方見聞，昨日福岡出，夜須郡三波村一宿，今夕当所一宿ニ付，拙宅ニテ夕飯給可申由，昨夜半比三波村ゟ被申越，俄事何さへ用意無之，今朝永田ニ鮎調ニ遺候，今程珍敷大鮎五拾調参，今日七ツ時分何茂添被参，人数村山角左殿・大賀善兵衛・同惣右衛門并添田十助，是ハ無足，角左算用・絵図書旁々被召連，尤川越庄右・鳥居庄助，其外川村五左殿，是ハ能折柄此方ゟ使ヲ以呼請，以上七人」[41]と，山林の調査のため，前日 6 日に村山角左衛門と博多の商人大賀善兵衛・同右衛門が，無足の添田十助や算用・絵図書を召し連れて福岡を出立し，この日，三奈木村に宿泊していることが記されている。

このように，領内の竹木を売却して借銀の返済にあてることを決定した福岡藩は，それまで藩から家臣や農民に与えられていた証拠山を召し上げて，そこに生えている竹木を伐採して売却することとし，召し上げられた山は山奉行が受け取りにいくまで竹木の伐採が禁止され，それまで証拠山から竹木を調達していた者には藩から必要な竹木が支給されることになったのである。また，これを担当することになった勘定奉行村山角左衛門や博多商人の大賀善兵衛・同惣右衛門は，実務を担当する無足の家臣や算用・絵図書を召し連れ，実際に売却する領内の山林を調査して回っているのである。

4．貞享 4 年の借財整理

累積した藩の借銀は，前節でみたように，竹木の売却代金によってその利息分が返済されることになったが，これらの借銀は具体的にどのような形

で処理されたのであろうか。
　次の史料は，貞享4年（1687）に両替善五郎が那波九郎左衛門に宛てた枝手形である。

　　　　　枝手形之事
　　合銀百拾七貫九百拾弐匁八分也
　　右者　松平右衛門佐様へ先年御取替被成候銀子也、御勝手御不女意（ママ）ニ付、当卯年ゟ拾五年ニ御皆済可被成御断ニ而年荷ニ相定申候、何時ニ而も御渡シ被成次第ニ割付相渡シ可申候、前方之御本帋我等方へ請取置候得共、只今年荷ニ相究申ニ付、枝手形相改申所、仍如件
　　貞享四年卯十一月廿五日　　　　両替善五郎㊞
　　　那波九郎左衛門殿[42]

　この枝手形は，両替善五郎が枝主となって福岡藩に貸し付けていた銀のうち，那波九郎左衛門が出資していた117貫目余が財政難による「御断」のため，貞享4年からの15か年賦となったこと，福岡藩から返済があり次第配分すること，借用証文の本紙は善五郎が受け取っているが，このたび年賦となったので枝手形を改めることを告げたものである。
　こうした貞享4年の福岡藩の借銀整理にかかわる証文は，京都の日野屋甚太郎から那波九郎左衛門に宛てたものも残されている。

　　　　　枝手形
一銀壱貫五百七拾三匁八分六厘也
　　右者　松平右衛門佐様へ先年御取替申上候銀子，去々卯年ゟ元銀ニ而拾五ヶ年納ニ御断ニ付、卯辰両年分御渡し相残ル元拾三貫九百三拾壱匁八分，巳年ゟ拾三ヶ年ニ御皆済之御定ニ而御取替申内へ，右之銀高御加被成候所実正也、則村山角左衛門殿・鎌田八郎兵衛殿連判ニ，大賀惣右衛門殿・同善兵衛殿奥書有之御証文，拙者名付ニ撓此方ニ取置申候、何時も御返弁之節分ケ相渡し可申候、為其枝手形仍如件
　　　　　　　　　　　　　　　　　　　　日野屋

元禄弐年三月二日　　　　　　　　　　　　　　　　　　　　甚太郎㊞
　　那波九郎左衛門殿[43]

　　添　状
一松平右衛門佐様へ銀四拾四貫五百七拾七匁，先年御取替被成候処，年挊
　ニ罷成，則村山角左衛門殿・鎌田八郎兵衛殿并大賀善兵衛・同惣右衛門
　連判之御借状壱通相渡申候，何茂御正利紛無御座候，仍添状如件
　　　　　　　　　　　　　　　　　　　　　　　　　　日野屋
　　元禄弐年巳三月二日　　　　　　　　　　　　　　　　甚太郎㊞
　　那波屋九郎左衛門殿[44]

　まず枝手形は，日野屋甚太郎が枝主となって福岡藩に貸し付けていた借銀
が「御断」となり，去々年（貞享4年）から元銀のみの15か年賦返済と
なったこと，このうちの那波九郎左衛門の出資分から貞享4年・元禄元年両
年の返済分を差し引いた13貫931匁余の貸付分に1貫573匁余を加えたこ
と，村山角左衛門と鎌田八郎兵衛が連署し，大賀惣右衛門と同善兵衛が奥書
した日野屋宛ての証文を受け取っていること，貸付分は福岡藩から返済され
るたびに那波屋に渡すことを那波屋九郎左衛門に告げたものである。添状
は，日野屋甚太郎が枝主となって福岡藩に貸し付けた銀のうち那波屋が出資
した銀が44貫577匁であること，村山角左衛門と鎌田八郎兵衛が連署し，
大賀善兵衛と同惣右衛門が奥書をした借用証文を那波屋に渡したことを記し
ている。
　また，次の史料は，貞享5年（1688）5月に天王寺屋五兵衛・天王寺屋定
休が鴻池道意に宛てた手形である。

　　　　手形
　　　（割印）　　　　　　　　　　　　　　　　　　（印）
　　合銀五百七拾五貫八百五拾七匁四分也
　　右者　松平右衛門佐様江銀高千五百四拾四貫七百拾八匁三分御取替仕内
　　ヘ御加被成候，御勝手御不女意ニ付御断被仰，去卯暮ゟ元銀ニ而来ル巳
　　　　　　　　　　　　　　　　　　　　（ママ）
　　年迄ニ拾五ケ一宛拾五年ニ御返弁可被成定ニテ御借状此方ニ御座候，毎

年御返弁被成次第無相違相渡可申候，為其手形如件
　　貞享五年辰五月廿一日　　　　　天王寺屋五兵衛正重(花押)(印)
　　　　　　　　　　　　　　　　　天王寺屋定休(印)

　　鴻池道意老[45]

　この手形は，天王寺屋五兵衛と天王寺屋定休が枝主となって福岡藩に貸し付けていた1,544貫余が，財政難による福岡藩の「御断」＝借財整理のため，貞享4年の暮から元銀のみ15か年賦の返済となり，その借状を天王寺屋が所持していること，天王寺屋をつうじて鴻池道意が福岡藩に貸し付けていた575貫余については，毎年福岡藩から返済がありしだい渡すことを約束している[46]。

　以上の証文から，福岡藩が貞享4年暮に大規模な借財整理を行ったこと，その内容は，竹木の売却代金によって返済した残銀を元銀とし，貞享4年から無利息で15か年賦とするものであったことがわかる。また，この借財整理は，上米にかわって竹木の売却を提案した勘定奉行村山角左衛門と鎌田八郎兵衛が担当し，大賀惣右衛門と同善兵衛の2人の博多商人がこの借銀の返済を保証していたことがわかるのである。

　こうした借財整理は，次の史料から上方だけでなく領内からの借銀についても行われていたことがわかる。

　　貞享四丁卯歳
　博多津中ゟ指上ケ置申候御当用御滞分，左之通之銀高
一　元銀九拾五貫三百六拾三匁ハ
　　　右銀高之内，追々御返弁有之，相帯残居候銀高三拾九貫三拾七匁弐分壱厘ハ御座候処，貞享五辰ノ年ゟ拾五年賦ニ相極リ，其後年々御納所被仰付候由被仰渡御座候事[47]

　博多津中からの借銀95貫363匁のうち，返済残銀の39貫37匁余を貞享5年からの15か年賦としているのである。

　このように，累積した借銀の返済に行き詰まった福岡藩は，貞享4年に領

内の竹木を伐採して売り払い，その売却代銀によってそれまでの上方の借銀を返済し，残った借銀を無利息15か年賦で返済するという大規模な借銀整理を行ったのである。

新高揃の廃止は，こうした大規模な借銀整理を含む財政政策の一還として，藩財政の負担軽減を目的に実施されたのである。

おわりに

貞享4年（1687），累積した借銀に対処するため，福岡藩は領内の竹木を売却し，その売却代銀をもって借銀を返済し，残った借銀を15か年賦とすることで，当面の財政危機を乗り切った。新高揃の廃止は，こうした財政政策の一還として，藩財政の負担を軽減するため，それまで3ツ5歩以下の家臣に支給してきた足米の支給を停止することを目的に実施されたものであった。したがって，新高揃と同時に実施された藩による知行地支配は，あえて変更する必要はなく，また，こうした農村支配のあり方は大きな成果をあげていたため，そのまま継続されたのである。

福岡藩では，寛文期以降，困窮した家臣を救済するため，たびたび上方から借銀を行い，家臣に拝借銀を貸し付けてきたが，こうした政策が最終的に行き詰まり，大きく転換せざるをえなくなったのである。

翌元禄元年（1688）11月3日，参勤のため江戸に到着した第3代藩主黒田光之は，1か月後の12月5日に隠居願を提出し，9日には隠居を許された。隠居の理由は，「光之今年六十一歳，年老給ひ且痔疾の患有て快からさる故に」[48]と記されているが，当時の諸藩の藩主の隠居の事例からみて，61歳という年齢は必ずしも隠居しなければならない年齢ではなく[49]，体力面からみても，光之は宝永4年（1707）に80歳で亡くなる前年に病気のため参勤ができなくなるまで，藩主綱政と隔年に参勤交代を続けており，決して隠居しなければならないような状態ではなかった。また痔疾も，光之はかなり以前から痔を煩っており，延宝4年（1676）には痔疾のため参勤を延期しなければならなくなるなど[50]，この時期急に痔疾が悪化したというものではなかった。したがって，この光之の隠居は，年齢や病気が直接の原因であったとは

考えにくく，借銀の累積によって藩財政の運営に行き詰まり，それまでの家臣救済策＝「仁政」[51]が破綻し，「御断」＝借銀整理を行わざるをえなかったことを受けてのものではなかったかと推測されるのである。光之の隠居は，こうした福岡藩の財政政策の大きな転換を象徴するものであったということができるのである。

貞享4年の借財整理によって，当面の財政危機を脱することができた福岡藩であったが，これ以後，15年間にわたって毎年契約どおり借銀を返済し続けなくてはならなくなり，福岡藩はますます厳しい財政運営を迫られることになった。元禄2年（1689）以降，福岡藩はそれまでとは一転して毎年のように上米を実施することになるが，これは，貞享4年に結んだ借銀の返済契約を履行するため，家臣に負担を求めざるをえなくなったことを示しているのである。

[注]

1) 松下志朗「石高制と知行制」『福岡県史　通史編　福岡藩(1)』1998年，p.317
2) 福田千鶴「近世地方知行制の存続意義について ―― 福岡藩を事例に ――」『近世社会と知行制』思文閣出版，1999年，p.295
3) 『福岡県地域史研究』21号，22号，2004年，2005年
4) 福岡県立図書館所蔵黒田家文書391
5) 『新訂黒田家譜』第2巻，p.495
6) 『新訂黒田家譜』第2巻，p.495
7) 『新訂黒田家譜』第2巻，p.360
8) 『新訂黒田家譜』第2巻，p.494
9) 『新訂黒田家譜』第2巻，p.495
10) 「知所」『福岡県地域史研究』21号，2004年，p.140
11) 『新訂黒田家譜』第2巻，p.494。引用に際し，下線部の句読点を変更した
12) 直方分は，福岡藩の支藩であった直方藩の旧領のこと。直方藩は，元和9年（1623）に東蓮寺藩4万石として成立。延宝3年（1675）に藩主の居所が東蓮寺藩から直方に移り，直方藩と改称。延宝5年に藩主綱政が福岡藩主光之の嗣子となったため廃藩となり，その領地は福岡藩領となったが，その後も直方藩時代と同様の支配が行われていた。秋月藩は元和9年に成立した5万石の福岡藩の支藩
13) 『新訂黒田家譜』第2巻，p.495
14) 「正房日記」『甘木市史資料　近世編』第7集，p.265
15) 「正房日記」『甘木市史資料　近世編』第7集，p.265

16)『新訂黒田家譜』第2巻, p.495
17) 寛文・延宝期の福岡藩財政の動向については, 原三枝子「寛文十三年福岡藩士の困窮と救済」『地方史ふくおか』89号, 1995年, 同「光之期　福岡藩の上方借銀と家臣への貸付け」『福岡地方史研究』34号, 1996年, 同「延宝三年福岡藩財政に関する一考察」『福岡地方史研究』35号, 1997年, 宮崎克則「寛文・延宝期における藩社会 ── 筑前国福岡藩の社会状況 ── 」『日本近世の地域社会論』文献出版, 1998年参照
18)『新訂黒田家譜』第2巻, p.313
19)『新訂黒田家譜』第2巻, p.321
20)『新訂黒田家譜』第2巻, p.325
21)『新訂黒田家譜』第2巻, p.340
22)『新訂黒田家譜』第2巻, p.341
23)「口上覚」九州大学附属図書館記録資料館所蔵檜垣文庫233-38
24)『福岡藩　寛文・延宝期御用帳』p.66
25)『新訂黒田家譜』第2巻, p.388
26)『新訂黒田家譜』第2巻, p.418
27)『新訂黒田家譜』第2巻, p.433
28)『新訂黒田家譜』第2巻, p.437
29)『新訂黒田家譜』第2巻, p.455
30)『新訂黒田家譜』第2巻, p.456
31)「正房日記」『甘木市史資料　近世編』第7集, p.159
32)「黒田重時へ送る書」『益軒全集』巻之3, p.723
33)「延宝三卯年分大坂上り米大豆目録」九州大学附属図書館記録資料館所蔵三奈木黒田　家文書2746-2
34)『新訂黒田家譜』第2巻, p.457
35)「御積帳注解」福岡県立図書館所蔵黒田家文書391
36)「正房日記」貞享3年2月7日条『甘木市史資料　近世編』第7集, p.265
37)『新訂黒田家譜』第2巻, p.495
38)『新訂黒田家譜』第2巻, p.494
39)「正房日記」貞享4年7月16日条『甘木市史資料　近世編』第7集, p.338
40)「正房日記」貞享4年7月17日条『甘木市史資料　近世編』第7集, p.339
41)「正房日記」貞享4年8月7日条『甘木市史資料　近世編』第7集, p.342
42) 那波家文書578（京都市歴史資料館複写資料）
43) 那波家文書95（京都市歴史資料館複写資料）
44) 那波家文書91（京都市歴史資料館複写資料）
45) 今井修平「天王寺屋五兵衛の大名貸と鴻池道意 ── 延宝〜享保期の枝手形の検討 ── 」『ヒストリア』79号, 1978年, p.52
46) 天王寺屋は, 同様の手形を59貫63匁2分を出資していた鴻池弥三兵衛にも出している（今井修平「天王寺屋五兵衛の大名貸と鴻池道意 ── 延宝〜享保期の枝手形の検討 ── 」『ヒストリア』79号, 1978年, p.52）
47)『博多津要録』第1巻, p.170

48)『新訂黒田家譜』第2巻, p.507
49) 九州の藩に限っても, 薩摩藩の第2代藩主島津光久は貞享4年72歳で隠居, 熊本藩の第3代藩主細川綱利は正徳2年70歳で隠居している
50)『新訂黒田家譜』第2巻, p.400
51) 光之の政治姿勢(「仁政」)については, 拙稿「貝原益軒諫言録と近世前期の福岡藩政 —— 家臣の困窮と藩財政の窮乏を中心に ——」『市史研究ふくおか』5号, 2010年参照

第 4 章

保守という名の漸進・改革という名の停滞
—— 長い 18 世紀と英国経験論 ——

深浦　厚之

概要

周知のように，D. Hume によって頂点に達した英国経験論は，17 世紀末葉から 18 世紀初頭に英国が体験した統治体制の変化とその確立，すなわち名誉革命体制と呼ばれる一連の経緯，の過程と密接に関係している。それは，様々な政治的・宗教的・学術的主張が混然一体となった一見，無定見な体制であったが，長い 18 世紀と呼ばれる国家体制をもたらした。この英国の経験が，安定したコミュニティとは種々の個性が混然一体となり，構成員相互の認識・受容（Hume が共感と呼ぶ人間の本性）が紐帯となるコミュニティであるという経験論の知見に繋がる。歴史的事実は事象の継起以上でも以下でもなく，たとえ反復して生じる事象であってもア・プリオリな因果関係や知覚を超越した原理を決して意味しない。コミュニティは過去との連続，つまり経験の叡智を結集するという意味での保守主義・漸進主義，によってのみ現実的に進化する。古来，改革・革命と呼ばれた試みがことごとく悲惨な結果に終わったというまさに"経験"が，そのことを雄弁に裏づけている。

キーワード：長い 18 世紀，経験論，漸進主義

はじめに

　不幸な家族にはそれぞれの不幸の形があるといわれる。不幸からどのように抜け出すかもまた人それぞれである。社会や国家もそれに似ているかもしれない。飢餓や内戦に苦しむ国がある一方，栄養過多や高齢化を病とみなす国もある。隣り合う二つの国の一方では失業が慢性化し，一方は人手不足に

頭を抱えていたりもする。では，人類はそうした不幸な状況からどのように抜け出してきたのだろうか。

最近，Acemoglu, Robinson（2013）は社会を二つに類型化し（分権的社会と集約的社会），経済発展が可能なのは分権的社会であるという興味深い議論を示した[1]。問題は，なぜ特定の国では後者が選択され，前者を選択しなかったのか，その選択の際の人々の行動パターンは何だったのか，という点であろう。これを論じるために彼らが好んで例示しているのが名誉革命（1688年）から産業革命末期にいたる約150年のイギリスである。歴史家により「長い18世紀」と呼ばれるこの150年は，立憲君主制，二院制，所有権思想，三権分立，警察・消防等の公共サービス，普通選挙権など，今日の先進諸国においてごく普通に見られる制度が集中的に生まれた時期であった[2]。トレヴェリアン（1973）もまた「長い18世紀」が単にイギリスの歴史のみならず世界史的な意義を持つとし，近代の出発点となった名誉革命の歴史的意義を強調している[3]。

本章は，停滞から脱却し，十分な経済的余剰と安定を提供できるコミュニティが形成されるにはどのような力が国民の間に作用しなければならないかを，長い18世紀に生きた英国経験論（empiricism）の雄デビッド・ヒュームに即して考えてみたい。

以下では，ヒュームが詳細に分析した共感の原理について論じ，続いて「長い18世紀」のイギリスを念頭に置きつつ，共感が歴史の中で果たした役割を考察する。最後に，共感に基づくコミュニティが「中庸」「安定」「常識」によって特徴づけられ，極論や極端に起因する混乱（改革や革命）を防止し，持続可能なコミュニティが実現できることを示したい[4]。結論は次の諸点になる。(1) コミュニティには妥協によって他者を受け入れることを基盤とする，つまり肯定の論理によるコミュニティと，目的・理念を一意的なクライテリアとし，異物を排除する否定の論理に基づくコミュニティに大別される。(2) 肯定のコミュニティは安定し持続するが，否定に貫かれたコミュニティは不安定となり短命に終わる。(3) 前者を形成する動因は構成員自身の自発的なコミュニティへの働きかけであり，その紐帯となるのが相互の共感（もしくは同感，sympathy）である。(4) 自律的な構成員により形

成される肯定型コミュニティでは中庸,すなわち多様な価値観を包含しうる共通の常識(コモンズ)が役割を担う。(5) 多様な価値観とは,過去の歴史的事実の中に蓄積されており,現在・過去を包括した構成員の集合知に反映される。(6) 過去の経験に由来する集合知とコミュニティの安定・中庸を重視するのが保守主義であり持続可能性の前提である。逆に,改革思想はコミュニティを崩壊させる。

1. 共感の原理[5]

1.1 自我と他者

　なぜ個人は財を強奪するのではなく交換という方法を用いるのか。この節ではヒュームの『人性論』に依拠しつつ,共感を中心にその問題を整理する[6]。

　知覚は印象(impression)と観念(idea)からなり,印象は「初めて心に現れた知覚であり……勢いがある」のに対し,観念は「思考や推論における知覚であり……穏やか」であり,「前者を「感じる」,後者を「考える」」(1・1・1)といってもよい。そして人間の思惟は印象・観念を超えることはない。これが『人性論』第一編「知性について」(Of the Understandings)のテーマである[7]。

　さて,自分自身に関する印象から構成される観念を「自我(self)」と,他者についての印象から構成される「他者(others)」とすれば,二人の人間の相互関係・人間相互の感情の交流の分析は,自我・他者の二つの観念とそれらのもとになる印象の分析に他ならない(『人性論』第二編「情緒について」(Of the Passions)のテーマ)。では何が知覚を産みだすのか。これは人間とは何かを問うことに等しいが,この問いに答えるにはまず知覚主体を知覚しなければならない。人間の思惟が印象・観念を超えることはないならば,それにいかなる抽象名称を冠しても(精神,魂など)所詮は観念である。人間とは何かを考えようとしても,われわれが知りうるのはわれわれが思ったり考えたりする過程であり,それ以上でも以下でもない。つまり,知覚や認識の態様,知覚の束(1・4・6)というのが,われわれが知りうる人間の姿な

のである[8]。

　第一編から第二編への展開は，私的空間での思惟から公的空間への思惟へ考察な対象が拡張される過程と位置づけることができる。私的空間では個人は自らの思惟にのみ従うから「混じりけのない私的な経験」（ラッセル(2005)）が形成される。他方，公的空間は複数個人の思惟が出会う空間という意味で，私的空間の集合として構成される。このため世界は，私的思惟からなる私的空間とそれを包含する公的空間から構成されることになる[9]。そしてある個人にとっての公的空間は他の個人にとっての私的空間だから，公的空間は他者の思惟を観察し経験することを通じて知覚できるにすぎない。ヒュームは「存在観念は，存在すると認識されるものの観念と等しい。何かを単純に考察することとその事物の存在を考察することは何ら異ならない。存在観念は対象たる事物の観念に連接されるものではあっても，それに何かを付加することはない。すべての思われるものは存在する」(1・2・6)と述べ，バークリは「存在するとは知覚されることである」と宣言することで公的空間の実体性を否定した。共感もまた，自我と他者，私的空間と公的空間がボーダレスであるという理解の上にあることをあらかじめ指摘しておきたい[10]。

1.2　観念と印象の二重関係

　印象が起点となって形成される新たな感覚を情緒（passions）と呼ぶ[11]。たとえば，「（心の）自然な性向と合致する印象は……快（pleasure）が感知される（逆の場合は苦（pain）。…筆者注）」(1・4・2)。そして自我と快が結びつくと自負（pride），苦と関連づけられると自卑（humiliation）になる。

　美しく着飾った自分を鏡で見ると想定しよう。このとき「自分は美しい」という感官（＝印象）が心地よいなら（＝快），自我観念を通じて自負という情緒を産む。逆に鏡に映った醜い姿に意気消沈すれば（＝苦）から自卑を産む。つまり「自我が考慮に加えられない限り，自負や自卑（といった情緒）が生じること」(2・1・2)はない。同様のことが他者に対して生じるとき，それを愛情（love），憎悪（hate）と呼ぶ。この結果，二種の印象（快(r)・苦(s)），二種の対象（自我(m)・他者(n)）の組み合わせに応じて，4通りの

第 4 章　保守という名の漸進・改革という名の停滞　　119

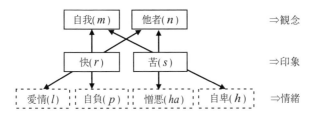

図1　観念と印象の二重関係

情緒（自負(p)・自卑(h)・愛情(l)・憎悪(ha)）が得られるというのが「観念と印象の二重関係」（double relation）の主張するところである（図1）。

　この二重関係は人間の心情（＝情緒）が観念と印象のいずれかだけに偏って形成されるのではない。印象だけが支配的であれば，我々は常に快苦に振り回されてしまう（「我々が感じる快・苦以上に真実であるもの，関心を持たせるものはない」（3・1・1））。実際，苦しみに我を忘れて冷静さを失い，苦の原因を除去・回避することができなくなることがある。自分自身と他者を観念化・相対化することができるから，直感的な快苦に支配されることなく，愛情(l)から憎悪(ha)に至る種々の情緒を得ることができるのである[12]。

　「たとえ自分自身のものとかけはなれている，あるいは反対でも，交流を通じて他者の性向や感情を受け取ること」（2・1・11）によって他者に共感する傾向を，人間の本性のうちもっとも重要だと考えたヒュームは，8つの思考実験を介して，共感が生じる過程を検討した[13]。

　まず，二重関係を次のような関係式で表す（記号は前記の通り）。

$$\begin{pmatrix} p & l \\ h & ha \end{pmatrix}\begin{pmatrix} m \\ n \end{pmatrix}(r\ s) = \begin{pmatrix} pm+ln \\ hm+han \end{pmatrix}(r\ s) = \begin{bmatrix} r(pm+ln) \\ s(hm+han) \end{bmatrix} \equiv \Delta \tag{1}$$

　左辺冒頭の行列を情緒行列，二番目を自我他者ベクトル，三番目を快苦ベクトルと名付けておこう。(1)式はヒュームが置いた五つの仮定にも対応している（2・1・6）。第一・第二の仮定は自我他者ベクトルと快苦ベクトルを独立に定義することを要請する。「快苦をもたらす対象は明晰判明に識別される」という第三の仮定は快苦ベクトルの要素が特定可能であることを意味す

るが，これは r, s が 1 か 0 のいずれかの値をとることで担保される。同時にこれは情緒の原因が恒常的であり，観察可能であるという第四の仮定に対応する。さらにこうした定式化は，情緒形成が一定の規則性のもとになされることを意味するものであるが，これは「一般的な規則（である習慣）が……情緒に影響を与える」という第五の仮定に対応している。

(1)において，自我が快と結合すると，

$$\begin{pmatrix} p & l \\ h & ha \end{pmatrix} \begin{pmatrix} 1 \\ 0 \end{pmatrix} \begin{pmatrix} 1 & 0 \end{pmatrix} = \begin{pmatrix} p \\ h \end{pmatrix} \begin{pmatrix} 1 & 0 \end{pmatrix} = \begin{bmatrix} p \\ 0 \end{bmatrix} \equiv \Delta \tag{2}$$

となり，自負(p)が帰結する[14]。以下ではルーシー（自我）とジョージ（他者）の情緒を(1)を用いて表現しその特性を検討する。以下では帰結する情緒を [ ] で示す[15]。

- 第一実験：ルーシーが誰のものでもないただの部屋を見る

 快苦はない。また，自我も他者もない。$\begin{pmatrix} m \\ n \end{pmatrix} = \begin{pmatrix} 0 \\ 0 \end{pmatrix}$ かつ $\begin{pmatrix} r \\ s \end{pmatrix} = \begin{pmatrix} 0 \\ 0 \end{pmatrix}$ であるから $\Delta = \begin{bmatrix} 0 \\ 0 \end{bmatrix}$。「だれのものでもない」から自我・他者とは無関係であり，そして美しくも汚くもない部屋は快苦も産み出さない。よって何の情緒も帰結しない。たとえその部屋が美しい部屋であろうと「単に美しいと考えられるにすぎず，我々と関連のある事物でなければ，美は自負や自卑を産まない」(2.1.2)。

- 第二実験：ルーシーが，自分かジョージのいずれかの所有物である部屋を見る

 部屋がルーシーのものなら $\begin{pmatrix} m \\ n \end{pmatrix} = \begin{pmatrix} 1 \\ 0 \end{pmatrix}$，ジョージのものなら $\begin{pmatrix} m \\ n \end{pmatrix} = \begin{pmatrix} 0 \\ 1 \end{pmatrix}$ である。部屋が美しければ $\begin{pmatrix} r \\ s \end{pmatrix} = \begin{pmatrix} 1 \\ 0 \end{pmatrix}$，そうでなければ $\begin{pmatrix} r \\ s \end{pmatrix} = \begin{pmatrix} 0 \\ 1 \end{pmatrix}$ になる。これらの組み合わせにより，ルーシーの部屋の場合には，$\Delta = \begin{bmatrix} p \\ 0 \end{bmatrix}$ もしくは $\Delta = \begin{bmatrix} 0 \\ h \end{bmatrix}$，

第 4 章　保守という名の漸進・改革という名の停滞

ジョージの場合は $\Delta = \begin{bmatrix} 0 \\ l \end{bmatrix}$ もしくは $\Delta = \begin{bmatrix} 0 \\ ha \end{bmatrix}$ となる。部屋の美醜が同じ確率で生じるとすれば，どちらの部屋の場合であっても，同じ確率で生じる二つの情緒は相殺されるとヒュームは考えた。もっとも，情緒の相殺が生じるには快苦が加法的に演算可能でなければならず，ここには彼の功利主義的側面が見える。

- 第三実験：ルーシー，ジョージいずれのものでもない眺めのよい部屋を見る

「ルーシー，ジョージいずれのものでもない」の意味に注意が必要である。ヒュームは二人が展覧会で美しい石を見る場合を例示している。このように二人が共通の経験をしている場合には，$\binom{m}{n} = \binom{1}{1}$, $\binom{r}{s} = \binom{1}{0}$ であるから，$\Delta = \begin{bmatrix} p+l \\ 0 \end{bmatrix}$ となる。眺めが悪い場合は $\Delta = \begin{bmatrix} 0 \\ h+ha \end{bmatrix}$ である。

第二実験のように二つの情緒が相殺されることはないが，自我・他者への情緒が混在するため，特定の方向性を持った情緒にはならない。つまり，「心的傾向にある趨勢を与える」が「確立された情緒とはいえず単に昂揚した性向があふれ出た」にすぎないから，「我々に帰属しないもの・関連のないすべてのものは，いかに非凡な性質を帯びていたとしても，またいかに大きな驚嘆・賞賛を自然に引き起こすとしても，我々の自負心に何の影響も及ぼさない」(2·1·9) ということになる。快苦が端緒となってある心的傾向が生まれるが，第二実験ではそれらが同じ方法に向かうことで快苦が相殺され，第三実験では向かう先が異なるため効果を確定できないのである。

- 第四実験：ルーシーが老婦人を献身的に世話する

これは自分の行為 $\binom{m}{n} = \binom{1}{0}$ であり，ルーシー自身が他者(老婦人)の満足を高めることに喜びを感じれば，$\binom{r}{s} = \binom{1}{0}$ から $\Delta = \begin{bmatrix} p \\ 0 \end{bmatrix}$ となり，自負を得る。

逆にこうした行為によって苦を感じれば $\binom{r}{s}=\binom{0}{1}$ だから，$\Delta=\begin{bmatrix}0\\h\end{bmatrix}$ となる。他者が同様の行為をなしているのを見るなら，$\binom{m}{n}=\binom{0}{1}$ であり $\Delta=\begin{bmatrix}l\\0\end{bmatrix}$，稀に $\Delta=\begin{bmatrix}0\\ha\end{bmatrix}$ となる。

　第四実験はヒュームによる徳（virtue）と悪徳（evil）の議論に関わっている。ギリシャ哲学からスコラ哲学に至る長い歴史の中で，有徳性の基準は（先天的であれ後天的であれ）人間の行為や利害にかかわらず決定済みと考えられてきた。ヒュームはここに快苦という印象を組み込むことで徳を人性のうちに内部化したのであり，これが道徳感情（moral sentiment）である。シャフツベリやハチスンによる道徳感覚（moral sense）では徳は受動的に感じとられるものだったが，道徳感情では個人の能動的主体性が含意されている[16]。

- **第五実験：ジョージが有徳な行為を行う**

　第四実験同様，ジョージは他者だから $\Delta=\begin{bmatrix}l\\0\end{bmatrix}$ となる。したがって，ルーシーは有徳な行為を行うジョージに愛情を抱く。

　さて，ジョージはルーシーにとって深い繋がりのある他者である。このためジョージの有徳な行為を観察したルーシーは彼への愛情を感じると同時に，ルーシー自身の自負を引き起こす。このように，$\Delta=\begin{bmatrix}l\\0\end{bmatrix}$ から $\Delta=\begin{bmatrix}p\\0\end{bmatrix}$ へ，つまり他者と自我への情緒の転移は送致（carry）と呼ばれる。

　同様に，他者が悪徳行為をなす時は，$\Delta=\begin{bmatrix}0\\ha\end{bmatrix}$ から $\Delta=\begin{bmatrix}0\\h\end{bmatrix}$ へ送致が起こる。形式的に言えば，$\begin{pmatrix}p&l\\h&ha\end{pmatrix}\binom{0}{1}(1\ 0)=\binom{l}{ha}(1\ 0)=\begin{bmatrix}l\\0\end{bmatrix}$ において，$\binom{0}{1}$ を $\binom{1}{0}$ に置き換えればよい[17]。

第 4 章　保守という名の漸進・改革という名の停滞　　123

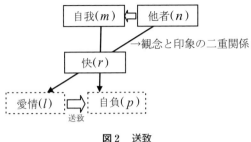

図 2　送致

　図 2 を見よ。初めに他者(n)→快(r)→愛情(l)という第一の二重関係が生じる。ここで自我への観念の移動が生じ，他方，有徳な行為から得られる快が不変であれば，自我(m)→快(r)→自負(p)という第二の二重関係によって，情緒が送致される。したがって送致前後においても依然として観念と印象の二重関係が作用しているが，その経路が変化している。

　このように，「有徳な他者」という他者への情緒が「有徳なジョージの関係者である自分」という自我への情緒に転移するとき，ジョージはルーシーの知己の人物であるという「仮定に基づき，観念の関係を（ルーシー）自身と持つ」(1・2・2)。これは他者から自我への推移の結果，快を支点とする挺子のように情緒の送致が生じると表現してもよい。しかし，こうした送致は見ず知らずの人の間では起こらない。「もっとも強い関心は自分自身に，次の関心は親族や友人に向けられ，見知らぬ人その他の人への関心はもっとも弱くなるという枠組み（＝偏頗（partiality））が我々の心の中にある。」(3・2・2)[18]。

- 第六実験（第八実験を含む）：ルーシー自身が有徳な行為をする。

　第五実験を逆転させると第六実験になる。つまり，自分自身が有徳である時 $\left(\Delta = \begin{bmatrix} p \\ 0 \end{bmatrix}\right)$，これが自分と関連のある他者を愛する気持ち $\left(\Delta = \begin{bmatrix} l \\ 0 \end{bmatrix}\right)$ に送致されるかどうかを問う。

　第五実験を形式的に当てはめれば送致されるといえそうである。しかし，自分自身の行為に関して自負心を持っているとき，そのことが他者を愛する

動機になりうるだろうか。おそらく稀か，起こったとしても強いものではないであろう。「我々はどのような時においても自分自身や自分自身の心情や情緒を親しく（familiar）意識し……我々の注意をひき寄せて関心を他者へ移さない」(2·2·2)からである。この場合，愛情(l)→自負(p)という送致と，自負(p)→愛情(l)という送致は非対称になる。

　第五実験では，他者への感情のほうが自分への感情よりも強く，それに引きずられて自負が愛情へ送致される。つまり穏やかな感情から強い感情への送致である。第六実験は，自我に関する強い情緒がすでに形成されているときは，それが他者に対する穏やかな情緒に送致されることは少ないということを論じている。

　自分の行為を他者が賞賛してくれる場合を考えてみよう。この場合は「友人に賞賛される私」，すなわち $\begin{pmatrix}m\\n\end{pmatrix}=\begin{pmatrix}1\\0\end{pmatrix}$ かつ $\begin{pmatrix}r\\s\end{pmatrix}=\begin{pmatrix}1\\0\end{pmatrix}$ から得られる $\Delta=\begin{bmatrix}p\\0\end{bmatrix}$ が起点となるが，ここで「自分を賞賛する他者」に情緒が送致されると，$\begin{pmatrix}m\\n\end{pmatrix}=\begin{pmatrix}0\\1\end{pmatrix}$ に入れ替わり $\Delta=\begin{bmatrix}l\\0\end{bmatrix}$ になる。確かに自分を持ち上げ褒めたたえる人に好意を寄せることは珍しくない。そうした情緒を取り扱ったのが第八実験であり，第六実験の例外といってよい。

- 第七実験：ジョージと彼の友人が有徳な行為を行う

　第七実験は，「自負の程度は，対象の性質の増減に依存して増減するだけでなく，関係の遠近によって増減する」(2·1·9) 場合を扱っている。第五実験で示されたように送致は穏やかな感情から強い感情へ向かって起こりやすい。ジョージと友人が同じ行為を行ってもルーシーとジョージの関係のほうが密接ならば，ジョージのほうがルーシーにより強い自負を生じさせるだろう。

　表1を見よ。この表は自我と他者，快と苦のすべての組み合わせに関して(1)にしたがって生成される情緒を一覧表にしたものである。あわせて8つの実験のどれに対応しているかが記入されている（①，②…⑧，ただし第四

第4章 保守という名の漸進・改革という名の停滞　125

表1　実験結果の一覧

快・苦 \ 自我・他者	$\binom{r}{s}=\binom{0}{0}$	$\binom{r}{s}=\binom{1}{0}$	$\binom{r}{s}=\binom{0}{1}$	$\binom{r}{s}=\binom{1}{1}$
$\binom{r}{s}=\binom{0}{0}$	$\Delta=\begin{bmatrix}0\\0\end{bmatrix}$ ①	$\Delta=\begin{bmatrix}0\\0\end{bmatrix}$ ①	$\Delta=\begin{bmatrix}0\\0\end{bmatrix}$ ①	$\Delta=\begin{bmatrix}0\\0\end{bmatrix}$ ①
$\binom{m}{n}=\binom{1}{0}$	$\Delta=\begin{bmatrix}0\\0\end{bmatrix}$ ①	$\Delta=\begin{bmatrix}p\\0\end{bmatrix}$ ④	$\Delta=\begin{bmatrix}0\\h\end{bmatrix}$ ④	$\Delta=\begin{bmatrix}p\\h\end{bmatrix}$ ②
$\binom{m}{n}=\binom{0}{1}$	$\Delta=\begin{bmatrix}0\\0\end{bmatrix}$ ①	$\Delta=\begin{bmatrix}l\\0\end{bmatrix}$ [4]	$\Delta=\begin{bmatrix}0\\ha\end{bmatrix}$ [4]	$\Delta=\begin{bmatrix}l\\h\end{bmatrix}$ ②
$\binom{m}{n}=\binom{1}{1}$	$\Delta=\begin{bmatrix}0\\0\end{bmatrix}$ ①	$\Delta=\begin{bmatrix}p+l\\0\end{bmatrix}$ ③	$\Delta=\begin{bmatrix}0\\h+ha\end{bmatrix}$ ③	$\Delta=\begin{bmatrix}p+l\\h+ha\end{bmatrix}$

実験のみ④と[4]に区別)。

　まず，自我・他者，快・苦に関わりがない場合，言い換えればそれらの観念を引き起こす原因がない場合が第一実験で扱われており，これが $\binom{r}{s}=\binom{0}{0}$ あるいは $\binom{r}{s}=\binom{0}{0}$ に対応する。第二実験は自我と他者の区分がない場合，第三実験は快と苦の区分がない場合である。第四実験はそれらの区分が明瞭な場合である。送致を論じた第五実験・第七実験は[4]から④への移動，送致が生じない第六実験は④から[4]への移行であり，そして例外的に起こる④から[4]への移行が第八実験で扱われる。

　この表からわかるように，ヒュームは右列最下段 $\Delta=\begin{bmatrix}p+l\\h+ha\end{bmatrix}$ を生じさせる実験に言及していないが，これは第二・第三実験の系として考えれば解決する。$p+l$ と $h+ha$ はそれぞれ不安定であるが（第三実験），自負(p)・自卑(h)あるいは愛情(l)・憎悪(ha)が相殺されれば（第二実験），それら和である $p+l$ と $h+ha$ にも相殺効果が働く。相殺効果と和の効果のいずれが強いかはア・プリオリに決められないが，いずれにしても生じる情緒は強くな

いだろう。

　このように整理すると，第一実験に加え，第二実験，第三実験も注目すべき要素はない。また，第六実験は第四実験の逆である。さらに第七実験は第五実験に含まれ，第八実験は第六実験の例外である。残る第四実験と第五実験のうち，第四実験は第五実験のための準備を提供している。結局，第五実験（＋その前提となる第四実験）が，ヒューム体系の基本となる実験であるとの結論を得ることができる（表中，枠部分）[19]。

1.3　同類方向の原理

　「他者の心理的傾向や感情をコミュニケーションを通じて受け取る」（2・2・11）共感は，上記の議論を下敷きにした同類方向の原理（principle of a parallel direction）として考察される。

　幸福感に浸る他者を眺めているとき，他者(n)＋快(r)→愛情(l)という二重関係が形成される。ここで，幸福になりたいと思う他者の心理的傾向と，幸福になってほしいという自分の心理的傾向が一致する時，他者の心理的傾向を受け取ろうとする情緒，つまり仁愛（benevolence）が形成されるとしよう。

　この仁愛が愛情(l)とは異なることは図3から理解できる。まず，幸福を感じる他者を見て愛情(l)が生起する。「裕福さはその所有者に満足を与え，観察者は想像によってその満足を感じ，もとの（所有者が持った）印象と類似した観念を持つ」（2・2・5）。ここで他者に裕福になってほしい気持ちが生じたとしよう。そうすると他者の裕福さはそれ自体が快であると同時に，他者の裕福を望むという自分自身の欲求を満たしているという意味で二重に心地よい。この種の快を快($\bar{r}$)と書いておく。そして，裕福な他者から得られる印象が自我に送致され，自我と快($\bar{r}$)に基づく新たな情緒，すなわち仁愛(b)が産み出される。

　ここに共感の本質がある。このとき，知覚が従う経路を同類方向の原理（principle of a parallel direction，図3）という。他者が不幸である時は，二重関係から憎悪が得られ，共感による同類方向原理からは（他者の不幸を嘆く自分自身の怒りである）憤怒（anger）が帰結する。よって，快(r)から快

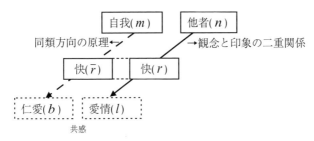

図3　共感と同類方向の原理

($\bar{r}$) へ移行しない程度に「共感が弱い時は……（二重関係によって）愛情が生じ，共感が強い時には仁愛となる」(2·2·9)[20] ことになる。

　図2と図3は共感と送致の違いを示している。送致では他者から自我への移行が生じ，快を支点として挺子のように愛情が帰結する（二重関係が回転移動）。共感では他者の快が自我の快に移行するため，二重関係が平行移動している。別言すれば，愛情とは他人が裕福であるという事実それ自体が快であることによる情緒である。他方，仁愛は他者が裕福であることを望む自分の気持ちに照らして快であることの結果である。

　さらに，快の原因主体と情緒の対象主体が逆転する。送致では，快の原因はジョージ，情緒（自負）の対象はルーシーであった。共感では，快の原因はルーシーに移動し（ジョージの有徳さが彼女にとって快である），仁愛の対象がジョージになる。したがって送致は他者の心理的傾向を自分の心理的傾向に合わせていく心の作用，共感は他者の心理的傾向に自分の心理的傾向を合わせていく心の作用といえる[21]。なお，第八実験では，快の原因主体は自分（他者に称賛される自分）であり，情緒の対象は（自分を称賛する）他者だから，この限りにおいて共感と等しい。しかし快の主体の入れ替えは生じないことに注意せよ。

　ここで，印象の移行（快(r)から快($\bar{r}$)へ）・情緒の移行（愛情から仁愛へ）と，観念の移行を区別しなければならないことに注意が必要である。観念は合同・分離されることはないが，「印象あるいは情緒は完全に合同可能である。つまり色のように完全に混合できる」(2·2·6)。印象がこうした柔軟さを持つために二種の快が半ば一体化し，そこから共感としての仁愛が形成さ

表2　情緒の比較

	快の原因主体	形成される情緒	情緒の対象
二重関係（第四実験）	他者	愛情	他者
送致（第五実験）	他者	（愛情→）自負	自分
送致（第八実験）	自分	（自負→）愛情	他者
共感	（他者→）自分	（愛情→）仁愛	他者

れるのである。一つの対象から「自負と自卑を同時に感じられない」（2・1・2）が，愛情（l）は「自身の中で完結されるものではなく……心をさらなる何かへと送致する」（2・2・6）という特性を持ち，仁愛は同時に感じられるのである。ここに自負・自卑と愛情・仁愛の違い，そしてその違いをもたらす共感（あるいは同類方向の原理）の重要性を読み取ることができよう[22]。

以上の結果は表2に集約される。共感と二重関係は快の原因主体が入れ替わる以外は等しいこと，第五実験と第八実験は対照的であること，第八実験と共感は情緒の対象は共通だが後者では原因主体と情緒の双方で移動が生じること，を確認されたい。

念のため，以上の説明を形式的に表現しておこう。送致では自我他者ベクトルが $\begin{pmatrix} 0 \\ 1 \end{pmatrix}$ から $\begin{pmatrix} 1 \\ 0 \end{pmatrix}$ に変わり，情緒の対象がジョージからルーシーに置き換えられる。つまり，

$$\begin{pmatrix} p & l \\ h & ha \end{pmatrix} \begin{pmatrix} 0 \\ 1 \end{pmatrix} (1\ 0) = \begin{bmatrix} l \\ 0 \end{bmatrix} \quad \text{から} \quad \begin{pmatrix} p & l \\ h & ha \end{pmatrix} \begin{pmatrix} 1 \\ 0 \end{pmatrix} (1\ 0) = \begin{bmatrix} p \\ 0 \end{bmatrix} \tag{3}$$

である。

共感の場合は，情緒の対象と快の原因主体の双方が入れ替わる。まず前者の入れ替えにより，自我他者ベクトルが変わる。ここまでは(3)と変わらない。つまり，

$$\begin{pmatrix} p & l \\ h & ha \end{pmatrix} \begin{pmatrix} 1 \\ 0 \end{pmatrix} (1\ 0) = \begin{bmatrix} p \\ 0 \end{bmatrix} \tag{4}$$

共感はこのようにして得られた自負が他者の快苦によって再評価される。こ

こで（自分から見た）他者の快苦を $(\bar{r}\ \bar{s})$ と書けば，(4)は，

$$\begin{bmatrix} p \\ 0 \end{bmatrix} (\bar{r}\ \bar{s}) = \begin{bmatrix} p\ \bar{r} \\ 0 \end{bmatrix} \tag{5}$$

となる。(5)は仁愛 (b) が他者の快をよりどころとして得られた自負であるが，「精神の純粋な情動である自負」(2・2・6) と異なることを示している。

(3)から(5)への展開は共感に関する重要な含意を持つ。それは，送致は共感をその構造内に含むこと，別言すれば，共感は送致の特殊ケースであるということである。改めて図3を見よ。自我と他者は混ざり合うことはないから，媒体の作用を介して思惟が移動しなければならない。しかし，二種の快（$\bar{r}$ と r）は混ざり合うことができる。二つが完全に混合されれば図3は図2に帰着し，逆に，図2の快を二分割すれば図3を得る。つまり，共感は他者から自我への移行である送致および快の分割という二つの動きとして理解できる。

ところでアダム・スミスが『道徳感情論』において共感（同感）概念を強調していることは周知のとおりである。スミスは自己の立場と他者の立場に置き換え，他者の立場から自分を観察することを公平な観察者（impartial spectator）になぞらえた。そして，ある行為が公平な観察者から称賛されるとき，その行為は共感を得られるとした。つまり，スミスは「（善悪の判断は）長らく自分自身の行為の正当性を最初に判断し，それを他人に当てはめると考えられてきたが，これを逆転させ初めに他人の行為を判断し，その判断を自分に当てはめるという逆転を行った」(Buchan (2007)) のである。これに対してヒュームの共感は自己の情緒に基づく。そのことは「共感は自分自身と対象物の関係に依存する」あるいは「（共感は）他人の心情に関する観念を自分自身の心情に転換する（こと）……（同類方向の原理…筆者注）」(2・1・11) といった記述からも明瞭である[23]。

1.4 消費における情緒形成

次に，消費における情緒形成を考えてみよう。

消費される財は自分が所有し，自分に効用をもたらすものだから，所有は自我，消費は快を付与する[24]。これは第四実験に相当し，

$$\begin{pmatrix} m \\ n \end{pmatrix} = \begin{pmatrix} 1 \\ 0 \end{pmatrix} \quad \text{かつ} \quad \begin{pmatrix} r \\ s \end{pmatrix} = \begin{pmatrix} 1 \\ 0 \end{pmatrix} \quad \text{から} \quad \Delta = \begin{bmatrix} p \\ 0 \end{bmatrix} \tag{6}$$

という情緒形成過程として描写できる。

　サービス消費の場合はサービスの提供者の位置づけに依存して議論が変わる。サービス提供者の存在を無視できる場合，言い換えれば，提供されたサービスだけに思念が向くときは(6)と同様に，$\Delta = \begin{bmatrix} p \\ 0 \end{bmatrix}$ となる。

　しかし，我々はサービス提供者にも思念を向ける傾向を持つ。ヒュームが例示した主人と召使の関係を考えてみよう。主人の思念が召使のサービスだけに向かう場合は，財の消費と変わらない。しかし，召使にも思念が及ぶ場合は第八実験が意味を持ってくる。つまり，サービス享受主体である自我から，サービス供給者に思惟が移ると，$\Delta = \begin{bmatrix} p \\ 0 \end{bmatrix}$ から $\Delta = \begin{bmatrix} l \\ 0 \end{bmatrix}$ へ，つまり，自負から愛情への送致が起こる。

1.5　交換における情緒形成

　交換は，第一の経済主体 d，第二の経済主体 s による双方向的な行為であり，各々の情緒は以下の式によって決定される。

$$\begin{pmatrix} p^d & l^s \\ h^d & ha^s \end{pmatrix} \begin{pmatrix} m \\ n \end{pmatrix} (r \ s) \equiv \Delta^d \tag{7}$$

$$\begin{pmatrix} p^s & l^d \\ h^s & ha^d \end{pmatrix} \begin{pmatrix} m \\ n \end{pmatrix} (r \ s) \equiv \Delta^s \tag{8}$$

(7)は経済主体 d の情緒を表す。経済主体 d から見れば経済主体 s は他者であるから，自負・自卑には添え字 d，愛情・憎悪には添え字 s が付されている。(8)も同様である。

　経済主体 d の情緒は以下のように決まる。彼は不要な財を保有しているから，

$$\begin{pmatrix} m \\ n \end{pmatrix} = \begin{pmatrix} 1 \\ 0 \end{pmatrix} \quad \text{かつ} \quad \begin{pmatrix} r \\ s \end{pmatrix} = \begin{pmatrix} 0 \\ 1 \end{pmatrix} \quad \text{から} \quad \Delta^d = \begin{bmatrix} 0 \\ h^d \end{bmatrix} \text{となる。}$$

同時に自分にとって必要な財を誰が保有しているかわからないから，

$\begin{pmatrix} m \\ n \end{pmatrix} = \begin{pmatrix} 0 \\ 0 \end{pmatrix}$ かつ $\begin{pmatrix} r \\ s \end{pmatrix} = \begin{pmatrix} 1 \\ 0 \end{pmatrix}$ から $\Delta^d = \begin{bmatrix} 0 \\ 0 \end{bmatrix}$ となる。

この結果,経済主体 d の当初の状況は,

$$\Delta^d = \begin{bmatrix} 0 \\ h^d \end{bmatrix} \text{かつ} \Delta^d = \begin{bmatrix} 0 \\ 0 \end{bmatrix} \tag{9}$$

である。第一の情緒が保有する不要な財に関する情緒,第二の関係は必要とする財に関する情緒である。

ここで何らかの理由で,経済主体 d が必要な財を所有する経済主体 s の存在を知ったとしよう。経済主体 d の思念は他者である経済主体 s に向かう。すなわち,$\begin{pmatrix} m \\ n \end{pmatrix} = \begin{pmatrix} 0 \\ 1 \end{pmatrix}$ かつ $\begin{pmatrix} r \\ s \end{pmatrix} = \begin{pmatrix} 1 \\ 0 \end{pmatrix}$ から $\Delta^d = \begin{bmatrix} l^s \\ 0 \end{bmatrix}$ が形成され,経済主体 d の状況は(7)から(10)に変化する。

$$\Delta^d = \begin{bmatrix} 0 \\ h^d \end{bmatrix} \text{かつ} \quad \Delta^d = \begin{bmatrix} l^s \\ 0 \end{bmatrix} \tag{10}$$

経済主体 s も同様の過程により(11)の状況となる。(11)は(10)と対称的であり,これが欲望の二重の一致と呼ばれる状況に相当する。

$$\Delta^s = \begin{bmatrix} 0 \\ h^s \end{bmatrix} \text{かつ} \quad \Delta^s = \begin{bmatrix} l^d \\ 0 \end{bmatrix} \tag{11}$$

このように消費者自身の情緒が問題となる消費においては第四実験と第六(八)実験が中心的な役割を担うが,取引相手が視野に入ってくる交換では第五実験および同類方向の原理(共感)が重要な役割を演じることに注意しよう。

取引相手という他者の介在が交換を特徴づけることは交換の定義そのものであり,改めて指摘するほどのことではないかもしれない。しかし,ただ単に必要な財の消費ということだけが経済活動であれば,略奪という選択肢もある。ヒュームも「我々は事物の価値をその本質的な価値から判断することはほとんどない。むしろ他の事物との比較から形成する。……我々は他者の幸福や不幸の大小を観察するのに応じて,自分自身の禍福を判断する。……他者の不幸は自分自身により活き活きとした幸福の観念をもたらし,他者の幸福は自分の不幸の観念をもたらす」(2・2・8)と述べ,自分は所有せず他者

が所有しているという状況が略奪を生起しやすいことに言及している。問題は，同じ状況下において，なぜ略奪ではなく交換という双務的過程が選択されるのかである。

　人間は「自分自身を維持するために必要な食糧が，それらを探しうる（人間の能力の）限界を超えている」(3·2·2) という希少性に常に脅かされている。しかし社会を作れば，「一人一人に能力を結合させ，……分業によって……相互扶助によって……運命や偶然からの影響」(3·2·2) を小さくできる。このため，「財貨を獲得しそれらを享受すること」(3·2·2) は人間の幸福を増大させる。ところが，人間は必要な財貨すべてを占有できない。換言すれば，他者が持つ財が「自分自身にサービスを提供する……（ことを感知し）……他者の富から我々が利益を得ることを見出す」(2·2·5) だろう。しかし，だからといって見知らぬ人に自ら所有する財貨を提供できるほど「人間の仁愛は強くはない。むしろ逆に，財貨を多く持てば持つほど自分自身の欲求を満たす能力が高いことを知れば，帰って財貨への貪欲さが増す」(3·2·2)。反面，財貨の所有が幸福の増進に直結していれば，逆に財貨を奪われた時の不便さも理解できよう。ここに，人間は財貨の安定的所有のもとで，必要な財貨の調達のための方策としての交換の端緒がある。

　それは次のような過程をたどる。自分にとって必要だが所有しない財を持つ「（裕福な）他者」に心が向かう時，「財の所有者の心情に入って」いくことで共感を持つ。なぜなら財の所有者にとって「自身が力能（＝事物を利用する力）を持っている時，他者がその力能を持っていることを想像する時よりも，より強く心が事物へ接近する」(2·2·5) からである。つまり，財の支配による快である。対照的に，相手が必要とする財を持つ自分に対して，相手は快を感じる。こうした双方向的な情緒形成（相手が自分の財を欲しているという状況）が交換の前提をなす。

　別言すれば，両者とも自分の財を安定的に所有するがゆえに，相手が自分に対してどのような情緒を持つのかを推し量ることができるのである。そして，両者は「所有物から得る快は，これを観察する人（＝交換の相手方）の上に投げかけられ，快と尊敬を引き起こす。（当事者は）この感情を再度受け入れ，共感し，彼自身の快を増加させる。さらにもう一度観察者に反映さ

れ，観察者の快と尊敬の基盤となる」(2・2・5)．

　以上の記述を形式的に示そう．経済主体 d は，経済主体 s が必要とする財を持っていることにより(8)に従い愛情を抱く．交換を行えばその財は自分の所有するところとなるので，(3)で示したように思惟は自我に向かい，

$$\begin{pmatrix} p^d & l^s \\ h^d & ha^s \end{pmatrix}\begin{pmatrix} 0 \\ 1 \end{pmatrix}(1\ 0) = \begin{bmatrix} l^s \\ 0 \end{bmatrix} \quad \text{から} \quad \begin{pmatrix} p^d & l^s \\ h^d & ha^s \end{pmatrix}\begin{pmatrix} 1 \\ 0 \end{pmatrix}(1\ 0) = \begin{bmatrix} p^d \\ 0 \end{bmatrix} \tag{12}$$

となる．さらに，必要な財を所有していない自分とそれを所有する「(裕福な) 他者」の比較によって，共感の作用が働き，

$$\begin{bmatrix} p^d \\ 0 \end{bmatrix}(\bar{r}\bar{s}) = \begin{bmatrix} p^d\bar{r} \\ 0 \end{bmatrix} \tag{13}$$

が帰結する．(12)(13)は先の(4)(5)に対応している．対称的な状況が経済主体 s にも生じ，

$$\begin{bmatrix} p^s \\ 0 \end{bmatrix}(\bar{r}\bar{s}) = \begin{bmatrix} p^s\bar{r} \\ 0 \end{bmatrix} \tag{14}$$

となる．ここで $(\bar{r}\bar{s})$ は経済主体 s から経済主体 d への快苦である．

　p^d と p^s，$\bar{r}$ と $\bar{r}$ が対称的であることから，二人の経済主体は相互に共感を持つことができ，これが交換を産み出す前提をなす．「われわれの利益に対する関心は，相手の快に対しては快を，そして相手の苦に関しては苦を与える．それは自分と一緒にいる他者に顕れる感覚（sensation）に対応する感覚を我々自身が共感によって感じるのと同じような方法に従っている」(2・2・9)[25]．

　共感には「(自我と他者の間の) 関係が必ず必要」(2・1・11)であり友人関係・血縁関係は多かれ少なかれ出身地や血縁などの類似関係を含む．しかし，市場取引や交換は人間関係を媒介するその種の要素がなくても成立する．では何が売り手と買い手を結びつけるのか．ヒュームは交換によって得た財を消費することで得られるだろう便益（「便益を享受することは快である」(2・2・5)），そしてそれを所有する他者の存在に着目した．ここに同類方向の原理が作用すると「財が引き起こす所有者（＝他者）の満足と同じ満足を（自分が）感じ」(2・2・11)させる共感を呼び起こす．そしてこのことが「人間の心のある性質（＝共感）と外的な事物の状況（他者が所有している）と

の共同によって，（必要な財を持っていないという）不便さを解消する方策」(3·2·2) を導くことになるという。

また，交換では，売り手・買い手をして相手の状況に自我を接近させるに十分な程度に平等な立場に置かれている必要があるという意味で，片務的な略奪や貢納と本質的に異なる。なぜなら「大きな不均衡は関係を断絶させ，……比較の効果を減少させる」(2·2·8) から観念間の関係が生まれにくく，よって，共感や送致も起こりにくい。言い換えれば，両者がまったく異なる状況にある時は，交換の誘因は生まれにくいのである[26]。

交換の帰結である価格や取引量は交換当事者の共通の意思の顕れということもできよう。しかし，交換を共感という基礎の上に置くならば，そこでいう共通とは，交換当事者のそれぞれ持っている意思の共通部分（積集合）というわけではなく，当事者が相手の状況を視野に入れつつ（視野に入るから印象・観念が生じる），しかし独自に自己の意思を実現させる過程で双方が同じような選択を行ったという限りにおいての共通性である。

結果だけ見れば，これはロックの意味での「契約」といえなくもない。しかし，過程に着目するなら交換はヒュームやバークの言う「黙約」(convention) に近い[27]。入手した財に対して対価を支払うことは義務と考えられがちである。しかし，対価を支払う責務，つまり「何らかの約定を履行するという心理的傾向と義務感は別々のものである」(3·2·5)。つまり，対価支払いという黙約を維持することが共感を得る道であり，相互の共感によってコミュニティを維持することが「社会の必要性と利益」(3·2·5) にかなうことが重要である。「義務感はそれに先行する責任を前提とし」(3·2·5)，責任は共感を前提とするのである。

2. 共感が可能にする寛容と多様性

以下では，「長い18世紀」において共感が具体的にどのような現象をもたらしたかを政治・経済両面から考えてみたい[28]。

政治面では，名誉革命体制に端を発した立憲君主制・その発展形態としての議会制民主主義・議院内閣制がその実現態であろう。これらは，ジョージ

王朝（1714～1901）初期の国王の政治的関心が薄く議会機能が相対的に強化されたという幸運な偶然と説明されることもあるが，当時の議会の王権に対する姿勢が，階級差を超えた統一的なものであったことを見逃してはならない。議会による意思決定は絶対君主制に比べて時間を要し，議会内の権力闘争に伴い政策的一貫性が失われることもある[29]。しかし，短期的な政治的成果よりも，名誉革命によって勝ち得た長期的な成果を守るという国民各層の合意があったことが，議会勢力成長の最大の要因であった[30]。

　議会伸長の背景にあった階級の流動化をトレヴェリアン（1971）は「中産階級の誕生」と集約する。17世紀以前のイギリスは，王室およびその周囲の貴族層（彼らは地主と農業主を兼ねる）と，貴族層に食料・工芸品を供給する農民・職人・商人層の二層構造であった。ところが貴族層でよく見られた多子相続の慣習が土地所有を細分化させ，貴族層の経済力を次第に弱めていく。このため17世紀初頭からは次第に長子相続が普及し資産分散の勢いは止まるが，反面，資産を相続できない二男・三男以下にとっては何らかの方法で自活する必要が生じた。折から，産業革命の進展により大規模な投資を必要とする事業シーズが増えており，「起業」「産業投資」に活路を見出そうとする貴族層出身者が徐々に増えていったのである[31]。

　一方，農民・都市民の中には蓄財に成功する者もあらわれ，そういった人々が分散化された土地を所得する傾向も生じてくる。彼らが後のgentleman階層を形作り，地方行政・司法を担う存在として統治機構の中に組み込まれていく（その数の多さからmushroom gentlemanとも呼ばれた）。

　こうして，上位階層からの下降・下位階層からの上昇という二方向からの階級の流動化が生じていた。このような階層間の混合と産業革命の進展により，「実業家層」という新たな階層が工業地域や都市に産まれていく[32]。

　ここから二つの重要な意味を読み取るべきであろう。第一は，実業家層・中産階級層の活動が土地所有に起因しない利益という観念を確立し，その蓄積・再投資による「実業界」の成立を促したという点である。実業界において人々を媒介するのは事業の成功経験であり流動的な資産（＝貨幣）であった。むろん彼らが結果的に広大な土地を所有することはあったが，それは出自や身分に基づくのではなく事業収益の再投資の一形態に過ぎなかった。こ

うして事業への参入や退出という人的・物的資源の流動性が（階級間ではなく）個人間の紐帯として機能し，これが前節（1・1・3〜1・1・4）で述べた共感と交換が作用する前提条件であることは言うまでもない[33]。交換を基盤とする経済活動が共感の別形態であることは既に何度も強調したとおりである[34]。

　第二は，実業家層が議会における一大勢力を形成したことである。後にウイッグ党と称されるこの勢力は，貴族層の利益を反映するトーリー党とともに二大政党を形作る。立法が二大政党の合意により行われる議会制民主主義はそれ自体が階級の流動化の象徴であり，共感の政治局面での具体化といえる。また，取り残されたかのように見える最下層の人々は（かなりの時間を要したが）最終的には選挙権の獲得により間接的に共感による合意形成過程に参画することになる。貴族層・中間層・最下層という階級が明瞭に存在したにもかかわらず（その残滓は現代にも根強い），全体としての緩やかな統一性が保たれていたのが，実業界と議会制民主主義を二軸とする18世紀の英国であった。

　この時代を象徴するもう一つの事例は「国債制度」である。それまでのイギリス国庫は王室自身の財政力に大半を依存していた。ところが王室領からの収入だけではヨーロッパの地勢拡大に伴う国力維持に不十分となり，次第に有力貴族や有力商人に財源を求めるようになる[35]。それは多くの場合，王権の行使による割当て・没収・臨時立法等を伴う強権的・恣意的なものであった。このことが1640年代の清教徒革命に端を発する混乱の一因となったとの反省が，より明確な契約としての借入である国債制度を生み出した。これによって，王室も債権債務関係・契約関係に縛られるという認識が確立された。また，有力商人や貴族が国債の購入者となったことで，王室とその周囲に偏在していた富の再分配が加速された。契約は階級差によらず自由意思に基づきその約定は平等に適用され，結果として富の偏在が平準化される路が拓かれたことになる。今日の財政金融制度における国債の重要性に鑑みれば，その発明が持つ歴史的意義は強調されるべきである[36]。

　経済活動上に見られるこうした進取の気風，田舎の素朴な風景を保持しながらの都市化，深刻な対立を生んだ宗教や政治的理念より「商売」を重視す

る風潮（「聖書の競争相手は会計帳簿」と言われた），出自に拘泥しない中産階級（「社会の自由の最も優れた最も強固な基礎」（ヒューム（2011c））の自立など，多種多様な価値化が混然一体となっていたのが当時のイギリスであり，それをほぼそのまま受け継いでいるのが現代のイギリスである[37]。

中世社会においては，構成員の役割・地位は所与であり，果たすべき責任も固定化していた。しかし，階級間の流動性が高まれば求められる責任も流動化せざるをえない。人々の紐帯が宗教的・階級的規範によらず共感によるときには，「ある行為や心理的性質が一定の様式に従って快を我々に与える……行為をなす責任のもとにある」（3・2・5）とヒュームはいう。つまり，責任が発生する起点を個人の快情緒とし，責任も印象・情緒の公式の中で経験的に決まる。何らかの超越的な規範によるものではない。

17世紀以前（あるいは中世），キリスト教教義が個人間の紐帯の役割を担おうとした。宗教的原則はそれ自体では自己完結しており矛盾も含まないが，多様な価値観の中ではどうしても競合・矛盾が生じる。イギリスも例外ではなく，カトリック・プロテスタント・英国国教会（さらに国教会内部の諸派）間の対立に悩まされてきた。このとき，原則を重視することで矛盾を解消するのか，あるいは何らかの妥協を図るのか。宗派間の相違を中庸によって内部化し，議会制民主主義と実業の発展という実利を確実なものにしたのが「長い18世紀」であった[38]。

国制を確立する際，相反する原理（それは多様な価値観の反映でもある）の間の矛盾を解消するという手法ではなく，いずれも受け入れることができる中庸を国家の基軸とするには長い年月と経験の蓄積が必要だった。だから18世紀は「長く」ならざるをえなかった。むろん中庸は満たされない不満を伴う。しかし，その不満が極端な改革や革命を引き起こさなかったのは，共感の維持・相互の立場の尊重という強固な接着剤が機能したからに他ならない。そうであるからこそ寛容と多様性が可能になるのだろう[39]。

このように考えると，ヒュームが『人性論』を1740～41年に著し，その後の二十数年を著述家として活動した事実は示唆的である。1721年から1742年までの「ウォルポールの平和」によって，国王の政治的権力は形骸化していた。政治的妥協と玉虫色の決着の繰り返しの中で内閣制度が確立し

ていったのがこの時期である。1745～46年には最後のスコットランド独立運動が起こるものの，鎮圧後はむしろ国内的融和が加速される。事実，スコットランドはイングランド経済圏と近接することで大きな経済的利益を得ている。続く，アーヘン和約（1748年，オーストリア継承戦争終結），パリ条約（1768年，英仏戦争終結）を経て当面のヨーロッパの列強体制が確立，以後イギリスは産業革命という新たな波に乗ることになる。1750年に実施された国債の統合（consolidation）が国内資本市場の成立を促したことは，経済面での一体化を促進した。

　これら一連の流れを現代の眼で振り返れば，短期間のうちに多くの変革が生じた改革ラッシュのように見える。しかしその時代を生きたヒュームやウォルポールにとっては，前例や慣習，そして実利に導かれた妥協の繰り返しによる漸進であったはずだ。彼らは個々の事実の継起を体験した。しかし何らかの法則や因果関係に導かれたとは考えなかっただろう。それは歴史という名のもと，時代全体を俯瞰することのできる後世の人間だけに可能な想像・抽象にすぎない。そもそも，もし理性が因果関係を把握できるなら，決まった答えを見つけることができるから政治的妥協は必要ないはずだ。

　名誉革命からパリ条約に至るまでに100年が経過した。それは，日本が明治維新から高度成長期までに要した年月とほぼ等しく，世代にして3～4世代に及ぶ。歴史としてそれを鳥瞰できる人々はそこに歴史的法則や必然性を見出すだろうが，その時代に生きた人々にとって，それは歴史ではなく日々の生活の反復である。法則にも因果性にも支配されない個々の事象の行きついた先が現代である。ヒュームは変転極まりない時代に生きたからこそ，理性ではなく経験による人間の生き方を見逃さなかったといえるだろう。

3. 保守という名の漸進・改革という名の停滞

　我々は経験・伝統・前例を踏まえることで，膨大な判断のための材料にアクセスすることができる。歴史的な記録が利用できる範囲を数百年間に限定したとしても，その間に生きた人間の総数は数千億人に上る。その中にはありとあらゆる考え方，価値観，成功や失敗の経験があったはずである。そう

した無数の人々の知恵，成功の経験，失敗の経験を均したものが特定の歴史的事実として我々に提供されている。今の時代に生きる人間だけで物事を判断するよりも，はるかに多くの知恵を結集できる。なによりも現代という時代そのものが経験的事実の結果である。歴史的経験を我々に遺してくれた過去の人々に対する畏敬の念を持つことが保守主義である。

　過去の否定により何かを作ろうという試みは概して不首尾に終わっている。1800年代前半だけを見ても，フランスにおいては革命後の混乱が尾を引き，ドイツでは旧体制に対する反対運動が1848年に頂点に達した。ロシア革命・文化大革命に至っては唾棄すべき人類史上の汚点といっても過言ではない。ただ一国，深刻な国内対立を回避したのがイギリスである。そもそも名誉「革命」自体，暴力的なものではなく穏健な王政を再確認したものであった[40]。つまり，保守的な国なのである。しかし，その保守的な国が成し遂げたのは，宗教的寛容，議会制度，産業革命，グラスゴーの大学教授による経済学，リバプールの若者4人による新たな音楽であった。この国は無敵艦隊に勝利し，ナポレオンに勝利し，ヒトラーに勝利した。

　保守主義とは集合知である。集合知はそれを形作る個々の知・地の主体である個人の自立性が前提となる。したがって，保守思想から自由の概念が導かれるのはごく当然であり，それがハイエクの一連の「自由」に関する議論の基礎となっている（ハイエク(1992)(2010)）。周知のようにハイエクの自由とは「他者に強制されないこと」というものであるが，これを敷衍すれば，自由とは個々人が他者からの強制によることなく自らの効用・厚生を高めるべく行為しうる土壌にのみ可能である[41]。個人は自由に行為できるが他者を強制することができないなら，自己の自由が侵害されない限りで他者の行為を受け入れない限り，他者との共存ができない。このような共存のもとで，自己・他者の行為や意思，知識が共有され，秩序の維持が図られる。この秩序は人類が積み重ねてきた経験を基盤に合意と共感を通じて自発的に実現される秩序と安定である（「命令なき秩序」）。これを保守主義と言い換えてもよいだろう。保守主義のもとでコミュニティは変化できるし実際に変化してきたといえる[42]。

　共感とは他者を受け入れること（そこには妥協も含まれる），つまり肯定

の論理に他ならない。他者を肯定すればいきおいそのコミュニティは安定し持続する。反対に、いわゆる革命思想は、それがどのようなものであれ、目的・理念を超越的なクライテリアとし、理念に合致しないものを排除することが出発点となる。それは否定の論理であり、否定に貫かれたコミュニティは不安定となり短命に終わる。

こうした考え方と対立するのが浜林(1966)(1971)である。彼は英国経験論は現状維持的・中和的であったため、清教徒革命がもたらした現状変革のエネルギーを失わせ、その結果、名誉革命は単なる復古に終わってしまったと論ずる。ここには歴史は現状変革を伴うべきだという主観が見え、さらに変革は思想によってもたらされるという社会思想への過信がある。

歴史が同時代、過去を問わず無数の人々の行為の集積である限り、そこに非連続なジャンプは生じない。一見、非連続に見える産業革命も実際には連続的・長期的な現象であることは今日的評価でも明らかだ[43]。そもそも社会思想が歴史を動かす力を持たないというのが経験論のテーゼであり、この点、浜林は経験論の理解にも難がある。思想は観念の集合であり、観念は観念にしか作用できない。そして観念は必ず知覚・経験に由来する。観念という心の作用が歴史という事実の存在を裏付けるのではなく、事物が心の作用を示唆しているという意味では、社会思想は常に現状追認的にならざるを得ない。

結論 ── 21世紀の日本への含意 ──

日本は長い不況の中で21世紀を迎えた。祝福されるべきミレニアムであるにもかかわらず右往左往しているうちに、既に21世紀の10%が無為に経過してしまったとの思いも少なくない。そして「現代は海図なき時代である」とか「理念を喪失した時代である」と論じられることがある。では、日本全体が溌剌としていた高度成長期に海図なり理念があったのだろうか？ 当時の人々は特定の理念実現のため、誰かが描いた海図を頼りに動いていたのか？ そうであれば21世紀型の海図や理念を見つけることが停滞脱却の第一歩ということになる。

ここでいう理念とは，現状を変え時代を切り拓こうとする革新的な新機軸・原則であるが，本章ではそれが必ずしも有効な処方箋にはならないということを述べてきた。少なくとも，持続的・安定的な社会にとっては必要不可欠なものではない。

では持続可能なコミュニティは無原則なコミュニティなのだろうか。そうではない。それは過去の経験・蓄積を踏まえた中庸なる集合知を尊重するコミュニティである。集合知は自分以外の多数の個人によって形成されるから，結果的にコミュニティは肯定の論理に貫かれ，多様な価値観を内包する。これが保守思想・保守主義の柱であり，そうした保守主義の中に人類が希求してやまない自由が存在する[44]。「二つの極端の不便さを慎重に回避するかのように事態が自然に進む」（1・3・10）というヒュームの言を改めて想起したい。

人々は日常の生活を積み重ねている。日常の生活の総体を本章ではコミュニティと呼んできた。そして，個々人が生活様式に工夫を加え快適な生活を手に入れたとき，それを生活の進化と呼ぶのは妥当だろう。しかし，コミュニティが個々人に先立って動くことはない。それはコミュニティの定義から明らかだ。ましてコミュニティ自体が独立の人格であるかのように目的や意志を持つことはない。

ここに陥穽がある。コミュニティを人格的な「何か」として個々人と対置させてしまえば，あたかも人格神のようにそれは偶像化され，それを規範として日常を改変しようという誘惑に駆られる。しかし，ヒュームの言を借りれば，その「何か」は捏造された複合観念にすぎず，バークリによればありえない抽象概念にすぎない。

それまでの自分の行動が他者の共感を得られるものではないことに気づくとき，われわれは自分の行動を修正する（p.127参照）。コミュニティが進歩するとはこうした共感の蓄積が生活を改善させる方向にわれわれを導いていくことではないだろうか。ある生活の改善がコミュニティ全体に受け入れられて初めて，われわれはそれを進歩と呼べる。この動きは自然発生的・間歇的・漸進的である。しかし，構成員の共感という審査が着実な漸進を担保するのである。

歴史的事実は事象の継起以上でも以下でもなく，二つの事象の時間的前後関係は，たとえ反復して生じる事象であってもア・プリオリな因果関係を意味しないこと（恒常的連接），我々が知り得るのはこうした事象の継起だけであり，事象の継起を知覚する行為そのものが人格にほかならないこと（「知覚の束」としての人間），事象の継起の知覚を原理の発見・因果関係の発見と誤認しがちであること，その結果，原理が事象を動かすと想定してしまうこと，これらは『人性論』全編を賭してヒュームが解明した人性であった[45]。そして，経験と原理の混同が引き起こす大きな過ちは，我々が未来を語るときにもっとも生じやすい[46]。

[注]

1) 分権的社会は私的所有権と個人の自由な効用最大化行動を保証することがその根拠であるが，これは Baumol（2002）の第5章，第6章とほぼ同様の議論である。
2) この時期が特別の名称で呼ばれるのは現代の英国社会を形作る種々の制度や慣習の基本形が形成されたという歴史認識による。「長い18世紀」についての総論的解説としては近藤（2002），政治史的視点からの分析としてはエリス，J.（2008），友清（2004）（2007），ミノワ（2004），思想的背景としてはスティーブン（1969），浜林（1971），軍事的側面に着目した小林（2007）などが有益である。また，社会史的視点に立ち本稿との関連が深いのはポーター（1996）（2004），Porter（2000）である。
3) 17世紀前半のイギリスの諸事件をどう呼ぶかについては種々の議論がある（「大反乱」（トーリー史観），「革命」（ホイッグ史観），「ブルジョア革命」（マルクス史観），「宮廷対地方の対立」（ネオー・トーリー史観），「イングランド内戦」（修正主義）など）。本章では特に断らない限り標準的な清教徒革命・名誉革命と呼称する。
4) 英国経験論の全体的な流れについては寺中・大久保（2005），鎌井・泉谷・寺中編（1998）参照。
5) この節の議論は深浦（2011）に基づくが大幅に修正した。
6) *A Treatise of Human Nature* のテキストについては Dover Philosophical Classics を利用し，引用箇所は編・部・節の数字によって示した（例：第二編第二部第四節⇒2・2・4）。個々の用語の訳出にあたっては大槻春彦による翻訳（岩波文庫版，1948）も参照した。
7) "understandings" を「知性」と訳出するのは大槻以来の慣例である。しかし，第一編で論じられるのは，人間が世界をどのように認識するかという問題，つまり知覚によって写し取られた像の諸性質である。知性という言葉には「あの人は知性的である」「彼には知性がある」といった用いられ方が多く，知覚する主体を指し示すことが多い。よって understandings は「認識について」とするほうが第一編の

議論に即しているように思われる。ただ「認識」あるいは「知性」には既に別の英語が対応・定着しており，本章では大槻訳に従うこととした。
8) 自我の理解においてヒュームはロックと著しい対照を示す。後者にあっては思考する存在である自我は神により（啓示により）与えられる。この点では知覚の座としての精神を強調するバークリも同様である。「我思う故に我あり」と宣言したデカルトなら，思惟を持つことそれ自体が自己存在の証明になる。しかし，ヒュームの経験論では自我も印象を伴う観念とされる。
9) ラッセル（2005）はこの空間に「自分とその私的な経験以外の物」を対比させているが，この説明は限定的過ぎよう。それは複数の人間間の相互作用により構成される空間であり，決して「私的な経験」が排除されるわけではない。むしろ私的な空間を含む空間とすべきである。
10) 要するに公的空間も観念であるから私的空間に作用してそれを規定し根拠づけはしないということになる。このことの重要性は，経験論は物資と精神の二元＝大陸合理主義と比べれば明らかだろう。デカルトやスピノザに代表される二元論では，思惟の主体である精神（私的空間）と知覚対象である物質（公的空間）は別個の実体とされる。
11) 快苦は精神的な快苦を意味し肉体的快苦（bodily pain and pleasure）は除外される。後者は自然的物理的原因によるものであり，精神活動である情緒とは別種と考えられるからである。また情緒には直接（direct）情緒と間接（indirect）情緒がある。前者は善悪や快苦から直接生じる欲望・嫌悪・悲哀等であり，他の要素と関連して生じる間接情緒が以下の考察の対象となる（2・1・1）。ただし，ヒュームは「心は苦からの救済を求める」（1・4・2）と述べ，苦はそこに留まることのない感覚とする。当然，苦の後にどのような状況が生じてくるかが問題となる。大槻の訳書では苦の後に生じる何らかの解消を視野に入れ「苦（ないしは不安定感）」と付記されている。
12) ロック『人間知性論』第二部第 20 章「快苦について」および「力能について」は観念と印象の二重関係の先行議論である。ロックは「快苦を巡って人間の様々な情緒が生じ」，その際「事物が自己の内部に生まれる快い内省をもたらす時，愛情という観念」が生じると論じる。自我と他者の区分，快苦と幸福・不幸の関係がヒュームほど明確でないが，基本的に同じ方向軸に沿う。
13) この二重関係はヒュームにおける因果関係（つまり観念の恒常的連接）と密接に関わっている。恒常的連接は印象の継起と観念の継起が平行・並列して生じること（印象→印象→……，観念→観念→……）である。ここで観念の継起を時間と定義すれば，情緒の継起も時間に含まれることになる。このため前後関係・因果関係が想像（心による捏造）されてしまう。ロックは『人間知性論』第四巻第 16 章「同意の程度について」において，感官（＝経験）がその真の知識を保証しない時，類似の事象間に見られる類比からその事物間の関係に関する蓋然的な知識を得ることがあると論じている（これを恒常的連接の原型と見ることもできる）。この蓋然的知識は真の原因を語るものではないから，現象が生み出される原因や様式については蓋然的確からしさで推測できるにとどまると論じた。このため，ロックは恒常的連接を理知の範囲外とし，ヒュームと対照的である（青木（2013））。バークリは

『人知原理論』において，世界は観念とそれを産み出す精神（観念の原型）のみから構成されるとし人知を超越する実体・基体の存在を否定したが，これは可感的事物は受動的に観察されるだけであり事物間に人知の及ばない因果関係は存在しないとの主張に等しい（戸田（2007））．複数の観念が繰り返し現出するとき，それは観念間の相関関係にはなりえても，因果関係を見ることはできないとするヒュームの議論はバークリの議論の後継といえる．

14) 数式上は自我・他者→快・苦→情緒という流れになるが，ヒュームは快・苦が先行する可能性にも言及する．しかし，この相違は(1)においてベクトルの順序を入れ替えれば表示できる．重要なのは情緒が観念と印象の組み合わせで起こること，そして観念と印象は別個に作用するという点である．なお，観念と印象の二重関係についての明快な解説は Schmitter（2010），古賀（1994）を参照のこと．

15) ジョージ，ルーシーは E. Forster の小説 *A Room with a View*（眺めのいい部屋）の登場人物．現代感覚からは古風・伝統的な名前．

16) この点を重視した Rorty（1993）は，『人性論』の構造について第二編の議論の上に第一編の議論を位置づけ，情緒の基本的機能が解明される第二編こそが『人性論』の基礎をなし，道徳感情の基礎を形作ると主張する．

17) もし快苦があるウェイトによる線形結合であれば，同じ人の中に異なる複数の情緒が形成されることになる．ヒュームはこれをより強い（violent）情緒が弱い（calm）情緒と「混在し一体化する」（2・3・4）場合として説明した．また，快苦の原因と自分との関係の強度に応じて形成される情緒にも比例的に強度の相違が生じる可能性もある．「自分自身になじみのある快はどのようなものでも，たとえ快の程度が強くともその性格を全く無視できるような快に比べてより強く影響を与える」（2・3・6）．強度の相違が生じる可能性の一つが意図の作用である．「意図……は，行動の後も残留し，行動と人を結びつけ，したがって，一方から他方への観念の推移を容易にする」（2・1・3）．

18) 「有徳」「悪徳」についての厳密な議論は（3・1・1）（3・1・2）などで詳しく論じられているが，ここでは直観的に有徳な行為とは称賛されるべき行為とのみしておく．

19) 効用関数の連続性を踏まえれば，快・苦は[1,0]に分化できない（2・2・6）．このときはたとえば第二実験の結果 $\Delta = \begin{bmatrix} p \\ h \end{bmatrix}$ が $\Delta = \begin{bmatrix} kp \\ (1-k)h \end{bmatrix}$ となり（k は快と苦の比率），表1の第2, 3列の情報は一般形として最右列に集約される．ただ，ヒュームは自負・自卑は「単純斉一な印象」（2・1・2）としており両者の中間的状況を議論の対象外とした（「一人の人間が自負と同時に自卑できない」）．同様に自我と他者も[1,0]構造が仮定されておりしたがって送致は不連続に生じる．しかし「優れた息子の父親である私」と「有能な私」は双方とも自負をもたらすものであり，前者の場合，「息子の父親」という観念が媒介になっている．むろん「父」観念は「私」観念の原因とはなりえないが（観念は何も生まない），「父」観念が父親であるという過去の経験から「私」観念を示唆するという心の働きがある．とすれば示唆を通じて「私」観念に至るまでの間は自我と他者が併存しているということができるかもしれない．この状況を送致と見れば，自我観念と他者観念が交互に生じていることになる．観念と示唆の関係はバークリが『ハイラスとフィロナスの三つの対話』の中

20) 「われわれの心は他人の情緒自体を即座に発見するわけではない」(3・3・1)。しかしその情緒が引き起こされた原因である事物や現象，そしてその情緒に基づいて他人が見せる表情や行動といった結果は知ることはできる。そして「それらの原因と結果から他人の情緒を推測する。そしてこの推測から共感が起こるのである」(3・3・1)。つまり，他者の行為や原因事象が媒体となって他者から自我への情緒の伝染が生じるのである。こうした行為をヒュームは表象（sign）と呼ぶ。

21) このような整理のもとでは「他人の心理的傾向や感情をコミュニケーションを通じて受け取ること」という共感の定義の理解には若干の注意を要する。この定義をそのまま読めば，自分の情緒の側に他人の心理的傾向を取り込む，つまり，自分の情緒が基盤となっているように見える。しかし，ヒュームはこの定義の直後，共感においては「友人や日常的に付き合う人たちの理性や心理的傾向に反対してまで，自分の理性・心情に従うことは難しい」と述べ，明らかに自分の心情を他人の心情に合わせていく傾向を指摘する。

22) 図3において他者＋苦＝憎悪を起点として（自我への）共感により生じる情緒，つまり「憎悪する人物が不幸になることを欲する気持ち」(2・2・6)は憤怒である（憎悪→憤怒）。さらに，憤怒から「憎悪する人物が不幸になる喜び」(2・2・7)である邪意（malice）が生まれる。

23) スミスにおける共感とヒュームにおける共感の関係についてはスミスが共感を基礎とするのに対し，ヒュームは（共感の基となる）効用に機軸を持つという相違に着目する議論と，両者の共通性を強調する議論に大別される（島内（2005））。しかし，本稿のように共感と交換過程を関連づけることができるとすれば，ヒュームとスミスの連続性を主張できよう。

24) 所有とは「正義と道徳的公正の法則に触れることなくその個人にその事物の自由な利用と所有を許し，他の個人に対してそれを禁じることができるような個人と個人の関係」(2・1・10)である。

25) Diaye, Lapidus（2005）は，この議論は交換が成立するには交換当事者相互が初期状態よりも改善される必要があり条件が満たされる領域（交換のコア）の中で交換が行われるというエッジワースボックスモデルによく対応している点に着目する。なお，(13)(14)ではそれぞれの財の所有の帰属が明確化されていること，言い換えれば所有の観念が確立されることを前提とする（3・2・3および3.2.4）。また，林（2010）はこうした改善がコミュニティ内での意思疎通の容易さに関わっており，それが知識の伝達に寄与すると述べる。

26) 伊勢（2005）は「共同行為における諸個人の間の相互性と同質性」と呼んだ。そして，交換における相互性と同質性が交換当事者の相互に与える利益に由来するなら，交換の成立はヒュームにとって善であり正義となる。言い換えれば，理性が環境や個人の置かれた状況と無関係に独自の道徳的善や正義を導くわけではなく，ヒュームにとって正義は実践を含む倫理的問題であった。杖下（1982）は「複数の人格の間に特定の属性との連関におけるある種の同一性を確立（し）……，同時に個々の人間にしかるべき配慮を行い……その意味で個の尊重を示すことにより暗黙の中に倫理的価値づけ」をしたとしてこれを評釈する。

27) 星野 (2010) はホッブズの契約論の中に黙約との同質性を指摘し、個々人の自己保存のためのホッブズの社会契約がある種の「擬制的構成体」となって顕現したのがコモンウェルス(国家)であると位置づけた。よってコモンウェルスは構成員の客観的一体性を示すのではなく、自己保存を望む人々の集合という実態以上のものではない。これもある種の合理性（個々人の経験やその総体である伝統、歴史的事実を根拠とする合理性）であるが、ルソー等の大陸合理主義とは明らかに一線が画される。
28) 英国通史については青山編 (1991)、トレヴェリアン (1973) によるところが大きい。
29) 18世紀前半、海軍力の整備・運用に関してしばしば大きな方針転換が生じ対外戦略上の混乱が生じることがあった。小林 (2007) は「時に隆盛を誇り、時に見る影もなく凋落する艦隊」と述べる。
30) 英国議会は、ヘンリー3世（治世1216～1272）による課税強化に反発した諸侯によるオックスフォード条項（provision of Oxford）まで始原を辿ることができる。
31) Allen (2009) はアメリカ大陸への植民活動にもそれを見出している。アメリカへの植民活動には、カレーの失陥 (1558) により大陸での英織物市場が失われたことが背景にあり当初から冒険的な個人・商人による自発的な行為・強烈な独立心を伴う活動であった。これは独立自営農家たるジェントリやヨーマンの自立心、それをそのまま受け入れる社会の雰囲気と共通する。
32) 「長い18世紀」の背景となった社会階層の流動化や所有権思想の広がりは15世紀にまで始原を辿ることも可能である（マクファーレン (1993)）。Wrightson, K. (2000) は特に黒死病によってもたらされた農村の疲弊・実質賃金の上昇・大規模農地保有貴族の没落などが大きな作用をもたらしたと論じた。本章ではこの点には触れない。Vickers (1978) は18世紀後半、英国中部の都市Sheffieldに英国各地から起業を目指す人々が集まり、工業都市としての性格が顕著になっていく過程を詳述している。
33) Mokyr (2009) は、階層間の混合に伴う市場の拡大と所有権を含む市場取引のルールの確立が自然発生的に生じた経緯を重視するという観点から、商業革命と産業革命の連続性を強く主張する。
34) 共感が交換に基づく社会秩序と密接に関わるというヒュームの議論は、スコットランド啓蒙学派に共通して見られる傾向である。グレイ (1991) は「人間社会の発展の包括的な解明と社会的および経済的構造は……たんなる歴史的一般化という地位ではなく、自由法則としての地位を持っていた」と述べる。
35) Furgason (2001) によれば王室領からの収入が支出に見合わず苦慮した英国国王は枚挙にいとまない。強力であったとされるエドワード2世（治世1307～1327）も対仏・対スコットランド戦争を通じて治世末期には収入源に苦しんだ。ヘンリー7世（治世1461～1483）は比較的恵まれており議会に課税強化を求めたのは1回だった。しかし、ヘンリー8世（治世1509～1547）は宗教改革によって没収した教会領からの収入に依存せざるを得なかったし、エリザベス1世（治世1558～1603）が海軍力を維持するには議会との良好な関係が不可欠であった。ジョージ3世（治世1760～1820）では議会から支給される王室費（Civil List）が唯一の収入源と

36) 18世紀後半の日本で同様の視点を持っていたのが田沼意次である。彼の「貸金会所」構想は武家・商人・町人等から幅広く徴収した資金を幕府が運用し収益を還元するもので累進課税と国債を合わせたような制度であった。しかし，身分間の流動性を欠いていたこと，徴税の別形態として受け取られ投資として認知されなかったこと，などが原因となり失敗に終わった（藤田（2013））。

37) 絶対王政とされるチューダー朝においてさえ，イングランド庶民と王室の間には「奇妙な一体感」（エリス（2008））があった。チューダー朝当時は商業活動が徐々に活発になるが，そこで生じる種々の利害対立を調整する必要も高まっていった。むろんそれは国王＝貴族＝庶民という階層構造の中での問題であり（＝中産階級はまだ登場していない），ヘンリ8世が初歩的な議会を政治的交渉の場として活用したことは，絶対王政の枠内という限界があるにせよ，その範囲の中での融和をもたらした。宗教的対立を強権的に解決しようとした女王メアリーとは対称的である。同様に，Porter(2001)は領主に帰属していた人々が社会の流動化とともに，国王や国土という広い空間の中で自己確認を行うようになり，これが利害を共有する「国民」という意識の醸成の端緒となったと述べている。

38) こうした実利的解決は様々な局面で観察できる。スティーブン（1969）は経済的利益と宗教上教義の間に生じる融合や妥協について論じ，大木（1968）はクロムウェルに見られる寛容思想に注目し，清教徒革命と名誉革命の連続性を指摘する。

39) ヒュームによる名誉革命の評価は以下の通り。「内戦中，独立教会派と理神論者たちは彼らの宗教的原理においては最も相対立するにも関わらず……政治的原理においては一致し，今日生態を求めて等しく情熱を燃やした……ウィッグ指導者たちは……寛容の味方でありどの宗派に対しても中立的であった。すなわちあらゆる諸教派はいつでも例外なくウィッグ党と一致した意見をもち，政治的自由を擁護した」（ヒューム(2011b)）。「イングランドの自由は……わが国王たちが議会を抜きにして統治したり，あるいは国王の大権という幻によって議会を脅かしたりすることが不可能だと悟った時に確立された」（ヒューム 2011b）。

40) これはウィッグ・トーリー両派がオレンジ公ウイリアムに招請状を送付して以降のことであり，王政復古と名誉革命の間に少なからぬ流血があったことも事実である。しかし，その直前の国王ジェームズ2世はフランスの影響を強く受けたカトリック色の強い人物であったにもかかわらず即位可能であった。即位に反対した一派の粛清という躓きもあるが（「血の巡回裁判」），イギリスにおける宗教的寛容の一例と見ることもできる。実際，名誉革命はジェームズ2世のカトリシズムを拒否したのではなく，その絶対王政志向の拒否であった。ヒューム（2011a）は名誉革命後の体制を「制限君主制」と呼び「我が国の国制における共和政的要素と君主制適用との間の適正なバランス」の顕現とみる。

41) ハイエク（1986）は真の個人主義は自然発生的な社会的産物の形成を明らかにできるものであるべきとの立場を強調し，デカルト，ルソー，フランス革命へと連なる設計論的社会観と厳しく対峙している。

42) De Soto（2000）は私的所有権という個人が享受する小さな自由はそこから，所有物に関する情報の取り扱い，価値の計算，個人間の繋がり・ネットワーク，取引な

どの技術を浸透させ経済的成果に結実すると論じている。
43) Mathias (1963), Ashton (1968) など。Mokyr (2009) は産業革命をエネルギー革命と捉え，社会全体の変化としては農業革命や商業革命も含めた100年を超える長期的現象であることを強調する。Clark (2007) は，人口増大，アメリカとの貿易拡大，技術進歩率の緩やかな上昇が偶然重なったため突然の変化のように見えると論じ，基本的には漸進的過程とした。しかし，社会の発展に関して重大な変化をもたらす複数の事象が同時期に起こること自体に，何らかの歴史的意義を見出す必要があるのではないという疑問は残る。
44) 坂本 (2005) (2011) によれば，ヒュームの中庸は，歴史を与件とすること，個人の選択肢を拡大すること，個人の自由な意思決定により社会制度を構築することである。そこでは「普通の人々の日常的な生活様式」が秩序を形成し，例外的な少数個人の行動様式による社会秩序と対極をなす。
45)「すべての結果は原因とは別個の出来事である。……それゆえ結果が原因の中に発見されることはありえないし，そうした結果をア・プリオリに最初に案出したり想念したりすることは……恣意的なものになる。……なぜなら理性にとって同様に十分に整合的で自然的な他の結果が常に多数存在するからである。」(ヒューム (2004) 第4章。事象の継起を見ているだけに過ぎないという「人間の無知」にも関わらず「人々は……原因と結果の間の必然的結合のような何かを知覚しているのだと，強く信じる傾向」を持つ (ヒューム (2004) 第8章)。
46) バーク (1978) の言葉を掲げておく。「もっとも唾棄すべき暴政 (仏王政，筆者注) と彼ら (仏革命指導者，同) との間に第三の道は無いと想定しなければ彼らの行為や計画と和解するわけには行きません」「王政の専制と大衆の専制との中間に何物かがあることを……聞き及んだことはないのでしょうか」「歴史から道徳上の教訓を引き出せるかもしれないというのにそれをしません。反対に，歴史とは注意を怠れば，我々の精神を蝕んだり幸福を破壊したりするのに使われ兼ねない (のです)」。

[**参考文献**] (原語版を直接確認したものはアルファベット，邦訳を用いたものは邦題で表示)

Acemoglu, D., Robinson (2013), *Why Nations Fail*, Crown Business
Allen. R. (2009), *The British Industrial Revolution in Global Perspective*, Cambridge University Press
Ashton, T. (1968), *The Industrial revolution 1760-1830*, Oxford University Press
Baumol, W. (2002), *The Free-Market Innovation Machine analyzing the growth miracle of capitalism*, Princeton University Press
Balen, M. (2003), *A Very English Deceit*, Harper Collin Publisher
Buchan, J. (2007), *Adam Smith and the pursuit of perfect liberty*, Profile Books
Clark, G. (2007), *A Farewell to Alms*, Princeton University Press
Diaye, M., Lapidus, A., 2005, "Why rationality may be a consequence of Hume's theory of choice?" *European Journal of the History of Economic Thought*, Vol.12, no.1
De Soto, H. (2000), *The Mystery of Capital Why Capitalism triumphs in the west and fails*

everywhere else, Bantam Press

Ferguson, N. (2001), *The Cash Nexus*, The Penguin Press

Hill, C. (1967), *Reformation to Industrial Revolution A Social and Economic History of Britain 1530-1780*, Weidenfeld & Nicolson

Hudson, K. (1982), *Pawnbroking –An Aspect of British Social History*, Bodley Head

Lecaldano, L. (2002), "The Passions, Character, and the Self in Hume," *Hume Studies*, Vol.28, no.2

Mathias, P. (1963), *The First Industrial Nation An Economic History of Britain 1700-1914*,Routledge

Mokyr, J. (2009), *The Enlightened Economy An Economic History of Britain 1700-1850*, Yale University Press

Morgan, K. (ed) (1988), *History of Britain*, Oxford University Press

Porter, R. (2000), *Enlightenment Britain and the Creation of the Modern World*, Penguin Group

Raphael, D., Winch, D., Skidelsky L. (1997), *Three Great Economists Smith, Malthus, Keynes*, Oxford University Press

Rorty, A. O. (1993), "From Passions to Sentiments: The Structure of Hume's *Treatise*," *History of Philosophy Quarterly*10

Schmitter, A. M. (2010), "Hume on the emotions," in *17th and 18th Century Theories of Emotions*, Stanford Encyclopedia of Philosophy (http://plato.stanford.edu/)

Vickers, J. (1978), *A Popular history of Sheffield*, Applebaum Bookshop

Wrightson, K. (2000),*Earthly Necessities Economic Lives in Early Modern Britain 1470-1750*, Penguin Group

青木滋之 (2013),「ロック経験論のルーツ」,『イギリス哲学研究』第 36 号, 29-42

青山吉信編 (1991),『世界歴史体系　イギリス史 1 ～ 3』, 山川出版社

伊勢俊彦 (2005),「ヒューム, その道徳哲学の視野」,『ヒューム読本』(法政大学出版局, 2005) 所収

岩井淳 (2011),「「大反乱」から「ブリテン革命」へ　17 世紀中庸の事件をめぐる長き論争」,『イギリス哲学研究』第 34 号, 97-105

鵜殿慧 (2011),「ヒュームによる「原因」の「定義」」,『イギリス哲学研究』第 34 号, 19-34

エリス, J. (2008),『長い 18 世紀のイギリス都市』(松塚俊三他訳), 法政大学出版会

大木英夫 (1968),『ピューリタン　近代化の精神構造』, 中公新書

岡村東洋光 (1998),『ジョン・ロックの政治社会論』, ナカニシヤ出版

鎌井敏和, 泉谷周三郎, 寺中平治編 (1998),『イギリス思想の流れ　宗教・哲学・科学を中心として』, 北樹出版

苅谷千尋 (2013),「エドモンド・バークの帝国論　自由と帝国のジレンマ」,『イギリス哲学研究』第 36 号, 43-58

グレイ, J. (1991),『自由主義』(藤原保信・輪島達郎訳), 昭和堂

古賀勝次郎 (1999),『ヒューム社会科学の基礎』, 行人社

─── (1994),『ヒューム体系の哲学的基礎』, 行人社

小林幸男（2007），『イギリス海軍の歴史』，原書房
近藤和彦編（2002），『長い18世紀のイギリス』，山川出版社
坂本達哉（2011），『ヒューム　希望の懐疑主義』，慶應義塾大学出版会
─────（2005），「ヒュームにおける社会科学の生誕」，『ヒューム読本』（法政大学出版局，2005）所収
佐藤空（2010），Edmund Burk and the Common Law Tradition Reconsidered, 『イギリス哲学研究』第33号，51-66
島内明文（2005），「正義と効用──スミスとヒュームの正義論の検討──」，『イギリス哲学研究』第28号，47-61
スティーブン，L.（1969），『十八世紀イギリス思想史(上)(中)(下)』（中野好之訳），筑摩書房
杖下隆英（1982），『ヒューム』，勁草書房
寺中平治・大久保正健（2005），『イギリス哲学の基本問題』，研究社
戸田剛文（2007），『バークリ　観念論・科学・常識』，法政大学出版局
─────（2008），「解説」，『ハイラスとフィロナスの三つの対話』（戸田剛文訳）所収，岩波書店
友清理士（2004），『イギリス革命史　大同盟戦争と名誉革命(上・下)』，研究社
─────（2007），『スペイン継承戦争　マールバラ公戦記とイギリス・ハノーヴァー朝誕生史』，彩流社
トレヴェリアン，G. H.（1971），『イギリス社会史1～3』（藤原浩・松浦高嶺訳），みすず書房
─────（1973），『イギリス史1～3』（大野真弓訳），みすず書房
─────（1978），『イングランド革命』（松村赳訳），みすず書房
中澤信彦（2009），『イギリス保守主義の政治経済学　バークとマルサス』，ミネルヴァ書房
ハイエク，F. A.（1992），「真の個人主義・偽の個人主義」，『市場・知識・自由』（田中真晴・田中秀夫訳）所収，ミネルヴァ書房
─────（2010），『自由の条件Ⅱ』（気賀健三・古賀勝次郎訳），ハイエク全集Ⅰ-6，春秋社
─────（2010），『隷属への道』（西山千明訳），ハイエク全集Ⅰ-別巻，春秋社
バーク，E.（1978），『フランス革命の省察』（半澤孝麿役），みすず書房
浜林正夫（1966），『イギリス革命の思想構造』，未来社
─────（1971），『イギリス市民革命史』，未来社
林誓雄（2010），「ヒュームにおける社交・会話と人間性の増幅」，『イギリス哲学研究』第33号，35-50
ヒューム，D.（2004），『人間知性研究』（斎藤繁雄・一ノ瀬正樹訳），法政大学出版局
─────（2011a），「グレイト・ブリテンの党派について」，
─────（2011b），「迷信と熱狂について」，
─────（2011c），「技芸における洗練について」，『道徳・政治・文学論集完訳版』（田中敏弘訳）所収，名古屋大学出版会。（2011a）（2011b）も同じ。
深浦厚之（2011），「流動性概念と債権流動化(8)──ヒュームの第五実験から見る交換

―――」,『経営と経済』第 91 巻第 3 号
藤田覚 (2012),『田沼時代』, 吉川弘文館
星野勉 (2010),「規範理論としてのホッブスの社会契約論 ―― 自由主義のパラドックス ――」,『イギリス哲学研究』第 33 号, 5-17
ポーター, R. (1996),『イングランド 18 世紀の社会』, 法政大学出版局
――― (2004),『啓蒙主義』(見市雅俊訳), 岩波書店
マクファーレン, A. (1993),『イギリス個人主義の起源　家族・財産・社会変化』(酒田利夫訳), リブロポート
ミッチェル, R., リーズ, M. (1971),『ロンドン庶民生活史』(松村赳訳), みすず書房
ミノワ, J. (2004),『ジョージ王朝時代のイギリス』(手塚リリ子訳), 白水社
ライトソン, K. (1991),『イギリス社会史』(中野忠訳), リブロポート
ラッセル, B. (2005),『哲学入門』(高村夏樹訳), ちくま学芸文庫

第 5 章

通信ネットワーク上の役務提供者が通信役務を利用する局面における「法の下の平等」

海野　敦史

概要

本稿は，憲法 21 条 2 項後段にいう「通信」の領域における「法の下の平等」（憲法 14 条 1 項）の要請の内実について，ネットワーク上での役務提供者が同時に回線管理事業者から提供される通信役務の利用者となる場合を念頭におきつつ考察を加える。かかる利用者に対する通信役務の提供において，回線管理事業者は「通信の秘密」の保護のみならず，「平等」の確保に対する要請にも拘束されるが，それに対置される営業の自由の完全な「放棄」を強制されるわけではなく，個々の通信役務の性質等に応じて規範的に求められる「平等」の幅が画定される。一般的には，ネットワークの接続の不実施は，卸電気通信役務の提供や通信設備の共用の不実施等に比べて各人の通信の自由を事実上阻害する確度が高く，それは対象がボトルネック設備等である場合に顕著となるため，当該設備等との接続に関する平等については，特に厳格に求められると考えられる。なお，インターネット接続役務を提供する回線管理事業者が確保すべき「平等」については，ネットワークの構造上，その終端点間のすべてのトラフィックの取扱いに関して求められ得る。

キーワード：通信の秘密，平等，通信役務等利用事業者

1. 序　論

　日本国憲法（以下，「憲法」という）において，個人の尊重の原理（憲法 13 条）とともに「総則的位置づけ」[1]を占めるものとされてきた平等原則（憲法 14 条 1 項）については，個々の基本権（実定憲法上の国民の権利）の保障との関係においては，実体の乏しい「空虚」なものであるとする見方がかねて

より提起されてきた[2]。その背景には，ある個別の基本権に対する保障において「差別」又は不当な差別的取扱い[3]が行われる場合，それは当該基本権の侵害と捉えればよく，あえて重畳的に平等原則違反を持ち出すまでもないという考え方が横たわっている。仮にこのような考え方に一定の合理性が認められるとしても，少なくとも憲法21条2項後段の規定に基づく通信の秘密不可侵の法規範との関係においては，事情がやや異なると思われる。なぜなら，憲法21条2項後段にいう「秘密」（以下，原則として単に「秘密」という）の侵害の禁止及びその前提となると解される「通信の自由」[4]の保障に関する規範の効力が「通信」の利用者としての国民各人にくまなく及ぶうえでは，憲法14条1項の予定する「平等」の側面についても考慮することが不可欠となると考えられるところ，憲法21条2項後段の規定の名宛人に関しては，公権力に加えて，個々の通信に関する情報を取り扱う通信事業者（私人）その他の「通信管理主体」[5]も公権力に準じた主体として含まれると解されるからである。

　ここでいう通信管理主体とは，より厳密には，「他人の需要を充足するために，一定の通信設備を用いて他人間の通信の完結に向けて能動的に関与し，それに寄与する」[6]形での通信役務の提供を行いつつ，「秘密」たる情報を直接取り扱う者のことを包括的に指す[7]。通信管理主体が公権力とともに憲法21条2項後段の規定に拘束されると解する主な理由については，以下の各点に集約される。すなわち，通信管理主体は「秘密」たる情報に最も手近かつ正当にアクセスし得る立場にあり，通信の利用者にとって公権力以上の「脅威」となり得る[8]。また，仮に通信管理主体が「秘密」の保護の義務を憲法上負わないのであれば，公権力が通信当事者の知り得ないところで当該主体（の任意の協力）を介して「秘密」たる情報の提供を受けることを可能とするおそれがある。さらに，通信管理主体が憲法21条2項後段の規定に何ら拘束されないことの帰結として，国民生活に不可欠となる「基本的な通信役務」を適切に提供することさえも憲法の次元で制度的に確保されないということになれば，通信の自由が実効的に保障されなくなり得る。すなわち，憲法の予定する「通信」自体が安定的に成立しなくなるおそれが生じ，その結果として個々の「秘密」が発現する余地も乏しくなり得る[9]。加えて，

憲法上，仮に通信管理主体が一般私人とまったく同列の立場にあるとすれば，当該主体が支配・管理するネットワーク全体を一種の表現媒体とする伝送行為を通じた表現の自由（憲法21条1項）やそのネットワーク（の運営等）に対する財産権（憲法29条1項）又は営業の自由（一次的には憲法22条1項を根拠とするものと解される）[10]を広範な局面において行使する余地が生じ，その中で個別の「通信」に対する「差別」その他の不適正と認められる取扱い等が任意に行われる場合も想定されることとなり，当該通信の利用者が通信役務の健全な利用を行ううえでこれに「対抗」することが困難となり得る[11]。

このように，今日の国民生活において重要な役割を果たしている「通信」の利用の局面において，通信管理主体は当該利用のあり方を大きく左右する。すなわち，たとえ公権力が特定の利用者に対する「差別」を行わないとしても，通信管理主体が特定の利用者に対する「差別」又は不当な差別的取扱いを行えば，憲法14条1項が要請する「平等」は適切に実現されず，個人の尊重の原理に背馳する「不平等状態」が発現することとなる（なお，憲法14条1項にいう「政治的，経済的又は社会的関係」に「通信」の利用関係が含まれるということに関して異論はなかろう）。もっとも，公権力が立法を通じて通信管理主体による「通信」の取扱いのあり方を規律すれば，かかる「不平等状態」は発現しないという考え方もあり得る[12]。実際，憲法14条1項を受けた立法措置[13]とされている電気通信事業法（昭和59年法律86号）6条や郵便法（昭和22年法律165号）5条の規定は，「電気通信役務」や「郵便」の提供に関して包括的に「利用の公平」ないし「差別」又は不当な差別的取扱いの禁止を定めており，それらが「不平等状態」の出現を一定の範囲で防止していると言えるかもしれない[14]。

しかしながら，基本権としての通信の自由が保障されるうえで，「通信」の成立に不可欠となる通信役務を提供する通信管理主体を当該保障の名宛人から完全に切り離すことは困難であると考えられる。前述のとおり「秘密」たる情報の取扱いに関して通信管理主体がその保護に関する法規範に拘束される限り，当該取扱いを含む通信役務の提供全般において，当該主体は通信の自由の保障の観点からの法規範[15]にも拘束されることとなると解されるか

らである。そして，通信の自由の保障の名宛人に通信管理主体が含まれるのであれば，国民各人の「通信」の利用の局面全般，すなわち通信管理主体による通信役務の提供の局面全般にわたり，当該主体が利用者各人を「平等」に取り扱うことが憲法上（憲法14条1項及び憲法21条2項後段の規定の要請として）求められることとなるものと解される。

このような解釈を支える主な根拠を敷衍すると，以下のとおり集約される。すなわち，①国民各人の「通信」の利用の局面における通信管理主体による通信役務の提供行為の要素として，「秘密」たる情報の保護に関する取扱いの「平等」とその他の取扱いの「平等」とを厳密に区別することはそもそも困難であり，両者は本質的に一体として確保される必要があると考えられること，②たとえ前記①の区別が可能であるとしても，「秘密」たる情報の保護に関する取扱いについて通信管理主体から「差別」を受ける利用者はもとより，それ以外の取扱いについて通信管理主体から「差別」を受ける利用者においても，通信の自由の行使（通信役務の円滑な利用）が著しく阻害され得ること，③仮に公権力が立法を通じて通信役務の提供のあり方（差別の禁止等）を規律したとしても，通信管理主体が実際の提供において立法の目をかいくぐるような形で，特定の利用者における通信役務の健全な利用を妨げる取扱いを行う可能性が完全には払拭しがたく，かかる可能性が現実のものとなる場合には，当該利用者における通信の自由が実効的に保障されないうえに，そのような可能性の存在自体が国民の「通信」の利用環境を不安定なものにする（通信の利用者に一種の不安感を与える）こと，④通信管理主体の提供する通信役務の内実自体も技術革新等に伴い急速に変遷し得るため，その個々の提供のあり方に関する（「平等」を指向した）規律について，もっぱら適時の立法措置による「対応」に期待することは極めて難しい（かかる立法措置として定め得る内容についても，ある程度概括的なものとならざるを得ない）中で[16]，「通信」を明示的に保護する憲法がそのような立法による「対応」のみに委ねているとは解しがたいこと，が挙げられる。したがって，憲法上，国民各人の「通信」の利用の局面においては，通信管理主体も（公権力とともに）平等原則に拘束されると解すること[17]が合理的であるように思われる[18]。このとき，平等原則はそれ自体としてやや抽象的な法

規範であることから,「通信」の利用の局面を念頭においたより具体的な規律が立法を介して設営されることが望ましく[19],かかる観点から,前述の電気通信事業法6条等の規定が設けられているものと捉えることが可能であろう。

　他方,既に示唆したとおり,通信管理主体たる私人には,その通信役務の提供に際して,(有体物としての)ネットワーク及びその運営等に対する財産権や営業の自由といった基本権が保障されることから,その行使の一環として,ネットワーク上を流通する情報(トラフィック)の取扱いに関して,特定の利用者を優遇するなどの一定の区別を正当に行う余地が生じ得る。ところが,彼らが自らの営業上必要だと考えて行う区別の内容が憲法上許容される「合理的な区別」の射程内に入るとは限らない。それゆえ,通信の自由を観念しつつ,憲法21条2項後段の規定それ自体から「通信管理主体は国民生活に不可欠となる『基本的な通信役務』について各人に公平に提供しなければならない」という規範が導かれるとしても[20],通信管理主体が行使する営業の自由等の一環として,彼らの考えるところの「合理的な区別」が行われる余地がある限り,その区別が憲法14条1項の趣旨に照らして本当に「合理的」であって「差別」ないし「不合理(不当)な区別」に該当しないものであるかということが別途問われなければならないこととなる[21]。その意味において,「通信」の利用者としての国民各人の「平等」な取扱いの観点からは,憲法14条1項の規定は,憲法21条2項後段の規定を介しつつ,憲法22条1項及び29条1項の規定に基づく通信管理主体の経済的自由権(財産権及び営業の自由)の保護領域(権利が作用する範囲)を実質的に縮減させ,ひいては通信管理主体の考える各利用者間の実際の取扱いにおける「平等」を「通信」の利用者としての国民各人において憲法上保障されることが予定された「平等」に「補正」するための原則として,機能する可能性がある。したがって,少なくとも憲法21条2項後段の規定との関係における憲法14条1項の規定は,決して「空虚」なものと断じることはできないであろう。

　以上を踏まえ,本稿は,憲法14条1項及び憲法21条2項後段の規定から導かれる「通信」の利用における利用者間の「平等」の確保に対する要請の

内実について，規範的に明らかにすることを目的とする。そのため，まずは基本権の内実ないし構造について略述したうえで（第2節），従前の学説・判例の考え方を踏まえた憲法14条1項（第3節）及び憲法21条2項後段（第4節）のそれぞれの規定の主な趣旨に関する解釈を示しつつ，いわゆるエンドユーザとしての一般利用者間の「平等」及びネットワーク上の役務提供者が同時に他人たる電気通信事業者の役務利用者となる場合における当該役務利用者間の「平等」の確保のあり方について，それぞれ考察を加える（第5節）。これらの考察を経つつ，そこから導かれる結論を摘示・要約することとする（第6節）。なお，ネットワーク上の役務提供者が電気通信事業者の役務利用者となる場合の「平等」のあり方のうち，電気通信事業者の伝送系機能（ネットワーク上で情報の伝送，交換等を行う機能）に依存しつつ，映像，音楽等の多様なコンテンツ，アプリケーション等を一般利用者に供給することをその営業基盤としている事業者（以下，「プラットフォーム事業者」という）の間の「平等」の確保のあり方については，特に複雑化し得ると考えられるところ，紙幅の関係等を踏まえ別稿に譲ることとし[22]，本稿では措く。蛇足ながら，文中の見解はもっぱら筆者の私見であり，筆者の所属する組織の見解とは一切無関係である。

2. 基本権の複合的な内実

　憲法14条1項及び憲法21条2項後段の各規定の主旨の考察に先立ち，まずは基本権の内実ないしその構造について，若干の考察を加える。周知のとおり，当該内実については，立憲主義に基づく帰結として，「国家からの自由」ないし防御権をその基軸とするものとして捉えられてきた[23]。同時に，基本権は，そのような公権力に対して行使する国民各人の主観的権利としての側面（主観的側面）にとどまるものではないということについても，制度的保障論[24]をはじめとするさまざまな憲法学説上の理論において示唆されてきたところである[25]。すなわち，基本権に関する憲法上の規定（以下，「基本権規定」という）については，主観的権利を直接定めたものと言うよりも，一次的には公権力に対する義務・責務やその権限行使の射程等に関する一定

の法規範[26]を定めたものと解されるところ，それらの法規範は基本権に内在する客観的法規範（客観的原則規範）ないし基本権の客観法的側面と総称することができる。

　憲法規範ないし基本権規定が他の国内法源に優越する「最高法規」（憲法98条1項）としての性質を有する以上，基本権の客観法的側面を承認する限り，それは公権力に対する規律を通じて実質的に国民全体に波及するものとなると解されることから，私人間において適用される法規律を含め，すべての国内法秩序を支配するものであると言えよう。ただし，これは主観的権利としての基本権が私人間においても直接効力を有するということを意味するものではなく，すべての国内法秩序は基本権の客観法的側面の趣旨に抵触しない形で立法化されなければならないということを意味するにとどまる[27]。この客観的法規範の内実については，憲法の明文上は必ずしも明らかではないことも少なくないことから，個別の基本権の保護法益を勘案しつつ，憲法規範全体を見据えたうえで演繹的に特定される必要があると考えられる。

　基本権の主観的側面と客観法的側面との相互関係については，学説上，定説が確立されているわけではないが，一般論としては，公権力全般を名宛人とする客観的法規範の存在を前提として，一定の権利を個別化する事情が認められる場合に，主観的権利としての基本権が観念されるという考え方が有力であり[28]，かつ妥当であると考えられる。それゆえ，基本権規定から個別化・主観化の契機が見出される限り，個別の憲法上の権利ないし自由としての主観的権利が導かれると捉えることが基本となるように思われる。もっとも，そのような個々の主観的権利を保障するために，二次的・副次的に必要となると認められる客観的法規範が基本権規定の解釈を通じて導かれることもあると考えられる。基本権の基軸は防御権にあると考えられる以上，かかる二次的な客観的法規範については，それが密接に関係する主観的権利の保障に資すると認められる限りにおいて保障（保護）されるものと解することが合理的であるように思われる[29]。したがって，基本権規定の解釈を通じて基本権の（二次的な）客観法的側面を導くうえでは，それがいかなる主観的権利の保障に奉仕するものであるかということを個別に検討することが重要となろう。

他方，基本権の主観的側面についても，純粋な個人の権利として保障される側面に終始するものではないと考えられる。法に基づく義務に対置される権利については，完全に「主観的」なものとなるわけではないからである。一般に，公権力に対する憲法上の義務・責務の背景には，社会全体の利益（これは憲法13条にいう「公共の福祉」の一内容を構成すると解される）の確保に対する要請が存在する。かかる要請は，基本権の保障を通じて（部分的又は全面的に）実現されることも予定されていると考えられる。それゆえ，（主観的権利としての）基本権の中には，各人にも還元され得る社会全体の利益を促進するために保障される権利としての側面を有するものも含まれていると解される。その限りにおいて，基本権の主観的側面には，主観的権利の保障に加えて，かかる権利の保障も含まれるということとなる[30]。また，憲法上の主観的権利には，抽象的な理念を示すにとどまり，立法による具体化（内容形成）により初めて訴求可能となるものと解されている「抽象的権利」も含まれ得る。なお，立法による基本権の内容形成は，もっぱら抽象的権利とされる権利に対してのみ行われるものではなく，基本権規定によって訴求可能な具体的権利の規範内容に関する「時代の要請に応じたアップデート」が求められる場合，すなわち基本権規定が一定の憲法適合的な制度（その核心部分は憲法内在的に導かれ得る）の設営及びその枠内での自由の形成を予定していると認められる場合において，当該制度の改廃が必要となる局面等に際しても行われ得ると考えられる[31]。

3. 憲法14条1項の規定の主旨

3.1 序　説

　そもそも「法の下の平等」の原理は，憲法13条の規定する個人の尊重の原理ないし「個人の尊厳」の思想と密接な関わりがあり[32]，「そのような尊厳をもった存在として人は等しく扱われるべきであるという要請」[33]をその基本としている。しかし，その具体的な内容については，学説上さまざまな立場があり，必ずしも一義的な解釈が確立されているわけではない。そこで，まずは憲法14条1項の規定の趣旨の解釈をめぐる主な論点について，

これまでの学説・判例の考え方を整理しつつ，併せて管見を叙述することとする。

3.2 保護法益（平等原則と平等権）

憲法14条1項の基本的な趣旨については，公権力に対して不平等な取扱いの禁止を義務づける客観的法規範（平等原則）を内包すると同時に，国民に「差別されない権利」という主観的権利（平等権）を保障したものと解する考え方が有力である[34]。このような立場からは，基本権規定は一般に，その侵害禁止を公権力に義務づける客観的法規範であると同時に，各人に具体的な主観的権利を保障するものとなることを踏まえ，憲法14条1項においても平等権と平等原則とは互換的に用いられ得るとされる[35]。これに対し，「平等」は一定の実体的な権利・利益の存在を前提とするものであり，それゆえ当該権利・利益から独立した権利を導くものではなく，「平等権」という概念を措定する必要はないという考え方も提示されている[36]。かかる立場からは，憲法14条1項はもっぱら平等原則を定めたものにすぎず，「平等権」という主観的権利を保障するものではないということになる。

思うに，憲法14条1項の規定の内容についても，前節で言及したとおり，客観的法規範の存在を前提としつつ，そこに主観的権利の個別化・主観化を行う余地が認められる場合に，当該権利が憲法上の権利として観念されるという考え方に基づくことが基本となろう。すなわち，憲法14条1項から一次的に導かれるのは客観的法規範としての平等原則であり，その中での「個別化」の契機の存在を踏まえて，平等権という主観的権利が観念される可能性が生じ得ると考えられる。よって，平等権という概念を措定する必要性を判断するためには，当該「個別化」の契機の有無を見極めることが重要となる。

このように考えると，少なくとも主観的権利としての平等権が認められるためには，全方位的な客観的法規範としての平等原則とは異なる「個別化」を指向した固有の保護法益が特定されなければならないと言えよう。特に，平等原則が一定の客観的な「状態」の実現を保障しようとしているのに対し，平等権は公権力による「差別」や「不合理な区別」の排除を求めること

がその実体となると考えられるが[37]，かかる相違の内実が具体的にどのようなものかということが明らかにされる必要があろう。このような観点に照らすと，公権力に対して広範に均等な取扱いを求める憲法14条1項の規定には，個別の基本権規定ほどの強固な「個別化」の契機は認めがたいものの，以下の各点から，平等原則とは異なる主観的権利として，平等権を措定する必要性及びその実益が認められ得るように思われる。

第一に，事実状態において同等とみなし得る二者のうち，一方が他方よりも有利に取り扱われていると認められる場合，平等原則に違反する状態（不平等状態）が客観的に認められるとしても，有利に取り扱われている者においては自己の平等権の侵害を主張することは困難であると考えられる[38]。なぜなら，一般にある一定の状態を保障することを目的とする基本権の侵害は，公権力の行為（作為又は不作為）により，権利の享有主体の意に反して，その状態に伴う保護法益の（原状の）価値が合理的な理由なく経時的かつ一方的に著しく低下（悪化）することを必要条件として認定され得ると考えられるからである[39]。その意味において，公権力の行為の客観的な公平性（同一の条件を有すると認められる者に対する同様の取扱い）の確保を指向する平等原則と異なり，平等権は，同等の条件を有すると認められる他人との比較を念頭におきつつ，自らが相対的に不利な状態におかれて初めて主張可能となる権利であると言える。換言すれば，公権力の不当な区別行為それ自体を規律する平等原則と，当該行為により相対的に不利な状態におかれた者に「個人として尊重される」機会（平等な状態への回復の機会）を与える平等権とは，その保護法益に関して異なる側面を内包するものであると考えられる。

第二に，公権力から「政治的，経済的又は社会的関係」において冷遇された者又はその者が属する集団は，単に「不合理な区別」を受けたということにとどまらず，ある種の「劣等の烙印」を押されることに伴い，「個人の尊厳」が傷つけられ得るという効果も受ける可能性があるということが注目されよう[40]。このうち，後者の効果については，平等原則との関係においては派生的・付随的に生じる効果であるとも言えるが，少なくとも平等権との関係においては権利侵害の直接的な効果であると捉えることが可能である。換

言すれば，国民生活のあらゆる局面において，他者との比較を前提とした蔑視の念等の否定的評価に基づく「差別」から解放されるという法益それ自体が，個人の人格的自律を支える機能を有し，個別化された権利を導く実体性を有するものと考えられる。

したがって，憲法 14 条 1 項の規定は，平等原則を定めるのみならず，平等権をも保障する規定であると解される。もっとも，憲法 13 条の規定が包括的基本権を定めていると解する限り[41]，多くの場合，平等権の内実はそれぞれの基本権の保障内容に「吸収」され得るが，平等権の実体が各基本権の内容の一部でしかないものと解することは困難であろう。なぜなら，ある個別の基本権に対する制約となる措置に関して，それ単体としてみれば，その目的や手段に照らして「侵害」にまで至っていないと認められても，他の国民に対する措置との比較において，「差別」又は不当な差別的取扱いとして認められる場合があり得るからである。そのような場合，当該措置により不利益を受けた者においては，もっぱら平等権の侵害を主張する余地が生じ得ると考えられる。また，前述のとおり，「差別」が単なる「不合理な区別」にとどまらず「劣等の烙印」を押すことに伴う当事者の社会的地位の低下等を招く効果をもたらし得るとすれば，こうした社会的な排除の指向を含意する「差別」という行為に対する固有の防御権の領域を観念することが可能であろう。このような観点からも，主観的権利としての平等権を観念する余地があると考えられる[42]。

3.3 「平等」の解釈

3.3.1 絶対的平等と相対的平等

憲法 14 条 1 項にいう「平等」の解釈については，複数の観点から議論されてきた。第一に，あらゆる局面において各人を均等に取り扱うという意味での絶対的平等と，同一の事情・条件の下では同様に取り扱うという意味での相対的平等との区別である。通説は，各人はその事実状態（出発点）において千差万別であることから，絶対的平等を貫くとかえって不合理な結果をもたらし得るため，ここでいう「平等」を相対的平等と解している[43]。判例も，各人には「経済的，社会的その他種々の事実関係上の差異」から生ずる

不均等が存在することを認めつつ，それが「一般社会観念上合理的な根拠に基づき必要と認められるものである場合」には，平等原則に反しないという旨を説いている[44]。このような考え方によれば，事実状態の差異に相応した法的な取扱いは憲法上許容され得るところ，異なる取扱いが行われる場合にそれが一般社会観念（社会通念）からみて合理的である限り，平等原則に違反しないということとなる。ただし，このような理解においては，何が「事実状態の差異」となるか，また何が「合理的」であるかということに関する基準は一義的に特定困難となり，各人間のどのような相違に着目し，どのような権利・利益に対して，異なる取扱いがどの程度許容されるのかということを個別に検討することが必要となる。周知のとおり，この点に関して，主な学説は憲法上許容される「合理的な区別」であるか否かを判断するための違憲審査基準の精緻化という形で対応しようとしてきたと言える[45]。

　そのような精緻化を試みる一部の学説においては，「平等」には人格的価値の次元における「平等」と各人の事情を踏まえた具体的措置の次元における「平等」とがあり，前者は後者よりも厳格な違憲審査基準で区別の合理性が判断されるべきであるという旨を説くものがあることは，注目に値する[46]。このような学説によれば，判例も，同様の考え方を採っているとされる[47]。

　思うに，同一の条件を有すると認められる他者との比較において，憲法13条の個人の尊重の原理に背馳することとなる法的取扱い（区別）には合理性が認められず，禁止される「差別」となり得る。逆に，個人の尊重の原理に照らしつつ各人の（事実状態における）相違に即して合理的に行われると認められる区別については「差別」とはならないと捉えられることから，憲法14条1項にいう「平等」とは相対的平等を意味するものと解するのが妥当であると考えられる。このような解釈に伴い憲法の要請する「平等」の趣旨を一義的に確定できなくなるとしても，そもそも平等原則が「総則的位置づけ」に基づくものである以上，むしろ個々の権利・利益の保護法益に応じたきめ細かな個別判断が予定されていると考えられることから，それ自体が問題となるわけではないと言えよう。

　他方，「平等」の観念を人格的価値の次元と具体的措置の次元とに二分す

る考え方については，両者の分水嶺が不明瞭であるという難点を抱えているが，各人の「個人の尊厳」ないし人格的自律との関わりの程度に応じて，求められる「平等」の範囲を画することは可能かつ合理的であると考えられる。すなわち，相対的平等には一定の相対性ないし「幅」が存するところ，公権力の区別行為が当事者にもたらす影響の度合いの観点から，「個人の尊厳」との関わりの深さがより強度に認められるほど，より厳格な「平等」を指向した取扱いが要求されるものと解することが妥当であると思われる。

3.3.2　形式的平等と実質的平等

　第二に，法律上の均一的な取扱いという意味での形式的平等と事実関係の均一（事実上の平等）という意味での実質的平等との区別である。実質的平等を（無条件的に）憲法14条1項の「平等」に含める考え方については，かつては有力であった[48]。しかし，「実質的平等の要求と形式的平等の要求は同一次元では両立しない」[49]という認識を踏まえた今日の多数説は，形式的平等の実現が原則であるが，同時に一定の合理的な理由に基づく異なる取扱いが認められる範囲内で実質的平等が実現されることが憲法14条1項の要請であると説く[50]。その意味において，憲法は実質的平等に全面的に依拠することとなったのではなく，形式的平等を確保するための基盤の形成に資する限りで実質的平等を指向するという「部分的転換」にとどまっているとされる[51]。

　これに対し，実質的平等の観念を徹底させようとする立場からは，平等権には，事実上平等な状態（実質的平等）を実現するために公権力に一定の作為を要求することのできる積極的権利としての側面が備わっており，社会全体の秩序の中で「平等」の実現への配慮が公権力に対して求められると主張されることになる[52]。このような考え方の延長線上に，立法を通じた積極的差別解消措置（アファーマティブ・アクション）は憲法上の要請であるという思想が位置づけられる。仮にこのような考え方に基づく場合には，「合理的な配慮の不提供」についても，公権力の不作為による「差別」として平等権の侵害となり得ることとなる[53]。この点については，実質的平等の実現は生存権をはじめとする社会権に関する措置により行われるのが基本であり，

このような積極的権利が包括的に平等権の一内実となるわけではないとする考え方が有力である[54]。また，積極的差別解消措置については，「逆差別」を招来し得るとする批判も根強い[55]。

　思うに，前述の相対的平等を憲法の要請とみる以上，形式的平等か実質的平等かということについては二項対立的に捉えるべきではなく，相対的平等を実現するための手段の問題として位置づけられるべきであろう。すなわち，相対的平等の確保のために，形式的平等に基づく取扱いと実質的平等に基づく取扱いとの適切なバランスが図られるべきであるということになると考えられる。その意味において，公権力による区別に関して合理的根拠が認められない場合には形式的平等に基づく取扱いに依拠し，一定の合理的根拠が認められる場合には実質的平等に基づく取扱いを指向する余地が生じるという多数説の立場が支持されるべきであると思われる。

　また，実質的平等は相対的平等の確保に必要な範囲で指向されるべきものと解する限り，憲法14条1項にいう「政治的，経済的又は社会的関係」のすべてにおいて，もっぱら実質的平等の確保の必要性からただちに積極的差別解消措置の実施を求める積極的権利が導かれるものではないということになる。もっとも，立法裁量の範囲内で，公権力による積極的差別解消措置が制度的に講じられる可能性については，それが「逆差別」等をもたらさない限りにおいて，憲法上否定されないと考えられるが，その場合であっても，それを当然に憲法に直接根ざす措置であると解することは困難であろう。しかしながら，（相対的平等の確保を目的とした）実質的平等の確保の不可欠性が一定の範囲で認められる限りにおいて，その不可欠性に適合する一定の積極的差別解消措置の実施を（比例原則[56]を充足する範囲内で）憲法上の要請とみる余地は生じ得るように思われる。

3.4 「法の下に」の解釈

　憲法14条1項にいう「法の下に」の解釈については，かつては法の適用の局面における平等を指すのであって，法の内容における平等を指すものではなく，それゆえこの部分については立法権を拘束しないと解する考え方（立法者非拘束説）が提示されていたが[57]，今日の通説は国政全般にわたる

平等を指すものと解する考え方（立法者拘束説）に立っている[58]。これによれば、「法の下の平等」は立法権をも拘束する観念であるということになる。なお、「法の下に」が一般私人による差別的取扱いにまで及ぶという趣旨であるのか否かについては、憲法が本来公権力を規律するものであることから、一般に否定的に解されている[59]。

　一方、近年の一部の学説においては、「法の下に」には絶対的平等を否定する意味合いが込められていると説かれている。これによれば、「法の下」の「平等」とは、正当なものとして構成された立法目的に適合しない「合理的根拠に基づかない区別」ないし「不合理な区別」を禁止するものであるとされる[60]。

　思うに、立法の段階での「平等」が確保されていなければ、その適用の局面の「平等」が無益なものになりかねないこと、裁判所に違憲立法審査権が付与されていること（憲法81条）等に照らすと、立法者拘束説の考え方は妥当であろう。憲法14条1項にいう「法」には憲法規範が含まれるのであって、「法の下の平等」の法規範は立法権を含む公権力全般に対する規律であると解される。そして、原則として、自由権の享有主体（私的自治の原則が妥当する主体）である一般私人に当該規範の効力が直接及ぶこととなるものではないと考えられる（ただし、公権力に準じた主体としての通信管理主体が「通信」を取り扱う場合においては、一般私人の場合とは異なる別途の考慮が例外的に必要となろう）。

　同時に、「平等」の原意は各人の均等であると考えられるところ、「法の下」という限定は、これに「法」による一定の不均等ないし相対性を与える余地を示したものと解することが合理的であるように思われる。それゆえ、近年の学説が、「法の下に」と相対的平等とを結びつけて解釈していることは、十分な合理性が認められよう。また、「法の下の平等」の確保とは、「差別」に至らない合理的根拠のない区別も含め、特定の者に対する「不合理な区別」が行われない状態（国民各人間の相対的平等が確保された状態）の確保を指向するものと解される[61]。

3.5 「人種，信条，性別，社会的身分又は門地」（限定列挙事由）の全体的解釈

憲法14条1項にいう「人種，信条，性別，社会的身分又は門地」という限定列挙事由に関しては，これに該当しない事由であっても「差別」が許されないということについてはほぼ争いがない。しかし，この限定列挙事由について，単なる例示と捉える解釈（例示列挙説[62]）を採るか，それとも「差別」に関して特に疑わしい事由と捉える解釈（特別事由説[63]）を採るかということについては，必ずしも見解の一致をみていない。もっとも，後者の特別事由説においても，限定列挙事由による差別については原則として違憲性が推定されるものと解する考え方[64]，合憲性の主張者に合理的な取扱いであることの立証責任が課される（限定列挙事由以外の事由による「差別」は合憲性の推定が作用する）ものと解する考え方[65]，各限定列挙事由には不合理とされる固有の事情があり得ることから個別の分析を要するものと解する考え方[66]等の相違がある[67]。かつては例示列挙説が有力であり，判例も同様の立場を採るが[68]，近年の支配的な学説は特別事由説によっていると思われる。

思うに，例示列挙説であれ特別事由説であれ，「人種，信条，性別，社会的身分又は門地」等による「差別」が禁止されることに変わりはなく，またこれらの事由による場合であってもそれ以外の事由による場合であっても，合理的根拠が認められる正当な区別については禁止されないということについても一致している。それゆえ，両学説の相違は相当程度において相対化されていると言えるが，憲法が明文で示す限定列挙事由については，（単なる「不合理な区別」を超えた）「差別」への該当性が疑われるものとして掲げられていると解されることから，特に慎重な判断が求められる要素であると捉えることが妥当であろう。また，前述のとおり，限定列挙事由を含め，「個人の尊厳」に大きく関わる事由に基づく差別的取扱いについては，たとえ個別の基本権の侵害とただちに認めがたい場合であっても，とりわけ厳格に審査されるべきであるように思われる。いずれにしても，公権力が行う区別の合理的根拠の有無に関しては，区別事由についてはもとより，問題となる権利・利益の具体的な趣旨を十分に踏まえた個別の検討が必要となり得ると考えられる。

3.6 「差別」の解釈

　既にみたとおり，伝統的な学説は，憲法14条1項にいう「差別」について，個人の尊重の原理や民主主義の原理に照らし，不合理な理由に基づくと認められる区別に限定して捉えてきた。しかし，近年では，「不合理な区別」という意味合いを超える「差別」の概念を措定する学説が有力になっており，この点については主に以下の考え方に集約されよう。

　第一に，公権力により差別的意図等の否定的評価をもって行われる行為については，たとえそれが一次的には各人間での異なる取扱いを行うものではなくても，「差別」に該当し得ると解する考え方である[69]。このような考え方によれば，「差別されない」という規定には，公権力が差別感情に基づいて行動してはならず，差別的メッセージの発信を追及する主張に対しては誠実に対応することが義務づけられるという趣旨が含まれているとされる[70]。もっとも，公権力による差別的意図に基づく行為が平等原則違反又は平等権の侵害となるものとする評価を貫くと，公権力が特定の主観的選好を伴わずに合理的と判断した一定の区別を行う場合には，憲法14条1項違反とはならないという帰結が導かれ得ることとなる[71]。このような帰結に対しては，その行為規範としての効果の有効性は承認され得るとしても，公権力の主観的意思をその行為の有効性（合憲性）の判断要素とすることが問題となるという旨が指摘されている[72]。

　第二に，より包括的に差別の概念の射程を画そうとする観点から，立法行為を含め，差別を助長する効果・影響を有する公権力の行為については，それを正当化する十分な理由がない限り，「差別」に該当すると解する考え方である[73]。これによれば，たとえ公権力が差別的意図に基づかずに行う行為であっても，また立法の規定上は特定の集団に対する不利益となるような規定となっていなくとも，それが差別を助長するインパクトをもたらす場合には，違憲となり得るということになる。もっとも，この考え方によっても，公権力の区別行為の合憲性又は違憲性を判断する決め手となるのは，個別の検討が求められる正当化事由すなわち合理的根拠の有無にほかならない。

　第三に，過去の差別の影響により構造的な地位の格差が残存している場合には，均等な取扱いがかえって不均等な結果を助長し得ることから，このよ

うな形での「間接差別」[74]についても「差別」に該当するものとして捉えるべきであるとする考え方である[75]。ここでいう「構造的な地位の格差」を是正する観点からは、積極的差別解消措置の実施が求められる可能性が高くなろう。

　思うに、憲法上禁止される「差別」には、差別的意図に基づく行為はもとより、差別を助長する効果を有する行為（間接差別とされる行為を含む）についても、当事者となる国民の「個人の尊厳」を脅かすものと認められる限りにおいて、含まれ得ると言えよう。しかし、当該意図又は効果を認定するに当たっては、公権力の意思を参照せざるを得ないことが多いと考えられる。このとき、かかる意思については客観的に評価されることが求められ得ることから、結局のところ、当該意思の存在及びその正当性を裏づける合理的根拠の有無を総合的に判断することが必要となろう。したがって、「差別」の射程自体については広範に解しつつ、公権力の行う区別行為の正当化事由について、制約される権利・利益の趣旨のみならず、行為の目的やその波及効果等も考慮しながら的確に特定することが重要となり得る。ただし、差別的意図については、行為の態様から比較的容易に認定され得る場合も少なくないと考えられることから、かかる意図が含まれていることが明らかな区別については、「差別」と認められる可能性が高いと言えよう。

　そして、区別の正当化事由としての合理性については、基本的には、立法措置等の目的の合理性と当該目的を達成するための手段の合理性との双方の観点から検討されなければならないと考えられる。その意味において、原則として、平等原則にも比例原則の効力は及ぶものと言えよう[76]。具体的な積極的差別解消措置の実施に関する立法の典型例としての障害を理由とする差別の解消の推進に関する法律（平成25年法律65号）7条2項において、行政機関等が障害者に対して「社会的障壁の除去の実施について必要かつ合理的な配慮」をすることとされている局面が「その実施に伴う負担が過重でないとき」に限定されているのも、比例原則の趣旨を踏まえたものであると解される。ただし、比例原則は目的の妥当性を前提としつつ手段の適合性、必要性及び均衡性を審査するものであるところ、（個別の権利・利益の侵害ではなく）もっぱら他者との比較における平等性のみが問題となるような局面又

は公権力の行う区別が明らかに（単なる「不合理な区別」を超えた）「差別」と認められる局面においては，問題となる区別の合理性が目的・手段の妥当性と一体化していることも少なくなく，端的に当該区別の合理性を判断することが適当な場合もあろう[77]。

3.7 小括

以上の考察を総括すると，憲法 14 条 1 項の規定からは，①各利用者間の相対的平等が確保されること，②当該平等の確保に向けて，各利用者間の形式的平等が確保されると認められる範囲内で実質的平等が確保されること，③各利用者間に対して行われる区別については，問題となる権利・利益の保護法益に照らしてその目的・手段の合理性の有無が判断されること，④前記③の判断においては，差別的意図や差別を助長する効果等の有無についても併せて考慮されつつ，原則として比例原則の充足性の有無が問われること，が憲法上要請されるという命題が導かれる。この命題を国民各人の「通信」の利用の局面に「充填」するとどのような帰結が導かれるかということが次に問題となるが，それを考察するためには，憲法 21 条 2 項後段の規定の基本的な趣旨を明らかにする必要があるため，次節においてこれを検討することとする。

4. 憲法 21 条 2 項後段の規定の主旨

4.1 保護法益

従前の憲法学説において，憲法 21 条 2 項後段の規定の解釈論は決して活発であったとは言えないが[78]，当該規定の保護法益をめぐっては，必ずしも学説上の見解の一致をみるに至っていない。この点に関する伝統的な学説を大別すると，①「通信」は「表現」の一環であって，通信の秘密不可侵は基本的に表現の自由の保障の一部をなすものと解する考え方[79]，②憲法 21 条 2 項後段にいう「通信」は「特定者間の通信」であって，それは各人の私的な（私生活の）領域に関わるものであるから，通信の秘密不可侵はプライバシーの保護を主眼とするものにほかならないと解する考え方[80]，③通信の秘

密不可侵は，前記①及び②の双方をほぼ同等に含意するものであるとする考え方[81]におおむね集約されよう。これらは必ずしも相互に背反し合うものではなく，①の考え方と②の考え方との相違は「実質的にはほとんどない」[82]とも指摘されているが，さしずめ②の考え方が従前の多数説であると言えそうである。しかしながら，今日の「通信」をめぐる諸事情を勘案しつつ考えると，いずれも必ずしも正鵠を射たものとは言えないであろう。その理由を敷衍すると，以下の各点に集約される。

　第一に，前記①の考え方については，「通信」がもっぱら「表現」の部分概念として捉えられているが，「通信」でやり取りされる情報の中には「表現」とは言いがたいものも含まれ得る[83]。しかも，結果的に誰にも受領されない可能性のある「表現」ないし表現物とは異なり，「通信」においては常に一定の情報流通経路（ネットワーク）とそれに関する通信設備の支配・管理者（通信管理主体）及び特定又は不特定の着信者の存在が予定されているということ（通信管理主体による媒介等を介して，発信者の予定した着信者が最終的に情報を受信し得る状態におかれない限り，通信行為は完結しないということ）も踏まえると，「通信」は「表現」の観念の枠内に収まりきるものではないと思われる。特に，情報の受領者ないし着信者の法的地位に着目すると，「表現」の下では，「能動的な受領を（公権力により）不当に妨害されない」という消極的地位にとどまると考えられる一方，「通信」の下では，着信者が情報を受信し得る状態が安定的に実現するような利用環境が不可欠となるため，かかる環境の制度的な確保を前提とした一種の積極的地位が導かれる余地があろう[84]。また，ネットワークという「それにアクセスした者のみが情報の送受信を行うことができるという意味での閉鎖的な空間」の利用に対しては，多種多様な媒体が想定された「表現」の場合では一般に想定されない固有の客観的法規範が内在する可能性がある[85]。さらに，仮に前記①の考え方による場合，憲法は「一切の表現」の自由を保障する中で，なぜ数ある表現手段の中から「通信手段を用いた表現」のみをあえて「抽出」しつつ別条項においてその明示的な保護を規定しなければならなかったのかということについて，的確に説明することがやや困難となろう。すなわち，「通信」は単なる「表現」に終始するものではないからこそ，憲法21条

1項の規定とは別の条項において個別に（その「秘密」が）保護される必要があるものと解することが合理的であると考えられる。したがって，通信の秘密不可侵の法規範については，表現の自由の保障と部分的に重なり合う部分を有しつつも，それを超えた保護法益を含んでいるものと考えられ，これをもっぱら表現の自由の保障の保護領域の一部を構成するものと捉える解釈は妥当ではないように思われる。

　第二に，前記②の考え方については，「通信」が「特定者間の通信」に限られることを前提としているが[86]，憲法21条2項後段の規定は「通信」にかかる限定を明示的に付していないということに加え，「特定者間の通信」とそれ以外の通信との分水嶺については，規範的にも技術的にも必ずしも明確ではない。しかも，「特定者間の通信」でやり取りされる情報が当該特定者の意思により不特定多数の者にネットワーク上で事実上「拡散」していくこともあり得るということを踏まえると，このような限定を前提とする解釈は採りがたい。そもそも不特定多数の受信者を予定する多くのインターネット経由の「通信」も，物理的には複数の「特定者間の通信」の組合せにより成立しているのであって，それら個々の部分的な通信を抽出すれば，「特定者間の通信」に帰着し，その一つ一つの通信において「秘密」が保護される必要性が認められる。同時に，例えば多数の者に対する電子メールや電子掲示板への投稿情報の送信が行われる場合，その宛先が何人の者までなら「特定者間の通信」と言えるのかを公権力が判断し，それに応じて基本権の保護領域を決する（その結果として，「特定者間の通信」以外の通信を保護の対象から除外する）といったことは，平等原則との関係も踏まえ，憲法上の要請として肯定しがたいであろう。さらに，近年では，あらゆるものがインターネットに接続されるようになった結果，同一人物が所有する機器同士をつなぐ「機器間の通信」も存在し，当該通信においてもそれを取り扱う通信管理主体（及び公権力）との関係において「秘密」が発生し得る。それゆえ，憲法21条2項後段にいう「通信」には，通信設備を用いて情報のやり取りの仲立ちを行う者（発信者又は着信者以外の者）が関与するさまざまな態様の通信が含まれるものと解することが合理的であり，不特定多数の者に向けて行われるネットワーク上の情報発信についてもこれに該当すると考え

られる。したがって，通信の秘密不可侵には，プライバシーの保護や私生活の自由を超えた保護法益が含まれると解されるのであって，これをもっぱらプライバシーの権利等の枠組みの中で捉えることは，たとえ前記③の考え方のようにこれに（通信手段を用いた）表現の自由の保障という要素を加味して考えたとしても，正鵠を射たものとは言いがたい[87]。

　それでは，表現の自由の保障にもプライバシーの権利の保障にも収斂しない通信の秘密不可侵の法規範に固有の保護法益とは何であろうか。この問題に対する解答を導くための糸口は，今日の高度情報通信ネットワーク社会において「通信」が果たしている役割に求められるように思われる。すなわち，「通信」は，インターネットの発展やスマートフォンの普及等を背景として，単に特定者間の私的かつ内的なコミュニケーションにとどまらず，不特定多数の者に対する自己表現，民主政の展開に資するオンライン上の討論（政治活動），日常生活に必要となる各種情報の入手，電子商取引を通じた事業者の営業及び消費者の売買等，多種多様な機能を果たす媒体として，国民生活に不可欠なものとなっている[88]。同時に，そのような「通信」を適切に利用できる制度的環境におかれていない者においては，「通信」を介して行うことが必要となる各種手続きができなくなるなど，社会的な「排除」を実質的に受けることとなる可能性が高く，その場合には，「個人の尊厳」（憲法13条・24条2項参照）が脅かされることにもなり得る。さらに，サイバー攻撃等の物理的な危険性を伴う通信により瞬時に国の重要なインフラに関するシステムが破壊されるリスクを抱えるという事情，テロリズム等の重大かつ組織的な犯罪行為が通信を介した（犯人間の）連携を通じて行われ得るという事情（翻って言えば，通信の記録が犯人の特定及び犯罪行為の被害拡大の防止のための重要な手がかりとなるという事情）などからも明らかなとおり，インターネット経由の通信ないしそのネットワークが「サイバー空間」を形成するに伴い，「通信」は国の安全保障とも密接な関わりを有するようになっている。これらの事実は，「通信」の利用が「健康で文化的な最低限度の生活」（憲法25条1項）を営むために必須のツールとなるだけでなく，各人の「個人の尊厳」を支え，それらの土台となる「国の安全」を確保するためにも不可欠の基盤となっている中で，公権力による「通信」そのものの

積極的な保護が憲法 21 条 2 項後段の規定を通じて予定されていると解することが合理的であるということを示唆しているように思われる[89]。

　このような憲法上の個人の尊重の原理と密接に関わる「通信」の主要な利用環境を制度的に確保すること，換言すれば国民各人が安全に安心して特段の支障なく自由に「通信」（通信役務）を利用できるような制度的環境を適切に確保することこそが，通信の秘密不可侵の法規範の基幹的な法益であると考えられる。それゆえ，かかる環境を実現する観点から，そのための必要条件の一つとして，少なくとも個々の通信行為における「プライバシーの観点からの『秘密』」の保護が求められるものと解する考え方の筋道が，今日における憲法 21 条 2 項後段の規定の解釈として妥当なのではないかと考えられる。仮にいくら「プライバシーの観点からの『秘密』」が保護されていても，「通信」の他の主要な制度的利用環境の要素が適切に確保されず，例えばネットワーク等の通信設備が恒常的に危険にさらされたり利用困難となったりするような状態が国民生活を席捲すれば，そもそも憲法の予定する「秘密」自体が発現する余地，ひいてはそれが保護される必要性も乏しくなるであろう。したがって，少なくとも今日の社会においては，伝統的に理解されてきた個々の「プライバシーの観点からの『秘密』」を侵害しないという不作為のみでは，通信の秘密不可侵という義務規範への公権力の「対応」として不十分であると言える[90]。

　このように考えれば，「プライバシーの観点からの『秘密』」の保護は，さまざまな「通信」の利用環境の中でも特に重要なものであると言えるが，憲法上制度的に確保されるべき当該環境としては，必ずしもそれに限られるものではないということになる。すなわち，国民各人が安全に安心して通信役務を利用できるような環境の実現のためには，「通信におけるプライバシー」の保護のみならず，例えば，通信設備の適切な管理を含む「通信（ネットワーク）におけるセキュリティ」の確保や，憲法規範に反することとなる情報の広範な流通（特に，他人の基本権に関する法益を侵害する情報が不特定多数の者にアクセスされ得る形でネットワーク上を流通する場合）を必要最小限度の範囲内でコントロールするための一定の仕組み等についても，憲法上，立法を通じて憲法適合的に設営される「通信制度」（通信に関する憲法

適合的な法規範の集合体）の中で適切に（一次的には立法権により）確保されることが予定されているものと解される。換言すれば，「通信」の制度的利用環境の形成に際しては，しばしばプライバシーの保護とセキュリティの確保等との相克が生じ得るが，憲法は「秘密」の保護を掲げることにより当該環境に関して前者（プライバシー）を絶対的な価値として常に優先させることとしているわけではなく，より総合的に，両者の適切なバランスが立法を通じて具体的に図られることを予定していると考えられる。

　したがって，「秘密」とは，決してプライバシーの観念のみに収斂される概念ではない。むしろ，プライバシーの観点からの「秘密」については，「通信」に関して確保されることが予定されたさまざまな制度的利用環境の表徴として捉えることが合理的であるように思われる。すなわち，「秘密」はより広がりを持った概念であって，これをプライバシーと完全に同視することは，「通信」の制度的利用環境に関する他の重要な法益を見失わせる危険をはらむ。そして，具体的な制度的利用環境，すなわち通信制度の内容形成のあり方については，各種の憲法規範の要請に適合する範囲内で，一次的には立法裁量に委ねられることとなろう。かかる内容形成の的確な実現が予定されていることにかんがみると，国民各人の「通信」の利用という特定の局面に限っては，前述のとおり通信管理主体を公権力に準じた存在とみなし，これに一定の憲法上の義務が課されている（当該義務の内容は立法により具体化される）ものと解することが妥当であると考えられる。

　また，憲法21条2項後段の規定が「通信」そのものの制度的利用環境の包括的な保護を予定していると解する限り，「秘密」として保護される情報の範囲についても，通信の内容はもとより，通信の発信場所，回数，通信当事者の属性，電話番号やIPアドレス等の通信の構成要素となる情報もこれに含まれるものと解することが合理的である[91]。この点については，結論的には従前の多くの学説も同様に解してきた[92]。ところが，本来，仮に「秘密」の保護を表現の自由の保障の一部をなすものと解する（前記①の考え方による）場合には，通信の内容さえ保護すれば基本的に十分であるという帰結が導かれる余地があるはずである。また，仮に「秘密」の保護に関してプライバシーの保護を主眼とするものと解する（前記②の考え方による）場合

には，プライバシーとの関わりの低い構成要素と認められる情報（例えばIPアドレス単体）については必ずしも「秘密」に含まれないという帰結が導かれても不思議ではないであろう。

　しかし，国民各人が「通信」を安全に安心して利用できるようになるためには，通信の内容以外の「通信」に関する情報についても公権力や通信管理主体から正当な理由なく探索されないような利用環境が制度的に構築されなければならないし，プライバシーとの関わりの低い情報であってもセキュリティの確保等の観点から「秘密」として保護される必要性が生じ得る。したがって，「秘密」には通信の内容のほか通信の構成要素となる情報が含まれるとする多数説の考え方は，本来，「通信」の主要な制度的利用環境の保護を通信の秘密不可侵の保護法益と解する捉え方に極めて親和的であるように思われる。

4.2　主観的権利としての保障内容

　以上のような解釈は，伝統的な学説における憲法 21 条 2 項後段の規定の解釈とは大きく異なるものである。すなわち，従前の主な学説においては，当該規定は一次的には公権力に対する禁止規範（不作為義務規範）であり，もっぱら「公権力（及通信業務従事者）は国民各人の「プライバシーの観点からの『秘密』」を侵してはならない」という旨の規律を定めたものと捉えられてきたように思われる。その結果，従前の多くの学説は，当該規定の解釈について，もっぱら「プライバシーの観点からの『秘密』」を侵害する行為の内容や，その例外として「公共の福祉」に基づき許され得る措置の内容を明らかにすることに重点を置き，「通信」そのものの主要な制度的利用環境の包括的な保護のあり方については，さほど関心を向けてこなかったと言える[93]。

　しかし，前述の通信の秘密不可侵の法規範が内包する保護法益にかんがみれば，このような従前の理解は必ずしも正鵠を射たものとは言えないと考えられる。この点を敷衍すると，まず，従前の一部の学説において既に指摘されてきた点として，以下の二点を確認しておきたい。第一に，憲法 21 条 2 項後段の規定は，その趣旨からも条文の位置からも，国民各人の享有する主

観的権利を規定する側面を有するものとして捉えることが合理的であろう[94]。すなわち，公権力及び通信業務従事者が通信の秘密不可侵という義務を負う前提として，「公権力等は国民各人の（プライバシーに関わる）通信の秘密を侵してはならない」という禁止規範が認められることは前述のとおりであるが，この禁止規範は，同時に，国民各人においては公権力等から「通信の秘密を侵されない権利」を基本権として享有するということを意味するものと考えられる[95]。なぜなら，「通信の秘密を侵されない」という法益は，個別の通信の利用者について個別化・主観化し得るものであり，国民各人がそれぞれ安全に安心して「通信」を利用することを可能とするために確保されることが不可欠となるものでもあるからである。

　第二に，かかる「通信の秘密を侵されない権利」が保障されるためには，冒頭において言及したとおり，その論理的前提として，（インターネット経由の通信を含めた）あらゆる通信における「通信の自由」が保障されることが憲法上予定されていると考えられる。仮に通信の自由が基本権として保障されず，「通信」を特段の支障なく自由に行えないような制度的環境におかれれば，国民各人において「秘密」が発現する余地が乏しくなり得ることから，それを憲法上保護する実益も疑わしくなるからである。

　もっとも，仮に通信の自由を「通信手段を用いた表現の自由」（主観的権利）と完全に同視する場合には[96]，それは憲法21条1項で明示的に保障されていることから，あえて当該自由を憲法21条2項後段の規定から導かれるものと位置づける意味は乏しくなろう[97]。しかしながら，通信の自由の保護法益は，その純然たる主観的権利の側面に限ってみても，「通信手段を用いた表現の自由」にとどまるものではないということは，既述の「通信」と「表現」との概念上の相違からも明らかであろう。とりわけ，情報の受領者が確実に情報を受領するか否かを問わない「表現」とは異なり，「通信」は発信者と着信者の双方がネットワークを介してやり取りする情報の内容を共有し得る状態におかれて初めて完結する行為であるから，通信の自由の保障のためには，かかる状態を実現する制度的環境自体が確保される必要があると考えられる。その一環として，「情報受信の自由」についても通信の自由の主観的側面として保障されることとなるように思われる。もっとも，表現

の自由の保障においても情報受領権がその保護領域に含まれると一般に解されているが[98]，既に示唆したとおり，これは「情報を受領したいと思う者がその受領を公権力により不当に妨害されない」という消極的な意味においての権利であって[99]，表現者の意図するとおりに確実に情報が送り届けられる状態を積極的に保護するものではないと考えられる。

4.3 客観的法規範としての保障内容

一方，通信の自由には，主観的権利を超えた客観的法規範としての側面が認められるものと考えられる。それは，①自然状態でも可能な表現行為とは異なり，憲法上の「通信」は，一定の通信制度の下で所要の通信設備を用いた通信役務を利用することにより初めて行われ得るものであると解されること，②前記①の帰結として，「通信」の完結のためには通信当事者間でやり取りされる情報の伝送・交換等の仲立ちに携わる者の存在が基本的に不可欠となること，③「通信」は一定のネットワークを介して行われ，各ネットワーク同士の接続によって実効的な通信の範囲が拡大し，情報流通の効用ないし価値そのものが高まる効果（場合によっては国民的規模にまで情報が波及し得る効果）が発現すること，をその理由とする。この点を敷衍すると，以下の各点を指摘することができる。

第一に，通信の自由の保障は一定の通信制度の設営を前提とし，それに依存しつつ行われることが不可避である[100]。換言すれば，通信の自由の保障の要請は，国民各人の「通信」の利用との関係において，公権力に対して憲法適合的な通信制度の設営を要求する[101]。このことは，憲法21条2項後段の規定には「公権力は憲法適合的な通信制度を適切に設営しなければならない」という（二次的な）客観的法規範が内在しているということを示唆する。通信制度の適切な設営とは，技術革新の著しい「通信」の領域において，刻々と変わりゆく時代の要請に基づき，必要に応じて適切に制度改正（追加的な内容形成）を行うということをも含意する[102]。

第二に，第一の点に関連して，近年の情報通信技術の著しい発展は，「通信」でやり取りされる情報が通信システムの不具合等により意図せずに「部外者」たる第三者に漏えいする可能性を現実のものとしているため，伝統的

な学説が説いてきたような形で,「プライバシーの観点からの『秘密』」の侵害に対する公権力等の意思の抑制を通じて保護するのみでは不十分となっている。すなわち,単に公権力や通信管理主体の主観的意思に基づく「秘密」たる情報の漏えい等を禁止するにとどまらず,一定の通信設備(ネットワーク)が設置(構築)され,通信制度を介して当該設備及びそのシステム全体の物理的な安全性・信頼性が客観的に確保されていなければ,「秘密」は適切に保護され得ないと考えられる。よって,かかる安全性・信頼性等についても,立法を通じて内容形成される「通信制度」の中で適切に確保されることが,憲法21条2項後段の規定において予定されていると解される。

　第三に,国民各人が通信の自由を享有する前提として,前述の通信制度の下で,通信の仲立ちに関与する通信事業者その他の通信管理主体が,国民生活において最低限必要となる基本的な通信役務について,適切な提供を行うことが必要となる。実際,有力な学説も,通信の秘密不可侵の意義の一つとして,「通信業務提供者から公正な通信業務の提供を受けることができること」と説いている[103]。よって,通信管理主体による基本的な通信役務の適切な提供が確保されるために必要となる制度的措置を講じることが,公権力において求められるものと考えられる。ここでいう「適切な提供」には,前述の通信設備及びそのシステム総体に対する安全性・信頼性の確保が含まれる。すなわち,国民がその生活に必須となる通信役務を特段の支障なく利用できるような制度的環境が,公権力により恒常的に確保されることが,憲法上の要請となると考えられる。その帰結として,憲法上,基本的な通信役務を提供する通信管理主体においては,当該役務を(「プライバシーの観点からの『秘密』」の保護も含めて)適切に提供することが憲法上求められることとなる。

　第四に,通信の自由は情報の発着信が一体的に保障されることを予定すると解されるところ,それは特定の通信当事者間のみでの情報の発着信にとどまらず,その情報が必要に応じて(通信の利用者の権利・利益を侵害しない範囲内において)ネットワーク上を自由に行き交うことも予定するものと考えられる。すなわち,「通信」において情報の送信,伝送,受信等の各行為がネットワーク上で連関的に繰り返されていくことにより,そのネットワー

ク上における「情報の自由な流通」[104]という客観的な状態が適切に実現することは, 通信当事者の利益及びその情報が「転送」等され得る第三者を含めた利用者全体の利益に結びつくであろう。それゆえ, 通信の自由はこのような各利用者の利益を総合的に保障するものであると捉えることが可能であるように思われる。このことは, ネットワーク上の「情報の自由な流通」が各利用者の表現の自由や国民の「知る権利」の保障に大きく奉仕するようになっている今日においては, 特に強く妥当するであろう。したがって, 通信の自由の保障には, 通信制度の設営の一環として, 情報の自由な流通を最大限に実現する制度的環境を憲法適合的に構築することを公権力に義務づける客観法的要請が含意されていると捉えることが妥当であると考えられる。

　もっとも, インターネット経由の通信が広く普及している今日において, 「情報の自由な流通」に対する要請は, 無限定的な情報流通の自由の確保を求めるものではない。すなわち, 例えばそこでやり取りされる情報が, 一部のマルウェアのようにネットワーク等の通信設備に対して物理的に重大な障害を与えるものである場合には, その流通が国民各人の通信の自由の行使を著しく阻害し得ることとなる。また, 当該情報が人の名誉を毀損する情報のように他人の基本権に関する法益を害するものである場合には, 少なくともそれが不特定多数の者に受信されることを目的とするネットワーク上を広範に流通する限り, 当該流通を容認・放置することそれ自体が「個人の尊重の原理」に著しく背馳する状態をもたらし得ることとなる。したがって, 「情報の自由な流通」の適切な確保のためには, 公権力において, そのような憲法非適合的な情報の流通が「通信」においていたずらに生じないようにするための「歯止め」として, 一定のネットワーク上の法秩序(以下,「ネットワーク秩序」という)を憲法適合的に設営することが不可欠となると思われる[105]。このネットワーク秩序についても, 立法を通じて前述の「通信制度」の一部を構成することとなろう。すなわち, ネットワーク秩序の確保についても, 公権力に対する憲法上の要請の一つであり, その設営の具体的なあり方については, 憲法規範に抵触しない範囲内で, 一次的には立法裁量に委ねられているものと解される[106]。

5. 「通信」の利用者間の平等

5.1 序　説

　本節においては，第3節での考察を通じて明らかとなった憲法14条1項の要請を前節での考察から導かれた憲法21条2項後段の趣旨に当てはめつつ，「通信」の利用者間の「平等」の基本的なあり方について考察を加える。かかる「平等」が適切に実現するためには，公権力の行為（作為又は不作為）によるのみでは限界があり，実際に個々の「通信」を取り扱う通信管理主体との「協働」が不可欠となる。すなわち，原則としてもっぱら公権力の区別行為の平等性が問題となる他の基本権の保障に関する「平等」とは異なり，国民各人の「通信」の利用の局面においては，公権力の行為（特に立法措置）に加えて，個々の通信役務を提供する通信管理主体の行為の平等性が正面から問題となり得る。ところが，冒頭に述べたとおり，かかる平等性は本質的に当該主体の財産権や営業の自由といった経済的自由権との緊張関係に立つことから，憲法規範の次元において，通信管理主体の行為に関して確保されるべき平等性の内実が明確化される必要があると考えられる。

　「通信」の領域において，かかる平等性の内実を特定することの難しさは，特に「一般利用者に対してネットワーク上で各種の役務を提供する事業者が，加入者回線（一般利用者への末端部分の伝送路設備）を含む電気通信回線設備その他の電気通信設備を支配・管理する電気通信事業者（以下，「回線管理事業者」という）により提供される電気通信役務の利用者となる場合」に認められると考えられる。このような場合については，電気通信の領域においてしばしば発生するが，かかる「電気通信役務の利用者」は同時に「役務提供者」としての役割も果たしているため，他の関連する役務提供者との（「営業」をめぐる）競争にさらされる中で，利用者として享受される「平等」がやや相対的になる可能性を秘めているからである。また，かかる「役務提供者」たる利用者に対する「差別」が通信管理主体としての回線管理事業者により行われる場合，その影響は多くの（当該役務提供者の）一般利用者にもただちに波及し得ることとなる。

　したがって，「通信」の利用者間の平等性の具体的なあり方を追究するう

えでは，回線管理事業者の行為のあり方が特に難問となると考えられることから，これを中心に考察することが有意であると思われる。これを踏まえ，以下においては，各利用者における「通信」の利用に際して，回線管理事業者に対して憲法上求められ得る「平等」の内実を中心としつつ，利用者の属性に応じて，当該利用の対象となる通信役務の性質も踏まえた具体的な考察を行うこととする。

5.2 「通信」の利用に際して「平等」の確保が求められる局面
5.2.1 「平等」の確保が求められる「通信」ないし通信役務の射程

憲法 21 条 2 項後段にいう「通信」は，一定の通信役務が提供されることを前提として成立し得ることとなるが，どこまでの範囲における通信役務が「平等」に提供されなければならないのであろうか。この点については，通信の自由の保障に関して，「基本的な通信役務」の適切な提供に関する制度的確保に対する要請のみに着目すれば，かかる最低限の通信役務の提供の局面に限定して，その平等性が保障されれば足りるようにもみえる。しかし，「基本的な通信役務」の具体的な内容は，時代の推移等に伴う国民生活の変化に応じて短期間で変わり得るものであるうえに，「通信の秘密を侵されない権利」や「通信手段を用いた情報の送受信の自由」の保障については，「基本的な通信役務」以外の通信役務を含むあらゆる「通信」の利用に際して求められるものと解される。

したがって，「通信」における「平等」の保障の射程について，もっぱら「基本的な通信役務」の提供の局面に限られるものと解することは妥当ではないと考えられる。すなわち，冒頭で述べたとおり，あらゆる「通信」（通信役務）の利用において，その平等性が確保されることが，憲法上の要請となると解される。

もっとも，相対的平等を基調とすると解される憲法 14 条 1 項の「平等」の射程は，相当の「幅」を有すると解されることから，すべての通信役務がまったく同水準の平等性を確保することが予定されていると解することは困難である。すなわち，通信役務にもさまざまな種類・内容のものがあるところ，国民生活に密着した「通信」が個人の尊厳を支えるとともに，その生存

権の保障において不可欠のツールとなっていると考えられる中で,「基本的な通信役務」として認められる通信役務の取扱いに関しては,当該役務が国民各人にあまねく公平に提供されることを確保する観点から,特に厳格な「平等」が求められるものと解すべきであると思われる[107]。これに対し,「基本的な通信役務」以外の通信役務については,国民生活に不可欠なものとまでは言えないことから,比較的緩やかな「平等」が確保されれば足りるものと捉える余地があり,その分,それを取り扱う通信管理主体の営業の自由等の行使可能範囲が相対的に拡大し得ることとなろう。電気通信事業法7条の規定が,電気通信役務の提供全般に関する不当な差別的取扱いを禁止した同法6条の規定に重畳して,基礎的電気通信役務の「公平」な提供の努力義務を特別に課しているのも,こうした「基本的な通信役務」とそれ以外の通信役務とを一応区別する考え方の延長線上に位置づけられると考えられる。ただし,「基本的な通信役務」とそれ以外の通信役務との間に,求められる取扱いの平等性の厳格さに関して具体的にどれほどの径庭があるのかということについては,一義的かつ明確に示すことが困難であり,判例のいう「一般社会観念」に基づく事案の性質に応じた個別の判断によらざるを得ない部分が大きいように思われる。

　他方,電気通信事業法の一般的な解釈としては,同法6条は「特定の利用者を正当な理由なく差別して有利に又は不利に取り扱ってはならない」[108]という趣旨であるのに対し,同法7条の「公平」は「誰もが同等の条件で利用することができる公平性」[109]を意味するものと解されている。しかし,通信役務が多様化・複雑化している今日において,「基本的な通信役務」といえども国民各人に「同等の条件」での提供を厳格に求めることは困難であり,憲法14条1項もそのような絶対的な平等の確保を要請するものではない。このことにかんがみると,電気通信事業法7条の「公平」は,同法6条の不当な差別的取扱いの一般的な禁止の趣旨を基礎的電気通信役務の提供に関して特に厳格に及ぼすものと解することが合理的であろう[110]。このように,「基本的な通信役務」とそれ以外の通信役務との「公平」の確保に関する懸隔については,問題となる差別的取扱いの合理性を判断するための基準の厳格性の相違に実質的にほぼ収斂されるものと考えられる。

5.2.2 通信役務の利用者とその主要類型

「通信」の利用における「平等」の客体は通信役務の各利用者であるが、この「利用者」については一律に捉え得る集団ではなく、以下の各類型に大別して把握することが合理的であると考えられる。第一に、通信役務の最終的な利用者（エンドユーザ）としての一般利用者であり、これには自然人、法人を問わずあらゆる人が該当し得る。一般利用者間の「平等」については、各人の主観的権利としての「通信の秘密を侵されない権利」やその保護の前提となる通信の自由が公権力や通信管理主体による「差別」又は不当な差別的取扱いなく「同一条件の者の間で均等に」保障されれば基本的に確保され得る。それゆえ、これがただちに憲法問題となることは比較的少ないであろう。

第二に、回線管理事業者等により提供される通信役務を利用しつつ一般利用者に対してネットワーク上で各種の役務（通信役務を含む）を提供する事業者である。これは、回線管理事業者等と一般利用者との間の「中間利用者」としての立場に立つ者であるとも言える。電気通信の領域を念頭におく限り、かかる事業者については、それが一般利用者に対して提供する役務の内容・性質に応じて、以下の異なる類型に細分化することができよう。

まず、卸電気通信役務[111]を提供する回線管理事業者（以下、「卸電気通信役務提供事業者」という）から当該役務の提供を受けつつ、それを一般利用者に再販する「卸電気通信役務利用事業者」である[112]。卸電気通信役務利用事業者は、卸電気通信役務提供事業者（回線管理事業者）からの提供を受けるのもそれを一般利用者に提供するのも基本的に同様の通信役務であるということが特徴的である[113]。

次に、回線管理事業者の提供する伝送系機能（データ伝送役務等）に依存しつつ、自らは（一定のサーバー等を通じて）利用者の管理等の制御系機能[114]を掌握しながら、一般利用者に多様なコンテンツ、アプリケーション等を供給するプラットフォーム事業者である[115]。プラットフォーム事業者は、そのコンテンツ等の供給に当たり、「コンテンツ配信役務提供者」の役務も必要に応じて利用する。コンテンツ配信役務提供者とは、回線管理事業者との契約を通じて当該事業者の施設内にコンテンツ等を複製・一時保存し

たキャッシュサーバーを多数設置し，それらのサーバー間を結ぶ「裏方」のネットワークを構築することによりコンテンツ等を効率的に配信する役務を提供する者のことである。

さらに，インターネット経由の通信の領域においては，「入力されたドメイン名の一部又は全部に対応してアイ・ピー・アドレスを出力する機能を有する電気通信設備を電気通信事業者の通信の用に供する電気通信役務のうち，確実かつ安定的な提供を確保する必要があるもの」（電気通信事業法 164 条 2 項参照）として法令の規律対象となっているもの（電気通信事業法施行規則〔昭和 60 年郵政省令 25 号〕59 条の 2 第 1 項参照[116]。以下，法令上の定義に倣い，「ドメイン名電気通信役務」という）[117] を提供する電気通信事業者（以下，「ドメイン名電気通信役務提供事業者」という）[118] からドメイン名電気通信役務の提供を受ける者のうち，ネットワーク上での事業を営む「ドメイン名電気通信役務利用事業者」についても，ほぼ同様の枠組みで捉えることが可能である。ドメイン名電気通信役務の利用者については，ドメイン名の登録者が想定されている[119]。それゆえ，かかる登録者のうちインターネット経由で一般利用者に役務を提供する事業者（プラットフォーム事業者もこれに含まれ得る）が，ドメイン名電気通信役務利用事業者に該当することとなる。ドメイン名電気通信役務利用事業者間の「平等」の確保に関しては，ドメイン名電気通信役務提供事業者がその主たる役割を担うこととなるが，当該事業者は必ずしも回線管理事業者ではないということに留意が必要である。なお，法律上も，公共性の高い一定のドメイン名電気通信役務[120] を提供する電気通信事業者に対しては，正当な理由なく当該役務の提供を拒否することが禁止されている（電気通信事業法 39 条の 3 第 1 項参照）。

第三に，「通信役務の提供を受ける」という観点からは厳密には「利用者」に該当しないものの，実質的にこれとほぼ同列に位置づける余地があると考えられる事業者である。例えば，他人間（一般利用者間）の通信の媒介等を完成させることを目的として，（他人たる）回線管理事業者のネットワークその他の電気通信設備と自らのネットワークその他の電気通信設備とを相互に接続[121]（しようと）する電気通信事業者（以下，「接続電気通信事業者」という）はその典型である。接続電気通信事業者は，回線管理事業者から直接

「通信役務の提供」を受けているわけではないため，厳密な意味での「利用者」には該当しない。しかし，接続電気通信事業者の営業（事業運営）の形態は，一般利用者に対する伝送系機能の提供という側面に限ってみれば，卸電気通信役務利用事業者の営業の形態に類似している。すなわち，接続電気通信事業者も，回線管理事業者の電気通信設備を「活用」しながら一般利用者に自らの電気通信役務を提供しているのであって，これを一般利用者の役務利用の視点からみれば，回線管理事業者の電気通信役務を利用する卸電気通信役務利用事業者から電気通信役務の提供を受ける場合と著しい径庭が生じるものではないと思われる。なぜなら，提供される電気通信役務がその電気通信事業者に固有のものか，それとも他者の役務を再販したものかということに関する相違は，一般利用者にとっては通常さほど問題とならないからである。

　また，（他人たる）回線管理事業者の電気通信設備を「共用」（共同使用）[122]することにより電気通信役務を提供する電気通信事業者（以下，「共用電気通信事業者」という）についても，接続電気通信事業者とほぼ同様に捉えることができよう。例えば，前述のコンテンツ配信役務提供者については，回線管理事業者から通信役務の提供を受けているわけではないものの，自前のキャッシュサーバーを当該回線管理事業者の施設内に設置する限りにおいては，一定の電気通信設備を「共用」しながら一般利用者に自らの電気通信役務を提供していると言える。したがって，コンテンツ配信役務提供者についても，自らはプラットフォーム事業者等に通信役務を提供する主体でありながらも，一面では実質的に「利用者」とほぼ同列に位置づけられ得る者であると言えよう。なお，法律上，接続電気通信事業者と卸電気通信役務利用事業者及び共用電気通信事業者とは明確に区別されており，「接続」に関する規律は「卸」や「共用」に関する規律よりも厳格である（電気通信事業法32条乃至39条の2参照）。

　以上のように，通信役務の利用者の内実は多彩であり，それに応じて当該役務を提供する事業者の憲法上の「平等」の確保に関する義務・責務も複雑化し得る。かかる複雑化が特に顕著となるのが，前述のとおり，「ネットワーク上で各種の役務を提供する事業者」が通信役務の利用者又は当該利用

者に相当する者となる場合の「平等」, すなわち第二及び第三の類型に属する各事業者（以下,「通信役務等利用事業者」という）の間における平等性である。なぜなら, 各通信役務等利用事業者間においては, それぞれの営業の自由に根ざす市場における「競争」が存在し, それが各事業者間の格差を必然的に増幅させ得る中で, これに「平等」の要請が交錯することとなるからである。そこで, 以下においては通信役務等利用事業者間の「平等」の内実を中心に考察を加えることとするが, 当該事業者のうちプラットフォーム事業者間の「平等」の内実に関しては, 既述のとおり紙幅の都合等も踏まえ, 本稿では措く。また, 通信役務等利用事業者間の「平等」を確保する義務を負う通信管理主体には, 回線管理事業者のほか, ドメイン名電気通信役務を提供する（回線管理事業者以外の）電気通信事業者も含まれるが, 問題の無用の煩瑣化を避けるために, 以下においては回線管理事業者の担う「平等」に焦点を当てる。ただし, 通信役務等利用事業者間の「平等」に関する考察に先立ち, まずは前述の第一の類型に属する一般利用者間における「平等」のあり方について, 簡潔に検討することとしたい。

5.3 一般利用者間の平等

憲法上要請されている一般利用者間で確保されるべき「平等」の内実とは, どのようなものであろうか。この点については, まず, 一般利用者を中心とする各利用者間において, その「人種, 信条, 性別, 社会的身分又は門地」その他の事由により, 正当な理由なく「差別」又は差別的取扱いを受けないことをその内容とするということが基本となろう。前述のとおり, 憲法14条1項の限定列挙事由については, 特に慎重な考慮要素となるものであって, その他の事由による「差別」又は不当な差別の取扱いを広く許容するものではないと解されることから, ある差別的取扱いの正当性は, 究極的には当該取扱いに関する合理的な理由の有無によるところとなると考えられる。前述の電気通信事業法6条や郵便法5条の規定に加え, 行政処分発動要件等として特定の者に対する不当な差別的取扱い等を禁止する電気通信事業法19条2項4号・20条3項4号・21条3項2号・29条1項2号・同項10号・30条3項2号・同条4項2号・33条4項4号・34条3項4号, 郵便法

67条2項7号・同条4項4号・同条6項・68条2項2号，民間事業者による信書の送達に関する法律（平成14年法律99号）16条2項4号・17条2項2号・33条2項2号の各規定は，このような趣旨を立法の次元において確認したものであると解される。

　もっとも，具体的に回線管理事業者のどのような行為が「差別」又は不当な差別的取扱いに該当するのかということについては，個別の判断が必要となる場合が少なくないが，一般利用者への役務提供に関して典型的な問題となり得るのは，特定の者に対する価格差別であろう。すなわち，「契約回線数その他の利用条件が同一であるにもかかわらず，取引先や子会社等であることを理由として，特定の利用者に対し他の利用者と比較して著しく低い料金を設定すること」[123]が，不当な差別的取扱いと判断される代表的な事例として挙げられる。

　電気通信の領域においては，一般に，多数の加入者を擁しつつ一定の市場支配力を有する回線管理事業者が，「営業」の手法の一環として，あらゆる一般利用者に平等に通信役務を提供せずに，特定の者のみを差別的に取り扱う（役務を提供しない，法外な料金で役務を提供する等の行為を行う）ことに対する誘因を有する。このとき，不当な差別的取扱いを受けた者においては，単に当該役務の利用に困難を来す（あるいは「損」をする）のみならず，多数の加入者から構成される大規模なネットワークの利用環境の不享受というより深刻な不利益を受け得る。既に示唆したとおり，このネットワークが新たな社会領域ともいえるサイバー空間を構成している場合（すなわち，インターネット経由の通信の利用の場合）には，その者は日常生活に密着した当該空間における各種活動から社会的に排除され，実質的に「個人の尊厳」を簒奪されることとなるおそれすらある。それゆえ，前述の電気通信事業法6条等の規定は，憲法14条1項及び21条2項後段の規定の要請を充足することはもとより，憲法13条の規定の保護法益の確保にも資する「通信」の制度的利用環境を形成するうえで，基幹的な立法措置の一つとなるものと考えられる。このとき，「差別」又は不当な差別的取扱いを受ける一般利用者の権利・利益に対する侵害の程度は，提供対象となる通信役務の国民生活に占める不可欠性が高ければ高いほど大きくなろう。よって，かかる差

別的取扱いの合理性を判断するための審査基準に関しては，当該不可欠性が高いほど厳格なものとなると捉えることが合理的であるように思われる（5.2.1参照）。

5.4 通信役務等利用事業者間の平等
5.4.1 憲法上の客観法的要請の交錯関係

次いで，難問となる通信役務等利用事業者の間の「平等」の内実について考察を加える。既述のとおり，各通信役務等利用事業者は，基本権としての営業の自由の享有主体として，その「営業活動の自由」という主観的権利を行使しながら市場競争に参画する。国民生活にとっても重要となる「営業活動」に関する自由（市場における自由競争）が公正に保障されるためには，その活動分野にもよるが，公権力が市場の状況等を踏まえて適切な競争政策（制度的措置）を講じることが不可欠となると認められる場合があろう。それゆえ，基本権としての営業の自由には，その客観法的要請の一つとして，個々の「営業」の内容に応じて必要と認められる場合における一定の適切な競争政策に関する措置の実施という公権力に対する作為義務（客観的法規範）が内在していると解される[124]。この競争政策上の措置についても，通信制度の場合と同様に，一次的には立法を通じて内容形成されることとなるが，これは事業者間の公正性が確保されることを前提とするものの[125]，個々の営業活動に関する結果的な平等性の確保を追求するものではなく，その内容次第では事業者間の構造的な格差を拡大させ得るものである。

このことを踏まえて考えると，通信役務等利用事業者が一般利用者に向けてその営業活動を行おうとする局面においては，①各通信役務等利用事業者の営業活動の自由の保障，②各通信役務等利用事業者間の適切な競争政策の実施，③回線管理事業者との関係における各通信役務等利用事業者間の「平等」の確保，④通信役務等利用事業者から役務の提供を受ける各一般利用者の通信の自由及び「通信の秘密を侵されない権利」等の保障，⑤回線管理事業者のネットワークその他の通信設備に対する財産権及びそれらの設備の運営等に対する営業の自由（以下，両基本権を包括して「回線管理権」という）の保障[126]，という公権力に対する5種の異なる憲法上の規範的要請が交錯す

ると言える。これらのうち，前記②については，憲法が明文の規定上は競争政策について「沈黙」していることにかんがみると，必ずしも憲法上の要請とまでは言えないとする考え方もあろう。しかし，少なくとも通信役務の提供を含む一定の事業分野（「私的自治」に基づく市場に委ねるのみでは十分な競争が実効的に成立し得ないと認められる分野）に関しては，前述のとおり，適切な制度的競争環境を立法により整備することが，営業の自由の保障の観点からの憲法上の客観法的要請となると解することが可能である[127]ように思われる[128]。

これら①乃至⑤の要請については，一見するとすべてが真正に競合又は衝突し合うようにみえるが，通信役務等利用事業者を直接的に保護する規律は①乃至③である。それらのうち，①及び②の要請については通信役務等利用事業者が一般利用者に対して実際に営業活動（役務の提供）を行う局面（以下，「営業活動局面」という）における規律である一方，③の要請については通信役務等利用事業者が当該営業活動に先立つ準備的行為としての役務の利用を行う局面（以下，「役務利用局面」という）における規律であることから，両者は区別して捉える必要があろう。すなわち，通信役務等利用事業者は，一般利用者に対してその営業活動（役務の提供）を行うに当たり，いったん自ら「中間利用者」としての立場に身をおくことになるところ，一般利用者との関係において（公権力に準じた）通信管理主体となり得る役務提供者としての立場と，一般私人と同列の役務利用者としての立場とは，関係する基本権の保護領域が著しく異なり得る（前者の立場における営業の自由等の基本権の保護領域は，通信管理主体として負う憲法上の義務に伴い縮減され得る）と考えられる。

もっとも，役務利用局面であっても，それは営業活動局面の前段階となるものであるから，前記③の要請の実現については，①及び②の要請と抵触しないものであることが前提となると考えられる。また，通信役務等利用事業者がその役務利用局面において受ける「平等」や「差別」に関する取扱いはその一般利用者の役務利用のあり方にもただちに波及し得ることから，前記③の要請は実質的に④の要請との関係においても問題となり得る。一方，前記④の要請については，基本的には通信当事者としての一般利用者の法益を

保護するものであるから，通信役務等利用事業者の営業活動局面か役務利用局面かにかかわらず妥当することとなるが，営業活動局面において通信役務等利用事業者とその一般利用者とは「営業の主体とその相手方」という相反的な関係に立つことから，①及び②の要請との関係において特に法益の調整が必要となる可能性がある[129]。前記⑤の要請については，これが通信役務等利用事業者との関係において問題となるのはその役務利用局面であるから，③の要請と本質的に競合する。これに加え，前記⑤は④の要請とも調整が必要となり得るが，この点については本稿では措く[130]。

　もっとも，平等原則は「政治的，経済的又は社会的関係」というあらゆる関係において妥当するのであるから，回線管理事業者は，通信役務等利用事業者の役務利用局面はもとより，営業活動局面においてもこれに「拘束」されると考えられる。それゆえ，公権力においては，前記①及び②の要請の履行に際しても，通信役務等利用事業者間の「平等」を確保したうえでの「自由」の保障や競争政策の実施に留意しなければならないということになる。しかし，そこで確保されるべきであるのは絶対的平等ではなく相対的平等であるから，各事業者間の能力差等に応じた「競争」が発生し，それに伴い一定の格差が生じることは，当該競争が行われる市場に対して所要のルール（立法上の規律）が公正に（同一条件の下で均一的に）適用される制度的環境が確保されている限り，憲法14条1項に抵触するものではないと解される。その意味において，通信役務等利用事業者の営業活動局面における憲法上の客観法的要請としては，平等原則よりも営業の自由の保障の方が実質的により強い関連性を有するものと考えられる。その限りにおいて，平等原則から導かれる一部の規範的要請（例えば，前述の実質的平等の実現ないしそれに基づく積極的差別解消措置の実施）については，事実上大幅に「後退」することとなり得ると考えられる（ただし，前述の市場競争のルール〔例えば，すべての事業者において不公正な取引方法が禁止されるといったルールがこれに含まれる〕が各事業者に対して公正に適用されるという意味での形式的平等の要請が有効であることは言うまでもない）。

　以上のような解釈に照らすと，通信役務等利用事業者の役務利用局面においては，その営業活動の自由や各事業者間の公正な競争の確保といった要請

とは別個の観点からの平等原則の要請がより強い関連性を有し，それが本質的なものとなるということが示唆される。換言すれば，かかる役務利用局面においては，基本的に，通信役務等利用事業者（間）の営業活動の自由の保障や公正な競争の確保ではなく，各事業者間の「平等」を実現するための適切な取扱いが公権力及び通信管理主体としての回線管理事業者に求められ，その「平等」には相対的平等の実現，形式的平等が確保される範囲内での実質的平等の実現，差別的意図に基づいたり差別助長効果をもたらしたりする不合理な区別や「差別」の禁止といった具体的な要請が含まれるということになる。憲法14条1項を受けた立法措置としての電気通信事業法6条の規定の下でも，通信役務等利用事業者間の「利用の公平」が問題となるのはその営業活動局面ではなく役務利用局面であると考えられ，前述の具体的な要請の実現が「不当な差別的取扱いの禁止」という形で回線管理事業者等の電気通信事業者に義務づけられることとなる。それゆえ，当該規定の趣旨に関して，通信役務等利用事業者間の公正な競争の確保等の異なる観点からの法益を織り交ぜて解釈することは，必ずしも妥当ではないように思われる[131]。

　したがって，例えばある回線管理事業者が，特定の通信役務等利用事業者の役務利用局面においてそれを合理的な理由なく（他の同種の利用事業者よりも）優遇又は冷遇する場合には，憲法上の「通信」の利用における「平等」が適切に確保されていないということになり，違憲の状態となり得る（もとより，このような回線管理事業者の行為は，電気通信事業法6条にも違反することとなり得る）。とりわけ，かかる優遇・冷遇行為が差別的意図に基づいていると認められるような場合には，憲法上禁止される「差別」に該当する可能性がより高まるであろう。このとき，それを予防又は是正するための制度的措置を講ずるのは一次的には公権力（特に立法権）の役割となるが，前述のとおり通信役務等利用事業者等の役務利用局面においては，回線管理事業者自身も（憲法上の）平等原則に拘束されると解され，公権力により内容形成された法令の規定（電気通信事業法6条の規定はその典型である）を介して，その営業の自由の保護領域の縮減が具体化・顕在化することになると考えられる。

　それでは，このとき回線管理事業者は，すべての関係する通信役務等利用

事業者が同等の役務を受けられるようにするため，自らの営業の自由等の回線管理権を行使する余地はなく，もっぱら平等原則に拘束されなければならないのであろうか。確かに，通信役務等利用事業者の役務利用局面においては，当該利用事業者自身の営業の自由は直接問題とならないとしても，当該利用事業者に役務を提供する回線管理事業者の回線管理権については，なお問題となる余地が残されていると思われる。すなわち，回線管理事業者においては，当然に平等原則の要請に従ってその回線管理権をすべて「放棄」しなければならなくなるわけではなく，平等原則に関する客観法的要請を受けて，当該権利が制約される範囲が的確に見極められなければならないということになる。この点については，通信役務等利用事業者の区分ごとに具体的に考察する必要があると考えられることから，以下において当該区分に応じて若干の考察を加えることとする。

5.4.2 卸電気通信役務利用事業者間・共用電気通信事業者間の平等

卸電気通信役務利用事業者については，通常，回線管理事業者である卸電気通信役務提供事業者の通信役務を一体的に購入のうえ，それを個々の一般利用者に「再販」する。それゆえ，当該購入の局面において，特定の卸電気通信役務利用事業者に対する差別的意図をもった価格その他の購入条件の設定等に関する「差別」又は不当な差別的取扱いが卸電気通信役務提供事業者（回線管理事業者）により行われない限り，基本的には憲法上の「平等」が正面から問題となることは少ないであろう。また，一般利用者との関係については，何らかの事情で特定の卸電気通信役務利用事業者の通信役務を利用困難となる状況が生じたとしても，代替措置として同種の役務が他の電気通信事業者により適切に提供される限り，基本的には，一般利用者の通信の自由の保障が阻害されることにはならないと思われる。もっとも，卸電気通信役務利用事業者の主要な通信役務について，その一般利用者への提供時に用いられる通信設備の特性等により，他の電気通信事業者による代替的な提供が困難であると認められる場合には，「平等」の確保のあり方が正面から憲法問題となり得るということに留意が必要である（5.4.3参照）。

また，共用電気通信事業者についても，それが行う電気通信設備の共用

は，基本的にネットワークの接続やそれに基づく電気通信役務の提供を実現するための「準備的行為」であって，それ自体が一般利用者との関係において問題となることはまれである。よって，特定の共用電気通信事業者に対する差別的意図をもった共用条件の設定等の「差別」又は不当な差別的取扱いが行われ，それにより当該事業者の一般利用者において著しい負担増が生じるなどの事態が発生しないない限り，回線管理事業者の行為の「平等」が全面的に問題となることは少ないであろう。

したがって，回線管理事業者が卸電気通信役務利用事業者又は共用電気通信事業者に対して行い得る「差別」又は不当な差別的取扱いへの該当性についても，基本的には判例の考え方のように，「一般社会観念」に基づき個別に判断することで足りる場合が少なくないように思われる。その意味において，回線管理事業者は，卸電気通信役務利用事業者及び共用電気通信事業者の役務利用局面においては，「差別」ないし不当な差別的取扱いと認められる行為が禁止されることを別論とすれば，比較的広範な回線管理権を享有している（当該権利の保護領域は比較的広い）と捉えることが可能である。実際，法律の次元においても，卸電気通信役務の提供や電気通信設備の共用に関して回線管理事業者に課せられる規律については比較的少なく，不当な差別的取扱いの禁止に関する一般的な規律（電気通信事業法6条）のほかは，一定の電気通信設備に関する共用協定の届出制度（同法37条），当事者間の協議が整わない場合における行政による協議命令・裁定制度（同法38条・39条）等がその基本となっている（ただし，次項において後述するとおり，一定の卸電気通信役務の提供に対しては，より強度な規制が設けられている。電気通信事業法38条の2参照）。

5.4.3 接続電気通信事業者間の平等

接続電気通信事業者間の「平等」が問題となり得るのは，主に，他人たる回線管理事業者が設置するネットワーク等の電気通信設備への「接続」それ自体が行われようとする局面である。接続電気通信事業者は，一般利用者への電気通信役務の提供に当たって他人たる回線管理事業者に依存するという点においては，卸電気通信役務利用事業者及び共用電気通信事業者と類似の

立場に立つと言える。しかし，接続電気通信事業者は一般に，自ら設置したネットワークその他の電気通信設備を有しており，一般利用者に提供する通信役務も自前のものであることが多く，もっぱら「通信」が可能となる範囲を実効的に広げるために「利用者」的な立場に立つという点において，卸電気通信役務利用事業者等とはやや異なる。

　一般に，ネットワークは相互に接続されなければ「通信」において十分な効果を発揮し得ない。しかも，個々の通信においてネットワークの接続が必要となる場合，とりわけ回線交換網を用いた伝統的な音声・データ伝送役務の提供においては，接続先のネットワークは当該通信の宛先に応じてほぼ特定される（代替の接続先が存在しない）ことが多い（ただし，後述するとおり，インターネット接続役務[132]の提供のための接続に関してはやや事情が異なる）。このことは，卸電気通信役務利用事業者及び共用電気通信事業者においては，仮にある回線管理事業者との（契約上の）関係でその利用・共用が実現に至らなくとも，他の回線管理事業者の「利用者」（的立場）となったり，自前の役務・設備を用意したりすることによって，代替的な措置を講じる余地があるということとの重要な相違である。それゆえ，一般に，接続電気通信事業者の請求に基づく接続が十分に機能しないことは，国民各人の通信の自由を阻害する致命的な要因となり得ると言える。

　したがって，接続の請求に対しては，それが通信役務の提供等に重大な支障を及ぼすものでない限り，各電気通信事業者において原則としてこれを拒否しないこと（そのために必要となる公権力による制度的措置の実施）が憲法上予定されていると捉える余地があるように思われる。電気通信事業法32条に基づく接続請求応諾義務については，（電気通信事業者間の競争の促進の観点に加えて）かかる趣旨を立法上確認するという側面を有するものであると考えられる[133]。その限りにおいて，接続の請求に応じる電気通信事業者の接続に関する営業の自由等の保護領域については，憲法内在的に大きく縮減されていると言える。このような点にかんがみれば，「接続」の局面における接続電気通信事業者間の「平等」については，「卸」や「共用」の局面における「平等」に比べ，その厳格な確保の必要性が相対的に高いと考えられる。

もっとも，接続条件の詳細については，基本的には当事者間の契約に委ねられることから，対等なネットワーク同士の接続である限り，契約自由の原則に基づき各事業者同士が適宜協議して決めればよいものとなろう。それゆえ，同一の条件にある接続電気通信事業者の間では同一の扱いが行われるという意味での厳格な「平等」が求められるとしても，具体的な接続条件については個々の事業者の設備の状況等に応じて多様なものとなり得る。したがって，完全な「同一の扱い」が実際に要求される場合は多くなく，その限りにおいて，対等なネットワーク同士の接続に関する平等性が正面から問題となる場合は限定的であろう。

　しかしながら，関係する接続電気通信事業者及び接続点が限定的な回線交換網を用いた音声・データ伝送役務に関して，ボトルネック設備（不可欠設備）[134]とされる加入者回線その他の重要と認められる通信設備[135]（以下，「ボトルネック設備等」という）との接続が問題となる場合には，その「平等」の確保が特に厳格に求められ得ると考えられる。なぜなら，ボトルネック設備等を独占的に設置している回線管理事業者がこれを他の接続電気通信事業者に開放しなければ，一般利用者が当該回線管理事業者以外の接続電気通信事業者による通信役務を事実上利用できなくなる（すなわち，当該回線管理事業者の通信役務を利用する者とそれ以外の者との間に不均等が生じる）といった重大な弊害を発生させ得る（同時に，回線管理事業者以外の電気通信事業者の営業の自由等の行使可能範囲を実質的に著しく縮減させることとなり得る）からである。また，ボトルネック設備等の存在は，それを設置する回線管理事業者と他の接続電気通信事業者との「公正な競争」を阻害するおそれも生み出し得る。そこで，かかる回線管理事業者とそれ以外の接続電気通信事業者とのボトルネック設備等の設置・使用に関する非対称性にかんがみ，当該設備等の接続のあり方に関しては，それが回線交換網である場合を中心として，より強度に「平等」の確保された取扱いが求められると考えられる。かかる取扱いについては，本来はボトルネック設備等に限定して行われれば足りるはずであるが，これと一体となって設置される設備も少なくなく，これらの設備は通信役務の提供のうえで不可分なものであると捉えられることから，そのような設備の総体（以下，「ボトルネック設備等総体」とい

う）に関して求められ得る。すなわち，ボトルネック設備等総体との接続における「平等」の確保は，一般利用者間の利用の「平等」を確保する手段であると同時に，通信役務等利用事業者（接続電気通信事業者）間の「平等」を前提とする公正な競争条件を確保する手段でもあり，その意味において，いわば「二重の平等」の要請を具体化するものであると言える。

　法律の次元においては，一定のボトルネック設備等総体との接続に関して，単なる接続請求応諾義務にとどまらず，原則として行政庁の認可を受けた接続約款に基づく一律の接続条件により，接続を実施することが義務づけられている[136]。すなわち，電気通信事業法33条が定める固定系のボトルネック設備である第一種指定電気通信設備[137]との接続については，実質的に接続電気通信事業者との接続を義務づけるものと位置づけられよう。これは，一次的には電気通信事業者間の「公正な競争」の促進（電気通信事業法1条参照）の観点を主眼に据えて設けられたものであると解されるが，同時に固定系のボトルネック設備等総体との接続における「二重の平等」を厳格に確保するという意味合いをも含む立法措置であると位置づけることが可能であろう[138]。

　また，制度上，設備の技術的特性に応じて，固定系の設備と移動系の設備とでやや異なる取扱いが行われることも，当該特性に応じた区別が不合理なものであると認められない限り，合理的な立法裁量の範囲内にあるものとして，憲法上容認され得ると考えられる。前述の電気通信事業法33条の規定とは別に，同法34条には移動系の重要な設備である第二種指定電気通信設備[139]との接続についての「特則」（接続義務）が設けられており[140]，これら両条項において特定の事業者に対する不当な差別的取扱いが実質的に禁じられている（電気通信事業法33条4項4号・34条3項4号）。この規定についても，固定系の設備と移動系の設備との技術的な相違を踏まえたうえでのきめ細かな「二重の平等」の確保策としての性質を有するものと捉える余地があるように思われる[141]。

　なお，ボトルネック設備等総体が関わる場合には，「通信」の利用を適切に保護するうえで，接続のみならず，（一般的には憲法上の「平等」が正面から問題となりにくい）卸電気通信役務の提供についても，その利用者（卸

電気通信役務利用事業者）間の「平等」の確保が重要となり得る。ボトルネック設備等総体が関わる卸電気通信役務が適切に提供されない限り，卸電気通信役務利用事業者にとっての代替的な役務提供の余地が乏しくなり得るからである。立法上，第一種指定電気通信設備又は第二種指定電気通信設備を設置する電気通信事業者が当該設備を用いて行う卸電気通信役務の提供に関して，行政庁に対する一定の事項の届出が必要とされていること（電気通信事業法38条の2参照）は，このような思想を踏まえたものであると捉え得るように思われる。

　他方，近年急速に普及したインターネットプロトコル（IP）網を通じたインターネット接続役務に関しては，その提供のために必要となる接続対象のネットワーク及びその接続点も概して多く，関係する役務提供者も多数に及ぶことが少なくないことから[142]，卸電気通信役務利用事業者等の場合との比較における接続電気通信事業者間の「平等」の確保の重要性，接続先としてのボトルネック設備等の不可欠性については，ともに相対的に事実上低下することとなろう。すなわち，インターネット接続役務の提供においては，卸電気通信役務利用事業者間等の「平等」についても，接続電気通信事業者間の「平等」とほぼ同程度に重要となり得るであろう。同時に，「接続」に関しては，接続点がボトルネック設備等に関わるか否かにかかわらず，各接続電気通信事業者間の「平等」が確保されなければ，その一般利用者間の「平等」も適切に確保されなくなり得ると考えられる[143]。

　翻って言えば，インターネット接続役務の利用者間の相対的平等が実効的に確保されるためには，ネットワークの接続の局面を中心とする通信役務等利用事業者間の「平等」のみならず，当該ネットワーク上で流通する個々のトラフィック（パケット単位）の取扱いについても，「平等」が適切に確保されることが極めて重要となろう[144]。したがって，インターネット接続役務を提供する回線管理事業者においては，通信管理主体として，ネットワーク上の終端点間（エンドツーエンド）のすべてにわたり，接続電気通信事業者間等の「平等」に加え，個々のトラフィックの取扱いの「平等」を総合的に確保することが求められ得るように思われる[145]。

6. 結　論

　以上の考察を総合すると，本稿の結論について，以下のとおり要約することができる。すなわち，憲法 21 条 2 項後段の規定は，今日の高度情報通信ネットワーク社会において国民各人の「個人の尊厳」を支える「通信」の主要な制度的利用環境の保護をその基幹的な法益とするものであると解され，「プライバシーの観点からの『秘密』」の保護についてもその表徴的な要素の一環として位置づけられる。かかる保護が実効的に行われるためには，公権力と通信役務を提供する通信管理主体との「協働」が不可欠であり，当該主体は通信の秘密不可侵の法規範に拘束されるものと解される。

　一方，相対的平等の確保を求めていると解される憲法 14 条 1 項の要請は，「政治的，経済的又は社会的関係」の広範に及ぶ以上，憲法 21 条 2 項後段にいう「通信」を国民各人が利用する局面においても妥当する。このとき，当該局面における通信役務の提供に関して，「秘密」たる情報の保護に関する取扱いにおける「平等」とその他の取扱いにおける「平等」とを厳密に区別することは本質的に困難であり，両者は一体的に確保される必要があると考えられる。両取扱いのうち，少なくとも「秘密」たる情報の保護に関しては，通信管理主体が憲法 21 条 2 項後段の規定に拘束される（もっとも，当該規定が「通信」の主要な制度的利用環境の保護をその主旨とする限り，通信管理主体はネットワークのセキュリティの確保等の他の客観法的要請にも服することとなる）と解される。したがって，国民各人の「通信」の利用の局面における憲法上の「平等」の確保に際しては，公権力のみならず，「秘密」の保護の義務を負いつつ通信役務を提供する通信管理主体においても，その役務提供行為の全般にわたり，各利用者を原則として「平等」に取り扱う義務を負うものと解することが合理的であると思われる。換言すれば，憲法 14 条 1 項及び 21 条 2 項後段の規定の要請として，通信管理主体は，その利用者各人に対する通信役務の提供の局面において，「秘密」たる情報の取扱いはもとより，その他の付随する取扱いに関しても，利用者間の相対的平等を確保する義務を負うものと考えられる。

　通信管理主体における「平等」の確保に関して特に問題となる可能性が高

いのは，ネットワーク上で一定の役務を提供する事業者が同時に通信役務の利用者（通信役務等利用事業者）となる場合であると考えられる。かかる場合においては，通信管理主体自身が各通信役務等利用事業者の取扱いに関して営業の自由等の経済的自由権を行使する余地がある一方，各通信役務等利用事業者間もそれぞれの営業活動に基づく市場における自由な「競争」にさらされており，それが各事業者間の格差を増幅させ得るところ，ここに「平等」の規範的要請が交錯することとなるからである。

　このような通信役務等利用事業者間の「平等」の確保のあり方については，当該事業者の「営業」の態様等を踏まえた個別的な検討が必要となり得るが，当該事業者に対して通信役務（伝送系機能）を提供する個々の回線管理事業者たる通信管理主体の行為に関して，その平等原則への適合性を的確に判断することは容易ではない。とりわけ，回線管理事業者が自らの経済的自由権としての回線管理権を行使しようとする場合，規範的に正当性を欠く差別的取扱いを伴う行為をも「合理的」なものとして行おうとする可能性がある。ここに，通信役務の利用関係をめぐる平等原則の確保という要請と回線管理事業者の回線管理権の保障という要請とが緊張関係におかれることとなるが，これは通信役務等利用事業者からの役務提供を受ける一般利用者の「通信の自由」等ともからんだ複雑な基本権相互の交錯関係ないし基本権規定に基づく客観法的要請間の調整問題を招来し得る。

　一般論としては，回線管理事業者における「平等」な取扱いが求められる対象となる通信役務等利用事業者のうち，伝統的な回線交換網を通じた電気通信役務を提供する接続電気通信事業者に関しては，卸電気通信役務利用事業者や共用電気通信事業者の場合に比べ，より厳格な「平等」が求められると言えよう。なぜなら，仮に各接続電気通信事業者との適正な接続が実現されなければ，関係する一般利用者における「通信」の範囲が著しく狭められ得ることとなり，その基本権としての通信の自由が阻害され得ると考えられるからである。特に，回線交換網を通じた電気通信役務の提供において，接続対象となる回線管理事業者のネットワークがボトルネック設備等である場合には，それがあらゆる接続電気通信事業者に対して公平に開放されない限り，一般利用者の通信の自由が特に著しく妨げられるという弊害が顕在化し

得ることから，その接続における強固な「平等」が求められるように思われる。その意味において，少なくとも（回線交換網を通じた電気通信役務の提供のための）ボトルネック設備等との接続における「平等」の確保については，接続電気通信事業者間の「平等」とそれに基づく公正な競争環境とともに，一般利用者間の「平等」をも確保するための重要な必要条件となっていると言える。したがって，かかる「平等」の確保については，「通信」に関する基本権を保障するための憲法上の基幹的な要請の一つとして位置づけられよう。ただし，回線交換網を用いない（IP網を通じた）インターネット接続役務の提供においては，回線管理事業者が接続電気通信事業者間等の「平等」のみならず，個々のトラフィックの取扱いそれ自体の「平等」を総合的に確保することが求められ得ると考えられる。

[注]

1) 安西・人権保障体系 87 頁。併せて，「包括的平等権」の観念を示すものとして，初宿・基本権 162 頁参照。
2) See Westen (1982), at 548-556. 奥平・差別 264-265 頁。併せて，野中・平等原則 392-393 頁参照。平等原則を「空虚」と捉える見解に対する批判として，棟居・新構成 148-149 頁，戸松・平等原則 306-307 頁参照。
3) 「差別」と「差別的取扱い」との語義上の相違はやや相対的であるが，厳密には両者は同義ではないと思われる。憲法 14 条 1 項が公権力に対して明示的に禁止するのは「差別」であり，「差別的取扱い」は法律上の用語であるが（例えば，電気通信事業法〔昭和 59 年法律 86 号〕6 条参照），「差別」は単なる「不合理な区別」ではなく，蔑視の念等の一定の主観的意思を伴い，憲法 14 条 1 項に背馳する行為として観念されるのに対し，「差別的取扱い」は必ずしもその限りではなく，客観的にみて特定の者に対してのみ（不）利益となると認められる取扱いを広く内包するものと考えられる。したがって，「差別的取扱い」には，「差別」に至らない「不合理な区別」（典型的には，否定的評価を伴わず，結果的に特定の者に対してのみ不利益となる区別行為）も含まれるものと解される。憲法 14 条 1 項は「差別」を禁止するだけでなく，同時に「法の下の平等」という状態の確保を定めているのであるから，決して「厳密には『差別』に至らない『差別的取扱い』」を広く許容するものではない（それゆえ，合理的な理由を伴わない「差別的取扱い」についても，実質的には「差別」とほぼ同様の扱いとなる）と解される。換言すれば，公権力による「差別」と認められる行為は憲法上禁止される一方，「差別的取扱い」については，たとえ厳密には「差別」に該当するものではなくとも，それに匹敵し得るような不当なものである場合（区別に関する合理的な理由を伴わ

ない場合）には速やかに是正することが求められ，合理的な理由が認められる「正当な差別的取扱い」ないし「合理的な区別」に関してのみその限りではないものと考えられる。
 4) 芦部・憲法学Ⅲ 541 頁・546 頁，佐藤・憲法論 321 頁，阪本・理論Ⅲ 139-141 頁，伊藤・憲法 327 頁，初宿・基本権 367 頁，赤坂・人権 80 頁，曽我部・秘密 19-20 頁，海野・法理 42-44 頁参照。
 5) なお，多数説は，私人たる通信業務従事者も憲法 21 条 2 項後段の定める行為規範（義務規範）の名宛人となると解している（芦部・憲法学Ⅲ 545 頁。佐藤・憲法論 321-322 頁。野中ほか・憲法Ⅰ 398 頁。伊藤・憲法 327 頁。渋谷・憲法 414 頁）。これに対し，当該条項の効力は私人たる通信業務従事者には及ばず，彼らは法律上の通信の秘密に関する規律に拘束されるにとどまるものと解する主な学説として，松井・憲法 516 頁，曽我部・秘密 20 頁参照。
 6) 海野・法理 176 頁参照。
 7) 通信管理主体の具体的な射程について，海野・法理 154-174 頁参照。
 8) それゆえ，私人たる通信管理主体が憲法上の「秘密」の保護や「通信」の提供における平等原則に拘束されるか否かという問題については，基本権の私人間効力論の問題というよりも，むしろ憲法規範が直接拘束する「公権力」の範囲の問題をその本質とするものであると考えられる。
 9) 個々の「秘密」及びその前提となる「通信」が発現しなくとも憲法上特段問題ないという考え方もあろうが，少なくとも今日の社会においては，「通信」が「個人の尊厳」（憲法 13 条・24 条 2 項参照）を支える重要な要素の一つとなっていると考えられ（本文 4.1 参照），かかる「通信」が国民各人において特段の支障なく行い得ることが当該「尊厳」の確保のための必要条件となっていると言えるように思われる。したがって，個々の「秘密」及びその前提となる「通信」が容易に発現し得ないような状態（制度的利用環境）の発生は，憲法 21 条 2 項後段のみならず，憲法 13 条の規定の趣旨にも背馳し得るものと考えられる。
 10) 財産権及び営業の自由の保護法益に関する管見について，海野・財産権 163-173 頁・196-206 頁，海野・綱領 864-869 頁，海野・法理 339-343 頁参照。
 11) 海野・通信管理主体性 3 頁参照。
 12) 仮にこのような考え方による場合には，公権力が「通信管理主体が特定の利用者に対して差別又は不当な差別的取扱いを行うことを防止するために所要の制度的措置を講ずる」義務を負う（当該措置のあり方については立法裁量の余地がある）ということになろう。
 13) 多賀谷ほか・逐条解説 43 頁参照。
 14) なお，本稿における電気通信事業法や郵便法等の規定の条項に関しては，電気通信事業法等の一部を改正する法律（平成 27 年法律 36 号）や郵便法及び民間事業者による信書の送達に関する法律の一部を改正する法律（平成 27 年法律 38 号）に基づく電気通信事業法，郵便法等の一部改正後のものを指す。
 15) 具体的には，海野・法理 190-208 頁参照。
 16) 海野・法理 60-61 頁参照。
 17) 学説には，「法令で通信業務従事者にコモン・キャリアとしての性格付けを与えた

場合において，はじめて差別的取扱い禁止が14条1項の直接的効果として導出される」と説くものがある（渋谷・憲法415頁）。しかし，個々の通信管理主体が法令上の「コモン・キャリア」であるか否かにかかわらず，憲法上，「通信」の利用の局面における当該主体全般による「差別」が一律に禁止されなければ，「秘密」の発現の土台となる通信役務の利用に関する「平等」は適切に実現しなくなる可能性が高い。したがって，憲法上，あらゆる通信管理主体に対して，その通信役務の提供に関する「平等」の状態の確保及び「差別」の禁止という法規範の効力が及ぶと解することが妥当であると考えられる。また，そもそも我が国の通信制度における「コモン・キャリア」の射程については，極めて不明確である。電気通信の領域において，一般利用者に対する一定の役務提供義務を負う者という意味においては，電気通信事業法25条1項に基づく基礎的電気通信役務提供事業者，同条2項に基づく指定電気通信役務提供事業者，同法39条の3第1項に基づく特定ドメイン名電気通信役務提供事業者及び同法121条1項に基づく認定電気通信事業者がこれに該当しようが，これらの者はそれぞれ異なる観点からの役務提供義務を負うものであり，またこれら以外の電気通信事業者についても，特定の者に不当な差別的取扱いを行えば総務大臣による業務改善命令の発動対象となる（電気通信事業法29条1項2号）のであるから，前述の各事業者のみがコモン・キャリアであるとも断じがたい。しかも，電気通信事業法の適用を基本的に受けない「電気通信事業を営む者」（同法164条3項参照）については，コモン・キャリアではないということになろうが，国民の「通信」の利用の局面において，かかる者の多くが「秘密」たる情報を直接取り扱う立場におかれているにもかかわらず，立法上の区分により自動的に憲法規範の名宛人でもなくなるという論理については，説得力が乏しい。かつての通信制度の下では，電気通信設備を設置する旧第一種電気通信事業者をコモン・キャリアとみなす余地があったものの，当該事業者の区分が立法上廃止されている現在，それをそのまま当てはめることは困難である。また，郵便の場合には，さしずめ郵便の業務を行うこととされている日本郵便株式会社をコモン・キャリアとみなすことは可能であるが（郵便法［昭和22年法律165号］2条・5条参照），それが法律上の義務に基づかずに任意に提供する役務（例えば，郵便法44条1項に定められた法定特殊取扱以外の特殊取扱で利用者からの提供要請があったもの）の提供についてどのように捉えるかという問題は残る。信書便については，一定の役務提供義務（民間事業者による信書の送達に関する法律［平成14年法律99号］19条1項）を負う一般信書便事業者をコモン・キャリアと捉える余地があるとしても，そのような義務を負わない特定信書便事業者の扱いについては明らかではない。以上を総合すると，我が国の通信事業者のうち「コモン・キャリア」なる者が具体的に誰かということについては，多分に曖昧なままになっており，このような観念に依拠して憲法規範の適用範囲を決する解釈は妥当とは言いがたい。

18) 海野・法理53頁参照。ただし，個々の通信管理主体が平等原則に拘束される程度（厳格性）については，当該主体の提供する通信役務の性質等に応じて異なるものとなると考えられる（本文5.2.1及び海野・法理489-490頁参照）。
19) 国民各人の「通信」の利用における「平等」の確保については，憲法21条2項後

段の保護法益（本文 4.1 参照。「通信」の制度的利用環境の確保の一環）としても重畳的に含まれているものと捉え得るであろう。したがって，「客観的法規範としての憲法 14 条 1 項の効力は，憲法 21 条 2 項後段の規定を介して通信管理主体にも直接及ぶが，その場合における当該規範の内容については立法による具体化が予定されており，かかる具体化が憲法適合的に実現した時点においては，通信管理主体はその立法上の規律に（も）拘束される」と解することが妥当であるように思われる。

20) 佐藤・憲法論 322 頁，阪本・理論 Ⅲ 141 頁，海野・法理 195 頁参照。
21) これに対し，例えば憲法 21 条 1 項の表現の自由の保障においては，同条項から「公権力は特定の表現を不当に差別してはならない」という規範が導かれるものと解しつつ，公権力が特定の者の表現行為に関する「差別」を行った場合には，もっぱら憲法 21 条 1 項違反（表現の自由に対する侵害）として捉えれば足りるとする解釈が成り立つ余地がある（実際の裁判等において，このような形での処理をすることが妥当であるか否かは別問題である）。これは，たとえ「差別」を受けたとされる表現が，他者のプライバシーの権利に関わるものであったような場合でも，基本権保障制約原理の中で，「表現の自由に対する内在的制約はどこまで許容されるか」という問題として扱えば事足りる場合が少なくなく，その限りにおいて憲法 21 条 1 項の問題に収斂させることが理論的に可能であると捉える余地があることによるものである。
22) この点に関して，海野・法理 469-492 頁参照。
23) 例えば，芦部・憲法学 Ⅱ 85 頁，佐藤・憲法論 130 頁参照。
24) 例えば，芦部・憲法学 Ⅱ 86-94 頁，佐藤・憲法論 125-127 頁，野中ほか・憲法 Ⅰ 212-213 頁，橋本・憲法 121-124 頁，小山・作法 143-159 頁，戸波・理論 69-110 頁参照。制度的保障論の詳細とそれに対する管見について，海野・制度的保障論 61-92 頁参照。
25) 例えば，奥平・憲法 Ⅲ 94-100 頁。
26) この憲法上の規範及びそれに基づき制定された法律上の規範がその目的（保護法益）を共通とする一定のまとまりを有するとき，当該規範の集合体が「制度」となる。
27) 海野・法理 35 頁。
28) 石川・客観性 11-12 頁，宍戸・憲法 107 頁参照。併せて，海野・法理 34 頁参照。
29) 海野・法理 36 頁参照。
30) 海野・綱領 148 頁参照。
31) この点の詳細について，海野・法理 36-37 頁，海野・制度的保障論 75-77 頁参照。
32) 芦部・憲法学 Ⅲ 19 頁。阿部・平等 205 頁。すなわち，各人がそれぞれ有する人格的価値を等しく尊重しようとする思想を前提としている。
33) 佐藤・憲法論 199 頁。
34) 芦部・憲法学 Ⅲ 18-19 頁・32 頁。佐藤・憲法論 199 頁。伊藤・憲法 239 頁。奥平・憲法 Ⅲ 28-29 頁。松井・憲法 371 頁。辻村・憲法 170 頁。小山・作法 104 頁。駒村・転回 159 頁。その意味において，平等原則及び平等権は互換性を有すると解されている。

35) なお,「平等」が関係概念であることに着目し,平等権を実体的権利とは異なる手続的権利であると捉える学説もある（阿部＝野中・平等81頁）。
36) 浦部・14条314-315頁。
37) 棟居・新構成141頁。
38) 髙橋・立憲主義157頁。赤坂・人権296頁。
39) 海野・綱領57頁・151頁,海野・法理282-285頁参照。
40) 安西・人権保障体系86頁。
41) 芦部・憲法学Ⅱ339頁,佐藤・憲法論175頁,野中ほか・憲法Ⅰ271頁参照。
42) 海野・法理456頁。
43) 協会・註解上352頁。宮沢・憲法Ⅱ272頁。芦部・憲法学Ⅲ20-21頁。野中ほか・憲法Ⅰ283頁。浦部・14条311頁。伊藤・憲法248頁。松井・憲法370頁。橋本・憲法195-196頁。
44) 最大判昭和39年11月18日刑集18巻9号579頁。併せて,最大判昭和25年10月11日刑集4巻10号2037頁,最大判昭和28年6月24日刑集7巻6号1366頁,最大判昭和33年3月12日刑集12巻3号501頁,最大判昭和39年5月27日民集18巻4号676頁参照。
45) この違憲審査基準の詳細について,芦部・憲法学Ⅲ24-31頁,佐藤・憲法論208-215頁参照。
46) 安西・判例理論211頁。併せて,佐藤・憲法論208-209頁参照。
47) 安西・判例理論194頁参照。
48) 宮沢・憲法Ⅱ289頁。
49) 野中ほか・憲法Ⅰ283頁。
50) 浦部・14条313頁。辻村・憲法172頁。
51) 佐藤・憲法論197頁。阿部＝野中・平等76-77頁。
52) 阿部・平等221-222頁。併せて,奥平・憲法Ⅲ125-126頁,辻村・憲法172-173頁参照。
53) 障害者基本法（昭和45年法律84号）4条2項,障害を理由とする差別の解消の推進に関する法律（平成25年法律65号）7条2項参照。
54) 芦部・憲法学Ⅲ52頁。伊藤・憲法242頁。野中ほか・憲法Ⅰ282頁。浦部・14条313頁。小山・作法104頁。
55) 佐藤・憲法論198頁。伊藤・憲法250頁。髙橋・立憲主義152頁。赤坂・人権294頁。駒村・転回172頁。
56) 比例原則の概要及びそれに対する管見について,海野・綱領69-76頁参照。
57) 佐々木・憲法論425-426頁。
58) 芦部・憲法学Ⅲ14-16頁。佐藤・憲法論199頁。伊藤・憲法241頁。野中ほか・憲法Ⅰ285頁。浦部・14条316-317頁。なお,判例も通説（立法者拘束説）の立場を前提としているものと解される。例えば,最大判昭和48年4月4日刑集27巻3号265頁参照。
59) 協会・註解上348頁。松井・憲法398頁。赤坂・人権295-296頁。阿部＝野中・平等111-112頁。内野・序説117頁。判例も,憲法14条について,「もっぱら国または公共団体と個人との関係を規律するものであり,私人相互の関係を直接規律

することを予定するものではない」と説いている（最大判昭和48年12月12日民集27巻11号1536頁）。このような考え方に対しては，異論もないわけではない（駒村・転回337頁参照）。

60) 木村・平等条項論197頁。
61) この点に関しては，「法の下の平等」はもっぱら（否定的評価を伴う「差別」に至らない）「不合理な区別」を禁止するものであり，「差別されない」は「不合理な区別」を超えた「差別」を禁止するものであると解する余地もある。しかし，「法の下の平等」とは，単に「不合理な区別」を禁止するにとどまる規範ではなく，「平等」という一定の状態の実現を指向するものであることから，より積極的な意味づけを有するものと解される。すなわち，「法の下の平等」には，少なくとも，①仮に公権力による（「差別」に至らない）不合理な区別が行われた場合にはそれが速やかに是正されること（その意味において，「不合理な区別」は「差別」とほぼ同様に実質的に禁止されることとなる。注3参照），②公権力による不合理な区別（作為）が特に行われなくても，国民各人間の相対的平等の状態を確保するために一定の積極的措置が不可欠となると認められる場合には，その適切な実施（「逆差別」等を招来しない範囲での実施）を通じて「相対的な不平等状態」が是正されること，の双方が含意されているものと考えられる。
62) 協会・註解上349頁。宮沢・憲法Ⅱ271頁。橋本・憲法201頁。
63) 芦部・憲法学Ⅲ23頁。佐藤・憲法論201頁。浦部・14条318頁。松井・憲法376頁。
64) 初宿・基本権165頁。松井・憲法376頁。
65) 伊藤・憲法250頁。小山・作法109頁。
66) 阪本・理論Ⅱ273頁。
67) なお，ここでいう特別事由説の中には，限定列挙事由に基づく区別は絶対的に禁止されると解する考え方（阿部・平等211-212頁，釜田・基本権120頁参照）も含まれる。
68) 最大判昭和39年5月27日民集18巻4号676頁。最大判昭和48年4月4日刑集27巻3号265頁。
69) 木村・平等条項97頁，駒村・転回159頁参照。
70) 木村・平等条項論197頁。
71) 大石・講義Ⅱ78頁。
72) 木村・平等条項97頁。
73) 釜田・基本権126-127頁。木村・平等条項97頁。
74) 「間接差別」の観念は，表面的には憲法14条1項の限定列挙事由以外の事由を要件とする区別のうち，実質的に限定列挙事由を理由とする差別となると認められるものを包含する。「身長170センチメートル以上」という要件が実質的に性別を理由とする差別に近似するおそれがあるとされることなどが，その典型例である（辻村・憲法175-176頁参照）。
75) 平地・平等理論341頁。安西・判例理論190頁。後者の学説によれば，平等問題の核心は，「差別」によって社会における位置づけが格下げされるという「地位に関わる害悪」にあるとされる。

76) 憲法14条1項に基づく保障に対する正当な制約のあり方に関して，比例原則を適用させることを説く学説として，井上・平等146頁，佐々木弘・平等原則347-350頁参照。
77) とりわけ，平等原則に違反するとされる公権力の行為が，表現の自由等の個別の基本権を侵害すると認められない場合には，比例原則はそのままの形では適用しづらいため，端的に区別の合理性を問うことが有用となり得る。この点に関して，宍戸・憲法115-116頁参照。併せて，駒村・転回168頁参照。
78) もっとも，近年においては，従前の解釈論を見直す学説も提示されている。例えば，宍戸・秘密521-522頁，曽我部・秘密19-20頁，髙橋郁＝吉田・運命69頁参照。管見として，海野・法理35-61頁参照。
79) 阪本・理論Ⅲ139-140頁。渋谷・憲法413頁。赤坂・人権80頁。
80) 芦部・憲法学Ⅲ541頁。佐藤・憲法論321頁。野中ほか・憲法Ⅰ397頁。高橋・立憲主義236頁。松井・憲法514頁。橋本・憲法283頁。初宿・基本権366頁。
81) 伊藤・憲法326-327頁。
82) 芦部・憲法学Ⅲ541頁。
83) 憲法21条1項にいう「表現」の意義に関して，海野・表現者90-94頁参照。「通信」でやり取りされる情報の中には，例えばその受領者においておよそ理解される可能性の乏しい無機的な記号の集合体等も含まれ得るところ，その表出（発信）を「表現」と解することは困難であるように思われる。
84) 海野・法理106-108頁参照。
85) この点の詳細につき，海野・法理199-206頁参照。
86) それゆえ，しばしば「公然性を有する通信」（堀部・表現37頁参照）には通信の秘密不可侵の効力が及ばないと説かれることもある（佐藤・憲法論321頁。高橋・立憲主義224頁。赤坂・人権80頁）。
87) 海野・法理90-98頁参照。
88) 海野・法理9頁参照。
89) 海野・法理40-41頁参照。
90) この点の詳細につき，海野・法理56-64頁参照。
91) これに対し，通信の秘密不可侵は「通信の内容の秘密を保障するもの」と解する伝統的な学説として，宮沢・憲法Ⅱ383頁，橋本・憲法283頁参照。また，近年においては，通信の秘密を「通信の内容の秘密」に限定することで，より実効的な通信の秘密の保護が行われ得るという旨を示唆する学説も示されているが（髙橋郁＝吉田・運命68頁），「通信」の制度的利用環境を保護する観点からは，「秘密」の射程については通信の構成要素も含めて広く捉えられる（憲法解釈論上，実効的な「秘密」の保護のためには，「秘密」の概念それ自体を操作するのではなく，「侵害」の概念を精緻化することが妥当である）ものと考えられる。
92) 芦部・憲法学Ⅲ544-545頁。佐藤・憲法論321頁。野中ほか・憲法Ⅰ398頁。伊藤・憲法327頁。阪本・理論Ⅲ142頁。松井・憲法514頁。渋谷・憲法414頁。辻村・憲法237頁。赤坂・人権81頁。
93) 例えば，芦部・憲法学Ⅲ544-545頁，浦部・21条85-86頁，初宿・基本権366-367頁参照。

94) 奥平・憲法Ⅲ 102 頁。橋本・憲法 283 頁。
95) 海野・綱領 99 頁。海野・法理 42 頁。
96) 憲法学説の多くは,「通信の自由」を「表現の自由」の一形態として捉えているように見受けられる（高橋・立憲主義 223 頁, 阪本・理論Ⅲ 140 頁, 赤坂・人権 80 頁, 堀部・表現 37 頁参照）。判例も,「信書の発受」という「通信」に対する制約について,「表現の自由を保障した憲法 21 条の規定の趣旨, 目的」に照らして検討していることから,「通信の自由」を「表現の自由」のバリエーションの一つとして捉えている可能性がある（最判平成 18 年 3 月 23 日判時 1929 号 37 頁）。これに対し,「通信の自由」を「非公開でコミュニケーションを行う自由」と定義し, 表現の自由との一定の区別を図りつつも,「公開を前提とした通信の自由」を通信の自由の保護領域から排する考え方も有力である（佐藤・憲法論 321 頁）。しかしながら, 既述のとおり, 憲法 21 条 2 項後段にいう「通信」には, 通信の内容に関する公開・非公開の予定を問わず, 通信設備（ネットワーク）を用いて行われるあらゆる通信が含まれると解されることから, 通信の自由についても, かかる通信を行う自由として観念すべきものであろう。もとより, ある通信の内容が「公開」か「非公開」かについては, 通信の外形的な態様によっても, 通信当事者の意思によっても, 常に的確に区別することが困難であると思われる。同時に, 既述の「通信」と「表現」との概念上の相違にかんがみれば, 通信の自由は表現の自由と部分的には重なり合いつつも, それとは明確に区別された基本権として位置づけることが合理的であると考えられる。
97) このような点を強調する学説として, 渋谷・憲法 354 頁参照。この学説は,「特定の相手に対する情報発信行為も表現の中に包含され, あえて通信の自由という概念をたてる必要はない」と説いている。
98) 芦部・憲法学Ⅲ 247 頁。高橋・立憲主義 189 頁。浦部・21 条 43 頁。松井・憲法 477-478 頁。橋本・憲法 261 頁。渋谷・憲法 397 頁。
99) この点の詳細について, 海野・マスメディア 102-103 頁参照。
100) この「通信制度」の内容については, 国民各人の「通信の秘密を侵されない権利」やその前提となる通信の自由の保障に資する形で憲法適合的に形成されることが予定されていると考えられる。
101) 逆に, 何ら通信制度に依存しない（通信設備を用いない）口頭での会話等のコミュニケーションについては, 憲法 21 条 2 項後段にいう「通信」ではないと解される。それは主に, ①かかるコミュニケーションについては, それを公権力により妨げられないことが表現の自由（憲法 21 条 1 項）やプライバシーの権利（憲法 13 条）等に基づき保障され得ると解されること, ②コミュニケーション当事者間でやり取りされる情報の保護のあり方については, 私的自治の原則に従い当該当事者間でその取扱いを決めればよく, 仮に第三者に対する情報開示等の問題が生じた場合でも, 私人間におけるプライバシーの問題として扱えば基本的に足りると考えられること, によるものである。
102) もっとも, 技術革新のスピードが速い「通信」の領域においては, 制度の細部については絶え間なく改変することが必要となる可能性もあり, またそのあり方に関して, 法律以下の下部規範に委ねた方が効果的なことも少なくないと思われる。

それゆえ，通信制度の設営義務については，一次的には立法権が負うものの，その裁量の下で，行政権が二次的にこれを担ったり，民間の主体の助力を想定した官民の「共同規制」の枠組みに依存したり，民間の主体が策定したガイドラインによる「自主規制」を部分的に予定したりすることがあったとしても，ただちに違憲（作為義務違反）となるものではないと考えられる（海野・法理211頁参照）。また，通信の自由の保障との関係において，既存の通信制度自体が，民間の主体の助力を前提としたものとなっているという側面も認められる。例えば，国民生活に不可欠となる基礎的電気通信役務の提供（電気通信事業法7条参照）については，市場原理に基づいて発現することが期待された電気通信事業者が行うことが法律上前提とされており，当該提供を行う電気通信事業者が発現しなかった場合のこと（例えば公権力が自ら当該提供を行うこと）は基本的に予定されていない（ただし，日本電信電話株式会社等に関する法律［昭和59年法律85号］3条参照）。

103) 佐藤・憲法論322頁。
104) なお，「情報の自由な流通」の確保については，サイバーセキュリティ基本法（平成26年法律104号）1条・3条において，我が国の課題の一つとして明示されている。
105) ここでいうネットワーク秩序の詳細について，海野・法理203-206頁参照。
106) 2016年5月現在のアメリカ合衆国においては，ソーシャルネットワーキングサービス（SNS）の管理・運営者に対して，オンライン上のテロリズム活動に関する情報が投稿された場合に一定の通報義務を課すことを旨とする法案が連邦議会に提出されている。*See* Paletta (2015)，仮にこのような規律を我が国の問題に置換して考えた場合，通信管理主体としての当該管理・運営者が，一定のネットワーク秩序の確保等の観点から，かかる通報義務を負う余地があるものと捉えることが可能であるように思われる。
107) 具体的には，例えば，「基本的な通信役務」に関する差別的取扱いについては厳格な違憲審査基準を用いて，その他の役務に関する差別的取扱いについてはより緩やかな違憲審査基準を用いて，当該差別的取扱いにおける比較の対象を特定したうえで，それぞれ取扱いの目的の妥当性や手段の適合性・必要性・均衡性（又は区別の合理性）を審査することが考えられる。
108) 多賀谷ほか・逐条解説43頁。
109) 多賀谷ほか・逐条解説46頁。
110) 海野・法理249-250頁・489-490頁参照。
111) 「電気通信事業者の電気通信事業の用に供する電気通信役務」（電気通信事業法29条1項11号）のことである。
112) 自ら伝送路設備（ネットワーク）を設置しないで一般利用者に電気通信役務を提供する方式としては，「自らの電気通信設備と他の電気通信事業者の電気通信設備を相互に接続し，それぞれの事業者が，利用者に対し，自らの電気通信設備に係る電気通信役務を提供する方式」としての接続方式と，「他の電気通信事業者から卸電気通信役務に基づく電気通信役務の提供を受けることにより，他者の設置する電気通信設備を用いて電気通信役務を提供する方式」としての卸電気通信役務

方式とに大別される（総務省・マニュアル参照）。卸電気通信役務利用事業者は後者の方式の利用者である。

113) なお，卸電気通信役務提供事業者の通信管理主体性の有無については注意を要する。例えば，ある電気通信事業者（携帯電話事業者等）Aの一般利用者（国内ローミング役務の利用者）が，Aの業務区域に属さない国内別地域に移動し，他の電気通信事業者Bから同種の電気通信役務の提供を受ける場合，AからBに対して卸電気通信役務の提供が行われていることが少なくない。このとき，卸電気通信役務提供事業者たるAは，一般利用者に対しては，業務区域外における役務を直接提供しているわけではないことから，当該役務の提供との関係においては，原則として通信管理主体とは認められないと考えられる（海野・法理183頁参照）。もっとも，国内ローミング役務の提供においては，卸電気通信役務方式に代えて，接続方式が用いられることもある。

114) 電気通信設備により提供される機能は一般に通信役務の伝送系機能と制御系機能とに大別されるところ，「通信」という用語から一般にイメージされる伝送系機能とは異なり，プラットフォーム事業者が取り扱う機能の多くは制御系機能に該当する。情報通信審議会・環境変化答申8頁参照。

115) 各種のプラットフォーム機能の提供を自前の設備で行う限りにおいて，プラットフォーム事業者は，電気通信事業者となる可能性がある。ただし，当該設備が国内の電気通信設備であると認められない限り，電気通信事業者とはならないものと解されている（電気通信事業法2条3号乃至同条5号参照）。なお，あるプラットフォーム事業者が電気通信事業者でない限り，回線管理事業者から電気通信設備の提供を受けたとしても，当該提供が卸電気通信役務の提供と認められる余地はない。卸電気通信役務の提供先は電気通信事業者でなければならないからである。

116) 具体的には，①「ドメイン名の一部（中略）の前に任意の文字を付し，新たなドメイン名として使用する権利を有する電気通信事業者が，当該ドメイン名の一部に関して提供する電気通信役務」（電気通信事業法施行規則59条の2第1項1号）のうち，いわゆるccTLD（国別コードトップレベルドメイン）やgTLD（地理的名称トップレベルドメイン）に関して提供されるもの（同号イ参照。以下，法令上の定義に倣い，「特定ドメイン名電気通信役務」という。電気通信事業法施行規則22条の2参照）又は契約数が30万以上のもの（電気通信事業法施行規則59条の2第1項1号ロ参照），②前記①以外の電気通信役務（後述するDNSサーバーのホスティングの役務が想定されている。注118参照）であって，契約数が30万以上のもの（同項2号参照），に限定される。

117) 厳密には，憲法上の「平等」の確保との関わりにおけるドメイン名電気通信役務の射程を検討するうえでは，当該役務が「法令の規律対象となっている」か否かを問う必要性は乏しいが（その意味では，電気通信事業法施行規則59条の2第1項に規定される電気通信役務に該当するか否かにかかわらず，ドメイン名電気通信役務を観念することが望ましい），本稿ではもっぱら考察の便宜上，法令上の「ドメイン名電気通信役務」の観念に依拠することとする。

118) 一般に，インターネット上のドメイン（名前空間）名に関しては，あるドメイン

に対してサブドメインの登録の権限を有する者(以下,本注において「管理者」という)が存在し,当該ドメインがトップレベルドメイン(TLD)である場合,管理者は一般に「レジストリ」と称される(例えば,トップレベルドメインである「.jp」の管理者たるレジストリは,株式会社日本レジストリサービス〔JPRS〕である)。管理者においては,ドメイン名の登録者からの申請を受け,特定のサブドメインについて,管理者としての権限を付与することができる(例えば,総務省は,「.jp」のサブドメインである「soumu.jp」の管理者となることを希望する場合,JPRS に申請を行う)。レジストリに対する申請については,一般にその代行を行う者(レジストラ)を経由する。また,当該申請に基づき管理者となった者は,そのサブドメインについて,ドメイン名から IP アドレスへの変換機能を有する設備(DNS〔Domain Name System〕サーバー)による「名前解決」の役務を提供する責任を負うこととなる(インターネットに関する各種技術の標準化を推進する団体である IETF〔Internet Engineering Task Force〕の決定 RFC920 及びRFC1034〔4.3.5〕参照)。ドメイン名電気通信役務に関する規律については,DNS サーバーの管理・運用に着目したものであり,ドメイン名電気通信役務は当該サーバーを電気通信事業者との通信(インターネット接続役務提供者等が設置する電気通信設備との通信)に用いることにより提供される。したがって,ドメイン名電気通信役務提供事業者については,①レジストリを含む管理者であって,自ら DNS サーバーを管理・運用する者,②自らは DNS サーバーを運用しない管理者からの委託等を受け,当該サーバーの運用を代行する者,の双方が該当し得る。換言すれば,前記①の「レジストリ的な役務」の提供者及び前記②の「〔DNS サーバーに関する〕ホスティングの役務(設置したサーバー等を他人に貸し出し,利用させる役務)」の提供者(DNS ホスティング役務提供者)のうち,法令上の一定の条件(注116 参照)を充足する者がドメイン名電気通信役務提供事業者となる。なお,DNS ホスティング役務提供者の多くは,ドメイン名の登録手続きの代行を行うレジストラであるのが実態である。したがって,(DNS サーバーを運用する)レジストリのみならず,一定規模(契約数30 万以上)のレジストラについても,DNS サーバーを代行運用する限り,結果的にドメイン名電気通信役務提供事業者としての規律に服することとなる。また,(契約数30 万以上の)DNS ホスティング役務提供者が DNS サーバーの物理的な運用のみを他者に(再)委託する場合には,当該役務提供者はドメイン名電気通信役務に関する「卸電気通信役務提供事業者」となる余地があると考えられる。

119) なお,インターネット接続役務提供者やその法人一般利用者(ドメイン名の登録者を除く)については,一般に,ドメイン名電気通信役務提供事業者等が支配・管理する DNS サーバーへのアクセス(反射的な利用)を行う者にすぎず,原則としてドメイン名電気通信役務利用事業者には該当しないものとされている。電気通信事業法上,「利用者」とは,「電気通信事業者との間に電気通信役務の提供を受ける契約を締結する者」と定義されており(電気通信事業法12 条の2 第4 項2 号ロ参照),インターネット接続役務提供者やその一般利用者については,自らドメイン名の登録者とならない限り,ドメイン名電気通信役務提供事業者との直接の契約関係におかれないからである。

120) 前述の「特定ドメイン名電気通信役務」(注116参照)がこれに該当する。
121) 電気通信事業法上,「接続」に関する定義はないが,これは一般に「電気通信設備相互間を電気的に接続すること」を指すものと理解されている(多賀谷ほか・逐条解説152頁)。
122) ただし,ここでいう「共用」については,「接続」に該当する行為を除く。
123) 多賀谷ほか・逐条解説131頁。
124) その意味において,通信の自由の保護法益の構造に類似している。
125) 昭和22年法律54号(私的独占の禁止及び公正取引の確保に関する法律。以下,「独占禁止法」という)1条・19条参照。
126) これに加え,回線管理事業者が一般利用者に向けてその営業活動を行おうとする局面においては,回線管理事業者間の適切な競争政策の実施が公権力に求められると解されるが,この点についてはここでは措く。
127) 憲法22条1項及び27条1項の趣旨にかんがみると,憲法は資本主義体制を予定しているものと考えられる。市場原理を基本とする資本主義体制の下では,「営業」は原則として市場競争の中で行われるのであって,営業の自由の保障についても市場原理を最大限に尊重することを前提として行われる必要があると考えられる。それゆえ,市場原理に委ねるのみでは各事業者の営業の自由が支障なく行使可能となる競争環境が実現されないと認められる事業分野(ボトルネック設備等のネットワークを抱える通信事業は,これに含まれ得ると考えられる)においては,各事業者の営業の自由を実効的に保障する観点から,公権力が立法による内容形成(制度的措置)を通じて適切な競争政策を講じることが不可欠となるように思われる。したがって,かかる事業分野における競争政策の実施及びそれによる一定の競争秩序の形成については,憲法22条1項から導かれる営業の自由を保障する憲法の客観法的要請として位置づけられると考えられる。
128) 海野・財産権198頁,海野・綱領867-868頁,海野・法理85頁参照。
129) ただし,役務利用者としての卸電気通信役務利用事業者等の通信の自由や「通信の秘密を侵されない権利」が憲法21条2項後段の規定の保護領域から外れる理由はなく,それが公権力及び卸電気通信役務提供事業者等との関係において問題となる余地はある。よって,卸電気通信役務利用事業者等の通信の自由が当該事業者間の「平等」の確保の要請(③の要請)と競合する可能性はなお残されている。
130) これは,回線管理事業者の回線管理権とその一般利用者(国民各人)の「通信の秘密を侵されない権利」及びその前提となる通信の自由との衝突関係として捉えることが可能である。当該関係の詳細については,海野・法理361-365頁参照。
131) 海野・法理465-466頁参照。
132) ここでいうインターネット接続役務の意義及び射程について,海野・法理243頁参照。本稿では,ネットワークの終端点間で提供されるインターネットへのアクセスを実現する役務を念頭においている。
133) 海野・法理197頁参照。一般に,電気通信事業法32条の規定は,「接続すべき旨の請求」を受けたときに,原則としてその「請求に応じて,その電気通信回線設備との接続に関する協定を締結し,これを維持しなければならない」ことを定めたものと解されている(多賀谷ほか・逐条解説152頁)。しかしながら,接続に関

する協議が不調等の場合に関して，電気通信事業法35条において，総務大臣による協議開始・再開命令や裁定の制度が予定され，同法155条において，電気通信紛争処理委員会による仲裁の制度が予定されていることにかんがみると，同法32条は接続協定の締結義務ないし接続義務までをも定めたものではなく，接続協議に応諾する義務を定めたにとどまるものと解される。

134) これは，「他事業者の事業展開上不可欠であり，また，利用者の利便性の確保という観点からも利用が確保されることが不可欠である」（電気通信審議会・接続ルール答申第Ⅳ章）加入者回線を「相当な規模で有する」事業者の当該加入者回線に関するネットワーク設備を指す。

135) ボトルネック設備とは言えなくとも，一定の市場支配力を有する電気通信事業者の設置する設備がこれに該当し得る。

136) 立法上，このような追加的な規律を受ける理由として，「加入者回線を相当な規模で有する事業者のネットワークへの接続は，他事業者の事業展開上不可欠であり，また，利用者の利便性の確保という観点からも当該ネットワークの利用が確保されることが不可欠であることから，その接続条件は，競争の促進及び利用者利便の増進の観点から極めて重要なものとなっていること」及び「相当規模の加入者回線を有する事業者は，接続において圧倒的に優位な立場に立ち得ることから，事業者間協議により合理的な条件に合意することが期待しにくい構造となっていること」が指摘されている（情報通信審議会・次世代答申5頁）。

137) 固定通信の領域において，同一の電気通信事業者が各都道府県等ごとに加入者回線総数の50％を超える規模の加入者回線を設置している場合，これが第一種指定電気通信設備として指定される（電気通信事業法33条1項・同条2項参照）。

138) 立法上のネットワークの接続に関する規律については，一般に，事業者間の公正競争の確保のための手段であるだけでなく，利用者の保護をも図るという「二重」の目的に根ざしていると考えられる。「平等」の確保とはやや異なる視点から，かかる規律について，「電気通信事業における競争を促進することが期待されるという意味で，競争促進的な産業政策」であると同時に，「競争導入により分断された網のネットワーク経済性を確保する消費者政策」でもあるという二重性を指摘する見解も提示されている（木村順・情報政策法42頁）。

139) 具体的には，「業務区域における特定移動端末設備の占有率（中略）10％超を有する電気通信事業者に交渉上の優位性を認め，当該特定移動端末設備と接続される伝送路設備等を第二種指定電気通信設備（中略）として指定」（総務省・モバイル研究会5頁）されるものである（電気通信事業法34条1項・同条2項参照）。

140) 第二種指定電気通信設備は，設備の独占性・不可欠性が認められず，ボトルネック設備ではない。それにもかかわらず当該設備を設置する事業者に接続義務が課されているのは，電波の有限希少性を背景として新規参入が困難な寡占的構造を有する市場において，相対的に多数の市場シェアを占める者が有する接続協議における強い交渉力ないし優位性が考慮されたものである（当該設備に関する制度については，「一定以上のシェアを有する電気通信事業者が，接続協議における交渉上の優位性を背景に接続における不当な差別的取扱いや接続協議の長期化等を引き起こすおそれがあることに鑑み，接続料等の公平性・透明性，接続の迅速化

等を担保し，円滑に接続可能な環境を整備することで，公正競争の促進や利用者利便の増進を図る観点から非対称規制として設けられたもの」とされている［総務省・モバイル研究会5頁］)。それゆえ，接続条件等を定めた接続約款については，原則認可制（電気通信事業法33条2項・同条3項）の第一種指定電気通信設備の場合と異なり，届出制（同法34条2項）となっている。

141) なお，電気通信事業法30条3項2号及び同条4項2号には第一種指定電気通信設備を設置する事業者及び第二種指定電気通信設備を設置する事業者のうち一定の者に対する禁止行為として，特定の電気通信事業者に対して不当に優先的な取扱い等をすることが規定されている。これは，必ずしも「接続」の局面のみを念頭においたものではなく，「電気通信業務」全般にわたる規律であり，取扱いの相手方の事業者を通信の「利用者」（又はこれに相当する者）として位置づけ得る場合に限定されないものであることから，憲法14条1項の平等原則に根ざすものというよりも，むしろ事業者間の「公正な競争」の確保を主眼とする規律（電気通信事業における営業の自由を保障する観点から立法権が設営した規律）と捉えることが妥当であろう。

142) インターネット経由での個々の通信の完結に当たっては，複数のインターネット接続役務提供者（回線管理事業者）のみならず，場合によっては前述のコンテンツ配信役務提供者やドメイン名電気通信役務提供事業者等も重畳的に関与することとなる。

143) 例えば，インターネット接続役務を提供する回線管理事業者が，そのネットワークと接続する特定の中継事業者（基幹網を支配・管理する接続電気通信事業者）ないしその伝送対象のトラフィックを「差別」すれば，たとえその接続点がボトルネック設備等に属する部分ではなくとも，その効果は関係する一般利用者にただちに及ぶ可能性があり，一般利用者間の「不平等状態」が出現し得ることとなる（海野・法理500頁参照）。

144) インターネット接続役務の提供に関する「平等」の確保のあり方の詳細については，海野・法理463-492頁参照。

145) 立法論の観点からは，通信管理主体（回線管理事業者）による「差別」が発生しやすいと思われるインターネット接続役務の提供に関しては，アメリカ合衆国における「ネットワークの中立性」をめぐる関連する規則（その概要について，さしあたり，海野・諸相42-60頁参照）の内容におおむね相当するような，より詳細な立法上の規律が求められ得るように思われる。See 47 C.F.R. §§ 8.1-8.19 (2015). See also FCC (2015).

[**主要参考文献**]

本稿における邦文文献の表示については，便宜上，【　】内に示した各略称によっている。
赤坂正浩『憲法講義（人権）』（信山社，2011年）【赤坂・人権】
芦部信喜『憲法学Ⅱ　人権総論』（有斐閣，1994年）【芦部・憲法学Ⅱ】
芦部信喜『憲法学Ⅲ　人権各論(1)［増補版］』（有斐閣，2000年）【芦部・憲法学Ⅲ】

阿部照哉「法の下の平等」, 芦部信喜編『憲法Ⅱ 人権(1)』195-252頁（有斐閣, 1978年）【阿部・平等】

阿部照哉=野中俊彦『現代憲法体系③ 平等の権利』（法律文化社, 1984年）【阿部=野中・平等】

石川健治「『基本的人権』の主観性と客観性——主観憲法と客観憲法の間——」,『岩波講座 憲法2 人権論の新展開』3-22頁（岩波書店, 2007年）【石川・客観性】

伊藤正己『憲法〔第3版〕』（弘文堂, 1995年）【伊藤・憲法】

井上典之「法の下の平等」, 小山剛=駒村圭吾編『論点探究 憲法〔第2版〕』137-147頁（弘文堂, 2013年）【井上・平等】

内野正幸「差別問題論序説：PCをきっかけにして」,『法律時報 68巻6号』117-121頁（日本評論社, 1996年）【内野・序説】

海野敦史『行政法綱領——行政法学への憲法学的接近——』（晃洋書房, 2011年）【海野・綱領】

海野敦史『「通信の秘密不可侵」の法理：ネットワーク社会における法解釈と実践』（勁草書房, 2015年）【海野・法理】

海野敦史「財産権及び営業の自由の『多層的構造』」,『経営と経済 90巻1・2号』153-256頁（長崎大学経済学会, 2010年）【海野・財産権】

海野敦史「マスメディアの表現の自由の現代的意義」,『経営と経済 90巻3号』95-182頁（長崎大学経済学会, 2010年）【海野・マスメディア】

海野敦史「制度的保障論の再構成」,『長崎大学経済学部研究年報 27巻』57-105頁（長崎大学経済学部, 2011年）【海野・制度的保障論】

海野敦史「米国における新オープンインターネット保護規則及びそれを定める命令・決定の諸相——ネットワークの中立性をめぐる議論の二次的な到達点とその要諦——」,『ICT World Review 8巻1号』41-73頁（マルチメディア振興センター, 2015年）【海野・諸相】

海野敦史「表現の自由の保障における表現者の意思の役割——米国憲法修正1条における言論者の意思をめぐる解釈論を手がかりとして——」,『経営と経済 95巻1・2号』75-162頁（長崎大学経済学会, 2015年）【海野・表現者】

海野敦史「多様なインターネット上の役務提供者の通信管理主体性——米国における電子通信役務提供者と遠隔情報処理役務提供者との区別をめぐる議論を手がかりとして——」,『InfoCom REVIEW 66号』2-26頁（情報通信総合研究所, 2016年）【海野・通信管理主体性】

浦部法穂「第14条」, 樋口陽一ほか『注解法律学全集1 憲法Ⅰ〔前文・第1条～第20条〕』309-331頁（青林書院, 1994年）【浦部・14条】

浦部法穂「第21条」, 樋口陽一ほか『注解法律学全集1 憲法Ⅱ〔第21条～第40条〕』3-88頁（青林書院, 1997年）【浦部・21条】

大石眞『憲法講義Ⅱ（第2版）』（有斐閣, 2012年）【大石・講義Ⅱ】

奥平康弘『憲法Ⅲ 憲法が保障する権利』（有斐閣, 1993年）【奥平・憲法Ⅲ】

奥平康弘「『基本的人権』における『差別』と『基本的人権』の『制限』——『法の下の平等』を考える——」,『名古屋大学法政論集 109号』245-265頁（名古屋大学大学院法学研究科, 1986年）【奥平・差別】

釜田泰介「包括的基本権」，佐藤幸治編『憲法Ⅱ　基本的人権』81-132 頁（成文堂，1988 年）【釜田・基本権】

木村順吾『情報政策法：ネットワーク社会の現状と課題』（東洋経済新報社，1999 年）【木村順・情報政策法】

木村草太『平等なき平等条項論：equal protection 条項と憲法 14 条 1 項』（東京大学出版会，2008 年）【木村・平等条項論】

木村草太「表現内容規制と平等条項――自由権から〈差別されない権利〉へ」，『ジュリスト 1400 号』96-102 頁（有斐閣，2010 年）【木村・平等条項】

駒村圭吾『憲法訴訟の現代的転回――憲法的論証を求めて』（日本評論社，2013 年）【駒村・転回】

小山剛『「憲法上の権利」の作法　新版』（尚学社，2011 年）【小山・作法】

阪本昌成『憲法理論Ⅱ』（成文堂，1994 年）【阪本・理論Ⅱ】

阪本昌成『憲法理論Ⅲ』（成文堂，1995 年）【阪本・理論Ⅲ】

佐々木惣一『改訂　日本国憲法論』（有斐閣，1942 年）【佐々木・憲法論】

佐々木弘通「平等原則」，安西文雄ほか『憲法学の現代的論点〔第 2 版〕』327-353 頁（有斐閣，2009 年）【佐々木弘・平等原則】

佐藤幸治『日本国憲法論』（成文堂，2011 年）【佐藤・憲法論】

宍戸常寿『憲法　解釈論の応用と展開　第 2 版』（日本評論社，2014 年）【宍戸・憲法】

宍戸常寿「通信の秘密に関する覚書」，長谷部恭男＝安西文雄＝宍戸常寿＝林知更編『高橋和之先生古稀記念　現代立憲主義の諸相　下』487-523 頁（有斐閣，2013 年）【宍戸・秘密】

渋谷秀樹『憲法　第 2 版』（有斐閣，2013 年）【渋谷・憲法】

初宿正典『憲法 2 基本権〔第 3 版〕』（成文堂，2010 年）【初宿・基本権】

総務省「電気通信事業者のネットワーク構築マニュアル」（2004 年）【総務省・マニュアル】

総務省情報通信審議会「次世代ネットワークに係る接続ルールの在り方について　答申」〔平成 20 年 3 月 27 日〕（2008 年）【情報通信審議会・次世代答申】

総務省情報通信審議会「電気通信市場の環境変化に対応した接続ルールの在り方について　答申」〔平成 21 年 10 月 16 日〕（2009 年）【情報通信審議会・環境変化答申】

総務省「モバイル接続料算定に係る研究会」報告書（2013 年）【総務省・モバイル研究会】

曽我部真裕「通信の秘密の憲法解釈論」，『Nextcom 16 巻』14-23 頁（KDDI 総研，2013 年）【曽我部・秘密】

高橋和之『立憲主義と日本国憲法　第 3 版』（有斐閣，2013 年）【高橋・立憲主義】

高橋郁夫＝吉田一雄「『通信の秘密』の数奇な運命（憲法）」，情報ネットワーク法学会編『情報ネットワーク・ローレビュー　5 号』44-70 頁（商事法務，2006 年）【高橋郁＝吉田・運命】

多賀谷一照ほか『電気通信事業法逐条解説』（電気通信振興会，2008 年）【多賀谷ほか・逐条解説】

辻村みよ子『憲法〔第 4 版〕』（日本評論社，2012 年）【辻村・憲法】

戸波江二「制度的保障の理論について」，『筑波法政 7 号』66-112 頁（筑波大学社会科

学系［法学・政治学］，1984年）【戸波・理論】
戸松秀典『平等原則と司法審査』（有斐閣，1990年）【戸松・平等原則】
野中俊彦ほか『憲法Ⅰ（第5版）』（有斐閣，2012年）【野中ほか・憲法Ⅰ】
野中俊彦「平等原則の審査基準」，樋口陽一＝高橋和之編『現代立憲主義の展開 上』381-403頁（有斐閣，1993年）【野中・平等原則】
橋本公亘『日本国憲法〔改訂版〕』（有斐閣，1988年）【橋本・憲法】
平地秀哉「平等理論──『審査基準論』の行方」，辻村みよ子＝長谷部恭男編『憲法理論の再創造』339-354頁（日本評論社，2011年）【平地・平等理論】
法学協会『註解 日本国憲法 上巻』（有斐閣，1953年）【協会・註解上】
堀部政男「インターネットと表現の自由──情報発信権・情報受領権──」，堀部政男編『インターネット社会と法 第2版』33-56頁（新世社，2006年）【堀部・表現】
松井茂記『日本国憲法（第3版）』（有斐閣，2007年）【松井・憲法】
宮沢俊義『法律学全集4 憲法Ⅱ〔新版〕』（有斐閣，1974年）【宮沢・憲法Ⅱ】
棟居快行『人権論の新構成』（信山社出版，1992年）【棟居・新構成】
安西文雄「自由・平等および公正な人権保障体系」，『法学教室 228号』84-90頁（有斐閣，1999年）【安西・人権保障体系】
安西文雄「『法の下の平等』に関わる判例理論」，戸松秀典＝野坂泰司編『憲法訴訟の現状分析』187-211頁（有斐閣，2012年）【安西・判例理論】
郵政省電気通信審議会「接続の基本的ルールの在り方について──答申──」〔平成8年12月19日〕（1996年）【電気通信審議会・接続ルール答申】

Damian Paletta (2015), "Bill Calls for Social Media To Report Terrorist Activity", *The Wall Street Journal,* December 10, 2015, at A6.

Federal Communications Commission (FCC) (2015), In the Matter of Protecting and Promoting the Open Internet, GN Docket No. 14-28, *Report and Order on Remand, Declaratory Ruling, and Order* (released March 12, 2015), FCC 15-24, 30 FCC Rcd 5601.

Peter Westen (1982), *The Empty Idea of Equality*, 95 HARV. L. REV. 537.

［付記］

本稿は，当初，拙著『「通信の秘密不可侵」の法理：ネットワーク社会における法解釈と実践』（勁草書房，2015年）第12章「通信の利用における平等保障──インターネット接続役務を中心として」の予稿的な原稿として，同章での考察対象外とした部分を中心に，2013年10月に準備（暫定的に脱稿）したものである。2015年4月における上記拙著の刊行が結果的に先行したことに伴い，その後，全面的な加筆修正等を施したものの，なお上記拙著の内容との重複が見られる部分がある。読者各位のご海容をお願いする次第である。

第6章

金融所得課税の一体化に関する考察

角田 享介

概要

本稿は,「一般税制」と「政策税制」という2つの用語を通じて,日本の税制における金融所得課税の一体化に係る租税政策の推移・変遷を文献研究したものである。金融所得課税の一体化についての考え方,その目的は時々の経済や社会の状況によって異なっており,過去15年間の変遷を,「金融ビッグバンに対する対応」,「『貯蓄から投資へ』の政策目標への対応」,「『公平・透明・納得』の金融税制への対応」の3つのステージに区分して考察を行った。今後,証券税制だけにとどまらず,業態を超えた税制の一体性が求められる金融税制を検討していく上で,短期的効果を狙った政策税制ではなく,中長期的観点からの一般税制を中心とした金融所得課税の一体化の整備を図る必要があることを政策的インプリケーションとした。

キーワード:税, 金融所得, 政策税制

はじめに

　金融所得課税の一体化(以下,「一体化」とする)に関しては,これまでの金融税制の改正の議論を通じて,様々な検討が行われ,急速な歩みではないが,漸進的に制度の整備が行われてきた。平成24年に閣議決定(2012)された社会保障・税一体改革大綱(以下,「一体改革大綱」とする)においても,「金融所得課税については,金融所得間の課税方式の均衡化と損益通算範囲の拡大を柱とする,金融所得課税の一体化に向けた取組を進める必要がある」として,今後も取組みを進めていくことが示されている。一体化の議論開始当初から,所得税法に「金融所得」という新たな所得分類を設ける,ま

た，北欧諸国のような二元的所得課税を目指すなど，様々な論点・方向性が議論にのぼっていたこともあり，当面の着地点がどのあたりに落ち着くことになるのかは，制度改正に伴う問題の多様性と複雑性から，なかなか見通すことは困難であった。しかしながら，一体改革大綱において，現在軽減税率10％が適用されている上場株式の配当・譲渡所得等への課税を，平成26年から本則の20％税率へ確実に復帰させること，そして，公社債等に対する課税方式及び損益通算範囲の拡大を検討することが示されたことを受け，筆者はこれまでの議論が結実し，一体化の整備において，ある一定の着地点に到達し，次の段階の深化した一体化に向かう時期に入ったのではないかと考えている。そうしたことから，一体化に関して，これまでの推移・変遷を総括して振り返ることを通じて，一体化の次の段階における検討に有益なインプリケーションを見出す作業を行うことは一定の意義があるのではないかと考えている。

　本論文では，一体化の必要性が指摘され，検討が進みながらも，その実現が迅速には達成されなかった要因，そして，そこから得られる政策的インプリケーションを，これまでに一体化及びそれに関係する金融政策の変革に関して政府が公表した文書に基づき，「一般税制」及び「政策税制」というフィルターを通じて考察していくことを目的とする。

1. 一般税制と政策税制

　本節では，本論文で使用する「一般税制」及び「政策税制」という2つの用語について説明したい。金融税制の改正という場合，金融システム改革などによる新たな金融制度に適合するための税制の整備，また，一般投資家が投資を行いやすい環境構築のための税制の整備など，一般的には，政策的な側面が強い税制改正として理解されることが多いのではないかと思われる。しかし，それらを全て政策税制という用語で表現してしまうことは，税制の理論上（理論というよりは，単に用語の定義・約束事といえるかもしれないが）は好ましくなく，金融税制の改正においても，政策税制に分類されるもの，されないものに区分される。

第6章　金融所得課税の一体化に関する考察

　政府税制調査会（以下，「政府税調」とする）事務局[1]が示した政策税制の定義は，「政策税制とは，特定の政策目的を実現する観点から講じられている租税特別措置をいいます。なお，これらの措置は「公平・中立・簡素」という租税原則の例外措置として講じられているものであり，常にその政策目的・効果や政策手段としての適正性を十分に吟味し，整理合理化を行っていく必要があります」とされている。政府税調では，「租税特別措置法に定める特例措置の主な類型」という資料[2]の中で，租税特別措置法の特例措置を以下の4つの類型に分類している。

　A　課税の免除や繰延べなど税負担の軽減等を図るもの
　B　本則に定める原則と異なる課税方式を定めるもの
　C　租税回避の防止や課税の適正化を図るもの
　D　その他（徴収方法の特例，手続きの特例　等）

この類型に従った時，政策税制とされるものは類型Aということになり，類型B，C，Dは租税特別措置法による特例措置ではあるが，政策税制ではないという位置づけになる。

　また，有斐閣経済辞典（第4版）においては，政策税制は租税特別措置，優遇税制と同義とされ，「特定の政策目的を実現するための政策手段として，特定の要件に該当する場合に税負担を軽減し，あるいは重加することを内容とする措置をいう。」とされている。政府税調，経済辞典のそれぞれの定義に大きく異なるところはなく，一般的に承認されている定義であると思われることから，本論文においても同様の定義を用いることとしたい。

　そして，本論文では「一般税制」という用語を使用することとし，政策税制を除いた残り全ての税制（控除的考え）として定義したい。つまり，政策税制とは租税特別措置法の規定のうちの一部であり，そこに含まれない租税特別措置法の規定及び本則である個別税法を一般税法とする整理である。

　例えば，特定の政策目的を実現する優遇措置という観点から政策税制に分類する考え方があるかもしれないが，政策的配慮として控除が認められている生命保険料控除[3]や，障害者の少額預金の利子等[4]などは，本則である所得税法の中で規定されていることから，政策税制ではなく，一般税制に分類されることとする。また，租税特別措置法により規定される特別措置を全て

政策税制とする考え方もあるかもしれないが，これも，利子所得の分離課税等[5]などは，本則に定める原則と異なる課税方式を定めるものであり（政府税調の分類における類型Bに該当），一般税制に分類されることとする。

このように「一般税制」と「政策税制」の2つの用語を整理する理由として，政策税制という用語は上記のように一般に認められた定義が存在するものの，考え方によっては，拡大して使用されることも見受けられることから，本論文では用語の定義を明確にし，それに対する一般税制という考え方を併せて用いることで，その相違を明確にしようとするものである。

これに対して，そもそも租税特別措置法の規定は政府税調が示した4つの類型に全て論理的に振り分けることができるのかという疑問や，特に変更となるべき本質的な理由が見当たらない場合でも，例えばオリンピックの報奨金のように，政策税制だったものが税制改正によって一般税制に変わること[6]もあり，一般税制と政策税制の相違を強調することに対してどこまで意味があるのかという批判は当然有り得ようが，一体化を考察する上で，この相違を用いることは，それら批判を超えるだけの有益性が存在すると筆者は考える。筆者は，一体化の整備は一般税制で対応すべきものであり，政策税制による措置を組み合わせることは適当でないと考えている。これは，後述するように，長期にわたる検討にもかかわらず，一体化の実現が進まなかったのは，政策税制を併用し，それが存続することにより，一般税制による措置に切り替えることができなかったこと，また，政策税制の継続・撤廃の議論が中心となってしまい，一般税制の議論そのものが遅滞してしまったことが最大の要因であると筆者が考えていることによるものである。これらの考え方が妥当といえるものなのかにつき，「一般税制」及び「政策税制」というフィルターを通じて，その時々の政府の金融税制及び一体化に関する考え方の相違・変遷を明らかにしていく過程で考察していくこととしたい。

2. 金融所得課税の一体化に関する検討の推移

本節では，一体化の考え方が，どのように推移・変化してきたのかにつき，政府が公表した報告書等に基づいて振り返ってみることとしたい。一体

化に関しては，平成16年に政府税調（2004）が金融所得課税の一体化についての基本的考え方（以下，「基本的考え方」とする）を公表して，本格的な検討が始まったといえるが，実はそれ以前の金融システムの大改革の当時から，その検討の萌芽を見ることができる。そこで，政府文書の検討にあたり，過去15年程度の金融制度の動向を踏まえつつ，金融税制における一体化の変遷について考察していくこととしたい。一体化についての考え方，その目的は必ずしも一貫したものではなく，わずか15年程度の期間ではあるものの，その時々の経済や社会の状況によって変遷してきたというのが筆者の見解である。筆者は一体化の目的の相違により，これまでの検討期間を3つのステージに区分することができると考えている。以下，それぞれのステージについて順に考察していくこととしたい。

2.1 金融ビッグバンに対する対応～第1ステージ～

平成8年11月に，橋本総理より，大蔵大臣と法務大臣に対し，内閣の最重要課題である改革[7]として「金融システム改革」に全力を挙げて取り組むよう指示[8]があり，いわゆる日本版金融ビッグバンの本格的な検討が開始した。Free, Fair, Globalの三原則のもと，2001年までに，我が国の金融市場がニューヨーク，ロンドン並みの国際市場となって再生することを目指し，金融行政の転換，市場自体の構造改革を図るために，抜本的な金融市場改革を進めていくことが示された。そして，それら改革にあわせて金融税制についても，公平，中立，簡素の基本理念及び課税の適正化の観点をも踏まえ，税制全体の中で所要の検討を行うこととされた。総理指示に基づき，証券取引審議会等の関係審議会は改革の検討を行い，それら関係審議会の議論や答申等を踏まえて平成9年6月に「金融システム改革のプラン」[9]が公表された。同プランでは，内外資本取引等の自由化，資産担保証券など債権等の流動化，証券デリバティブの全面解禁等が示され，それら変革に対応した金融税制の改正が必要とされる内容であった。深尾（1998）は，金融ビッグバン本格化に伴うデリバティブ取引の拡大や金融の国際化を考慮すると，金融商品に対する課税は多くの問題点を抱えており，海外の金融機関の日本市場参入も活発化している中，新しい金融システムに対応した税制を確立しな

いと，金融制度の自由化のメリットが大きく損なわれてしまうとしていた。

　これらの先行した改革検討の流れに続き，政府税調においても金融税制のあり方について，専門的・技術的な検討を行うため，金融課税小委員会が設置され，平成9年12月に報告書（政府税調金融課税小委員会，1997）（以下，「中間報告」とする）が公表された。中間報告では，金融税制全体にわたる基本的問題を示すべく，金融税制の税制全体における位置付け，金融商品に対する所得課税の在り方，金融税制の適正な執行の確保といったテーマにおける種々の論点について，異なる様々な考え方を併記して整理した上で，同小委員会での最大の検討課題であったともいえる有価証券取引税の存廃の是非等，早急に検討すべき個別の税目等についての検討の指針が示された。

　ここで，中間報告において示された内容のうち，一体化を考察する上で特に注目したい2点を挙げたいと思う。1点目は，現在は何の断わりもなく，ごく自然に使用している「金融所得」という用語であるが，政府税調の答申において，「金融所得」という用語が初めて使用されたのは，この中間報告であると思われる。わが国の現行の所得税法においては，10種類の所得分類が設けられているが，「金融所得」という分類があるわけではなく，稼得された所得の源泉や性質に応じて，利子所得，配当所得，譲渡所得等のいずれかの所得に分類されることになる。つまり，「金融所得」という用語は所得税法における法令用語ではなく，また，法令データ提供システムの法令用語検索[10]で調べてみても，所得税法等の一部を改正する法律（平成21年法律第13号）の附則第104条において，「……金融所得課税の一体化を更に推進すること」（傍点は筆者による）という条文に使用されるのみであって，その他の現行の法令では使用されていない用語である。中間報告では，二元的所得税の考え方を説明する中で，金融所得について，「金融所得とは，金融資産から生じる所得のことを指す。金融所得のほか実物資産から生じる所得等を合わせたものが資本所得と定義されており，一般的には，勤労所得（労働所得）と対比されて使われている」という整理を示した。この整理・定義は簡易なもので，今から見ればごく当たりまえの内容に思えるかもしれないが，税法上の所得分類とは異なる概念としての「金融所得」，そして，資産所得から切り離した「金融所得」という整理を行うことは，その後の一体化

を検討していく上での重要な第一歩であったと考える。

2点目は，一体化の考え方の萌芽が，政府税調の報告書等において初めて示されたことである。中間報告では，金融所得課税の在り方については，当面，現実的，実務的に考えれば，租税法律主義の下で，現行制度の枠組みの中で個別商品ごとに時機を失せず検討していく必要があるとしたが，一方で，総合課税か分離課税かといった問題とあわせ，例えば「金融所得」といった形で包括的な税制の扱いを考える必要があるのではないかという問題提起も含めて検討していくべきとの考えが示され，現在に続く一体化の検討が，この段階から始まったといえると考える。

この第1のステージの特色としては，証券取引審議会（1997）の答申が，公正で信頼感のある市場の整備のために，不公正な取引に対する司法的・行政的なプロセスの適切な整備を求めるとともに，市場基盤の整備として，民商法，税法，会計制度等の枠組みの整備を求める，としていたように，金融システムの大幅な改革に適切に対応できる制度の整備が様々な法分野において求められていたのであり，単に，税制に対して，金融システムを活性化させるための政策誘導的な改正を求めるものではなかったということが挙げられる。

一方で，水野（1999）はこの当時の議論を，「規制緩和のなかで金融システム改革が議論されるようになって，税制がこのような社会の動向にどう対応したらよいのかということが議論される要請がでてきた。率直にいうならば，それまでの税制改革論議からみると，従来の，公平，中立，簡素といった原則からみれば，金融システム改革という切り口は，税制の議論にはなじまないところが多いわけであった。しかしながら，現実の要請として，それに対応しなければいけないということで，税制調査会において，金融課税小委員会をつくって検討することになったと思われるのである」と述べているように，税制の専門家の間で必ずしも税制の本来的な議論として，すっきりとは割り切れないと思われていたことも事実である。これは，同小委員会での最大の検討課題が有価証券取引税の存廃の是非の検討であり，この取引課税の撤廃に関しては，金融システム改革に伴う税制必須の改正というよりも，市場活性化を目的とした側面が強いという考えがあったことが大きく影

響していると思われる。ある委員は，「金融課税小委員会は広く金融課税のあり方をということだったのですけど，実際のエネルギーは有価証券取引税をどうするかに9割とられたところがあります」との感想を述べる[11]ほどであった。しかしながら，有価証券取引税は，有価証券取引税法（昭和28年法律第102号）によって課せられていた税金であることから，たとえその存廃が政策目的の要請によるものであったとしても，本論文では一般税制の検討が行われたものとして取り扱うところである。なお，当時の世界の金融税制の状況を，吉田（1997）は，「世界の中で資本の自由化に対応して，自国に有利に流れるように税制は改正されている」として，日本のキャピタルゲインに対する課税，利子所得に対する課税の高さ，有価証券取引税，印紙税など金融取引に対して障害となる税制を排除することは極めて大きな問題であるとしていた。

第1ステージを小括するとすれば，一体化という観点からは，本格的な議論は未だ起きておらず，一体化の目的というところまでは見出せない段階ではあるものの，その前提となる「金融所得」の概念整理，そして，それを税制上包括的に扱うべきか否かの検討を進めていくという方向性が生まれた。そして，中間報告において，税制も金融システム改革という新しい流れの中で，時機を失することなく対応していかなければならないと冒頭部で述べられたとおり，有価証券取引税の撤廃をはじめ，内外資本取引等の自由化，資産担保証券など債権等の流動化，証券デリバティブの全面解禁等の変革に対応した一般税制における金融税制の整備が行われることとなった。この第1ステージは総体的には，急速な勢いで先行する金融システムの改革に対して，遅滞なく税制の整備を行う必要が生じた状況下における，政策税制ではない，一般税制の改正を中心に据えた検討及び整備が行われた時期であったと位置付けることができると筆者は考える。

2.2 「貯蓄から投資へ」の政策目標への対応～第2ステージ～

一体化が本格的に議論されるのはこの第2ステージからであるが，実は，中間報告以降の政府税調の答申において，「金融所得」という用語がしばらくの間，使用されることがなくなっていた。平成12年中期答申（政府税調，

2000a)(以下,「21世紀答申」とする)では,「金融資産からの所得」,平成15年中期答申(政府税調,2003)では「金融資産性所得」という用語がそれぞれ使用されていた。平成14年の答申(政府税調,2002a)では,「金融所得」という用語が使用されているが,これは「金融所得」という税法上の所得分類を新設するという意味での用語使用をしており,中間報告で示された考え方とは異なるものであった。

　また,21世紀答申では,金融資産からの所得に対して「一律的な取扱いを設けることについては慎重に考える必要があります」と述べ,さらに,平成13年度税制改正答申(政府税調,2000b)では,「当調査会は,これまでも答申等で指摘してきているとおり,金融資産からの所得としての株式等譲渡益と利子の税率については,所得の性格,保有階層や規模といった点で両者は異なることから,税制上同一に取り扱うことは適当でないと考えます」と述べるなど,どちらかといえば一体化の推進に関して否定的に取れる考え方が示されていた。

　このような流れが大きく変わるきっかけとなったのが,平成13年6月に公表された骨太方針2001(閣議決定,2001)において,「貯蓄から投資へ」を実現するための構造改革を進めるという政策目標が明示されたことが挙げられる。

　骨太方針2001では,経済社会の活性化のために,「個人の潜在力を十分に発揮させるために,個人の意欲を阻害しない「頑張りがいのある社会システム」を構築する。このため,従来の預貯金中心の貯蓄優遇から株式投資などの投資優遇へという金融のあり方の切り替えや起業・創業の重要性を踏まえ,税制を含めた諸制度のあり方を検討する」ことを示した。さらに,証券市場の構造改革として,証券市場の活性化のために「個人投資家の市場参加が戦略的に重要であるとの観点から,その拡大を図るために,貯蓄優遇から投資優遇への金融のあり方の切り替えなどを踏まえ,税制を含めた関連する諸制度における対応について検討を行う」ことを示した。そして,税制改革として「経済の市場化,グローバル化,少子・高齢化という観点から,貯蓄・消費行動,投資・起業行動,労働供給・就業形態に対する誘因を十分に考慮して,個人,企業の経済行動に対して中立的な税制を構築しなければな

らない」との方向性が示された。

　この骨太方針2001で示された内容をこれまでの，そしてその後の政府方針・文書と比較する上で，注記しておきたい点が2つある。1点目は，「貯蓄から投資へ」という方針における「貯蓄」とは，預貯金等のことを意味しており，「投資」とは株式等への投資を意味して使用されていることである。これは，経済学における「貯蓄」や「投資」の概念とは異なるものであることを明確に認識しておく必要がある。有斐閣経済辞典（第4版）によれば，経済学における貯蓄とは，「国民勘定における貯蓄概念は，俗にいう貯蓄（預貯金）とは異なり，所得すなわち国民純生産のうち消費されずに残った分と定義される」とされ，投資とは「ある一定期間内における実物資本の増加分，あるいは同期間内の国民純生産物のうちで消費されなかった部分。事後的には貯蓄に等しい。経済学での投資の意味は，なんらかの実物の増加のことであり，日常生活で通常用いられる用語（たとえば不動産投資や株式投資）とは異なることに注意せねばならない。」と説明されている。このことからすれば，「貯蓄から投資へ」という方針は，経済学上の貯蓄概念の中における配分の変更と言い得るのではないかと思われる。一般的に，租税論など税制の理論的な検討においては，経済学上の貯蓄概念が用いられることが多いと考えられることから，検討にあたっては注意が必要となる点である。

　2点目として，「貯蓄から投資へ」という方針への対応として，政策優遇的と中立的という，時として相反することもある方向性を同時に示していることである。「従来の預貯金中心の貯蓄優遇から株式投資などの投資優遇へという金融のあり方を踏まえ，税制を含めた諸制度のあり方を検討する」というのは，はっきりと明示してはいないが，政策税制を検討することが暗に強く示されていると考える。一方，「貯蓄・消費行動，投資・起業行動に対する誘因を考慮して，個人，企業の経済行動に対して中立的な税制を構築」というのは，租税の原則の1つである中立性を踏まえた，一般税制における検討を示していると考える。この骨太方針2001の段階においては，「貯蓄から投資へ」という方針が示されたものの，一般税制と政策税制のどちらを中心とした整備を行っていくのか，また，税制の中立性と政策優遇的な考えが相反することとなる場合，どちらを優先していくのかについての明確な方針

は示されていなかったと考える。

骨太方針2001で示された方針に対して，政府税調においては平成13年6月に金融小委員会を設置して議論を開始したが，石政府税調会長は第1回小委員会における挨拶[12]において，株価対策のような対策という形で税制をいじることについては，政府税調は年来反対であり，税調らしい議論というのは，税制の基本的な仕組み，あるいは基本的な原則に沿って，公平・中立・簡素というような視点から議論するのが筋ではないかと述べている。また，水野（2004）は，骨太の方針における貯蓄優遇から投資優遇へという基本方針は，貯蓄商品と投資商品におけるインセンティブとしての税制は考えられるが，中立性を損ねるものとなり，税制の基本方針たりえないと思われるとしている。

「貯蓄から投資へ」という方針に対して，政府税調（2001）は，「本質的問題の解決抜きに，税制によって証券市場を活性化させることには限界があることを指摘するとともに，短期的な観点からでなく，むしろ「税制面での構造改革」を進めることにより，「証券市場の構造改革」に資することが重要である」ことを示した。さらに，「「証券市場の構造改革」に資する税制のあり方については，市場の透明性や信頼性の向上と整合的な方向を目指すとともに，「公平・中立・簡素」の原則に立って構築することが基本である」とし，投資に対する優遇税制の検討よりは，むしろ，これまでの貯蓄を優遇してきた制度・構造の是正が重要な課題であり，租税特別措置の聖域なき見直しとの方針から，少額貯蓄非課税制度等（老人マル優等）について，その廃止に向け根本的に再検討する必要があるとの意見を示した。筆者は，これらの意見は，「貯蓄から投資へ」への対応として，政策税制ではなく一般税制により対応していくべきであるという政府税調の表明であったと考える。

さらに，政府税調（2002a）は，金融税制のあり方として，二元的所得税の考え方や金融税制の一元化の是非については，総合課税への移行を目指すこととの関係，資産性所得と勤労性所得に対する課税のバランス等について検討を要するとし，特に，これら議論では課税の公平・中立と並んで，制度の簡素性に配慮すべきとし，金融税制における税制の簡素化の必要性からの検討を示した。骨太方針2001を契機に，政府税調においても，一体化の推

進に関して肯定的な考え方に転換しつつあることが示され始めている。

　平成14年に公表された骨太方針2002（閣議決定, 2002）では, 税制の3原則として,「望ましい税制の条件として掲げられるのは,「公平・中立・簡素」の3原則である。今回の税制改革では, 時代の要請に応じて, この3原則を「公正・活力・簡素」と理解することとする」と示し, 異論はあったものの[13], 中立の原則と活力とはイコールであるとの考え方を強調して示すものであった。さらに,「預貯金中心の貯蓄優遇から株式・投信などへの投資優遇への金融のあり方の転換を踏まえた直接金融へのシフトに向けて, 個人投資家の証券市場への信頼向上のためのインフラ整備など, 証券市場の構造改革を一層推進していく。活性化された経済を支える活力ある金融システムの確立に向けた金融の将来像を展望する観点から, 金融庁において中期ビジョンを早急にとりまとめる」ことが示された。

　この方針を受け, 金融システムの中期ビジョンがとりまとめられることになるのだが, まずは, そのビジョン作成の下地となった日本型金融システムと行政の将来ビジョン懇話会[14]（2002）の報告書の内容を見てみることとする。同報告書では「現在焦点となっている証券税制については, その改革が投資促進に直接貢献するかどうかは, 過去の計量分析などからはあまり明瞭でない」と, 税制による投資促進効果が不明であるとしつつも,「税制は, 国の姿勢の象徴である。国を挙げて市場機能を中核とする金融システムに移行しようとする時, 税制についても, リスクマネーの円滑な供給が可能になるよう再構築が必須との意見が多かった」として, 投資促進のための税制整備の必要性を指摘し,「金融商品の担税力に応じた税率を適用すべきとの伝統的考え方に対し, 利子, 配当, キャピタルゲインなどを無差別に合算して資産の取得費用や譲渡損失を控除するというのが考え得るひとつの方向であろう」として, 一体化の方向を示すとともに,「現下のマネーフロー構造を意図的に変革するために, 株式投資を他の金融商品より一層明確に優遇すべきとの方向もあり得よう」と, 投資優遇的な政策税制による整備の方向をも示す内容となっている。

　そして, 金融審議会（2002）により実際に策定されたビジョンでは, 一体化の方向を示すことはなく, 投資優遇的な政策税制が必要であるとの内容に

重点が置かれたものであった。ビジョンでは「預貯金中心の貯蓄優遇から株式・投資信託等の投資優遇への転換の流れを政策的に促進することが重要である。このため，税制面において株式・投資信託等のリスク商品について，当分の間，他の金融商品より優遇する必要がある。具体的には，個人投資家の参加しやすい金融商品である株式投資信託について優遇税制を講じるとともに，株式譲渡益に係る現行の優遇税制について更なる拡充を図る必要がある。また，株式を保有することへのメリットを高める観点から，配当課税のあり方についても見直しを行う必要がある。」と，税制部分に関しては，中期ビジョンというよりは，短期的な政策税制の必要性を殊更に強調する内容であった。これは，小泉政権の発足当時の平成13年5月に1万4千円を超えていた日経平均株価が，この投資優遇税制の議論が行われている最中である平成14年10月には8千円台に落ち込むなど，早急に株式市場を活性化させなければならないとする経済の現状が背景としてあったことが挙げられる。

　ビジョン発表後，小泉総理が東京証券取引所を視察した際の発言[15]では，「（金融・証券税制について）来年度の税制改革に向けて，「貯蓄から投資へ」という環境を整えるために，簡素でわかりやすい税制としていきたい」と述べるとともに，財務大臣も財務省内での記者からの株価急落への質問に対して「証券対策ですね。まずこの役所としては，税制面からできるだけのことをやりたいと。やっぱりこれだけのことを証券対策として財務省は考えたかと。よく考えたというような答えを出したい。それによってですねやっぱり投資家のほうも，それに反応を示して積極的にですね関与してもらいたいとそう思っておるんです」と述べるなど，政府が証券対策税制を断固として行う決意が示された。この段階において，「貯蓄から投資へ」という方針に対して，当面は，一般税制よりも政策税制を中心とした整備を行い，短期的には税制の中立性よりも政策優遇的な考えを優先していくことが明確に示されたといえるのではないかと考える。

　経済財政諮問会議（2002）においても，持続的な経済社会の活性化のための税制改革の推進として，金融・証券税制において「株式に係る課税の簡素化や貯蓄から投資への改革のための金融・証券税制の大胆な見直しを行う」

ことが示された.

　一方で，政府税調（2002b）は従来の立場を大きく崩すことなく，政策税制とは一線を画して，「度重なる税制改正により課税関係が頻繁に変更されることは，決して望ましいことではない」と，短期的な政策税制を暗に批判するとともに，「簡素で安定した金融税制を構築することにより，「貯蓄から投資へ」といった，わが国金融のあり方をめぐる現下の政策要請にも応えられる」との考えを改めて示した上で，「金融・証券税制については，今後，利子・配当・株式譲渡益に対する課税について，金融商品間の中立性を確保するとともに，できる限り一体化する方向を目指すべきである．この場合，将来の改革の方向として，金融所得の一元化，二元的所得税についても，総合課税とあわせ検討すべきである．」と述べるなど，簡素で安定した金融税制を構築するという中長期的な一般税制の検討こそが「貯蓄から投資へ」を実現するものであり，その方向の1つとして一体化を検討していくことを示したものと考える．

　このような議論の結果，平成15年度税制改正では，上場株式等の配当及び譲渡益，公募株式投資信託の収益分配金に対して，利子と同じ20％の税率で課税を行うことを基本としつつも，現実の対応としては，その後5年間について税率を10％に軽減するという証券市場対策を前面に押し出した政策税制による措置が講じられることとなった．

　短期的な政策税制が措置されたことから，次の焦点は，一般税制における中長期的な金融税制の構築であった．平成15年に公表された骨太方針2003（閣議決定，2003）では，構造改革への具体的な取組みとして，持続的な経済社会の活性化を目指し，将来にわたる国民の安心を確保する税制への改革を進めるとし，具体的手段の1つとして「家計の金融資産を証券市場に振り向け，将来の成長に結びつけるために，金融資産からの収益を一体化して課税する方式に向けて検討を行う」として，一体化の検討を行うことを示した．

　政府税調（2003）においては，「今後の課税のあり方については，簡素かつ公平で安定的な制度の構築を念頭に，金融商品間の中立性を確保し，金融資産性所得をできる限り一体化する方向を目指すべきである」とした上で，「このような方向に関しては，金融資産性所得の範囲や税率，損益通算など

多岐にわたる課題について，様々な観点からの理論的・実務的な検討が必要である」ことを示した。そして，この答申に基づき，金融小委員会における検討が行われ，平成16年6月に基本的考え方が公表された。

基本的考え方は，一体化の意義について，「貯蓄から投資へ」の構造改革に伴い，より一層投資を行い得る環境を整備する政策的要請があり，金融商品間の課税の中立性，投資リスクの軽減を図ることが必要であるとの観点から，一体化に取り組むことが重要であるとしている。そして，一体化の具体的措置として，金融所得間における課税方式の均衡化，そして，金融所得間における損益通算の範囲拡大の2点を挙げている。さらに，一体化の税制論から見た位置づけを，簡素で中立的な税制を構築する観点から，現行の分離課税制度を再構築するものとしており，これらは，政策税制ではなく，一般税制による金融税制の再構築を行う方向性を明確に示していると考える。二元的所得税についても，我が国と著しく異なる背景に基づくものとしつつも，課税ベースの拡大，海外への資本逃避防止，資本所得間の中立性の確保などの問題意識は我が国の税制を考えるに当たっても重要な点であるとし，所得税制全体のあり方として，北欧型の二元的所得税については，我が国の経済・財政状況や税体系を踏まえ，引き続き検討していく必要があることを示している。

基本的考え方が示されたことにより，一体化の検討及び実現が急速に進むかと思われたが，結果としては，ここから長い停滞期に入ってしまったと言わざるを得ない状況となった。停滞の要因は1つではなかろうが，一番の問題となった要因は，政策税制の存在であると筆者は考える。基本的考え方で，一体化の具体的内容の1点目として税率を20%とする申告分離課税への課税方式の均衡化が挙げられたが，10%の軽減税率を規定した政策税制が存続する限り，当然にこの内容を実現できないのは明らかである。さらに，2点目である損益通算の範囲の拡大に関しても，基本的考え方は損益通算の考え方として，「分離課税でも税率の異なる所得の間の損益通算を認めることは適当でない」と述べ，政策税制により軽減税率が適用されている金融所得と，一般税制の税率が適用される金融所得の間では損益通算は認められないことを示した。これら考え方を踏まえれば，政策税制が終了しない限り

は，その間は一体化が停滞することは明らかであった。

そして，当初は5年間について税率を10%に軽減するという政策税制であったが，平成19年，20年，21年度と毎年度の税制改正によって，政策税制の期間延長が措置され続け，平成23年度の税制改正においても，景気回復に万全を期すとの理由により，平成25年12月までの延長が措置された。当初5年間であった政策税制が，現時点で11年もの長期に渡って継続することになっている。その間，共に軽減の対象である上場株式等の譲渡損失と配当との間の損益通算の仕組みが導入されるなど，一体化の進展は漸進的には整備されてきてはいるが，基本的考え方が描いていた姿を実現するまでには到底達しておらず，政策税制の存続によって，一般税制としての一体化の進展は停滞したものとなったと考える。

第2ステージを小括するとすれば，この期間における一体化の目的は，「貯蓄から投資へ」の政策目的に沿った金融税制の構築という当初の目的から変質し，「貯蓄から投資へ」の政策目的それ自体が一体化の目的となるような状況に陥ってしまったのではないかと考える。つまり，短期的に株式投資等を活性化させることそのものが目的となってしまい，基本的考え方が示していた，簡素で中立的な税制を構築することによって「貯蓄から投資へ」の環境整備に資するという一体化の中長期的な目的は，いったん小休止せざるを得ないような状況であったと考える。第2ステージは，一体化を進展させるために実際に行われた措置は，一般税制ではなく，株式市場を活性化させることを目的とした短期的な政策税制の措置が中心ないし優先するものであり，さらにその特別措置の期間を延長し続けたことから，基本的考え方で描かれた一体化及び簡素で中立的な金融税制の構築の進展を，残念ながら見ることはできなかった時期であると筆者は考える。

2.3 「公平・透明・納得」の金融税制への対応〜第3ステージ〜

平成21年9月に政権交代が行われ，与党のマニフェストに示された方針に沿って，様々な分野における政策が大幅に見直されることになったが，税制も例外ではなく，政府税調（2009）が公表した平成22年度税制改正大綱では，新しい国のかたちを作るために必要不可欠なこととして，現行税制の

抱える問題点を払しょくし，厳しい財政状況を踏まえつつ，支え合う社会の実現に必要な財源を確保し，経済・社会の構造変化に適応した新たな税制を構築することが示された。そして，税制の抜本改革の基本的な方向性として，「納税者の立場に立ち「公平・透明・納得」の税制を築くこと」が第一に掲げられた。特に政策税制に対しては，税負担の公平の原則の例外であり，正当化されるためには，その適用の実態や効果が透明で分かりやすく，納税者が納得できるものでなくてはならないとし，平成22年度税制改正から始まるその後の4年間で抜本的に見直すことが示された。この方針により，金融所得に関する政策税制も，これまでとは異なる判断がなされる可能性があることが示唆されている。そして，金融税制に関しては，「全ての所得を合算して課税する「総合課税」が理想ではありますが，金融資産の流動性等にかんがみ，当面の対応として，景気情勢に十分配慮しつつ，株式譲渡益・配当課税の税率の見直しに取り組むとともに，損益通算の範囲を拡大し，金融所得の一体課税を進めます」と述べ，論者によって評価が分かれる[16]表現ではあるが，筆者の見解としては，大綱において，分離課税している金融所得などに軽課している政策税制により，所得再分配機能が低下し，累進性を喪失している状態であることを公平性の観点から問題として，平成24年度の税率の本則化を実現することを明確に示し，それに伴う緩和措置として非課税口座を創設する政策税制を新たに設けるものの，期間は前政権で構想されていた5年を3年に短縮するものであることなど，一般税制による一体化の整備を後退させるような内容ではないと肯定的にとらえている。これらの内容を総合して勘案すると，政権交代により，「公平・透明・納得」の金融税制の改革を目指すこととされ，一体化もそれに沿った内容で検討されていくことが示されたと考える。

そして，これまでの政策の考え方が変更されたことを示す象徴的な事実として，第2ステージで政策税制を中心とした金融税制の整備が行われる本源となった「貯蓄から投資へ」という政策目標が，政権交代以降の金融に関する政策として掲げられることが全くなくなったことが挙げられる。

平成21年の年末に，政権交代後初めての包括的な政策の基本方針[17]（閣議決定，2009）が公表された。基本方針では，「個人金融資産（1,400兆円）や

住宅・土地等実物資産（1,000兆円）を活かしつつ，アジア地域を成長のフロンティアと位置付けて取り組めば，成長の機会は十分存在する」として，金融資産，実物資産を活用することによる成長の方向性を示している。そして，翌年に公表された基本方針を具体化したシナリオ（閣議決定，2010）では，健康大国戦略として，医療・介護分野のセーフティネット充実による将来不安を緩和することにより，「貯蓄から消費へ」の拡大を実現するとの目標が示された。また，アジア経済戦略として，アジア域内の豊富な貯蓄をアジアの成長に向けた投資に活用し，アジアの所得倍増を通じた成長機会の拡大を目指す目標も示された。これら方針を見る限り，単に「貯蓄から投資へ」の方針がなくなっただけでなく，預貯金としての貯蓄，株式投資としての投資ではない，経済学的な貯蓄及び投資の概念をベースにした方針に変更されていることがわかる。そして，何より重要な点として，新成長戦略においては，7つの戦略分野[18]の1つとして金融戦略を掲げ，成長戦略における金融の役割は，①実体経済，企業のバックアップ役としてそのサポートを行うこと，②金融自身が成長産業として経済をリードすることとし，アジアを中心とした新興国が牽引する世界経済の成長に，我が国がアジアの金融センターとして大いに関与しつつ，国民の金融資産の運用を可能とする「新金融立国」を目指すとしているが，そうした目標を達成するための具体的な取組み及び実施すべき事項の中に，政策税制を結び付けたものは全く示されていないことが挙げられる。そして，新成長戦略に沿った施策の1つとして，総合的な取引所の創設が挙げられており，「証券・金融，商品を一体的に取り扱う垣根を取り払った取引所における取引の活性化を図るためにも，口座や税制の一元化などの課題への対処を図る」（金融庁他，2012）ことが示されている。このように，取引所を総合することに伴う法整備が必要とされる状況の中，税制の整備として，これまでのような証券だけに対する短期的な政策税制で対応できるものではなく，新成長戦略の実現においては，一般税制の改正に基づく中長期的な一体化の税制の整備を図ることが求められていると考える。

　この金融政策の方針の変化を，金融庁の政策評価からも考察してみる。金融庁の平成20年度から23年度の中期的な施策の目標の1つとして掲げられ

た「活力のある市場を構築すること」に対して，目標を実現するための施策として，個人投資家の参加拡大を目指すことが挙げられ，その達成目標として個人投資家に対して，金融・資本市場への適切な投資機会を提供することが示された。これを達成するための事務事業として，平成21年度までは「貯蓄から投資へ」の流れを促進するための税制面の環境整備が掲げられ，その実施内容として，「貯蓄から投資へ」の流れを促進し，個人投資家の裾野が広がるよう，簡素で分かりやすく投資しやすい，税制面での環境の整備に努めるとしていた。これが，政権交代後の平成22年度は，事務事業は，個人投資家の裾野拡大のための税制面の環境整備が掲げられ，その実施内容として，個人投資家の裾野が広がるよう，日本版ISAの円滑な施行に向けて取り組むとともに，簡素で分かりやすく投資しやすい，税制面での環境の整備に努めるとし，平成22年度税制改正大綱で示された内容に沿ったものに変更している。

そして，平成24年度から28年度の新たな基本計画において，前期のような個人投資家の市場への参加を拡大するという目標や施策はなくなっており，また，どの目標や施策においても税制面での環境整備に努めるという実施内容を示すものはなくなっている。さらには，平成22年度以降，政策評価の実施が義務付けられるようになった法人税関係の租税特別措置等に係る政策について政策評価を行うだけでなく，その他の租税特別措置等に係る政策についても，政策評価の対象とするよう努めるとするなど，政策税制に対する大きな方針転換を見ることができる。これら計画を見る限り，金融政策において「貯蓄から投資へ」という方針は完全に過去のものになったと判断してもよいと考える。

その事実は，平成24年に金融審議会に設置された我が国金融業の中長期的な在り方に関するワーキング・グループ (2012) が示した金融業の中長期的あり方の展望を示した報告書にも如実に示されている。報告書では，顧客が認める価値を創り出す金融業に向け，「間接金融部門と直接金融部門が車の両輪となって，金融サービスの需要者と供給者を効果的に結びつけていく努力が必要となる。我が国では，複線的な金融システムの構築に向けて「貯蓄から投資へ」という政策が久しく推進されてきた。しかし，長期化するデ

フレや低金利といったマクロ経済情勢や国内外の金融資本市場の低迷といった要素などを勘案すれば，直接金融というチャネルに，我が国経済が必要としている成長資金供給のすべてを期待できる状況にはないであろう。「貯蓄」も「投資」も動員されなければならない局面にきている」とし，これは，経済学上の貯蓄概念を，間接金融である預貯金や直接金融である株式投資に分けて，どちらかに比重を移すことを目的としていたこれまでの政策からの決別と読めるのではないか。また，報告書は企業向け金融サービスのローカルな展開に関する現状と認識においても，「金融機関には，従来型の不動産担保などに頼ることなく，有望な案件についてリスク・テイクを行うリスク変換機能の発揮が期待されている。それには情報生産機能が不可欠である。企業の将来的な事業リスクや経営力を見極める目利き力とその情報をコンサルティングに活かす力が必要となっている。もはや，『貯蓄』か『投資』か，といった抽象的な政策論議だけでは済まなくなってきていると考えるべきであり，直接・間接金融の両部門を総動員した成長資金供給の態勢づくりが求められている」として，これまでの政策からの方針の転換が求められていることを明確に示している。さらに，個人向け金融サービスの現状については「これまでも，我が国においては，複線的な金融システムを構築するという文脈の中で，金融仲介者の機能を向上させる観点から，業規制や商品規制などについて，様々な制度改正や環境整備が行われてきている。多様な市場の担い手が金融仲介者として参入してきており，提供される金融サービスや商品の自由度も大きく高まってきている。しかしながら，結果として，「貯蓄から投資へ」は，大きな流れとして実現されるには至ってはいない」とし，これまでの政策目標の実現が不十分であったことを総括している。そして，報告書全般を通じて，金融業の中長期的あり方を実現するための今後の政策や方向性を示した記述の中に，第2ステージであれば散見された政策税制を必要とする施策が示されていないことは，金融政策における第3ステージの特徴と考える。

　これまでみてきたように，この第3ステージにおいては，税制として，金融システム・政策における短期的な観点からの政策税制を検討する必要性がなくなった状況であるといえる。このような状況下であれば，一体改革大綱

が示した方向で一体化を進めることに専念できる環境であると考えられることから，（本論文執筆段階では年度税制改正の議論が始まってはいないが）平成25年度改正で，公社債等に対する課税方式の変更及び損益通算範囲の拡大が措置され，さらに，現在軽減税率10％が適用されている上場株式の配当・譲渡所得等への課税を，平成26年から本則の20％税率へ復帰させることが確実に実現されることが期待できる状況であると考える。

第3ステージを小括するとすれば，一体化の目的は，「公平・透明・納得」の金融税制を構築するための整備であり，基本的考え方が示していた，税理論における簡素で中立的な税制を構築する観点から，現行の分離課税制度を再構築するという目的と同様の方向性を示していると考える。そして，一体化の議論の導入点が金融税制における証券関係税制であることを踏まえれば，一体改革大綱の方向で税制改正が成立した場合，上場株式，公募株式投資信託，公社債等の間で，課税方式の均衡化と損益通算が実現することになり，証券関係税制における一体化の整備が大きく進展したことをもって，一体化がある一定の着地点に到達したと判断してもいいのではないかと考える。そして，これまで一体化の検討を停滞させていた政策税制の終了により，次の段階の深化した一体化の検討を行う条件も併せて整えられることになると考える。

3. 金融所得課税の一体化の次の段階における政策的インプリケーション

第3ステージ以降の一体化の検討としては，政府税調の資料[19]で今後の課題として示されているように，預貯金の利子，デリバティブ取引との損益通算をどこまで拡大するかが，当面の大きな論点になるのではないかと思われる。そして，基本的考え方で示されていた，外貨預金の為替差益，金融類似の保険収益などの課税方式の均衡化及び損益通算についても検討される論点であると考える。

その際，これまでの一体化の推移・変遷を振り返ることを通じて得られた，一体化の次の段階の検討に向けた政策的インプリケーションとして，今

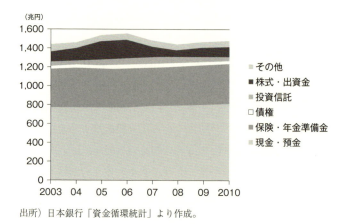

出所）日本銀行「資金循環統計」より作成。

図1　家計の金融資産残高の推移

　後の一体化の推進にあたっては，政策税制を併用する措置を検討すべきではないことを挙げたい。第2ステージの考察で示したように，政策税制の措置及びその延長のために，一体化の進展は極端に遅延したものとなった。今後の一体化の展開にあたって，同じことを繰り返すことがあってはならないと考える。

　もちろん，政策税制にも特有の目的があり，それを全面的に否定するものではない。しかしながら，証券税制においては，これまで継続されてきた軽減税率により，「貯蓄から投資へ」がどの程度実現されたかについて考えてみた場合，これを資金循環統計の数値だけを示して論ずることは適切ではないとは思うが，図1，2のグラフが示すように，軽減税率開始から現在までの10年間で家計の金融資産残高に占める株式等の金額及び割合は，当初は増加したものの，近年は相当に減少している状況であり，政策の目的が達成されたとはいいがたい結果となっている。政策税制により，中長期的な一体化の進展が停滞しただけにとどまらず，短期的な政策目的に対しても効果を十分に発揮することができなかった事実は，今後の一体化の検討を行う上で重く受け止める必要があると考える。

　また，平成24年に入ってからのわが国の株価は欧州における政府債務危機の影響を受けて急落している。仮定の話ではあるが，平成23年度改正に

第6章 金融所得課税の一体化に関する考察

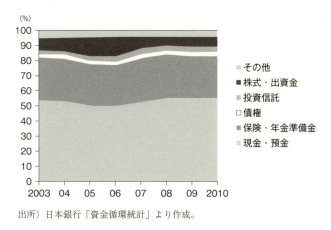

出所）日本銀行「資金循環統計」より作成。

図2　家計の金融資産残高の構成比の推移

よる政策税制の2年延長が実現せず，本則税率に戻されていたならば，政策税制の撤廃が株価急落の主要因とされていた可能性もあったであろう。しかし，現実は，政策税制を延長したにも関わらず，市場の動向により株価が急落したという事実が生じたのであり，複雑な金融市場を対象とする金融税制においては，短期的な特別措置にだけ頼ることは，問題の解決，そして政策目的の実現に結びつけることは困難であることを，この10年の株式市場の動向は示しているのではないかと考える。政府税調（2001）が示した，「本質的問題の解決抜きに，税制によって証券市場を活性化させることには限界があることを指摘するとともに，短期的な観点からでなく，むしろ「税制面での構造改革」を進めることにより，「証券市場の構造改革」に資することが重要である」という考え方は，証券税制だけでなく，業態を超えて展開されるであろう今後の金融税制，そして一体化を検討していく上で，常に意識される必要がある考え方であると思われる。金融所得課税の一体化の推進には政策税制でなく，中長期的な観点からの一般税制を中心とした整備を行う必要があるということを本論文における政策的インプリケーションとしたい。

おわりに

　今後進展されることになる一体化の議論は，これまでの証券税制を中心とした議論から，デリバティブ取引など，証券税制内における更なる対象の拡大，そして，預貯金や保険など，金融業界における業態を超えて展開されることが想定され，また，それが実現されなければ，これまで長期にわたり検討されてきた一体化の目的は達成されずに終わってしまうことになる。今後の一体化の展開は，これまで以上に実現の困難性が予想されるところではあるが，現在政府が進めている新成長戦略に沿った，実体経済等のサポートを行いつつ，金融自身が成長産業として経済をリードするためには，税制においては一体化を進め，簡素で中立的な制度を構築することが求められると考える。そして，それら政策の進展を停滞させないためにも，金融所得課税の一体化の推進には政策税制でなく，中長期的な観点からの一般税制を中心とした整備を行う必要があるという政策的インプリケーションを意識することは有益であると考える。

　［付記］
　本稿は，長崎大学経済学部創立 100 周年記念事業寄付金による研究支援及び経済学部新任教員支援経費による研究成果の一部である。支援に深く感謝したい。

　［注］
1) 「平成 19 年度の税制改正に関する答申 ── 経済活性化を目指して ── 」（平成 18 年 12 月 1 日 税制調査会）に関する用語集より。
2) 平成 21 年度第 2 回税制調査会（10 月 20 日）資料「租税特別措置等」。
3) 所得税法第 76 条。佐藤（2009）は，一定の保険に加入することは社会政策的にみて望ましいことだと考える余地があり，それら行動を税制の面から後押しするのが，生命保険料控除の趣旨であるとしている。
4) 所得税法第 11 条。武田（2011）は，この条文の改組の背景として，税制の公平・中立という原則に立ち，「租税特別措置の聖域なき見直し」の観点を踏まえ，貯蓄優遇税制としての政策目的をもって講じられていた租税特別措置である本制度について，「障害者等の少額貯蓄非課税制度」に改組することとされたと説明している。
5) 租税特別措置法第 3 条。

第 6 章　金融所得課税の一体化に関する考察　　243

6) 所得税法第 9 条 1 項 14 号。平成 6 年度税制改正において，スポーツの振興を支援する観点から，財団法人日本オリンピック委員会からオリンピックメダリストに支給される金品で財務大臣が指定するものについては，所得税を課さない措置が租税特別措置法に規定されたが，平成 22 年度税制改正において，租税特別措置の抜本的な見直しの観点から，所得税法の本則で規定されることになった（武田，2011）。
7) 橋本内閣における最重要課題である 6 つの改革（行政改革，財政構造改革，社会保障構造改革，経済構造改革，金融システム改革，教育改革）の 1 つとして，金融システム改革が掲げられた。http://www.kantei.go.jp/jp/kaikaku/index.html#kinyu-system
8) 橋本総理指示「我が国金融システムの改革」http://www.fsa.go.jp/p_mof/big-bang/bb7.htm
9) 「金融システム改革のプラン～改革の早期実現に向けて～」（平成 9 年 6 月 13 日大蔵省）http://www.fsa.go.jp/p_mof/big-bang/bb32.htm
10) 法令データ提供システム　http://law.e-gov.go.jp
11) 税制調査会第 1 回金融小委員会議事録（平成 13 年 6 月 5 日開催）より。http://www.cao.go.jp/zeicho/gijiroku/kin01a.html
12) 税制調査会第 1 回金融小委員会議事録（平成 13 年 6 月 5 日開催）より。http://www.cao.go.jp/zeicho/gijiroku/kin01a.html
13) 経済財政諮問会議平成 14 年第 6 回（平成 14 年 3 月 8 日）及び第 8 回（同年 3 月 29 日）の議事録を参照。
14) 平成 13 年 10 月に柳澤金融担当大臣の私的懇話会として設けられた。
15) 税制調査会第 20 回基礎問題小委員会（平成 14 年 10 月 11 日）資料　基礎小 20-7 より。
16) 渡辺（2010）は，「「総合課税が理想」といっているあたりは，平成 4 年（1992 年）の利子・株式譲渡益課税小委員会の答申時代に半分ぐらい戻ってしまった感がしないではない」と，一体化の進展の後退を多少感じているようである。
17) 新政権の歴史的な使命として「人間のための経済社会」を世界に発信し，再び，日本が輝きを取り戻すための，10 年先を見据えた新成長戦略を実行するとし，その基本方針が公表された。
18) 新成長戦略では，7 つの戦略分野として，「グリーン・イノベーション」，「ライフ・イノベーション」，「アジア経済」，「観光・地域」を成長分野に掲げ，これらを支える基盤として「科学・技術・情報通信」，「雇用・人材」，「金融」に関する戦略を実施するとしている。
19) 平成 22 年度第 14 回税制調査会（11 月 30 日）資料「個人所得課税（金融証券税制）」。

[参考文献]

閣議決定（2001），『今後の経済財政運営及び経済社会の構造改革に関する基本方針』（2001 年 6 月 26 日）

閣議決定（2002），『経済財政運営と構造改革に関する基本方針 2002』（2002 年 6 月 25 日）
閣議決定（2003），『経済財政運営と構造改革に関する基本方針 2003』（2003 年 6 月 27 日）
閣議決定（2009），『新成長戦略（基本方針）～輝きのある日本へ～』（2009 年 12 月 30 日）
閣議決定（2010），『新成長戦略～「元気な日本」復活のシナリオ～』（2010 年 6 月 18 日）
閣議決定（2012），『社会保障・税一体改革大綱』（2012 年 2 月 17 日）
金融審議会（2002），『中期的に展望した我が国金融システムの将来ビジョン』（2002 年 9 月 30 日）
金融審議会我が国金融業の中長期的な在り方に関するワーキング・グループ（2012），『我が国金融業の中長期的な在り方について（現状と展望）』（平成 24 年 5 月 28 日）
金融庁，農林水産省，経済産業省（2012），『総合的な取引所検討チーム取りまとめ』（平成 24 年 2 月 24 日）
経済財政諮問会議（2002），『改革加速のための総合対応策』（2002 年 10 月 30 日）
佐藤英明（2009），『スタンダード所得税法』弘文堂
証券取引審議会（1997），『証券市場の総合的改革～豊かで多様な 21 世紀の実現のために～』（1997 年 6 月 13 日）
税制調査会（2000a），『わが国税制の現状と課題――21 世紀に向けた国民の参加と選択――』（2000 年 7 月）
税制調査会（2000b），『平成 13 年度の税制改正に関する答申』（2000 年 12 月 13 日）
税制調査会（2001），『証券税制等についての意見』（2001 年 9 月 18 日）
税制調査会（2002a），『あるべき税制の構築に向けた基本方針』（2002 年 6 月）
税制調査会（2002b），『平成 15 年度における税制改革についての答申――あるべき税制の構築に向けて――』（2002 年 11 月）
税制調査会（2003），『少子・高齢社会における税制のあり方』（2003 年 6 月）
税制調査会（2004），『金融所得課税の一体化についての基本的考え方』（2004 年 6 月 15 日）
税制調査会（2009），『平成 22 年度税制改正大綱～納税者主権の確立へ向けて～』（2009 年 12 月 22 日）
税制調査会金融課税小委員会（1997），『金融システム改革と金融関係税制――金融課税小委員会中間報告――』（1997 年 12 月）
武田昌輔監修（2011），『DHC コンメンタール所得税法』第一法規（2011 年段階の加除式のもの）
日本型金融システムと行政の将来ビジョン懇話会（2002），『金融システムと行政の将来ビジョン――豊かで多彩な日本を支えるために――』（2002 年 7 月 12 日）
深尾光洋（1998），「金融ビッグバンと税制の将来」『三田評論』1006，pp.20-25
水野忠恒（1999），「預貯金利子等の課税のありかた」『日税研論集』第 41 号，pp.3-45
水野忠恒（2004），「金融資産収益の課税」『日税研論集』第 55 号，pp.3-25
吉田和男（1997），「金融ビッグバンと税制の対応」『税理』40(6)，pp.2-7
渡辺裕泰（2010），「金融所得税のあり方と一体化課税の経緯と現状」『税研』26(1)，pp.14-20

第2部

グローバル経済編

第 1 章

Economic Growth and Investment in Developing Nations of Asia

Shigeru Uchida*
Celia Lopez Umali**

Abstract

This paper aims to investigate the relationship between economic growth and foreign direct investment in developing nations of Asia ; Indonesia, Malaysia, Philippines and Thailand (IMPT), Cambodia, Laos, Myanmar and Vietnam (CLMV), and Bangladesh, India, Pakistan and Sri Lanka (BIPS). As industrial restructuring in IMPT occurred, their economies moved up to another stage of technological capability pushing more foreign direct investment inflows to CLMV as they themselves go through shifts in their economies. For South Asia the service sector is a strong contributor to the region's growth compared to that of South East Asia, where the role of manufacturing industry is more pronounced.

Keywords : Economic Growth, Investment, Asia

1. Economic Growth and Investment

Economic growth has really been a crucial theme not only for economic researchers but also for those in management or related social studies, as well as business leaders, managers, and the like. We are all aware of how the last contagion of worldwide recession or even depression caused by the Lehman shock has prevailed in many countries and regions in such a short time, an event no one ever

---

* Professor, Faculty of Business and Commerce, Aichi Gakuin University,
  Professor Emeritus, Nagasaki University
** Professor, Faculty of Economics, Nagasaki University

expected would happen. It is well known that the global economic trend could not be getting back to the stage of the former financial and/or economic system, and this is true for OECD members, and advanced and developing nations. It is one of key phenomena of economic tendencies in this century that could be observed in a highly connected and synthesized mega-system amongst financial innovation, information & communication technology.

In this situation, corporate investment has served as a rigorous main engine that has pulled up and pushed on the local and global economies with adequate and timely offered financial opportunities. This could just be promoted to improve the economic performance of an industry or a country with its concept of industrial or public finance. We know one of the basic open-macroeconomic models showing simply a macroeconomic equilibrium condition and the importance of financial items ;

$$(X-M) = (S-I) + (T-G)$$

where X : export, M : import, S : saving, I : investment, T : tax revenue, G : government expenditure. This equation is well known in textbooks to be easily derived from the following relationship between national income and aggregate demand (Uchida and Nishiwaki, 2002, for example) ;

$$Y = C + I + G + X - M$$

The left side of the former equation displays the result of international economic balance while the first part of the right side means the balance of saving and investment, and the second part shows the government tax revenue and spending. If at least one of these three parts would have a gap, other(s) should totally cover the amount.

Front runners amongst the advanced economies like the United States and the United Kingdom have in the last century experienced being capital exporting nations to get much of the incomes from overseas financial investments. Recently the Japanese economy has also caught up with these countries, even though the importance of international market competitiveness and its enhancement policy in Japanese manufacturing industries as well as the pioneering or developing new industries providing substitutive employment sources have been pointed out.

As for the meaning of the right hand side of the first equation above, utilization of internal and/or domestic financing standing capacity involving national capital and local peoples' savings is one of the most indispensable key items in the process of economic development.

Through indirect financing procedure, people will retain the amount of their deposit money together with the interest in a certain future time, and distribute them to consumption and deposit again. Most consumption goes to the purchase of goods and services produced by Japanese businesses with their value-added processes. Almost the same assertion could indeed be possible for their deposits channeled through banks' loans to meet corporate demands for money in order to effect and enhance their productive investments. In this, very few in the private corporate sector including commercial banks could face the threat of withdrawal of foreign capitals. In a socio-economic sense, the corporate sector would normally be given a stable and rather cheap financing structure just like in the high economic growth observed in Japan during the 1960s. But this needs much more time for a nation to enjoy the huge amount of money and/or capital for the take-off as pointed out by Rostow (1960).

On the contrary foreign money like foreign direct investment (FDI) could be different and could provide the possibility of speedy take-off and/or development. Of course we had at that period in the 1960s no such adequate financing measures as FDI of nowadays that prevail much all over the world and both provided by the public sector which includes official development aid or assistance (ODA) and private sector offering such as commercial banking loans, speculative finance and so forth. Investment by the private sector has really played a great positive role in development even in the fields of public and industrial infrastructures. These are highly relevant to medical & hygiene, education, information & communication, mass-media, etc.

An empirical study on savings, service industry weight, gross domestic product, etc. has also been conducted for this paper though the main issue has been on FDI in Asian countries. Our motive is to investigate the testing of a part of the Petty-Clark Law and others employing multivariate analysis as the first step for our research. But we would like to state that just some certain statistically significant results are added to the related nations in the group.

Economic development tends to promote a national and/or certain scope of regional economy organized or transformed toward service oriented industrialization through the manufacturing industries including some weight of heavy industries which offer much more employment opportunities to people with the transition from primary industries; agriculture, forestry, fishery and the like to manufacturing industries and then to service sector industries.

It is often said that industrialization has brought more employment opportunities, incomes to people and national wealth to a country. Especially in Asia, it seems true nowadays that even many kinds of innovation, IT or ICT, bio-technology, financial securitization, for example have really been developed in many economic regions or nations. Amongst several usual basic factors, we take the weight (rate) of workers in the service sector to total number of workers (RE3) and the growth rate of Gross Domestic Product (RGG) as dependent variables and FDI and saving ratio (RS) as independent variables. Cross section and time series data used in the empirical analysis are from ADB, Key Indicators, Asian Development Outlook, World Bank, APO Productivity Database.

2. Characteristics of Growth Patterns

"Look East" strategy is now being embraced by many governments and businesses alike. Asia is now attracting a lot of attention because it is a vast region, home to 4 billion people or 60 % of the world population and has a fast rising middle class. With the increasing global activities of many multinational companies (MNCs), the Asian region offers comparative advantages or globalization drivers in terms of market, cost and government policies for them to win in the regional or global market. The region has weathered many problems but nevertheless has remained dynamic and maintained long term growth and many scholars believe that the 21st century is the Asian century. This part of the paper will look into the growth patterns and the determinants of this growth in developing economies of Asia taken in such groups as ASEAN 4 (Indonesia, Malaysian, Thailand and the Philippines),Mekong River nations (Cambodia, Laos, Myanmar and Vietnam) and South Asia (Bangladesh, India, Pakistan and Sri Lanka).

The first group consists of Indonesia, Malaysia, Philippines and Thailand which were the original members of the ASEAN when it was established in 1961 initially to promote peace, stability and growth and later to reduce tariffs, eliminate non-tariff barriers, and simplify and harmonize customs procedures. The second group is composed of Cambodia, Laos, Myanmar and Vietnam. Vietnam joined the association in 1995, followed by Myanmar and Laos in 1997 and later Cambodia in 1999.The first group from now on will be referred to as IMPT and the second group as CLMV. CLMV were considered transitional economies in the 1990s as compared to the more mature economies of IMPT. The last group will be denoted as BIPS, referring to the South Asian nations of Bangladesh, India, Pakistan and Sri Lanka.

3. IMPT

One commonality among IMPT was the government open market-oriented policy that stimulated growth and development. The economies of IMPT once much depended on the agricultural sector that produced staples like rice and non traditional and plantation crops for export like rubber, palm oil coconut oil and sugar. In the 1960s the governments of IMPT implemented an import-substitution policy as a measure to provide employment and at the same time conserve foreign currency. The Singer-Prebisch dependency theory supports the import substitution industrialization policy which states that developing countries should be less dependent on the world market or the developed countries, and should instead keep a self-sustaining growth path. This however did not work well for IMPT. The import-substitution strategy relied mainly on agricultural processing, textiles and garments, and footwear which were although labor intensive did not spur growth. Hence the policy shift to an export-led growth strategy in IMPT from the 1970s eventually started the industrialization process in these countries that provided employment. To realize this however technology was key to bring industrialization to fruition but which these countries lacked. There were different ways to acquire the much needed technology: acquisition of the technology through licensing agreement, reproduce without licensing and FDI technology transfer through joint venture (Dowling and Valenzuela, 2004).IMPT did not follow the Japanese and South Korean model of acquisition of technology that sent missions (in cooperation with the Keiretsu and the Chaebols) abroad to get the latest technology or through licensing agreements with foreign companies since they did not welcome foreign direct investments when Japan and South Korea were in their initial stages of industrialization (Dowling and

Valenzuela, 2004). Rather, IMPT opted for FDI and provided incentives for multinationals to invest in the country and in the process transfer technology initially in joint venture with a local company. This FDI-led industrialization got a boost specially after the 1986 Plaza Accord that led to the appreciation of the Japanese yen during which time Japanese companies started to relocate labor intensive (simple assembly) electronic appliances to Singapore and IMPT. At that time too, Japan had a huge trade surplus with the US, Japan's biggest market in the 1990s, that threat of protectionism against Japan was being considered. This was another factor that drove Japanese electronic appliance manufacturers of television, VCR, radio cassette, telephone/fax, tape recorder, etc. to produce in IMPT. The electronic products exports thus originated from IMPT rather from Japan as a correction to the US-Japan trade imbalance.

Accompanying the liberalized policy of market-led growth is the establishment of export processing zones (EPZs) in these countries. In the 1980-1990s IMPT had very poor physical infrastructures which are considered advanced factor endowments to attract FDI to locate into their respective countries. The poor infrastructure was a deterrent in attracting foreign direct investors hence the development of export-processing zones or in some cases special economic zones (SEZs) or free trade zones (FTZs). EPZ (SEZ or FTZ) is an area developed by the government, the private sector or a joint public-private endeavor where MNCs can locate on the provision that they export a major part (around 70% depending on the government policy) of their production. The EPZs have all the modern infrastructures like water, electricity and telecommunications and usually are connected to main ports and airports by well-developed roadways. Multinational companies that located in the EPZs were given preferential treatment such as tax holiday and duty and tax exemption on imported of parts, capital equipment and raw materials.

The two factors that led to the growth of IMPT were openness and technology transfer. As economies of developing countries grow, they can not sustain this growth in the long term if they highly rely on the exports of labor intensive low value added products. Increased growth in a country also translates to wage increase and which eats up much of the company's income. It is hypothesized that due to the export-oriented growth strategy of the governments of IMPT, FDI flowed in continuously, notably to Thailand and Malaysia accounting to 19% and 16% of the total FDI to the ASEAN from 1995-2008, respectively, generated employment and increased income. FDI at the initial stage was allowed in, with companies locating in the EPZ or later in Industrial Estates (IEs) and with major proportion of production geared for the international market. Throughout this internationalization process, technology was transferred through FDI and in parallel human capital (workers capability) and physical capital (infrastructure) improved.

According to Solow for growth to happen, technology and labor are key (Miankhel et al. 2009). FDI can bring about long term growth (e.g.increase in income) if it brings technology and if this technology can improve productivity (Makki and Somwaru, 2004) as a result of better absorptive capacity of the labor force. There are two schools of thought in the study of the relationship between exports and growth. One is the hypothesis that export growth leads to economic growth (Makki and Somwaru, 2004). The other point of view states that economic growth leads to exports growth (Jung and Marshall, 2006). The former argues that in the process of producing products geared for the global market, these products had to compete internationally thus there was more pressure for companies to increase efficiency and improve product quality. The latter however argues that as an economy grows, education improves, production efficiency is enhanced through the learning curve and investments to improve technology expand and all these lead to increased productivity. If domestic demand is not large enough then the excess will be exported. We think for the case of IMPT, the former gives more credence to explain the FDI-led growth in IMPT.

As an off-shoot of the export oriented development strategy and the FDI-led industrialization, the economies of IMPT followed the same economic growth trajectory only taking dips in 1998 the aftermath of the 1997 Asian financial crisis and in 2001 after the Sept.11 event in the US. In 2008, the IMPT nations grew on average 4 % and due to the 2008 global recession after the collapse of Lehman Brothers, the economies of Indonesia, Malaysia and the Philippines grew by a mere 2.4 % and that of Thailand declined by 2.2 % in 2009 but IMPT had an expected rebound to 6.8 % in 2010. Likewise a rise in the middle class precipitated as per capita income in IMPT grew remarkably throughout the years from an average of US $ 950 in 1980 to US$ 1400 in 1990 to US$ 3700 in 2009. Looking at industrial restructuring as another measure of growth in IMPT, the share of agriculture to GDP has declined and that of manufacturing has increased. Due to FDI and the transfer of technology in the manufacturing sector there developed a new industrial sector (e.g. electronics and auto industries) which was practically inexistent in the 1960s although this initially involved the importation of parts and components with simple assembly work done in low cost IMPT, and the finished products then exported back to Japan, other ASEAN countries and the US. The FDI into manufacturing in ASEAN grew US＄15 bill. 1999 to US＄165 bill. in 2006 with Japan ranked no.1 from 2000.

The 1960-2000 growth and industrialization in IMPT were sustained by the high rates of investment, the transfer of technology and increased employment but also investment in education that provided the skilled labor during the shift from agriculture to labor intensive (e.g. textiles in the 1960s, garments in 1970s and simple assembly in the 1980s) in the 1960s-1980s to capital intensive production from 1990s and design and applied R&D from 2000. In IMPT, electronics manufacturing contributed to economic growth in 1980-1990 with technology brought in by FDI. Malaysia, Thailand and the Philippines had electronics manufacturing contributing much to its growth and later diversified to disc drives, HDDVD, digital cameras and memory chips. These trends in FDI over time could be explained using the flying geese theory developed by Akamatsu and the product life cycle developed by Raymond Vernon.

The flying geese theory of economic growth as applied to ASEAN countries involved international division of labor based on their comparative advantages (Akamatsu, 1962). Japan took the role of lead goose, and there were the second tier ANIEs, the third tier, ASEAN, and the fourth tier Mekong river area countries. Over time Japan lost its competitive advantage and moved labor intensive production first to ANIES in the 1970s then ASEAN5 in the 1980s and then to the Mekong River region countries in the 2000. This pattern continued as industrial restructuring occurred in Japan and in the other developed countries as their economies advanced thus paving the way for shifts from labor intensive to capital intensive to knowledge intensive industries. During these shifts in technological levels in the developed countries, industries were driven out into lower tiered group of countries. So based on this theory, IMPT got the spill-over of FDI from Japan first on labor intensive industries like electronics and later on capital intensive industries like semiconductors and vehicles. According to Vernon, products have a life during which they have to go through three stages: the new product stage, mature product stage and the standardized stage (Hill, 2011). When the product reaches the last stage, the standardized stage, its technology is widely diffusing that many companies come out with and sell similar products thus competition becomes severe. Hence price and product differentiation are crucial to maintain market share. The lives of many products are getting shorter meaning that now there is a faster rate of obsolescence. Thus manufacturers of goods that are in the latter part of product lives have no option but to locate in low cost countries, usually developing countries and re-export to the home country. Again IMPT offered low costs factors of production to manufacturers as their products move down their life path.

There is the question whether FDI is a complement or substitute for trade (Miankhel 2009). FDI is an alternate to exporting if transportation costs are high and this does not warrant exporting or if there exist trade barriers in the importing country. These basically were the reasons why Japanese companies did FDI initially in the US and Europe. In the case of FDI to IMPT, FDI is a complement to trade, since parts, intermediate and final good are produced in different countries (division of labor) based on the comparative advantage of the nation and intra- and inter-trade then follow. Since 2000, a production web has been created in ASEAN and based on the country's competitive advantage operate under a cross border division of labor (METI, 2007) which also increased intra-ASEAN trade. A current development in global business is for the production process or the value creation chain to be broken up and production of parts and components and the final good dispersed to various locations (countries) which is referred to as global production sharing (Athukoral and Menon, 2010).

In previous years, Japanese companies exported parts and components from Japan to ASEAN for assembly and the final products re-exported to Japan and to other overseas markets to take advantage of the low cost labor as well as to serve the emerging regional consumer market. However recent events in Japan as well as in the global business environment have forced many Japanese firms to rethink about their business strategies. More and more Japanese firms are engaged in global production sharing and are intensifying their relationship with ASEAN through the formation of regional business nexus leading to cross border division of labor.

The strong yen has made it cheaper to produce overseas than in Japan. The shortage of power and the high corporate tax rate in Japan have pushed many Japanese firms to relocate production in ASEAN. Another reason is that the Japanese economy is now faced with the constraints of declining population and graying society, so many firms see ASEAN as part of the Asian region where Japanese firms can derive new growth. ASEAN countries have had sustained growth and with a rise of the middle class the region has become a promising consumer market.

No one final good now is produced in one country by a single firm. Rather the vertically integrated production process of parts and components and finished goods can now be broken up into finer steps giving rise to cross border division of manufacturing with the aim of reducing costs and increasing profitability. Parts and components are produced in different countries of ASEAN depending on their comparative advantage (e.g. cost, quality of labor, market and government policy) (Yip, 2000, Umali, 2005) giving rise to increased intra-ASEAN regional exports and imports and as well as intra- and extra-ASEAN trade of the final good. The global production sharing and the resulting transformation in the trade pattern in the region have been made possible with the recent developments in information technology and transportation which have practically become cheaper and capacity bigger and faster as well the promotion of more free trade through the signing of more free trade agreements (Hill, 2011, Umali, 2005 and Yip, 2000). Given this the recent overseas operations of Japanese companies show very aggressive investments in Asia both to capture markets as well as serve as production centers for the world market and to maintain price competitiveness. Japanese companies are creating supply hubs in certain countries in Asia for specific products and then engage in intra/extra Asian trade. Japanese companies which had the biggest FDI in manufacturing have established a supply chain and an efficient production network of intermediate goods (e.g. electrical machinery products) produced in optimal locations in ASEAN and then transported within the ASEAN for final assembly of products geared for the local and international markets. The integration of the complicated nexus of international investment and trade in ASEAN is facilitated by the ASEAN Free trade area (FTA) which leads to the liberalization and removal of barriers and transnational movement of parts and intermediate and finished goods as well the advanced infrastructure that made intra-extra ASEAN trade very efficient. The role of the developing nations of East Asia in the global production fragmentation is well attested with their share of total world trade in components reaching 32 % in 2006 and IMPT accounting for 7 % of total world trade. In particular a substantial proportion of intra-ASEAN trade is made up of mainly electric machinery, auto and ICT parts and components with total manufactured exports within ASEAN accounting for 50 % taking advantage of the ASEAN FTA but a greater proportion of exports of finished products (electrical equipment and machinery) is for markets outside ASEAN (e.g. US and EU) (Anthukorala and Menon 2010).

As for the quantitative analysis on these countries, we would like to state only some statistically significant results for each nation in this group. As expressed in the above, transition of industrial structure amid service-oriented and/or software driven economy seem to be largely influenced by the level or scale of growth of GDP. In this study, as a first step of our investigation, ordinary least square method has been adopted on the assumption of normal distributions. Indonesia gets single regression coefficient of GDP for explaining RE3 with t value, 3.01 and significant at 1 % level, its equation's adjusted R square is 0.32, but insignificant in FDI, t = 0.77 for RE3. Malaysia also has t = 17.95 in GDP, significant at 1 % level and adjusted R square, 0.95, but t = 0.93 for FDI, showing no significance. These two countries have insignificant FDI coefficients and their economic statuses are above the stage of take-off level.

They are now taking a path to sustainable growth toward high economic growth, but this does not always mean the less importance of FDI for these countries. Do they advance more with their own funds or capitals? Even to answer this simple question, we need much more precise analysis which can be the second step of our investigation.

On the other hand, the Philippines shows t = 9.77, significant at 1 % and adjusted R square is 0.85 in GDP and t = 1.93, significant at 10 % but adjusted R square is 0.14, in FDI showing a rather weak explanatory power of the equation. But it seems that still FDI has an influential explanatory power for RE3 as shown in the test. Thailand has also both variables significant for RE3, with GDP t = 8.29 at 1 %, and adjusted R square of 0.80, and t = 4.83 in FDI, significant at 1 %, adjusted R square, 0.57. Both countries have steadily developed to a certain extent with much FDI and are expected to promote service sector industries much more in the near future. But once we could remember the economic and monetary crisis in Asia in 1997-1998,Thailand would try to cope with the crisis giving the contagion effect to other Asian nations due to foreign money and/capital withdrawals and others in the international monetary standings and circumstances. Their national domestic funds and/or capital accumulation mainly based on peoples' savings were really expected to be utilized for business investments through the indirect financing system to contribute to their development.

Other major characteristic points are the relationships amongst variables of RE3, RGG, growth rate of GDP and RS, the rate of saving of the people. In this group of IMPT, Malaysia has RS coefficient for RE3 with $t = 4.45$, significant at 1 % and adjusted R square, 0.43.On the other hand, the Philippines has RS coefficient for RGG with $t = 1.77$, significant at 10 % level but adjusted R square, 0.068, revealing weak explanatory power. These results show that there are few cases influencing RGG and/or RE3.

As for capitalization, each country's stock exchange has the following ; number of listed companies, domestic and foreign companies and market capitalization ($ mil.) ; Indonesia : 420, 0, 360, 388 ; Malaysia : 948, 8, 408, 689 ; Philippines: 251, 2, 157, 321 ; Thailand : 541, 0, 277, 732, respectively (Source : Asian and Oceanian Stock Exchange Federation (AOSEF), 2010).

4. CLMV

CLMV on the other hand, are countries in the Mekong river area that joined the ASEAN only in the 1990s. They are considered transitional economies in the 1980s characterized by a shift from a socialist to a more open market economy and by joining ASEAN sought to be more integrated in the regional and world economies. These countries performed relatively well compared with IMPT or other developed countries with growth rates in 2009 of 6 % for Cambodia, 8.4 % for Laos, 4.5 % for Myanmar and 6.3 % for Vietnam as well per capita increasing 7 fold from US$ 122 in 1990 to US$ 823 in 2009 on average for the CLMV taken as a group. Barro and Sala-i-Martin (2003) presented the convergence of income theory of the standard growth model which states that lower income countries would have higher growth rates than high income countries to reach its long run potential income. This is why

第1章 Economic Growth and Investment in Developing Nations of Asia

the Mekong region nations (and BIPS) had higher growth rates that IMPT. This is because the catching up increment in terms of human (better education) and physical capital and technological level are still greater vis a vis the more advanced nations. Agriculture still accounts for over 20 % of domestic production for Vietnam and over 30 % for Cambodia, Myanmar and Laos although its share to GDP had declined over the years. The share of the service sector that includes construction, trade and tourism though has been increasing contributing to more than 35 % of GDP for all countries. Their main produce and exports are still agriculture-and natural resource-based commodities and low-end labor-intensive products like garments and textiles primarily exported to the US, EU, Japan and Canada.

The industrial restructuring in IMPT, the 3rd tier ASEAN nation caused the wage rates to increase thus losing their competitive advantage in the production of labor intensive goods driving the agro-processing, textile, garment, footwear and other light industries to the 4th CLMV where wages rates are lower. But in the years to come we can expect further industrial shifts in CMLV toward the manufacture of more capital intensive good which would require more skilled manpower. The top foreign investors in CLMV are ASEAN countries like Singapore, Malaysia and Thailand and South Korea and China due to proximity and past political ties usually in the areas of agriculture/agro-processing, garments and light industries in one end and power generation and tourism related services in the other end.

Vietnam it appears is the fastest growing economy in the group being one of the most open that for years 1995-2008,Vietnam received an overwhelming 76 % of the FDI to CLMV because of the enabling policy of the Vietnamese government that gained the confidence of and provided incentives to foreign direct investors at an earlier stage vis a vis CLM such as strengthening its legal system, maintaining socio-political stability, developing support industries and easing the procedure for foreign investors. Nevertheless because of the nature of their major industries, CLMV are still less integrated into the global/regional production sharing of parts and components of electronics and auto parts currently practiced widely in IMPT.

The ASEAN free trade area of which CLMV are members offers a lot of potentials for them to be part of the supply chain of the regionally fragmented production process. In doing so however, priority attention needs to be directed to the development of infrastructures like power, ICT and transport.

In the same manner, the relationship amongst the variables pointed out in the former group of countries (IMPT) was used for CLMV with the following results ; Cambodia : GDP coefficient shows $t = 12.15$, significant at 1 % level, adjusted R square is 0.91 for RE3, and FDI, $t = 3.29$ significant at 1 %, 0.41 of adjusted R square. Cambodia seems to have started its course to economic development with international trade and diplomatic policies changed for FDI especially in this decade. Myanmar : GDP, $t = 1.07$, insignificant, but $t = 1.93$, significant at 10 %, adjusted R square 0.25 of FDI for RE3, and its economic standing reflects the usefulness and/or effectiveness of FDI. Vietnam : GDP, $t = 14.79$, significant at 1 %, adjusted R square 0.93 and also significant for FDI, $t = 2.82$, at 5 % level, adjusted R square 0. 29.This implies that Vietnam is indeed a strong candidate to become an emerging country owing to the fruits of its deregulation and reformation policy namely Doi-moi movement and its scheme. A regression test could not be conducted for Laos due to the lack of sufficient and appropriate data. As for the relationships amongst RGG, RE3 and RS, Cambodia shows an RS coefficient for RE3 with $t = 2.84$, significant at 5%, and adjusted R square, 0.37. Vietnam has RS's one for RE3, $t = 9.56$, 1 % level, 0.89 and also RS's one for RGG, $t = 2.12$, 10 %, 0.26 respectively. In this group, there are few cases being relevant to RGG, RE3. According to statistics published by AOSEF in 2010, the number of listed companies, domestic and foreign companies and market capitalization ($ mil.) in the two stock exchanges in Vietnam are : Hanoi S. E. : 367, 0, 6, 300 ; and Ho Chi Minh S. E. : 275, 0, 31, 200, respectively.

5. BIPS

BIPS are members of the South Asia Association for Regional Cooperation (SAARC) founded in 1985 and they signed the South Asia Free Trade agreement in 2004 to remove tariffs on all products by 2016. However intra-BIPS trade still remains low as there are non-trade barriers such as difficult customs procedures. The South Asian region withstood the global financial crisis that started in 2008 and its economy grew 8 % in 2011. For one the region's exposure to the global crises is less than South East Asia because the region is less integrated with the global market, and its export are basically garments and textiles (Bangladesh and Sri Lanka) and IT products and services (India) which the World Bank says are products where these

第1章 Economic Growth and Investment in Developing Nations of Asia   261

countries have global comparative advantage. For another BIPS more relied on the manufacture of goods for the domestic demand rather than exports for growth. Only 22 % of gross domestic product is derived from export versus 35 % in East Asia (World Bank, 2010).

In the 1970s, growth in BIPS was low since they were closed to trade and FDI and just like IMPT in the 1960s opted for an import substitution strategy. In the 1970s however there was a policy shift to an export-oriented industrialization strategy opening up their countries to FDI. State intervention in BIPS was replaced with liberalization, privatization and more active participation of the private sector in Sri Lanka in the 1980s and in India, Bangladesh and Pakistan in the 1990s. Since these reforms, BIPS' economies grew on average of 4.9 % in 1991-2000, 7.5 % in 2005 and 5 % in 2008, with India and Sri Lanka growth rates of 6.7% and 6%, respectively predominating, and per capita income grew on average from US$ 368 in 2000, to US$ 778 in 2005 and US$ 1073 in 2008 (ADB, 2010). Also remittances from overseas workers were the major source of external finance that supported their economies (US$ 34 bill. in 2005) rather than FDI inflow (US$ 10 bill. in 2005) (ADB, 2006). One reason for the low FDI inflow was the prevalence of internal conflict that has served as a disincentive for FDI and eaten a lot of the government budget which would have been otherwise spent on improving education and infrastructure.

Another reason is that FDI-led production was basically to meet domestic demand and not meant for exports and furthermore the high tariff protection has supported domestic manufacturers but not foreign investors. Although India was an exception since it was getting around three fourths of the total FDIs to South Asia, recently with the production of small cars by South Korea and Japanese companies making India an export hub for small cars to the European market. Multinational corporations through FDI have well established value chain and nexus of integrated production all over the world depending on the comparative advantage of the host country which when combined with the unique asset of the firm can be a win-win situation for the firm and the host country (locational advantage). This was the practice in IMPT but not in BIPS yet.

The vitality of the economies of BIPS was derived from the service sector in 2005 whose contribution stood at 9.5 %, compared to that of manufacturing at 8.9 %

and agriculture at only 4 %. Their economies have always been driven by domestic consumption of over 70 % of the GDP. Exports were still lower than IMPT and were composed mostly of low technology intensive or low value added products like garments and textiles and agricultural commodities like tea and cotton. Manufacturing value added and exports were low but trade in services was increasing which in the case of India's exports of IT service and business processing outsourcing services. Although BIPS ratified a South Asia FTA, integration in the world market through trade is still low. India and Bangladesh have even trade barriers that restrict trade and investment. Further to this, infrastructure (power, transportation and telecommunication), trade logistics (airports, ports, roads) bureaucratic red tape and governance are still major problems in BIPS that need improvement to enhance the business climate in the area. Hence there are much needed investments not only in physical (infrastructure) but human capital as well. Although the level of education is keeping up with the stage of development, absolute level of education is low. Better education of the vast majority of the unemployed and unskilled labor in the agricultural sector and less productive informal service sectors would provide them with the skills that could be tapped in the manufacturing and more highly productive formal service sectors (Ahmed and Ghani, 2007).

With regard to the relations amongst the above relevant variables analyzed in the same manner as that of IMPT and CLMV, Bangladesh has no statistically significant variables; single regression coefficients for GDP and FDI are $t = 0.42$ and 0.61 for RE3, and FDI's a little bit better. We presume that there could be a great expectation for this country to develop its economic structure from agriculture, fishery and others in the primary industrial sector to manufacturing industries and services industries including banking and financial services to a large extent. We could observe its economy might gradually start for the take-off stage. But on the contrary, India has $t = 5.09, 2.58$ and significant at 1 %, 5 % level, adjusted R square 0.59, 0.25, respectively. It seems to reflect that India has now paved its way on to a high economic growth path by introducing foreign funds and capitals both into manufacturing industries and information technology (IT) & related service industries. Pakistan shows 3.38, 1.12 and significant at 1 %, insignificant, adjusted R square, 0.38, 0.01, respectively, while Sri Lanka has 3.05, 1.98, significant 1 %, 5 %,

0.33, 0.15 of adjusted R square, respectively. Sri Lanka is also showing the same results as India and they are just neighbors having strong relationship as ever not only in economic activities but in social and political affairs.

As additional test results, we offer the following; Bangladesh has RS's coefficient for RGG with t = 3.78, significant 1 % level and 0.31 in adjusted R square, as well as the RS's for RE3, t = 6.85, 1 %, 0.597. This suggests that we have to reconsider the important role of national peoples' savings in developing nations at the very beginning stage toward economic growth. India gets also the same results ; RS's one for RGG, 2.97, 1 %, 0.20 and RS's one for RE3, 7.04, 1 %, 0.60. It shows the same trend like in Bangladesh could be plausible to reveal. Pakistan also shows RS's one for RGG, 3.06, 1%, 0.22 but not significant of the RS's for RE3. On the contrary, Sri Lanka has RS's one for RE3, 2.91, 1 %, 0.19 but insignificant for RGG. We have then learned somewhat the partial relevant relationships amongst these three variables in the economies of some countries.

With regard to capitalization of India's Bombay Stock Exchange, the number of listed companies, domestic and foreign companies and market capitalization ($ mil.) are 5,034, 0, 1,631, 830 and National Stock Exchange of India : 1,551, 1, 1,596, 625, respectively. (Source : AOSEF, 2010.)

6. Concluding Remarks

This paper investigates and explains the growth patterns in the developing countries in Asia namely, IMPT, CLMV and BIPS. All of them have maintained spirited growth rates and experienced increase in FDIs into IMPT and CLMV through the years and to a lesser extent to BIPS. IMPT welcomed FDIs earlier than CLMV, and BIPS whose market opening measures were implemented much later. As industrial restructuring in IMPT occurred, their economies moved up to another stage of technological capability pushing more FDI inflows to CLMV as they themselves undergo shifts in their economies. IMPT now produce and export middle technology products and CLMV engage in low level and labor intensive and agricultural-based manufacturing. BIPS are still on to low technology and low valued added manufacturing, IT and IT related services and agricultural commodities like cotton and tea. For South Asia the service sector is a strong contributor to the regions' growth compared to that of South East Asia, where manufacturing industry is.

In terms of sector change, there has been a shift from agriculture to services in South Asia while in South East Asia it is more of a shift from agriculture to manufacturing in terms of share to GDP. CLMV and BIPS nations have all the opportunities to join the global production sharing network well-established in IMPT as an engine of future economic growth by promoting a complementary rather than a competitive trade and investment relation and furthermore fostered by regional integration agreements. South East Asia are now producing more capital intensive products so the production and trade of labor intensive products can now still be left to BIPS or even CLMV countries.

But the issue to think about is whether the developing countries in Asia can wean themselves from FDI. Given this, can't they master and improve on the technology, be less dependent on FDI and rather be inventive and produce by themselves innovative and high quality products like South Korea and Taiwan? Ono and Thuong (2005) said that some nations in Asia are stuck in what they refer to as 'glass ceiling'. Can IMPT, CLMV and BIPS possibly break this 'glass ceiling' for more sustainable and dynamic growth in the years ahead? Key to break the 'glass ceiling' is human capital to supplement the physical and technological capitals that come with FDI, the former comes from within while the latter comes from outside.

Human capital is defined by Kim and Hagiwara (2010) as the ability and efficiency of the workers to transform materials and capital into goods and services. They further stressed that for technology dissemination, adoption and implementation from outside/inside to materialize a well-educated workforce is a must have. With the economic growth in South East and South Asia came also an improvement in the literacy rates in the region. As countries in the developing countries of Asia move up the value chain to more technology intensive industries, a result of industrial restructuring in recent years, so did the level of education or literacy of the people as the demand for more skilled labor increases. With advancement in education and training throughout these years, absorptive capacity of workers has likewise improved. The ability to absorb and retain the knowhow is there but the ability to create out of this technology is worth yearning for. Quality of education (e.g. science and math) is also an important area of concern.

Policy makers can increase their investments for the betterment of education (infrastructure and educators) and they should implement policies and programs to lessen the miss-match between supply and demand of qualified labor in innovating firms, domestic or foreign.

Our empirical analysis reveals that most countries' cases have significant explanatory power for the variable GDP for RE3 that tests the transition of the industrial structure trends as in the proposition of the Petty-Clark Law, and in many cases FDI plays a certain positive role for RE 3. Amongst those cases Thailand and Cambodia show both variables have statistically significant explanatory power at 1 % level and the Philippines, Vietnam, India and Sri Lanka have GDP 1 % and FDI 5-10 %. Both variables for Bangladesh have insignificant results but it can be believed that this country, known as the front runner in introducing the micro and/or social financing, has gradually started to catch up with foregoing nations in development.

We have then learned somewhat the partial relevant relationships amongst these three variables in the economies of some countries.

Since savings would largely be crucial and effective key item for economic growth, it could be more important to utilize national people's money and capital through indirect and direct financing channels and systems as Japan did in introducing Postal saving banking system and credit union banks (Shinkin banks and Shinkumi banks) referred as one of the development finance business models.

[Acknowledgement]

The authors would be grateful for the financial support by Faculty of Economics, Nagasaki University, and the alumni association of Keirinkai.

[References]

ADB (2006), *South Asia Economic Report 2006*
ADB (2010), *Asian Development Outlook 2010*
Ahmed, S. and E. Ghani (Eds.) (2008), *South Asia, Growth and Regional Integration*, The World Bank
Akamatsu K. (1962), A Historical Pattern Of Economic Growth In Developing Countries, *Journal of Developing Economies*, 1(1), 3-25
Athukorala Prema-Chandra and Jayant Menon (2010), Global Production Sharing, Trade

Patterns, and Determinants of Trade Flows in East Asia, *ADB Working Paper Series on Regional Economic Integration*, No.41

Barro R. and X. Sala-i-Martin (2003), *Economic Growth*. Massachusetts : The MIT Press

Devarajan S. and I. Nabi (2006), *Economic Growth in South Asia : Promising, Unequalizing... Sustainable?*, World Bank

Dowling J.M and M.R Valenzuela (2004), *Economic Development Asia*. Thomson

Hill, Charles (2011), *International Business*, McGraw-Hill

Jung WS and PJ Marshall (2006), Exports, Growth and GDP In East and South East Asia-Panel Data Versus Time Series Causality Analyses, *Journal of Asian Economics*, 17, 1082-1106

Kim Yong Jin and Akiko Terada-Hagiwara (2010), A Survey on the Relationship Between Education and Growth with Implications for Developing Asia, *ADB Economics Working Paper Series*, No.236

Makki S.S. and A. Somwaru (2004), Impact of Foreign Direct Investments and Trade on Economic Growth: Evidence from Developing Countries, *American Journal of Agriculture Economics*,86(3), 795-801

METI (2007), *White Paper on International Economy and Trade*, METI

Miankhel AD, SM Thangavelu and K. Kalirajan (2009), Foreign Direct Investment, Exports and Economic Growth in South Asia and Emerging Countries : A Multivariate VAR analysis, *CCAS Working Paper*, No.23, Center for Contemporary Asian Studies, Doshisha University

Ohno Kenichi and Nguyen Van Thuong (Eds.) (2005), *Improving Industrial Policy Formulation*, Publishing House of Political Theory, Hanoi

Rostow, W.W. (1960), *The Stages of Economic Growth*, Cambridge Univ. Press

Uchida, S. and H. Nishiwaki (Eds.) (2002), *Kin-yu (Money and Finance)*, (in Japanese), Keiso Shobo

Umali Celia (2005), Firm Strategy and the Asian Advantage: The Case of the Emerging Biotech Industry, *Annual Review of Southeast Asian Studies*, Vol.47, 1-19

World Bank (2010), *South Asia Economic Update*, World Bank

Yip George (2000), *Asian Advantage*. Perseus Books

Web sites

ADB (2011), Key Indicators for Asia and the Pacific. beta.adb.org/publications/series/key-indicators-for-asia-and-the-pacific

ADB (2011), Asian Development Outlook. aric.adb.org/ado.php

AOSEF (2010, 2012). http://www.aosef.org/profile/statistical.html

APO (2010, 2011). Productivity Database. http://www.apo-tokyo.org/PDB.html

World Bank (2011). http://data.worldbank.org/topic

第 2 章

Origins of the American Entanglement in Vietnam

Geoffrey C. Gunn

Abstract

The direct American role in Indochina was not determinant in the early 1940s, at least alongside the French, the Viet Minh, and the Nationalist Chinese, yet it was never out of the background either. The roots of American policy towards Indochina can be tracked through a number of phases, in part attuned to the tide of war in the Pacific, in part due to grand political thinking in Washington on the issues of colonialism and self-determination. On the ground, American strategy not only stemmed from broader dictates but also from epochal changes in the local situation, as with the Japanese military coup against the French on March 9, 1945, the Japanese surrender, Viet Minh ascendancy, and the Nationalist Chinese occupation of Vietnam north of the 16th parallel. In particular this article looks at the roots of the American entanglement in Vietnam through the disdainful eyes of French military intelligence, as tracked by archival documents.

Keywords : Vietnam, France, Japan, American Office of Strategic Services, Viet Minh, Nationalist China

Reaching back to the events themselves, American actions in French Indochina alongside the Viet Minh in the months prior to the August (1945) Revolution and the declaration the following month of the Democratic Republic of Vietnam, produced averse reactions from the side of the French. Eclipsed by the larger American involvement beginning with the Kennedy administration, these earlier events receded in public memory. But the release of declassified documents and the publication of memoirs, as with that of Archimedes Patti (1980), have only served to revive interest in this dalliance, mostly on the side of detractors labeling them naïve, dangerously misguided as with Dommen and Dalley (1991) or, more recently, as with Dixee Bartholomew-Feis (2006), passing the events off as actually accidental and incidental, except that the Provisional Revolutionary Government (DRV) gained some momentary luster from its association. From another tangent, scholars such as Stein Tønnesson (2007) have speculated as to the effects of US President Franklin D. Roosevelt's anti-colonial rhetoric upon the French and Viet Minh, and even the Japanese who, more than anything, launched their coup against the French out of fear of an American invasion of Indochina. Separately, I have analyzed the American bombing of infrastructure in Vietnam, with special reference to social impacts, especially disruption of food supply contributing to the great famine of 1944-45 (Gunn 2011 ; 2014). As I seek to demonstrate below, while there was no direct causal link between the Viet Minh August Revolution and the American role, unwittingly, the experience in dealing with both a colonial regime (France) and a determinately communist supported regime, the Provisional Revolutionary Government, as it transpired, ensnared America deeper into this otherwise remote and local affair.

Seeking to unpack the events surrounding these fault lines, this chapter divides into four sections. A first section deals with the broad lines of American policy from Rooseveltean idealism to Truman pragmatism. A second section examines the US-Viet Minh dalliance especially that of the American Office of Strategic Services (OSS) "Deer Team." A third section offers a French chronology of American activities in the north, while a final section tracks very early postwar American engagement inside Indochina, especially pointing to the breech opened up between French and Americans in the field at least until the Cold War perspective takes over.

1. A Watershed in US Policy on Southeast Asia

In the larger scheme, the US role in Indochina preceding and following the Japanese surrender flowed out of its commitments in support of Chiang Kai-shek and the Chinese Nationalists in the China Theater, which included those parts of Thailand and Indochina then occupied by the Allies. As the Pentagon Papers (Chap. 1 "Background to the Crisis, 1940-50 ": 1-52) reveal, US policy towards France and repossession of its colonial territories was ambivalent. On the one hand, the US supported Free French claims to all overseas possessions. On the other hand, in the Atlantic Charter (the joint US-UK declaration of August 14, 1941) and in other pronouncements, the US proclaimed support for national self-determination and independence. But, even so, US support for the Free French has to be qualified, especially as Washington hosted a Vichy Embassy through at least December 1942, and US-Vichy relations — especially under President Franklin D. Roosevelt — were on a "day to day" basis. Moreover, the Provisional Government of the French Republic headed by Charles de Gaulle, was only recognized by the US on October 23, 1944.

The Roosevelt Vision

Known for his anti-colonial views, US President Roosevelt went further with respect to French Indochina and made it known that he favored a kind of trusteeship to be imposed over the territory. He also proscribed direct US support for French resistance groups inside Indochina and, on several occasions, prohibited joint intelligence collection and resistance planning with the French (Thomas 2000 : 950-1). Roosevelt's anti-colonial views were elaborated at the Teheran Conference of November 28, 1943 where he concurred with Stalin that Indochina should not be returned to the French, and were reiterated in January the following year over the opposition of the British "who fear the effect [trusteeship] would have on their own possessions and those of the Dutch." As reported by Charles Taussig, who interviewed Roosevelt, "the President" was concerned about the plight of "brown people" in the East ruled over by a handful of whites. "Our goal must be to help them achieve independence — 1.1 billion enemies are dangerous," he said. Roosevelt was of the view that French Indochina and New Caledonia should be placed under a trusteeship or, at a minimum, should France retain these colonies, then with the proviso that independence was the ultimate goal (Paterson & Merrill 1995: 189-90).

Roosevelt's penchant for trusteeships as a bridge to independence foundered, however, in the face of determined British opposition. At the Dunbarton Oaks Conference of August-September 1944, where the blueprint for a new international system was brokered, the British skirted the colonial issue altogether. According to a Pentagon Papers, source, "The President's lip service to anti-colonialism was not matched by US intervention in Vietnam, indeed Indochina would be assigned a status parallel to that of Burma, Malaya, and the Dutch East Indies (the future Republic of Indonesia), that is free territory to be re-conquered by the colonial powers."

However, as Tønnesson (2007 : 65-72) contends, contrary to the view that Roosevelt changed his thinking on colonialism towards the end of his life, the reverse was the case. Even after the Japanese coup, he asserts, Roosevelt did not yield on opposition to French colonialism. Only after his death on April 12, 1945, top Washington officials worked to revise policy in a pro-French direction, although still giving lip service to the old policy. He singles out June 7, 1945 as the turning point, though admits that the shift had been long germinating with respect to the increasing importance of de Gaulle's France in international affairs and the reevaluation of China in Allied strategy in pressing towards an invasion of Japan.

By January 1945, US concerns had shifted decisively to the Japanese archipelago and the prospect of US force commitments to Southeast Asia was nixed, leaving this sphere to British forces. Following the Yalta Conference (February 4-11, 1945), US planners declined to offer logistical support to Free French forces in Indochina. But the American position came under French criticism in the wake of the Japanese coup of March 9, 1945 in Vichy French-administered Indochina. The American decision to forgo commitment to operations in Southeast Asia prompted India-based South East Asia Command (SEAC) commander Admiral Louis Mountbatten to liberate Malaya without US assistance. At the time of Roosevelt's death on April 12, 1945, US policy towards the colonial possessions of Allies was in "disarray."

There may have been other reason for Roosevelt's hesitation on the trusteeship issue as well. As Gibbons (1986 : 5) elaborates in a detailed study of the issue, beginning in 1944, Secretary of War, Henry L. Stimson, among other service secretaries, particularly the Navy, strongly opposed State Department plans for an international trusteeship system, fearing that this could prevent the US from obtaining control and future base rights in the Pacific Islands captured from Japan during the Pacific War. While for many members of the US Congress, India was the colony that symbolized colonialism, American suggestions that it be granted independence after the war ran into strident opposition form the British (Prime Minister Churchill included). Neither were the British suggestive to loosening controls over other colonies as well. While ultimately the American trusteeship plan prevailed at the newly born United Nations (Chapter XIV), French Foreign Minister Georges Bidault had already made it clear on May 2, 1945 that France did not intend to place Indochina under a trusteeship system (Gibbons 1986 : 14-1).

第2章 Origins of the American Entanglement in Vietnam 271

The Truman Approach

The advent of the Truman Administration (January 20, 1945-April 12, 1945) represented a turning point in Washington's thinking on the larger questions of colonialism and independence. The New Deal idealism of Roosevelt and his circle, which viewed the struggle against Western colonialism as part of the struggle against tyranny, came under intense scrutiny in the light of a reappraisal of the Soviet Union and changing conceptions of the US global role in general, and its position in the Asia-Pacific in particular. The building of an American alliance with France under the Truman administration also came to be based upon a broad Atlanticist reading of the relationship.

Under Dean Acheson, Truman's Secretary for State, the US looked to France as the only continental state with the troops to support the embryonic NATO. France would become beneficiary of American Marshall aid and military assistance. As Dean Rusk, future Secretary of State under President Joseph Kennedy, later acknowledged, with American cognizance France had diverted certain of this aid to Indochina, although the US also pressed France to reach political agreement with the three Indochinese countries (Charlton and Moncrieff 1979 : 25-6).

Yet it is hard to agree with Rusk that Acheson saw Indochina as just a by-product of his interest in France or that the US had little influence over France in its wish to restore the colonial status quo ante. Although rhetorically committed to the freedom of subject peoples, the State Department via Secretary of State Cordell Hull, a key architect of the United Nations, had made it clear to Roosevelt as early as 1942, in a realist restatement of the problem, that America could hardly gain cooperation from the parent colonial countries in Europe while alienating them back in the Orient (Gibbons 1986 : 9).

The change of direction in the Truman Administration was also matched by a more assertive approach by the State Department, especially the European section. In April 1945, French diplomats in Washington "skillfully" applied pressure to gain official recognition of French sovereignty in Indochina. Notably, at the United Nations Conference at San Francisco in May-June 1945, James Dunn, Under-Secretary of State together with Secretary of State, Edward Stettinius, assured the French about the unchanged colonial status of Indochina, asserting that Washington had never "officially" questioned French sovereignty. As revealed below, the French in the field in Indochina still harbored doubts as to American intentions. At this stage, however, as Aldrich (2000 : 305 ; 343-5) points out, the OSS in the field were obviously "out of step with metropolitan policy-makers," especially as to the larger issues of colonialism and communism.

As intimated, the US role in Indochina flowed out of its commitments in support of Chiang Kai-shek and the China theater which included those parts of Thailand and Indochina then occupied by the Allies, although not Burma. Chongqing emerged as wartime headquarters, with Gen. Joseph Stilwell in command of US forces in China. From October 1944, however, Stilwell was replaced by Albert C. Wedemeyer, earlier serving as chief of staff to SEAC commander Lord Louis Mountbatten. In his new command, Wedemeyer was also named chief-of-staff to Generalissimo Chiang Kai-shek.

The US State Department

Notable, as well, was the direction and influence of George Kennan of the US State Department. Kennan, who had helped establish the US Embassy in Moscow in 1933, became increasingly skeptical towards the USSR, believing that the Roosevelt spirit of cooperation was misplaced. Whatever else can be read out of these broader developments is that State Department realists had already drawn the line on vigilance against international communism, even prior to the advent of the Truman administration.

Support for the Dutch and French under the Atlantic Treaty (April 4, 1949) obliged the US to walk a fine line in dealing with these two nations with respect to their Southeast Asian colonies. Kennan recommended that the Dutch and French distance themselves from 19th century imperialism and face up to modern realities. He also urged multinational collaboration in Asia with India, Pakistan, and the Philippines to dispel association with white imperialism. Specifically, Kennan recognized militant Asian nationalism as a historical reality and viewed any attempt to reverse this process as an "anti-historical act," one that would create more problems in the long run than it solved and cause more damage than benefit. But, according to A.K. Nelson (1983 : ix) in an introduction to a State Department Policy Planning paper, Kennan viewed Soviet attention to Southeast Asia as a strategic lever against the United States.

第 2 章 Origins of the American Entanglement in Vietnam

Kennan was convinced that the Soviet Union had expansionist goals and that it had to be stopped, the subject of his now famous "Long Telegram" of February 22, 1946. The US Cold War policy of "containment" as enunciated in the Truman Doctrine of March 12, 1947, also bears Kennan's signature. The American slide into the Vietnam War, as tracked in the Pentagon Papers and elsewhere, can be traced back to these watershed events and decisions. But how did these lofty ideals, reappraisals, and fast-shifting commitments play out on the ground in Hanoi and Saigon in the heady days of August-September 1945 following the Japanese surrender?

The OSS Mission in China

Feeling the need to revamp America's intelligence collection alongside wartime theater engagements in Europe and Asia, in July 1941, Roosevelt launched the predecessor of the Central Intelligence Agency (CIA), the Office of Strategic Services (OSS). Headed by successful businessman-lawyer, William Donovan, the OSS has a complex lineage, just as it had striven to gain Allied acceptance, especially from the French and Chinese, but also including the British. Enjoying close ties to Roosevelt, Donovan was instructed to provide cover to support national liberation movements in Asia to resist the Japanese. Whereas in France the OSS worked alongside the Free French to resist the Nazi occupation, in Asia the situation differed. When Japan invaded Indochina in September 1940, the US froze Japanese assets, the first of several moves that would lead to the Pearl Harbor attack. In July 1942, with Japanese occupation of Southeast Asia a reality, the OSS set up a guerrilla base in India for operations in Southeast Asia and China and, from 1943-45, played a major role in training Nationalist Chinese troops in China and Burma (Patti 1980 : 52).

2. The OSS and the Viet Minh Dalliance

Although the Free French and the American OSS entered into a fruitful cooperation in the liberation of France, matters were otherwise in the Indochina theater where, from as early as 1942-43, clandestine American parties were operating inside China and, by 1944, the OSS was actively seeking the support of the Viet Minh in the anti-Japanese cause (Patti 1980 : 52). From a French perspective, OSS-Viet Minh cooperation via the agency of "Deer Team," was the single most damaging factor in their reoccupation plans, just as it sullied on-the-ground relations with the Americans in Kunming and Chongqing.

As Thomas (2000 : 956) interprets, by the end of 1944, OSS planning for Indochina was impeded by the uncertainty as to whether the French garrison forces or the Vietnamese nationalists would be more likely to take up the resistance baton against the Japanese. Still they hedged, understanding that, "Only if Japanese economic exactions increased significantly might spontaneous resistance develop" on the part of the locals. In fact, that is what transpired but it was not yet a certainty. In 1945, the OSS was reorganized with the tacit agreement of SEAC and China, setting up staff headquarters in strategically located Kunming. The Japanese *coup de force* of March 1945 against the 4 French administration and garrison in Indochina also galvanized the OSS into action in the north just, as described, Free French guerrillas took to the mountains in both Vietnam and Laos to prepare for an eventual colonial restoration.

The Viet Minh were also not backward in seeking out American support. As Thomas (2000 : 962) points out, the foremost example of such agency was Ho Chi Minh's personal contact with China Command, notably Gen. Chennault of the US 14th Airforce, immediately following Ho's release from 13 months imprisonment by the Chinese Nationalists. In turn, Chennault's reception stimulated Viet Minh cooperation with US Ground Aid Service Air (AGAS in the French acronym), in assisting the evacuation of downed US fliers. Meeting Lieut. Charles Fenn of AGAS between March 17-25, 1945, Ho Chi Minh accepted the cooperation of the Viet Minh inside Vietnam and offered immediate assistance. On May 9, 1945, writing from a base area, Ho Chi Minh sent a handwritten letter to Fenn thanking him for his support in training Viet Minh radio operators in the common struggle against the Japanese. Pointedly, he also added a salutation of respect for Gen. Chennault (See Duiker 2000: 330). In fact, it was Fenn, accompanied by Pham Van Dong, who had introduced Ho Chi Minh to Chennault (Patti 1980 : 58 ; 545n). The admiration was mutual. With his eventual departure from the OSS, Fenn (1973), a future biographer of Ho Chi Minh, set up in Hong Kong with the intention of launching a Viet Minh information bulletin in English.

Ho Chi Minh eventually made contact with Archimedes Patti on April 27, 1945 at a remote village near Jiingxi. Besides discussing joint actions, Ho also filled in

Patti on the dire situation in the north stemming from the famine and offered documentary evidence in the form of photographs to prove it (Patti 1980 : 83-5). As historian Bartholomew-Feis (2006 : 176-70) interprets, Patti's superiors urgently wanted hard intelligence and, for Patti, the Viet Minh networks appeared to fit the bill. In any case, at the time of this encounter, the Viet Minh and the AGAS-Fenn group were already working in close cooperation and already shared a presence in the Viet Bac. They were joined in mid-June by agent Dan Phelan who arrived by parachute. On May 16, the youthful and headstrong Major Allison Thomas would be commissioned to head Deer Team. Although she finds it questionable in retrospect, Patti came round to the view that Viet Minh objectives of seeking American support in their endeavor to win an independent Vietnam did not conflict with American policy. Having surveyed the remnants of France's colonial army scattered over southern Yunnan, Patti did not look with confidence upon French resources, quickly hitting a "sour note" with French intelligence chief, Jean Sainteny.

On July 16, 1945, dramatically stepping up OSS-Viet Minh cooperation, an advance OSS Deer Team party under Major Thomas, including one French and two pro-French Vietnamese, parachuted into the Tonkin border region at Tan Trao (Kim Lung), meeting up with the AGAS team and their Viet Minh associates, Vo Nguyen Giap and Ho Chi Minh included. The Viet Minh made it very clear to local French agents that they were not included. The French-speaking René Défourneaux was an exception and, as deputy to Thomas, held reservations about the Viet Minh, though shared and admired their anti-Japanese goals. On the other hand, the Americans supplied training in the use of the latest American weapons. Among other actions in support of the Viet Minh, OSS agent Paul Hoagland also administered medicine to Ho Chi Minh then undergoing a serious bout of malaria (Batholomew-Feis 2006 : 207-8). Only declassified in 1972, as Dommen (2001: 96) contends, the documents on Deer Team, not only reveal the "outstanding naiveté of their authors," as to their protege's true political allegiances, but also the the extent of US arms deliveries.

As Batholomew-Feis (2006 : 213) adds, now that the war against Japan had come to an end, the Viet Minh were already laying new plans as with the Indochina Communist Party "strategy conference" held at the nearby village of Tan Trao from August 13-15. The following day, the Viet Minh convened the so-called National People's Congress, inter alia, approving a national flag and anthem. While the youthful Americans in Deer Team were obviously oblivious of these pivotal political developments, it is also true that headquarters in Kunming was not apprised of decisions already taken at the San Francisco Conference (April 26-June 26) whereby the US formally informed French Foreign Minister Georges Bidault that French sovereignty over Indochina would be acknowledged (See Dommen 2001 : 96).

With the Congress over, Deer Team, future Viet Minh military supremo, Vo Nguyen Giap, and the Viet Minh contingent departed in the direction of Thai Nguyen with Défourneaux and his party taking a different route. Thomas, who had accompanied a Viet Minh group, joined in and, possibly, contrary to orders and logic, helped to plan an attack on the Japanese position at Thai Nguyen (Cho Chu) seeking their surrender. Although something of a sideshow compared with events unfolding in Hanoi, the Thai Nguyen battle was symbolically important for the Viet Minh and Giap. Ho Chi Minh also made a brief visit to the liberated town (Bartholomew-Feis 2006 : 222-4). Undoubtedly, at this juncture, Ho Chi Minh learned himself via US radio of the dropping of the atomic bombs on Hiroshima and Nagasaki and the crucial information as to the Japanese surrender. Remaining until September 9, Deer Team with 200 trained and well-armed guerrillas had advanced practically as far as Hanoi (Patti 1980 : 197-8).

Meantime, in Chongqing, French diplomats and military personnel worked hard to gain American assistance to remove certain of their assets to Hanoi, the moment Japan surrendered. As Paris instructed their representatives in Chongqing on August 11, they were required to request Gen. Wedemeyer to supply an aircraft to be used by the French mission. Such permission was required in writing. The French team was slated to arrive in Kunming on August 16. As acknowledged in Paris, Wedemeyer refused point blank to help move French troops to northern Indochina (AOM Indo NF 327/271 tél., Tchongking, Aug. 11, 1945).

At this point, French intelligence chief and future Ho Chi Minh confidant, Jean Sainteny, and his team eventually arrived in Hanoi on August 22, 1945 aboard a US plane accompanied by Archimedes Patti and his OSS group, even prior to the Viet Minh guerrilla arrival. The story is told in much detail by Patti, especially as Sainteny's proposed visit was subject to lengthy discussions between Patti-Wedemeyer and the Chinese, and especially as the Viet Minh implacably opposed any symbolic French return. Eventually, a humanitarian role was reserved for

Sainteny as the needs of French civilians and POWs in Hanoi was urgent and of equal order to other Allied POW rescue plans, especially given uncertainty of Japanese surrender scenarios (Patti 1980 : 145). As Bartholomew-Feis (2006 : 228) embellishes, in this scenario, the French fell under the US command and were disallowed from flying the French flag.

Initially setting up jointly in the Hotel Métropole, the conflicting goals between Sainteny and the Americans soon became apparent. With Patti's team setting up radio equipment in the hotel and lingering on to welcome the incoming Viet Minh, Ho Chi Minh included, Sainteny moved into the Puginier or Governor General's palace. According to Patti, Sainteny's decision to move out of the hotel to the palace was an error which he subsequently realized, because it isolated him from the mainstream of events in Hanoi (Patti 1980 : 153-55 ; 159). It was also clear that, to the undisguised disgust of Sainteny, Patti exulted in his status as virtual American proconsul and sole representative of the Allies in liberated Hanoi.

The Archimedes Patti Storyline

Having met with Japanese Gen. Tsuchihasho Yuitsu at his headquarters (adjacent the Musée Finot turned National Museum of Vietnamese History), Patti (1980 : 158) was informed that the 38th Army had been ordered to cease hostilities on August 21. As Patti described Hanoi on that day, there was an absence of Europeans on the streets, busy crowded markets were open, but red flags signaled a Viet Minh presence. Shops were well stocked — utilities were working with some buses operating — and the Viet Minh claimed to be in charge (Patti 1980 : 159). As caught on camera, Patti would also be toasted in a welcome ceremony staged on August 26 by Vo Nguyen Giap, who had arrived in Hanoi ahead of Ho Chi Minh. To the dismay of both the French and the Americans in Kunming, besides a private meeting with Ho in Hanoi, Patti also made public appearances with other ranking Viet Minh. Making a threesome with Giap and Sainteny, Patti was also blamed for spoiling a potential important moment for the French when Viet Minh power was weak. But Patti also cabled his concerns to Kunming over Provisional Government plans to nationalize the Banque de l'Indochine and the Yunnan Railroad, among other utilities (Bartholomew-Feis 2006 : 237-41). More or less, Patti's reports to Kunming mixed concern with the "party state" developing in Hanoi and his undisguised pleasure at seeing the French nixed.

Responding to news of the atomic bombing of Nagasaki of August 9, Nguyen Khang had taken the lead in Hanoi for the local Viet Minh committee, still out of contact with the Ho Chi Minh group then meeting at Tan Trao (13th). Having secured a meeting with Bao Dai's representative in Hanoi (Viceroy Phan Ke Toai), he rejected his call to join Bao Dai's independence government. Then having gained Tan Trao approval to mount an insurrection, Nguyen Khang rallied his Committee forces in downtown Hanoi (Patti 1980 : 161-2).

As Bartholomew-Feis (2006 : 237) embellishes, although Viet Minh radio had called to "launch the insurrection," the message was only received in Lang Son, Cao Bang, and Ha Giang. Even so, as with the case in Hanoi, local committees reacted in line with the evolving situation, marching on government offices, detaining mandarins, installing Viet Minh flags, etc. As explained below, the contagion spread south as well with 100,000 peasants marching on Hue on August 23 and with Bao Dai renouncing the imperial throne.

In Hanoi, on August 19, action switched to the square in front of the Opera House where the Viet Minh rallied support and, literally, edged the Bao Daists off the podium. In front of a crowd of some 200,000, the imperial flag was lowered and the Viet Minh flag raised. Basically this coup was achieved by subverting and disrupting a counter meeting organized to rally support behind the Kim Hue government. The imperial flag was lowered and the Viet Minh flag raised. As Patti (1980 : 165) underscores, this was the first public and unopposed meeting of the Viet Minh as a political force. The Hanoi City Committee then planned for a full insurrection on the same day. The residence superior was occupied and Bao Daists ousted. With the insurgents gathering weapons, numbers of Bao Daists rallied to its cause as the days proceeded. Japanese guards backed away when the Committee members/Viet Minh stormed the garde indochinois security division, taking more weapons. The Banque de l'Indochine premises, the governor's palace, and Japanese garrisons still eluded the Committee but other strategic buildings yielded to Viet Minh control. At that moment, Giap, Col. Thomas, and Deer Team, were still battling the Japanese at Thai Nguyen down from the mountains. In other words, the seizure of power in Hanoi was a bloodless affair having liberated itself. There was no (armed) coup.

Livid at the American complicity with the Viet Minh, Sainteny continued to pour scorn upon the Patti group, a theme that appears as a leitmotiv in French intelligence documents. For example, as late as October 1945, the French Embassy in Washington was instructed to brief the American State Department that Indochina was "outside of the American zone of action and that French opinion was very disturbed by the actions of certain American representatives." According to French information, American representatives in Hanoi still refused to occupy the Vinh camp where numerous French were detained by the Viet Minh. Meanwhile, American officers who had parachuted into Laos favored disarming French troops under the pretext that international accords did not allow direct French occupation (a reference to the controversial actions by Raven Mission under Cpt. Aaron Banks, as discussed below). Moreover, Nollday, an American OSS agent based in Siam, had favored the Free Lao (Lao Issara) party (MAE Indochine 34 tél., Paris, to France, Ambass, Washington, "Attitude des représentants americains en Indochine." Oct. 1945).

As future French High Commissioner Thierry d'Argenlieu (1985 : 49) wrote in his memoirs, "The first Yankee emissaries were dogmatically — naively anti-colonial, often manifesting without measure or nuance their ideological sympathies as spokespersons convinced of the right of the Annamite people." Archimedes Patti even attended a Viet Minh flag-raising ceremony. Dommen (2001 : 123-4), who has sharply criticized individual OSS members, as with the Raven Mission in Laos, is actually fulsome in praise for Patti, not only in handling a complex and dangerous brief, but also for his "objective" assessment of Viet Minh immaturity and communist inclinations. Patti also showed deference to Bao Dai in Hanoi, suspecting that he had been forced to abdicate. But whereas the OSS in the north had credibility or, as Batholomew-Feis (2006 : Chap.7) emphasizes, were actively used by the Viet Minh Provisional Government to enhance their democratic or international credentials, the constellation of political forces in the south, namely the French on the heels of the British, offered no such political space.

The First Americans in Saigon

Drawing upon OSS sources, Specter (1985 : 65) argues that the American role in the south, if more conspicuous than in the north, was much less important. Yet it was in Saigon in September 1945 that American support for self-determination and independence came unstuck. The following account seeks to explain less well documented events and actions on the part of the OSS in southern Vietnam, which, together with contemporaneous events in Laos, also highlight conflicts of interests and goals among the British, French and the Americans concerning restoration of the colonial status quo ante.

Under 1st Lieut. Emile R. Counasse, the first Americans entering Saigon were a prisoner-of-war evacuation group arriving on September 1, 1945. This was an advance element known as Operation Embankment, in turn planned as early as August 10 by OSS Detachment 404 based in Ceylon. As planned, the stated objective of the group was to accompany British troops to Saigon to investigate war crimes, to locate and assist Allied POWs, particularly Americans, to secure American properties, and track political trends. According to Bartholomew-Feis (2006 : 268) political trends included checking political attitudes on the part of locals as to Indochina's future political status, a brief that would bring the OSS into direct contact with the Viet Minh. The Americans were also informed as to the likelihood of being treated with suspicion by the French. From the outset, British Douglas General Gracey had also objected to the American presence in Vietnam, although he was overridden by SEAC commander, Mountbatten. Even so, as discussed below, inter-Allied relations on the ground in Saigon were tense. Dewey was told that he was on his own and could expect no logistical help from the British. This arrangement also allowed him to operate independently (Patti 1980 : 272).

Commanded by Lieut-Col. A. Peter Dewey, Operation Embankment departed Ceylon for Saigon on September 1 and, following stops in Rangoon and Bangkok, the team arrived at Tan Son Nuth airport in Saigon on 4 September. Met by members of the Japanese High Command, they were also welcomed by "enthusiastic crowds of Vietnamese," holding high expectations of a perceived American commitment for an end to colonial empires. Until September 12, the OSS team, with headquarters at the isolated Villa Ferrier northeast of the airport, was the only Allied presence in Saigon. Later that day, a company of British soldiers (a Gurkha division from Rangoon) flew in at around the same time as a company of French paratroopers from Calcutta.

Eventually, the OSS team liberated 214 Americans held in Japanese POW camps outside of Saigon. The majority had been captured in Java and employed on the River Kwai railroad before being interned in Saigon. Another eight were airmen shot down over Indochina. They were flown out of Saigon on seven DC3s on September 5. Archival sources make no mention of Dewey's brief to investigate Japanese war crimes, indeed these records possibly remain classified. Setting aside high profile cases, such as with Field Marshal Terauchi Hisaichi, it was the French who vigorously prosecuted Japanese war crimes in Vietnam, of which there were many against French officials and French and Vietnamese civilians alike. French investigations led to the execution of five Japanese for the murder of American airmen downed in Indochina.

In the event, Counasse's advance team was greeted "respectfully" by the Japanese. From their temporary base in the Continental Palace Hotel, they also had to contend with the United National Front Government in Saigon comprising Trotskyists, Cao Dai, Hao Hoa, and other nationalist and religious groups and sects. They also offered some, albeit, false hopes to French citizens holed up in the hotel (Bartholomew-Feis 2006 : 271). While dismissing the motley coalition government as a "drugstore revolution," the team nevertheless reported that its control was "complete," even if its actions appeared "hazy" or unexplainable. With Dewey's arrival on September 4 and assumption of local command, the American team established close contact with the leaders of the independence movement, including the Viet Minh, just as the revolutionaries were expectant of American support. Almost immediately, however, Dewey was prevailed upon by both the French and Gen. Gracey to keep his distance, lest he give the impression of official American support for the independence movement. Among other issues, Dewey declined to reveal to Gracey the full dimension of his political intelligence collection thus sparking near animosity between the two (Bartholomew-Feis 2006 : 283). Gracey was also perturbed that the Americans (namely MacArthur) had delayed the arrival of the British in Saigon until after the official surrender ceremony in Tokyo Bay on September 2.

Declared "persona no gratia" by Gracey because of his personal contacts with the Viet Minh, other members of his team also kept up clandestine contact. On September 7, Dewey radioed the first American account of what had transpired in Saigon on Independence Day, matching the events of the August Revolution in Hanoi. He also air-pouched a comprehensive report on complex Vietnamese political maneuvers in the south and confirmed French General Cédile's arrival on August 22-

23. Having made prior contact with left-wing French elements then in Saigon he was then able to meet with the Viet Minh supremo of southern Vietnam and future communist historian, Tran Van Giau, along with Dr. Pham Ngoc Thac and Nguyen Van Tao on August 27. He kept up a stream of reports relating to the fragile relationship between Giau and the Trotskyists (Patti 1980 : 275-6).

Death of Peter Dewey

U.S.-Vietnamese relations, however, took a major blow when, on September 24, OSS Captain Joseph Coolidge was wounded in an ambush and, two days later (September 26), when Dewey was killed in then mysterious circumstances by a group of Vietnamese later identified as Viet Minh. Sometimes billed as America's first Vietnam War casualty, Dewey was born in 1916 in Chicago, schooled in Switzerland and later majored in French at Yale. He saw action in France against the Germans, before evacuating via Portugal and Spain back to the US. In August 1942, he enlisted in the US army as an intelligence officer with the Air Transport Command in Africa. Following an approach made by family contact with Donovan, he was recruited by the OSS. Dewey was also the son of US Congressman, Charles S. Dewey. He was dispatched deep into German occupied France supplying crucial intelligence on the German withdrawal and making an epic 600 mile retreat march through enemy territory. Returning to Washington, in July 1945 he was selected to head the OSS team that would enter Saigon after the Japanese surrender.

Three days prior to Dewey's death, Gen. Cedille and his forces brazenly occupied all major buildings in Saigon, while arming interned French troops. But these were French troops released under British Gen. Gracey's order, and Gracey himself was responsible for disarming the Japanese. Provocative actions by the newly armed French troops along with French civilians on the streets of Saigon threw the Viet Minh on the defensive, ironically setting the trap for Dewey on the fateful day of September 26. Dewey attempted to lodge an official complaint with Gracey, but the British commander, suspecting that Dewey was in cahoots with the Viet Minh, declared the American persona non grata and ordered him out of the country. Dewey acceded to this order, believed by the American party to have been passed down by the French, not at all happy with the OSS role in Indochina generally. Although Neville (2007, "Death of an OSS Man"), suggests that Dewey wished to

第2章 Origins of the American Entanglement in Vietnam

leave Saigon on his own volition, documentation provided by (Bartholomew-Feis 2006 : 289) confirms that he was expelled.

Returning to the Villa Ferrier from the airport by jeep owing to a delay in the arrival of his aircraft, Dewey—"possibly mistaken for a Frenchman"—was shot dead in a Viet Minh ambush on the airport perimeter. His companion, Maj. Herbet Bleuchel, was able to escape. Subsequently, six Vietnamese were killed in a fierce exchange of fire with the beleaguered OSS team holed up in the Villa Ferrier, pending the arrival of two British Gurkha platoons who helped evacuate the American party to the Continental Hotel. As Spector (1985 : 68) curtly remarks, Dewey's successor, Lt. James R. Withrow, arrived soon after, to observe the French re-conquest of South Vietnam.

Testimony in the form of a signed affidavit of October 13, 1945 by Capt. Frank H. White, an OSS team member who sought to recover Dewey's body, is also revealing. According to White, in the late afternoon, he approached a Vietnamese party displaying a Red Cross flag, seeking to recover bodies of their slain comrades. White observed a considerable number of armed Vietnamese in the vicinity including the leader of the party, a French-speaking individual around 30 years old. Launching into a polemic against the French and the British who protected them, he asserted that, had he known that Dewey was American, he would not have ordered the attack. He also stated that his party had only attacked OSS headquarters because he believed that French and British resided there. White also observed that the Vietnamese were equipped with Japanese military material including cartridge boxes and canteens (Death of Major Peter Dewey, Oct. 1945, Pike Collection, Item no. 2360209040). As Bartholomew-Feis (2006 : 298), indicates, one consequence of Dewey's death was the scaling back of the American military mission in the south. Of the original members of the OSS team in Saigon, only White and George Wickes remained in place until December.

Recriminations

Recriminations as to who ordered the killing poisoned the atmosphere, with some Americans blaming British Special Operations Executive (SOE), also operating clandestinely in Saigon, and the British blaming the Japanese, while the French blamed the Viet Minh. In part, to mollify the Americans, Ho Chi Minh let it be known that he disapproved of the killing. Ho personally expressed his profound regrets to Gen. Gallagher in Hanoi, two days after the events, blaming the action upon "unruly elements." He also addressed a letter to President Truman expressing condolences and friendship with the American people. Long after the end of the war, Viet Minh southern supremo, Tran Van Giau, apologized to Dewey's daughter for the Viet Minh error (Topping 2005 : 3-4).

Documents relating to OSS activity in Vietnam, notably those relating to Dewey's death offer a special optic on the attitudes of all the players in this conflict, the Viet Minh included. The brief by Maj. F. M. Small is illustrative. As he wrote in a signed affidavit of October 25, 1945, "From my own observation and study, the general situation in Saigon reflects an intense desire on the part of the Vietnamese for independence and thorough hatred of them for the French and any other white people who happen to be in any way supporting or sympathizing with the French. The hatred of the Vietnamese for the French has been brought about by the not too enlightened policy of the French which has been to exploit the Vietnamese to the greatest extent possible and treat them more or less with contempt. The Vietnamese naturally greatly resent the British protection of French interests and insomuch as the American military in Saigon regularly attend British staff meetings, it is quite likely that the Vietnamese infer that the United States tacitly approves the British policy." Small also described Gen. Gracey as "not well suited to his assignment." Notably, his mishandling of the situation with respect to arming the French POWs was the "single immediate contribution to the intensification of Vietnamese animosity to all whites in Saigon, and thus directly contributed to Dewey's death" (Pike Collection, Item no. 2360209040 "Death of Major Peter Dewey, Oct. 1945").

The Allied Control Commission also produced a report on Dewey's death, inter alia casting doubt on whether the incident could have been prevented if the Americans were allowed to fly an American flag on their jeeps as wished, and as forbidden by the French (Documents Relating to OSS Activity in French Indochina MLB-2739-B). Pointedly, neither the OSS reports nor the Allied Control Commission directly attribute blame for the ambush and Dewey killing upon the Viet Minh. While Patti (1980 : 321) believes that the action was indeed committed by the local Viet Minh who mistook Dewey for a Frenchman, Dommen (2001 : 128-9) virtually absolves the Viet Minh from the attack, arguing that they surely would have known the identity of the nearby OSS headquarters. Rather, he levels the blame at one of the nationalist factions. There is no smoking gun evidence here either, but the Cao Dai certainly had access to Japanese weapons such as those used in the ambush. As for pretext, Dewey's dalliance with the Viet Minh could well have prompted such extreme actions on the part of the non-communist nationalists.

As French intelligence observed, the creation of a Vietnam-America association, the launching of a bilingual review, and support rendered by American parachutists to Viet Minh guerrillas, all affirmed Washington's endorsement of the Viet Minh. Ho Chi Minh's apparent letter to Truman affirming his opposition [to the French] reclaiming independence was further evidence. In an interview, Ho Chi Minh claimed that America upheld a "neutral and reserved" position. Even so, as the French report correctly surmised, notwithstanding declarations made by John Carter Vincent (a left-leaning US State Department official), as the US government was progressively abandoning this (antagonistic) spirit. As the report claimed, although it cannot have been an overriding factor, the assassination of Dewey in Saigon undoubtedly diminished Viet Minh credit in the eyes of America (AOM SLOTFOM, NTCIP, "Le Viet Minh L'Action de la Chine et de Japon dans la Formation et son Accession," Paris, Aug. 7, 1946).

As indicated, under President Truman, American opinion was already shifting away from the anti-colonial idealism of his predecessor, F. D. Roosevelt, such as borne by many of the OSS operatives in the field, towards a more pragmatic attitude vis-à-vis the Soviet Union, now seen as poised to spread its influence across the Asian mainland. But, at the time, there was a groundswell of indignation in the US against the restoration of old-style colonialism. To wit, as a *Time Magazine* (Sept. 24, 1945) correspondent wrote in pointed reference to, variously, the Indonesian and Vietnamese responses to colonialism, "It was clear that the empire's inhabitants had heard about such things as the four freedoms and the coming Philippine independence."

The American Sideshow in Laos

Neither was there any love lost between the newly returned French in Laos and a party of Americans dubbed Raven Mission dispatched by OSS headquarters in Kunming and parachuted into the landlocked country on September 16, 1945

(Dommen & Dalley 1991 : 327-46). French general turned military historian de Crévecoeur (1985 : 51-60) goes as far as to say that the American officers were not only opposed to the French and pro-French Lao but actually supported (pro-independence) groups including Prince Phetsarath, the anti-French Lao Issara or Lao nationalist leader, obliquely backed by the Japanese. Maj. Aaron Banks (already a veteran of various anti-Nazi missions in Europe) and Maj. Charles Holland of the OSS are described as spouting anti-French propaganda.

Events reached a climax on September 27 when a British party led by Maj. Peter Kemp of Force 136 (the cover name for the British SOE in Southeast Asia) crossing the Mekong from their base at Nakhon Phanom in northeast Thailand were surrounded by an armed Viet Minh patrol who demanded the surrender of French Lieut. Francis Klotz. Although protected by the British, Klotz was assassinated by the Viet Minh group. To the disdain of the French, OSS agent Reese, also accompanying the party, maintained his neutrality. Although, the OSS party remonstrated with the Viet Minh, the killer was never transferred to the British base as they demanded.

According to de Crévecoeur (1985 : 51-60), the incident was a turning point for the Americans recalled from the mission by higher authorities in Kunming. Dommen and Dalley (1991 : 342 ; 346) also suggest that knowledge of the "impermissible independence" of the OSS in Laos actually gave pause to President Truman and successors as to the need for firmer presidential control over a successor intelligence organization, namely the CIA. But in the eyes of the Americans "what made the British operations reprehensible was that they were undertaken on behalf of the French" (and working in territory north of the 16th parallel formally reserved for the Chinese under the Potsdam Agreement).

More than anything, the events in Saigon as well as the Laos incident reveals the bind that individual Americans were in, especially in being seen by the French and their British allies as siding with the Viet Minh (alongside Lao nationalists) against pro-French collaborators and coalitions, who were actively succored by stay-behind Free French guerrillas. It may not have been apparent at the time, but the Americans in urban Saigon, as well as the back blocks of Laos, were witness to the first sparks igniting what would be a fratricidal 30-year civil and international war of almost incalculable costs.

3. A French Chronology of American Activities in North Vietnam

Notwithstanding subtle shifts in Washington's position on colonialism in the face of communist expansion, French intelligence still held the US role in Indochina as entirely unfavorable to the French position. More than that, as reflected in one intelligence report, the Americans were actually working to prevent a French reoccupation. This was viewed as a two part action. First, on an Indochina-wide scale, the Americans actively assisted the Viet Minh, and infiltrated its agents into Indochina charged with working against French interest. Second, at the international level, the Americans admitted French interests in Indochina, yet offered absolutely no assistance to help France achieve her objectives (AOM Indo NF/134/1217 Agissements Americains contre le rétablissement de la gouvernment Français en Indochine).

French Intelligence on the American Role

As the French military-intelligence establishment understood, the modus operandi of American agencies in the general China-Indochina theater were not of a piece. Rather, they were subject to overlapping mandates, inter-agency rivalry, personality clashes, and a basic division between specialist military missions and non-military civilian-diplomatic roles. Besides "incoherence of action" and incompetence on the part of many American groups, many personnel were simply ignorant of Indochina affairs, without knowing even the essentials of local problems. In a French account, the general American evolution shifted from indifference to "violent" anti-French sentiments paired with a "vocal sympathy" towards the Viet Minh. Only in a later period (post-1946), during which time the US opened consular offices in Vietnam, was a more "realistic" political line developed (SHAT GR4Q45 Indochine 1943-1948, "Etude sur les activités Americains en Indochine," BFDOC, Saigon, Oct. 31, 1947). The following list is drawn from French intelligence reports with added embellishments, as indicated.

The Office of Strategic Services (OSS). The Office of Strategic Services or (OSS) was well understood by the French. Its China section worked out of sections based in Kunming, Posch, Tsin Tsi (Simon Yu, 1945), Nanning, Pakhoi, South Yunnan (Richardson, Spaulding) ; Indochine (Maj. Glass, 1944 ; Maj. Patti, 1945 ;

and de Sibour 1945). Specifically, the Hanoi section was headed by Maj. Patti who arrived on August 22, along with Maj. Wanlan, Buckley and Capts. Bernique and Koenig. The mission was terminated in early November. Patti, who enjoyed virtual proconsul status in Hanoi alongside the Provisional Government, made a final exit from Hanoi back to Kunming on October 1 and with the OSS turned over to War and State. The Saigon section comprised six officers (four OSS and two signals). They arrived in September and the final elements departed in December.

Air Ground Air Services (AGAS). Operating in occupied China and Indochina, AGAS served to recover downed American aviators in enemy territory and offered reception to all Allied personnel across enemy lines. AGAS was represented in Hanoi by Capt. Mokam and Lieut. Fusiller, vested with the mission of repatriating Allied prisoners. It worked from the end of August until October 20, 1945.

Air Transport Company (ATC). A purely technical service, Air Transport Company (ATC) was charged with maintaining and offering flights between Kunming and Hanoi. It comprised three officers and ten sub-officers. It operated from the end of August until the end of November 1941.

US Army 2nd Bureau. As identified, the US Army 2nd Bureau was involved in intelligence collection in China and Indochina.

US Navy and Sino-American Corporation Organization. From 1942, a powerful naval organization working in China collecting meteorological information and coastal intelligence. Headed by Commander Miles, this unit developed special links with the Chinese Special Services under Gen. Tai Li and the Sino-American Corporation Organization (SACO). Its mission was to train and lead Chinese guerrilla units on the frontline and within communist zones and on the border with Indochina.

The US 14th Air Force. Set up in 1942, and commanded by Gen. Claire Chennault, the US 14th Air Force was served by an intelligence unit directed at Indochina led by Lieut. Col. Williams, then Major Martin Sullivan. With its headquarters in Kunming,

第2章 Origins of the American Entanglement in Vietnam

it was staffed by two non-aviation officials, specially assigned to Indochina duties, namely Col. Vrealand and Maj. Gibbon. Liaison was upheld with the French Military Mission, alongside an ASAS intelligence network and also the Gordon network.

Chinese Combat Command (CCC). Set up by Wedemeyer at the end of 1944, the Chinese Combat Command (CCC) was involved with the reorganization, armament, and instruction of Chinese forces at the regimental level by American instructors. The head of CCC was Maj. Gen. Robert MacClare and the Kunming-based commander of Chinese land forces, Gen. Ho Yin Chin. The CCC covered the entire China theater and the Indochina border. Its Southern Command came under Gen. Lu Han and with the Guangxi command under Gen. Tchang Fa Kouei.

The Gordon or GBT Network.

Evidence of active OSS complicity with the Viet Minh prior to the Japanese surrender, was offered by the case of agent Gordon, former director of Texaco in Indochina who, from his base in Kunming, had made transfers of a million Chinese dollars (300,000 piasters) a month to the Viet Minh through 1944. He also supplied radio equipment along with an American operator in Pac-Do, a region off limits except for the Americans, as well as several hundred weapons including submachine guns. French intelligence also believed that the Americans had made a deal with the Viet Minh as to future economic advantage (AOM Indo NF/134/1217 Agissements Americains ...). Also known as the GBT network after the initials of the key three members. G stood for Laurence Gordon, a Canadian employee of California-Texas Oil Corporation, B stood for Harry V. Bernard, another Caltex official, and T stood for Frank Tan, a Chinese American (See Bartholomew-Feis 2006 : Chap. 4). According to Thomas (2000 : 951), Gordon had been recruited and trained by British SIS staff in New Delhi. The GBT group also fell under the coordination of Chiang Kai-shek's operational director, Admiral Yang Hsuan Chen, though the British also encouraged Donnovan of OSS to liaise with Gordon (See Tønnesson 1991).

The Gallagher Mission in Indochina. Set up in Hanoi under the command of Gen. Philip E. Gallagher, chief of the US Military Advisory and Assistance Group (USMAAG), the Gallagher Mission in Indochina worked with the CCC Southern command under Gen. Lu Han. Gen. Gallagher deployed American CCC teams as advisers to the Chinese command. Accompanied by a general staff of nine officers, Gallagher arrived in Hanoi on 16 September, two days after Lu Hun, departing on November 12, 1945. During his time in Hanoi, he was also the senior-most American official in the country. According to Bartholomew-Feis (2006 ; 250-1 ; 261), Gallagher also shared with Patti the Rooseveltian notion of trusteeship and, as with Patti, attracted the suspicion of the French for his pro-Vietnamese position. He also upheld close relations with Ho Chi Minh and answered his requests for urgent shipments of American food along with medicines. Possibly, as well, he influenced Lu Han to offer tacit recognition of the provisional Government. This may appear odd for a Nationalist general, but Lu Han was clearly at odds with the KMT and would later defect to the Chinese communists.

G5 or Fifth Bureau Mission. Headed by Col. Stephen Nordlinger, commander of civil affairs, the G5 or Fifth Bureau Mission offered aid to Allied prisoners, and sought to gather information on Japanese war crimes. A French speaker also briefed to release Légionairres interned in the citadel, Nordlinger was one of the few Americans to work with Sainteny and the French, leading to tension with Patti (Bartholomew-Feis 2006 ; 249).

Foreign Economic Administration (FEA). The Foreign Economic Administration (FEA) was comprised of several civilian officials.

Army Grave Registration Unit (AGRU). In December 1945, all the American missions departed Indochina and were replaced. In Hanoi the field was left to the Army Grave Registration Unit (AGRU) headed by Capt. Parris and charged with searching for remains of Americans who disappeared in Indochina.

Repatriation of Nationalist Chinese and Japanese Mission. A very important mission of around 140 persons headed by Col. Lawlor was established in Haiphong in early 1946. Loosely dubbed the Repatriation of Nationalist Chinese and Japanese Mission, its members arrived in Indochina between January 24 and February 15, 1946 with the official goal of transporting both Chinese occupation forces and

Japanese prisoners (ex-Imperial Army) to their respective homelands. The mission was dissolved on July 13, 1946. The last members departed Haiphong on August 15.

As the French report summarized, of the southern China-based American groups, there was no "entente," rather, rivalry beset various groups, and personalities, and with never ending quarrels. For instance, Wedemeyer supported the OSS, while AGAS answered to the Navy. At the end of 1944, acknowledging the meager results achieved, Wedemeyer sought to regroup and coordinate the services under the control of Col. Dickey, head of the 2nd Bureau, albeit a person lacking dynamism and becoming the object of hostility on the part of the Navy. But Indochina was a war zone and a theater of operations. The US Navy undertook surveillance of the coasts. The 14th Air Force undertook various destructions and bombardments. But that is not to say that political questions were ignored. Side by side with the Chinese guerrillas, the OSS trained special agents at Kai Yuen, a station on the Yunnan rail line. Commander Miller liaised with Gen. Tai Li, and his Chinese special services, also linked up with Vietnamese nationalists, notably elements of the anti-communist Dong Ming Hoi. Ho Chi Minh was not unknown to the Americans, but the contacts were still episodic and "not part of a concerted plan." Neither could the US Navy ignore the many French contacts who signaled with great detail and precision information on Japanese ship movements. The Americans knew that the French were the best informants on Indochina, just as they looked to the French Military Mission in China as the inevitable intermediary for their military actions inside Indochina. Notably, the 14th Air Force established correct relations (Ibid.).

As alluded, up until the Japanese coup de force of March 9, 1945, the French viewed the Americans as "Francophobic," especially by siding with the Viet Minh. But after the coup, the Americans underwent a double change of attitude, namely open hostility. They now looked to the Vietnamese as informants. French resistance elements inside Indochina waited in vain, at least until June 1945 for any material assistance. "While our units stationed themselves at great risk adjacent parachute terrain vainly scanning the sky, the Viet Minh spread through the High Region armed with Thompsons and Colts freely distributed." (French General) Alessandri in China (who retreated with his force to Yunnan following the Japanese coup) was "brutally" refused all support subjecting our people to numerous humiliations in the presence of

Chinese generals. Following a trip to Chongqing where they made contact with the nationalists, the OSS reorganized their intelligence networks with the help of Vietnamese revolutionaries. Gordon himself explained to Col. Richard Heppner, who oversaw OSS activities for Wedemeyer, the advantages of working with the Viet Minh. Thus, we should not be surprised that American arms sent to the French command in Gabon (west Africa), were redirected to the Viet Minh. The main base for the Americans in Yunnan was at Kai Yuen, a station on the Lao Kay-Kunming railroad, where many Vietnamese workers were congregated and a long-time fief of the VNQDD. There, powerful financial and military assets were deployed. The Americans also hosted a special radio training school where some 100 Vietnamese were enrolled. In mid-year, Maj. Patti of the OSS received the following three point questionnaire from Washington. First, he was queried as to the degree of anti-French and anti-Chinese sentiments of the Vietnamese. Second, he was asked as to the reactions of Vietnamese to Japanese propaganda and declarations of independence for Annam, Laos, and Cambodia. Third, he was queried as to the degree of support of the Vietnamese for the French resistance (Ibid.).

In July, the French report continued, the OSS had abandoned all collaboration with French elements, clearly turning to the Viet Minh whom they perceived as the strongest card. Maj. Thomas parachuted arms to them. Simon Yu, Gordon's assistant, offered radio posts to the OSS. The single notable action taken by the Viet Minh during this period (anti-Japanese war), was to massacre a VNQDD mission patronized by AGAS. "It is incontestable that the Chinese special services, especially the OSS, exploited the anti-French sentiments of the Viet Minh leaders." Following proposals made by the French Mission to Ho Chi Minh, Lieut. Pellon of AGAS (generally sympathetic to France) dissuaded the Viet Minh chief from supporting France by offering unlimited American assistance. Amazingly, a credulous Ho Chi Minh mistook the word of a simple lieutenant as representative of US government official thinking, and made his policy accordingly. Of course, anti-French sentiment did not begin with this simple intervention, yet it happened as part of the post March 9 coup evolution. Alone, the 14th Air Force (under Gen. Chennnault) pursued an anti-Japanese action (Ibid.).

French intelligence also believed that the Americans had made a deal with the Viet Minh as to future economic advantage. After the Japanese surrender, not only

第2章 Origins of the American Entanglement in Vietnam   293

did the Americans offer no assistance to the French, among other acts, on August 24, 1945, Gen. Wedemeyer declaimed that the entry of French troops into Indochina would depend upon the outcome of an inquiry by the OSS as to Vietnamese opinion. In early September 1945, Gen. Gallaghar (chief of the US liaison team with the OSS assigned to the Chinese occupation force in Indochina) declared that French sovereignty in Indochina was not recognized, that there was no question as to the French restoration of sovereignty, and advised Gen. Alessandri it would be advisable to follow instructions delivered by the Chinese. On September 24, in Hanoi, the Americans had roused the Vietnamese to oppose the French. Famously, on that day, OSS agent Patti had signaled his anti-French stance by posing in a photograph with Ho Chi Minh. The Americans had also been ordered not to concern themselves with the humanitarian question concerning French prisoners, notably by refusing to occupy the Vinh camp where numerous French prisoners had been tortured by the Viet Minh. At the same time the Americans stood passive or neutral against French, Vietnamese and Chinese victims of robberies and other actions. In the first half of September, strongly anti-French OSS teams arriving in Laos, had coordinated their actions with the Chinese. The Americans had also offered active support in Laos to Prince Phetsarath, leader of the Lao Issara faction. Notably, Thao Oun, Phetsarath's envoy, arrived in Thakek, southern Laos, on September 27 in the company of several American officers. Also, on September 27, the Americans had refused to evacuate French women and children from Vientiane, notwithstanding British propositions. At Savannakhet, agents Banks and Holland had remonstrated with a British agent, the French will never return to Indochina. On September 26, at Thakek, when a Vietnamese assassinated French Lieut. Klotz, the American agent Reeves declared his neutrality. All in all, the Americans supported the Chinese occupation of Laos, while disarming French agents citing that international conventions disallowed a French occupation (AOM Indo NF/134/1217 Agissements Americains ... See Duiker, 1994 : 39, reporting comments by Gallagher on Viet Minh nationalism).

　　In a third phase, namely after the Japanese capitulation, Wedemeyer sent the first Chinese Army group to disarm the Japanese in northern Indochina, in line with SEAC. Simultaneously, an American element arrived in Tonkin with the Chinese troops, with another installed in Saigon with the British troops. But whereas in Saigon the British presence neutralized the actions of the Americans, by contrast, in

Hanoi, General Gallagher and the OSS delivered a veritable anti-French tirade. And with the arrival of Patti in Hanoi, a "violent anti-French, pro-Vietnamese, pro-American atmosphere developed" ("Etude sur les activités Americains en Indochine," op.cit.).

French Perceptions on the American Role

As indicated, the Free French considered the US government attitude on the Indochina question as crucial to their planned resumption of sovereignty. Writing in August 1944, as one French position paper summarized, neither the US Department of State nor President Roosevelt had fixed their positions on the Far East. Neither had the (proposed) visit by Charles de Gaulle to Washington changed the equivocation (an invitation to meet with Roosevelt had been canceled). However, impressions gained by Henri Hoppenot, delegate of the French Provisional Government to the United States, confirmed serious reservations on the part of Washington on the future of Indochina. As the report continued, the hostility to French colonialism in the Far East was not a new phenomenon : "The appetite for power that the preponderant role played by the United States in the war has certainly excited Washington ..." Pacific security, defense of US commercial interests in the Far East, and "the ideology of Methodism" in support of liberating all oppressed peoples — combined with a traditional attitude to create "a state of spirit clearly unfavorable to the maintenance of our position in Indochina such as preceded 1929." As the report allowed, even the act of determining responsibility for allowing the Japanese to occupy Indochina cannot completely cleanse French hands (in the eyes of the Americans). Moreover, the claims of revolutionary Vietnamese in China, with whom the OSS were in contact, would give the Americans, if they desired, sufficient pretexts to impose a French departure or to paralyze the exercise of power in Indochina. "In organizing our resistance in the interior, and in drawing up future statutes for Indochina in line with the values of the indigenous population", "we have to limit the eventuality of American intervention in Indochinese affairs." Yet, American policy on Indochina remained "extremely fluid." The US operated multiple intelligence services independent of each other working with a "disconcerting amateurishness" "rendering their zealousness all the more dangerous." Not satisfied with the intelligence provided by the French, they sought to organize their own intelligence networks inside Indochina. Moreover, the OSS employed French-speaking Texaco agents (Gordon). On the pretext of collecting intelligence, Major (Austin O. Glass) had entered into contact with Vietnamese revolutionaries in Kunming. The Vietnamese-speaking Glass, a long term resident of Haiphong and heading an American oil company, was spoken of in glowing terms by Ho Chi Minh as the "Vietnamese American" (See Patti 1980 : 53-8 ; 84-5). This led the French to suspect that he sought to solicit their cooperation with intelligence collection inside Indochina. If indeed Roosevelt was undecided, as Gen. Brossin Saint-Didier, head of the French Military Mission to Washington reported, US Vice President Henry A. Wallace had already made it clear during his Chongqing visit that he supported "independence for all Southeast Asian countries dominated by colonial powers." As the report continued, "We may thus presume that, in line with US policy on the Philippines, the US will made similar demands upon Indochina." Moreover, the price extracted for American assistance in the liberation of Indochina would be the cession to the US of air and naval bases, along with special commercial advantages to the US business (MAE Asie Océanie 1941-1945 Indochine 29 "Note : Situation en Extrême-Orient," Oct. 15, 1944).

Even prior to the Japanese *coup de force* of March 1945, the French were perplexed as to OSS attitudes towards intelligence sharing, the struggle against the Japanese, and, especially, post-war scenarios. To this end, the Gaullist Ambassador in Chongqing, Gen. Pechkoff, sought out an interview during his visit to the US with General Donovan and collaborators. According to Donovan, the OSS in the field had been ordered to cease contacts with the Indochinese revolutionaries (although French intelligence revealed that the real situation was different). Donovan conceded that the actions of agent Gordon (as explained below) alone bore out the French allegations of complicity with the Viet Minh. Even so, Donovan stressed that he was just a provider of information and that the OSS were not responsible for his actions. Such explanations may have appeared to be disingenuous to the French who were well apprised of the American liaison with the Viet Minh. To appease the French side, Donovan offered to supply radio sets to French agents. Donovan wished to enhance cooperation between the American and French intelligence services. This sentiment was shared by Wedemeyer, whom Pechkoff also interviewed. Wedemeyer went further in stressing his concern for purely military as opposed to political issues.

Crudely stated, Pechkoff reported, his goal was to "kill the Japanese" and, to this end, he sought cooperation with the French. Wedemeyer stressed the need for the two intelligence agencies involved in the Indochina resistance to work jointly and not as independent agencies. Pechkoff also gained conformation from Wedemeyer that the OSS was an inferior organization. Overall, it was Admiral Nimitz and Gen. MacArthur and other authorities who ordered air operations over Indochina as part of theater operations and judged on that basis (MAE Asie Océanie 1941-1945 Indochine 29 tél., Pechkoff, Chungking, Jan/Jun 21, 1945).

4. Re-enter the Americans (1946-54)

Arriving in Saigon on February 19, 1946. the first postwar US Consul in Saigon, Charles Reed, along with Vice-consul Coughlin, obviously ushered in a new era in American-Vietnam relations. However, the arrival in Hanoi on March 13, 1946 of information attaché, Joseph Robinson and, one month later, Vice-consul O'Sullivan, suggested a more complex role, especially as the United States had not recognized the DRV. But, as the French had also parlayed themselves back into Hanoi as a result of the March 1946 agreements, they were undoubtedly counting upon US diplomatic support. According to a French intelligence assessment, alongside the earlier military-interventionist role of the Americans in Hanoi, a more "normal" situation of diplomatic and business activity resumed in Indochina. In fact, the Americans were joined in Hanoi by their British counterparts, namely Lieut. Col. Arthur Trevor-Wilson, appointed British Consul to Hanoi in 1946 (Thomas 2000 : 958). As the report argues, increasingly the American attitude was shifting from the political to the economic ("Etude sur les activités Americains en Indochine," op. cit.). But, as explained below, the French remained wary as to American activities in Vietnam, whether stemming from official or commercial quarters.

The two major American companies then operating in Indochina were Standard and Caltex — both servicing American "hegemony" over Far Eastern airlines, albeit acting in the commercial sector. In 1946, Standard made it known that it would avoid all complicity in politics with the Vietnamese and French authorities and basically, as observed, this line of conduct was adopted, just as Standard sought to reinforce its market position. It looked to a future of servicing the needs of American airlines. But, to justify opening a branch in Haiphong, it also anticipated an expansion in the domestic airline market catering to Europeans, wealthy Vietnamese, and Chinese travelers. Having arrived back in Saigon on May 3, 1946 as head of Caltex. Gordon, assisted by Simon Yu and several other American staff, was also viewed as "playing by the French administrative rules." Caltex's market share was around 15 percent, with the balance divided between Standard and Shell. Simon Yu also set up his own company in Haiphong with an American partner with a view to entering the shipping business with Hainan (Ibid.).

As mentioned, Sino-American Development (SID) Corporation, was set up at the moment of the Viet Minh victory in September 1945, entering the import-export business and with extensive networks across Southeast Asia, The director was Richard Arthur Moore, an ex-American aviator and intelligence agent. But this company also came to the attention of French intelligence because of its "extra-commercial" activities, suggesting intelligence operations acting under the cover of a business operation. Since December 19, 1946, Moore was identified as sowing anti-French propaganda among prominent Vietnamese, underling the incapacity of the French and an imminent Chinese-American intervention. According to the Sûreté Fédérale, SID was involved in arms trafficking of some volume with the active participation of a branch office in Bangkok, especially charged with buying arms in Thailand for clandestine introduction into Laos and Cambodia. In January 1947, SID was also involved in the traffic in medicine — quinine in particular — between the French and Viet Minh zone, using Chinese intermediaries and falsely labeled goods stamped "medicine sent by the Chinese Consul to the Chinese population of Vinh." The company was capitalized at 5000,000 piasters. Another American involved with SID was Frank Palmer Stubbs (Ibid.).

At the end of the war, the US was called to fund Indochina merchandise that European countries could not immediately deliver. In 1946, the balance of exchange with the US remained favorable to Indochina, thanks to the stock of rubber with the US becoming increasingly important in Indochina's external commerce.

As Table 1 reveals, although growing, pre-war US-Indochina trade was still at a fairly low volume. For the US, rubber was by far the largest import and the export market relatively restricted. Postwar, rubber was still the dominant commodity in demand but the American share in the marketplace increased dramatically (and of

Table 1 US-Indochina Trade (1933-1946) in millions of piasters

Year	Imports	Exports
1933	3	0.8
1938	10	25
1939	10	42
1940	24	64
1941	24	162
1946	67	200

Source : SHAT GR4Q45 Indochine 1943-1948, "Etude sur les activités Americains en Indochine," BFDOC, Saigon, Oct. 31, 1947.

course significantly as American involvement deepened). In 1947 the amount of exports from Indochina actually declined owing to the rundown in stocks of rubber. By contrast, imports greatly benefited from US dollar credits subsidizing imported consumer goods such as vehicles, automobiles, typewriters, etc.

In summary, the immediate postwar period saw a steady increase in American trade with Indochina. The US wished that the production potential of Indochina could attain its prewar level. And so it went that economic issues dominated American attitudes towards Indochina. In effect, however, the war had modified the commercial currents. American policy in the Far East had received a new orientation with the loss of China to the profit of Japan. As the report correctly surmised, the US also leaned upon Japan to become the "advance pillar of the political-economic defense of America in the Western Pacific." "The complementarity of the Indochina and Japanese economies has become one of the basics of the Japanese program that the Americans seek to realize," the report underscored. Japanese imports-exports for August-September 1947 reveal that Japan stood in the third rank of importers (with 10 percent) and 2nd rank for exporters (with 7.7 percent). As viewed, America now sought "to play a far more active role in the economic recovery of Indochina."

US Information Service (USIS). From its inception in Saigon, and with expansive rented premises on Rue Catinat (later Tu Do), the US Information Service (USIS) was headed by Joseph A. Robinson who arrived in Vietnam on March 13, 1946.

Robinson, (b. 1909) was obviously a careful choice as Washington's lead figure in the information/propaganda business in postwar Indochina. A Princeton and Pennsylvania. graduate, from 1941 he served in a series of increasingly responsible positions, rising to editor in the Office of Coordinator of Information (OCI), part of the Executive Office of the President. According to a Robinson archive maintained at Princeton University (2014), his understandings of the power of information and its dissemination were well developed. As he wrote at the time, "This propaganda arm of the government…is truly America's most formidable secret weapon." By the end of the year he had complete charge of all contacts with the intelligence branches of the Army and Navy for the OCI and, from 1942-45, served in the Mediterranean theater. Prior to his Saigon posting, he served as army information specialist and Foreign Service officer in early postwar Italy, India, and Singapore.

As the French report continued, USIS appeared to be concerned with two broad themes. The first was anti-colonialism "pushed to an infantile level." The second, to maximize an American commercial presence. In this account, Robinson launched into propaganda activities in November 1946 with the opening of a reading room equipped with film projecting facility. Although USIS under Robinson made it known to the locals that it was assisting in development, in fact it spewed anti-French propaganda, as with the screening in January 1947 of a humiliating film titled "Why the French were defeated in 1940." Robinson also sought to influence the media to the disfavor of the French. Both Robinson and his deputy exercised a great influence over correspondents, just as he maintained a wide network of informants among the Vietnamese and Chinese communities, assisted by a Vietnamese secretary and, undoubtedly, his contacts among American missionaries. But what animated his anti-French animosity? One issue was French censorship of American correspondents reporting from Indochina. A bigger issue was the American sense that the French would actively use lend-lease military equipment and arms against the Viet Minh in the event of the outbreak of a "colonial war." As stated, "Robinson accuses us of having violated the accords with the Viet Minh." Robinson (and the US Consul) requested the State Department to dispatch a special mission to Indochina to monitor military including French military operations, especially with a view to control the use of lend-lease equipment used by French forces. [But it was the Americans themselves which sold weapons to the Viet Minh]. In fact a Lend Lease Properties mission headed by one Barry Loyd arrived in Bangkok in early February bound for Indochina with precisely this aim. Robinson's propaganda could only be contrasted with the "neutrality" upheld by the Consulate. Beginning February, Paris made known its displeasure at the American official and, on March 2, he departed Indochina (evidently winkled out under French protest) on the British-flagged SS Kwei Yang bound for Hong Kong. Still shadowed by the French authorities, he was observed to have shipped most of his archives including a complete collection of local press bulletins and Vietnamese tracts. It seems of little consequence, but the French report even noted his ambition to write a book titled "Voluntaires de la Mort" ("Etude sur les activités Americains en Indochine").

The Robinson archive held at Princeton also describes the occasion he was a member of the official party that accompanied Adm. d'Argenlieu on a state visit to the Cambodian court on the occasion of the announcement of autonomy. According to the archive description, Robinson's relationship with d'Argenlieu was somewhat tense, and that would fit the facts already described. Robinson believed the admiral was well aware that he had been placed under surveillance by the French civil and military police. He had also been indirectly warned that "[his] presence here in Indochina was considered a grave challenge to certain 'powerful interests.'" As this account continues, once d'Argenlieu lost power, Robinson (2014) again felt assured of his personal safety. That may have been so, but Robinson was already en route to Hong Kong when d'Argenlieu was replaced by Emile Bollaert on March 5, 1947.

While USIS propaganda diminished with Robinson's departure, it did not stop. On March 13, 1947, a police agent discovered 13 propaganda brochures bearing the USIS cachet on a cyclo-pousse. One of them, written in both French and Quoc Ngu, reproduced Truman's July 4, 1946 declaration on the independence of the Philippines (otherwise known as the Philippines Independence Act, proclaiming the independence of the Philippines as a separate and self-governing nation). On October 16, the Sûreté arrested Huynh Sanh Thong, a secretary at the US Consulate in Saigon. Thong had sought to deliver to Embree, the new head of USIS, several sets of Viet Minh documents, all of them redolent with communist propaganda. But it was the activities of American business that now came to the fore in French thinking. The best American propagandists are "made-in the USA" articles like cigarettes, lorries, or airplanes. There was no doubt that the influence of American merchandise on the local market had given the impression to the Indochinese of an "incomparable industrial power." Style, media, weapons of war, whatever, American things are prized. On this note, the report recorded the portentous arrival in Saigon of Metro Goldwyn Mayer which had taken up exclusive control of several movie theaters in Saigon, duly promoted in the local media. For sure, this did not imply "national activity," but let us not lose sight of the importance of cinema in the matter of propaganda in the domain of French influence and to reserve an exclusive influence in the cultural domain. Hollywood thus threatened French tradition. "Wait and see" might define the French attitude. But already the position acquired in Indochina by the oil companies, the automobile industry, and cinema production, constituted a "milestone" in the progression of a very dangerous communal propaganda. ("Etude sur les activités Americains en Indochine").

American Missionaries

According to a French report, Protestant missions first entered the field in 1925, drawing attention to themselves by offering protection to such anti-French nationalists as Phan Chau Trinh and Prince Cuong De. Although Catholic missions were accorded a special status under the French protectorate, it was only in December 1929 that Annam (followed by Laos, Cambodia and Tonkin) relented to pressure to facilitate freedom of religion. According to the report, in the early postwar period, three American-based Protestant Christian missionary organizations stepped into this arena. The first, was the Adventist mission, the second, the Christian church and missionary alliance, and the third, the Evangelical mission. Of these churches, the Evangelical was by far the most prominent, with 50 pastors in 1939 rising to 31 in 1942 and, regaining their strength postwar. However, referring to the early postwar period, the report continued, the number of American missionaries in Indochina was hardly proportional to the number of their faithful, suggesting that they had a broader project in train. The total number of American missionaries was estimated at 100, ministering to 15,000 baptized and with 10,000 sympathizers enrolled in Sunday schools. Funding for their activities was mostly subscribed in the US. American missionary activities in the Viet Minh zone were zero owing to their anti-communist line but, by contrast, were very active in the French-controlled zone (SLOTFOM XIV, XI, 8 NTCIP, "Les Missions Religieuses Americains en

Indochine," Paris, Feb. 28, 1949).

Not all American missionaries worked for the American intelligence services, nevertheless it was certain that American pastors — voluntarily or involuntarily — were well situated to conduct a range of "extra-religious" activities. These were summarized as first, information collection for the American diplomatic and intelligence missions, second, preparation for American interference in Indochina, and third, paving the way for American business in Indochina. Besides employing Americans, it was also acknowledged that Chinese Protestant pastors served as informers or intelligence agents. This connection was reinforced by the special attention paid to Chinese schools in Saigon by the American Consulate-General. Likewise, Chinese Protestant pastors in Haiphong were in contact with Col. Ross, named as head of American intelligence in Indochina (Ibid.).

As for the American rationale, it was understood that, given American fears of a communist implantation in Indochina and a retreat by Nationalist forces, it had sought to prepare the population with pro-US propaganda as to the advent of an American presence should the French fail to maintain order. In this scenario, wittingly or unwittingly, the pastors served as mouthpieces of American propaganda while USIS doled out American or pro-American books, movies, newspapers, etc. To wit, in June 1948, the American Young Christian movement mounted a mission to Indochina with a view to recruiting students for American universities. On the other hand, numerous students in Danang had started taking up English lessons in anticipation of English taking over from French. Alongside such educational-propaganda activities, many pastors were serving as intermediaries for American business, as in purchasing land or concessions. Notably, American missionaries had purchased land south of Nha Trang where, it was believed, Americans had staked out an interest in creating a base in the advent of a looming conflict with the USSR. As the report concluded, it was undeniable that the American missions provided cover for both American official and private interests. It was not that the missions were anti-French per se, especially as they also orchestrated a virulent anti-communist propaganda as well (Ibid.).

American missionary activities were not only restricted to the five Indochinese countries, but were also active among the "Moi populations" of the southern highlands. Even though the numbers involved were relatively small, the missionary impact on the part of the Evangelical and Adventist mission in this quarter was viewed as "important." These activities went back to 1940 when the Evangelical Mission established a "bible school" at Danang with Vietnam as the target. Commencing in 1943 they actively began missionizing winning small numbers of converts across Indochina, including in the highlands, notably at Ban Me Thuot (SLOTFOM XIV, XI, 8 NTCIP, "Missions Protestantes Americains installé en Indochine," Feb. 1949).

The report also claimed that one American (actually British-born) pastor (and pioneer bible translator into Vietnamese) Rev. William Cadman had made contacts with the Viet Minh in August 1945 (following release from internment by the Japanese), notably liaising with Nguyen Binh, commander of the Viet Minh 7th zone, an individual who reportedly commended Cadman to Vo Nguyen Giap. In this analysis, Cadman sought to set himself up as intermediary with Ho Chi Minh and certain American personalities. Besides launching into anti-French sermons as at Nhatrang on August 15, 1946, Cadman also called for the localization of the church. Only the events of December 19, 1946 in Haiphong and the French takeover of Hanoi put an end to this initiative at least prior to Cadman's death in December 1948. Lending substance to this account, the report also noted that, during this period, a "dissident" church had also emerged in Annam where strong nationalist sentiments inclined the population to support of the Viet Minh (SLOTFOM XIV, XI, 8 NTCIP, "Les Missions Religieuses Americains en Indochine," Paris, Feb. 28, 1949). Active in Indochina since 1928, where he formerly headed the Evangelical mission in Hanoi, Cadman had long been under French police surveillance.

Postwar French apprehensions of American interference in Indochina were not limited to the activities of missionaries, but related to broader perceived designs especially in the way of making contacts with Vietnamese non-communist nationalists and possibly encouraging their push for independence. In a report of September-October 1948, a French analyst observed secret meeting between an American agent and a Mouvement Republicaine Nationaliste, in league with the VNQDD or Vietnamese Nationalist Party, seeking a Philippines-style solution to Vietnam. With encouragement from American advisers, the Nanjing government was also seen as casting designs upon Indochina as a future anti-communist bastion. T.V. Soong, or at least the Chinese consulate in Saigon, also entered into discussions with the Mouvement Républicaine Nationaliste. Likewise, American business interests in Indochina were observed to be in contact with Vietnamese nationalist groups with a view to promoting an independent and anti-communist state. Adding an element of alarm, the US State Department was understood to have issued a security warning to its nationals in the event of an East Asian conflict. Those north of the 16th parallel were to take instructions from the American diplomatic representative in Haiphong, while those south would receive orders from the US Embassy in Bangkok. Meantime, the US consul in Hanoi was seeking Vietnamese newspaper editors willing to accept pro-American articles. From another quarter the now "legendary" Jim Thompson, a former OSS man, had been in contact with the anti-French nationalist Prince Phetsarath in Bangkok, visiting Vientiane to negotiate his return (and possibly undercutting French initiatives) (SLOTFOM XIV, XI, 8 NTCIP, "Activités Americains en Indochine," Sept-Oct. 1948).

Conclusion

From small beginnings as with the OSS, Deer Team included, or even such commercial operations in French Indochina as Caltex, and the implantation of USIS, American involvement in Indochina underwent a steady progression. Even alongside Chiang Kai-shek, Roosevelt and his successor, Truman, were kingmakers on postwar Indochina. And even when France won its grudging diplomatic support from Washington as to drawing the line on a communist north Vietnam, so it increasingly became beholden to American lend-lease and, in the defense of Dien Bien Phu, looked to significant American logistical and material support. US bombing of military and—perchance—civilian targets over Hanoi and Saigon between 1943-45 (See Gunn 2011 ; 2014) may not at the time have signaled a harbinger of things to come. But, as with the firebombing of cities Germany and Japan, so the American conventional bombing of urban targets in Vietnam signaled a decisive shift in the willingness to shrink the line between military and civilian combatants, virtually changing the rules of warfare. And no time since, as demonstrated by the use of firepower in the Vietnam War (America's War), has American rescinded this awesome and awful display of power. In making this argument, I am not asserting a determinant role for America in say, supplying the guns, and facilitating the August

Revolution, as French military intelligence appears to be suggesting. There is no causal link between the Americans and the fruits of victory snatched by the Viet Minh from the Japanese during the power vacuum in Hanoi and in many other cities and centers across Vietnam, as the French complained. What I am arguing is that, allowing for some gaps and lulls, America never lost sight of this land of verdant paddy fields, scrubby mountain foliage (and deep civilization). They were in fact reengaged much faster than is often recognized and in serious ways with respect to economic and military assistance, this time to the non-communist cause.

[Bibliography]

Archives
Ministère des affaires étrangères, *Paris* (MAE) Fonds Asie Océanie (AO), Indochine
Service Historique d'Armée de Terre (SHAT) (Vincennes) Fonds 4 Q, Archives Etat-Major général de la défense nationale Fonds Indochine (10H)
Centre des archives d'outre-mer (AOM), Aix-en-Provence NF, Nouveau Fonds, Indochine
SLOTFOM (Service de liaison avec les orginaires des territoires français d'Outre-mer) Fonds Ministèriel (formerly Rue Oudinet, Paris) (Aix-en-Province)
Pike Collection,<http://www.vietnam.ttu.edu/virtualarchive/items.php?media=Finding%20Aid&col=Douglas%20Pike*>
Princeton University <http://findingaids.princeton.edu/collections/MC194> accessed, June 30, 2014
Aldrich, Richard (2000), *Intelligence and the War Against Japan, Britain, America and the Politics of the Secret Service*, Cambridge : Cambridge University Press
Bartholomew-Feis, Dixie (2006), *The OSS and Ho Chi Minh : Unexpected Allies in the War against Japan*, Lawrence : University Press of Kansas
Charlton, Michael and Anthony Moncrieff (1979), *Many Reasons Why : The American Involvement in Vietnam*, London : Penguin
Crévecouer de, Jean Boucher (1985), *La Libération du Laos 1945-1946*, Paris : Chateau de Vincennes, Service Historique de l'Armée de Terre
Dommen, Arthur J. (2001), *The Indochinese Experience of the French and Americans: Nationalism and Communism in Cambodia, Laos,and Vietnam*, Bloomington IN : Indiana University Press
―――― and George W. Dalley (1991), "The OSS and Laos: The 1945 Raven Mission and American Policy," *Journal of Southeast Asian Studies*, 22, no.2, September, pp. 327-46
Duiker, William (2000), *Ho Chi Minh*, New York : Hyperion
Fenn, Charles (1973), *Ho Chi Minh : A Biographical Introduction*, New York : Charles Scribner's

Gibbons, William Conrad (1986), *The U.S. Government and the Vietnam War : Executive and Legislative Roles and Relationships, Part 1 : 1945-1960*, Princeton, NJ : Princeton University Press

Gunn, Geoffrey C. (2011), The Great Vietnamese Famine of 1944-45 Revisited, *Annual Review of Southeast Asian Studies* Vol. 52, March, pp. 81-105

―――― (2014), *Rice Wars in Colonial Vietnam The Great Famine and the Viet Minh Road to Power*, Lanham, MA., Rowman & Littlefield

Nelson, A.K., ed. (1983), *The State Department Policy Staff papers, 1947-1949* (3 vols. New York)

Neville, Peter (2007), *Britain in Vietnam: Prelude to Disaster, 1945-6*, London : Routledge

Paterson, Thomas G. and Dennis Merrill (1995), *Major Problems in American Foreign Policy*, vol. II : Since 1914, 4th ed., Lexington : D.C. Heath and Company

Patti, Archimedes (1980), *Why Vietnam? Prelude to America's Albatross*, Berkeley, Ca : University of California Press

The Pentagon Papers (1971), *Gravel Edition Volume 1. Chapter I, "Background to the Crisis, 1940-50,"* pp. 1-52. (Boston : Beacon Press)

Thomas, Martin (1997), "Free France, the British Government and the Future of French. Indo-China, 1940-45," *Journal of Southeast Asian Studies* 28, 1, March, pp.137-60

Tönnesson, Stein (1991), *The Vietnamese revolution of 1945 : Roosevelt, Ho Chi Minh, and De Gaulle in a World at War*, Oslo : International Peace Research Institute, 1991

―――― (2007), "Franklin Roosevelt : Trusteeship and Indochina," in Mark Atwood Lawrence, and Frederik Logevall, eds., *The First Vietnam War Colonial Conflict and Cold War Crisis*, Cambridge, Mass : Harvard University Press, pp.56-73

―――― (2010), *Vietnam 1946 : How the War Began.* foreword by Philippe Devillers. Berkeley, Ca: University of California Press

Topping, Seymour (2005), "Vietnamese Historian Recalls Untold Story of Tragic Murder of Peter Dewey," in The OSS Society, Inc (Summer), pp.3-4

第 3 章

Economic Root of the Middle-East Crisis

Dipak Basu

Abstract

The war against Syria was started in 2011 and as a result the country is almost destroyed. The reason for this invasion of Syria by various terrorist groups is not political but economic. Syria has a large deposits of crude oil and natural gas. International energy companies of Western origin want to capture these as they did already in Iraq and Libya. In addition, Saudi Arabia and Qatar want to supply natural gas to Europe via Syria to undermine Russian exports of natural gas to Europe. This paper analyzes the background of this invasion and the consequences thereof.

Invasion on Syria has started nearly two years ago, when Syria was a prosperous stable country with no apparent problem. Just like in Ukraine, Georgia, and then Egypt, Tunisia, some crowds were hired by some strange shadowy agency. The purpose was to change the regime first by creating mass demonstration and then concerted international denouncements by mainly the Western media followed by some violence and ultimate resignation by the government. The same pattern was used in country after country with two major exceptions, Libya and Syria. In both cases initial mass demonstration was followed by armed insurrection supported by foreign powers. In Libya, the foreign powers were France, USA, UK and the NATO with limited involvement of Saudi Arabia, Qatar, UAE and Turkey. However, in Syria the armed groups came directly from Saudi Arabia, Qatar, UAE and Turkey to change the regime. Libyan regime collapsed quickly because of the direct attacks from the NATO. In Syria NATO could not take part so quickly because of the opposition raised by Russia and China in the UN Security Council. In the mean time the invading forces were not doing very well and were under serious attack by the government forces. The invading forces were crying for Western military supports.

Thus, they got to find an excuse, which was created by a chemical attack on 21 August 2013 on the civilians in the suburb of Damascus and it was blamed on the Syrian Government.

The conflict began in March 2011 as a peaceful and legitimate protest against the ruling regime. Now, mounting evidence suggests that radical Islamist and jihadist groups, some with direct links to al-Qaeda, are increasingly in control of the opposition and running the show in key parts of the country. There are approximately 100,000 rebel fighters in Syria, and as many as *half* of those may be regarded as Sunni Muslim jihadists − fundamentalist fighters who believe that they are fighting a holy war against the Shias, Alawite Muslims and Christians of Syria. Many of the jihadists are believed to have been trained by al-Qaeda in Iraq and by Taliban in Afghanistan and Pakistan. Although Saudi Arabia, Qatar, UAE, Turkey have tried to turn this war into a sectarian issue between Shia and Sunny, they are not successful as the Syrian Sunnies educated in secular tradition for decades are not influenced by the extremist Muslims like Salafel and Wahabis of Saudi Arabia.

There is no evidence that Assad Government killed 350 people as reported by the British media or 1,439 by the American media or 281 by the French media in gas attacks, but there are a lot of evidence that the foreign invaders from Libya-Saudi Arabia-Turkey-Qatar-UAE-Chechenya-French foreign legion were responsible.

On 29 January 2013 Britain's Daily Mail disclosed a leaked conversation from a US defense contractor that US Government had approved a plan for use of chemical weapons in order to blame it on Assad. For reference see : http://www.globalresearch. ca/us-backed-plan-to-launch-chemical-weapon-attack-on-syria-and-blame-it-on-assad-government/5346907

In May 2013 Turkey found a 2 kg nerve gas canister from the hide out of Saudi Arabian Al-Nusra "rebels" who planned to fit it in a rocket [See : http://rt.com/news/sarin-gas-turkey-al-nusra-021/]

Russia also presented evidence to UN that the rebels or foreign invaders have used chemical weapons. The UN concluded the same. In May 2013 UN's senior official Carla Del Ponte said evidence suggested that Syrian rebels 'used Sarin' [See : http://www.bbc.co.uk/news/world-middle-east-22424188]

French newspaper Le Figaro reported that that rebel forces trained by the CIA are moving close to Damascus since mid-August, and the first chemical attack took place on 21 August in which several Hazbullah fighters were killed. At the same time, foreign fighters trained by the American Army in Jordan have entered Syria, in Deraa already.

It would be very stupid of Assad if he would use chemical weapons against his own soldiers, his ally Hezbullah fighter, civilians who support him in Damascus when he has been winning the war against the foreign fighters who are called " rebels" or the Free Syrian Army. US-UK-France had no time to wait for the UN report; they are determined to attack Syria.

In May 2013 foreign invaders and the Syrian rebel forces have used chemical weapons against the Syrian army in a number of places. Carla Del Ponte, the commissioner of the U.N. Independent International Commission of Inquiry for Syria, told an Italian-Swiss TV station that the findings come after interviews with doctors and Syrian victims now in neighboring countries. There are reports that Saudi Arabia has supplied these chemical weapons to the foreign fighters through Turkey.

If the chemical weapon is the issue, there should be attack on Israel who has recently used chemical weapons against Palestine people in Gazza strip. USA should be attacked for using depleted uranium in Iraq, which has killed thousands of Iraqi civilians by causing cancers. Also, USA has used Agent Orange, a deadly chemical against the people of Vietnam, Cambodia and Laos, killing and deforming millions.

In 1997 the US agreed to destroy 31,000 tonnes of sarin, VX, mustard gas and other agents it possessed within 10 years, but it did not. In 2007 it had asked for another 5 years extension from the U.N. Chemical Weapons Convention, but in 2012 it said that these will be destroyed by 2021 only. Russia has urged Syria to place its chemical weapons under international control to avoid being attacked by the USA, which has already violated the norms. In 1998 the Clinton administration created a law which allowed the president to refuse inspections from the U.N. Chemical Weapons Convention. In 2002 the Bush government forced the sacking of José Maurício Bustani, the director general of the U.N. Organisation for the Prohibition of Chemical Weapons, because Bustani wanted rigorous inspections of US chemical weapons stocks and advised Saddam Hussein to sign the Chemical Weapons Convention, so as to prevent the invasion of USA on Iraq on 2003.

Apart from using millions of gallons of chemical weapons in Vietnam, Laos and Cambodia, USA also has used it to destroy the city of Falluja in Iraq in 2004. The

Reagan administration supplied chemical weapons to Saddam Hussein in his war against Iran in the 1980s. USA and Russia are still keeping the pathogen of smallpox to be used as biological weapons. The Bush administration wanted to destroy the credibility of the Biological Weapons Convention by refusing to accept its verification process. Israel, supported by USA refuses to ratify the Chemical Weapons Convention. Israel has used white phosphorus as a weapon in Gaza against the Palestine Aras.

If the UN inspectors could find out that the foreign fighters have caused that chemical attack in Damascus on 21 August 2013, would USA-UK-France have invaded Saudi Arabia-Qatar-UAE-Turkey! The answer is no. The reason is pure economic, nothing to do with any chemical weapon or with the desire to impose democracy in a dictatorial state, as it was the excuse for the invasion on Libya in 2008 and that on Iraq in 2003. Whether or not there was any chemical weapons in Syria, USA-France-Saudi Arabia-Qatar-UAE would have invaded Syria anyway. Economics is the real issue.

Oil and Syria

Syria has the estimated reserve of petroleum worth about 2.5 billion barrels. This is higher than the reserves of all other Arab countries except Iraq. Thus Syria is potentially a very important country regarding the production and exports of petroleum. Syrian people, unlike that of other Arab population are educated and technology minded due its very close relationship with the Soviet Union and Russia. Syria is also fortunate to have a very large reserve of natural gas. Thus, it has every potential to have large scale chemical industries. Since 1964 Syrian oil and natural gas fields are in the public sector of Syria. Foreign companies, except the Russians, are not allowed to enter that sector.

Until the disturbances have started, the annual income Syria used to earn at least $ 4 billion every year from its export of petroleum, but that has stopped now as the major oil fields in Deir Ezzor are now in the control of the foreign invaders.

Curse of Oil

In Iraq, most important petroleum fields are already taken over by the US-French-UK oil companies. Iraq has lost control of its oil resources. The same plan is here for the Syrian oil fields. That was the reason foreign invaders have targeted these oil fields to deprive Syria of its export earnings. In future when the occupation of Syria would be complete Western oil companies will take over these oil fields after getting rid of the Russians, who had discovered and developed these fields before.

There are more to it. The Foreign forces are guided by Turkey, Saudi Arabia and Qatar because of their plan to set up a long pipeline, controlled by US and other Western oil companies, to export natural gas to Europe and Syria is an impediment to that plan. Thus, the Syrian war is the war of the natural gas pipeline. During the invasion of Iraq in 2003, the pipeline of Kirkuk-Banias connecting Iraq to Syria was destroyed by the US forces. However, recently an alternative pipeline between Ain Zalah and Suweidiva was opened to connect Iraq to Syria. Plans are there to set up more pipeline for both petroleum and natural gas. The purpose of these proposed pipelines is to export both petroleum and natural gas of Iraq directly to the European market. Another development is possibly more important.

In 2011 Syria, Iraq and Iran had made an arrangement to construct a pipeline to export Iranian natural gas to Europe via Iraq and Syria first and then to Lebanon and ultimately to Greece through submarine pipeline. This proposed pipeline would be 6000 miles long, with a capacity of 100-120 million cubic feet of natural gas every day. The estimated cost will be at least $ 10 billion. In 2013 Syria, Iran and Iraq had finalize the agreement to share the cost. Western oil companies are against this plan. These, which will be surely destroyed if the foreign forces can occupy Syria. This is the reason for the war.

The first target of the foreign invaders was the city of Homs in Syria, near the Turkish border. Homs is the place where the existing gas pipeline from Egypt ends. This pipeline was established by the Western oil companies to export natural gas from Egypt, Saudi Arabia, Qatar, UAE. The plan was to extend the pipeline from Homs to Turkey to export natural gas from the Arab countries in the Persian Gulf area to Europe. Recently Syria has accepted the Iran-Iraq proposal to have pipelines connecting Iran to Europe via Syria, Lebanon and Greece and rejected the plan of the Western oil companies of the alternative route via Turkey. As a result Syria has invited the wrath of the Arab states of the Gulf. These countries have sent terrorists trained by Taliban in Pakistan and the Arab speaking soldiers of the French Foreign Legion, a lot of them from Libya to destroy Syria and the planned pipeline from Iran to Lebanon. Al-Queada and Taliban also have joined in. This is the reason US Secretary of States, John Kerry wants to hand over Afghanistan to Taliban as the price.

Long History

Afghanistan was destroyed by the US supported Pakistani Muzzahideens in 1992 because of the same reason. The plan was to build a gas pipeline from Turkmenistan to Pakistan via Afghanistan to avoid the existing route via Russia. The socialist government of Afghanistan would not have allowed it given its close relationship with the Soviet Union. Thus, it had to go. However, there was a dispute between the Muzzahideen Government of Afghanistan and the UNICAL, the US energy company constructing the pipeline. Thus, Taliban was formed out of the ranks of the Pakistani army, who took over Afghanistan replacing the Muzzahideens. However, Iran and Russia created a new armed group called the Northern Alliance to fight the Taliban. As a result, the proposed pipeline was never finished.

Thus, in Syria a similar situation has developed, which was planned in 2001 by General Wesley Clark who in his "Plan for the New Century", a document prepared by a group in USA declared invasion plans for Iraq, Libya, Syria and Iran to create the entire Middle East and North Africa into a Western allied territory.

The Rationale

The reason why USA and its western allies are so much interested in the oil and gas resources of the Middle East lies on the economics of US Dollar. US Dollar since 1972 is not backed by gold but instead it is just a paper currency, which USA can print at will. It is essential to know that the US government does not control the US Dollar, but the Federal Reserve Bank (FRB) of USA, which is a private enterprise, does. FRB alone can print US Dollar and in exchange for some interests lends to the US banks. The US Government can exchange that Dollar for any commodities or services anywhere in the world using that paper currency. No other country has that facility to print its own money to pay for imports, only USA has. As a result, USA can buy anything for free from anywhere of the world. The value of Dollar depends on its control over the international trade of the World. Petroleum and natural gas dominate the world trade considering its share of the value of the total world trade.

第3章 Economic Root of the Middle-East Crisis

Petroleum and natural gas are traded, except for a few countries, in terms of US Dollar only. This system provides and protects the value of US Dollar ; otherwise it will have no value at all. Thus, it is extremely important for the FRB to protect US Dollar by controlling the oil and gas resources of the world.

The question is which private companies control the FRB, if not the US Government. They are : Rothschild Bank of London, Warburg Bank of Hamburg, Rothschild Bank of Berlin, Lazard Brothers of Paris, Kuhn Loeb Bank of New York, Israel Moses Seif Banks of Italy, Goldman Sachs of New York, Warburg Bank of Amsterdam, and Chase Manhattan Bank of New York. There are other banks and individuals who also have significant shares of the FRB. They are : First National Bank, National Bank of Commerce, James Stillman National City Bank, Hanover National Bank, Chase National Bank, J.P. Morgan (Equitable Life/Mutual Life), William Rockefeller, Paul Warburg and 13 other individuals. These banks and individuals also control all major Western oil and gas companies. For example, Bank of America, J.P. Morgan, Chase, Citigroup and Wells Fargo own the four major oil companies, Exxon Mobil, Royal Dutch/Shell, BP and Chevron Texaco.

Thus the interest of the FRB and the Western oil companies who buys oil and natural gas using US Dollar which they themselves print through their control of the FRB, coincides. Rockefeller, one of the owner of the FRB and some major oil companies also controls the Council on Foreign Relations (CFR), which is the think tank for the US government on foreign affairs. The Council on Foreign Relations along with the companies that own the FRB also control most important major newspapers and magazines thus controlling the Western media as a whole.

The countries that have refused to accept US Dollar for payments for their exports of oil and natural gas were Iraq of Saddam Hussein, Libya of Gadaffi, Venezuela, Syria, Iran and the old Soviet Union. The Soviet Union was destroyed by Gorbachev, Yeltsin and their associates creating miseries for millions of people in the entire Eastern Europe and Eurasia. Oil and gas resources were then taken over by the Western oil companies but Vladimir Putin has tried to nationalize only a fraction of that vast resources. As a result, Putin has become the devil incarnated according to the Western media. Iraq and Libya were invaded and the Western oil companies have taken over their oil fields. There was a coup attempt in Venezuela to kill Hugo Chavez, who is not alive anymore. Syria is on the verge of total destruction. Iran is the next target. When these countries will be occupied Western oil companies would take over the entire oil and gas resources of the world except that in Russia. It will be easy for them to exclude Russia from the oil and gas trading and thus Russia's economy can be destroyed. To achieve that Western countries are using the so-called Islamic terrorists to destabilize these rebel oil producing countries with the ultimate aim to destabilize Russia, which USA still considers its prime enemy. This is the very reason Russia is supporting Syria when the NATO's invasion of Syria is planned long in advance.

The US control three major financial institutions, The World Bank (WB), International Monetary Fund (IMF) and the World Trade Organisations (WTO) by various means to control the world economy. These organisations advise other countries to be prudent, not to have deficits in the balance of payments or in the government finance. However, USA itself from time to time has massive deficits in the balance of payments and government finance, as these are now under George Bush. However, none from the IMF is asking USA to control itself. There is no massive depreciation of dollar. There is no sign of impending bankruptcy of the US economy. Foreigners are rushing to buy US assets. One may wonder why the laws of economics do not apply to USA.

1. Unique Status of US Dollar

The answer is the special status of the US dollar, which is now under threat since Europe introduced the euro. The dollar is the facto world reserve currency : the US currency accounts for approximately two thirds of all official exchange reserves. More than four-fifths of all foreign exchange transactions and half of all world experts are denominated in dollar. In addition, all IMF loans are denominated in dollars. The strength of the dollar is not justified by the economic strength of the of the US, because whatever USA can export, can be obtained from alternative sources.

The more dollars there are circulating outside the US, or invested by foreign owners in American assets, the more the rest of the world has had to provide the US with goods and services in exchange for these dollars. The dollars cost theUS next to nothing to produce, so the fact that the world uses the currency in this way means that the US is importing vast quantities of goods and services virtually for free.

It is as if, the Reserve Bank of India is printing money and India is buying whatever it needs without thinking about the cost of imports, which would be borrowed from the rest of the world for the foreseeable future. If rupee would be in the same position as dollar, there was no need for India in 1990 to send all its gold reserve to London to guarantee payments for India's imports and surrender India to the IMF and World Bank, the two agents of the US to implement highly unpopular anti-people 'Economic Reforms'. If all developing countries would have the same facility, they would be able to develop very quickly. However, now only USA has that status. Britain used to have the same status at the time of the British Empire. The self imposed restriction on Britain was the links between the Pound and the gold, because of which Britain had captured countries after countries with goldmines and ended up with a gold reserve of more than 300 tons in the Bank of England. Dollar has no such restrictions since 1973.

Since so many foreign-owned dollars are not spent on American goods and services, the US is able to run a huge trade deficit year after without apparently any major economic consequence. One of the stated economic objectives, and perhaps the primary objective, when setting up the euro was to turn it into a reserve currency to challenge the dollar so that Europe too could get something for nothing.

2. Possible Disaster for the US

This however would be a disaster for the US. Not only would they lose a large part of their annual subsidy of effectively free goods and services, but also countries switching to euro reserves from dollar reserves would bring down the value of the US currency. Imports would start to cost Americans a lot more an as increasing numbers of those holding dollars began to spend them, the US would have to start paying its debts by supplying in goods and services to foreign countries, thus reducing American living standards.

If countries and businesses convert their dollar assets into Euro assets, the US property and stock market bubbles would burst without doubt. The Federal Reserve would no longer be able to print more money to rejuvenate the economy, as it is currently doing, because, without lots of eager foreigners prepared to accept dollar, a serious inflation would result which, in turn, would make foreigners even more reluctant to hold the US currency and thus heighten the crisis.

The above scenario may never take place, because of the safety net the trade in oil or crude petroleum provides to the US. Oil is not just by far the most important commodity traded international ; it is the lifeblood of all modern industrialized economies. Until recently, all OPEC (Organisation of Petroleum Producing Countries) countries agreed to sell their oil for dollars only. So long as this remained the case, the euro was unlikely to become the major reserve currency. This arrangement also meant that the US effectively controlled the entire world oil market : a country can only buy oil if it had dollars, and only one country had the right to print dollar — the US. The US thus in effect can just print more dollars and import oil as much as it likes, without worrying about the price.

3. Political Decision of OPEC

If on the other hand OPEC were to decide to accept euro only for its oil, then American economic dominance would be over. Not only would Europe not need as many dollars anymore, but Japan which imports over 80 per cent of its oil from the Middle East would convert a large potion of its dollar assets to Euro assets. Japan is the major subsidiser of the US because it holds about US government bonds works 400 billion US dollar. In this way Japan is effectively maintaining the US government. The US on the other hand, being the world's largest oil importer would have, to run a trade surplus to acquire euro. It would be a very painful conversion just like Latin America and South East Asia has gone through.

The purely economic arguments for OPEC converting to the euro, at least for a while seem very strong. The Euro-zone does not run a huge trade deficit nor is it heavily indebted to the rest of the world like the US. Interest rates in the Euro-zone are also significantly higher. The Euro-zone has a larger share of world trade than the US and is the Middle East's main trading partner. Nearly everything a country can buy for dollars it can also buy for euros. Furthermore, if OPEC were to convert their dollars assets to euro assets and then require payment for oil in euros, their assets would immediately increase in value, since oil-importing countries would be forced to also convert part of their assets, driving up the exchange rate of euro. However, Economics is not the basis of decisions of these kinds, but international politics is.

4. Switch to EURO

So far, only one OPEC country has dared switch to the euro. Iraq, in November 2002. However, the consequences for Iraq to make that decision were the US invasion, total destruction of the country and loss of independence.

One other OPEC country that has been talking publicly about possible conversion to the Euro since 1999 is Iran, a country that has since been included in the George W Bush's 'axis of evil'.

A third OPEC country that has recently fallen out with the US government is Venezuela and it too has been showing disloyalty to the dollar. Under Hugo Chavez's rule, Venezuela has established barter deals for trading its oil with 12 Latin American countries as well as Cuba. This means that the US is missing its usual subsidy. This might help explain the American wish to destabilise Venezuela.

At the OPEC summit in September 2000, Chavez delivered to the OPEC heads of state the report of the 'International Seminar on the Future of Energy', a conference called by Chavez earlier that year to examine the future supplies of both fossil and renewable energies. One of the two key recommendations of the report was that 'OPEC take advantage of high-tech electronic barter and bi-lateral exchanges of its oil with its developing country customers' i.e. OPEC should avoid using both the dollar and the euro for many transactions.

In April 2002, a senior OPEC representative gave a public speech in Spain during Spain's presidency of the EU. During that he made clear that though OPEC had as yet no plans to make oil available for euros, it was an option that was being considered and which could well be of economic benefit to many OPEC countries, particularly those of the Middle East.

5. Phases of American Dominance

The coalition of interests, which converged on war against Iraq, concluded powerful permanent interests, on whose global role American economic influence depends, such as the influential energy sector around Halliburton, Exxon Mobil, Chevron, Texaco and other giant multinationals. It also included the huge American defense industry interests around Boeing, Lockheed-Martin, Raytheon, Northrup-

Grumman and others. The issue for these giant defense and energy conglomerates is for the very continuance of American power in the coming decades of the current century.

American domination in the world ultimately rests on two pillars—its overwhelming military superiority, especially on the seas ; and its control of world economic flows through the role of the dollar as the world's reserve currency. Increasingly it is clear that the Iraq war was more about preserving the second pillar—the dollar role—than the first, the military. In the dollar role, oil is a strategic factor.

The First Phase of Fixed Exchange Rate, 1945-1970 : The United States had emerged from the War clearly as the one sole superpower, with a strong industrial base and the largest gold reserves of any nation. The role of the dollar was directly tied to that of gold. The gold Exchange Standard began to break down, as Europe got on its feet economically and began to become a strong exporter by the mid-1960s. This growing economic strength in Western Europe coincided with soaring US public deficits as Johnson escalated the tragic war in Vietnam. During the 1960s, France followed by other countries began to demand gold from the US Federal Reserve. By May 1971 the drain of US Federal Reserve gold had become alarming, and even the Bank of England joined the Central Bank of France in demanding US gold for their dollars. The Nixon Administration opted to abandon gold entirely, going to a system of floating currencies in August 1971.

Floating Exchange Rate since 1979 and the Petro-Dollar : The sudden increase in oil prices by 400 per cent in 1973 by the OPEC created enormous demand for the dollar. Oil importing countries from Germany to Argentina to Japan, all were faced with how to expert in dollars to pay their expensive new oil import bills. OPEC countries were flooded with new oil dollars. US and UK banks took the OPEC dollars and relent them as Euro Dollar bonds or loans, to countries of the Third World desperate to borrow dollars to finance oil imports. Hundreds of billions of dollars were recycled between OPEC, London, and New York banks and back to Third World borrowing countries.

The Third World debt crisis began when Paul Volcker and the US Federal Reserve had unilaterally hiked US interest rates in late 1979 to try to save the failing dollar. After three years of record high US interest rates, the dollar was 'saved', but with the entire developing world suffocating economically under high US interest rates on their petrodollar loans. To enforce debt repayment to the London and New York banks, the banks brought the IMF to act as 'debt policeman' of the world. Public spending for health, education, welfare was slashed on IMF orders to ensure the banks got timely debt service on their petrodollars.

The IMF 'Washington Consensus' was developed to enforce draconian debt collection on Third World countries, to them to repay dollar debts, prevent any economic independence for the nations of the South, and keep the US banks and the dollar afloat. This phase during the Reagan years was based on ever-worsening economic decline in living standards across the world, as IMF policies destroyed national economic growth and broke open markets for globalising multinationals seeking cheap production outsourcing in the 1980s and especially into the 1990s.

Rise of Europe since 1990 : The destruction of the Soviet Union and the emergence of a new single Europe and the European Monetary Union in the early 1990s began to present an entirely new challenge to the American hegemony. Washington increasingly sees Euro-land especially 'Old Europe' of Germany and France as the major strategic threat to American hegemony. A hidden war between the dollar and the new Euro Currency for global hegemony is at the heart of this new phase.

Dollar as the Fiat Money : By their firm agreement with Saudi Arabia, as the largest OPEC oil producer, Washington guaranteed that oil, an essential commodity for every nation's economy, the basis of all transport and much of the industrial economy, could only be purchased in world markets in dollars. In 1975 OPEC officially agreed to sell its oil only for dollars. A secret US military agreement to arm Saudi Arabia was the quid pro quo.

Until November 2000, no OPEC country dared to violate the dollar price rule. So long as the dollar was the strongest currency, there was little reason to violated their rule as well. Then French and other Euroland members finally convinced Saddam Hussein to defy the United States by selling Iraq's oil for food not in dollars, only for Euros. If it would have continued, it could create a panic sell off of dollars by foreign central banks and OPEC oil producers.

In the months before the latest Iraq war, hints in this direction were heard from Russia, Iran, Indonesia, and even Venezuela. And Iranian OPEC official, Javad

Yarjani, delivered a detailed analysis of how OPEC at some future point might sell its oil to the EU for Euros not dollars. He spoke in April 2002 in Oviedo Spain at the invitation of the EU. The invasion of Iraq was the easiest way to deliver a deadly pre-emptive warning to OPEC and others, not to flirt with abandoning the petro-dollar system in favour of one based on the Euro.

So long as almost 70 per cent of world trade is done in dollars, the Dollar is the currency, which central banks accumulate as reserves. Because oil is an essential commodity for every nation, the petrodollar system, which exists to the present, demands the buildup of huge trade surpluses in order to accumulated dollar surpluses. This is the case for every country but one—the United States, which controls the dollar and prints it at will. Because today the majority of all international trade is done in dollars, everyone aims to maximise dollar surpluses from their export trade.

The central banks of Japan, China, South Korea, Russia, and the rest all but US Treasury securities with their dollars. That in turn allows the United States to have a 500 billion dollar annual balance of payments deficit with the rest of the world. The Federal Reserve controls the dollar printing presses, and the world needs US Dollars.

6. The US Foreign Debt

The US trade deficits, and net debt or liabilities to foreign accounts were well over 22 per cent of GDP in 2000, and have been climbing rapidly over the last decade. In 1999, the year of peak of the dot.com bubble fury, US net debt to foreigners was some 1.4 trillion dollar. By the end of 2003, it had exceeded an estimated 3.7 trillion dollars. Before 1989, the United States had been a net creditor, gaining more from its foreign investments than it paid to them as interest on Treasury bonds or other US assets. Since 1990, the United States has become a net foreign debtor nation to the tune of 3.7 trillion dollars.

With an annual current account (mainly trade) deficit of some 500 billion dollars, which is some 5 per cent of GDP, the United States must import or attract at least 1.4 billion dollar every day, to avoid a dollar collapse and keep its interest rates low enough to support the debt-burdened corporate economy.

That net debt is getting worse at a dramatic pace. If France, Germany, Japan,

Russia and a number of OPEC oil countries would shift even a small portion of their dollar reserves into Euro to buy bonds of Germany or Frances or the like, the United States would face a crisis beyond which, would destroy its economy.

The future of America's sole superpower status depended on pre-empting the threat emerging from Eurasia and Euro-land especially. Thus, the hidden reasons for the decision to have a 'regime change' in Iraq, was to pre-empt this threat. Iraq was a chess piece in this strategic game of supreme importance, one for the highest stakes.

7. Invasion of Iraq

This fight over petro-dollar versus petro-Euros, which started in Iraq, is by no means over, despite the apparent victory of the United States in Iraq. The Euro was created by French geopolitical strategists for establishing a multi-polar world after the collapse of the Soviet Union. The aim was to balance the overwhelming dominance of the US in world affairs. An alliance between Paris, Moscow, and Berlin running from the Atlantic to Asia could foreshadow a limit to US power.

This emerging threat from a French-led Euro policy with Iraq and other countries, led some leading circles in the US policy establishment to begin thinking of pre-empting threat to the petro-dollar system well before bush become even president.

In September 2000, Project for a New American Century (PNAC), released a major policy study : Rebuilding America's Defenses : Strategies, Forces and Resources for a New Century. This PNAC paper is the essential basis for the September 2002 presidential White Paper, 'The National Security Strategy of the United States of America'. The PNAC's paper supports a, 'blueprint for maintaining global US pre-eminence, precluding the rise of a great power rival, and shaping the international security order in line with American principles and interests'. The American Grand Strategy must be pursued as far as possible in the future. Further, the US must 'discourage advanced industrial nations from challenging our leadership or even aspiring to a larger regional or global role'.

The PNAC membership in 2000 included Cheney, his wife Lynne Cheney, neo-conservative Cheney aide, Lewis Libby ; Donald Rumsfeld ; Rumsfeld Deputy Secretary Paul Wolfowitz. It also included NSC Middle East head, Elliott Abrams ; John Bolton of the State Department; Richard Perle and William Kristol. As well, former Lockheed-Martin vice president, Bruce Jackson, and ex-CIA head James Woolsey were on board, along with Norman Podhoretz, another founder. Woolsey and Podhoretz speak openly about the 'World War IV'.

Most of these people are also members of a group in USA. American Committee for Peace in Chechnya (ACPC), which supports the Chechen terrorists against Russia. It is becoming increasingly clear to many that the war in Iraq is about preserving an American global dominance, but Iraq is not the end.

Exxon and BP (British Petroleum) have invested heavily in the former Soviet Republics of Azerbaijan, Turkmenistan, Uzbekistan, and Kazakhstan to eliminate Russian in influence on these countries. Both Kazakshtan and the Caspian Sea have some of the biggest oil fields of the world. Russian oil fields are in Tatarstan, a Muslim majority province and in Siberia.

Chechnya has some oil fields, but the importance of Chechnya rests on the facts that the major oil and gas pipelines from both Russian and Kazak oil fields are passing through Chechnya. Thus, if its is possible to cut of Chechnya from Russia, it will affect Russian ability to export oil and natural gas the European market significantly. Independence of Chechnya will create chain reactions in the other Muslim majority provinces in Russia, Tatarstan in particular. Separation of both Chechnya and Tatarstan will reduce Russia's crude oil deposits to a low level, as the Siberian oil fields are located in the most inhospitable areas of the world. As a result, Russia will be reduced to a very poor country without any military significance.

On December 15 of 2011, the completion of the U.S. Army mission in Iraq that lasted nearly nine years was announced. The U.S. military disclosed the irretrievable losses of the American army that amounted to 4,487 people. If the number of casualties in the ranks of the coalition forces is well documented, the number of casualties among civilian and insurgents is difficult to calculate due to the lack of reliable official sources. According to several sources, by July 2010, the number of civilian deaths ranged between 97,461 and 106,348 people.

Invasion of Libya

Under the UN Charter and Resolutions 1970 and 1973 on Libya, it would be illegal for any entity to arm the "rebels" in Libya and in so doing, this would constitute a breach of international law, leaving the perpetrators open to criminal liability. UNSC Resolutions 1970 (2011) and 1973 (2011) on Libya, abstained by India, Germany, Russia, China and Brazil, do not include the supply of weaponry to the "rebel" cause in Libya, but instead prohibit it. However, the NATO invasion of Libya went on to kill Gadaffi at the end with the United Nation as silent as always.

The entire anti-Gaddafi campaign was organized from abroad, propagated by the Western media, with Western powers, NATO and its allies prepared for a long time to invade. What was already destroyed is the respect for international law, which upholds the right of all countries to apply their Constitution in their own territory. When gangs of heavily armed protesters are committing arson, looting shops and homes, and murdering people, should we expect the authorities not to do anything because if they do, United Nations can impose sanctions and NATO will invade?

The Libyan "Revolution" was a creation of NATO, starting on its borders so ably secured by the "Revolutions" in Tunisia and Egypt, starting not in the capital Tripoli, but in Eastern Libya, and on the western frontier with Tunisia and in the port city of Misrata.

UNSC Resolution 1970 on Libya says in paragraph 9 regarding the supply of weapons to Libya : "…all Member States shall immediately take the necessary measures to prevent the direct or indirect supply, sale or transfer to the Libyan Arab Jamahiriya, from or through their territories or by their nationals, or using their flag vessels or aircraft, of arms and related materiel of all types, including weapons and ammunition, military vehicles and equipment, paramilitary equipment, and spare parts for the aforementioned, and technical assistance, training, financial or other assistance, related to military activities or the provision, maintenance or use of any arms and related materiel, including the provision of armed mercenary personnel whether or not originating in their territories, ...". However, NATO countries have openly violated this clause.

The London-based Libyan newspaper Libya Al-Youm has published an appeal to Libyans by Al-Ameen Balhajj, a spokesman for the Muslim Brotherhood in Libya :

"My compatriots of august Libya, …. I greet each one of you with great pride for we Libyans have ignited the spark of freedom. …. We all now have but one path, one goal : that Libya, for whose freedom our forefathers fought, should become a state governed by the rule of law". These laws will be nothing but what Taliban imposed on Afghanistan.

Britain supported the Libyan Islamic Fighting Group (LIFG), a terrorist organization linked to Al Qaeda whose objective was to overthrow Gaddafi. In 1996, British intelligence even hired that organization to assassinate Gaddafi.

Britain has connections to several members of LIFG. The founder of LIFG, Norman Benotman, has lived in London since 1995. While living in London, he met members of Al Qaeda such as Abu Qatada and Mustafa Setmariam Nasar. Before moving to London, he lived in Sudan where he met with Osama bin Laden and Ayman al-Zawahiri.

Britain also has connections to another member of LIFG, Anas al-Liby. He also knew Osama bin Laden. Despite the fact that America believes he had a role in the 1998 African embassy bombings, Britain gave him political asylum and allowed him to live in Manchester until May of 2000.

Interestingly, Libya issued an arrest warrant for Osama bin Laden in March of 1998. At that time, British and American intelligence tried to conceal the origins of the arrest warrant and they minimized the danger of bin Laden. The fact that Britain provided sanctuary to two members of LIFG and the fact the Britain paid LIFG to assassinate Gaddafi suggests strongly that Britain controls the organization. And the fact that British and American intelligence tried to squash an arrest warrant for Osama bin Laden suggests they controlled him as well.

On February 21, 2011, Islamist gunmen have stormed a military arms depot and a nearby port in Libya and seized numerous weapons and army vehicles after killing four soldiers. Then the representatives of the armed faction of the National Front for the Salvation of Libya, trained by the NATO, flown in to Egypt and Tunisia to infiltrate across the Libyan borders. This anti-Gaddafi group, sponsored and trained in terrorist activities by the CIA and Israelis and financed by Saudi Arabia for decades, has tried to kill Gaddafi on several occasions. The purpose is to control of "Iraq, and then Syria, Lebanon, Libya, Somalia, Sudan and, finishing off, Iran", as said by General Wesley Clark in an interview with 'Democracy Now!' March 2, 2007.

Crime of Gaddafi

Gaddafi led a revolution to overthrow King Idris, a puppet of Italian and

American interests in the region with the largest U.S. military base abroad in Libya. Gaddafi did not build palaces with gold, not buy luxury yachts or collections of imported cars. He devoted himself to rebuilding the country, ensuring better living conditions for the people in the style of Arab socialism, as imagined by Gamal Abdul Nasser before him.

Gaddafi has always supported revolutionary movements around the world. When the Western countries supported the racist apartheid regime South Africa, Gaddafi trained and equipped the freedom fighters of the African National Congress in Libya. Gaddafi has supported the freedom struggles and people's effort to improve their lives in Nicaragua, Cuba, Angola, Mozambique, Palestine, El Salvador, and Vietnam.

The Green Book, written by Gaddafi, says that workers should be involved and self-employed, and that the land must be of those who work it and those who live in the house. Power shall be exercised by the people directly, without intermediaries, without politicians, through popular committees, where the whole population decides the fundamental issues of the district, city and country.

Achievement of Gaddafi were many. Libya during his time had achieved what most other African countries, particularly Egypt next door failed to achieve. In Gaddafi's Libya, citizens paid no electricity bills ; bank loans were interest free ; newly wedding couples were receiving approximately US $ 50,000 ; health and education were free ; people wishing to become farmers received land and tools free of charge ; state paid for all expenses when people went abroad to seek medical treatment ; state paid 50 percent purchase price for private use vehicles ; petrol cost was 14 cents per gallon ; Libya as a country was free of debt plus had cash reserves of 150 billion dollars; if no work was available state paid unemployed people the average salary till job found ; small percent of oil sales pass to all Libyan's accounts ; every new born child received US $ 10,000 ; 40 kg of bread cost 15 cents ; 25 percent of Libyans had a university degrees ; a great river project was the biggest ever workable solution to bring water to desert and gave work to thousands of Libyans ; freedom and human rights were the highest in Africa/World [http://en.wikipedia.org/wiki/List_of_countries_by_Human_Development_Index] ; . Libyan immigration stopped 30 years ago as conditions favor for people to stay and work in Libya ; in Libya girls went to school and universities. Thus, if a leader can achieve great things for his country he must e removed, unless he would do that in the way the Western countries want.

According to HDI (Human Development Index) devised by UN, Libya had in 1970 HDI of 0.541. In 2010, Libya had HDI of 0.755 similar to that of Saudi Arabia with 0.752 while India has only 0.519 and the Arab states as a whole has 0.588. Libya had the highest HDI among the African countries. It had best distribution of income, and health and public education are free.

The exact reason why the Western countries wanted to occupy Libya now and to install a puppet government there was the fact that Gaddafi wanted to nationalize the oil fields and production facilities. He had started giving more and more contracts to develop oil fields to Russia, China, India, and Malaysia rather than to the Western countries. The Libyan leader proposed on January 25, 2009 the nationalization of U.S. oil companies, as well as those of UK, Germany, Spain, Norway, Canada and Italy in 2009. These statements have worried the main foreign companies operating in Libya: Anglo-Dutch Shell, British Petroleum, U.S. Exxon Mobil, Hess Corp., Marathon Oil, Occidental Petroleum and Conoco-Phillips, the Spanish Repsol, Germany's Wintershall, Austria's OMV, Norway's Statoil, Eni and Canada's Petro Canada.

In 2008, the Libyan state oil company, National Oil, prepared a report on the subject in which officials suggested modifying the production-sharing agreements with foreign companies in order to increase state revenues. As a result of these contract changes, Libya gained an additional 5.4 billion dollars in oil revenues. On February 16, 2009, Gaddafi took a step further and called on Libyans to back his proposal to dismantle the government and to distribute the oil wealth directly to the 5 million inhabitants of the country.

In 2010, Libya wanted payments not in US Dollar but in Euro, just like Venezuela and Iran, the two other countries already in the Western hit lists. Invasion of Iraq in 2003 started when Saddam Hussein refused to accept US Dollar as payments for the Iraqi oil exports.

Western Revenge

Western countries do not like a leader who is determined to uplift the fortune of his people. Shah of Iran, a staunch supporter of the West, and a progressive leader, had learned the lesson in a very hard way. While facing unrest in Iran in 1978-79, he was asked to step down by the President Jimmy Carter, as recently Hillary Clinton said that to Gaddafi. When the popular leader of Iran Bani Sadr tried to create a democratic system in Iran in 1979, France has sent in a special Air-France aircraft Ayatollah Khomeni, who was kept in the suburb of Paris in a great luxury. The result was a blood bath in Iran, when all traces of civilized governance were wiped out. A dictatorship, much worse than that of the regime of Shah, was imposed upon Iran.

According to the UN Resolution 1970 against Libya, the UN Security Council wanted all member states to "freeze without delay all funds, other financial assets and economic resources which are on their territories, which are owned or controlled, directly or indirectly, by the individuals or entities" listed in the resolution. It imposed a travel ban on Gaddafi and other associates in his administration, including some members of his family and other relatives. In 1970, when Pakistan has finished off at least 3 million people in East Pakistan, it had received congratulatory message from President Nixon for stabilizing the unrest. There was no UN sanction against Pakistan. Only a few months ago when the Sri Lankan army killed at least 100,000 Tamils, violated equal number of Tamil women, and put the entire Tamil population in the north of Sri Lanka in the concentration camp, there was no outcry in the Western world or in the UN.

The U.S. Secretary of State Hillary Clinton has offered dissidents "any kind of assistance". U.S. Senator Joe Lieberman compared the Libyan situation to the one in the Balkans in the 1990s when the U.S. invaded and destroyed Yugoslavia. "That's what I think we ought to do in Libya". The US military deployed naval and air units near Libya. The NATO has sent its concrete aid to Libya's rebellion in the east of the country, because most of Libya's oil is actually closer to Benghazi, in the east. The Sirte Basin of eastern Libya is the world's 13th most oil rich province.

UN Resolution 1970 (2011) forbids the delivery of weaponry of any sort to any citizen in Libya. However, both Egypt and USA according to some reports have been delivering weapons to the "unarmed civilians". UN Resolution 1973 (2011) while allowing the use of force to protect "civilians" does not mention attacking conventional ground forces not engaged in battle to help "rebels" nor does it bear any mention whatsoever of aiding rebellious forces to gain power. The wording of its Paragraph 4, on the Protection of Civilians, quotes Paragraph 9 of Resolution 1970

(2011), which expressly forbids the export of weapons to the Libya. Whoever, then, is supplying the "rebels", is breaking international law.

The wording of Paragraph 4 of Resolution 1973 (2011) mentions the authority "to protect civilians and civilian populated areas under threat of attack in the Libyan Arab Jamahiriya". This is against the precepts under international law that member states are free to protect themselves in cases of armed insurrection. Where does one draw the line between "protecting civilians" and attacking the Government forces, allowing the "civilians" to advance to Tripoli? How can a group of people in uniforms, armed with heavy weaponry, be considered "civilians"? Thus, any substantial military attack on the forces of the Libya is a breach of international law, occasioning interference in the internal affairs of a sovereign state.

Western Associations with the Terrorists

The CIA and MI-6 (the British spy network) permitted control of training operations at Darunta, an "Arab Afghan" base located near the camp of Osama bin Laden and used to manufacture explosives and chemical weapons and train in their use, to pass to the control of Ibn Sheikh, a Libyan leader of Al Qaeda. The CIA and MI-6 were dealing with a Libyan Al Qaeda member, when Libyan leader Muammar el Qaddafi had declared war on Al Qaeda. Unlike the United States, Libya issued an Interpol arrest warrant for bin Laden even in 1998. In a speech on Libyan state television recently, Gaddafi blamed al-Qaeda for the uprising.

When Qaddafi's son, Saif al-Islam, accused foreigners and opposition groups of fomenting unrest within Libya, there are a lot of truth in it. Ibrahim Sahad and his National Front for the Salvation of Libya (NFLS) formed the National Conference of the Libyan Opposition (NCLO) in London in 2005, supported by the United States. Both the corporate owned Western news media, the US State Department, and the corporate funded Movements.org are getting their reports entirely from Sahad's NCLO in Washington. These reports have become the basis for accusations of "genocide", the convening of the UNSC, economic sanctions, threats directed toward Libyan security forces that attempt to quell protesters, and NATO enforced no-fly zones, as planned by David Cameron of Britain.

Ibrahim Sahad of the National Front for the Salvation of Libya (NFSL) echoed the Soros-Brzezinski International Crisis Group calls for the UN Security Council to intervene in Libya. Zbigniew Brzezinski was the National Security Adviser to President Jimmy Carter and created Muzzahadins from the ranks of the Pakistani army to destabilize the socialist regime of Noor Mohammed Taraki of Afghanistan in 1978. He is now the main adviser to Hillary Clinton. He had always maintained close contacts with the Taliban and Muzzahadin, as he wants to use them to destroy the real enemy of The West, Russia.

After the occupation and destruction of Iraq, only three countries were there holding out in the Middle East against The West : Syria, Iran and Libya. They did not accept the concept of subordinating their people's national interests to the Western political interest. Many times the security and intelligence services of The West tried to assassinate the leaders of these three countries to change their regimes. The U.S. Congress has authorized the White House to double the amount approved in the 2011 budget for expenses related to propaganda, disinformation and media against leaders who oppose U.S. interests worldwide, as is the case with Muammar Gaddafi, Hugo Chavez, Evo Morales, Rafael Correa, Raul Castro, Daniel Ortega, Cristina Kirchner, Fernando Lugo, Alexander Lukashenko and of course Vladimir Putin.

Resources are being used to buy space in the media of these countries ruled by these leaders in newspapers, radio, magazines and television networks. They should always refer to them as dictators. The total project budget is one billion dollars. Recently, The Central Intelligence Agency, State Department and Defense Department of USA agreed that millions of dollars would be transferred to opponents of the regimes of these leaders to allow them to organize demonstrations and start a world media campaign against them.

Oil revenues and a small population give Libya one of the highest GDPs per capita in Africa and have allowed the Libyan state to provide an extensive level of social programmes, particularly in the fields of housing and education. Health and education are things that Libyans can take for granted. The standard of living in Libya is higher than that of all the neighbouring countries. Women have equal rights with men. Illiteracy has greatly decreased under the leadership of Gaddafi. Humanitarian work and unity efforts for the African peoples have come from the leadership of Libya. Compared to neighbouring countries, Libyans enjoy a low level of poverty and have similar standard of living as that in Saudi Arabia.

The most recent estimates place Libya's oil reserves at 60 billion barrels, which represents 3.54 % of the world's proven reserves. The armed rioters have taken control of Libyan oil fields. Would it create any benefit for the people of Libya or only for the Anglo-American oil companies who have already taken over all oil fields of Iraq! Recently Wikileak has revealed that the plan to divide up the oil fields of Iraq were negotiated between the British and the Americans at least a year before the invasion of Iraq by George Bush and Tony Blair. Gaddafi in January 25, 2009 proposed the nationalization of oil companies of USA, UK, Germany, Spain, Norway, Canada and Italy operating in Libya. He has now paid the price for his revolt against the Western oil companies.

On February 16, 2009, Gaddafi called on Libyans to support his proposal to distribute the oil wealth directly to the 5 million inhabitants of Libya. That plan has alarmed both the Western oil companies and some Libyan politicians and officers people with vested interests to protect their privilege; they have joined the rebels in Eastern Libya to raise the flag of the British appointed Sultan Idris of Senussi tribe, under whom Libya was one of the poorest country of the world until 1969. It is more than obvious that the Libyan opposition was organized by NATO, who is against any progressive government anywhere in the world traditionally and wants to put their puppets instead, as France recently did in Ivory Coast.

The objective of the invasion of Libya by NATO war not just oil resources, with reserves estimated at 60 billion barrels, the most important in Africa and with extraction costs among the lowest in the world. There are natural gas reserves estimated at about 1.5 trillion cubic metres. Libya's 'Sovereign Funds' invested in the Western countries and now confiscated by the Western governments, are estimated at 150 billion Dollars just before the invasion of Libya. United States alone has confiscated about 32 billion Dollars of Libya's money invested in USA.

Confiscations of these funds will seriously damage the economic prospects of poor African nations. In Africa, the Libyan Arab African Investment Company made investments in over 22 countries in sub-Saharan Africa, particularly in mining, manufacturing, tourism and telecommunications. Libya has financed three financial institutions launched by the African Union, the African Investment Bank, with headquarter in Tripoli, the African Monetary Fund, based in Yaoundé in Cameroon, and the African Central Bank, located in Abuja, Nigeria. The objective was to allow

African countries to escape the control of the World Bank and International Monetary Fund, both instruments of Western domination on African countries. Invasion and confiscation of Libya's money would end that dream and also mark the end of the CFA franc, a common currency created by the African Union to facilitate independent trading of the African countries to avoid the control of the western trading agencies.

Another purpose of NATO invasion is to shut out Russia from North Africa altogether. Russia has invested heavily as it did in Iraq on both oil industries and in the defence sector of Libya. The companies working in the non-defense areas in Libya are Tatneft, Gazprom and the Russian Railways (RZD). The Russian state owned oil company is involved in the projects under the production sharing agreement with Libya's National Oil Corporation (NOC). In 2009 alone it has invested $ 43 million in Libya. Russia's gas monopoly Gazprom has already invested $ 163 million in Libya. RZD is constructing a 500-kilometer road from Sirt to Benghazi, and a modern high-speed (up to 250 mph) railway running along the Mediterranean coast and connecting major cities of the country, with a contract of 2.2 billion Euros. Possible loss of Russian defense export company Rosoboronexport in Libya will amount to over $ 4 billion. In the event of the victory of the Western coalition the country's weapons market will be closed for Russia. The existing investments made by Russian companies, just like in Iraq, will be all wasted away.

NATO in its war against Yugoslavia and its bombing campaign from March 24, 1999 to June 10, 1999, has killed at least 2,500 civilians including 89 children (Timothy Bancroft-Hinchey in Pravda on 26 May 2011) and has caused wanton destruction of public and private property. NATO also has killed in Iraq at least one million citizens and destroyed important civilian infrastructures and ultimately helped the British and the American oil companies to steal the oil reserves of Iraq through a forced privatization. Although these are all illegal acts under the international law as neither Yugoslavia nor Iraq declared war against any NATO countries.

Similar illegal war started against Libya by the NATO. Bought and paid for mercenaries, posing as "Libyan protesters" have invaded Libya from Egypt. Libya had tried to defend itself, its territorial integrity and sovereignty. The West has done all in its power to counter it and destroy it, as The West has subverted countless governments in Asia, Africa and Latin America to put in place ruthless anti-people dictators. Libya is one more victim of that grand design.

Conclusion

In 1991, after the destruction of the Soviet Union, President George W. Bush proclaimed the coming of a New World Order. It has a long history. The aim was derailed due to the existence of the Soviet Union, but that impediment has gone. The idea is to put forward a world confederation in which Anglo-American power would insure free trade. This federation probably will have a common Air-Force. Members of these Air-Forces will owe sole allegiance to their respective system and not to any nation. This world confederation will enforce peace among the continental systems.

We are moving into uncharted waters with respect to sovereignty and that we would have to get used to the idea that countries' national sovereignty was limited when it came to what they were allowed to do to their own citizens within their borders. In 1954, the Bilderberg Group was formed, by Prince Bernhard of the Netherlands, to oversee the process of maintaining the momentum for such a world government. In 1974, David Rockefeller and Zbigniew Brzezinski established the Trilateral Commission, with the aim of bringing Japan and China under western control. The stated aim of the Trilateral Commission is to work towards a new world order in three stages : Europe, America, Asia with the USA having the controlling interest in each of the three regions. As Zbigniew Brzezinski, National Security advisor to five U.S. presidents, said at the first State of the World Forum in 1995 : "We cannot leap into world government in one quick step, (It) requires a process of gradually expanding the range of democratic cooperation".

In 1995 the Multilateral Agreement On Investments (MAI) was established. World Trade Organisation's Director General Renato Ruggerio said, "the constitution for a single global economy" would have made it illegal for national governments in the developed world to block foreign corporate investment on the grounds of special national customs or conditions, protection of the environment etc, a major assault on the principle of national sovereignty. Russia is still outside that world, as it is considered as an enemy of this proposed Anglo-American world government, but China is a strategic partner, lending so much to the U.S. Although

Syria has made good gestures to the Western oil companies, it is not enough. Oil production and development in Syria are managed by the Syrian Petroleum Company (SPC), an agency of the Ministry of Petroleum and Mineral Resources of Syria which was initially developed by the Soviet Union, who had discovered all he oil and natural gas fields of Syria. Recently foreign oil companies, other than Russian, have been offered a share of Syria's oil industry with formation of the Al-Furat Petroleum Company, which is owned partly by Shell Oil and China's CNPC. Just like in Iraq and Libya western oil companies want to control the entire oil and gas industries in Syria and want to promote the exports of natural gas from Saudi Arabia, Qatar, UAE undermining both the Russian and Iranian exports of natural has to Europe. This is the root cause of the conflict in Syria.

[References]

Chernow. R. 1990. *The House of Morgan*, Atlantic Monthly Press, New York

Congressional Record, 1913, Congressman Wright Patman, A Primer On Money prepared by the Sub-committee on Domestic Finance, House of Representatives, Committee on Banking and Currency — 88th Congress, 2nd session, August 4th, 1964 and December 23, 1913, page 1464 & 1478

Congressional Record, 1932, Congressman Louis McFadden, June 10, 1932, House of Representatives, pages 12604-12605

Congressional Record, 1941, Committee on Banking and Currency, House of Representatives, 77th Congress, 1st session, Tuesday, September 30, 1941, pages 1342-1345

Congressional Record, 1983, 98th Congress, 1st session, February 3, 1983, Congressman Ron Paul

Marrs. J. 2000. *Rule by Secrecy : The Hidden History that Connects the Trilateral Commission, the Freemasons and the Great Pyramids*, Harper Collins, New York.

Mullins. E. 1952. *The Secrets of the Federal Reserve*, Kasper and Horton, New York

National Committee to Repeal the Federal Reserve Act, P.O. Box 156, Westmont, IL 60559

Parenti. M. 1977. *Democracy for the Few.*, St. Martin's Press, New York.

Solomon. S. 1995. *The Confidence Game : How Un-Elected Central Bankers are Governing the Changed World Economy*, Simon & Schuster, New York.

Still. W.T. 1990. *New World Order : The Ancient Plan of Secret Societies*, Huntington House Pub, Lafayette, LA

第4章

中国の農村金融と新たな金融組織

薛　軍

概要

中国政府は，農村部の振興のために，従来の金融機関以外に，過去になかった村鎮銀行，農村資金互助社，小額貸出公司（ノンバンク）などの新型農村金融組織の設立を積極的に促進している。また同時に，「専業合作社法」実施に伴う新たな融資パターン（農家共同体）も次々誕生させている。本稿は都市化・工業化の進行中に縮小している中国農村部の実態をマクロ的に分析することを踏まえて，中国の農村金融体制と農村金融市場の需給関係を明らかにすることによって，農村部の「現場」と中央政府の政策がずれることがしばしばあることを指摘した。

キーワード：マイクロファイナンス，新型農村金融組織，「専業合作社法」

1. 中国農村部のマクロ金融環境

1.1 生産・支出・分配から見た農村部の実態

現在の中国は高い成長率を保つ一方，経済構造[1]を少しずつ調整している。本論文の冒頭に，まず国内総生産（GDP）の三面等価原理（生産＝支出＝分配）から，第1次産業である農業の位置づけを踏まえて，都市化・工業化の進行中に縮小している中国農村部の実態をマクロ的に分析してみよう。

① 生産（総供給）から見た産業構造の変化による農業現代化・産業化が求められている

表1に示したように，2009年の中国の第1～3次産業及びその労働力の

表1 産業別のGDP構成及びその労働力構成

年	GDP	第1次産業	第2次産業			第3次産業	労働力構成		
				工業	建設業		第1次産業	第2次産業	第3次産業
1978	100.0	28.2	47.9	44.1	3.8	23.9	70.5	17.3	12.2
1979	100.0	31.3	47.1	43.6	3.5	21.6	69.8	17.6	12.6
1980	100.0	30.2	48.2	43.9	4.3	21.6	68.7	18.2	13.1
1981	100.0	31.9	46.1	41.9	4.2	22.0	68.1	18.3	13.6
1982	100.0	33.4	44.8	40.6	4.1	21.8	68.1	18.4	13.5
1983	100.0	33.2	44.4	39.9	4.5	22.4	67.1	18.7	14.2
1984	100.0	32.1	43.1	38.7	4.4	24.8	64.0	19.9	16.1
1985	100.0	28.4	42.9	38.3	4.6	28.7	62.4	20.8	16.8
1986	100.0	27.2	43.7	38.6	5.1	29.1	60.9	21.9	17.2
1987	100.0	26.8	43.6	38.0	5.5	29.6	60.0	22.2	17.8
1988	100.0	25.7	43.8	38.4	5.4	30.5	59.3	22.4	18.3
1989	100.0	25.1	42.8	38.2	4.7	32.1	60.1	21.6	18.3
1990	100.0	27.1	41.3	36.7	4.6	31.6	60.1	21.4	18.5
1991	100.0	24.5	41.8	37.1	4.7	33.7	59.7	21.4	18.9
1992	100.0	21.8	43.4	38.2	5.3	34.8	58.5	21.7	19.8
1993	100.0	19.7	46.6	40.2	6.4	33.7	56.4	22.4	21.2
1994	100.0	19.8	46.6	40.4	6.2	33.6	54.3	22.7	23.0
1995	100.0	19.9	47.2	41.0	6.1	32.9	52.2	23.0	24.8
1996	100.0	19.7	47.5	41.4	6.2	32.8	50.5	23.5	26.0
1997	100.0	18.3	47.5	41.7	5.9	34.2	49.9	23.7	26.4
1998	100.0	17.6	46.2	40.3	5.9	36.2	49.8	23.5	26.7
1999	100.0	16.5	45.8	40.0	5.8	37.7	50.1	23.0	26.9
2000	100.0	15.1	45.9	40.4	5.6	39.0	50.0	22.5	27.5
2001	100.0	14.4	45.1	39.7	5.4	40.5	50.0	22.3	27.7
2002	100.0	13.7	44.8	39.4	5.4	41.5	50.0	21.4	28.6
2003	100.0	12.8	46.0	40.5	5.5	41.2	49.1	21.6	29.3
2004	100.0	13.4	46.2	40.5	5.4	40.4	46.9	22.5	30.6
2005	100.0	12.1	47.4	41.8	5.6	40.5	44.8	23.8	31.4
2006	100.0	11.1	47.9	42.2	5.7	40.9	42.6	25.2	32.2
2007	100.0	10.8	47.3	41.6	5.8	41.9	40.8	26.8	32.4
2008	100.0	10.7	47.4	41.5	6.0	41.8	39.6	27.2	33.2
2009	100.0	10.3	46.3	39.7	6.6	43.4	38.1	27.8	34.1

出所）中国統計局（2010）

第4章　中国の農村金融と新たな金融組織

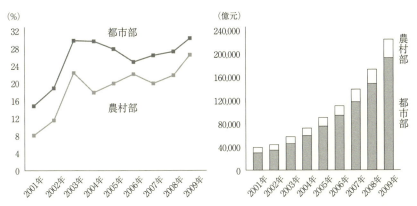

注）左図では上の線が都市部，下の線が農村部，右図では上の部分が農村部，下の部分が都市部をそれぞれ指す。
出所）中国農業部ホームページ http://www.moa.gov.cn/zwllm/nytj/tjsj_1/index_1.htm

図1　固定資産投資成長率（都市部：農村部）と固定資産の投資額（都市部：農村部）

構成は，それぞれ10.3％，46.3％，43.4％と38.1％，27.8％，34.1％である。両方とも日本の1960年にほぼ相当することが窺える（13％，45％，42％と33％，30％，37％）。ちなみに2008年の日本のそれぞれの構成は，1％，27％，72％と4.2％，27.35％，68.45％である。

現在中国の第1，2，3次産業及びその労働力の構成が両方とも日本の1960年にほぼ相当することは，工業化・都市化の進行中のため，農業の比重が次第に減っていることも意味する。これらの産業のレベルアップのために，農業の現代化・産業化が求められている。

② 支出（総需要）から見た消費における都市部対農村部の格差の是正による農村部の需要喚起が求められている

支出から見れば，2008年の中国のGDPのうち，消費が48.59％（うち，民間35.30％，政府13.27％），資本形成が43.54％（うち，固定資本41.13％），貿易ネットが7.86％によって構成されている。

図1に示したように，中国の過大な固定資本形成の中では，第2次産業，特に製造業の比率が高すぎる一方，対農村部の投資は少ない。

また，表2と表3に示されたように，2009年中国都市部対農村部の消費

表2　家計の消費構成及び人口構成

年	消費構成		人口構成	
	農村部	都市部	都市部	農村部
1978	62.1	37.9	17.92	82.08
1979	62.3	37.7	18.96	81.04
1980	60.5	39.5	19.39	80.61
1981	61.0	39.0	20.16	79.84
1982	61.6	38.4	21.13	78.87
1983	62.2	37.8	21.62	78.38
1984	61.8	38.2	23.01	76.99
1985	59.9	40.1	23.71	76.29
1986	57.7	42.3	24.52	75.48
1987	56.0	44.0	25.32	74.68
1988	53.0	47.0	25.81	74.19
1989	51.6	48.4	26.21	73.79
1990	49.6	50.4	26.41	73.59
1991	47.4	52.6	26.94	73.06
1992	44.9	55.1	27.46	72.54
1993	41.8	58.2	27.99	72.01
1994	40.6	59.4	28.51	71.49
1995	39.7	60.3	29.04	70.96
1996	41.0	59.0	30.48	69.52
1997	39.5	60.5	31.91	68.09
1998	36.9	63.1	33.35	66.65
1999	34.8	65.2	34.78	65.22
2000	33.0	67.0	36.22	63.78
2001	31.9	68.1	37.66	62.34
2002	30.7	69.3	39.09	60.91
2003	28.3	71.7	40.53	59.47
2004	27.1	72.9	41.76	58.24
2005	26.7	73.3	42.99	57.01
2006	25.9	74.1	43.90	56.10
2007	25.2	74.8	44.94	55.06
2008	24.9	75.1	45.68	54.32
2009	23.8	76.2	46.59	53.41

出所）中国統計局（2010）

表3 家計消費支出

年	元 全家計	農村部	都市部	構成比（農村部=1）	指数（前年比） 全家計	農村部	都市部	指数（1978=100） 全家計	農村部	都市部
1978	184	138	405	2.9	104.1	104.3	103.3	100.0	100.0	100.0
1979	208	159	425	2.7	106.9	106.5	102.8	106.9	106.5	102.8
1980	238	178	489	2.7	109.0	108.4	107.2	116.5	115.4	110.2
1981	264	201	521	2.6	108.3	109.8	104.0	126.2	126.8	114.6
1982	288	223	536	2.4	106.8	109.1	100.7	134.8	138.3	115.4
1983	316	250	558	2.2	108.1	110.6	102.1	145.8	153.1	117.9
1984	361	287	618	2.2	112.0	112.9	107.9	163.2	172.8	127.2
1985	446	349	765	2.2	113.5	113.3	111.1	185.2	195.7	141.3
1986	497	378	872	2.3	104.7	102.3	106.7	194.0	200.3	150.8
1987	565	421	998	2.4	106.0	104.9	105.6	205.5	210.0	159.3
1988	714	509	1,311	2.6	107.8	105.2	109.7	221.5	221.0	174.7
1989	788	549	1,466	2.7	99.8	98.3	100.7	221.0	217.2	176.0
1990	833	560	1,596	2.9	103.7	99.2	108.5	229.2	215.4	190.9
1991	932	602	1,840	3.1	108.6	105.4	110.7	249.0	227.1	211.4
1992	1,116	688	2,262	3.3	113.3	108.5	116.1	282.0	246.5	245.3
1993	1,393	805	2,924	3.6	108.4	104.3	110.4	305.8	257.1	270.8
1994	1,833	1,038	3,852	3.7	104.6	103.1	104.4	320.0	265.0	282.8
1995	2,355	1,313	4,931	3.8	107.8	106.8	107.2	345.1	282.9	303.2
1996	2,789	1,626	5,532	3.4	109.4	114.5	103.4	377.6	323.8	313.6
1997	3,002	1,722	5,823	3.4	104.5	103.1	102.2	394.6	334.0	320.4
1998	3,159	1,730	6,109	3.5	105.9	101.2	105.9	417.8	338.1	339.2
1999	3,346	1,766	6,405	3.6	108.3	105.1	107.0	452.3	355.3	363.0
2000	3,632	1,860	6,850	3.7	108.6	104.5	107.8	491.0	371.3	391.1
2001	3,887	1,969	7,161	3.6	106.1	104.5	103.9	521.2	388.0	406.3
2002	4,144	2,062	7,486	3.6	107.0	105.2	104.9	557.6	408.1	426.2
2003	4,475	2,103	8,060	3.8	107.1	100.3	107.0	596.9	409.5	456.1
2004	5,032	2,319	8,912	3.8	108.1	104.2	106.9	645.3	426.7	487.7
2005	5,573	2,579	9,644	3.7	107.7	107.5	105.5	695.2	458.8	514.3
2006	6,263	2,868	10,682	3.7	109.6	108.4	108.0	761.9	497.1	555.7
2007	7,255	3,293	12,211	3.7	110.7	108.2	109.7	843.4	537.9	609.9
2008	8,349	3,795	13,845	3.6	108.7	107.1	107.7	916.8	575.8	656.7
2009	9,098	4,021	15,025	3.7	109.2	107.1	108.5	1001.6	616.8	712.2

出所）中国統計局（2010）

構成は 76.2：23.8 である一方，中国の都市部対農村部の人口構成は，46.59：53.41 である。半分以上の人口が農村部にいる中国では，その消費構成の格差が大きすぎる。今後，工業化と都市化による第1次産業の縮小を通じて，いかに消費構成のアンバランスの是正及び農村部の需要を喚起させるかが求められている。

③ 支出（分配）から見た国民所得格差の是正による農村部所得の増加が求められている

先進国と比較すれば，中国全体の労働者報酬が低すぎる一方，営業純利益が相対的に高く，特に大型国有企業セクターの部分が高すぎる。国内の格差では，1990〜2008 の 18 年間で，都市部と農村部1人当たり収入増加対比が 8.45 倍：4.94 倍，即ち 1.71：1 になっていた。

国民所得格差の是正，特に農村部所得の増加が求められている（表4を参照）。

1.2 農村部資金の供給及び流出問題

① 中国農村部の資金供給及び農民の「三重の搾取」問題

現在の中国は新興経済大国と言われても，まだ農民の国家から工業化への移行中，即ちまだ発展途上国である。上記 1.1 に示したように，中国の農民人口はまだ全人口の半分以上を占めており，農業の現代化・産業化が求められている。

ところが，今までの中国は農業の現代化・産業化に必要な投資をしていない。表5に示されたように，1978 年の中国改革開放以後，農業向け貸出の全産業貸出における比率は，一番高くても 1988 年の 7.72％のみである一方，1995 年にはわずか 3.05％しかなかった。

この現象がつねに起こっている背景は，伝統的に中国の農村部における「三重の搾取」の存在のためである。この3つの搾取を図2によって解釈できる。

つまり，まず，工業品と農産品のはさみ価格によって，農民の生産物である経済余剰が搾取されることである。二つ目の金融余剰搾取とは，農民に貸

表4　1人当たり所得及びエンゲル係数

年	都市部の年間可処分所得		農村部の年間総所得		都市部のエンゲル係数(%)	農村部のエンゲル係数(%)
	Value(元)	(1978 = 100)	Value(元)	(1978 = 100)		
1978	343	100	134	100	58	68
1980	478	127	191	139	57	62
1985	739	160	398	269	53	58
1990	1,510	198	686	311	54	59
1991	1,701	212	709	317	54	58
1992	2,027	233	784	336	53	58
1993	2,577	255	922	347	50	58
1994	3,496	277	1,221	364	50	59
1995	4,283	290	1,578	384	50	59
1996	4,839	302	1,926	418	49	56
1997	5,160	312	2,090	437	47	55
1998	5,425	330	2,162	456	45	53
1999	5,854	361	2,210	474	42	53
2000	6,280	384	2,253	483	39	49
2001	6,860	416	2,366	504	38	48
2002	7,703	472	2,476	528	38	46
2003	8,472	515	2,622	551	37	46
2004	9,422	554	2,936	588	38	47
2005	10,493	607	3,255	625	37	46
2006	11,760	671	3,587	671	36	43
2007	13,786	753	4,140	734	36	43
2008	15,781	816	4,761	793	38	44
2009	17,175	895	5,153	861	37	41

注) 医療保険などを含む社会保障制度の違いのため，都市部と農村部でのエンゲル係数を比較できない部分がある。
出所) 中国統計局（2010）

し付けるより，農村部での金融拠点による農民の預金を吸収して，その預金を都市部に回していくことである。最後の利潤余剰搾取とは，農村部でのフォーマル金融が少ないまたは金利が高いため，さまざまな金融組織の貸付金利による農民の収益が搾取されることである。

「三重の搾取」は，中国農村部に資金の不足，資金の流出などの問題を反映している。

表 5　農業向け貸出の総貸出における比率（%）

年	比率	年	比率	年	比率
1978	6.25	1989	7.21	2000	4.92
1979	6.36	1990	6.84	2001	5.09
1980	6.96	1991	6.70	2002	5.24
1981	6.60	1992	6.70	2003	5.29
1982	6.72	1993	6.50	2004	5.55
1983	6.54	1994	4.92	2005	5.92
1984	8.18	1995	3.06	2006	5.86
1985	7.05	1996	3.14	2007	5.90
1986	7.51	1997	4.42	2008	5.81
1987	7.59	1998	5.14	2009	5.61
1988	7.72	1999	5.11		

出所）周立（2010）

② 中国農村部資金の流出問題

上記図 2 に示された「三重の搾取」における金融余剰搾取に関しては，毛沢東時代の計画経済体制ではもちろんであったが，1978 年の鄧小平による改革開放以後でも，その実態は全く変わっていない。むしろ深刻になっていると思われる。つまり，農村部の預金を都市部に回して，重工業化に使うというやり方は旧ソ連の計画経済体制の特徴かもしれないが，市場経済に移行中の中国改革開放モデルに，工業化と都市化を促進するためにも，同じ手口を利用している。

一方，今までの中国では，収益重視のため，農村関連の銀行業界の法人数及びその従業員数（表 6 を参照）や，県レベル金融業界の拠点数（表 7 を参照）などが，極端に減ってきている。

農村部関連の金融業界で行われていた整理整頓のため，農村部の金融拠点数，特に未発達地域では，非常に不足の状態にある。CBRC（中国銀行業監督委員会，以下同）によれば[2]，1) 2007 年末まで，農村部における銀行業の営業拠点数が 108,173 ヵ所，全国の 57 % を占め，2) また，1 つの郷鎮当たりに平均 3.56 拠点，5.97 の行政村に平均 1 拠点，1 万人の農民に平均 1.54 拠点がある。3) 2009 年末までに，全国に 2,792 の郷鎮では，金融拠点が不在

出所）周立（2010），P.38

図2　中国農民の「三重の搾取」

表6　中国の農村銀行業界における法人数と従業員数

	2006		2007		2009	
	従業員数	法人数	従業員数	法人数	従業員数	法人数
農村信用社	634,659	19,348		8,348	570,366	3,056
農村商業銀行	20,003	13		17	66,317	43
農村合作銀行	37,188	80		113	74,776	196
村鎮銀行				19	3586	148
貸出会社				4	75	8
農村資金互助社				8	96	16
郵政貯蓄銀行	237,389	1	109,403	1	132,536	1
合計	929,239	19,442	109,403	8,510	847,752	3,468

出所）CBRC2006〜2007及び2009年報より。

で，さらに農村金融サービスの空白である郷鎮が342ヵ所ある。

　これらの農村部から撤退・合併のブームの中で，実は従来主力である工商銀行，中国銀行，建設銀行，農業銀行という中国国有四大商業銀行の動きが大変注目される。表8に示されたように，1997年アジア通貨危機の翌年からの3年間で，この四大商業銀行の県レベルにおける拠点縮小のスピードが速く大変衝撃的であった。その内，過去農村部業務がメインであった農業銀行でも，3年間で一気に377ヵ所，全部県レベル拠点での15.4％を縮小した。

表7 県レベル金融業界の拠点一覧表(箇所)

	2004年	2005年	2006年	2007年
郵政貯蓄	23,239	23,468	23,695	
農業発展銀行	1,555	1,533	1,517	
農業銀行	16,926	15,511	13,175	1.31万
農業商業銀行	535	524	505	
農業合作銀行	1,800	2,142	2,515	
農業信用社	60,869	55,953	52,089	5.2万
証券会社	664	680	711	
先物会社	15	15	23	
保険会社	11,130	12,548	14,135	
担保会社	752	975	1,365	
質屋	499	602	713	
その他	16,089	14,777	13,531	
合計	134,073	128,728	123,974	12.4万

出所)中国人民銀行(2008.9), P.7-8

表8 1998～2000年四大商業銀行の県レベルにおける拠点縮小一覧表

	撤退・合併数	全部県レベル拠点での比率
工商銀行	541	27.8%
中国銀行	204	18.6%
建設銀行	464	24.1%
農業銀行	377	15.4%

出所)許清正(2009), P.51

収益第一との方針を実施している結果は,現在の中国農業銀行は銀行名だけ「農業」というままに,既に普通の商業銀行と何も変わらず,図3に示された2007年農業銀行貸付業務の内訳の中では,農業関連の内容はわずか9％に過ぎなかった。

またそのほか,2007年に農林漁牧畜の中国国家開発銀行貸出での割合は,もっと低く,ごく0.52％のみであった。

2007年中国農業銀行貸出の内訳

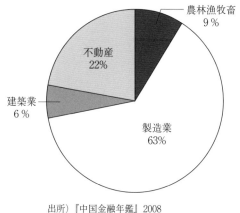

出所）『中国金融年鑑』2008

図3　中国農村銀行は収益第一

2. 中国の農村金融体制

2.1 間接金融を中心とする中国金融体制における農村金融市場

① 中国の間接金融[3]と中国農村金融組織の特徴

中国の農村部における資金の需要について見てみよう。資金の農村での需要については，どんな国でも，①経営活動での需要，②生産活動での需要，③生活・生存面での需要との三大需要に分けられるが，先進国と発展途上国の間に差があると見られる。図4に示されたように，伝統型と現代型のそれぞれ中国農村部における資金の需要は，ピラミッドのような存在に見える。

一方，中国金融システムの最大の特徴は，やはり間接金融を中心とする資金調達体制である。即ち，国民経済全体は銀行融資に依存しすぎていることである。全体を見れば，銀行業からの資金調達はおよそ80％を占めており，対照的に直接融資先である株式市場と債券市場からの融資比率は全体のおよそ20％に過ぎない。これは計画経済から市場経済への移行期において，中国の証券市場が未だに未発達であることを反映している。農村部のみを見れば，正式なデータがないが，もっと低いと見られる。

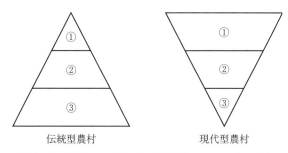

注：①は経営活動での需要，②は生産活動での需要，③は生活・生存面での需要をそれぞれ指す。

図4　中国農村金融市場における需要

　1978年の改革開放以降中国政府は，中国銀行，中国農業銀行，中国建設銀行，中国工商銀行という現在の四大商業銀行を相次いで設立させた。また，1994年の商業銀行法により，中国政府は，上記の四大商業銀行からさらに政策金融に関する業務を分離させ，新たな国家開発銀行，中国輸出入銀行，中国農業発展銀行という三大政策銀行を設けた。1980年代後半から現在に至るまでに，地方政府や国有企業などの出資による商業銀行の設立や外資系金融機関の中国進出，ないしは2007年から始まった個人でも設立可能な村鎮銀行など，移行期における中国の金融体制を徐々に充実させている。また一方，非金融機関も同時に徐々に拡大している。

　現在まで，中国の農村金融市場には，いろんな金融組織が存在しており，だいたい政策銀行，商業銀行，共同組合と3種類に分けられ，その特徴などは次の通りである。

(1)　政策銀行系
- 国家開発銀行：インフラ建設及び農業資源開発に関わる大型プロジェクトがメイン；拠点が少ない。
- 農業発展銀行：食糧備蓄などがメイン；業務範囲が狭い。

(2)　商業銀行系
- 農業銀行：主力プレーヤー；近年の収益第一主義のため，拠点が縮小している。
- 農業商業銀行：地域の主要なプレーヤー；従来の農村信用社より転身；

収益第一。
- 郵政貯蓄銀行：拠点が多い；2007年より新規参入，業務内容が広い；貸付より預金業務が遥かに多い；収益第一。
- 農村信用社：農村の末端に拠点が多いが，近年収益重視のために県の中心部に集中傾向；顧客のほとんどが農家と小規模企業。
- 村鎮銀行：2007年より新規参入；資金・拠点・活動範囲などが限られる。
- 小額貸付会社：民営の新規参入，正式な金融機関ではない；規模が小さい；貸付業務のみのため，将来性が見えない。

(3) 共同組合
- NGO小額貸付組織：未発達；規模が小さい。
- 農村資金互助社：2008年より新規参入者；政府から期待されるが，設立条件が厳しいため，まだ数が少ない。
- その他の民間金融：地下金融とも言われ，従来長い間に存在，規模が大きい。

② 農村金融市場における金融組織の位置づけ

中国農村金融組織では，フォーマル金融とインフォーマル金融に分けられる。中国を含めて，世界中の開発途上国や地域の農村部において，インフォーマル金融が盛んに行われる。一方，フォーマル金融組織が，農村近代化に伴って展開されていると見られる。現在の中国では，フォーマルな農村金融体制が強化し続けられている。

図5に示されたように，農村信用社，農業銀行，農業発展銀行，郵政貯蓄銀行という4つの従来のフォーマル金融以外には，村鎮銀行，小額貸付会社，資金互助社という3つの新しいパターンも誕生した。

これらの金融組織の農村部経済展開における位置づけに関しては，図6に明確に示した。

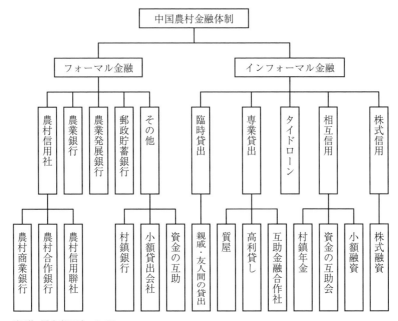

出所）周立(2010), P. 68

図5　農村金融市場における金融組織の位置づけ(1)

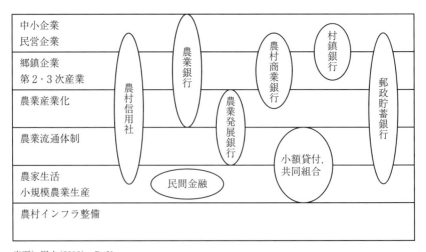

出所）周立(2010), P. 61

図6　農村金融市場における金融組織の位置づけ(2)

2.2 中国農村金融市場の管理監督と不良債権[4]

中国の金融管理体制は，改革開放以降，大きく変化している。従来は，人民銀行が単独で金融政策や管理監督などの機能を果たしていた。現在は，急速な経済発展に対応するために，2003年，中国の経済・金融社会で中央銀行と並列に，CBRC（中国銀行監督管理委員会）が設立された。

CBRCは，中国国務院に直轄され，それぞれの法律と法規に基づいて銀行業界において，発展戦略及び各業界の法律法規の策定や実務運営に対する監督管理を行っている。2009年末まで，CBRCは全国に2,074の拠点を持ち，そのうち全国各エリアに36の銀行監督管理局があり，その下に300の銀行監督管理分局，さらに1,735の監督管理専員オフィスが設けられている。

農村部に対する監督管理については，北京にあるCBRC本部に「合作金融機構監督管理部」が設けられ，農村部の預金類金融組織や最近誕生したばかりの新型農村金融組織などがこの部署及びその下に各エリアでの部署の管轄に入る。また，全国農村合作金融組織の農村部関連の業務に対して，表9に示されたように，そのリスク評価と警報指標システムなどが設定されている。

他方，農村金融を含めて，中国の不良債権は，過去において一時は非常に高い水準にあった。例えば，2003年の中国四大国有商業銀行である中国工商銀行，中国建設銀行，中国農業銀行，中国銀行の不良債権率は，それぞれ21.56％，11.90％，30.07％，18.07％，合計平均25.26％であった。

ところが，不良債権率を抑制するために，中国は，四大国有商業銀行に対して，1)2004年に公的資金850億米ドルの注入，2005年より資本市場での上場促進（農業銀行以外は全部上場），4つの金融資産管公司（華融，長城，東方，信達）による不良債権の回収，という政府側の対策と，2)不良債権の資産化・証券化という市場側の対策，3)さらに収益第一という銀行側の効率化対策（第1節参考）を打ち出した。結局，中国の不良債権率は2004年から低下し，2008年になると平均2.42％という先進国の水準になった。

ただし，その好調の中で，やはり農村金融に関する不良債権率が一番高い（表10を参照）。また，不良債権の業種別から見れば，農業関連は依然として高いと言える（表11を参照）。

表9　中国農村合作金融機構リスク評価と警報指標システム

指標名	黄色警報値（％）	赤警報値（％）	動態警報値（％）
1．自己資本比率指標			
自己資本比率	≦ 4	≦ 0	減少1以上
コア自己資本比率	≦ 2	≦ 0	減少0.5以上
2．流動性指標			
任意準備金比率	≦ 3	≦ 1	減少1以上
資産流動性比率	≦ 25	≦ 10	減少5以上
借入資金比率	≧ 4	≧ 8	上昇2以上
3．安全性指標			
不良貸付比率	≧ 26	≧ 42	上昇
予想不良貸付損失比率	≧ 15	≧ 25	上昇3以上
予想不良貸付損失の補充率	≧ 18	≦ 6	減少3以上
1位顧客の貸付額比率	≧ 46	≧ 62	上昇15以上
前10位顧客の貸付額比率	≧ 200	≧ 300	上昇5以上
前10位顧客の利息未払比率	≧ 16	≧ 32	上昇5以上
非融資の不良資産比率	≧ 26	≧ 42	上昇
4．収益指標			
資産利益率	≦ 0.2	≦ 0	減少0.1以上
利子回収率	≦ 70	≦ 60	減少10以上
5．総合発展能力指標			
預金成長率	≦ 6	≦ 2	減少5以上
不良貸付残額減少率	≦ 0	≦ -10	
固定資産比率		≧ 90	

注）動態警報値は期間内の変動数値を警報するもの。
出所）CBRC（2004）

3．新たな農村金融組織の誕生・展開

3.1　新型農村金融組織の政策及びその促進プラン

① 新しい政策が実施する前の農業金融組織改革

　2000年までに，中国農業金融市場に参入していた主な組織は，図7に示されたように，銀行業金融機関である農業銀行，農業発展銀行，農業信用社，郵便貯金のほかに，ノンバンクである中国扶貧基金会やその他の民間金融組織もある。

表10　近年の中国商業銀行不良債権の内訳　　　　　　　　　　　　（単位：億元・100％）

	2009		2010. 1Q		2010. 2Q		2010. 3Q	
	額	比率	額	比率	額	比率	額	比率
不良債権	4,973	1.60%	4,701	1.40%	4,549	1.30%	4,354	1.20%
主要商業銀行			4,010	1.41%	3,840	1.30%	3,674	1.20%
大型商業銀行	3,627	1.80%	3,400	1.59%	3,248	1.46%	3,087	1.35%
株式制商業銀行	637.2	1.00%	609.6	0.86%	592.1	0.80%	586.7	0.76%
都市商業銀行	376.9	1.30%	365.9	1.19%	360.7	1.11%	339.1	1.00%
農村商業銀行	270.1	2.80%	265.8	2.47%	288.2	2.34%	284.4	2.16%
外資系銀行	61.8	0.90%	59.8	0.74%	60.4	0.72%	56.6	0.65%

注）商業銀行は大型商業銀行，株式制商業銀行，都市商業銀行，農村商業銀行，外資系商業銀行を含む。主要商業銀行は大型商業銀行と株式制商業銀行をさす。
　　大型商業銀行は中国工商銀行，中国農業銀行，中国銀行，中国建設銀行，交通銀行を指す。
　　株式制商業銀行は中信銀行，光大銀行，華夏銀行，広東発展銀行，シンセイ発展銀行，招商銀行，上海浦東発展銀行，興業銀行，中国民生銀行，恒豊銀行，浙商銀行を含む。
出所）2009データはCBRC2009年報より。

表11　2009年中国業種別不良債権率の上位6位

		不良債権率
1	宿泊と飲食業	4.82
2	農林水産牧畜	4.52
3	文化，スポーツ，アミューズメント	3.24
4	科学研究，技術サービス，地質探査	2.98
5	自動車ローン	2.92
6	クレジットカード	2.83

出所）CBRC2009年報より。

　上記2.2に述べたように，2003年中国四大国有商業銀行の農業銀行は，不良債権処理を機にして収益第一という方針に変えて，従来不合理化の農村部から手を引きだしていた。遂に2010年に上海株式市場と香港株式市場に同時にIPOができた。

　2000年前後，中国は農村信用社という農村部資金調達の柱に対して，新たな改革を実施しはじめた。2009末までに，当時3.5万社近くあった農村信用社が，3,056社だけ残された。また同時に，国の促進政策によって，従

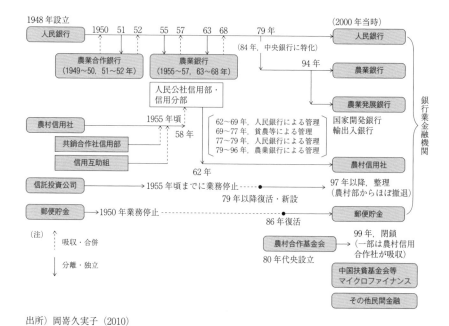

図7 農村金融制度の変遷（2000年まで）

来の一部農村信用社は，ローカル経済などの状況に合わせて，再編統合に基づいて全国範囲で43社の農村商業銀行と196社の農村合作銀行である地域商業銀行に変換された（表6参考）。

「三農（農民・農村・農業）」を支持するために，従来の郵便貯金制度も見直され，2007年3月，郵政貯蓄銀行が正式に設立され，農村部のマイクロファイナンスの機能を拡充されている。2008年末には，全国営業拠点数が3.7万ヵ所である。

② 農村部における新たな金融組織

中国第11次五ヵ年計画（2006～2010）の初めの年の2006年12月に，急増している農村部資金需要にの対応策の1つとして，CBRCは「農村地域における銀行業金融機関の参入政策を調整緩和し，社会主義新農村建設をよりよく支援することに関する若干の意見を公布した。その中に，農村部の振興の

表 12　新型農村金融組織

	新型農村金融組織			新型非金融組織
	村鎮銀行	貸付会社	農村資金互助社	小額貸付会社
資本金	県（市）≧ 300 万元　郷（鎮）≧ 100 万元	≧ 50 万元	郷（鎮）≧ 30 万元　村≧ 10 万元	有限公司≧ 500 万元；股份公司≧ 1000 万元
株主数	「会社法」に従う		≧ 10 人	「会社法」に従う
株主資格	発起人が銀行業の金融機関であること	商業銀行または農村合作銀行の全額出資	自発参加の農民及び農村中小企業	すべての合法な資本
株主構成	発起人である銀行業の金融機関の株式所有権≧ 20%，その他の株主はいずれ≦ 10%		1 当たりの株主の持ち株比率は≦ 10%	
自己資本比率	≧ 8%			―
預金準備率	現地農村信用社の水準を参考する（注 1）			
営業範囲の制限	県域以下，範囲外の貸付は禁止	県域以下	村（鎮）域以下，範囲外の活動は禁止	県域以下，範囲外の貸付は禁止
預金業務の制限及び金利	なし，金利は中央銀行基準金利以下	禁止	なし，金利は中央銀行基準金利以下	禁止
貸付金利	中央銀行基準金利の 0.9 ～ 4 倍			

注 1）農村信用社の預金準備率は銀行業の中では一番低い方であり，普通 15%。その内，「三農（農業・農村・農民）」貸付が多い場合は相対的に高い。また資産規模が相対的に小さい 1,379 の県（市）レベル農村信用社では，その預金準備率が 12% である。
出所）中国人民銀行農村金融サービス組（2008.9）

ために，過去になかった村鎮銀行，農村資金互助社，貸出公司（ノンバンク）という 3 種類の新型農村金融組織の設立が促進されることになった。

　また，2008 年 5 月に「小額貸出公司の試行に関するガイドライン」が公布され，もう 1 つのノンバンクである小額貸出公司の設立も促進し始めている。

　これらの 4 つの金融組織は，いずれも小規模であり，ローカル地域と密接に関係しており，かつ営業領域が限定されている，などの特徴を持つ（表 12 参考）。

表13 新型農村金融組織の展開プラン(CBRC, 2009年7月23日)

地域	省／特別計画市	合計	2008年末まで承認した目標				2009年-2011年計画数			
			計	村鎮銀行	貸出会社	農村資金互助社	計	村鎮銀行	貸出会社	農村資金互助社
東部地区	北京	14	2	2	0	0	12	7	0	5
	天津	18	3	2	1	0	15	11	0	4
	河北	84	2	1	0	1	82	76	6	0
	遼寧	55	4	4	0	0	51	42	7	2
	上海	13	1	1	0	0	12	12	0	0
	江蘇	58	6	6	0	0	52	52	0	0
	浙江	35	5	5	0	0	30	30	0	0
	福建	8	2	2	0	0	6	6	0	0
	山東	109	2	1	0	1	107	97	5	5
	広東	23	2	2	0	0	21	16	4	1
	海南	18	0	0	0	0	18	8	3	7
	大連	7	3	2	1	0	4	4	0	0
	青島	10	2	2	0	0	8	3	4	1
	寧波	16	2	2	0	0	14	14	0	0
	アモイ	3	0	0	0	0	3	2	1	0
	深圳	6	0	0	0	0	6	6	0	0
	小計	477	36	32	2	2	441	386	30	25
中部地区	山西	45	3	3	0	0	42	26	6	10
	吉林	23	8	6	1	1	15	10	0	5
	黒竜江	59	3	3	0	0	56	27	6	23
	安徽	79	2	2	0	0	77	59	3	15
	江西	57	3	3	0	0	54	35	10	9
	河南	122	2	2	0	0	120	104	3	13
	湖北	67	11	9	2	0	56	35	20	1
	湖南	14	3	3	0	0	11	10	1	0
	小計	466	35	31	3	1	431	306	49	76
西部地区	重慶	23	3	3	0	0	20	19	0	1
	四川	48	15	12	2	1	33	26	3	4
	貴州	55	2	2	0	0	53	53	0	0
	雲南	130	3	3	0	0	127	122	0	5
	陝西	14	2	2	0	0	12	8	0	4
	甘粛	38	9	7	0	2	29	23	0	6
	青海	5	3	1	0	2	2	1	1	0
	寧夏	15	2	2	0	0	13	6	6	1
	新疆	73	1	1	0	0	72	26	12	34
	広西	20	2	2	0	0	18	14	2	2
	内蒙古	52	9	6	1	2	43	37	3	3
	チベット	0	0	0	0	0	0	0	0	0
	小計	473	51	41	3	7	422	335	27	60
	合計	1416	122	104	8	10	1294	1027	106	161

その内訳：											
2009年				2010年				2011年			
計	村鎮銀行	貸出会社	農村資金互助社	計	村鎮銀行	貸出会社	農村資金互助社	計	村鎮銀行	貸出会社	農村資金互助社
4	3	0	1	5	2	0	3	3	2	0	1
4	3	0	1	6	4	0	2	5	4	0	1
13	13	0	0	32	28	4	0	37	35	2	0
28	28	0	0	12	7	4	1	11	7	3	1
3	3	0	0	4	4	0	0	5	5	0	0
21	21	0	0	17	17	0	0	14	14	0	0
11	11	0	0	9	9	0	0	10	10	0	0
2	2	0	0	2	2	0	0	2	2	0	0
18	17	0	1	19	15	2	2	70	65	3	2
4	3	1	0	8	6	2	0	9	7	1	1
5	2	1	2	6	3	1	2	7	3	1	3
3	3	0	0	1	1	0	0	0	0	0	0
3	3	0	0	3	0	3	0	2	0	1	1
5	5	0	0	5	5	0	0	4	4	0	0
1	1	0	0	1	0	1	0	1	1	0	0
2	2	0	0	2	2	0	0	2	2	0	0
127	120	2	5	132	105	17	10	182	161	11	10
13	9	3	1	15	11	0	4	14	6	3	5
7	4	0	3	4	3	0	1	4	3	0	1
22	11	2	9	16	7	3	6	18	9	1	8
25	18	1	6	26	18	2	6	26	23	0	3
19	14	3	2	18	10	4	4	17	11	3	3
35	31	1	3	40	34	1	5	45	39	1	5
13	9	4	0	23	17	6	0	20	9	10	1
4	4	0	0	4	3	1	0	3	3	0	0
138	100	14	24	146	103	17	26	147	103	18	26
10	9	0	1	6	6	0	0	4	4	0	0
16	15	0	1	11	7	2	2	6	4	1	1
19	19	0	0	16	16	0	0	18	18	0	0
16	13	0	3	69	67	0	2	42	42	0	0
5	3	0	2	4	2	0	2	3	3	0	0
9	7	0	2	12	9	0	3	8	7	0	1
1	1	0	0	0	0	0	0	1	0	1	0
5	2	2	1	4	2	2	0	4	2	2	0
16	7	1	8	26	10	6	10	30	9	5	16
7	5	1	1	6	5	0	1	5	4	1	0
13	11	1	1	14	12	2	0	16	14	0	2
0	0	0	0	0	0	0	0	0	0	0	0
117	92	5	20	168	136	12	20	137	107	10	20
382	312	21	49	446	344	46	56	466	371	39	56

③ 新型農村金融組織及びその促進計画

CBRCは，2009年7月に，『新型農村金融組織2009〜2011年総体計画』（表13の一覧表を参照）という発展促進プランを発表した。

当計画の内容は，2008年から2011年の3年間をかけて，さらに1,300社ぐらいの新型組織を設立することによって，全国のすべての郷・鎮の銀行金融サービスをカバーする計画である。

ところが，当計画の展開スピードがあまりに速すぎると言われ，発表してから計画通りに実施できていないとの予測もある。今までの実績から見れば，2011年までの3年間計画が完成できないかもしれない。例えば，村鎮銀行と資金互助社の場合を見ると，計画は2008年と2009年がそれぞれ416社と59社であるが，実績は2009年末までにそれぞれ148社と16社のみであった。その達成率はそれぞれ35.6％と27.1％しかなく，大差があった。中国上層部のエリートたちの考え方と農村部での実態との乖離が典型的に反映されている。

3.2 新型農村金融組織に関する貸付金利

中国金融機関の貸付金利は，まだ完全に自由化されていないため，利率の上限と下限が中央銀行に設けられている。

表14に示されたように，村鎮銀行，貸付会社，農村資金互助社，小額貸付会社（ノンバンク）である4種類の新型農村金融組織の貸付金利に関する設定は，農村信用社より幅が大きいが，小規模・小口金融という面から見れば，金利設定の自由度が依然としてまだ厳しいと思われる。

人民銀行貨幣政策司の調査によると，従来，農村金融機関の「三農」に関する貸付金利については，次のようである。

1）農業関連貸付の加算平均金利は人民銀行である中央銀行基準の1.31倍で，その内の73.4％は1.5倍に集中していた。
2）農村信用社の60％以上は，中央銀行基準金利の1.5〜2.3倍で，加算平均の1.6倍であった。
3）2007年12月，実験とする全国初の7つのノンバンクである小額貸付会社は，中央銀行基準金利の3.03倍であった。

表14 新型農村金融組織の貸付金利に関する規定

全国レベル商業銀行，都市商業銀行，農村商業銀行	農村合作銀行，農村信用社，県レベル農村信用社聯社	村鎮銀行，貸付会社，農村資金互助社，小額貸付会社
中央銀行基準金利の0.9〜4倍	中央銀行基準金利の0.9〜2.3倍	中央銀行基準金利の0.9〜4倍

出所）中国人民銀行農村金融サービス組（2008.9）

表15 中国人民銀行が公表した人民元貸出基準利率
（2010.12.26更新）

種類	年利率（％）
1. 短期	
6ヵ月	5.35
1年	5.81
2. 中長期貸出	
1〜3年	5.85
3〜5年	6.22
5年以上	6.40

　また，張暁燕（2008）は，インフォーマルの利率については，2002〜2006年の，中国各地での調査により，インフォーマル金融における年間利率は12〜60％であり，当時の中央銀行基準金利年率5.58％の2.15〜10.75倍であったことが判明した。

　よって，農村部に関する貸付金利は，商業銀行⇒農村信用社⇒新型農村金融機関⇒インフォーマル金融という順ではないかと考えられる。

3.3　外資銀行HSBCの村鎮銀行への参入

① 村鎮銀行における外資系銀行業界の積極的な参入

　図7に示された新型農村金融組織の政策に関して，外資銀行の村鎮銀行への参入制限はない，むしろ歓迎していると思われる。

　この促進政策に対して，欧米系銀行のHSBC（香港上海銀行，以下同）を

初めとする数多くの有力外資系銀行は，中国ローカル民営企業[5]と同じ，この政策をチャンスと捉えて，中長期的な計画を組んで，中国の農村部に積極的に参入しているようである。残念ながら，日系外資系銀行はまだ慎重に情況を見ているようである[6]。

2007年12月には外資系の第1号として，HSBCが湖北省の農村部に100％出資の村鎮銀行を立ち上げ，翌年の2008年に重慶市大足と福建省永安市に村鎮銀行2行を開業させた。またHSBCは，今後，全中国に1,000社を展開していくというスローガンを出している。このほか，スタンダードチャータード銀行は内モンゴル自治区フフホト市ホリンゴル（和林格爾）県に，香港の東亜銀行は，同行初の中国農村部向け金融機関として陝西省富平東亜村に，それぞれ村鎮銀行1行を設立した。

また，2010年10月湖北省に中国銀行とシンガポール国営投資会社のテマセク・ホールディングが合弁の村鎮銀行である「中銀富登村鎮銀行」を設立した。同行は続けて2社目も同省で開設する予定であり，また今後，中国農村部で400社という展開プランを宣言した。

② 外資系HSBCの中国村鎮銀行への参入及びその問題点

HSBCの中国初の村鎮銀行は，湖北省随州曾都県に，2007年12月100％独資で設立した。立地する曾都県は，人口80万，香港向けの椎茸・松茸など農産品の輸出が多い。そのために，農家の生産用や中小業者の小規模経営用などに関連する金融，特に融資市場が大変大きいためである。

2009年6月まで，HSBCは従来の資本金を1,000万元から4,000万元に増資させ，営業拠点2つ，職員計46人を持つ。また，同時に預金残高が9937万，貸付残高が5,774万元（うち農家向けが21％の1,190万元，農業関連企業向けが39％の2,224万元，非農業関連企業向けが40％の2,360万元）あり，不良債権率が0％である。

金利については，6ヵ月～1年間は7.14％のみであり，現地の農業信用社の10.04％よりも低い。

現在までに開発した貸付商品は，在庫担保，株式担保，車所有権担保，農協社員連帯担保，支出超過貸付，「企業＋農家」貸付などがある。

ところが，設立して以来，村鎮銀行 HSBC はさまざまな問題に直面している。

まず，小規模経営のため，規模の経済性になっていない。2009 年 1 ～ 6 月，営業支出の 376.55 万元に対して，営業収益が 131.25 万元にとどまり，赤字が 245.3 万元。営業支出のうち，人件費がとても高く，43.8%の 165 万元を占める。規模の経営になるためには，全国範囲の村鎮銀行の設立展開が必要である。

また，村鎮銀行 HSBC 自身の資金力がまだ弱い。資本金が 1,000 万元から 4,000 万元までに増資したが，同じ顧客への貸付が 5 ％以内に制限されるため，4,000 万元でも最大 200 万元の貸付しか提供できない。この問題を解決方法としては，やはり引き続き，更なる増資の拡大が必要であろう。

さらに，業務展開に関わるインフラ整備の不足や，業務範囲・商品品目の制限が多いなどの問題がたくさんあるため，いずれにしてもこれらの問題を解決するまでに，時間・カネなどを必要とするものと思われる。

4. 農村部のマイクロファイナンスと「専業合作社法」実施以来の新たな融資パターン

4.1 中国農村部におけるマイクロファイナンスの現状

中国農村部におけるマイクロファイナンス（小額融資または小額貸付とも言う）の実態を明らかにすれば，まず，農村部融資の需給関係から把握する必要がある。図 8 は，従来の銀行融資も含む農村向け小額融資，民間向け小額融資，貧困向け小額融資という農村部の融資商品に関わる供給者側（金融組織・ノンバンク）と需要者側（農家・生産者・企業）との需給関係から見たマイクロファイナンスの位置づけである。現在，中国農村部では，主に次の 4 種類のマイクロファイナスがまとめられる。

1) 農村信用社が発行した農家小額信用貸付と農家連帯担保貸付。これらは現在までに依然として中国農村部マイクロファイナンスの最も重要な構成部分である。
2) 村鎮銀行，小額貸付会社（ノンバンク），農村互助社など，最近誕生し

360　　　　　　　　　　第2部　グローバル経済編

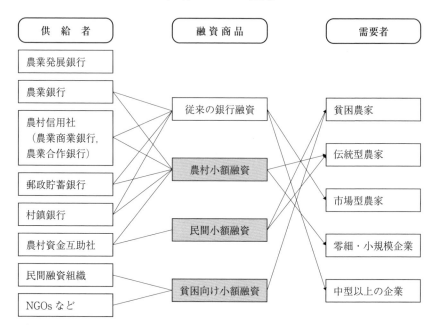

注）小額融資はマイクロファイナンスのことである。
出所）朱乾宇（2010），P. 143

図8　農村融資商品の需給関係から見たマイクロファイナンスの位置づけ

た新たな農村金融組織が展開しているものである。
3）財政から一部利息補助による貧困農家向けの特別政策貸付である。
4）郵便貯蓄銀行が発行する預金担保による貸付業務である。

　日本の農家の場合では，希望融資額どおりに至らないかもしれないが，中国では，マイクロファイナンスを希望してもまったく融資できないかもしれないということが現実にたくさん存在し，特に未発達の内陸農村部にある（表16を参照）。

　近年，中国は農村部におけるマイクロファイナンスの展開を推進させており，関連政策の調整や新しい領域の開拓などを強化している。顧客層も従来の農家生活・生産から農村部の小規模企業の経営までに拡大させて，また同時に貸付額に関する限度も従来の低かった水準から，現在の普通1件当たり

表16 2007年末まで中国農村マイクロファイナンスの実態（CBRCより）

全国農家数（億戸）	2.26
融資需要がある農家数（億戸）	1.23
小額融資及び農家連帯担保融資を取得した農家数（万戸）	7819
融資取得した農家数／全国農家数（％）	33
融資取得した農家数／融資需要がある農家数（％）	63.6

出所）朱乾宇（2010）

平均3～5万元，発達地域であれば1件平均10～30万元のレベルまでにアップさせた。そのほか，1)新たな貸付種類や方法の創新，例えば農村信用社の貸付と銀行クレジットカードの一体化など，2)貸付期間の柔軟性対応，3)手続きの簡素化・承認時間の短縮化，4)財政支援，特に農村信用社に向け，5)農家信用のインフラ整備など，さまざまの方面で力を入れている。

4.2 「専業合作社法」実施に伴う新たな融資パターンの誕生

① 「保険＋専業合作社・協会＋農家」という新たな融資パターン

2007年7月1日，「中国農民専業合作社法」が実施開始された。

中国政府は，「専業合作社法」を実施する最大の目的として，少数かつ小規模の農家たちが自らの共同体である専業合作社（以下，合作社）を立ち上げることを通じて，従来守れなかった利益を一部確保できるようにすることであるとしている。ある意味で，合作社は有力企業との対抗組織とも言える。

ところが，中国農村部での合作社は，日本の農業協同組合とは違う。その最大の弱みは，融資の機能がなく，企業ではないことである。

「中国農民専業合作社法」が公布され，農家融資の困難を解消するために，中国の一部の農村地域に，「企業＋農家」，「企業＋協会＋農家」という融資パターンができた。即ち，有力企業の下に展開されて，または一部農業専業協会がリードされている農業産業化組織などを活かす総合的な金融サービスの創新である。この金融サービスの創新は，特に信用担保の面で大きな役割を果たしている。

また，「中国農民専業合作社法」実施以来，農家による合作社の役割を生かして，「政策保険＋専業合作社・協会＋農家」という農家向けの新たな融資パターンが誕生した。即ち，政策的な保険の支援を受けて，専業協会・合作社をベースにして，農家に総合的な金融サービスを提供することである。

② 予想される1つパターンの将来像

中国の合作社は日本の農業協同組合と違い，融資の機能が持たされていない。ところが，前述したように，近年農村部に推進されている資金互助社は，ミニバンクに類似して，融資以外，預金などの金融機能もあるため，まさに合作社のその欠点を補充する新しい農家間での共同金融組織と考えられる。

筆者が最近5～6年で農村部に対して行った現場調査の経験から考えれば，まもなくもう1つの融資パターンが出てくるのではないかと個人的な予測をしている。

その新しいパターンは，「有力企業＋専業合作社・協会＋農家＋村鎮銀行・資金互助社＋政策保険」である。即ち，大規模現代化の生産・物流の下における金融資本と産業資本（農業）の連携の新しいパターンである。

しかしながら，このパターンができたら，むしろ大変な問題になるかもしれない。即ち，それは，中国の農業問題の解決方法ではなく，むしろいろんな社会問題，貧富格差，従来農村社会の崩壊をもっと激化させるかもしれない。

一体，都市化・工業化が進行している中国農村部のこれらの問題を解決する方法が本当にないのかについては，中国の地方政府の役割をどうやって生かせるかに関わると考えている。

新中国が設立して以来60年間，鄧小平の改革開放政策が実施して以来30年間，中国の農村部にはいろんな変化が起こっているが，小規模な耕作という農業生産方式は変わっていない。これからの30年間に，仮に中国経済が米国を追い越しても，この小規模経営の生産方式は変わらないであろう。現在まだ一部の中国人が「大規模」という考え方を新農村建設の際に常に持ち

出しているが，国の実情をあまりにも知らないためである。

また，農業生産・経営の一般的な特徴は，1)自然条件に制限されること，2)農産品価格変動が大きいこと，3)農業投資期限が長いことなどである。これらの特徴を考えれば，農村部に対する融資のリスクは割合大きい。よって，通常，農家は一般の企業より融資を受けることが難しい。そこで，政府政策のサポートの役割が大変重要である。

近年中国は，農村部において，「三農」問題を解決するために，合作社や資金互助社・村鎮銀行などのさまざまな農家共同体や新たな金融組織を次々誕生させた。しかし，実際現場に行けば，政策の方針とずれることがしばしばあることが分かった。「小規模」生産・経営という伝統的な中国農村部の実態に基づいた金融政策でなければ，中国社会を支える基礎である農村が崩壊にしか繋がらないと考えられる。

［付記］

本稿は長崎大学経済学部100周年寄付金による「研究支援」をいただき，心より感謝しております。

［注］

1) ここでの経済構造とは，産業構造，消費と投資構造，内需と国際貿易構造，所得分配構造などのGDPと直接関わる経済構造を指す。現在の中国では，産業構造，都市部と農村部，地域構造，貧富などいろんな格差問題があるため，経済構造全体の調整が問われている。
2) 中国農村金融協会（2008），p. 59.
3) 薛軍「第1編中国の証券市場」，川村雄介編集『図説　アジアの証券市場　2010年版』（財）日本証券経済研究所 2010年4月を参考されたい。
4) 薛軍「第2章第1節　中国の証券市場」，川村雄介監修・著（財）日本証券経済研究所編『アジア証券市場とグローバル金融危機』（社団法人）金融財政事情研究会 2010年3月を参考されたい。
5) 農業事業に関わる有力国有企業または国有商業銀行は慎重に対応しているようである。
6) いろんな原因で日系銀行業界はまだ慎重に見ているようである。この件について，筆者は2006年12月から日本の大手銀行の関係者と話しているが，いずれも消極的な考え方を聞かされた。

[参考文献]

岡嵜久実子（2010），「中国農村金融制度改革の現状と課題：銀行業金融機関の再生と三農政策に呼応した取組みの中間評価」,『金融研究』
王曙光など（2009），『農村金融機構管理』中国金融出版社
許清正（2009），『中国農村供給パターン研究』南開大学博士学位論文
謝 Qiong（2009），『農村金融：体制突破と体制改進』華中農業大学博士学位論文
周立（2010），『中国農村金融：市場体系と実践調査』中国農業科学技術出版社
朱乾宇（2010），『中国農戸小額融資影響研究』中国人民出版
中国人民銀行農村金融サービス組（2008），「中国農村金融サービス報告」
中国人民銀行随州市中心支行課題組（2009），「村鎮銀行経営困境与可持続発展 ── 我が国初の外資村鎮銀行に関する調査 ──」,『武漢金融』2009 年第 9 期
中国人民銀行など（2008），『中国金融年鑑 2008』中国金融年鑑編輯部
中国統計局編（2011），『中国統計年鑑 2010』中国統計出版社
中国農村金融協会（2008），『中国農村金融改革 30 年』中国金融出版社
中国人民代表大会常務委員会（2007），『中国農民専業合作社法』
張暁燕（2008），『中国農村民間金融市場運営機制研究』西北農林科教大学博士学位論文

CBRC（2010），「中国銀行監督管理委員会 2009 年報」中国銀行監督管理委員会ホームページ　www.cbrc.gov.cn
CBRC（2004），「農村合作金融機構リスク評価と警報指標システム（試行）」

第5章

ユーロ危機下におけるスペイン直接投資

成田真樹子

概要

本論文は，ユーロ危機下にあるスペインの対内，対外直接投資の動向と特徴を考察することを目的としている。ギリシャ債務危機を発端としたユーロ危機は，特にヨーロッパ周辺諸国の信認を低下させた。スペインは，低い成長率，財政赤字，高い失業率といった深刻な経済停滞に陥っている。世界金融危機以前，スペインは巨額の外国投資によってヨーロッパで最も繁栄した国であった。しかし，2008年以降は，対内，対外直接投資ともに減少し，それは危機による企業の投資の凍結，撤退が影響している。その一方で，企業再編のための投資がヨーロッパで活発である。投資を引き付ける，または外国に投資するためには競争力の有無が鍵となる。スペインは，危機により脆弱な経済構造と競争力の喪失が明らかとなった。それに対して，競争力を回復させ，国内経済を立て直すために構造変化に取り組まなければならない。今回の危機はスペインにとって転換点となっている。

キーワード：外国直接投資，ユーロ危機，競争力

はじめに

EUは現在混迷の中にある。ギリシャに端を発した経済危機は南欧諸国を中心にヨーロッパ周辺国に伝播し，危機が拡大している。ギリシャに次いで，アイルランド，ポルトガルもEUとIMFに対して支援を要請するに至り，国内では財政赤字削減のために緊縮政策を余儀なくされている。それに対する国民の反発も根強く，一部の国では政権交代に追い込まれる事態となっている。しかし，たとえ痛みを伴うとはいえ，緊縮策によって経済を立

て直していかなければ，これらの国だけではなく，ユーロの信認，そしてEU自体の存在意義にもかかわるだろう。

　ギリシャ，アイルランド，ポルトガルの次に危機に陥ると見られているのがスペインである[1]。スペインは世界金融危機と住宅投資バブルの崩壊により，低成長と高失業率に見舞われ，財政赤字は2010年に対GDP比9.2％に達した。スペインはGDPで世界12位，EUでも5位と[2]，ギリシャ，アイルランド，ポルトガルよりも経済規模ははるかに大きく，危機に陥った場合の影響はさらに深刻となるものと予想される。現在のところ，即座に支援を要請することはないとされるが，国債利回りの上昇や格付けの引き下げなど，予断を許さない状態にある。

　スペインは1986年にEU（当時はEC）に加盟して以降，まずは1990年代初めまでの期間にEU諸国の企業が進出する形態での対内直接投資の増加によって高い成長を遂げた[3]。その後，1990年代後半からは，スペインの高成長を背景に，スペイン企業が積極的に外国に進出する形態での対外直接投資が活発となった[4]。そして現在，このように危機の淵にあるスペインは，どのような手段で再浮上を果たしうるのであろうか。

　本稿では，スペインを事例に，今回のユーロ危機の構造と危機下におけるスペインの直接投資の動向と特徴を考察することを目的としている。スペインにおいては，直接投資が経済成長の鍵として重要な位置を占めてきたが，スペイン経済の回復に直接投資がどのように貢献しうるのかに着目したい。

　まず次節で，今回の危機の構造を概観する。第2節で，危機下においてスペインが直面している状況について検討する。第3節ではスペインの直接投資動向をデータ等により確認し，第4節でその特徴を整理した上で，スペインが直面する課題を考察する。そして，最後に結論を述べる。

1. 危機の構造

　2007年から生じた世界金融危機はヨーロッパ諸国にも打撃を与えたが[5]，それが沈静化しないうちにさらなる危機がヨーロッパを襲った。2009年に誕生したギリシャのパパンドレウ政権は，前政権が財政赤字を過小評価して

いたことを公表し，2008年は財政赤字のGDP比5％を7.7％に，2009年の3.7％を12.7％に修正した[6]。この修正がギリシャへの信認を低下させることとなった。その後，2009年12月にフィッチとスタンダード＆プアーズ（S&P）がギリシャの格付けを「A-」から「BBB＋」に引き下げ，さらなる引き下げもあり得るとした。また，国債の利回りは上昇し，10年物のギリシャ国債のドイツ国債に対するスプレッド（利回り上乗せ幅）は2010年初めには一時400ベーシスポイントに迫った。そのため，ギリシャがデフォルトに陥るのではないかと危惧された[7]。

結局，ギリシャ政府は2010年4月23日にEUおよびIMFに対して正式な支援を要請した。それを受けて，5月2日にEUはIMFと協調の上で，総額1100億ユーロの緊急支援パッケージを決定し，ギリシャは支援を受けながら，財政再建を図ることとなった。ただ，その過程も順調な訳ではない。財政赤字の削減には痛みが伴う。すでに2010年2月，ギリシャ政府は，EU財務相理事会に財政赤字を2010年に対GDP比で8.7％，2011年には5.6％，そして2012年に2.8％に引き下げることを目標とした財政再建計画を提出していた[8]。その後に追加された削減策も含め，公務員給与削減や付加価値税率の引き上げが盛り込まれており，このような緊縮的な財政再建策が，国民の反発を招き，デモ，ゼネストなどが繰り返された[9]。

その後，ギリシャ国債の格付けの引き下げは断続的に行われ，S&P社は2011年6月にギリシャの長期信用格付けを「B」から「CCC」に引き下げた。格付けとしては下から4番目ではあるが，これ以下の格付けをされている国はなく，世界で最低水準となった[10]。また，10年物の国債利回りも2011年4月の12％台から6月には18％に迫る上昇を見せた[11]。そのため，デフォルトの可能性が常につきまとっている。

ギリシャの危機は，ギリシャのみにとどまらず，アイルランド，ポルトガルへと伝播した。アイルランドでは，世界金融危機で打撃を受けた金融機関の救済のために財政赤字が拡大し，2010年にはGDP比32.4％の赤字を記録した。アイルランド政府は，2010年11月にEUおよびIMFに支援を求め，総額850億ユーロの支援を受けることとなった。支援の条件としては，アイルランドの銀行制度の徹底的な見直し，成長促進的な改革の実施によっ

て，2015年までに財政赤字をGDP比3％以内に引き下げることにある[12]。それに先立ち，政府は，公務員の削減や公的年金の支給開始年齢引き上げなどによって，総額150億ユーロの赤字を削減する財政再建4ヵ年計画を発表した[13]。経済悪化を背景に，2011年1月にはカウエン首相が辞意を表明し，3月に政権が交代した。

ポルトガルでは，財政赤字の拡大に対して，すでに財政緊縮策を打ち出していた。公務員の人件費抑制，社会保障給付見直し，大型公共事業の一部延期等を含む歳出削減策および付加価値税・所得税の引き上げを含む歳入増加策をあわせた財政赤字削減策がそれであった。しかし，2011年3月に追加緊縮政策が議会で否決され，その責任を取ってソクラテス首相が辞意を表明した。その後，4月に政府はEUとIMFに財政支援を要請し，翌月には総額780億ユーロの支援が決定した。その支援の条件として，潜在的成長強化，雇用創出，競争力向上のための構造改革と，2013年までに赤字を対GDP比3％以下に減らすことを目的とした財政再建戦略が盛り込まれた[14]。その後，6月5日に総選挙があり，社会民主党が圧勝し，政権交代することになった[15]。

以上の状況は，これら2ヵ国の国債の利回りと格付けにも影響を与えた。ムーディーズは，ポルトガルの格付けを2011年7月に「Baa1」から「Ba2」に，アイルランドは「Baa3」から「Ba1」にそれぞれ引き下げた[16]。また10年物国債の利回りは，ポルトガルが一時13％台，アイルランドが14％台と，7月に入ってから急伸している[17]。

なぜヨーロッパ周辺国の危機が深刻なのであろうか。図1に示されているように，周辺国の大部分は1990年代後半から2000年代半ばまで高い成長を遂げ，ギリシャ，アイルランド，スペインはEU平均を上回るほどであった[18]。2006年には，EU平均が3.3％であったのに対し，ギリシャ5.3％，アイルランド5.2％，スペインは4.0％であった。しかし，2007年以降は成長率が低下し，アイルランドは2008年から，他の国々も2009年にはマイナス成長となった。2010年には，ギリシャを除いて回復傾向にはあるが，EU平均（1.8％）よりは低い数値であった。

財政赤字と債務残高については（図2，3），2000年代半ばまでは，ギリ

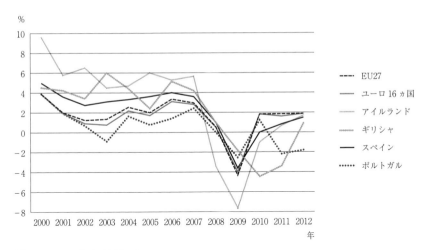

注）2011〜2012 年は予測値である。
出所）Eurostat（http://epp.eurostat.ec.europa.eu/）より作成。

図1　ヨーロッパ周辺国の成長率

シャ以外の周辺国では，EU およびユーロ圏平均に近い値を示していた。しかし，2008 年以降，ヨーロッパ全体で財政赤字および債務残高が増大し，特に周辺 4 ヵ国の赤字拡大が顕著であった。2009 年の財政赤字の GDP 比は，EU 平均で 6.8％，ユーロ圏 16 ヵ国平均で 6.3％であったのに対して[19]，アイルランドは 14.3％，ギリシャ 15.4％，スペイン 11.1％，ポルトガル 10.1％と赤字が深刻であった。また，債務残高の GDP 比については，2009 年に EU 平均が 79.4％，およびユーロ圏が 74.4％であったのに対し，アイルランド 65.6％，ギリシャ 127.1％，スペイン 53.3％，ポルトガル 83％と，国によってばらつきが見られる。とはいえ，ユーロ導入国に課せられる安定・成長協定[20]の下では，財政赤字は GDP 比 3％，債務残高は GDP 比 60％に抑制することが義務づけられているため，赤字の削減は急務である。

　ヨーロッパ周辺国の危機については，ギリシャの財政赤字の粉飾，ポルトガルの競争力の喪失による低成長構造など，各国で異なる様々な原因があるものの，外国資本の流入や地域政策などを通じた支援に過度に依存した結果として，国内の経済構造が脆弱なままで，競争力を維持，発展しえなかった

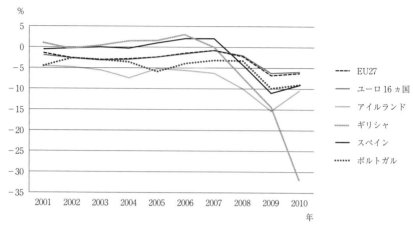

注）マイナスが赤字，プラスが黒字である。
出所）Eurostat（http://epp.eurostat.ec.europa.eu/）より作成。

図2 ヨーロッパ周辺国の財政収支（GDP比）

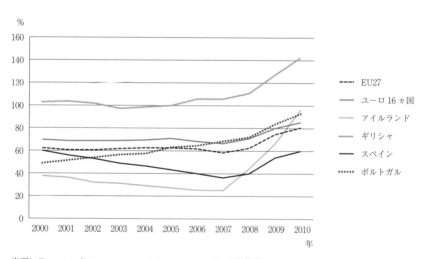

出所）Eurostat（http://epp.eurostat.ec.europa.eu/）より作成。

図3 ヨーロッパ周辺国の債務残高（GDP比）

表1　ヨーロッパ周辺国に対する投融資残高（10億ドル）

債務国	債権国							
	ドイツ	スペイン	フランス	イタリア	その他ユーロ	イギリス	その他	計
ギリシャ	65.4	1.3	83.1	6.8	31.6	17.0	47.0	252.1
アイルランド	186.4	17.7	77.3	24.7	64.2	187.5	189.1	746.8
ポルトガル	44.3	98.3	48.5	7.6	21.2	29.0	43.7	292.6
スペイン	216.6	…	201.3	37.2	164.1	136.5	234.1	989.8
計	512.7	117.3	410.2	76.3	281.1	370.0	513.9	2281.3

注1）「その他」には日本とアメリカが含まれる。
注2）端数処理により，合計が一致しない場合がある。
出所）BIS *Quarterly Review*, December 2010, p.17 より作成。

ことが一因として挙げられる[21]。

　そして，危機はさらに拡大している。スペインについては後述するが，最近ではイタリアにも危機が広がりを見せている。イタリアは従来から債務残高はGDP比で100％以上と債務問題が勃発しかねない状況にあり，結果として国債利回りは急上昇し，一時は6％に上昇した[22]。

　以上のように，ギリシャが発端となった危機はEUの周辺を中心に拡大している。さらに，ドイツやフランスなどは中心国で，経済指標においては比較的安定的であるとはいえ，共通通貨ユーロを用いており，また危機国の国債を相当に保有しているため，無関係とは言えない。ギリシャ，アイルランド，ポルトガル，スペイン4ヵ国に対する投融資残高は（表1），ドイツが5127億ドル，フランスが4102億ドルとユーロ圏の中で突出している。そのため，今回の危機はギリシャやヨーロッパ周辺国にとどまらず，EU全体の問題と認識されている。

　次節では，危機国の一つに挙げられているスペインに焦点を当て，その状況を概観することとする。

2. スペインが直面している状況

　前節で述べたように，ギリシャ危機はヨーロッパ周辺国に拡散した。スペ

インも低成長，財政赤字拡大に直面しており，危機の淵にある。先に挙げた経済指標（図1, 2）によると，2007年以降の経済の落ち込みが顕著で，2009年，2010年とマイナス成長であった。財政赤字も2008年以降拡大傾向にあり，2009年は対GDP比11.1％となった。さらに，スペインは失業率がEUの中で圧倒的に高く，2011年第1四半期には21.29％に達した[23]。スペインはGDPで世界12位，EUで5位の規模にあり，スペインに対する投融資残高はドイツ2166億ドル，フランス2013億ドル，その他ユーロ圏が1641億ドルと他の周辺国よりも圧倒的に多く（表1），スペインが同様の危機に陥った場合に与える打撃は相当のものと予想される。

　ギリシャをはじめヨーロッパ周辺国が直面している危機に対して，しばしば一括して議論されるが，ギリシャの問題とスペインなどの問題は別々の問題である。ギリシャは財政赤字の粉飾から危機に陥ったが，スペインは競争力喪失によって経常収支赤字が拡大し，世界金融危機の一撃を受けて財政赤字が拡大したことによる[24]。

　では，危機前後のスペインの状況はどのように特徴づけられるのであろうか。1990年代後半から2000年代半ばにかけて，スペイン経済は活況を呈していた。EUおよびユーロ圏の平均より成長率は高く（図1），1人当たりGDPはEUの平均にキャッチアップし，2007年にはEU平均を100とすると，105となった[25]。2005年から2007年までは財政も黒字であった（図2）。失業率はかつて20％を超えていたものが，2007年には8.3％にまで下落した。そして，大規模な資金流入を経験し，いわゆるバブル状態にあった[26]。

　しかし，金融危機以降，スペイン経済は苦境に陥った。過剰な資金流入が断たれ，バブルが崩壊した。マイナス成長に陥り，経済は低迷し，スペインの持つ脆弱性が明らかとなった。2000年代半ばまでの好景気は主として住宅・建設バブルが支えたものであったが，それが世界的な景気後退によって大きな打撃を受けた。バブル崩壊により，住宅価格は下落し，主に建設業に依存していた雇用が喪失した。

　スペインが直面している課題として，以下の5点が挙げられよう。第1に財政赤字の削減，第2に高い失業率を改善させるための労働市場改革，第3に住宅・建設バブルの清算，第4に生産性の向上，そして，第5に脆弱な銀

行部門の改善を含む金融市場の改革である[27]。いずれも，これまで先送りされてきたとも言える課題で，改革が急務であると言える。

　第1の課題の財政赤字削減については，スペインは，2008年以降，景気後退に直面した直後から景気対策に取り組んだが[28]，結局は景気回復にはそれほどの効果はなく，むしろ財政赤字を拡大させた。結果として，2009年にスペインは「過剰財政赤字国」と認定され，2013年までに過剰財政赤字の解消を求められた。そこで，2010年度予算において，付加価値税の一般税率の16％から18％への上昇と，公務員給与の上昇率の抑制を盛り込んだ。そして，2010年5月には公務員給与の5％カットと2011年における凍結，年金給付見直しの停止を含めた削減策を発表した[29]。

　さらに，9月24日，政府は2011年度予算案を発表した。インフラ投資をはじめとする大幅な歳出削減と高所得者向け増税を実施し，景気対策と経済後退で拡大した財政赤字を2010年のGDP比9.3％から6.0％まで縮小することを目指しているが，前提となる経済成長率1.3％が楽観的であるとの批判もあり[30]，財政赤字の改善にどの程度効果があるかは不透明である。

　スペインの財政赤字については，地方政府にも問題がある。スペインは17の自治州を抱えているが，他国よりも公的支出に占める地方政府の支出の割合が大きい[31]。半数以上の9自治州で2010年に掲げた財政赤字削減の目標（GDP比2.4％）を達成できず，財政規律の悪化を中央政府が統制できていないとの認識が示された。2011年はGDP比1.3％とさらに厳しい削減目標であり，地方政府は一層の努力を求められる[32]。よって，中央政府，地方政府問わず，さらなる財政赤字の削減によって，市場の信頼を取り戻すことが急務であるが，それは成長を阻害する可能性もある。その意味で，スペインはジレンマを抱えている。

　第2の労働市場改革については，20％を超える高い失業率とともに，特に若年層の失業への対策が求められている。2010年9月には，労働市場改革法が成立したが，それは，労働市場の柔軟化に向けて，正規雇用と非正規雇用の強固な二重構造の縮小，労働時間削減などの柔軟性，特に若年層への雇用機会の拡大を含んだものであった[33]。また，高い失業率の要因として，経済構造が景気サイクルや季節的影響を受けやすい建設業，観光業などの業

種に大きく依存していたことから，政府は 2011 年 3 月に持続可能経済法を策定し，ハイテク・環境産業を柱とした成長モデルへの転換を促進している[34]。

　第 3 の住宅・建設バブルの清算については，スペインには約 70 万戸の住宅が売れ残っているとされ，住宅価格はピーク時から 13.1％ と大幅に下落した。また建設業での雇用は最も多い時で全雇用の 13％ を占め，その雇用喪失も含めて問題に対処する必要がある[35]。それに対しては，第 4 の生産性向上の課題に対する取り組みと同様に，前述した持続可能経済法における取り組みの他に，総合産業政策計画が 2010 年 12 月に承認され，国際競争力，R&D や輸出の促進，自動車，航空宇宙，バイオ，IT，環境，再生可能エネルギー・省エネ，食料・農業の重点分野や中小企業の強化を通じて，2020 年までに製造業の割合を拡大し，重点分野の売り上げの割合を 44％ に引き上げ，中長期的な成長率の確保を目標としている[36]。

　そして，第 5 の金融市場改革についてであるが，バブル崩壊により，住宅ローンや建設業者への融資が不良債権化し，特に融資が多かった貯蓄銀行（Cajas）を中心に再編を迫られている。これに対して，「秩序ある銀行再編基金（FROB：El Fondo de Reestructuración Ordenada Bancaria）」を通じた貯蓄銀行再編により，45 行が半分以下になる予定である[37]。

　2011 年 1 月，ヨーロッパの学術組織 Centre for Economic Policy Research（CEPR）の De la Dehesa 氏によって，「スペインの救済要請を回避すべき 10 の理由」の論文が発表された[38]。それによると，スペインが支援を要請することによって，ユーロ自体を危機に陥れ，ヨーロッパの経済統合および通貨統合の危機，最終的には世界全体の危機となることが指摘されている。これについては，スペインも財政危機に陥る可能性が高まっていることへの反応の一つと言えよう。

　このような状況の中，政権運営も不安定なものとなっている。5 月 22 日に地方選挙が行われ，与党の社会労働党（PSOE）が大敗を喫した一方，最大野党の民衆党（PP）は得票数で PSOE に 10 ポイントの差をつけ，歴史的勝利を収めた[39]。そして，続いて予定されている総選挙では政権交代が確実視されている[40]。

以上で検討したように、スペインは1990年代後半から2000年代初めまでの成長を経て、2007年以降は経済が低迷している。スペインは巨額の財政赤字を抱え、失業率も20％を超え、ヨーロッパで最も高くなっている。スペインは経済規模も大きく、他国が保有する投融資残高が巨額であるため、危機の影響が大きいとされる。ただ、スペインの債務残高は周辺国よりも、さらにはEU平均よりもはるかに少なく、2010年でGDP比60.1％であった（図3）。現在のところは赤字削減のための緊縮策の取り組みに一定の評価が得られていると言える。また、直面する課題に対して、様々な対応策を構築し、実施しているところではある。

しかし、いったん市場の信頼を失うと、不確実性がつきまとう。ムーディーズによるスペイン国債の格付けは、すでに2010年9月に「Aaa」から「Aa1」に引き下げられていたが、2011年3月にはさらに「Aa2」に引き下げられた[41]。さらに、国債の利回りについては、ギリシャ、アイルランド、ポルトガルよりは低く、5％台前半で推移していたものの、2011年7月に入って、6％台に上昇してきたことが懸念材料である[42]。

3. 直接投資の動向

直接投資は経済発展において重要な要因であり、受け入れ国にとっては、雇用や生産を刺激するとともに、技術の伝播にも役立つ。また、投資国にとっては、事業活動の再編および拡大の機会となる。

図4より、1990年代後半から2000年代前半にかけて、この時期の経済成長に呼応するように、直接投資が高い水準で行われていたことがわかる。1997年以降、スペインにおいては対外直接投資額が対内直接投資額を上回り、スペイン企業の対外進出が顕著になったことが明らかである。対外直接投資については、多少の増減はあるものの、2000年以降は300億から500億ユーロの間で推移した。さらに、2006年から急激な伸びを示し、2007年に1114億7400万ユーロに達した。一方、対内直接投資は、2000年から2002年まで300億ユーロを超えていたが、2003年から2006年までは100億ユーロ台で推移した。対外投資は2007年、対内投資は2008年がピークで

100 万ユーロ

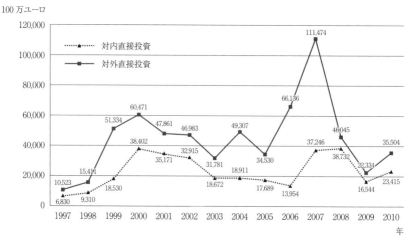

出所）Ministerio de Industria, Turismo y Comercio（2011）より作成。

図4　スペインの対外・対内直接投資

あった。

　しかし，世界金融危機の勃発とともに，直接投資額は対内，対外とも減少した。特に，対外直接投資については，それ以前が高い水準であっただけに，落ち込みが顕著であった。2010年には回復傾向が見られるが，この傾向が持続するかどうかは不透明である。

　国別では，対内，対外直接投資の双方で，EU が主要な投資相手国となっている（表2，3）。対内投資については，2009年を除いて，EU からの投資が80％以上を占めた。その中でも，2007年のイタリア電力最大手のエネルによる電力会社エンデサの買収，2008年のドイツの電力最大手エーオンによる電力会社ビエスゴの買収，イギリスのインペリアル・タバコによるアルタディスの買収が大型案件として挙げられる。その他では，2009年はアブダビ政府系投資機関（IPIC）が国内石油2位セプサの株式買い増し（33億ユーロ）を行うなど，中東諸国からの投資が活発であった[43]。

　対外投資については，2007年と2008年は EU への投資割合は半分以下であったが，2007年および2010年は70％前後を占めた。2009年にはアメリカへの投資が30％以上の割合を占めたが，これは，アメリカの景気刺激策

表2　スペイン対内直接投資（投資国別）　　　　　　（％）

	2007	2008	2009	2010
OECD	94.9	97.5	66.0	95.1
EU27	84.8	93.0	54.6	83.0
EU15	84.7	92.7	54.0	82.6
ドイツ	3.4	26.5	3.6	4.0
フランス	2.2	7.9	19.3	18.5
イギリス	4.6	45.7	8.2	16.5
オランダ	2.5	4.0	7.4	21.4
イタリア	64.1	0.9	3.3	8.3
ルクセンブルク	3.0	2.1	3.7	7.4
アメリカ	6.1	1.6	6.5	7.4

注）2009年国別ではUAEからの投資が最大であった。
出所）Ministerio de Industria, Turismo y Comercio（2009-11）より作成。

表3　スペイン対外直接投資（投資先別）　　　　　　（％）

	2007	2008	2009	2010
OECD	93.3	83.5	80.8	88.1
EU27	78.0	46.9	41.5	67.3
ポーランド	..	0.5	1.4	0.9
EU15	69.4	45.3	37.4	65.7
オランダ	24.3	11.9	2.1	30.1
イギリス	31.3	15.1	17.3	24.5
ルクセンブルク	0.2	1.0	1.6	0.5
ポルトガル	0.9	3.4	3.5	2.7
アイルランド	..	0.0	2.6	4.1
イタリア	5.1	2.0	2.2	2.2
アメリカ	..	22.9	30.1	9.9
ラテンアメリカ	7.1	19.0	17.7	13.2
メキシコ	2.5	10.4	4.5	9.1
アルゼンチン	0.5	1.6	0.7	0.6
ブラジル	3.2	2.9	7.0	2.4
中国	..	..	0.6	4.8
タックスヘイブン	0.2	3.0	1.2	1.7

注）ここで挙げられていない国では，UAEへの投資の割合が大きかった。
出所）Ministerio de Industria, Turismo y Comercio（2009-11）より作成。

として実施している再生可能エネルギー投資減税を誘因として，イベルドローラによる風力発電関連の投資が顕著であったためである。また，注目すべきは，2010年の中国への投資割合が4.8％を占めたことである。世界的な事業再編の動きを受けて，新興国での活動を視野に入れた投資の結果であると考えられる。

　業種別では，対内投資で，2008年まではエネルギーへの投資，2009年からは製造業への投資が大きな割合を占めた（表4）。エネルギーに関しては，前述したエンデサやビエスゴの買収，製造業については，自動車・通信を中心に既存の外資系企業のプレゼンス拡大が目立った。フランス・テレコムによる携帯電話子会社オレンジの株式保有率の引き上げ，インドの自動車大手タタによるバス製造企業のイスパノ・カロセラの出資率引き上げがそれに当たる。対外投資では，（表5）エネルギーと金融業への投資が顕著である。これら2分野で全体の投資の6割前後を占めた。エネルギー関連では，前述したアメリカへの風力発電関連投資の拡大，金融では，サバデル銀行によるメロン・ユナイテッド・ナショナル銀行（アメリカ・フロリダ州地銀）の買収，BBVAによるギャランティー銀行（アメリカ・テキサス州地銀）の買収，サンタンデール銀行によるイギリスのHSBCからのアメリカ自動車ローン事業の買収が行われた。

　以上から，スペインでは2008年以降，投資が減退していることが明らかとなった。投資の形態も，ヨーロッパをはじめ，世界規模での事業活動の再編を目的としたM&Aが目立った。また，割合はまだ小さいものの，最近では，新興国への事業活動の拡大も顕著である。

4. 直接投資の特徴とスペインの競争力

　前節の直接投資の動向を踏まえて，本節では，スペインの近年の直接投資の特徴と，スペインが直面している課題を検討する。

　直接投資の理論においては，Dunning（1988）は，折衷パラダイムを示し，直接投資が行われるためには，所有特殊的優位，内部化優位，立地特殊的優位の3要因が必要であると指摘している。所得特殊的優位とは，企業が外国

表4　スペイン対内直接投資（業種別）　　　　　　　　　　（％）

	2007	2008	2009	2010
農業・牧畜・林業・漁業	0.0	0.0	0.7	0.4
鉱業	0.0	0.0	0.1	0.6
製造業	10.8	3.4	38.6	14.8
エネルギー	62.8	25.6	2.4	11.9
建設	6.4	2.6	3.9	4.0
商業	1.8	45.8	9.7	6.4
運輸・流通	1.4	1.1	7.7	17.0
情報通信	1.2	2.7	13.8	2.1
ホテル	1.0	0.8	0.8	0.3
金融	1.9	9.6	10.6	12.9
不動産	2.8	3.2	4.6	17.0
その他	9.7	5.0	7.1	12.6

出所）Ministerio de Industria, Turismo y Comercio（2009-11）より作成。

表5　スペイン対外直接投資（業種別）　　　　　　　　　　（％）

	2007	2008	2009	2010
農業・牧畜・林業・漁業	0.2	0.3	0.4	0.2
鉱業	0.1	0.9	4.5	0.7
製造業	11.3	15.0	10.5	6.3
エネルギー	21.5	17.9	18.0	5.6
建設	3.9	4.7	2.5	1.4
商業	1.9	8.7	3.3	2.3
運輸・流通	0.8	1.4	1.9	0.3
情報通信	15.2	1.0	0.7	29.6
ホテル	0.7	0.8	0.2	0.1
金融	42.4	41.6	52.1	51.3
不動産	0.8	3.8	2.3	0.7
その他	1.1	2.5	3.6	1.5

出所）Ministerio de Industria, Turismo y Comercio（2009-11）より作成。

に進出した際に，現地の企業と競争できるだけの優位性，内部化優位とは，その優位性を企業内部で使用した方が有利であるとするもの，そして立地特殊的優位とは，現地に進出しなければ獲得できない優位性のことである。また，佐々木（1994）は，直接投資の要因として，賃金の低さに起因する利潤率の高さの他に，輸出される資本が外国の資本に対して競争優位性を占めなければならないとするキンドルバーガーの条件と，外国に投資される場合に外国でその資本に対応した諸条件を必要とするレーニンの条件を挙げた。

2000年代半ばまでは，経済成長を背景に，対内直接投資，対外直接投資ともに活発で，特に対外直接投資の増大が顕著であった。その理由としては，対内直接投資については，単一市場の枠組みにおいて，さらにはユーロ導入に向けた競争激化に備えるため，スペイン企業がより競争力のある企業との提携を選択したためである。その結果として，すでに進出した企業への増資やクロスボーダーのM&Aにより，企業の再編が行われた。一方，対外投資については，1990年代以降のグローバリゼーションの進展と，EU統合の深化と拡大が関係している。それを背景として，スペイン経済構造・産業構造が先進工業国型に変貌し，EU加盟，市場統合，経済通貨統合などによってスペイン企業を取り巻く環境が変化し，企業の国際競争力が高まったことが要因として挙げられる[44]。

しかし，金融危機以降，2007年からは対内，対外投資ともに減少してきた。この背景には金融・経済危機があることは明らかである。企業の投資凍結，資産売却，撤退が相次いだ。その一方で，今後の回復を見据えた提携やシェア拡大を背景にした直接投資が行われている。ヨーロッパレベルでの企業再編は活発であり，特に再生可能エネルギーに代表されるエネルギー分野や金融でその傾向が顕著である。

直接投資の受け入れ，および企業の海外への展開はその国自身が持つ競争力が鍵となる。スペインの競争力について，Fortuneが毎年公表しているFortune Global 500において，2011年のランキング上位500社にスペイン企業が9社入った（表6）。これは，前年より1社少なく，その上，順位自体も下がった。例えば，51位のサンタンデール銀行は2010年では37位，78位のテレフォニカは68位であった。

表6 Fortune Global 500におけるスペイン企業（2011年，100万ドル）

順位	会社名	業種	売上高	2010年順位
51	サンタンデール銀行	金融	100,350	37
78	Telefónica（テレフォニカ）	通信	80,444	68
94	Repsol（レプソル）	石油・ガス	70,456	114
196	BBVA	金融	43,465	149
213	Iberdrola（イベルドローラ）	電力	40,305	217
369	CEPSA（セプサ）	石油	26,150	324
373	Gas Natural（ガス・ナトゥラル）	ガス	25,999	425
395	Mapfre（マプフレ）	保険	24,387	357
451	ACS	建設	21,558	346

出所）Fortune Global 500, 2011（http://fortune.com/global500/2011/）より作成。

　また，World Economic Forumが提供している"Global Competitiveness Report"によると，競争力ランキングは，2009-10年では33位であったものが2010-11年には42位に低下した[45]。これはEUに2000年代に加盟し，スペインより発展度合いが劣るとされている国であるエストニア，チェコ，ポーランド，キプロスより低位であった。競争力の指標をまとめたInvesting in Spain（2011）では，スペインの競争力については，様々なランキングと指標を検討し，直接投資に関しては，例えばOECDのランキングでは44ヵ国中7位と比較的高かったが，イノベーションについては，例えばINSEADのランキング[46]で132ヵ国中30位，教育については，大学ランキングで上位500校のうちスペインの大学は10校入っているが，上位200位には1校も入っていないなど，突出して高いわけではない。結果として，高付加価値サービスやイノベーション製品などでスペインがプレゼンスを持ちうるかが将来の課題であると指摘している[47]。さらに，García Moyano and Stirpe（2011）によると，市場規模や高い水準のインフラなどの指標ではスペインは優位性を持つものの，マクロ経済環境や労働市場の硬直性が課題であると指摘されている。以上のように，スペインの競争力に関しては課題が山積していることが明らかである。

　しかし，その一方でスペインは依然として競争力を持ちうるとの指摘もある。Chislett（2010）によると，2010年の時点で，少なくとも25社のスペイ

ン企業が主要企業として存在感を示している[48]。例えば，Telefónica（テレフォニカ）は，25ヵ国で事業展開しており，2011年3月時点での契約者数が2950万人に上った[49]。Iberdrola（イベルドローラ）は風力発電では世界最大手企業として存在感を増している。金融部門でもサンタンデール銀行やBBVA（Banco Bilbao Vizcaya Argentaria）は，ヨーロッパはもとより中南米でも最大級の銀行であり，アジアやアメリカでの事業展開も見据えている。また，Zara（ザラ）は日本でも有名なファッションブランドで，世界77ヵ国に1700店舗以上を構える[50]。

また，直接投資はスペイン企業にとって重要であり，外国に進出しているスペイン企業にとって，外国での売り上げが大きな割合を占めている。例えば，2010年上半期において，Ibex35の構成銘柄である企業のうち，外国での収益が国内の収益を上回る企業が15社に上った[51]。中でも，Acerinox（アセリノックス：鉄鋼），サンタンデール銀行，Ebro Foods（エブロ・フーズ：食品），Gamesa（ガメサ：再生可能エネルギー）は外国での収益が70％以上と高かった。

スペインは2010年度の世界のビジネススクールランキング（MBAランキング）で，IEビジネススクール[52]が6位，IESE[53]（Instituto de Estudios Superiores de la Empresa）が11位，ESADE[54]（Escuela Superior de Administración y Dirección de Empresas）が19位とトップ20に3校入っており[55]，スペイン企業が海外事業を展開するのに不可欠な管理職クラスの人材を育成する環境が整っていると言える。

以上から，特に直接投資関連の競争力については，スペインは投資されやすい，投資しやすい環境を作り出すことが求められている。そのためには，生産性の向上と強固な経済構造の構築が鍵となる。さまざまな指摘があるように，特に，労働市場の硬直性と金融市場の再編，不動産や建設に過度に依存した経済構造の改革には引き続き取り組まなければならない。その結果として，外国投資を呼び込むことにつながるであろうし，再度の経済成長も可能となるであろう。もちろん，外国資本に過度に依存すべきではないのは言うまでもない。

以上で検討したように，直接投資は対内，対外ともに停滞傾向にはある

が，スペインは国際競争力を十分に持ちうることができ，なお一層の競争力向上への努力が，経済の回復の鍵となるものと考えられる。したがって，スペインは構造変化の必要に迫られており，危機によって転換点を迎えている。

むすびにかえて

本稿では，スペインが直面している危機とその状況下での直接投資の動向と特徴についての分析を行った。

ギリシャの財政赤字の粉飾に端を発した危機は，南欧諸国を中心に周辺諸国に伝播した。次なる危機国がスペインであると懸念されつつも，現在のところは赤字削減のための緊縮策の取り組みに一定の評価が得られているところである。しかしながら，最近の状況を見ると，楽観視はできない。また，たとえ今回の危機を乗り越えられたとしても，今後も同様の状況に陥る可能性はないとは言えない。その意味で，今回の危機によって，EUも，スペインも岐路に立っていると言えるであろう。

直接投資の動向については，2007年からの減少が顕著であり，危機の影響を大きく受けていることが明らかである。今回の危機はスペインの脆弱性を表面化させた。スペインの競争力の減退が危惧されるが，いくつかの指標，特に直接投資の要因となりうる指標においては，スペインの優位性が顕著であると言える。ただし，これまでのように，直接投資や地域政策による支援など外国の資本に依存するだけではなく，産業構造の変革や労働市場改革を推進させるなど，国内で一層の構造変化の必要があることは言うまでもない。

また，中央政府だけではなく，地方政府も課題に直面している。スペインは地域格差が顕著であり，首都であるマドリッドや外国企業が集積しているカタルーニャ以外，特に南部では低成長と高い失業率に苦しんでいる[56]。このことが社会，政情を不安定にさせる。地方での不満が2011年5月の地方選における与党敗北にも表れていると言える。この点については，本稿で詳細に触れることはなかったが，今後の課題となるだろう。

最後に,本稿では,最近のスペインの経済状況について,危機と直接投資の関連で特徴付けを行った。しかし,直接投資に関する分析的フレームワークを用いることによって,より詳細で精緻化された検討が必要である。これについては,筆者の研究上の課題としたい。

[付記]

本稿は長崎大学経済学部創立100周年記念事業寄附金による研究支援,「経済危機下のスペイン対外直接投資」の成果の一部で,平成23年9月に刊行された『経営と経済』第91巻第1,2号に所収されたものである。支援に深く感謝申し上げます。なお,本文中の事実は執筆時の平成23年7月末現在のものである。

[注]

1) 危機に直面しているポルトガル,アイルランド,ギリシャ,スペインについて,それらの国名の頭文字から「PIGS (豚)」と総称されることがある。この語句の妥当性はともかく,EUをはじめ世界全体によるこれらの国の不確実性に対する懸念が表れたものであることは理解されなければならないだろう。
2) 2010年の数値より。
3) ヨーロッパ先進国よりも低い労働コスト,他の南欧諸国よりも質の高い労働,発達したインフラによって外国資本を引き付けた。詳細はNarita (1999), (2003)を参照のこと。
4) 1990年代後半から対外直接投資が対内直接投資を上回り,ラテンアメリカとEU諸国向けの投資が顕著であった。詳細は成田 (2008), (2010)を参照のこと。
5) 特に,ハンガリー,バルト三国,そしてEU加盟国ではないが,アイスランドなどの中小国で危機が深刻であった。なお,アイスランドは2009年にEU加盟を申請し,2010年7月に加盟候補国となった。
6) その後,2009年の財政赤字はGDP比15.1%に修正された。実は,ギリシャが財政赤字を過小申告していたのはこれが初めてではなく,2004年にもEurostatから財政赤字統計の修正を勧告された。
7) "A very European crisis: The sorry state of Greece's public finances is a test not only for the country's policymakers but also for Europe's," The Economist, Feb. 4th, 2010. (http://www.economist.com/node/15452594), 2011年7月14日。
8) "Council gives notice to Greece to correct its government deficit by 2012, setting out a timetable for corrective measures," Council of the European Union, Feb. 16, 2010. (http: //www. consilium. europa. eu/uedocs/cms_data/docs/pressdata/en/ecofin/112905.pdf), 2011年7月20日。
9) 2010年5月5日の首都アテネでのデモでは,一部が暴徒化し3名の死者が出た。

"The end of the party: Greeks greet another austerity plan from the government with incensed protests," The Economist, May 5th, 2010. (http://www.economist.com/node/16055623), 2011年7月14日。

10) "Greek rating now worst in the world," Financial Times, Jun. 13th, 2011, (http://www.ft.com/), 2011年7月30日。
11) 利回りの推移については、Bloombergホームページが詳しい。(http://www.bloomberg.com/)
12) "Council approves aid to Ireland, sets out conditions," Council of the European Union, Dec. 7, 2010. (http://www.consilium.europa.eu/uedocs/cms_data/docs/pressdata/en/ecofin/118260.pdf), 2011年7月20日。
13) "Dublin fails to dispel eurozone debt fears," Financial Times, Nov. 24th, 2010. (http://www.ft.com/), 2011年7月30日。
14) "Council approves aid to Portugal, sets out conditions," Council of the European Union, May 17, 2011. (http://www.consilium.europa.eu/uedocs/cms_data/docs/pressdata/en/ecofin/122047.pdf), 2011年7月20日。
15) "A grim inheritance: The next Portuguese prime minister promises much, but promises are cheap," The Economist, Jun. 9, 2011. (http://www.economist.com/node/18805349/), 2011年7月31日。
16) "Moody's downgrades Portugal on… Greece fears," Jul. 5th, 2011 および "Moody's downgrades Ireland to Ba1 from Baa3," Financial Times, Jul. 11th, 2011. (http://ftalphaville.ft.com), 2011年7月30日。
17) 注11に同じ。
18) ポルトガルは、競争力の低さから、この時期も低成長に悩まされていた。
19) エストニアは2011年に17番目のユーロ導入国となった。
20) 1997年に採択され、これにより、単一通貨ユーロの安定性を図り、EU内の経済成長を確保することを目的としている。
21) この点については、Narita (2010) を参照のこと。
22) "On the edge: By engulfing Italy, the euro crisis has entered a perilous new phase-with the single currency itself now at risk," The Economist, Jul. 14th, 2011. (http://www.economist.com/node/18958397) が詳しい。2011年7月14日。
23) Instituto Nacional de Estadística (http://www.ine.es), 2011年7月27日。
24) 田中 (2010), p.339.
25) Eurostat (http://epp.eurostat.ec.europa.eu/), 2011年7月30日。
26) この点についての分析は白井 (2009, 2010) が詳しい。
27) この点については、IMF (2010) において指摘されている。
28) "The pain in Spain: Spain's long property boom has come to a painful end," The Economist, Apr. 22nd, 2008. (http://www.economist.com/node/11079229), 2011年7月30日。
29) "Tough new Spanish austerity measures," Financial Times, May 12, 2010. (http://www.ft.com/), 2011年7月30日。
30) "Spain unveils 'austere' 2011 budget," Financial Times, Sep. 24, 2010. (http://

www.ft.com/），2011 年 7 月 30 日。
31) "A great burden for Zapatero to bear: The Spanish prime minister has become a reluctant convert to reform-but maybe too little, too late," The Economist, Jan. 20th, 2011.（http://www.economist.com/node/17965525），2011 年 7 月 29 日。
32) "Regions to be worried: Local autonomy makes it harder to cut the budget deficit," The Economist, Apr. 28th, 2011,（http://www.economist.com/node/18621761），2011 年 7 月 31 日。
33) "El PSOE salva en el Congreso su reforma laboral," El País, 9 de septiembre de 2010.（http://www.elpais.com/），2011 年 7 月 31 日。改正案の内容については Boletín oficial del Estado, 17 de junio de 2010 を参照のこと。（http://www.elpais.com/elpaismedia/ultimahora/media/201009/09/economia/20100909elpepueco_2_Pes_PDF.pdf），2011 年 7 月 31 日。
34) Boletín oficial del Estado, 5 de marzo de 2011 を参照のこと。（http://www.boe.es/boe/dias/2011/03/05/pdfs/BOE-A-2011-4117.pdf），2011 年 7 月 31 日。
35) 注 31 に同じ。
36) 詳細な内容については，Ministerio de Industria, Turismo y Comercio, "El Gobierno aprueba el Plan Integral de Política Industrial 2020（PIN2020）" を参照のこと。（http://www.mityc.es/es-es/gabineteprensa/notasprensa/documents/npaprobacionpin2020101210.pdf），2011 年 7 月 31 日。
37) FROB の取り組みについては，ホームページを参照のこと。（http://www.frob.es/），2011 年 7 月 31 日。
38) "Razones para que el rescate no alcance a España," El País, 9 de enero de 2011.（http://www.elpais.com/），2011 年 7 月 30 日。
39) 得票率は PSOE の 27.29％に対して，PP は 37.53％であった。投票の結果については，El País を参照のこと。（http://resultados.elpais.com/elecciones/2011/），2011 年 7 月 26 日。
40) 総選挙は 2012 年に予定されていたが，首相は 2011 年 11 月 20 日に前倒しすることを発表した。"Zapatero opta por cerrar su ciclo político," El País, 30 de julio de 2011.（http://www. elpais.com），2011 年 7 月 30 日。
41) "Moody's downgrades Spain's rating to Aa2 with a negative outlook," Moody's, Mar.10, 2011.（http://www.moodys.com/research/），2011 年 7 月 26 日。
42) 注 11 に同じ。
43) 以下，詳細については，ジェトロ（2009），（2010）を参照のこと。
44) この点については，田中（2007）など多くの指摘がある。
45) "Global Competitiveness Report" では，制度，教育水準，労働市場の効率性，インフラなどさまざまな指標を用いて各国の競争力を順位付けしている。
46) フランスのビジネススクールである INSEAD は，コーネル大学，世界知的所有権機関（WIPO）とともに Global Innovation Index を出版している。
47) Investing in Spain（2011）では，15 種類のランキングを用いて検討が行われている。
48) Chislett（2010），p.9.

49) Telefónica (http://www.telefonica.com/), 2011年7月8日。
50) Inditex (http://www.inditex.com/en), 2011年7月8日。
51) 35社のうち4社が含まれておらず，3社については論文作成時点で外国の数値が公表されていなかった。Chislett (2010), p.35.
52) マドリッドに本部があり，約37000人の卒業生が世界100ヵ国の企業で活躍している。Financial Times の2011年度ランキングで，ファイナンスのマスターコースでは世界2位となった。(http://www.ie.edu/)
53) バルセロナ，マドリッド，ニューヨークにキャンパスを持ち，約34500人の卒業生が100ヵ国以上の企業で活躍している。The Economist のランキングでは2009年に世界1位となった。(http://www.iese.edu/), 2011年7月20日。
54) バルセロナに本部があるが，マドリッド，ブエノスアイレス，サンパウロにもキャンパスを持つ。(http://www.esade.edu/), 2011年7月20日。
55) Financial Times より。2011年のランキングではそれぞれ8位，9位，21位であった。(http://rankings.ft.com/businessschoolrankings/global-mba-rankings), 2011年7月20日。
56) スペインの1人当たりGDPは南部を中心に平均以下の地域が大部分である。また失業率については，スペインは全体的に高めではあるものの，アンダルシアでは28%に達しており，南部を中心にさらに高失業率が顕著である。INE (2011) を参照のこと。

[主要参考文献]

〈定期刊行物〉
The Economist, various issues
El País, daily
Financial Times, daily

〈外国語文献〉
Chislett, W (2010), *Spain's Main Multinationals: Building on their Success*, Working Paper 29/2010, Real Instituto Elcano
Dajani González, J. and Blanco Estévez, A. (2010), "La competitividad exterior de la economía española," *Boletín Económico de ICE*, 2983, 29-43.
Dunning, J. H. (1988), Trade, location of economic activity and the multinational enterprises: a search for an eclectic approach, in: Dunning, J. H. (Ed.), *United Nations Library on Transnational Corporations*, Vol. I, 183-218, London, Routledge.
――― and Narula, R. (1996), *Foreign Direct Investment and Governments: Catalysts for Economic Restructuring*, London, Routledge.
ESADE (2010), *Análisis Comparativo del Atractivo de España para la Inversión Extranjera Directa*, 2010, Invest in Spain (http://www.investinspain.org).
Fortune Magazine (2011), *The Fortune 500*, 2011. (http://money.cnn.com/magazines/

fortune/fortune500/2011/)
García Moyano, O. and Stirpe, L. (2011), "El atractivo de España para la inversión extranjera directa según el análisis comparativo 2010 de ESADE," *Boletín Económico de ICE*, 3009, 11-22.
INE (2011), *INE Statistical Yearbook 2011*, Instituto Nacional de Estadística. (http://www.ine.es/)
International Monetary Fund (2009), "Spain: 2008 Article IV Consultation," *IMF Country Report* No. 09/128
——— (2010), "Spain: 2010 Article IV Consultation," *IMF Country Report* No. 10/254.
Investing in Spain (2011), "La posición competitiva de España: indicadores y rankings de competitividad," *Boletín Económico de ICE*, 3006, 3-16
MacDougall, G. D. A. (1960), The benefits and costs of private investment from abroad: a theoretical approach, *Economic Record*, 36, 395-409.
Ministerio de Industria, Turismo y Comercio (2009), "Inversiones exteriores directa en 2008," *Boletín Económico de ICE*, 2967.
——— (2010), "Inversiones exteriores directa en 2009," *Boletín Económico de ICE*, 2991.
——— (2011), "Inversiones exteriores directa en 2010," *Boletín Económico de ICE*, 3013, 87-104.
Narita, M. (1999), "The Determinants of Foreign Direct Investment in Spain," *Discussion Paper Series, A*, No.62, Faculty of Economics, Hokkaido University.
——— (2000), "Foreign Direct Investment in Spain after 1992: Emergence of New Rivals," *Economic Journal of Hokkaido University*, Vol.29, 97-120.
——— (2003), *European Integration and Foreign Direct Investment: Experience of Spain*," Doctor Thesis, Hokkaido University.
——— (2010), "European periphery under the global financial crisis: fragile economic structure in Portugal, Ireland, Greece, and Spain," *Proceedings of the 2010 Conference of European Association for Evolutionary Political Economy*.
Narula, R. (1996), *Multinational Investment and Economic Structure: Globalisation and Competitiveness*, London, Routledge.
Salmon, K. (2001), "Spanish foreign direct investment, transnationals and the redefinition of the Spanish business realm," *International Journal of Iberian Studies*, 14-2, 95-109.
Turrión, J. (2005), "El impacto de la ampliación en los flujos de inversión directa: el posible desplazamiento de las inversiones recibidas por España," *Papeles de Economía Española*, 103, 157-172.
UNCTAD (2010), *World Investment Report*, New York. (http://www.unctad.info/en/Surveys/World-Investment-Report-2010/)
World Economic Forum (2010), *The Global Competitiveness Report 2010-2011* (http://www3.weforum.org/docs/WEF_GlobalCompetitivenessReport_2010-2011.pdf)

〈日本語文献〉

ジェトロ（2009），『ジェトロ貿易投資白書 2009 年版』日本貿易振興機構
─── （2010），『ジェトロ世界貿易投資報告 2010 年版』日本貿易振興機構
成田真樹子（2008），「直接投資と経済発展の方向性─スペインを事例として─」『經濟學研究』（北海道大学）58-3, pp. 127-138
─── （2010），「1990 年代以降のスペインの経済動向と対外直接投資の進展」『経営と経済』（長崎大学）90-3, pp. 287-305
佐々木隆生（1994），『国際資本移動の政治経済学』藤原書店
─── （2010），『国際公共財の政治経済学』岩波書店
白井さゆり（2009），『欧州迷走─揺れる EU 経済と日本・アジアへの影響─』日本経済新聞出版社
─── （2010），『欧州激震─経済危機はどこまで拡がるのか─』日本経済新聞出版社
田中素香（2007），『拡大するユーロ経済圏─その強さとひずみを検証する』日本経済新聞出版社
─── （2010），『世界経済・金融危機とヨーロッパ』勁草書房

第6章

タイ進出企業における導入訓練に関する研究

宇都宮　譲

概要

本研究は，わが国製造業が訓練を近代化できるかどうか，東南アジア諸国に進出した日系進出製造業による活動を参照しつつ考察することを目的とする。われわれは，タイ王国において実施される訓練内容・期間および方法に着目する。データ収集を目的に，5社において調査を実施した。

事例企業を通じて，労働契約と安全衛生について，似通った時間を投じて導入訓練を実施している。導入訓練を終了した後，各社が直面する状況に応じて，様々な手法を用いて初期の訓練を実施する。5社中4社は近代的な訓練を実施しており，1社は徒弟制度を実施していた。

われわれは，徒弟制度は技術・社会的要件から，部分的には要求されるという結論を得た。生産年齢人口減少および予想される労働力減少からすれば，訓練手法を近代化することが望ましいという結論を得た。わけても，労働者による工程管理に関する訓練を近代化することが望ましいであろう。

キーワード：技能伝承，導入訓練，進出企業，タイ王国

1. 目的

目的

　本研究は，タイ王国に進出した日系企業における導入訓練について，期間，内容，方法を明らかにすることを目的とする。

　1990年代末より，わが国製造業において，技能伝承問題が議論されるようになった（Amano, 2006；玉井＆司, 2006；砂川, 2006；松浦, 2004；村川，

2002；日下，1994)。いびつな従業員年齢構成など，様々な要因が指摘される。教育訓練という観点からは，経験的熟練（津田，1968）を構築する徒弟制度が，職場における余力および仕事量減少ともに，機能しなくなったことが，発端とみなすことができる。徒弟制度とは，訓練および内容が不定な訓練の一形態を指す（Wolek & Klinger, 1998)。訓練内容は経験則に依拠する。近年は，同様な特徴を有する訓練手法を，職場学習 workplace learning と称することもある（Kitching, 2007)。

　技能伝承について，もっとも話題となった論題は，2007年問題であろう。この問題に対処するため，わが国政府および製造業企業は，定年延長策を講じて，熟練労働力が企業内に残存することを促した。しかし，新たに2012年問題が取りざたされている（『平成18年度中小企業白書』)。技能伝承問題解決に，定年延長という弥縫策は通じないことは明白である。訓練を通じて，熟練労働力を継続的に確保する仕組みを，民間企業が構築することが不可避である。言い換えれば，経験的熟練から，近代的熟練（米山，1978）へと転換する訓練体系構築が，不可避である。近代的熟練とは，訓練期間・内容が明確であり，かつ作業標準に基づいて決定される訓練が構築する熟練類型である。

　筆者は，経験的熟練から近代的熟練へと転換可能か検証するために，熟練の内容，訓練および訓練に関する課題について，中小造船業を対象に研究をすすめてきた。結果，以下に示す点を明らかにした。

　第一，熟練内容については，あらゆる職場において安全と圧倒的な技量，および生産管理機能が要求される（Utsunomiya, 2011b)。生産管理機能については，特に，工程管理および品質管理をになう機能を要求される。こうした技量を確保するには，5年から10年程度，作業経験を蓄積することが必要であるという。

　第二，訓練体制について，中小造船業における合同新人研修を事例に，明らかにした（Utsunomiya, 2011a)。導入訓練期間は2カ月から3カ月である。訓練時間は内容別には差があるが，地区別には差があるとはいえない。内容は，安全や社会性，溶接やガス溶断など，汎用性が高い技能に関する座学と実習，および地域事情を反映した内容で構成される。これらは，既存の教科

書および講師を担当する熟練作業者による経験則に依存する。方法は座学と実習である。資金は，会員各位のみならず，地元自治体や大手造船所，関連団体が折半する。

　第三，講師，教材開発，および安定した資金確保が今後の課題である。上記訓練は，講師による尽力に多く依存する。訓練自体のみならず，訓練センタ運営や教材作成，評価など，その貢献は多岐にわたる。今後も訓練センタを維持するには，講師確保は必須である。そして，昨今の技術革新に対応した教材開発も，不可欠であろう。現在用いている，数十年前に大手造船所が作成した訓練教材を編集した教材は，いずれ技術革新と共に，部分的にせよ陳腐化することが想定される。実は，費用負担は，内外において懸案事項である（Gospel, 1998）。

　残念ながら，これら訓練を通じても，職務が要求される技能をすべて獲得できない。なお徒弟制度による訓練が，必要である。近代化は，簡単には達成されない。着手できることから，少しずつ着手するよりないようである。しかし，上記研修によって，特に就業に必要な資格取得に要する期間が，3年程度から3カ月に短縮された。訓練期間短縮は，訓練費用軽減をもたらす。職場にかける負荷も小さくすることができる。訓練に着手しやすくなることが予想される。合同導入訓練は，著効を示すと言ってもよいであろう。

　しかし，油断は許されない。資質が下がっていることが観察される。資質とは，就業前に有している，職務遂行に資することが期待される諸能力を差す。徒弟制度は，新規就業者に対して，様々な資質と定着を要求する。また，資質は経済発展にとって，きわめて重要である（Dore, 1970；清川, 2003）。資質が確保できないことは，問題である。

　企業や熟練作業者，訓練センタ講師が認識する資質不足は，就業する人物がかつてと異なる母体からやってくることにも，由来する。従来，工業高校卒業生が，製造業生産職場に対する主要な労働力であった。かれらは，就業後に要求される資質を，ひと通り所持していた。製造業がわが国経済に占める相対的位置が低下するとともに，工業高校卒業者は減少している。結果，労働力調達が困難となった。普通科高校や水産科高校，あるいは他産業経験者など，従来と異なる資質を陶冶した労働力を採用せざるを得なくなったの

である。

　定着状況も，かんばしくない。生産職場に就業する主たる労働力供給源である高卒者における定着率は，約5割とされる。若年労働者における定着率低下は，中小造船業においても観測される。上記合同新人訓練を実施する地域によっては，最大25％が退職したことが記録される。近年の景気低迷に伴い，定着率は上昇しているとされる。とはいえ，景気変動によって定着率が左右されることは，訓練にとって障害である。徒弟制度における訓練には，数年を要する。訓練期間内に新規就業者が退職すると，訓練に投入した時間と費用が無駄になる。生産能力も下がる。品質保証にとっても，障害である。ルールやドキュメントが素晴らしくても，始終労働者が入れ替わる職場では，遵守されない。ひと通り指導しおわったころには，退職するからである。

　こうした経験は，わが国製造業は，場所を違えて遭遇したことがある。資質不足や定着困難は，海外進出した日本企業が直面する問題である。一般に，進出企業は労働法制や雇用慣行から言語，地理的要件まで，わが国とは異なる状況に遭遇する。

　たとえば，タイにおいては，労働者に転職志向が強い。労働条件が多少でもよい場合，躊躇なく転職しようとする（鉢野, 1997）。それゆえか，離職率は30％程度であるという。同僚に対する指導にも，熱心ではない。わが国生産職場では当然とみなされる。報連相（報告・連絡・相談の意）という習慣は，念入りに指導しない限り，獲得されない。以心伝心と表現される信頼関係も，期待されない。ただし，初等教育が普及していること，労働者間で擬似家族的関係が構築されるなど，類似点も存在する。本研究は，ここに，わが国における技能伝承問題を解決するヒントがあるように考えている。

2. 対象と方法

対象

　本研究は，タイ王国（以下，「タイ」）に進出した製造業を対象とする。
　タイは，人口約63,525,062人（2009年，日本の約半分）を有する東南ア

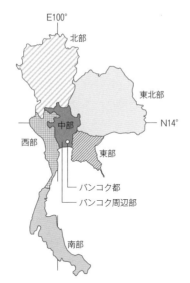

図1　タイ王国地図と地方区分（筆者作成）

ジアにある国家である。面積は，約 513,115 km^2（日本の約 1.4 倍）であり，バンコク都と他 76 県から構成される。大別すれば，バンコク，パトゥムタニやサムットプラカーンなどバンコク周辺，アユタヤやサラブリなど中央部，チョンブリーやラヨーンなど東部，カンチャナブリやサムットソンクラームなど西部，コンケーンやナコンパトムなど東北部，チェンマイやピッサヌロークなど北部，およびナコンシータマラートやソンクラーなど南部に分けられる。人口は，バンコクおよびバンコク周辺に集中している（図1）。

　立憲君主制である。現国王による治世が，1946年から継続している。途中，クーデターが何度か発生した。しかし，外資系企業に対する恩典や政策は，1970年代以来，継続しているとされる。少なくとも，東南アジア周辺諸国よりは安定した社会であるといえよう（柿崎，2007；末廣，2009）。

　タイ企業に関する研究は多い（Roongrerngsuke, 2010；ホングラドム＆糸賀，1992；八幡＆水野，1988）。訓練についても，多く報告がなされる。日本なみに職種別・階層別訓練を実施するタイ企業が存在することも報告される（Wailerdsak & Suehiro, 2004）。ただしこれは，タイの中では，恵まれている

部類であろう。労働集約的生産拠点から，より付加価値が高い製品を生産する拠点へと転換するため，訓練費用が増大していることも報告される（Siengthai, Dechawatanapaisal, & Wailerdsak, 2009）。一方，労働集約的生産拠点と位置づけて，さほど訓練しない日系企業があることも報告される（Shibata, 2008）。訓練に対する姿勢は，企業ごとに異なることは明らかである。とはいえ，訓練期間・内容に関する知見や具体的な内実は，なお未解明である。

方法

本研究は，タイ進出企業勢力を把握するために，東洋経済新報社による『海外進出企業総覧』（1992～2011年）を利用した。経済産業省による「わが国企業の海外事業活動」など，類似資料はいくつか存在する。しかしこれらは多くの場合，調査項目がしばしば変更される。サンプリング調査であるため，勢力について実数が不明であるなど，使いにくい特性を有する。「総覧」は，連続性が保たれており，かつ入手しやすい。

タイ進出企業が直面する経営環境を把握するために，JBIC（国際協力銀行）による「わが国製造業企業の海外事業展開に関する調査」を用いた。当該調査は，進出した製造業に対する質問票調査である。1989年以来，少しずつ調査項目を変えながら，毎年実施されている。2003年度調査以降については，結果をインターネットを通じて入手可能である。それ以前の調査については，インターネット経由では入手不能である。JBICに依頼して入手した。本研究は特に，当該調査における調査項目中，タイに進出した理由および進出後に直面した問題に着目する。

タイ進出企業がいかにして訓練を実施し定着を促すか明らかにするために，本研究は2010年10月および2011年11月にヒヤリング調査を実施した。2010年にはT1社およびT2社を訪問した。2011年11月には，T3社，T4社，T5社を各々訪問した。訪問した折，あらかじめ送付した項目に基づいて，導入訓練や定着に関する構造化インタビューを実施した。送付項目については，補遺1を参照。あわせて，会社概要や訓練に関する文書も，頂戴した。企業詳細は，表1参照。なお，2011年11月調査において

表 1　調査対象企業概要（拝領資料および『タイ工場年鑑　第 10 版』より筆者作成）

社名	T 1	T 2	T 3	T 4	T 5
立地	パトゥムタニ	アユタヤ	チョンブリー	ランプーン	ランプーン
設立	1988	1991	1994	1988	1989
国別株主構成	日本人：100%	日本人：100%	日本人：100%	日本人：100%	日本人：100%
従業員数	3,500	990	175	3,200	730
製品	タンタルキャパシタ等	半導体製品	ねじ，ピン	センサ，電源関連部品等	汎用集積回路

は，バンコク大洪水に遭遇した。結果，当初予定した調査日程を，大幅に短縮した。

　調査対象企業において，タイ人は枢要な地位を占めている。日本人は，経営者層に数名から十数名が在籍するだけである。現地化（進出先で雇用した人物に企業経営を委任すること）は，ほぼ達成されている。

　T 1 社における従業員数は，約 3,000 人である。うち日本人は，12 名である。間接部門には 4 名，品質管理や技術部門に 8 名が配置される。人事管理などには，タイ人が配置される。職務上特に問題はないという。むしろ，企業経営を切り盛りするには，タイ人スタッフが活躍してくれることは，不可欠である。ただし，本社との意思疎通に困ることはある。T 5 社には，「製造部」「技術部」「事務部」が存在する。各部長こそ日本人であるが，副部長以下はタイ人である。T 3 にいたっては，日本人は経営者と 3 人のみである。現地化が進んでいる理由は，ひとえに人件費節減からである。同一職務に従事する場合でも，日本人労働力とタイ人労働力とでは，賃金に 10 倍程度，差がある。タイ人を管理職や経営者に配置することで，人件費を節減することができる。

　両社が雇用するタイ人は，従順でかつ上位者に対する盲目的尊敬をそなえている。先生と名がつく人々が発する指示に対しては，従順である。こうした性質は，義務教育を通じて形成されるという。ISO など新制度導入時には，指導者が発する指図に従うという性質を利用して，外部コンサルタントを呼ぶ。「先生」である外部コンサルタントが言うことは，たやすく受け容

れる。結果，制度改変が円滑に進む。作業者としては，得難い資質であろう。ただし，管理者には向かないとされる。

3. 結 果

タイに進出する理由と遭遇する問題：わが国と何が異なり，何が同じか

　日本企業は，タイを各国向け輸出品生産拠点とみなしている。

　安定した政治体制や安い人件費，産業集積などを理由に，日本企業はタイに生産拠点を構えてきた。「わが国製造業企業における～」（2002～2010 年）によれば，わが国製造業は，タイを常に進出先として希望してきた。わが国製造業は，特に，「安価な労働力」「現地市場の成長性」「組立メーカーへの供給拠点」「第三国への輸出拠点」「産業集積がある」に着目している（図2）。

　近年，わが国製造業がタイを進出先として好ましいとみなす産業集積等の要件は，1980 年代に成立した。もともとタイには，戦前から商社を中心に，日本企業が進出していた（50 周年記念事業実行委員会記念誌ワーキンググループ，2005）。製造業においては，1980 年代以前から，食品業やゴム業，繊維業が主として進出していた。自動車組立業による進出も，確認される（川邊，2011）。とはいえ，進出企業数は，現在からみれば多くはなかった。1980 年代後半から，進出企業は急増する。図 3 は，『海外進出企業総覧』より作成した，進出企業数年次推移である。タイ進出日本企業勢力は，明らかに 1980 年代後半から急増する。途中，アジア金融危機が発生したが，すぐに持ち直している。現在は，小康状態にある。

　産業別に進出時期に差異がみられる。図 4 は，産業別進出企業数年次推移である。1980 年代後半に，電子産業が相次いで進出した。産業集積が作用していると認識されたのも，このころである。やがて化学から電子，自動車へと，花形産業を変えながら，進出企業数は 2000 年代前半まで増加する。ただし，全産業から企業が進出したわけではない。鉄鋼や非鉄，セラミック，紙業などは，さほど進出していない。産業集積といっても，わが国国内にみられるようなフルセット型産業構造は，みられない。とはいえ，2011

第6章　タイ進出企業における導入訓練に関する研究

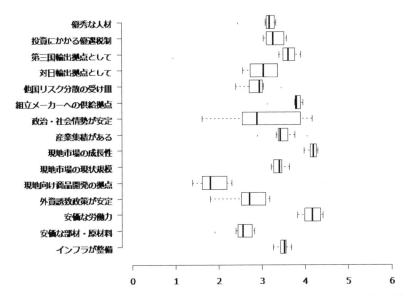

図2　タイ王国に進出したわが国製造業企業による進出理由（JBIC編「わが国製造業企業の海外事業展開に関する調査」(2002～2010年) より筆者作成。回答数対数変換済）

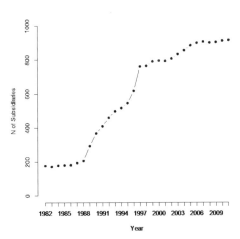

図3　タイに進出したわが国製造業企業数年次推移
　　　(1982～2011年,「海外進出企業総覧」より筆者作成）

年に発生した大洪水は，タイに対する旺盛な進出意欲を削ぐことが，十分予想される。すでに進出した企業には，撤退する企業も存在する（http://www.onsemi.jp/PowerSolutions/content.do?id = 17055，2011年12月31日閲覧）。

　日本企業による期待は，かなわないこともある。期待した安い賃金で労働者を雇用出来ないこともある。管理職も不足気味である。図5は，図2と同じ調査にて，タイ進出企業がいかなる問題に悩むか，示している。「労働コスト上昇」「他社との競争が厳しい」「管理職クラスの人材確保が困難」という悩みが，明らかに多い。低費用で作業者を雇用することは困難であったし，期待した市場も存在しなかったことがわかる。各社が同じことを期待して進出すれば，激しい競争に直面することは当然である。結果として，労働力を期待した賃金で確保できないことも，当然である。

　しばしば手当が必要なことも，賃金上昇に拍車をかける。タイ人労働者は，訓練目的で実施されるジョブローテーションや，後進指導など職務記述書にない職務を付加されることを嫌う傾向がある。ジョブローテーションは職務変更を伴う。結果として賃金が減少するかもしれないという危惧を，タイ人労働者は抱く。しかしながら，日本企業は，ジョブローテーションを実施したい。後進指導も作業者に委ねたい。そこで日本企業は，待遇についてよい条件を示す必要に迫られる。たとえば，指導者に対しては社内能力認定者として手当を支給する。改善活動について，昇給・昇格に関する考課項目として組み込む（財団法人海外職業訓練協会，2007）。

事例各社における訓練

　事例各社は，共通して採用直後に労働条件及び安全に関する研修を実施する。期間は，半日から1日である。爾後，各社様々な内容・方法で訓練をおこなう。期間は長くて3カ月程度である。

　T1社は，リーマン・ショック前後から，生産革新に取り組む。以前の，単機能の生産設備を用いるジョブショップ型ラインから，自動化されたシンプルな設備をつなげたラインへと転換した。これによって，かりに不良が発生しても，検査工程まで流さないようラインを工夫した。同時に人間は，生産に介在しないよう編成した。電子部品製造工程において，人間が存在する

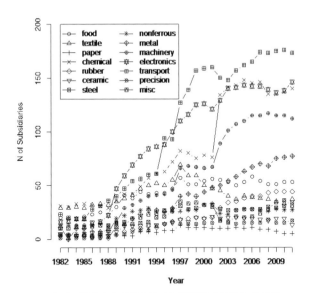

図4 タイに進出した産業別わが国製造業企業数年次推移
（1982～2011年,「海外進出企業総覧」より筆者作成）

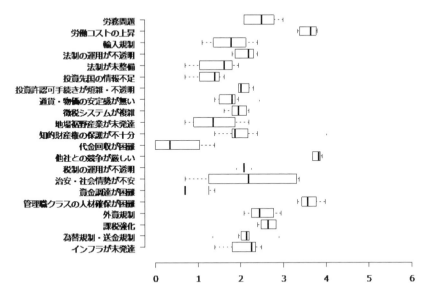

図5 タイ王国に進出したわが国製造業企業が抱える問題（JBIC編「わが国製造業企業の海外事業展開に関する調査」（2002～2010年）より筆者作成。回答数対数変換済）

ことは，品質低下を招くことがある。人体から発生する物質が材料に混入，動作不良を来すことがあるからである。ただし，テクニシャン（保全担当者）や特殊工程では，社内認定制度に基づいて訓練を実施する。認定を受けた作業者以外は，作業に従事できない。

といって，教育訓練を実施しないわけではない。日本本社における階層別訓練体系を参考にしながら，環境や安全，5S，行動規範，自分の職場は自分で掃除するなど，わが国生産職場においてよくみかける諸々の行動について訓練する。ILUOと呼ばれる上司が採点する達成度評価を伴う訓練や，2-wayマネジメントという目標管理制度も，実施する。

小集団活動も，訓練の一環である。小集団活動社内大会で優秀な成績をおさめたグループは，日本にて実施されるグループ企業全体を対象に開催される小集団活動大会に出席，成果を発表する。活動を通じて，世界に通用する企業で仕事をしているという意識を育てる。

T 3，4，5各社においても，就業直後は，安全と労働条件について訓練する。いわゆるオリエンテーションにおいて，就業規則と安全，待遇など労働条件について説明する。期間はT 3社においては半日，T 4，5社においては1日程度である。

オリエンテーションが終了後は，企業毎に異なる内容・期間・方法にて訓練を実施する。T 3社においては，徒弟制度が機能する。中核的技能を有する人物と新規就業者とを組み合わせて作業に従事，経験的に作業を体得してもらう。新規就業者も，就業後3カ月程度で，製品を作り始める。手順書も存在するが，手順書を読むだけでは職務に従事できない。ただし，手順書を参照することで，作業にとっつきやすくなる効果はあるという。近代化された訓練には取り組まない。費用対効果が望めないと認識しているし，訓練を実施する余力もない。生産技術も，体系的訓練が実施可能なほどには，標準化が完成されていないからである。手順書は，標準化をすすめるために作成したわけではない。ISO取得や顧客からの要望に応えるために作成された。なお，中核的技能者は，一目見ればわかる。かぶっている帽子の色が，そうではない作業者と異なるからである。

操業当初には，タイ人社員を日本本社に半年から1年程度，研修に送り込

んだ。社内で実習を実施することが，技能習得には最適と考えているからである。外部機関による講習は，職場で用いる技能を獲得することには，向いていない。とはいえ，近年は将来の幹部候補に対する訓練についても検討している。最初に，日程計画について，日本本社にタイ人従業員を派遣して訓練する予定がある。

　Ｔ４，５社における訓練は，近代的である。訓練内容・方法は，明確に定められる。かつ，だれもが確認可能である。内容は，明解ではあるが経験則に基づく。作業標準に基づくわけではない。

　入社後，オリエンテーションにおいて，人事部は全従業員に対して，安全と労働条件について，指導をおこなう。その後，各職場にて訓練内容を定めてISO等に関する規定を学ぶ。終了次第，各職場において個別に用いる技能に関する訓練を実施する。訓練期間は，両社ともに１カ月から３カ月程度である。

　Ｔ４社においては，ライン中どの作業者がどの工程を担当可能か，明示されている。表として掲示もされるし，作業者一人ひとりの袖に，担当可能な職務を明示した札が下げられている。Ｔ５社においては，訓練目標が達成されたかは，定期的に確認される。

4. 考　察

まとめ

　本研究は，経営環境や労働慣行が異なる地域に進出した日系製造業における導入訓練期間・内容・方法を明らかにすることを目的とする。対象は，タイに進出した日系製造業４社である。ヒアリングならび諸資料を検討した結果，以下に示す点が明らかになった。

　第一，タイ進出企業における導入訓練期間は，明確である。ただし，内容は経験則に基づいて決定される。作業標準には基づいていない。

　各社は，最初に安全と労働条件に関する訓練に着手する。Ｔ３社においては半日程度，Ｔ４，５社においては１日を費やして，上記に関して指導が実施される。製造業において，安全は最優先である。また，労働者である以

上，労働条件について知ることは，当然であろう。したがって，これら訓練が優先されることは，合理的である。奇しくも，わが国中小造船業における合同新人訓練において同内容の訓練に費やす訓練と，同程度の時間を費やしている。オリエンテーション終了後は，各社それぞれである。Ｔ３社においては，経験的に不定な内容を，およそ３カ月程度で習得する。Ｔ４，５社においては，各職場が定めた内容について，決められた期間内に訓練される。各社において，手順書は整備されているものの，訓練における指針とはみなされない。もともと訓練以外の目的で作成されたからであろう。わが国とは経営環境や雇用慣行が異なる企業においても，導入訓練については，訓練期間・内容・方法はほぼ同一であることが示唆される。

　第二，進出企業は訓練方法を，第一に費用対効果を，第二に生産技術上の要請を考慮して決定する。Ｔ３社における調査結果が物語るように，近代的訓練を実施する費用対効果が小さいとき，企業は近代的訓練実施をためらう。先立つ資金がなければなにも実現できない。とはいえ，生産技術の技能依存度が高い場合，訓練なしに就業させることは，危険であり，またQCDを達成できない。したがって，訓練費用をさほど要しない場合でも実施できる徒弟制度を選択することになる。

　近代的訓練を実施できる余力があるＴ１，４，５社のように，経済性において問題がなくても，別の問題が存在する。近代的訓練には，作業標準や経験則など，教材を作成する根拠資料が必要である。これらがそろわない場合，従来通り経験的に熟練を蓄積するよりない。各社においては，経験則や職務記述書として，根拠資料があるため，近代的訓練が実施可能なのであろう。

考察

　わが国製造業，特に中小製造業は，訓練費用支弁と根拠資料が存在しないという困難に直面する。就業者不足が予想される。新規就業者に対して資質を期待できない。言い換えれば，わが国製造業は，近代化もできなければ，徒弟制度を実施することもできない。結果，訓練を躊躇し，企業も労働者も技能を蓄積できなくなるのであろう。

第6章　タイ進出企業における導入訓練に関する研究　　405

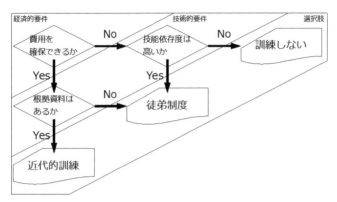

図6　訓練にまつわる制約条件と訓練手法選択

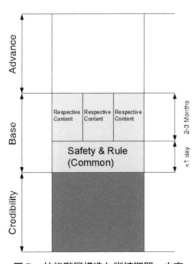

図7　技能階層構造と訓練期間・内容

技能には，図7に示すような階層構造が確認される。すなわち，資質を示すC（Credibility），基本技能を示すB（Base），応用技能を示すA（Advance）である。Cが習得された後にBを習得し，Aを習得するに至る。これ以外の順番は，考えられない。熟練を獲得するには，熟練を構成する技能を習う順序が存在するのである。本研究による発見によれば，Bを構成するオリエンテーション内容は共通であるが，それ以外の内容は，企業ごとに異なる。期間は前者が半日から1日，後者は数カ月程度である。近年わが国企業が直面する技能伝承問題とは，Aを担当する熟練作業者が退職して不足するだけではない。Cが欠落していることにも由来する。C欠落は，今後ますます顕著になると考えられる。一定数新規就業者を採用することを与件とすれば，わが国における生産年齢人口減少が，資質を有さない人物も採用せざるをえないことをもたらすからである。

　中小造船業における合同新人研修による貢献は，経済的要件と資質確保を同時に実現したこと，およびこれを実現する体制を構築したことにある。地方公共団体や大手造船所，海事関連財団による支援は，訓練費用を著しく軽減させた。講師による努力は，資質に欠ける就業者に，資質を与えることを可能にした。しかし，講師はいずれ高齢化して去ってゆくし，技術革新は教材陳腐化を招くかもしれない。他部門に依存する資金確保も，不安である。造船業にみられる，企業同士の密な交流も，企業を超えた訓練を可能にした理由かもしれない。一般的には，自前でできる近代化を考える必要があるのである。

　本研究が発見した事実によれば，新規就業者が有する資質によらず，導入訓練は実施される。わけても，労働条件と安全については，必ず実施しなければならない。その後の導入訓練については，徒弟制度を実施するならば，就業し資質と適性をはかりながら実施される。近代的訓練を実施するならば，標準的内容が訓練される。期間・内容・方法は様々であっても，取り囲む経営環境に異同があろうと，訓練は実施されるのである。

　方法は，企業規模として体現される，財務的余力と生産技術における技能依存度に応じて様々考えられる。中小製造業ならば，なお徒弟制度を選択することが望ましい。一般に，中小製造業においては，生産設備に対する投資

に厳しい制約がある。ライフサイクルコストが高い生産設備は購入できない。コストが掛かる作業標準化も，困難である。そもそも，柔軟な生産を身上とする中小企業に，高価な生産設備と標準作業は，ふさわしくない。結果として，中小企業においては技能依存度が高くなる。訓練費用および訓練費用確保が困難である。しかしながら，生産年齢人口減少は，資質を有する労働力の絶対数を，さらに減少させるであろう。余力と作業量を与件とする従来通りの徒弟制度は，いずれ破綻する。わが国においては既に破綻しかけている。海外進出したとしても，事情は同じであろう。本研究がとりあげたタイについても，生産年齢人口は急速に減少している。2019年にピークを迎えてから，減少に転じている。生産年齢人口比率は，既に下降局面に転じている。海外においても，わが国企業はわが国よりも多少遅れて，わが国と同じ資質を有する労働者に直面するのである。現在の経済発展も，生産年齢人口比率下降に伴い，停滞するかもしれない（大泉，2007, 2011）。洪水や進出企業数減少は，余力と作業量とを加速させるであろう。近代化は，世界中どこで生産するとしても不可避である。では，どうすればよいだろうか。

本研究は，工程管理に関して，近代的訓練に着手することから推奨する。T3社による経験は，まさに日程計画が管理者にとって重要であることを示している。わが国中小造船業における経験も，この提案を支持している。個人作業といわず集団作業といわず，あらゆる作業において，作業者に対して工程管理に関する能力が要求される。当該領域は，既に手法も指導法も，確立している。実行可能性は高いことが幸いであろう。

[謝辞]

本研究は，長崎大学経済学部100周年記念助成および長崎大学東南アジア研究助成会による支援を受けた研究の一部です。記して謝意を表します。データをご恵贈いただきました国際協力銀行には，深く感謝いたします。チェンマイ大学経営管理学部各位，及び調査にご協力いただきました各社には，一方ならぬご厚誼を賜りました。御礼申しあげます。

補遺

補遺A　質問項目

12/20/2011

長崎大学経済学部
准教授　宇都宮　譲

研究計画書

目的

　本研究は，海外進出製造業における，作業員向け教育訓練体系解明を目的とします。特に，本研究は，就業時に実施される導入訓練および小集団活動など品質保証にまつわる活動に従事するために実施する訓練期間・内容・方法を明らかにすることを目的とします。

背景

　わが国製造業は，産業労働に適応しがたい特徴を有する労働力にも対応できる訓練体系構築を迫られています。

　近年，転職を繰り返す労働者や，集団作業に適応しがたい人物や資質を欠く労働力が，かつてよりも多く存在するようです。考えられない重大災害や品質欠陥が頻発する理由は，上記に理由の一端があると考えられます。

　こうした困難は，かつて海外進出製造業が直面した状況に似ています。わが国製造業における訓練体系再構築にあたって，進出企業による先端的な取組から，大いに学ぶところがあろうと考えられます。

ご教示いただきたい事柄

- 貴社概要をご教示下さい。
  - 創立年
  - 従業員数
  - 主要な製品
  - 小集団活動やISOなど，品質保証にまつわる取組
- 導入訓練内容をご教示下さい。
- 導入訓練には，各内容毎に，どの程度期間を要しますか。
- 導入訓練には，いかなる方法を用いますか。
- 小集団活動やISOを実施するにあたって，取り組まれている訓練内容をご教示下さい。
- 上記訓練には，内容毎に，どの程度期間を要しますか。また，いかなる方法を用いますか。

　差し支えない範囲にて結構ですので，関連文書等もご恵贈いただければ幸いです。

Research Proposal

12/20/2011
Yuzuru UTSUNOMIYA
Faculty of Economics, Nagasaki University

Purpose

The purpose of this study is to understand the way of effective training when companies are faced with difficulties concerning labor force. Particularly, we will focus on initial training and training to join quality assurance activities of workers.

Background

In Japan, these days, many companies are faced with difficulties with regard to recruitment, training, and retention. For example, many workers are job hopping, and are not used to joining quality assurance activities. Some workers have insufficient proficiency to do their work. As a result, there is low retention rate and careless quality loss which we have never seen in Japanese manufacturers. According to a prior survey, Japanese overseas subsidiaries are faced with the same problems. In this research, we can learn from the activities implemented by Japanese foreign subsidiaries.

Questionnaire
- Brief information about the factory
  - foundation year
  - number of employee
  - main products
  - quality assurance activities (QC circle, ISO, etc.)
- Contents of initial training for newcomers that are being implemented
- Time it takes to implement the initial training for newcomers
- Way of training for the initial training
- Contents of training for joining quality assurance activities by workers that are being implemented
- Time it takes to implement the training for joining the activities
- Way of training for joining the activities

I would greatly appreciate it if you could kindly give me some documents which are related to these topics that you may have.

補遺 B　調査が自然災害に遭遇したら

序

　2011年10月から11月にかけて，タイ中部において，大洪水が発生した。アユタヤ県において世界遺産ならびに工業団地が冠水，首都バンコクも一部ならびに周辺にある工業団地も8ヵ所が冠水した。周囲に散在する工業団地も，冠水した。結果，様々な産業において部品供給網が寸断され，下工程各社は深刻な部品不足に直面した。

　幸いながら，12月上旬には水が引いた工業団地もあらわれた。とはいえ，影響がどの程度拡大するか，また，いつ進出企業が操業再開できるかは，まだわからない。PCなど連絡手段ごと水没した企業には，既に発注した部品をキャンセルすることさえままならない企業も存在する。

　冠水して操業停止した企業が受注した仕事は，他社が代替生産している。下工程各社は，生産活動を止められない。冠水企業が生産することになっていた製品は，代替生産を担う企業が受注し続けることになるだろう。したがって，冠水企業が操業再開しても，仕事量を確保できるかわからない。

　冠水しなかった企業も，影響を受ける。顧客が水没した場合，収益を確保できない。といって，冠水によって，仕事量全体が増えたわけではない。冠水した企業が納品出来なかった仕事を積極的に受け入れない限り，仕事量を確保できない。

　本研究も，大きく影響を受けた。2011年11月に訪問する予定であった工場中，3社が水没した。さらに2社についても訪問を諦めざるを得ない事態となった。結局，3社に訪問できた。

　本稿は，調査計画中途において自然災害が発生した時，著者がいかに対応したか，記録しながら，以後の教訓を検討する。

洪水概況

　タイは，熱帯に位置する。年中蒸し暑い。11月から4月は，乾季である。5月から10月までは，雨季である。断続的に雨が降る。乾季にはほとんど雨がふらず，朝晩は涼しい。昼間は蒸し暑い。市場や商店を訪れると，バナナやパイナップルを年中見かけることができる。やはり，熱帯である。国土は，ほぼ平坦である。北部に山があるが，首都周辺には丘はあるものの，山らしい山はない。見渡す限り，平らな大地が広がる。

　2011年に発生したような，大規模な洪水はまれである。2010年度にはアユタヤに点在する世界遺産が水没したが，じきに回復している。水不足に悩まされる年もある。世界最大のコメ輸出国であるタイにとって，水不足は社会不安をもたらす課題である。したがって，雨季にダムに貯めた水を，乾季に灌漑して水不足の回避用とする。2011年大洪水は，降水量が例年通りと誤解したことに端を発する。7月から降り続けた雨は，北部に散在するダムに貯められた。しかし，例年よりも

雨が多かったせいで，ダムが満水となった。雨が降り続いているさなかに，ダムに貯水された水も一部放水することになった。結果，チャオプラヤ川が氾濫，下流にあるバンコクやアユタヤが冠水することになった。

タイ進出企業が，無策であったわけではない。工業団地関連法規は，工場は工場敷地よりも 50 cm 高くすることが明記されている。各社は法定嵩上げ高よりも 0.5 m は嵩上げしている。アユタヤやナワナコンなど，冠水しやすい地域においては，さらに嵩上げする。小規模な洪水は頻発するからである。T1 社は，雨水が工場内に侵入しないよう，周囲を掘って囲む。堀に侵入した水は，ポンプで川に排出する。おどろくことに，豪雨時も，幹線道路は機能する。日本ほどではないにせよ，近隣諸国に比べれば，道路事情はよい。大雨は納品や出荷よりも，通勤に影響を及ぼす。

それでも，冠水を防ぐことができないことがある。アユタヤにおいては，スネまで冠水することは，仕方がないとされる。他工業団地も，アユタヤ地区ほど冠水する頻度は高くないものの，似たような状況に直面するという。洪水を避けようとするなら，工業団地をタイ全土に分散させるよりないのだろう。しかし，いまのところ，そうした気配はない。自助努力で避けられる危険を避けつつ，予想を超える水害が発生したならば，あきらめるよりない。

著者による対応

今後，こうした自然災害によって，調査研究が妨げられることを，多少なりとも考慮しなければならないようである。

はじめに，2011 年 11 月に実施した調査日程について，計画段階から確認しよう。

- 9 月 2 日　最初の企業にコンタクト。その日のうちに，協力いただける旨，お返事をいただいた。幸先よいスタートと感じる。
- 9 月 25 日　知人を介して，4 社に調査協力依頼する
- 9 月 28 日　旅程がおよそ決まる：2011 年 11 月 8 日出国，22 日帰国予定であった。この間，11 月 9 日から 11 日にかけて 5 社，11 月 13 日から 14 日にかけて 2 社，11 月 21 日に 1 社（合計 8 社）を訪問予定であった。
- 9 月 30 日　チェンマイなどタイ北部一部冠水という報を知る：11 月 18 日に，チェンマイにて国際会議発表を控えている。多少不安を感じたが，例年のことと，関心を払わなかった。10 月上旬には，復旧したと報を受ける。
- 10 月 6 日　航空券を取得：福岡→バンコク→チェンマイ→バンコク→福岡という経路にて取得。利用航空会社は，タイ国際航空。PEX（航空会社による正規割引航空券）にて購入。変更および返金手数料は，10,000 円。同日，宿泊するホテルも予約する。
- 10 月 10 日　アユタヤ方面洪水の報を知る。昨年同様，アユタヤ方面のみにて済

むだろうと，予想する。
- 10月11日　各社安否を確認する。各社，浸水していないが予断を許さない状況にあるという返事を賜る。短文に切迫した事態を悟る。
- 10月12日　アユタヤ周辺工業団地（ロジャナ，ハイテク各工業団地）水没の報を知る。2社訪問を断念する。
- 10月19日　ナワナコン工業団地水没の報を知る：T1社に無事を照会したが，応答なし。11月5日に，私用PCより返信を賜る。無事ではあるが，工場は水没した由。
- 10月27日　タイ航空が1回目の洪水対応を発表：10月20日以前に購入した航空券について，諸条件を満たせば日程・経路変更や払い戻しに応じるという。調査期間に該当しないため，しばらく様子をみることにした。
- 10月30日　航空券を再び購入する。日程を変更したため，航空券を購入しなおす。洪水にて手数料無料で返金されると予想されるため，以前購入した航空券は，キャンセルせずに保管することにした。クレジットカード利用明細に，驚愕すべき金額が計上され，がっかりする。家計をあずかってもらう妻には，購入直前に説明した。快諾してくれて，助かった。
- 11月1日　ホテルをキャンセルした。報道によれば，ホテルが立地する地区が冠水するかもしれないという。水に足をひたすことで，感染症にかかる可能性がある。可能な限り，水には接しない方針をたてた。これまで予約していたホテルは，鉄道駅からホテルに至る道が冠水する恐れがあるため，キャンセルした。安全には代えられない。結局，感染症については，心配する必要がなかった。
- 11月4日　タイ国際航空が2回目の洪水対応を発表：10月20日以前に購入した航空券について，諸条件を満たせば日程・経路変更や払い戻しに応じるという。
- 11月6日　洪水に備えてホテルを変更する：バンコク都中心部に立地するホテルに変更した。2010年に訪タイした折，バンコク国際空港からつながる鉄道駅から，地上に降りなくてもアクセスできることを確認済。ただし，とても高価だった。
- 11月6日　海外旅行傷害保険に加入する：調査日程が正確に決まらなければ，加入できない。クレジットカードに付帯する保険でもよい。ただし，航空券やパッケージツアーを当該クレジットカードで決済しない限り，保険が付帯しないことが一般的。
- 11月7日　10月6日に取得した航空券キャンセルする。
- 11月12日　出国する。ただちに，冠水地区を視察する。鉄道で近づける範囲（BTS北端）にも，水が押し寄せていた。記念撮影に興じる西洋人多数。タイ人とおぼしき人々は，路線バスや路線バスがわりのトラックで，帰宅していた。
- 11月14日　T3社（チョンブリー県アマタナコン工業団地）を訪問する。当地

図8　バンコク都内道路における冠水1（2011年11月12日，BTSモーチット駅付近にて筆者撮影）

図9　バンコク都内道路における冠水2（2011年11月12日，BTSモーチット駅付近にて筆者撮影）

には，水害は発生していなかった。ただし，ポンプや土のうなど，対策は講じられていた。
- 11月15日　T4社およびT5社（ランプーン県ランプーン工業団地）を訪問。影響なし。
- 11月19日　帰国。

推奨される対策
- 転ばぬ先の杖：調査結果に依拠して論文を執筆しようにも，調査が実行できなければ論文を執筆できない。研究資金返却さえあり得る。実施できる時期を見計らって，確実に調査を実行するために準備することが第一選択である。加えて，類似する論題や関連するデータに関する考察を加えて，まずひとつ執筆する。こうすることで，資金提供者に対して説明も可能になるし，思考が前に進む。
- 平時に出かけて現地事情を確認する：現地事情を知るには，これに限る。出掛けたことがない街に出かけることは，楽しい。しかし，調査は観光ではない。確実に実施するには，下見や打合せは必要であろう。危険を避けるためにも，夜はどの程度暗いか，道はどの程度凹凸があるかなど，出掛けないことにはわからないことは多い。
- 日頃から，こまめに現地事情をチェックする：「バンコク週報」など，日本語で読める現地ニュースサイトが，たいていの都市には存在する。BBCなども使える。日本で発行される新聞は，読むだけ時間の無駄である。遅くて不正確で，かつ不安ばかりをあおるようである。
- 地理や移動手段を頭に入れる：地名や道路名，主要施設，交通手段，道筋など，移動に要する知識は，確実に記憶する。現地地名は，なかなか馴染みにくい。

「ナワナコン工業団地」「スワンナプーム国際空港」「チョンブリー県」など，日本語とはおよそ異なる発音に，戸惑う。文字も，まったくわからない。しかし，名称だけでも覚えない限り，移動は困難であり調査も実行不能になる。東南アジア諸国において，地名を標記した銘板には，たいてい英語が併記される。現地語文字は読めたほうがよいが，読めなくてもそれなりに地名を覚えることは可能である。

- 日程変更できる航空券を買う：高価であるが，日程変更できることは，心理的に楽である。ただし，空席がなければ変更できない。変更するなら，早めに変更する。
- 連絡手段を複数確保する：現地で使える携帯電話を携帯する。日本から持ち込んだ海外対応携帯電話でも，日本や現地で借りた携帯電話でも，現地で購入した携帯電話でも，構わない。衛星電話は，必要ない。
  インターネット接続環境も確認する。インターネット利用可能なホテルがよい。たいてい，無線LAN（WiFi）で接続可能である。接続速度は，日本より遅いが，メールチェックには支障ない。ネットカフェが近くにあるからといって，油断できない。

[参考文献]

Amano, T. (2006). The current situation of skill transfer on machinery equipment and fitting. *Conference Proceedings, the Japan Society of Naval Architects and Ocean Engineers*, 3, 107-108

Dore, R. P. (1970). *Education in Tokugawa Japan*（松居 弘. Trans.）: University of California Press

Gospel, H. (1998). The Revival of Apprenticeship Training in Britain? *British Journal of Industrial Relations*, 36(3), 435-457

Kitching, J. (2007). Regulating employment relations through workplace learning: a study of small employers. *Human Resource Management Journal*, 17(1), 42-57

Roongrerngsuke, S. (2010). *Best HR Practices in Thailand*. Bangkok: Nation News Network.

Shibata, H. (2008). The transfer of Japanese work practice to plants in Thailand. *International Journal of Human Resource Management*, 19(2), 330-345

Siengthai, S., Dechawatanapaisal, D. & Wailerdsak, N. (2009). 6 Human resource management. In T. G. Andrews & S. Siengthai (Eds.), *The Changing Face of Management in Thailand* (pp. 115-145). London: Routlefge

Utsunomiya, Y. (2011a). *Can Small-Medium Manufacturers Implement Initial Training/*. Paper presented at the The 1st International Business Management Research Conference, Chiang Mai, Thailand

Utsunomiya, Y. (2011b). *Can we modernize the training in Small-Medium*

Manufacturers? A Study on Skill in the Workplace and Initial Training in Small-Medium Shipbuilders. Paper presented at the Association of Japanese Business Society, Nanzan University (Nagoya, Japan)

Wailerdsak, N. & Suehiro, A. (2004). Promotion systems and career development in Thailand: a case study of Siam Cement. *International Journal of Human Resource Management*, 15(1), 196-218

Wolek, F. W. & Klinger, J. W. (1998). Apprenticeship and the Transfer of Technical Know-How. *Journal of Technology Transfer*, 23(3), 51-57

柿崎一 (2007)『物語 タイの歴史:微笑みの国の真実』中央公論新社
大泉啓一郎 (2007)『老いてゆくアジア:繁栄の構図が変わるとき』中央公論新社
大泉啓一郎 (2011)『消費するアジア:新興国市場の可能性と不安』中央公論新社
川邊信雄 (2011)『タイトヨタの経営史:海外子会社の自立と途上国産業の自立』有斐閣
清川雪彦 (2003)『アジアにおける近代的工業労働力の形成:経済発展と分化ならびに職務意識』岩波書店
日下武夫 (1994)「鉄鋼業における技術・技能伝承の問題点」日本機械学会誌, 97 (903), 10-13
50周年記念事業実行委員会記念誌ワーキンググループ (2005)『タイ経済社会の半生記とともに:盤谷日本人商工会議所50年史』盤谷商工会議所
財団法人海外職業訓練協会 (2007)『タイの日系企業が直面した問題と対処事例』財団法人海外職業訓練協会
末廣昭 (2009)『タイ 中進国の模索』岩波書店
砂川裕一 (2006)「造船塗装技能伝承の実態と将来」『日本船舶海洋工学会講演会論文集』3, 115-116
津田真澂 (1968)『年功的労使関係論』ミネルヴァ書房
玉井尚文・司恭彦 (2006)「技能・技術伝承のための新手法」『咸臨』6, 56-63
鉢野正樹 (1997)「タイへの企業進出に関する事例研究:自動車部品メーカーH社の場合」『北陸大学紀要』21, 103-114
ホングラドム・チラ&糸賀滋 (1992)『タイの人的資源開発:過去・現在・未来』アジア経済研究所
松浦久 (2004)「因島技術センターにおける造船技能者教育」『らん』63, 9-12
村川英一 (2002)『熟練技能の継承と科学技術』大阪大学出版会
八幡成美・水野順子 (1988)『日系進出企業と現地企業の企業間分業構造と技術移転:タイの自動車産業を事例として』アジア経済研究所
米山喜久治 (1978)『技術革新と職場管理:戦後日本鉄鋼業の実証的研究』木鐸社

第 7 章

長崎大学経済学部生の G-TELP スコアに見る英語習熟度の伸長に関する考察

丸山　真純

概要

本論文は，長崎大学経済学部の 2011 年度入学生（264 名）の英語習熟度の伸張を，1 年次前期と後期それぞれの終了時の G-TELP（レベル 3）のスコアを比較することで，検証している。後期終了時に受験したスコアの平均点が，前期終了時のスコアより有意に高かったため，全体として，英語習熟度の伸張していることが示唆された。しかし，データをさらに検証すると，以下の 2 点が明らかになった：(1) 前期にスコアが相対的に高かった学生は，後期にはスコアが低下する傾向があった；(2) 逆に，前期に相対的にスコアが低かった学生は，後期にスコアをすべてのセクション（i.e., 文法，リスニング，リーディング）で伸ばす傾向があった。このことは，履修した英語のクラスが，英語習熟度の相対的に高い学生よりも，低い学生により効果的であったことを示唆している。英語習熟度の相対的に高い学生の後期におけるスコアの低下は，英語のクラスが習熟度による編成ではないことによる可能性が考えられる。本研究は，英語習熟度の相対的に低い学生のみならず，高い学生の習熟度を高めるための手段を講じる必要性を示唆している。

キーワード：G-TELP, 英語習熟度, スコア伸張

はじめに

　長崎大学では，2011 年度入学生全員が，「総合英語Ⅰ」（1 年次前期）および「総合英語Ⅱ」（1 年次後期）の両科目の学期末に，G-TELP（レベル 3）[1]を受験した[2]。本稿は，この 2 回の G-TELP の得点を用いて，2011 年度長崎大学経済学部入学生の英語習熟度の伸長を検証する。それにより，英語

教育の効果の検討や今後に向けての効果的な英語教育への示唆を得ることを目的としている。

長崎大学では，G-TELP は，英語クラス間の成績評価の平準化を図ること[3]と習熟度クラス編成に利用する[4]目的のため，当該科目（必修）の受講生全員が受験する。G-TELP（レベル3）は，概ね，TOEIC スコア 400 から 600 点ほどの受験生を対象としており，長崎大学経済学部生の英語習熟度に見合ったテストであることが示されている（丸山，2011）。G-TELP は，文法・リスニング・リーディングの3セクションをそれぞれ 100 点満点で評価し，この3セクションの得点の合計が総点（300 点満点）となる[5]。

G-TELP と TOEIC との対応関係は，表1のようになっている。また，G-TELP と TOEIC の換算式を求めた調査においては，ふたつのスコアの対応は次のようになった（丸山，2012）[6]：

$$\text{TOEIC スコア} = 2.102 \times \text{G-TELP スコア} + 52.864 \quad (R^2 = .52) \quad (1)$$

以下では，長崎大学経済学部 2011 年度入学生が1年次前後期にそれぞれ受験した G-TELP 得点について，(1) 総点の伸び，(2) 相関分析，(3) 文法得点の伸び，(4) リスニング得点の伸び，(5) リーディング得点の伸びについて分析する。最後に，本調査結果から得られる今後の英語教育プログラムへの示唆を論じ，結論とする。

表1　G-TELP（レベル3，300 点満点）得点と TOEIC 得点の対応表[7]

G-TELP 得点	100 点以下	150 点	200 点	250 点	300 点
TOEIC 得点	400 点未満	400 点前後	450 点前後	500 点前後	600 点以上

1. G-TELP 総点の伸長

本節では，G-TELP 総点の伸びについて，(1) 受験者全体の伸び，そして，(2) 受験者 10 ％分位ごとの得点の結果を分析する。

1.1 受験者全体の伸び

長崎大学教養教育の「総合英語Ⅰ」(前期)および「総合英語Ⅱ」(後期)の最後の授業において、受講生は G-TELP を受験した。本科目は必修科目のため、経済学部の1年生全員が受験した。前期においては、G-TELP のフォーム 312、後期については、フォーム 319 を利用した。なお、2 つのクラスでは、手続き上の不備により、他クラスと異なるフォームの G-TELP を使用したため、今回の分析対象からは除外している。そのため、受験生の総数は 265 名である。また、1名については、後期は未受験のため、前後期ともに受験したのは 264 名となる。

表 2 は G-TELP 総点の前後期の記述統計量である。また、図 1 は前後期の総点のヒストグラム・箱ひげ図である。前期の受験者総点の平均値は 177.5 ($SD=32.5$) 点であった。これは、上記の表1の TOEIC 得点対応表では、422 点程度、また、上記の (1) 式からは、426 点程度となる。後期の総点の平均点は 185.3 ($SD=31.7$) 点であった。これは、表1の対応表および上記 (1) 式から、それぞれ、TOEIC の 435 点、442 点相当となる。

表2　G-TELP 総点前後期の記述統計量

	N	平均	標準偏差	最大値	中央値	最小値
前期	264	177.5	32.5	249	180	81
後期	265	185.3	31.7	250	187	82

総点の平均的な伸び (i.e.,「(前期の平均) − (後期の平均)」) は 7.8 点であった。対応のあるペアによる t 検定を行ったところ、$p<.05$ であり、統計的に有意に G-TELP 総点に伸びが認められた ($t=4.83$)。なお、前期と後期の総点の相関は $r=.67$ であった。平均点や中央値では、得点の伸長が見られるものの、最高点や最低点ではほとんど変化が見られない。つまり、平均的な底上げは見られるものの、最高点や最低点の上昇は見られなかった。また、図1が示すように、得点分布に大きな差は生じていない。

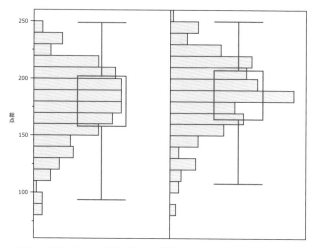

図1　前期（左）・後期（右）の総点のヒストグラム・箱ひげ図

1.2　10%分位別グループによる伸長

上述のように，全体としては，G-TELP 総点の有意な伸びが統計的に認められたが，前後期の得点分布に大きな違いは見られない。したがって，受験者の得点層別の伸びをより詳細に調べる必要がある。この目的のために，前期の総点に基づいて，受験生を10%分位ごとにグループとして，上位10%の受験者から順に，1から10のグループとした（「総点分位グループ」）。前期総点の分位点は表3に示している。

表3　分位点と総点分位グループ[8]

	上位10%	20%	30%	40%	50%（中央値）	60%	70%	80%	90%	最小値
前期総点	215	206	197.5	189	180	172	163	151	134	81
総点分位グループ	1	2	3	4	5	6	7	8	9	10

1.2.1　前期の総点

図2は総点分位グループごとの前後期総点のヒストグラム・箱ひげ図であ

る。また，表4は，総点分位グループごとの得点の伸びを表したものである。前期の総点については，平均点では，グループ1とグループ2，グループ8とグループ9，そして，グループ9とグループ10のあいだにやや大きな差がある。また，最上位層，最下位層でやや得点にばらつきがあるものの，他の分位グループでは得点のばらつきが比較的小さいことが見てとれる（図2の各分位グループの左側参照）。

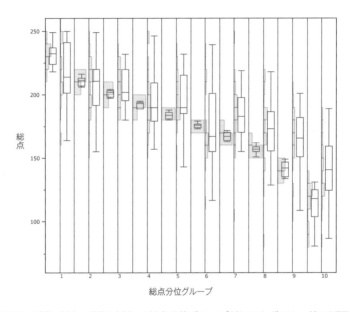

図2　前期（左）・後期（右）の総点分位グループ別ヒストグラム・箱ひげ図

1.2.2　前後期の比較

　図2の各分位グループの右側は，各グループの後期総点のヒストグラム・箱ひげ図である。分位ごとの平均点の順番の入れ替わりは，ほぼない。つまり，前期での総点が高いほど，後期での総点が高い傾向がある（相関係数 $r = .67$）。しかし，上位層で，得点が下がる傾向があり，また，逆に，下位層の得点の上昇によって，平均点の範囲が狭くなっている。表4の平均点の差，および図3の分位別の得点差（「(後期の総点)－(前期の総点)」）を見ると，前期において得点の高い層ほど，後期の得点の低下が大きくなる傾向が

あり，逆に，前期の得点が低い層ほど，後期の得点の伸びが大きくなっていることがわかる。

表4 総点分位グループごとの総点の伸び

総点分位グループ	前期総点	後期総点	差の平均	得点差			相関[9]
				最大値	中央値	最小値	
1 ($n=22$)	231.5 (8.9)	214.9 (24.2)	-16.6* (24.2)	20	-15	-67	.19
2 ($n=32$)	210.4 (3.3)	205.8 (21.4)	-4.4 (21.3)	43	-1.5	-53	.11
3 ($n=26$)	200.7 (2.3)	205.2 (15.6)	4.5 (15.2)	31	0	-21	.25
4 ($n=30$)	192.0 (2.4)	195.4 (23.8)	3.4 (23.5)	52	-1.5	-36	.15
5 ($n=23$)	183.4 (2.7)	194.7 (22.0)	11.3* (21.9)	46	9	-37	.11
6 ($n=23$)	175.8 (1.8)	175.9 (29.9)	0.1 (29.7)	63	-11	-59	.15
7 ($n=30$)	167.3 (3.2)	183.3 (24.2)	16.0* (24.5)	77	15	-59	-.02
8 ($n=29$)	156.5 (3.3)	170.7 (28.3)	14.2* (28.3)	60	16	-73	.04
9 ($n=24$)	141.2 (5.7)	162.4 (25.2)	21.2* (24.7)	55	22.5	-38	.19
10 ($n=25$)	114.1 (15.2)	141.2 (24.8)	27.2* (20.3)	64	23	-4	.57

（ ）は標準偏差
＊は $p<.05$

さらには，分位グループ内の散らばり（標準偏差）が，後期において，どのグループにおいても，かなり大きくなっており，グループ内の総点の伸びのばらつきが生じている。これは受験生によって，総点の伸びが一様ではないことを示している。どのグループにおいても，得点を大きく落とす受験生がいる一方で，最上位グループを除けば，得点を大きく伸ばす学生もいる。

人数は限られるが，前期で下位のグループにいた受験生でも，後期には最上位レベルの得点に伸びている受験生もいる。

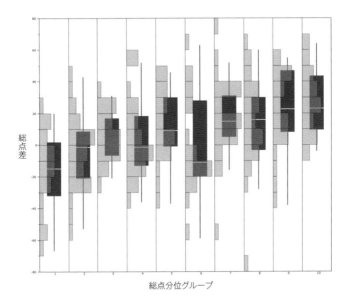

図3　総点差の総点分位グループ別ヒストグラム・箱ひげ図

2. 相関分析

本節では，G-TELP 各セクション別の分析の前に，文法，リスニング，リーディング，総点の前後期それぞれの相関関係を簡単に確認する。

表5は前後期の総点・文法（GRM）・リスニング（LST）・リーディング（RDG）の相関行列である。すべてのペアの相関は $p<.05$ であり，統計的に有意であった。

2.1 文法セクションの相関関係

前後期とも，文法に関しては，リスニングとの相関が弱く，リーディングとの相関がやや高い。前後期の文法の相関は $r=.52$ であった。前後期総点と当該期の文法との相関に関しては，前後期とも，かなり高い（前期は $r=$

.80；後期は $r=.75$)。前期の文法と後期の総点との相関に関しては，$r=.55$ であり，中程度の相関が見られた。また，後期の文法と前期のリーディングにも，$r=.42$ の中程度の相関が見られた。

表5　総点・文法・リスニング・読解の相関行列

	前期の GRM	前期の LST	前期の RDG	前期の総点	後期の GRM	後期の LST	後期の RDG	後期の総点
前期の GRM	1	.14	.49	.80	.52	.34	.42	.55
前期の LST	.14	1	.28	.56	.15	.31	.24	.30
前期の RDG	.49	.28	1	.83	.45	.39	.53	.59
前期の総点	.80	.56	.83	1	.53	.47	.56	.67
後期の GRM	.52	.15	.45	.53	1	.29	.44	.75
後期の LST	.34	.31	.39	.47	.29	1	.47	.76
後期の RDG	.42	.24	.53	.56	.44	.47	1	.82
後期の総点	.55	.30	.59	.67	.75	.76	.82	1

2.2　リスニング・セクションの相関関係

リスニングに関しては，前期は他のセクションや総点との相関は弱い。前後期のリスニングの相関は $r=.31$ であり，それほど高い相関とは言えない。

注目すべきは，後期のリスニングと前後期の他セクションとの相関の値が相対的に高くなっていることである。まず，後期のリスニングと文法とリーディングとの相関が，前期のリスニングと文法とリーディングとの相関よりも高くなっている（前期：それぞれ $r=.14$ と $r=.28$；後期：それぞれ $r=.29$ と $r=.47$)。また，後期のリスニングと前期の文法とリーディングの相関（それぞれ $r=.34$ と $r=.39$) が，前期リスニングと文法とリーディングの相関（それぞれ $r=.14$ と $r=.28$) より高くなっている。

このことは，文法やリーディングの習熟が相応にある受験者が，入学直後においては，英語の音声面には，まだ不慣れであり，聞き取って理解するまでに至らなかったため，文法やリーディング力の差がリスニング得点の差として表れなかったが，他の英語科目の履修も含めた1年間の英語カリキュラ

ムを通じて，英語の音声に慣れることによって，文法やリーディング力がリスニング得点に反映されるようになったということを示唆している可能性がある。逆に言えば，リスニングが伸びていくためには，文法やリーディングの習熟が不可欠であり，それを基盤として音声面に慣れる必要があることを示唆している可能性がある。この点については，「第4節 G-TELP リスニングの伸長」で，再び考察する。

2.3 リーディング・セクションの相関関係

前期のリーディングに関しては，文法との相関が比較的高く，リスニングとはやや低めである（それぞれ $r=.49$ と $r=.28$）。それに対して，後期に関しては，リーディングと文法およびリスニングの相関が同程度に高くなっている（それぞれ $r=.44$ と $r=.47$）。これは，先に述べたように，音声に習熟することで，リーディング（および，文法）力がリスニングに反映されるようになったためではないかと推測できる。

前後期のリーディングの相関は $r=.53$ であり，中程度の相関が見られた。同学期の総点との相関は，かなり高く，3セクションの中で最も高くなっている（$r=.83$）。後期の総点と前期のリーディングとの相関は，中程度であった（$r=.59$）。

3. G-TELP 文法の伸長

以下の3節では，G-TELP のセクションごとの結果の分析を行う。まず，本節では，受験者の G-TELP 文法セクションの得点について，(1) 記述統計量，(2) 総点の10％分位別分析，(3) 前期文法得点の10％分位別分析の順に分析結果を報告する。

3.1 記述統計量

文法セクションの平均点は，前期 68.4 点（$SD=16.6$），後期 69.4 点（$SD=14.0$）であった（その他の記述統計量については，表6を参照）。また，図4には，前後期ごとの文法得点のヒストグラム・箱ひげ図が示されて

表6 G-TELP 文法の記述統計量

	N	平均	標準偏差	最大値	中央値	最小値
前期	264	68.40	16.6	100	68	14
後期	265	69.44	14.0	100	73	32

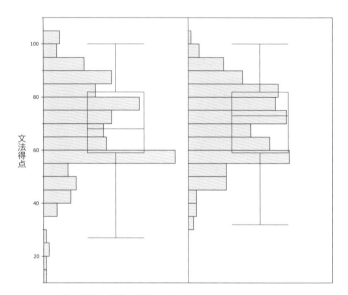

図4　前期（左）・後期（右）の文法得点のヒストグラム・箱ひげ図

いる。

　文法は，G-TELP の3セクションの中で，最も平均点が高く，最大値は満点である。後期において，最小値は上昇しており，受講者の底上げがなされていると言える。また，中央値も上昇が見られる（表6参照）。しかし，前期と後期の得点の差の平均は，わずか1.04点であった。この差の平均を対応のある t 検定で検証したところ，統計的に有意ではなかった（$p>.05$；$t=1.12$）。また，前期と後期の文法得点の相関は $r=.52$（$p<.05$）であった。したがって，前期と後期の文法得点に相関はあるものの，受験者全体としては，文法に関しては，得点には統計的に有意な伸びは認められなかった。

3.2 総点の10%分位別分析

受験者全体では，文法の得点に伸びが見られなかったものの，得点層別による文法得点の伸びを検証するため，前期総点に基づいた分位別グループによって，文法得点の伸びの検証を行った。なお，前期文法得点と前期総点の相関は $r=.80$ であり，かなり高い相関がある。

3.2.1 前期の文法得点

表7は，総点の分位グループ別の文法得点の伸びをまとめた表である。また，図5は，ヒストグラム・箱ひげ図でこれらを表したものである。文法の平均得点を総点の分位グループごとに見ていくと，グループ3から5，グループ7と8には，それぞれ大きな差がない。一方，グループ9と10のあいだには大きな隔たりがある。ただし，総点の分位グループによる前期文法の平均得点は，グループ順位が上がるほど高くなっており，順位に逆転は起きていない（図5の各グループの左側の箱ひげ図が概ね右肩下がりになっている）。グループ内の散らばりに関しては，表7と図5が示すように，標準偏差10点前後の散らばりがある。

3.2.2 前後期の比較

後期の文法得点は，グループ内の散らばりが一様に拡大している。また，文法得点の伸びを表した図6が示すように，総点の場合と同様に，前期に得点の高い層ほど得点を大きく減少させ，逆に，得点の低い層ほど得点の上昇が大きいという傾向が見てとれる。また，グループ7（下位40%）を境として，得点上昇と下降が入れ替わっている。グループ1から6までは，平均すると得点を減らし，グループ7以降は，平均すると得点を上昇させている。そのため，グループ6の後期の文法得点は，グループ7，グループ8，グループ9のそれに抜かれている。これは，グループ6で，大きく点数を落とす受験生が数名いたためである。さらには，平均ではなく，中央値で見ると，後期の得点では，グループ6を除き，グループ3からグループ9には大きな差がないことがわかる。

表7 総点分位グループごとのG-TELP文法得点の伸び

総点分位グループ	前期文法	後期文法	差の平均	得点差			相関
				最大値	中央値	最小値	
1 ($n=22$)	88.7 (9.3)	83.5 (10.4)	-5.2* (11.3)	27	-5	-27	.35
2 ($n=32$)	82.1 (9.3)	77.0 (12.7)	-5.1 (15.3)	18	0	-46	.06
3 ($n=26$)	76.7 (8.3)	73.8 (10.7)	-2.9 (10.7)	18	-4.5	-22	.33
4 ($n=30$)	75.4 (8.4)	74.0 (10.7)	-1.4 (12.2)	27	-2	-27	.19
5 ($n=23$)	73.0 (9.7)	71.4 (10.7)	-1.6 (11.2)	18	-4	-22	.40
6 ($n=23$)	67.9 (11.1)	60.8 (11.4)	-7.1 (17.1)	28	-9	-41	-.16
7 ($n=30$)	62.3 (12.9)	69.3 (12.3)	7.0* (14.5)	31	9	-23	.34
8 ($n=29$)	60.3 (10.4)	65.0 (12.5)	4.7 (13.7)	31	5	-27	.29
9 ($n=24$)	55.5 (11.1)	63.7 (13.6)	8.2* (16.5)	37	11.5	-27	.12
10 ($n=25$)	41.3 (13.2)	54.6 (12.9)	13.3* (15.7)	41	9	-14	.28

（　）は標準偏差
＊は $p<.05$

3.3 文法得点の10％分位別分析

前期の文法得点を10％分位ごとにグループ化した（「文法分位グループ」）のが，表8である。そして，表9と図7は，その文法得点の分位ごとによるG-TELP文法得点の伸びを表したものである。

3.3.1 前期文法得点

文法分位グループごとの前期文法得点の分布を見ると。最下位グループにやや大きな散らばりがあり，最上位の2つのグループと最下位から2番目

第7章　長崎大学経済学部生のG-TELPスコアに見る英語習熟度の伸長に関する考察　429

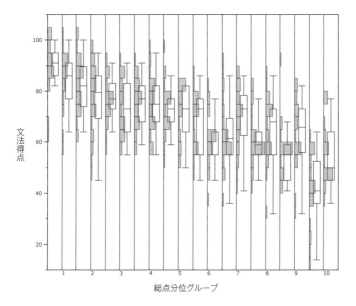

図5　前期（左）・後期（右）の文法得点の総点分位グループ別ヒストグラム・箱ひげ図

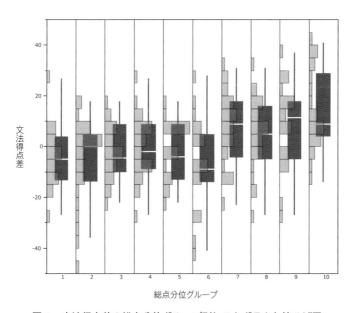

図6　文法得点差の総点分位グループ別ヒストグラムと箱ひげ図

表8　前期文法分位点と文法分位グループ

	上位10%	20%	30%	40%	50%（中央値）	60%	70%	80%	90%	最小値
前期文法得点	88.5	82	77	73	68	64	59	55	45	14
文法分位グループ	1	2	3	4	5	6	7	8	9	10

表9　文法分位グループごとの G-TELP 文法得点の伸び

文法分位グループ	前期文法	後期文法	差の平均	得点差			相関
				最大値	中央値	最小値	
1 ($n=26$)	93.9 (3.8)	81.2 (12.1)	-12.7* (11.6)	5	-9	-46	.27
2 ($n=44$)	84.3 (2.0)	75.1 (11.7)	-9.2* (11.2)	9	-9	-36	.32
3 ($n=35$)	77.0 (0)	72.8 (12.1)	-4.2* (12.1)	18	-4	-41	.00
4 ($n=25$)	73.0 (0)	72.4 (11.5)	-0.6 (11.5)	18	4	-28	.00
5 ($n=22$)	68.0 (0)	70.6 (11.5)	2.4* (11.5)	27	2.5	-18	.00
6 ($n=23$)	64.0 (0)	68.9 (11.1)	4.9* (11.1)	27	9	-14	.00
7 ($n=24$)	59.0 (0)	61.0 (14.1)	2.0 (14.1)	23	5	-27	.00
8 ($n=24$)	55.0 (0)	67.8 (11.9)	12.8* (11.9)	31	18	-10	.00
9 ($n=21$)	47.1 (2.5)	59.4 (12.0)	12.3* (13.5)	37	14	-18	-.51
10 ($n=20$)	34.8 (8.7)	54.0 (13.1)	19.2* (13.1)	41	18	4	.33

（　）は標準偏差
＊は $p<.05$

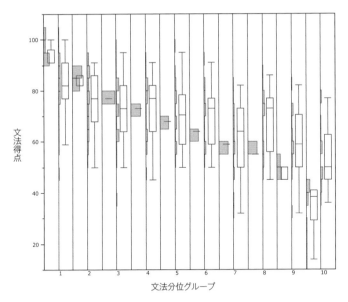

図7 前期(左)・後期(右)の文法分位グループ別ヒストグラム・箱ひげ図

のグループに小さな散らばりがある(図7参照)。それ以外は，グループ内の散らばりはなく同得点である。グループ間の得点の差を見ると，グループ1とグループ2のあいだに9.5点ほど，グループ9とグループ10のあいだに12点ほどの大きな差があり，それ以外については4から5点ほどの差である。

3.3.2 前後期の比較

　後期の文法得点は，各グループ12点程度の標準偏差があり，グループ内での得点の散らばりが大きくなり，得点の伸びは個人差が大きくなっている。また，最上位グループと最下位グループの平均点の差が小さくなっている。つまり，このことは，先の傾向と同様に，上位層ほど得点を大きく落とし，下位層ほど得点を大きく伸ばしている傾向があることを示している。図8は，文法得点の伸びを文法分位グループ別にヒストグラム・箱ひげ図で表したものである。この図から，その傾向が，総点分位別の分析より，はっきり見てとれる。

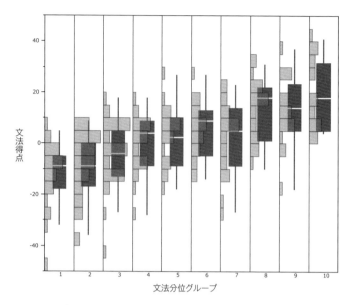

図8　文法得点差の文法分位グループ別ヒストグラム・箱ひげ図

4. G-TELP リスニングの伸長

本節では，G-TELP リスニング・セクションの得点の伸びについて，(1) 記述統計量，(2) 総点の 10％分位別分析，(3) 前期リスニング得点の 10％分位別分析の順に報告する。

4.1　記述統計量

表10はリスニングの前後期の記述統計を表している．また，図9はリスニングの前後期のヒストグラムおよび箱ひげ図である．リスニング・セクションは3セクションの中で最も平均得点が低く，また，受験者間の差が最も小さい．表10が示すように，前期の平均点は48.5点（$SD=11.4$）であり，後期は51.5点（$SD=14.0$）であった．平均，中央値，最大値も上昇しており，対応のある t 検定の結果は，統計的に有意に得点上昇が見られ，受験生のリスニングにおける習熟度に伸びが認められた（$p<.05$；$t=3.26$）。

表10　G-TELPリスニングの記述統計量

	N	平均	標準偏差	最大値	中央値	最小値
前期	264	48.5	11.4	75	46	12
後期	265	51.5	14.0	88	50	8

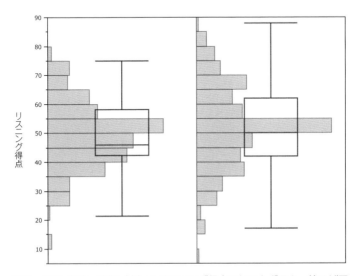

図9　前期（左）・後期（右）のリスニング得点のヒストグラム・箱ひげ図

4.2　総点の10％分位別分析

受験生の前期総点分位グループごとに前後期のリスニング得点を表したのが，表11であり，ヒストグラム・箱ひげ図は図10である。なお，前期総点と前期リスニングの相関関係は $r=.56$ であり，それほど強い相関関係はない。

総点分位グループによる前期リスニングの平均点に，概ね，順位の入れ替わりがない。つまり，総点の高いグループほどリスニングにおいても得点が高い傾向がある。ただし，グループ2から4，グループ5から8，グループ9と10のそれぞれの平均得点には，さほど大きな違いがない。そのため，後期のリスニング得点では，グループ順位がかなり入れ替わっている。まず，総点分位グループ3の平均点が最も高くなっており，前期の得点と比べ

ると，統計的にも有意に得点を伸ばしている。同様に，総点分位グループ5が後期においては，2番目に平均点が高くなっている。図10が示すように，前期の中位グループが後期において，得点を大きく上げている。リスニングの得点は，中位レベルの学習者には，学習によって飛躍的に上昇する可能性があることを示唆している。このことは，図11からも視覚的に見てとれる。また，総点の分位グループの前後期のリスニング得点の比較をすると，最上位グループと最下位グループを除いて，後期のリスニング得点は上昇している傾向があることから，概して，リスニングは学習効果が出やすいセクショ

表11　総点分位グループごとのG-TELPリスニング得点の伸び

総点分位グループ	前期リスニング	後期リスニング	差の平均	得点差			相関
				最大値	中央値	最小値	
1 ($n=22$)	62.9 (6.4)	57.9 (11.8)	-5.0 (12.1)	21	-4	-37	.22
2 ($n=32$)	54.3 (9.0)	57.0 (13.9)	2.7 (16.2)	33	4	-25	.04
3 ($n=26$)	52.8 (10.0)	59.0 (10.7)	6.2* (12.1)	29	4.5	-21	.32
4 ($n=30$)	51.4 (8.8)	53.7 (11.8)	2.3 (16.3)	37	2	-33	-.24
5 ($n=23$)	46.7 (8.4)	58.6 (13.5)	11.9* (17.8)	50	12	-21	-.28
6 ($n=23$)	47.7 (9.6)	51.6 (15.1)	3.9 (13.9)	33	4	-25	.44
7 ($n=30$)	46.7 (10.6)	50.4 (11.5)	3.7 (13.1)	29	2	-25	.30
8 ($n=29$)	43.5 (10.7)	46.7 (9.9)	3.2 -14.5	25	4	-38	.01
9 ($n=24$)	39.7 (10.5)	42.5 (14.5)	2.8 (14.5)	37	0	-25	.36
10 ($n=25$)	39.3 (9.5)	37.6 (11.3)	-1.7 (16.2)	34	-4	-25	-.20

（　）は標準偏差
＊は $p<.05$

第7章 長崎大学経済学部生のG-TELPスコアに見る英語習熟度の伸長に関する考察　435

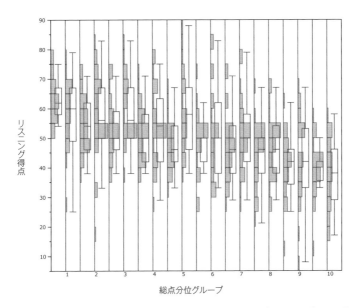

図10　前期（左）・後期（右）のリスニング得点の総点分位グループ別ヒストグラム・箱ひげ図

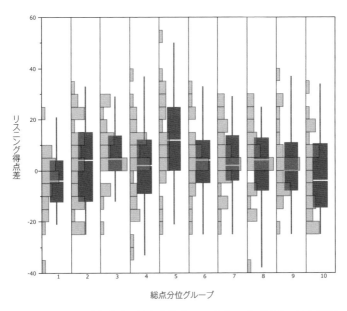

図11　リスニング得点差の総点分位グループ別ヒストグラム・箱ひげ図

ンであると言えるだろう。

4.3　リスニング得点による 10％分位別分析

　表 12 は前期のリスニング得点の 10％分位別グループにした時の分位得点である。この分位点グループ（「リスニング分位グループ」）に基づいて，前後期のリスニング得点を比較したものが表 13 であり，ヒストグラム・箱ひげ図で表したものが図 13 である。

　前期リスニング分位グループは，最上位層グループと最下位層グループ以外には，グループ内での得点に違いがなかった。また，先に述べたように，リスニングの得点は個人差が相対的に小さく，ほとんどの受験生の得点は 40 点から 60 点の範囲にある。

　リスニング分位グループごとに，後期のリスニングの得点を見ると，下位層が得点を上昇させている。とくに，下位 30％層が得点を大きく伸ばしている。それに対し，上位層は得点を伸ばしていない。とくに，上位 10％層は得点を 9 点ほど低下させている。概ね，総点や文法の得点と同様に，上位層ほど得点を大きく落とし，下位層ほど得点を大きく伸ばしている傾向が見られる。また，前後期の得点変動がかなり大きいという特徴が見られる。さらには，前期に下位層であっても，後期には最上位層に位置する得点まで伸ばす受験生も見られる（図 12 参照）。したがって，先に述べたように，リスニングの得点は学習効果が最も得られやすいセクションであることが，この分析からもわかる。

　ただし，このことは，先に相関関係の節で述べたように，後期のリスニング得点が，前期のリスニング得点よりも，前期や後期の文法・リーディングとより大きく相関するということを考慮すると，当初のリスニング得点に反映されていなかった文法やリーディングの習熟度が，大学英語教育でより音声面に慣れることによって，後期には，その相関が可視化されてきたと考えることもできる。

表12 前期リスニング分位点とリスニング分位グループ

	上位 10%	20%	30%	40%	50%（中央値）	60%	70%	80%	90%	最小値
前期リスニング得点	62	58	54	50	46	46	42	38	38	12
リスニング分位グループ	1	2	3	4	5	6	7	8	9	10

表13 リスニング分位グループごとの G-TELP リスニング得点の伸び

リスニング分位グループ	前期リスニング	後期リスニング	差の平均	得点差 最大値	得点差 中央値	得点差 最小値	相関
1 ($n=44$)	66.0 (4.3)	57.2 (12.8)	-8.8^* (12.9)	16	-8.5	-38	.15
2 ($n=25$)	58.0 (0)	56.6 (14.4)	-1.4 (14.4)	25	-4	-25	.00
3 ($n=24$)	54.0 (0)	51.8 (12.5)	-2.2 (12.5)	25	-4	-21	.00
4 ($n=34$)	50.0 (0)	52.7 (12.3)	2.7 (12.3)	33	0	-25	.00
5[10] ($n=43$)	46.0 (0)	52.1 (12.5)	6.1^* (12.5)	37	8	-25	.00
7 ($n=40$)	42.0 (0)	46.5 (14.1)	4.5^* (14.1)	33	4	-25	.00
8 ($n=29$)	38.0 (0)	50.5 (16.6)	12.5^* (16.6)	50	12	-21	.00
9[11] ($n=25$)	27.8 (6.2)	43.0 (12.8)	15.2^* (11.2)	37	17	-4	.49

（　）は標準偏差
＊は $p<.05$

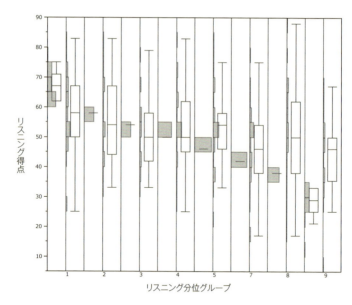

図12 前期（左）・後期（右）のリスニング分位グループ別ヒストグラム・箱ひげ図

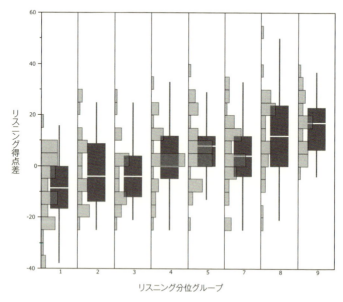

図13 リスニング得点差のリスニング分位グループ別ヒストグラム・箱ひげ図

表 14 G-TELP リーディングの記述統計量

	N	平均	標準偏差	最大値	中央値	最小値
前期	264	60.62	15.6	96	62	12
後期	265	64.35	13.0	92	67	21

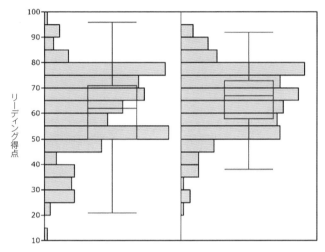

図 14 前期（左）・後期（右）の読解得点のヒストグラム・箱ひげ図

5. G-TELP リーディングの伸び

本節では，G-TELP リーディング・セクションの得点について，(1) 記述統計量，(2) 総点の 10 ％分位別分析，(3) 前期リーディング得点の 10 ％分位別分析の順に分析結果を報告する。

5.1 記述統計量

表 14 は，前後期ごとのリーディング・セクションの記述統計量である。また，図 14 は，リーディング得点をヒストグラム・箱ひげ図で表している。前期のリーディングの平均点は 60.6 点（$SD=15.6$），後期は 64.4 点（$SD=13.0$）であった。対応のある t 検定の結果は，統計的に有意であり，リーディング得点の伸びが認められた（$p<.05$; $t=4.29$）。

5.2 総点の 10％分位別分析

前期総点の分位グループごとの前後期リーディング得点，ならびに，それらをヒストグラム・箱ひげ図で表したのが，それぞれ，表15と図15である。前期総点と前期リーディングには強い相関（$r = .83$）があり，総点の分位グループによる前期リーディング得点は上位グループほど，平均点が高くなっている。一方，後期リーディング得点においては，総点分位グループ2と3，6と7に順位の入れ替わりが見られる。しかし，その差は僅かであ

表15　総点分位グループごとの G-TELP リーディングの得点の伸び

総点分位グループ	前期リーディング	後期リーディング	差の平均	得点差			相関
				最大値	中央値	最小値	
1 ($n=22$)	79.8 (8.5)	73.5 (12.0)	-6.3* (13.6)	16	-4	-30	.15
2 ($n=32$)	74.1 (8.4)	71.9 (9.0)	-2.2 (10.0)	13	0	-33	.33
3 ($n=26$)	71.3 (7.5)	72.4 (9.0)	1.2 (9.5)	21	0	-17	.35
4 ($n=30$)	65.2 (9.2)	67.8 (11.2)	2.6 (13.8)	29	0	-17	.10
5 ($n=23$)	63.7 (8.9)	64.7 (7.6)	1.0 (9.4)	25	0	-13	.36
6 ($n=23$)	60.2 (7.7)	63.5 (11.7)	3.3 (14.4)	25	5	-42	-.07
7 ($n=30$)	58.3 (10.5)	63.6 (12.8)	5.3 (18.1)	33	8	-46	-.20
8 ($n=29$)	52.7 (8.8)	59.1 (14.1)	6.4* (14.3)	41	4	-21	.29
9 ($n=24$)	46.0 (9.9)	56.2 (11.1)	10.2* (11.2)	38	8	-12	.44
10 ($n=25$)	33.5 (10.5)	49.0 (9.8)	15.5* (12.8)	46	17	-8	.21

（　）は標準偏差
＊は $p < .05$

第7章 長崎大学経済学部生のG-TELPスコアに見る英語習熟度の伸長に関する考察 441

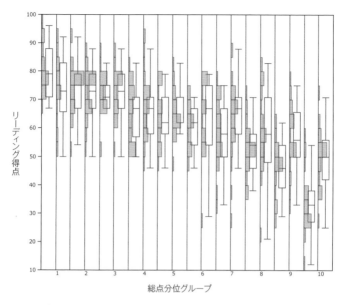

図15 前期（左）・後期（右）のリーディング得点の総点分位グループ別ヒストグラム・箱ひげ図

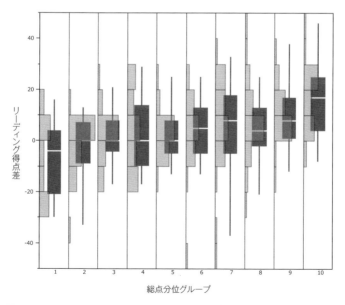

図16 リーディング得点差の総点分位グループ別ヒストグラムと箱ひげ図

る。前期リーディングの得点の高い受験者ほど，後期リーディング得点も高い傾向がある（$r=.53$）。

得点の伸びを見ると，下位の受験者ほど得点の伸びは大きく，逆に，上位の受験者ほど得点を落とすという傾向がリーディングにおいても見られた。図16の得点の伸びを表したヒストグラム・箱ひげ図からも，この傾向は明らかである。

5.3 リーディング得点の10％分位別分析

前期のリーディング得点を10％分位ごとにグループ化（「リーディング分位グループ」）し，リーディング得点の伸びを検証した。それぞれの分位点は表16に示されている。

表17および図18は，リーディング分位グループによるリーディング得点の伸びを示した表およびヒストグラム・箱ひげ図である。前期のリーディング得点に関しては，標準偏差や箱ひげ図から明らかなように，最上位グループと最下位グループに得点のばらつきがあり，グループ8と9にも若干のばらつきがある以外は，グループ内に得点のばらつきはない。

これまでの他のセクションの分析と同様，リーディング分位グループ別に得点の伸びを見ると，上位層ほど得点の低下が大きくなり，逆に，下位層になるほど得点の上昇が大きくなる傾向が顕著である（図17・18参照）。下位半分はかなり得点を伸ばしている一方，上位30％層以上は得点を低下させ，上位層ほど，その低下が増大している。

まとめと考察

本稿では，長崎大学経済学部2011年度入学生が，前期および後期に，それぞれ受験したG-TELP（レベル3）の結果を報告し，前期の得点グループ別分析を通じて，どのような傾向が見られるかを検証した。

本調査で明らかになった重要な点は，次の2点である。第1に，概ね後期の得点が前期を上回っているものの，後期における得点の上昇はわずかであることである。第2に，総点および文法・リスニング・リーディングの各セ

表 16　前期リーディング分位点とリーディング分位グループ

	上位 10 %	20 %	30 %	40 %	50 %（中央値）	60 %	70 %	80 %	90 %	最小値
前期リーディング得点	79	75	71	67	62	58	54	46	38	12
リーディング分位グループ	1	2	3	4	5	6	7	8	9	10

表 17　リーディング分位グループごとの G-TELP リーディング得点の伸び

リーディング分位グループ	前期リーディング	後期リーディング	差の平均	得点差 最大値	得点差 中央値	得点差 最小値	相関
1 ($n=32$)	83.3 (5.3)	74.2 (10.6)	-9.1^* (10.8)	9	-9	-33	.22
2 ($n=24$)	75.0 (0)	72.0 (12.4)	-3.0 (12.4)	17	0	-37	.00
3 ($n=31$)	71.0 (0)	66.5 (13.5)	-4.5 (13.5)	17	-4	-46	.00
4 ($n=33$)	67.0 (0)	67.0 (10.2)	0.0 (10.2)	25	0	-21	.00
5 ($n=26$)	62.0 (0)	64.5 (9.8)	2.5 (9.8)	26	0	-16	.00
6 ($n=21$)	58.0 (0)	66.2 (8.4)	8.2^* (8.4)	25	9	-12	.00
7 ($n=28$)	54.0 (0)	61.6 (10.5)	7.6^* (10.5)	29	8	-12	.00
8 ($n=32$)	47.6 (2.0)	60.3 (11.0)	12.7^* (10.4)	37	12	-8	.35
9 ($n=14$)	39.1 (1.9)	51.9 (14.9)	12.7^* (14.9)	41	10	-17	.05
10 ($n=22$)	28.6 (5.4)	49.5 (11.3)	20.9^* (11.0)	46	21	0	.29

（　）は標準偏差
＊は $p<.05$ 水準で有意

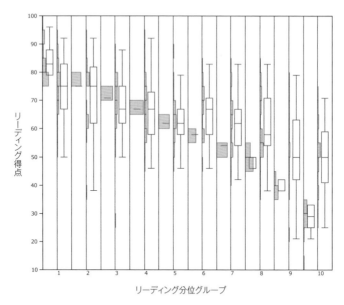

図 17 前期（左）・後期（右）のリーディング分位グループ別ヒストグラム・箱ひげ図

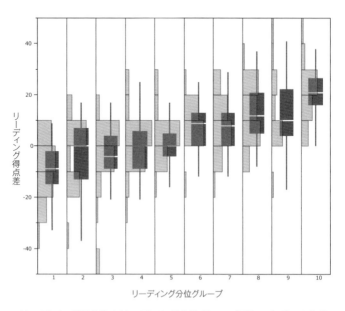

図 18 リーディング得点差のリーディング分位グループ別ヒストグラムと箱ひげ図

クションを通じて，概ね，前期の下位層ほど得点の伸びが大きく，逆に，上位層ほど得点が伸びていないばかりか，むしろ，得点を大きく低下させる傾向が見られたことである。総点の平均点の伸びは，主として，前期得点下位者が得点を大きく伸ばしたことによるものである。この伸びが僅かなものにとどまったのは，前期得点上位者が後期に得点を大きく落とし，前期得点下位者の伸びの効果をほぼ相殺したためである。

こうした結果は，後期に受講した「総合英語Ⅱ」の授業が得点の下位者に，より効果的であり，得点上位者にはあまり効果的でないことを傍証している可能性がある。下位者は，前期の G-TELP 得点を受け，より危機感を持ち，より真剣に受講したことによるものかもしれない。また，「総合英語Ⅱ」は習熟度別クラス編成ではなかったため，授業自体が下位者にとっては，相対的に難易度が高く感じられたため，相応の努力をしたとも考えることができる。

逆に，上位者は前期の得点を受けて，後期の「総合英語Ⅱ」にまじめに取り組まなかった可能性も考えられる。また，習熟度編成でないため，授業自体が彼（女）らには，相対的に平易となり，英語習熟度を伸長させる効果や学習への動機づけ等のプラスの効果を持たなかった可能性もある。さらには，プラスの効果を持たなかったばかりか，得点を大きく低下させていることを考えれば，マイナスの効果を持った可能性さえある。たとえば，授業が相対的に平易に感じられるため，学習意欲が失われたり，また，「総合英語Ⅱ」の評価の 20％を占める G-TELP の得点以外の 80％で，容易に点数を稼ぐ（あるいは，稼げる）ために，評定を気にしなければ，G-TELP そのものを真剣に受験しなかった可能性がある。

これは，単なる推測であり，（伸びしろがより大きいという側面は除くとしても）なぜ成績下位層が得点を伸ばすことができたのか，逆に，なぜ成績上位層が得点を落とす傾向があるかについては，より詳細な調査が必要である。こうした点は，たとえば，学生への聞き取り調査や G-TELP の得点と最終評価の関係などを調査することで，明らかにできると思われる。

以上のような本調査の結果から示唆されることは，得点下位者にとってより効果的なカリキュラムや教育方法や内容について改善を重ねることはもち

ろんのこと，得点上位者が得点をさらに伸ばすようなプログラムを検討する必要がある。逆に言えば，得点上位者をさらに伸ばすことが可能なプログラムにつなげることができれば，さらに良い結果を得られる余地があるということを今回の調査は明らかにしたとも言える。

このようなプログラムの方策はいろいろあるであろうが，そのひとつには，早い段階から習熟度別にクラスを編成し，その習熟度に応じた目標をそれぞれ立てることが挙げられるだろう。セクションごとに多少の違いはあるものの，受験者間の習熟度のばらつきは小さくない。したがって，習熟度別編成によって，それぞれの学習者が手応えを感じる程度の難易度の内容を扱う事が考えられる。得点上位者が，得点を単に維持するだけでなく，少しでも上昇させることができれば，学生全体の英語習熟度を高める結果につながる。そのため，得点上位者の向上につながるプログラムや方途を検討することが，次の重要な課題となる。

[謝辞]
本研究は，長崎大学経済学部100周年寄附金による研究支援費（課題名：「英語力の実態把握と学習支援のための調査研究」）の成果の一部である。研究助成に感謝申し上げます。

[注]
1) 以後，特に断りがない場合，単に「G-TELP」と表記する。
2) 2011年度入学生は，1年次前期と後期の両学期にG-TELPを受けた最初の年次生である。
3) 当該科目の成績の20％をG-TELPの総点で評価する。
4) ただし，本年次生は，カリキュラム編成の都合により，前期のG-TELP総点を後期の習熟度別編成には利用していない。したがって，後期に受講した「総合英語II」は，習熟度別編成とはなっていなかった。
5) G-TELPの詳細については，丸山（2011）および小笠原・西原（2011）などを参照のこと。また，公式ウェブサイト（http://www.g-telp.jp）を参照のこと。
6) この換算式は，2011年度経済学部入学者を対象に，2011年7月実施のG-TELP（レベル3）と同年10月末に希望者を対象に実施したTOEICスコアから導き出されたものであり，受験者数も限られているため（163名），おおよその対応関係として捉えられるべきものである。

7) 小笠原・西原（2011），p.3より。
8) 「グループ1」は215点以上，「グループ2」は206点以上215点未満，以下同様に，81点以上134点未満が「グループ10」となる。
9) 前期と後期の得点の相関係数。以後の表でも同様。
10) 中央値と40％分位値が同値であるため，上位40％から60％が1つのグループとなっている。
11) 80％分位値と90％分位値が同値のため，1つのグループとなっている。

[引用文献]

小笠原真司，西原俊明（2011），『報告書 G-TELPによる長崎大学学生の英語学力分析：平成22年度総合英語Ⅱのデータを中心に』長崎大学大学機能開発センター

丸山真純（2011），「長崎大学経済学部生の英語習熟度（1）―― 二つの英語試験とTOEIC得点の観点から ――」，『経営と経済』91（1-2）93-113

丸山真純（2012）「長崎大学経済学部生のG-TELP（レベル3）とTOEICスコア ―― 記述統計と換算式からの検討 ――」，『経営と経済』92(3)，71-91

第3部

ファイナンス編

第1章

Empirical Exploration on the Foreign Exchange Market Microstructure with Duration, Volume and Orderflow[*]

Masayuki Susai

Abstract

With Ultra-High Frequent JPY against USD rate data, we investigate the features of the market microstructure of foreign exchange in terms of duration, volatility, volume and orderflow. ACD model developed by Russell/Engle (1995) enables us to use tick-by-tick type foreign exchange data without any loss of information. In addition to ACD model, we use GARCH type model that is modified to accomplish our purpose.

With ACD model, we found clear results. We confirmed that persistency of expected duration is strong. Thus, we cannot say foreign exchange market is efficient. As for the market microstructure exploralation, we use Diamond/ Verrecchi (1986) model which shows that no trade means bad news, and Easly/ O'Hara (1992) model which mentions that no trade means no news. Our results show that volume has significant negative impact on duration and buying USD orderflow also affects negatively on duration. If we can recognize the volume and orderflow as the proxy of information inflow, foreign exchange market can be seen as the market Easly/O'Hara (1992) showed. The more the volume increases, the shorter the trade interval and the duration becomes, then the more the trade occurs.

In the next step, we analyze the relations between volatility and duration to explore the foreign exchange market structure. Duration has negative effect on volatility, but has no effect on foreign exchange rate in 2007, whereas duration

---

[*] Financial supports from Grant-in-Aid for Scientific Research (B), 15203016 (Japan Society for the Promotion of Science) and Keirin Kai (Alumni Association of Faculty of Economics, Nagasaki University) are acknowledged. Discussions in Japan Society of Artificial Intelligence Annual Meeting and 22nd Asian Pacific Conference on International Accounting Issues are appreciated.

has positive effect on volatility with negative impact on USD/JPY rate in 2008. If we take the result from ACD model into account, the more information comes to market and the more the trade occurs, the higher the volatility becomes in 2007. This result is consistent with the implication from the mixture of distribution hypothesis and Easly/O'Hara (1992) model. In 2008, the longer the trading interval becomes, the higher the volatility becomes. From ACD estimation, volume has positive impact on duration. Combining with these results, we can say that no trade, which means no news, makes market volatile. This result suggests that Diamond/Verrecchia (1986) model is valid. Uncertainty in the market was quite high and USD used to depreciate with active trade in our data in 2008. It might be said that foreign exchange market can be the market suggested by Easly/O'Hara (1992) in a usual case, but it also depends on the market condition such as uncertainty or risk.

Keywords : Market Microstructure, Autoregressive Conditional Duration Model

Introduction

In this paper, we tried to explore the market microstructure of foreign exchange with Ultra-High Frequency data. Many researchers have been doing enthusiastic works on market microstructure. But not so many researches have been done in foreign exchange market. This is partly because the difficulties of data availability. Data Mine (provided by ICAP Inc.) enables us to use market data in foreign exchange market. ICAP Inc. is providing trading platform through Internet. Today, almost all major market makers are using this trading platform of foreign currencies and ICAP's database can cover all trading records such as foreign exchange rate, time, volume, buying or selling order indicator and order book at which the trade is done. Before introducing Data Mine, it was almost impossible to use the market data of foreign exchange rate.

Among many techniques to analyze high frequency tick-by-tick type data, there are two ways that are easy to use. One of the easiest ways is to convert raw data into even spaced data. With this method, we lose important information. For example, if we construct 5 minutes interval data from tick-by-tick data, only one data in 5 minutes will be picked up. The data we use in this paper contains the trading records with every 250 milli-second interval. We may abandon at most 1200 data in every 5 minutes if we convert our data into 5 minutes even spaced data. For avoiding this matter, we intend to use Autoregressive Conditional Duration model (ACD thereafter) developed by R. Engle and J. Rusell(1995). They proposed ACD model to model the interval between trades analogous to survival analysis and they defined the interval between the trades as duration.

In this paper, we utilize Log ACD (2,2) model and GARCH type representation with Ultra-High Frequency data following Engle (1996). By these models, we investigate dealers' trading activities in terms of duration, volatility, volume and orderflow. As Clark (1973) stressed that volume can be the good proxy of information inflow. Lyons (2001) found that orderflow plays more informative work in the market. In this paper, we first check the information contents of duration with volume and orderflow through ACD model. Then, combining the ACD results with GARCH type model results, we will explore the market microstructure with duration, volume and orderflow.

The period we use covers the event, Lehman's shock. Our data set spans from 1st of July to the end of September in 2007 and 2008. We can use the result from 2007 data as the benchmark for investigating special features during Subprime shock days. In Susai (2009), we found some noteworthy features among USD, EUR and JPY currencies in Subprime period. Especially during the Lehman's shock, the relations among these most traded financial assets in the world were much different than that in same period in 2007.

For exploring the microstructure of foreign exchange market, we use the basic ideas proposed by Diamond/Verrechia (1986) and Easly/O'Hara (1992). Those models are good to explain the duration between the trades. In Diamond/Verrecchia (1986), they thought that there exists two kinds of dealers, informed and uninformed dealers. Suppose that informed dealers have private negative information on USD, and if USD depreciates with bad news on USD, then informed dealer might wait for next chance to trade to utilize their informational advantage. In this situation, longer duration means that bad news comes to informed dealers. On the other hand in Easly/O'Hara paper, if some portion of dealers have some informational advantage, these informed dealers do not want to trade without any new profitable information. In this case, longer duration means no crucial event occurred. These two models are the issues we are going to test with empirical method.

The rest of this paper contains four sections. In the next section, we explain Data Mine in detail. After the data description, we develop our model. In the section of results and discussion, we analyse market microstructure in terms of duration and two models mentioned above. We conclude our discussion in the last section.

1. Data

Real traded data has been difficult to be used in foreign exchange market. In this paper, we use really traded market data, Data Mine ver. 5. This data set provides us the foreign exchange rate that dealers actually trade, bid or ask indicator, volume and order book in 250 millisecond interval. As far as we know, more than 70% of USD based foreign exchange rates are traded through the trading platform operated by ICAP Inc.. The earlier versions of Data Mine do not contain volume and order book.

In this paper, we call this kind of data as "deal data". The intervals of deal data are uneven. Uneven interval data might have some trouble when we estimate the model with time series methods. Here we use ACD and GARCH type model proposed by Engle (1996) to deal with uneven spaced Ultra-High Frequency data problem.

Our data spans from 1st of July to 30th of September in 2007 and 2008. In these periods, Lehman Brothers failure had occurred in September, 2008. Because we had so called Subprime problem from July to September in 2008, we chose same period in 2007 as the baseline for comparison. By using the data in same month in different years, we can control month of the year effect. In 2007, we use more than 1 million records, and more than 1.2 million in 2008.

In our research, we use Japanese Yen against US Dollar rate. We also use transaction time, transaction volume and bid or ask indicator. At first, we define the duration between trades. Let t_i be the transaction time at time i and be $\tau_i = t_i - t_{i-1}$ as duration between trades.

With the bid or ask indicator, we can affirm the direction of trade. For example, if bid indicator is assigned to a USD/JPY rate, this means the bid side of the USD/JPY rate is hit by the counter part of the trade. This trade may have downward pressure to the USD/JPY rate. For these reasons, we use bid or ask indicators as the

Table 1 Seasonality of Duration in 2007 and 2008

Variable	2007		2008	
	Coef.	t-Stat.	Coef.	t-Stat.
C	7.79E-05	3.97*	1.94.E-04	10.16*
D1	-2.86E-05	-0.54	-1.31.E-04	-2.67*
D2	-8.63E-06	-0.32	-2.08.E-04	-8.33*
D3	-8.85E-07	-0.03	4.60E-05	1.86***
D4	-4.56E-06	-0.18	4.32E-05	1.78***
D5	4.54E-06	0.19	-4.10E-06	-0.19
D6	-3.43E-06	-0.17	3.10E-05	1.74***
D7	-1.08E-05	-0.63	2.22E-06	0.15
D8	-9.72E-06	-0.56	-4.69E-06	-0.31
D9	2.89E-05	1.54	-1.23E-05	-0.76
D10	-6.12E-06	-0.32	-1.03E-05	-0.60
D11	-3.86E-05	-2.01**	1.17E-05	0.69
D12	2.92E-05	1.67	2.09E-05	1.38
D13	-2.46E-06	-0.16	2.43E-06	0.19
D14	-6.14E-06	-0.43	1.43E-06	0.12
D15	-2.45E-05	-1.57	-1.13E-05	-0.84
D16	2.87E-05	1.47	-2.24E-05	-1.33
D17	-1.79E-05	-0.78	-7.89E-06	-0.41
D18	5.62E-06	0.24	5.29E-06	0.27
D19	1.92E-05	0.81	-3.75E-05	-1.79***
D20	9.97E-06	0.35	-1.71.E-04	-6.72*
D21	-1.97E-06	-0.06	-5.58.E-04	-17.49*
D22	-2.54E-06	-0.08	6.44.E-04	19.81*
D23	-1.66E-05	-0.59	-9.56E-06	-0.35

Independent variable is duration in each equation.
*:1% **:5% ***:10%

price pressure indicator and can be recognized as orderflow direction index. Trading volume also has impact on price change. Bigger volume usually has bigger impact on price movement. We use the total volume of bid trade multiplied by bid indicator (-1) and ask trade multiplied by ask indicator (1). This amount can be recognized as orderflow in each trade. These variables might have impact on duration through the impact on USD/JPY rate change.

In the first step, we check the seasonality of duration. Many papers that use stock data usually check the seasonality during daytime when the market is opened.

As for the foreign exchange trade, dealers can trade at anytime of the day. Even in the weekend, dealer can trade if he or she can find the counterpart. 24 hours continuous trading is one of the famous features in foreign exchange market. For this reason, we check the seasonality of duration with 23 time dummies. The results are shown in Table 1 from equation (1).

$$\tau_t = c + \sum_{i=1}^{23} \alpha_{ti} D_{ti} + \varepsilon_t \tag{1}$$

D_is are dummy variables and D_1 takes 1 from 0:00:00 to 0:59:59 (GMT) and 0 otherwise. ε_t is a error term and assumed normally distributed. In 2007, no strong seasonality is found. We may say some from 0:00:00 to 5:59:59 in 2008. This is Tokyo (or Asia) time zone. At the beginning of Tokyo market, durations might be shorter than that of other time zone. Tokyo is the first market that opens in a day. The trades are active during these 2 hours partly because dealers may adjust their

Table 2 Market Effect

	2007		2008	
Variable	Coef.	t-Stat.	Coef.	t-Stat.
C	7.88E-05	13.43*	1.10E-04	21.29*
TOKYO_D	-2.94E-06	-1.52	-5.78E-07	-0.34
LD_D	-9.25E-07	-0.33	9.92E-06	4.16*
LD_NY_D	-7.92E-07	-0.31	-2.39E-05	-10.83*

Independent variable is duration in each equation
*:1%   **:5%   ***:10%

Table 3 Correlation Matrix in 2007

	INT	DLUSD	R_VOLATILITY	VOL	O_F
INT	1 -----				
DLUSD	0.0015 11%	1 -----			
R_VOLATILITY	0.0009 33%	-0.020 0%	1 -----		
VOL	-0.0008 43%	-0.023 0%	0.029 0%	1 -----	
O_F	0.0009 36%	0.402 0%	-0.0097 0%	-0.042 0%	1 -----

第1章 Empirical Exploration on the Foreign Exchange Market Microstructure

Table 4 Correlation Matrix in 2008

	INT	DLUSD	R_VOLATILITY	VOL	O_F
INT	1 -----				
DLUSD	-0.0062 0%	1 -----			
R_VOLATILITY	0.0065 0%	-0.040 0%	1 -----		
VOL	-0.0029 0%	-0.012 0%	0.0189 0%	1 -----	
O_F	-0.0005 59%	0.3404 0%	-0.0069 0%	0.039 0%	1 -----

positions at the beginning of the day.

Table 2 shows the market effect on duration. TOKYO_D covers from 0:00:00 to 8:59:59, LD_D covers from 9:00:00 to 12:59:59, and LD_NY_D covers from 13:00:00 to 15:59:59. As in the Table 1, we cannot find any seasonality in 2007, but find a clear seasonality in 2008. During London time, duration might be longer than that of any other market time zone. And duration has shorter tendency in the zone when London and New York are both active.

Correlations among variables can be checked in Table 3 and 4. INT represents duration, DLUSD is log difference of USD/JPY rate, R_VOLATILITY shows realized volatility (squared DLUSD), VOL is volume, and O_F is orderflow. USD/JPY rate change and volume are negatively correlated with duration in 2008 significantly. But realized volatility is positively correlated with duration in 2008 significantly. Former relations are intuitively understandable. In a given time period, high volume comes with active trade, and active trades shorten duration.

For eliminating the seasonality from duration data, we convert the raw data to seasonality adjusted data through equation (2).

$$\widehat{\tau}_i = \frac{\tau_i}{\varphi(t_i)} \tag{2}$$

$\widehat{\tau}_i$ is adjusted series and $\varphi(t_i)$ is smoothed value at time i. To get $\varphi(t_i)$ series, we use exponential smoothing with Hold-Winters additive seasonal variation method. Hereafter, we use seasonality adjusted duration in all estimations.

2. Model

ACD Model

Following many papers that use ACD model[1], we develop the model. Let s_i be the log first difference of USD/JPY rate and f $(\cdots|\cdots)$, g $(\cdots|\cdots)$ and q $(\cdots|\cdots)$ be the conditional density functions. Then, we can define the conditional joint density function of s_i and $\hat{\tau}_1$ as follows.

$$f(s_i,\hat{\tau}_1|S_{i-1},\hat{\tau}_{i-1}) = g(s_i|s_{i-1},\hat{\tau}_{i-1})q(\hat{\tau}_1|s_{i-1},\hat{\tau}_{i-1}) \tag{3}$$

As in the equation (3), conditional joint density function of s_i and $\hat{\tau}_i$ can be express by the product of g $(\cdots|\cdots)$ and q $(\cdots|\cdots)$. In equation (3), s_{i-1} and $\hat{\tau}_{i-1}$ are past information of s and $\hat{\tau}$ at time i-1.

Following Engle/Russel (1995), we assume,

$$\hat{\tau}_i = \Psi_i \varepsilon_i, \quad \varepsilon_i \sim i.i.d. \tag{4}$$

This assumption allows us to describe the duration as mean function of Ψ_i. In this paper, we adopt Log ACD model as follows.

$$\ln(\Psi_i) = \omega + \sum_{j=1}^{n}\alpha_i\hat{\tau}_{i-j} + \sum_{j=1}^{m}\beta_j\ln(\Psi_{i-j}) + \sum_{j=1}^{k}\rho_j z_{i,j} \tag{5}$$

z_i s are exogenous variables. As we mentioned in Data section, we incorporate volume and orderflow as exogenous variables.

With (4) and (5), we can derive the quasi-likelihood function to estimate hazard function of $\hat{\tau}_i$.

$$\ln L = -\sum_{i=1}^{N}\ln\Psi_i + \frac{\tau_i}{\Psi_i} \tag{6}$$

GARCH type Model

ACD model was proposed to analyze the uneven spaced Ultra-High Frequency data to estimate behavioral finance model or to test market microstructure hypothesis. Following Engle (1996), we construct ARCH type model with Ultra-High Frequency data to test market microstructure in terms of Diamond/Verrechia (1986) and Easly/O'Hara (1992).

Let σ_i^2 be the conditional variance of the process per second and h_i be the conditional variance of individual trade. We assume that these two conditional variances are related as follows.

$$h_i = \hat{\tau}_i \sigma_i^2 \tag{7}$$

If s_i only depends on past information, the expected variance of s_i can be written as follows by using equation (4).

$$E_{i-1}(s_i^2) = E_{i-1}(h_i) = E_{i-1}(\hat{\tau}_i \sigma_i^2) = \Psi_i \sigma_i^2 \tag{8}$$

$$\sigma_i^2 = \omega + \alpha \frac{\varepsilon_{i-1}^2}{\hat{\tau}_{i-1}} + \beta \sigma_{i-1}^2 \tag{9}$$

Equation (9) can be seen as GARCH type expression with Ultra-High Frequency data. With this conditional variance equation and mean equation of s_i, we can test the microstructure of foreign exchange market.

3. Results and Discussions

For accomplishing our research objectives, we employ ACD (2,2) model as below.

$$\ln(\Psi_i) = \omega + \sum_{j=1}^{2} \alpha_1 \hat{\tau}_{i-j} \\ + \sum_{j=1}^{2} \beta_j \ln(\Psi_{i-j}) + \sum_{j=1}^{2} \gamma_j s_{i-j} + \rho_1 vol_{i-1} + \rho_2 of_{i-1} + \nu_1 D_T \\ + \nu_2 D_{LD} \tag{10}$$

We incorporate USD/JPY rate of change (s_{i-1}, s_{i-2}), volume (vol) and orderflow (of) variables as exogenous variables, and add two dummy variables for Tokyo (D_T) and London (D_{LD}) time zone. If past duration has some impact on future expected duration, α_i should be significantly estimated. If past foreign exchange rate change has some effects on future expected duration, γ_i should be significant. Volatility can be measured by s_i and volume. High s_i can cause volatile market. As with the prediction of mixture distribution hypothesis, if volume co-moves with volatility, high volume also comes with high volatility.

From the discussion of Clark (1973), volume can be the proxy of information inflow to the market. On the other hand, Evans/Lyons (2002, 2006) suggests that orderflow contains richer information than that volume has. It might be true because orderflow consists of order direction and volume. Therefore, orderflow comprises the information contained in volume. By checking the estimated parameter ρ_i, we can compare the informativity of volume and orderflow.

$$s_i = c + \lambda_i \hat{\tau}_i \tag{11}$$

$$\sigma_i^2 = \omega + \alpha \frac{\varepsilon_{i-1}^2}{\hat{\tau}_{i-1}} + \beta \sigma_{i-1}^2 + \theta_1 \frac{\zeta_{i-1}}{\Psi_{i-1}} + \theta_2 \frac{\hat{\tau}_1}{\Psi_1} + \theta_3 \tau_1 + \theta_4 \Psi_i^{-1} \tag{12}$$

In equation (12), ζ_i is a long run volatility. We compute long run volatility as exponential smoothing series of realized volatility, s_i^2. λ_i can capture simultaneous relation between duration and foreign exchange movement in (11). θ_i can measure the impact of long run volatility and many kinds of past durations on volatility. θ_2 captures the surprise component of duration. Rise of this variable means that relative length of actual duration to expected duration becomes longer. The difference between actual and expected terms might be thought as surprise.

Table 5 shows that all parameters are significantly estimated in both years. The sign of parameters are almost same. Past durations and past expected durations have

Table 5 Estimation Results of ACD (2,2)

	2007		2008	
	Coef.	z-Stat.	Coef.	z-Stat.
ω	1.2.E-02	38019*	1.2.E-02	393973.1*
α_1	1.2.E-01	88823.46*	1.2.E-01	159.53*
α_2	-1.4.E-04	-347.19*	-8.3.E-05	-4.36*
β_1	1.3.E-01	2782.54*	1.0.E-01	29.25*
β_2	-3.6.E-03	-72.03*	-1.3.E-03	-7.75*
γ_1	-5.8.E-02	-10.73*	1.1.E-01	41.05*
γ_2	-1.5.E-01	-25.85*	-1.4.E-02	-6.13*
ρ_1	-5.8.E-06	-56.73*	-1.6.E-05	-75.32*
ρ_2	-3.7.E-06	-46.39*	-6.7.E-06	-68.86*
ν_1	1.8.E-05	75.51*	2.3.E-06	16.47*
ν_2	-4.0.E-06	-15.50*	-3.4.E-06	-26.05*
Log likelihood	-2.2.E + 07		-3.5.E + 07	

*:1% **:5% ***:10%

positive impact on future expected duration. If dealers face longer duration, or if they expect longer duration, these facts induce future longer expected duration. Persistency of the effect of past expected duration is quite strong. Persistency can be captured by $\beta_1+\beta_2$. In both years, these values exceed 1. This means that the effect of past expected duration lives longer.

If we follow the Clark (1973) discussions, volume can be used as the proxy of information inflow, and more information that comes to market causes heavier trade, thus bigger volume. With the parameters of volume and orderflow in Table 5, we can discuss the hypothesis proposed by Easly/O'Hara (1992) and Diamond/Verrecchia (1986). The more information comes to the market, the heavier the trades occur if Easly/O'Hara (1992)'s hypothesis dominates.

As in the Table 5, volume and orderflow have same effects in both years. Past volume makes future expected duration shorter. Orderflow in the past has negative impact on future expected duration. In this case, buying USD order shortens the duration. From these results, we can confirm that bigger volume shortens the duration. If dealers trade with new information, this result is in line with the discussion of Easly/O'Hara (1992). During the period that more information comes to the market, heavier trade occurs, hence duration becomes shorter.

Buying order flow also makes duration shorter. In general, buying order should have positive impact on the price. This tendency is consistent with the fact that used to be found in many financial markets. Price can be rise with more active trade and price used to drop with thinner trade. If dealers with good news on US dollar buy USD actively, then active buying orders make duration shorter. This fact is also in line with the discussion of Easly/O'Hara (1992).

Only the impact of foreign exchange rate change is opposite in both years. Appreciation of USD has negative impact on future expected duration in 2007. But the impact in 2008 is opposite. If dealer's reaction in terms of duration can be understood as their evaluation of the event, the appreciation of USD can be taken as good news in 2007, but not in 2008. The difference of the market condition in both years is the Lehman and Subprime shock. A lot market participant might be thinking that USD belongs to higher risk asset class in 2008. Buying USD orders raise USD value and accumulate USD long position at the same time. Position seems to play crucial role in financial market[3]. If higher USD or longer USD position means higher risk in 2008 than that in 2007, the appreciation and the accumulation of USD might be understood as worse news in 2008. This tendency might be also consistent with the Easly/O'Hara (1992) implications.

In terms of the market microstructure, we can induce some implications from Table 6. In the first step, we check the result of mean equation (11). Duration does not have any impact on USD/JPY rate change in 2007, but has negative significant impact in 2008. Longer duration causes USD to depreciate. If dealers take the longer duration as bad news on USD, then JPY/USD rate moves downward.

Almost all parameters have different signs in both years. The mean value and standard deviation of long run volatility in 2007 is smaller than those in 2008. Besides those, the mean and standard deviation of expected duration in 2008 is much bigger.

θ_1 represents the effect of long run realized volatility on volatility. Long run volatility has negative impact in 2007, and positive impact in 2008.

As for the effect of three kinds of durations on volatility, the sign of all these parameters are different in both years. In 2007, surprise and expected duration cause higher volatility and realized duration has negative impact on volatility. It is easy to guess that unexpected bad news and its expectation cause higher volatility if we can

Table 6 Estimation Result of GARCH type Model

	2007		2008	
	Coef.	z-Stat.	Coef.	z-Stat.
Mean Equation				
C	-5.9E-08	-0.64	8.2.E-07	9.50*
λ	-6.0E-09	-0.12	-1.0E-06	-16.09*
Variance Equation				
C	4.8E-09	36.82*	4.2.E-09	1858.89*
α	-3.9E-14	7.50*	4.9.E-06	617.08*
β	1.7E-01	-0.14*	6.9.E-02	269.13*
θ_1	-7.0E-09	-21.72*	2.7.E-08	169.01*
θ_2	4.5E-12	37.01*	-7.9.E-12	-79.50*
θ_3	-8.1E-11	-26.77*	1.5.E-09	398.64*
θ_4	-5.2E-13	-2.96*	2.0.E-12	42.54*
AIC	-16.185		-16.012	
SBIC	-16.185		-16.012	

*:1%   **:5%   ***:10%

relate unexpected part of duration to unexpected bad news. Longer duration means fewer trades in a given time. Therefore, longer duration leads to lower volatility.

We can confirm that this results support Easly/O'Hara (1992) hypothesis. No news come with fewer trade, thus lower volatility. The results from ACD showed that high volume causes short duration. Combining ACD results with GARCH type results, we can confirm that volatility becomes small when trading activity is low, in other word duration is long. These relations show that Easly/O'Hara (1992) model is valid.

But in 2008, we might say that dealers behave as shown in Diamond/Verrecchia (1986). The results in mean equation shows that longer duration causes USD depreciation. In other word, longer durations may contain bad news on USD value. We might say from this tendency that no trade means bad news on USD in 2008. Because bigger volume comes with shorter duration and buying order comes with also shorter duration as are mentioned in ACD results in 2008. Actually, our data period in 2008 covers Lehman's shock. This event can be seen as extraordinary one in one or more decades. In such a case, uncertainty among market participants should be high. In highly uncertain market, a dealer might wait for next chance that he or she decides to trade. In Diamond/Verrecchia (1986), informed dealer dose not want to trade with bad news, and wait for next opportunity to make use of his or her informational advantage. Thus, bad news come with longer duration in Diamond/Verrecchia (1986) model.

From these discussion, we cannot confirm that foreign exchange market has microstructural feature defined by only Diamond/Verrecchia(1986) or Easly/O'Hara (1992). But we might say that market microstructure cannot be stable and can be strongly affected by market conditions such as uncertainty or risk condition.

4. Summary

With Ultra-High Frequent JPY against UDS rate data, we investigate the foreign exchange market microstructure in terms of duration, volatility, volume and orderflow. ACD model developed by Russell/Engle (1995) enables us to use tick-by-tick type foreign exchange data without any loss of information. In addition to ACD model, we use GARCH type model that is modified for analyzing tick-by-tick data.

As for the daily seasonality of duration, we found some features in Tokyo (or Asian) time zone, London time zone and London and New York time zone. Especially in London time, duration might be a bit longer than those in any other zone. One of the candidates of the reasons to explain this tendency is the way we use in explaining of the JPY against USD rate in London market. In London market, main currencies dealers usually trade are GBP or EUR. Therefore, USD/JPY rate can be traded mainly for cover trade.

With the ACD model, we found clear results in both years. In both years, we confirmed that the persistency of expected duration exists. From this result, we should be doubtful about the market efficiency. As for the market microstructure discussion, the impact of volume and orderflow shows the results for Easly/O'Hara model. If volume and orderflow can be used as the proxy of information inflow into market, bigger volume and orderflow should be with shorter duration under the Easly/O'Hara model. ρ_i (i=1,2) represent the impact of volume and orderflow and are negative and significant in equation (10). With these considerations, we can conclude that dealers in foreign market trade with information and in the manner Easly/O'Hara model suggested.

With GARCH type model, we explore the market microstructure by analyzing the relations among volatility, duration and expected duration. It is clear that realized duration, surprised part of duration and expected duration have significant effect on volatility. Long run realized volatility also affects volatility. But the ways these durations and long run volatility affect on volatility are different in 2007 and 2008. In 2007, the relations show that market microstructure can be featured by Easly/O'Hara model. But in 2008, market feature is completely different, the signs of key parameters are opposite comparing to those in 2007. Market microstructure in 2008 can be seen as the one Diamond/Verrecchia suggested. We might be able to claim that market microstructure can be affected by market conditions such as uncertainty or risk.

Volatility in 2007 is higher with active trade, but is higher with inactive trade in 2008. Clark and many researchers are showing that active trade comes with high volatility. This is true in our result only in 2007. The reason for this difference may stem from Subprime and Lehman's shock. In highly uncertain market, foreign exchange rate may fluctuate a lot in thinner market.

[Notes]

1. ACD model was originally developed by Engle/Russel(1995).
2. See Engle (1996) in detail.
3. See the discussions in Lyons (2001).

[References]

Admati, A., Pfeiderer, P., 1988, "A Theory of Intraday Patterns: Volume and Price Variability," *Review of Financial Studies*, 1, 3-40

Andersen, T., Bollerslev, T., 1996, "Heterogeneous Information Arrivals and Returns Volatility Dynamics: Uncovering the Long-Run in High Frequency Rendements," *NBER Working Paper*, 5752

Andersen, T., Bollerslev, T., 1998, "Deutsche Mark-Dollar Volatility: Intraday Volatility Patterns, Macroeconomic Announcement and Longer Run Dependencies," *Journal of Finance*, 53, 219-265

Bauwens, L., Omrane, W. B., Giot, P., 2005, "News Announcements, Market Activity and Volatility in the Euro/Dollar Foreign Exchange Market," *Journal of International Money and Finance*, 24, 1421-1443

Bauwens, L., Rime, D., Succarat, G., 2006, "Exchange Rate Volatility and the Mixture of Distribution Hypothesis," *Empirical Economics*, 30, 889-911

Cai, J., Cheung, Y.L., Lee, R.S.K., Melvin, M., 2001, "Once in a Generation Yen Volatility in 1998: Fundamentals, Intervention and Order Flow," *Journal of International Money and Finance*, 20, 327-347.

Clark, P., 1973, "A Subordinated Stochastic Process Model with Finite Variance for Speculative Prices," *Econometrica*, 41, 135-155

Covrig, V., Melvin, M., 2002, "Asymmetric Information and Price Discovery in the FX Market: Does Tokyo know more about Yen?" *Journal of Empirical Finance*, 9, 271-285

Danielsson, J., Payne, R., 2002, "Real Trading Pattern and Prices in the Spot Foreign Exchange Market," *Journal of International Money and Finance*, 21, 203-222

Degennaro, R., Shrieves, R., 1997, "Public Information Releases, Private Information Arrival and Volatility in the Foreign Exchange Market," *Journal of Empirical Finance*, 4, 295-315

Diamond, D.W., Verrecchia, R.E., 1987, "Constraints on Short-selling and Asset Price Adjustment to Private Information," *Journal of Financial Economics*, 18, 277-311

Dominguez, K.M.E., Panthaki, F., 2006, "What defines 'News' in Foreign Exchange Markets?" *Journal of International Money and Finance*, 25, 168-198

Easley, D., O'Hara. M., 1992, "Time and the Process of Security Price Adjustment," *Journal of Finance*, 47, 905-927

Ehrmann, M., Fratzscher, M. 2005, "Exchange Rates and Fundamentals: New Evidence from Real-Time Data," *Journal of International Money and Finance*, 24, 317-341

Engle,F.R., 1996, *The Econometrics of Ultra-High Frequency Data*, NBER Working Paper 5816

Engle, R, F., Lin, W.L., Ito, T., 1990, "Meteor Showers or Heat Waves? Hetroskedastic Intradaily Volatility in the Foreign Exchange market," *Econometrica*, 58, 525-542

Engle, R., F., Russel,J.E., 1995, *Forecasting Transaction Rates: The Autoregressive Conditional Duration Model*, UCSD Discussion Paper

Evans,M., Lyons, R., 2002, "Order Flow and Exchange Rate Dynamics," *Journal of Political Economy*, 110, 170-180

Evans,M., Lyons, R., 2006, "Understanding Order Flow," *International Journal of Finance and Economics*, 11, 3-23

Frommel,M., Alexander,M., Menkhoff, L., 2008, "Order Flows, News, and Exchange Rate Volatility," *Journal of International Money and Finance*, 27, 994-1012

Glosten,L., Milgrom, P., 1985, "Bid Ask and Transaction Prices in a Specialist Market with Heterogeneously Informed Traders," *Journal of Financial Economics*, 13, 71-100

Ito, T., Lyons, R.K., Melvin, M.T., 1998, "Is There Private Information in the FX Market? The Tokyo Experiment," *Journal of Finance*, 51, 1111-1130

Ito, T., Roley, V.V., 1987, "News from the U.S. and Japan: Which Moves the Yen/Dollar Exchange Rate?" *Journal of Monetary Economics*, 19, 255-277

Ito, T., Roley, V.V., 1991, "Intraday Yen/Dollar Exchange Rate Movements: News or Noise?" *Journal of International Financial Markets, Institutions and Money*, 1, 1-31

Killeen,W.P., Lyons,R.K., Moore, M.J., 2006, "Fixed versus Flexible: Lessons from EMS Order Flow," *Journal of International Money and Finance*, 25, 551-579

Lamoureux,C.G., Lastrapes, W.D., 1990, "Heteroscedasticity in Stock Return Data: Volume versus GARCH Effects," *Journal of Finance*, 45, 221-229

Lyons,R., 1995, "Tests of Microstructural Hypotheses in the Foreign Exchange Market," *Journal of Financial Economics*, 39, 321-351

Lyons,R., 2001, *The Microstructure Approach to Exchange Rates*, MIT Press

Melvin,M., Yin, X., 2000, "Public Information Arrival, Exchange Rate Volatility and Quote Frequency," *The Economic Journal*, 110, 644-661

Russell,J., Engle,F.R., 2005, "A Discrete-state Continuous-time Model of Financial Transactions Prices and Times: The Autoregressive Conditional Multinomial-Autoregressive Conditional Duration Model," *Journal of Business and Economic Statistics*, 23, 166-180

Sager,M.J., Taylor, M.P., 2006, "Under the Microscope: The Structure of the Foreign Exchange Market," *International Journal of Finance and Economics*, 11, 81-95

Susai,M., 2006, "Empirical Analysis on the Volatility Spillover among Northeast Asian Stock Markets with the Effect of Bilateral Foreign Exchange Rate Fluctuation," *Proceedings of the 18th Asia Pacific International Conference on Accounting Issues*, Maui, Hawaii

Susai,M., 2008, "Tokyo or New York:Which Drives East Asian Stock Markets?" In M.Susai, H. Okada (eds.,), *Empirical Study on Asian Financial Markets*, Kyushu University Press, 1-39

Susai,M., 2009, "Multi Foreign Exchange Rate Relations in Turbulent Market: Lessons from Lehman Shock," *Proceedings of the 20th Asia Pacific International Conference on Accounting Issues*, Las Vegas, USA

第2章

Very Low Interest Rate Policy under Imperfect Capital Mobility

Takeshi Kudo

Abstract
After the global financial crisis, very low interest rate policy spread throughout the United States, Japan, and Europe. International capital movements did not respond to returns suffciently, because international investors had become more sensitive to risks during the financial crisis. In this chapter, we construct a two-country model with imperfect capital mobility and the difference of the price-adjustment speed between countries. There exists a policy objective trade-off between output stability and optimal allocation of resources. The slightly tight monetary policy was found to be optimal, in the sense of the marginal cost equalization of the two objectives.

Keywords : Global Economic Crisis, Monetary Economics, Monetary and Fiscal Policies

Introduction

In Japan, the extremely lower interest rate policy, which includes zero interest rate policy (ZIRP), has been continued since the latter half of the 1990s. This event inspires the economists to explain the effects of the monetary policy under the zero lower bound of the nominal interest rates. Krugman (1998) pointed out that the equilibrium real rate of interest (or the natural rate of interest) is negative in the late of 1990s in Japan. Then, other economists developed some theories on the effectiveness of the extremely lower interest rate policy without capital accumulation[1]. Some researchers criticize those theories for the dynamic ineffciency. Recent researches are developed including the factor of capital accumulation[2].

Some of senior offcials in the Bank of Japan (BOJ) and some economists are afraid that the current stance of monetary policy is excessively easy, as those theoretic analyses on the monetary policy under very low interest rate are progressed. In the beginning stage of the zero interest rate policy, some policymakers including the then-BOJ governor Hayami and some economists shared the idea that the deflation with relative-price changes was not always harmful to macroeconomic conditions because of the price reduction in some sectors with high productivity growth. The deflation became more serious after the ZIRP was abandoned in August 11th, 2000, the idea of the "good deflation" lost favor with the public.

On the other hand, a lot of researches focused on the supply-side of the economy, because the stagnation has lasted for the most period of the 1990s. Especially, many economists and commentators shared the idea that the economic system which had supported the rapid growth in the post World War II era caused the economic inefficiency as the economy matured. For example, Peek and Rosengren (2003) show that the Japanese financial system and banking supervision have promoted for commercial banks to accommodate credits to the inefficiently operated firms, and prevented restructuring the corporate sector. The "structural reconstruction" by the former Koizumi administration is supposed to be followed that perspective.

We construct a two-country model to investigate the changes in the real exchange rate and the international allocation of resources, for the background mentioned above. In particular, we suppose the incompleteness of the international capital mobility in the two-country model, and then investigate the optimal responses of monetary policy to the relative productivity shock between the countries.

This paper is constructed as followings. In the section 1, we construct a two-sector model with incomplete capital mobility between sectors. In the section 2, the structural equations are derived by the log-linear approximation of the model constructed in the section 1. Then, we derive the objective function of the monetary authority, and specify the optimal responses of monetary policy to the shock that needs some relative-price change. We conclude this analysis in the section 4.

1. The Model

In this section, we explain the structure of our model. The main assumptions of the model are as follows. First, there are many firms in the economy and each firm supplies differentiated goods. The firms are divided into the home (H) and foreign (F) country. The firms in the foreign country are assumed to be able to adjust the price of their products any time in response to changes in the demand and supply condition. On the other hand, a longer period of time is required for the firms in the home country to adjust the prices of their products[3].

Second, we assume incomplete capital mobility between the countries. Each firm produces goods with labor and capital stock. Labor is a firm-specific factor. Capital stocks can be rented in the rental market. The integration of the rental market occurs between home and foreign countries. The arbitrage is incomplete between the two countries, because of the mobile cost of capital.

We investigate the behavior of the agents in the factor and goods markets in the following subsections. For this purpose, we first depict the behavior of the agents in the factor markets. We then investigate the effects of imperfect capital mobility on the markets. Finally, we examine the demand and supply factors in the goods market.

1.1 Factor markets and capital mobility

Capital should move from a country to another to achieve the optimal capital allocation internationally. In our model, however, the optimal allocation is not realized because capital mobility is incomplete.

The setting of our model is as follows. First, the firms that produce differentiated goods are represented by a continuum of [0, 1]. The firms of a continuum of [0, γ) belong to the home country, while those of a continuum of [γ, 1] belong to the foreign country. Second, each firm receives a specific amount of capital stock K that they use to produce goods or rents for other firms in the rental market[4]. The capital stock completely depreciates in one period. We define the aggregate function of the capital stock as

$$K=\int_0^1 k_t(i)\,di, \tag{1}$$

$$K_{Ht}=\frac{1}{\gamma}\int_0^\gamma k_t(i)\,di, \quad \text{and} \quad K_{Ft}=\frac{1}{1-\gamma}\int_\gamma^1 k_t(i)\,di,$$

where $k_t(i)$ represents the amount of the capital stock that firm i uses in the production. K_{Ht} and K_{Ft} represent the aggregate capital stock in the home (H) and foreign (*F*) countries, respectively.

We shall now explain the rental markets of the capital stock. There are two rental markets; each corresponding to the home and foreign countries. The arbitrage is complete in each national rental market. The national rental prices ρ_{Ht} (in the home country) and ρ_{Ft} (in the foreign country) are then formed in each market. Arbitrage is possible internationally. Capital moves from the low rental price country to the high rental price country, but the arbitrage is incomplete. We formulate this relationship as

$$\frac{K_{Ht}}{K_{Ft}} = \mu(\rho_{Ht}/\rho_{Ft}), \tag{2}$$

where the derivative of this function meets, $\mu(1) = 1$, and $\mu'(1) = \varepsilon_\mu{}^5$. The parameter ε_μ represents the sensitivity of capital mobility to the difference in the national rental prices at the symmetric steady state equilibrium $K_H = K_F = K$. The magnitude of the parameter ε_μ indicates the smoothness of capital mobility.

Next, we shall investigate the factor demand of each firm. Each firm uses capital stock and labor, which is the firm specific factor. The production function of the firm is represented as

$$y_t(i) = k_t(i) \cdot f(A_t(i) h_t(i) / k_t(i)), \tag{3}$$

where $h_t(i)$ is labor employed by firm i. $A_t(i)$ represents the country-specific total factor productivity shock. As a result of the cost minimization problem of the firm, which is subject to the restriction of the production function, as Equation (3), factor demand becomes

$$s_t(i) = \frac{w_t(i)}{A_t(i) \cdot f'(A_t(i) h_t(i) / k_t(i))},$$

$$\rho_t(i) = s_t(i) \left[f(A_t(i) h_t(i) / k_t(i)) - \frac{A_t(i) h_t(i)}{k_t(i)} \cdot f(A_t(i) h_t(i) / k_t(i)) \right],$$

where $s_t(i)$ is the Lagrange multiplier of the production function. $s_t(i)$ is assumed to be the marginal cost of production, because the multiplier represents the marginal effect of the change in the products on the production cost. $\rho_t(i)$, which is the rental price of the capital stock, is derived by the equalization of the factor price ratio with the marginal rate of technical substitution.

We define household *i*'s life-time utility as

$$E_0 \sum_{t=0}^{\infty} \beta^t \left[u(C_t^i; \xi_t) - v(h_t(i); \zeta_t(i)) \right] \tag{4}$$

to derive the labor supply of the household i to the firm i. C_t^i and $h_t(i)$ represent the consumption and labor supply, respectively. ξ_t is the aggregate demand shock and $\zeta_t(i)$ is the country-specific labor supply shock. As a result, the labor supply condition of the household i is derived as

$$w_t(i) = u_h(h_t(i); \zeta_t(i))/\lambda_t^i, \tag{5}$$

where $\lambda_t^i = u(C_t^i; \xi_t)$ is the marginal utility of consumption and $w_t(i)$ is the real wage rate.

Substituting Equation (5) into the factor demand conditions mentioned previously yields

$$s_t(i) = \frac{u_h(f^{-1}(y_t(i)/k_t(i))k_t(i)/A_t(i); \zeta_t(i))}{A_t(i) \cdot f'(A_t(i)h_t(i)/k_t(i)) \cdot \lambda_t^i} \tag{6}$$

and

$$\rho_t(i) = \frac{u_h(f^{-1}(y_t(i)/k_t(i))k_t(i)/A_t(i); \zeta_t(i))}{A_t(i) \cdot \lambda_t^i} f^{-1}(y_t(i)/k_t(i))[\phi_h(y_t(i)/k_t(i)) - 1], \tag{7}$$

where $f^{-1}(\cdot)$ is the inverse function of the production function, and

$$\phi_h(y_t(i)/k_t(i)) = \frac{f(f^{-1}(y_t(i)/k_t(i)))}{f^{-1}(y_t(i)/k_t(i))f'(f^{-1}(y_t(i)/k_t(i)))}.$$

Equation (7) is derived from the equalizing condition of the factor price ratio with a marginal rate of technical substitution of $\rho_t(i)$.

1.2 Demand for the goods

Before it is revealed to which country each household belongs, the households purchase insurance by which the idiosyncratic risks are averted. This implies that the condition of the complete market is met[6]. In addition, if the initial wealth of all households is equal, they would face the common inter-temporal resource allocation problem. Therefore, the Euler condition of the inter-temporal consumption substitution implies that

$$E_t\{Q_{t,t+1} \Pi_{t+1}\} = \beta E_t\{\lambda_{t+1}/\lambda_t\} \tag{8}$$

where $Q_{t,t+1}$ represents the stochastic nominal discount factor from the period t to period $t+1$ and satisfies $1+i_t = (E_t\{Q_{t,t+1}\})^{-1}$. P_t is the general price level and $\Pi_t = P_t/P_{t-1}$ represents the gross rate of general price inflation. In Equation (8), the superscript i of λ_t is ignored, because all types of households plan the same pattern of consumption by the ex ante completeness of the market.

To determine the consumption demand for each of the differentiated goods, we define the functional form of the consumption basket C_t as the constant elasticity of substitution (CES) type. The elasticity of substitution between the countries is unity. The elasticity of the substitution among the differentiated goods in each country is $\theta > 1$. The price index, which corresponds to the consumption basket defined above, is derived as

$$P_t = P_{Ht}^{\gamma} P_{Ft}^{1-\gamma}, \tag{9}$$

$$P_{Ht} = \left[\frac{1}{\gamma}\int_0^{\gamma} p_t(j)^{1-\theta}dj\right]^{\frac{1}{1-\theta}}, \quad P_{Ht} = \left[\frac{1}{1-\gamma}\int_{\gamma}^{1} p_t(j)^{1-\theta}dj\right]^{\frac{1}{1-\theta}},$$

where P_{Ht} and P_{Ft} are the average prices of the home and the foreign countries, respectively, and $p_t(j)$ is the price of the differentiated goods produced by the firm j.

The government's consumption basket G_t is defined in the same manner as for C_t. The government collects corporate income tax at the rate τ (if the parameter is negative, it is a transfer to the firms) to finance its expenditures.

The series of assumptions mentioned above implies the demand for each category of differentiated goods as

$$y_t(i) = (p_t/P_{Ht})^{-\theta} x_{Ht}^{-1} Y_t, \quad \text{for} \quad i \in [0,\gamma], \tag{10}$$

$$y_t(i) = (p_t/P_{Ft})^{-\theta} x_{Ft}^{-1} Y_t, \quad \text{for} \quad i \in [\gamma,1], \tag{11}$$

where $Y_t = C_t + G_t$, and $x_{Ht} = P_{Ht}/P_t$, $x_{Ft} = P_{Ft}/P_t$ represent the real exchange rates of the home and foreign countries, respectively. They are defined as the real exchange rates of each country.

1.3 Supply of the goods

Being subject to the demand for its products, each firm maximizes the after-tax profit. Thus, the problem of the representative firm in the foreign country is described as

$$\max_{p_t(i)} (1-\gamma)\frac{p_t(i)}{P_{Ft}} y_t(i) - w_t(i) h_t(i) - \rho_{Ft} k_t(i),$$

s.t. $\quad y_t(i) = \left(\frac{p_t(i)}{P_{Ft}}\right)^{-\theta} x_{Ft}^{-1} Y_t, \quad \text{for} \quad i \in [\gamma, 1].$

Solving this problem and using Equations (3), (5), and (6), we obtain the profit-maximizing condition of the firm as

$$\frac{p_t(i)}{P_{Ft}} x_{Ft} = (1-\Theta)^{-1} s_t(i), \quad \text{for} \quad i \in [\gamma, 1], \tag{12}$$

where $1-\Theta = (1-\gamma)(\theta-1)/\theta$. Equation (12) implies that the representative firm sets the price of its products following the mark-up principle at the rate $(1-\Theta)^{-1}$.

In the home country, it is assumed that in each period, a fraction $1-\alpha$ of firms get to set a new price, while the remaining α must continue to sell at their previously posted prices[7]. The firms that get to set new prices are chosen randomly each period, with each having an equal probability of being chosen. The firms must count the case that they will not get to change their prices for a while. As a result, the price set by the representative firm satisfies the profit-maximizing condition that

$$\sum_{j=0}^{\infty} \alpha^j E_t \left\{ Q^r_{t,t+1} \frac{p_t(i)}{P_{Ht+j}} x_{Ht+j} \bar{y}_{t+j}(i) \right\} = (1-\Theta)^{-1} \sum_{j=0}^{\infty} \alpha^j E_t \{ Q^r_{t,t+1} \bar{s}_{t+j}(i) \bar{y}_{t+j}(i) \},$$

$$\text{for} \quad i \in [0,\gamma], \tag{13}$$

where $Q^r_{t,t+1}$ is the stochastic real discount factor and $\bar{y}_{t+j}(i)$, $\bar{s}_{t+j}(i)$ are demand for the firm's products and the marginal cost of production at the price $p_t(i)$, which is set in the period t.

1.4 Deterministic steady state

Here we suppose the symmetric steady state in which no exogenous stochastic shocks and price changes occur. In this equilibrium, the following equations are satisfied:

$$k_t(i) = K, \quad \text{for} \quad \forall i, t,$$

$x_F = x_H = 1$

$\bar{i} = (1-\beta)\beta^{-1}.$

As a result, the supply condition in common with both countries is

$$(1-\Theta)u_C(\cdot) = \frac{v_h(f^{-1}(\cdot)K;0)}{f'(f^{-1}(\cdot))}.$$

This equation can then be rearranged as

$$(1-\Theta)Yv_C(\cdot) = \phi_h h v_h(\cdot) \tag{14}$$

by using the following equations:

$$Y = f(f^{-1}(\cdot))K, \quad h = f^{-1}(\cdot)K.$$

2. Log-Linear System

In this section, we log-linearize the developed model to obtain the system of structural equations. For this purpose, we first examine the factor market. Next we investigate the goods market, obtain the aggregate demand and supply, and investigate the equilibrium that would be achieved if all prices are flexible. These steps are conducted to obtain the natural level in which the Pareto optimal allocation is achieved. Using the previously calculated results, we obtain the structural equations as the difference between the log-linearized system and the natural level.

2.1 Factor markets

We log-linearize the equations associated with the demand and supply conditions in the factor market. To accomplish this, we first log-linearize Equation (7), which represents the optimal substitution between the factors of production in order to obtain

$$\hat{p}_t(i) = \rho_y \hat{y}_t(i) - \rho_k \hat{k}_t(i) - \omega q_t(i) - \hat{\lambda}_t, \tag{15}$$

where $q_t(i)$ represents the supply shock, defined as

$$q_t(i) = \omega^{-1}\left[(1+v)\hat{A}_t(i) - \frac{v_{h\zeta}(\cdot)}{v_{hh}(\cdot)}\hat{\zeta}_t(i)\right].$$

The supply shock $q_t(i)$ indicates the change in the marginal cost when the supply condition is modified by the changes in productivity or the preference. Our assumption of the rental markets of the capital stock implies that

$$\hat{\rho}_t(i) = \begin{cases} \hat{\rho}_{Ht} & \text{for } i \in [0, \gamma), \\ \hat{\rho}_{Ft} & \text{for } i \in [\gamma, 1]. \end{cases}$$

Equation (15) implies that the rental price of capital in each market would decline if the positive supply shock occurs. Using the fact that $\hat{Y}_{Ht} = \hat{Y}_t + \frac{1-\gamma}{\gamma}\hat{x}_{Ft}$ and $\hat{Y}_{Ft} = \hat{Y}_t - \hat{x}_{Ft}$, we can take the national aggregation on Equation (15) to obtain the national rental prices as

$$\hat{\rho}_{Ht} = \rho_y \left[\hat{Y}_t + \frac{1-\gamma}{\gamma}\hat{x}_{Ft} \right] - \hat{\rho}_k \hat{K}_{Ht} - \omega q_{Ht} - \hat{\lambda}_t, \tag{16}$$

$$\hat{\rho}_{Ft} = \rho_y [Y_t - x_{Ft}] - \hat{\rho}_k \hat{K}_{Ft} - \omega q_{Ft} - \hat{\lambda}_t. \tag{17}$$

We log-linearize Equation (2), which represents international capital mobility in order to obtain

$$\hat{K}_{Ht} - \hat{K}_{Ft} = \varepsilon_\mu [\hat{\rho}_{Ht} - \hat{\rho}_{Ft}],$$

where ε_μ is the parameter associated with the sensitivity of capital mobility to the international difference in the rental price. The larger the value of this parameter ε_μ, the smoother the international capital mobility is. International capital mobility does not occur if the parameter approximates to zero, and then the international difference of rental prices remains. Substituting the equation of the definition of the parameter ε_μ with Equations (16) and (17) implies that

$$\hat{K}_{Ht} - \hat{K}_{Ft} = \frac{1}{\gamma} \frac{\varepsilon_\mu \rho_y}{1 + \varepsilon_\mu \rho_y} \hat{x}_{Ft} + \frac{\varepsilon_\mu \omega}{1 + \varepsilon_\mu \rho_k} (q_{Ft} - q_{Ht}). \tag{18}$$

This equation implies that capital mobility depends on the real exchange rate, and the asymmetric supply shock, $q_{Ft} - q_{Ht}$.

2.2 Goods market

We investigate the structure of aggregate demand and aggregate supply in the goods market. First, on the demand side component, the definition of λ_t implies that

$$\hat{\lambda}_t = -\sigma^{-1}[\hat{Y}_t - g_t], \tag{19}$$

where the demand shock for the aggregate economy is defined as

$$g_t = \hat{G}_t - \frac{u_{C\xi}(Y;0)}{u_{CC}(Y;0)} \hat{\xi}_t,$$

where $\hat{G}_t = dG_t/Y$ and $\hat{\xi}_t = d\xi_t/Y$, respectively.

Equation (8), which represents the Euler condition of consumption, is log-linearized as

$$E_t \hat{\lambda}_{t+1} - \hat{\lambda}_t = -\hat{i}_t + E_t \pi_{t+1}. \tag{20}$$

Equation (9) implies that

$$\pi_t = \pi_{Ht} + \frac{1-\gamma}{\gamma} \Delta \hat{x}_{Ft}. \tag{21}$$

This implies that general price inflation π_t can be divided into core inflation, π_{Ht}, and the change in the real exchange rate, $\Delta \hat{x}_{Ft}$.

Log-linearizing Equations (10) and (11) yields

$$\hat{y}_t(i) = \hat{Y}_t + \frac{1-\gamma}{\gamma} \hat{x}_{Ft} - \theta \tilde{p}_{Ht}(i), \quad \text{for} \quad i \in [0,\gamma] \tag{22}$$

$$\hat{y}_t(i) = \hat{Y}_t - \hat{x}_{Ft} - \theta p_{Ft}(i), \quad \text{for} \quad i \in [\gamma,1], \tag{23}$$

where $\tilde{p}_{Ht}(i) = \log(p_t(i)/P_{Ht})$ and $p_{Ft}(i) = \log(p_t(i)/P_{Ft})$.

Next, we investigate the supply side of the economy. Log-linearizing Equation (6), which represents the marginal cost of production, yields

$$\hat{s}_t(i) = \omega \hat{y}_t(i) - (\omega - \nu) \hat{k}_t(i) - \omega q_t(i) - \hat{\lambda}_t. \tag{24}$$

The third term on the right-hand side of Equation (24) represents the supply shock; the positive supply shock reduces the marginal cost of production.

In the foreign country, substituting Equations (15), (17), (23), and (24) into the log-linearized version of Equation (12) yields

$$\tilde{p}_{Ft}(i) = \left(1 + \frac{(\rho_y - \omega)\nu\theta}{\rho_k}\right)^{-1} [(\omega + \sigma^{-1})\hat{Y}_t - (1+\omega)\hat{x}_{Ft} - (\omega - \nu)\hat{K}_{Ft} - \omega q_{Ft} - \sigma^{-1} g_t].$$

The prices the firms in the foreign country determine are the same because the firm

第2章 Very Low Interest Rate Policy under Imperfect Capital Mobility

index number i is not seen in the right-hand side of this equation. Thus, $p_{Ft}(i)=0 \ \forall \ i \in [\gamma,1]$ is satisfied and we obtain the supply condition of the firms in the foreign country as

$$\hat{x}_{Ft}=(1+\omega)^{-1}[(\omega+\sigma^{-1})\hat{Y}_t-(\omega-\nu)\hat{K}_{Ft}-\omega q_{Ft}-\sigma^{-1}g_t]. \tag{25}$$

Here, we derive the supply condition of the representative firm in the home country. The definition of the expected demand for the products in the period $t+j$ implies

$$E_t\hat{y}_{t+j}(i)=E_t\left\{\hat{Y}_{t+j}-\hat{x}_{Ht+j}-\theta\left(\tilde{p}_{Ht}(i)-\sum_{l=1}^{j}\pi_{Ht+l}\right)\right\}.$$

Substituting this equation along with Equations (15), (16), and (24) into the log-linearized version of Equation (13), which represents the supply condition of the representative firm, yields the inflation dynamics of the home country. Substituting the supply condition in the foreign country, Equation (25), into the inflation dynamics obtained above yields the supply condition of the representative firm in the home country as

$$\pi_{Ht}=\gamma^{-1}\kappa[(w+\sigma^{-1})\hat{Y}_t-wq_t-\sigma^{-1}g_t]+\beta E_t\pi_{Ht+1}, \tag{26}$$

where $\kappa = \dfrac{(1-\alpha)(1-\alpha\beta)}{\alpha}\left(1+\dfrac{(\rho_y-w)v\theta}{\rho_x}\right)^{-1}$.

2.3 Flexible price equilibrium

In this subsection, we describe the equilibrium achieved when it is supposed that all prices including the home country are flexible. The values of the endogenous variables, derived from this equilibrium, are referred to as the natural level of the variables. The flexible price equilibrium of the supply condition in the foreign country is straightforwardly derived from Equation (25) as

$$\hat{x}_{Ft}^n=(1+\omega)^{-1}[(\omega+\sigma^{-1})\hat{Y}_t^n-(\omega-\nu)\hat{K}_{Ft}^n-\omega q_{Ft}-\sigma^{-1}g_t]. \tag{27}$$

Referring to the supply condition of the foreign country, Equation (27), the flexible price equilibrium of the supply condition in the home country is obtained as

$$-\frac{1-\gamma}{\gamma}\hat{x}_{Ft}^n=(1+\omega)^{-1}[(\omega+\delta^{-1})\hat{Y}_t^n-(\omega-\nu)\hat{K}_{Ht}^n-\omega q_{Ht}-\sigma^{-1}g_t]. \tag{28}$$

The definition of the aggregate function of the capital stock implies

$$\gamma \hat{K}_{Ht}^n + (1-\gamma)\hat{K}_{Ft}^n = 0, \tag{29}$$

and rearranging Equation (18), derived from the capital mobility condition, we obtain

$$\hat{K}_{Ht}^n - \hat{K}_{Ft}^n = \frac{1}{\gamma}\frac{\varepsilon_\mu \rho_y}{1+\varepsilon_\mu \rho_k}\hat{x}_{Ft}^n + \frac{\varepsilon_\mu \omega}{1+\varepsilon_\mu \rho_k}(q_{Ft}-q_{Ht}). \tag{30}$$

Next, rearranging the conditions mentioned above, we indicate the natural values as the combination of the supply and demand shocks. Taking the weighted average of Equations (27) and (28) and rearranging the results by using Equation (29), we obtain the natural level of output as the linear combination of the demand and supply shocks, that is,

$$\omega q_t + \sigma^{-1} g_t = (\omega + \sigma^{-1})\hat{Y}_t^n. \tag{31}$$

By substituting this equation into Equation (26), we obtain the core-inflation dynamics or the "new Keynesian Phillips curve" of the home country as

$$\pi_{Ht} = \gamma^{-1}\kappa(\omega+\sigma^{-1})\widetilde{Y}_t + \beta E_t \pi_{Ht+1}, \tag{32}$$

where $\widetilde{Y}_t = \widetilde{Y}_t - \widetilde{Y}_t^n$ represents the world GDP gap.

Subtracting Equation (28) from Equation (27), we derive

$$\hat{x}_{Ft}^n = -\frac{\gamma}{1+\omega}[(\omega-\nu)(\hat{K}_{Ft}^n - \hat{K}_{Ht}^n) + \omega(q_{Ft}-q_{Ht})], \tag{33}$$

and substituting Equation (30) into Equation (33) to eliminate $\hat{K}_{Ft}^n - \hat{K}_{Ht}^n$, we obtain

$$\gamma \omega \phi_2 (q_{Ft}-q_{Ht}) = \phi_1 \hat{x}_{Ft}^n, \tag{34}$$

where $\phi_1 > 0$ and $\phi_2 < 0$. Equation (34) implies that the natural level of the real exchange rate depends on the asymmetric supply shocks between the countries. Substituting the log-linearized version of Equations (1) and (18) into Equation (25) to eliminate , and rearranging the result using Equations (31) and (34), we obtain

$$\hat{x}_{Ft} - \hat{x}_{Ft}^n = \phi_1^{-1}(\omega+\sigma^{-1})\widetilde{Y}_t. \tag{35}$$

This equation implies that the real exchange rate gap is proportionate to the output gap.

Equations (19), (20), (21), and (35) imply

$$\widetilde{Y}_t = E_t \widetilde{Y}_{t+1} - \sigma \eta^{-1} \left[i_t E_t \pi_{Ht+1} - r_t^n - \frac{1-\gamma}{\gamma} E_t \Delta \hat{x}_{Ft+1}^n \right], \tag{36}$$

where $\eta = 1 + \frac{1-\gamma}{\gamma} \psi_1^{-1}(1+\omega\sigma)$. This is the dynamic IS equation of this model.

Therefore, we can obtain the system of the structural equations in our model, which contains Equation (32), which represents the "new Keynesian Phillips curve" in the home country; Equation (35), which implies the relationship between the real exchange rate gap and the output gap; and Equation (36), which represents the aggregate demand condition, the so-called dynamic IS equation. Placing the interest rate rule of the monetary policy into this system, we obtain the equilibrium path of our model.

3. Optimal Monetary Policy under Imperfect Capital Mobility

In this section, we describe the optimal monetary policy under imperfect capital mobility between the countries. For this purpose, in the first subsection, we derive a welfare criterion from the representative agent's utility function. Next, the asymmetric shock used in our analysis is specified. In the last subsection, we derive the optimal response of monetary policy to the asymmetric shock under imperfect capital mobility and examine a numerical analysis to confirm the implications of the results of our analysis.

3.1 Social welfare criterion based on the utility function

The welfare criterion based on the agent's utility function is defined as

$$W_0 = E_0 \sum_{t=0}^{\infty} \beta^t \left\{ u(C_t; \xi_t) - \int_0^1 v(h_t(i); \zeta_t(i)) di \right\}. \tag{37}$$

Following Woodford (2003, Ch. 6), the second-order Taylor expansion is applied to Equation (37). Aggregating the result with respect to the individuals, we can derive the welfare criterion. We accomplish this by first applying the Taylor expansion to the term $v(C_t; \xi_t)$ as shown below:

$$u(C_t; \xi_t) = u(Y_t - G_t; \xi_t)$$

$$\approx u_C(\cdot) dY_t + \frac{1}{2} [u_{CC}(\cdot) dY_t^2 - 2u_{CC}(\cdot) dY_t dG_t + 2u_{C\xi}(\cdot) dY_t d\xi_t] + \text{t.i.p.}$$

$$+O(\|\tilde{\xi}_t\|^3) = \frac{1}{2}Yu_C(\cdot)\{(1-\sigma^{-1})\hat{Y}_t^2 + 2\sigma^{-1}g_t\hat{Y}_t + 2\hat{Y}_t\} + \text{t.i.p.} + O(\|\xi_t\|^3). \quad (38)$$

On the other hand, we take the Taylor expansion to the term as follows:

$$v(h_t(i);\zeta_t(i)) = v(f^{-1}(y_t(i)/k_t(i)/A_t(i))$$

$$\approx \frac{1}{2}\phi_h hu_h(\cdot)\Big\{(1+\omega)\hat{y}_t(i)^2 + \frac{\phi_h-1}{\phi_h}(\rho_k-1)\hat{k}_t(i)^2 - 2(\omega-\nu)\hat{y}_t(i)\hat{k}_t(i)$$

$$-2\omega q_t(i)\Big[\hat{y}_t(i) - \frac{\phi_h-1}{\phi_h}\hat{k}_t(i)\Big] + 2\Big[\hat{y}_t(i) - \frac{\phi_h-1}{\phi_h}\hat{k}_t(i)\Big]\Big\}$$

$$+ \text{t.i.p.} + O(\|\tilde{\xi}_t\|^3). \quad (39)$$

Aggregating Equation (39) for the agents and substituting the results, along with substituting Equation (38) into Equation (37), gives

$$W_0 = -Yu_C(\cdot)E_0\sum_{t=0}^{\infty}\beta^t L_t + \text{t.i.p.} + O(\|\tilde{\xi}_t\|^3),$$

where L_t is the loss function as

$$L_t = \frac{1}{2}\Big[(w+\sigma^{-1})(\tilde{Y}_t - \bar{Y}_t^*)^2 + \gamma\theta\kappa^{-1}\pi_{Ht}^2 + \frac{1-\gamma}{\gamma}\tilde{\phi}_1(\hat{x}_{Ft} - \Psi\hat{x}_{Ft}^n)^2\Big], \quad (40)$$

where $\bar{Y}_t^*$ is the efficient level of output, and the parameters are

$$\Psi = \frac{\phi_1\tilde{\phi}_2}{\tilde{\phi}_1\phi_2}, \quad \tilde{\phi}_1 = \phi_1 - \frac{(\omega-\nu)\varepsilon_\mu\rho_y}{(1+\varepsilon_\mu\rho_k)^2}, \quad \tilde{\phi}_2 = \phi_2 + \frac{(\omega-\nu)\varepsilon_\mu}{(1+\varepsilon_\mu\rho_k)^2}.$$

The third term of Equation (40) represents the "real exchange rate gap." Although the term implies that the deviation of $\hat{x}_{Ft}$ from the natural level $\hat{x}_{Ft}^n$ has an effect on the social welfare, the coefficient of the natural level of the real exchange rate Ψ depends on the smoothness of the capital movement ε_μ. If the capital movement is impossible internationally, that is, $\varepsilon_\mu = 0$, then $\phi_1 = \tilde{\phi}_1$, $\phi_2 = \tilde{\phi}_2$ would be satisfied, and therefore, the parameter satisfies $\Psi = 1$. In this case, the third term of Equation (40) reduces to the normal real exchange rate gap. If international capital mobility is perfect, that is, $\varepsilon_\mu \to \infty$, the coefficient of the natural level of the real exchange rate would satisfies $\Psi = 1$.

In case the value of the parameter ε_μ is finitely positive, the value of the coefficient Ψ is smaller than one. Figure 1 illustrates the result of the calculation of the coefficient Ψ to the different values of the parameter ε_μ. The coefficient Ψ is the

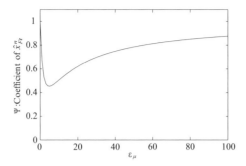

Fig. 1 The Coefficient of the Natural Level of the Real Exchange Rate in the Loss Function

smallest value 0.45 at $\varepsilon_\mu = 5$, and approximates to unity as the parameter ε_μ increases.

3.2 Real exchange rate adjustments under imperfect capital mobility

In this subsection, we examine how much price adjustment is required to respond to the asymmetric supply shock under imperfect capital mobility. We can indicate the adjustment of the natural level of the real exchange rate as $\hat{x}_{Ft}^n$.

The exogenous shocks r_t^n and $\hat{x}_{Ft}^n$ are in the dynamic IS equation (36). These are the linear combinations of the underlying shocks such that

$$r_t^n = \frac{\omega \sigma^{-1}}{\omega + \sigma^{-1}} E_t \{\gamma \Delta q_{Ht+1} + (1-\gamma) \Delta \hat{x}_{Ft+1} - \Delta g_{t+1}\} + (1-\beta)\beta^{-1}, \tag{41}$$

$$E_t \Delta \hat{x}_{Ft+1}^n = \gamma \omega \phi_1^{-1} \phi_2 E_t \{\Delta q_{Ft+1} - \Delta q_{Ht+1}\}. \tag{42}$$

For the purpose of our analysis, we focus on the asymmetric shocks on the productivity. First, the definitions of the supply shocks are

$$q_{Ht} = \omega^{-1}\left[(1+v)\hat{A}_{Ht} - \frac{v_{h\xi}(\cdot)}{v_{hh}(\cdot)}\hat{\zeta}_{Ht}\right],$$

$$q_{Ft} = \omega^{-1}\left[(1+v)\hat{A}_{Ft} - \frac{v_{h\xi}(\cdot)}{v_{hh}(\cdot)}\hat{\zeta}_{Ft}\right],$$

For simplicity, we focus on the productivity shocks $\hat{A}_{Ht}$ and $\hat{A}_{Ft}$. Equation (42) is then rearranged by using the abovementioned equations as

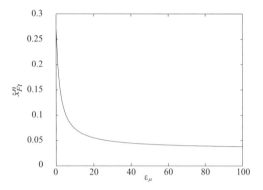

Fig. 2 The Effect of the Asymmetric Productivity Shock on the Natural Level of Real Exchange Rate

$$E_t \Delta \hat{x}^n_{Ft+1} = \gamma(1+v) \phi_1^{-1} \phi_2 E_t \{ \Delta \hat{A}_{Ft+1} - \Delta \hat{A}_{Ht+1} \}.$$

Thus, the shocks, which require the real exchange rate adjustment, are caused by the international difference in the productivity growth rates. Through the process such that the productivity difference is transformed to the real exchange rate shock $\hat{x}^n_{Ft}$, the smoothness of the capital movement ε_μ has an effect on the parameters ϕ_1 and ϕ_2. Figure 2 depicts the effect of the asymmetric shock $\hat{A}_{Ht} - \hat{A}_{Ft}$ on the natural level of the real exchange rate $\hat{x}^n_{Ft}$, with respect to the value of the parameter ε_μ. This figure shows that the effect of the constant asymmetric (productivity) shock on the natural level of the real exchange rate is decreasing as the smoothness of the capital movement ε_μ increases.

The adjustment mechanism from the asymmetric productivity shock to the natural level of the real exchange rate is as follows. One can ensure that the technological change in our model is the Harrod neutral from the production function defined by Equation (3). In this type of production function, the growth of the total

Table 1 The Basic Parameters in the Numerical Analysis

α	0.66	β	0.99	γ	0.50	σ^{-1}	0.16
θ	7.67	ω_p	0.33	ν	0.11	ϕ_h	6.50

Table 2 The Parameters of the Shocks in the Numerical Analysis

	Initial value of shocks	AR parameter of shocks
$\hat{A}_{Ht}$	0.5	0.8
$\hat{A}_{Ft}$	−0.5	0.8

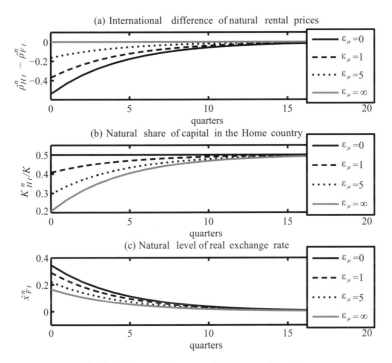

Fig. 3 Adjustment Process to the Asymmetric Shock

factor productivity tends to reduce the rental price of the capital. This is confirmed in Equations (16) and (17).

Suppose that the productivity in the home country is improved. This shock reduces the rental price in the home country in comparison with the one in the foreign country. Then, as in Equation (18), the capital stock moves from the home country to the foreign country. Thus, the world economy is adjusted in response to the asymmetric productivity shock by the real exchange rate changes and the capital movements. The magnitude of the capital movements is defined by the parameter ε_μ. Equation (34) means that the range of the real exchange rate adjustment in response to the asymmetric productivity shock depends on the sensitivity of the capital mobility ε_μ through the parameters ψ_1 and ψ_2.

Figure 3 illustrates the adjustment process mentioned above under the set of parameters shown in Tables 1 and 2. In case the asymmetric productivity shock increases the international difference in the rental prices, following Equation (18), the capital stock moves to adjust the rental price difference. Panel (a) shows the rental prices and Panel (b) shows the national share of the capital stock in Figure 3.

In case $\varepsilon_\mu = 0$, without capital movements, the rental price adjustment depends only on the autonomic decrease in the relative supply shock $q_{Ht} - q_{Ft}$ and the real exchange rate changes. As a result, the adjustment is very slow.

In case the rental markets are integrated completely, $\varepsilon_\mu \to \infty$, the rental price difference diminishes quickly, as shown in Panel (a) of Figure 3. At the same time, massive capital movement occurs as shown in Panel (b). In case of imperfect capital mobility, the result is intermediate between the two cases mentioned above.

3.3 Optimal monetary policy under imperfect capital mobility

In this subsection, we specify the optimal responses of the monetary policy to the asymmetric productivity shock under imperfect capital mobility and investigate the effect of the monetary policy on social welfare. For simplicity, we adopt the following assumptions. First, the ineffciency associated with the monopolistic power of the producers can be removed by the tax or subsidy, that is, $\overline{Y}_t^* = 0$ is held. Second, we ignore the lower bound of the nominal interest rate for a while.

The loss function defined in Equation (40) is the welfare criterion in our analysis. The monetary authority minimizes this welfare loss by subjecting it to the restrictions, including the core-inflation dynamics shown in Equation (32), the real exchange rate gap shown in Equation (35), and the dynamic IS equation shown in Equation (36).

The supposed first-best solution is that all the terms in the loss function are zero, that is, the output gap $\widetilde{Y}_t$, the domestic inflation in home country π_{Ht}, and the real exchange rate gap in the loss function $\hat{x}_{Ft} - \Psi \hat{x}_{Ft}^n$ are zero. However, stabilization of the output gap $\widetilde{Y}_t$ and the real exchange rate gap $\hat{x}_{Ft} - \Psi \hat{x}_{Ft}^n$ are generally inconsistent. The first-best solution is achieved only in case of no capital movement $\varepsilon_\mu=0$ or the case of perfect capital mobility $\varepsilon_\mu\to\infty$.

Under the assumption of discretionary monetary policy, the central bank re-optimizes in each period. Being subject to Equations (32), (35), and (36), the monetary authority minimizes the loss function represented as Equation (40). The first-order conditions of this optimization problem are

$$(\omega+\sigma^{-1})\widetilde{Y}_t-\gamma^{-1}\kappa(\omega+\sigma^{-1})\phi_{\pi t}-\psi_1^{-1}(\omega+\sigma^{-1})\phi_{xt}=0, \tag{43}$$

$$\gamma\theta\kappa^{-1}\pi_{Ht}+\phi_{\pi t}=0, \tag{44}$$

$$(\gamma^{-1}-1)\widetilde{\phi}_1(\hat{x}_{Ft}-\Psi\hat{x}_{Ft}^n)+\phi_{xt}=0, \tag{45}$$

where $\phi_{\pi t}$ and ϕ_{xt} are the Lagrange multipliers associated with Equations (32) and (35), respectively.

Eliminating the Lagrange multipliers $\phi_{\pi t}$, ϕ_{xt} and the real exchange rate $\hat{x}_{Ft}$ in Equations (35), (43), (44), and (45), we obtain

$$\widetilde{\eta}Y_t+\theta\pi_{Ht}=(\gamma^{-1}-1)\Big(\frac{\widetilde{\phi}_1}{\phi_1}-\frac{\widetilde{\phi}_2}{\phi_2}\Big)x_{Ft}^n, \tag{46}$$

whete $\eta=1+(\gamma^{-1}-1)\dfrac{\widetilde{\phi}_1}{\phi_1^2}(\omega+\sigma^{-1})$. Substituting Equation (32) into Equation (46) to eliminate $\widetilde{Y}_t$, we obtain

$$E_t\pi_{Ht+1}=B\pi_{Ht}+\Gamma\hat{x}_{Ft}^n, \tag{47}$$

where

$$B=\beta^{-1}[1+\gamma^{-1}\theta\kappa(\omega+\sigma^{-1})],$$

$$\Gamma=\beta^{-1}\gamma^{-1}(\gamma^{-1}-1)\kappa(\omega+\sigma^{-1})\widetilde{\eta}^{-1}\Big(\frac{\widetilde{\phi}_1}{\phi_1}-\frac{\widetilde{\phi}_2}{\phi_2}\Big).$$

Given the path of the exogenous shock $\hat{x}_{Ft}^n$, we can derive the unique solution of domestic inflation in the home country π_{Ht}, which is described in Equation (47) as

$$\pi_{Ht}=-E_t\sum_{j=0}^{\infty}B^{-j-1}\Gamma\hat{x}_{Ft+j}^n. \tag{48}$$

We can then obtain $\widetilde{Y}_t, \hat{x}_{Ft}, i_t$ from Equations (46), (35), and (36), respectively.

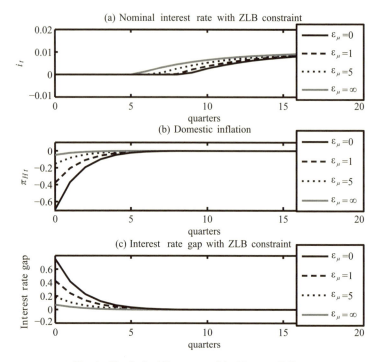

Fig. 4 The Optimal Responses of the Monetary Policy

Now, in case $\varepsilon_\mu = 0$ or $\varepsilon_\mu \to \infty$, $\Gamma = 0$ is satisfied, and we can derive

$$\pi_{Ht} = 0, \quad \forall t,$$

and then we can obtain $Y_t = 0$, $x_{Ft} = x_{Ft}^n$ for any period. The first-best solution without welfare loss is obtained because the parameter $\Psi = 1$ is satisfied.

Figures 4 and 5 show the dynamics of the optimal responses of monetary policy, including the case that the value of ε_μ is positively finite. Panels (a) and (b) in Figure 5 show that the output gap and the real exchange rate gap are negative, because the trade-off between the output gap stabilization and the real exchange rate gap stabilization arise. The interest rate gap in Equation (36), $i_t - E_t \pi_{Ht+1} - r_t^n - (\gamma^{-1} - 1) E_t \Delta x_{Ft+1}^n$, is positive, as shown in Panel (c) in Figure 4. In the case of imperfect capital mobility, the monetary policy is tightened for softening the real exchange rate change. In this case, the rental price of the foreign country $\hat{\rho}_{Ft}$ is relatively higher in

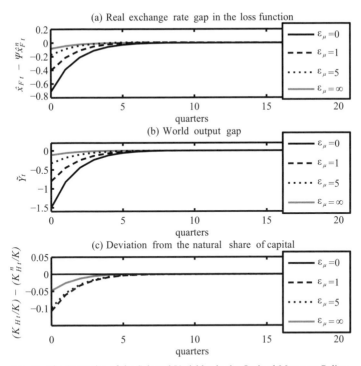

Fig. 5 The Dynamics of the Selected Variables in the Optimal Monetary Policy

Equation (17). As a result, the capital movement from the home to the foreign country is accelerated and the welfare loss is averted by the substitution of the factor.

Panel (a) in Figure 4 shows that the larger the smoothness of the capital movement ε_μ, the narrower the reduction in the nominal interest rate, as the optimal monetary policy responds to the asymmetric shock because the adjustment to the asymmetric shock is partly attributed to the capital movement. In case of perfect capital mobility, the nominal interest rate is not negative.

4. Concluding Remarks

In this paper, we examine the optimal monetary policy under imperfect capital mobility. First, we construct the two-country model with different adjustment speeds of prices and imperfect capital mobility between the countries. Second, we derive the welfare criterion on the basis of the agents' utility function. Third, we specify the exogenous asymmetric shock process to require the real exchange rate adjustment. Finally, the optimal monetary policy responses to the asymmetric shock are specified as the paths of the nominal interest rates under different smoothness of capital mobility. In addition, the optimal paths are compared with each other.

The main results of our analysis are as follows. First, in the cases with no capital mobility or perfect capital mobility, the optimal paths without welfare losses can be achieved unless the lower bound of the nominal interest rates is bound. The former case is the same as that developed by Aoki (2001). Second, the higher the sensitivity of capital mobility to the difference of the returns, the smaller the reduction in the interest rate necessary as the optimal response to the asymmetric shock. This result is consistent with the capital accumulation research (e.g., Takamura *et al.*, 2005). Third, in the case of imperfect capital mobility, the trade-off between the minimization of the output gap and the smooth capital movements occurs. It is easily confirmed in the loss function in the welfare criterion to be impossible to meet at the same time of the term of the output gap and that of the real exchange rate gap. More formally, the real exchange rate adjustments needed to reduce the output gap increase the cost of the capital movements because the capital movements depend on not only the difference in the supply shock between the countries but also the real exchange rate of the goods. Therefore, the optimal response of the monetary policy should balance the cost of the output gap with the cost of the movement of the capital.

[Notes]

1) Eggertsson and Woodford (2003), Jung et al. (2006), and so on analyze the optimal monetary policy under the zero lower bound of the nominal interest rates.
2) For example, the researches are of Woodford (2003, Chapter 5), Woodford (2005), Takamura et al. (2005), and so on.
3) This set of assumptions is the same as those developed by Aoki (2001). In this investigation, however, we remove the assumption of fixed capital to investigate sectoral capital mobility.
4) Recently, some research investigations about capital accumulation applied an optimal monetary policy analysis. Takamura et al. (2005) develops an optimal monetary policy analysis with capital accumulation and assumes that firms can rent their capital stock in the rental market. On the other hand, Woodford (2005) supposes that capital stock is the firm-specific factor. The assumption of imperfect capital mobility in this paper is the intermediary

between the perfectly integrated rental market, as in Takamura et al. (2005), and the firm-specific capital stock as in Woodford (2005), though we eliminate capital accumulation to focus our analysis on the effects of capital mobility.
5) Casas (1984) formulates the factor mobility to meet the constant elasticity of substitution. Our functional form is consistent with the formulation of Casas (1984).
6) This assumption is the same as that of Aoki (2001).
7) This assumption follows Calvo (1983). It is also adopted by Rotemberg and Woodford (1997), Woodford (2003), and others.

[References]

Aoki, Kosuke (2001), "Optimal Monetary Policy Responses to Relative-price Changes," *Journal of Monetary Economics* 48, 55-80

Benigno, Pierpaolo (2004), "Optimal Monetary Policy in a Currency Area," *Journal of International Economics* 63, 293-320

Calvo, Guillermo (1983), "Staggered Prices in a Utility-Maximizing Framework," *Journal of Monetary Economics* 12, 383-398

Casas, F. R. (1984), "Imperfect Factor Mobility: A Generalization and Synthesis of Two-sector Models of International Trade," *Canadian Journal of Economics* 17, 747-761

Eggertsson, Gauti, and Michael Woodford (2003), "The Zero Bound on Interest Rates and Optimal Monetary Policy," *Brookings Papers on Economic Activity* 1: 2003, 139-211

Hayami, Masaru (2000), "Price Stability and Monetary Policy," Speech at the Research Institute of Japan in Tokyo on March 21, 2000

Jung, Taehun, Yuki Teranishi, and Tsutomu Watanabe (2006), "Optimal Mone- tary Policy at the Zero-Interest-Rate Bound," *Journal of Money, Credit, and Banking* 37, 813-836

Krugman, Paul (1998), "It's Baaack: Japan's Slump and the Return of the Liquidity Trap," *Brookings Papers on Economic Activity* 2: 1998, 137-187

Peek, Joe, and Eric S. Rosengren (2003), "Unnatural Selection: Perverse Incen- tives and the Misallocation of Credit in Japan," *NBER Working Paper* No. 9643

Rotemberg, Julio, and Michael Woodford (1997), "An Optimization-based Econometric Framework for the Evaluation of Monetary Policy," *NBER Macroeconomics Annual* 12, 297-346

Takamura, Tamon, Tsutomu Watanabe (2005), "Optimal Monetary Policy at the Zero Interest Rate Bound: The Case of Endogenous Capital Formation," *COE-RES Discussion Paper Series* No. 149

Woodford, Michael (2003), *Interest and Prices: Foundations of a Theory of Monetary Policy*, Princeton: Princeton University Press

Woodford, Michael (2005), "Firm-Specific Capital and the New-Keynesian Phillips Curve," *International Journal of Central Banking* 1(2), 1-46

第 3 章

日経 225 先物の価格発見
―― 大阪証券取引所とシンガポール取引所からの証左 ――

森保　洋

概要

日経平均先物を基本証券とする 3 つの株式先物取引の日中価格発見機能について検証する。ここで 3 先物は，シンガポール取引所上場の日経 225 先物，大阪証券取引所上場の日経 225 先物と日経 225mini である。Hasbrouck の手法をこれらの 1 秒間隔の日中取引データに適用することにより，価格発見の約 45 ％ は大証上場の日経 225mini で行われており，大証上場の日経 225 平均先物の価格発見能力は大きくないことが明らかになった。この結果は，より小さな取引単位と呼び値の変更単位を持つ先物商品において価格発見が行われていることを示唆している。

キーワード：価格発見，日経 225 先物，取引所間競争

はじめに

　本稿の目的は先物取引における取引制度の違い，具体的には呼び値の最小単位と取引単位の違いがどのように価格発見機能に貢献するのかを，シンガポール取引所（以下「SGX」と略す）と，大阪証券取引所（以下「大証」と略す）に上場している日経 225 先物とそのミニ取引のティックデータを利用することによって実証的に分析することである。

　国際的な市場間競争がますます苛烈になってきていることは周知の事実である。このような状況の中で各証券取引所が生き残るための取るべき方策の一つとして，より魅力的な金融商品・取引制度の提供があげられよう。日経平均株価を基本証券とする先物を，SGX とほぼ同時刻に並行して取引する

大証が，2006年7月に日経225miniの取引を開始したのも，この流れに沿ったものであると考えられる。日経225miniは従来の日経225先物に比べ，取引単位は十分の一であり，呼び値の単位も半分であることから，個人投資家が参加しやすく，裁定取引にも適していると考えられる。この結果，日経225miniは着実にその取引量が増加し，通常の日経225先物と並んで大阪証券取引所を代表する金融先物商品に成長している。

このように成功を収めている日経225miniであるが，価格発見機能の観点からすると，市場機能向上に貢献しているのだろうか。つまり，日経225miniが上場することによって，大証の日経225先物（以下「日経225先物（大証）」と記述する）と日経225miniの価格発見機能が，SGXに上場している日経225先物（以下「日経225先物（SGX）」と記述する）の価格発見機能と比較して相対的に向上したといえるだろうか。

本稿では，日経225先物（大証），日経225先物（SGX），日経225miniの1秒間隔の日中取引データを，日中の取引がすべて記録されているティックデータから構築し，Hasbrouck（1995）の分析モデルを利用することで，3商品が価格発見に貢献する割合を推定し，呼び値の大きさや取引単位の差異が価格発見に影響するかどうかを検証する[1]。

本稿は以下のように構成される。第1節では，関連する先行研究について触れる。第2節では，分析対象である日経225先物のSGXおよび大証での取引制度について，その概略を確認する。第3節は分析に利用したモデルの概説である。本稿の分析に利用したデータについての説明が第4節で行われ，分析結果が第5節で提示される。最後に結論と今後の課題について，第6節で述べる。

1. 先行研究

ここでは，本稿と同様に同一時間帯に，単一あるいは複数の市場でほぼ同様の金融資産が取引されている場合の価格発見機能について，実証的に分析している先行研究を概観する。

Roope and Zurbruegg（2002）はSGXと台湾先物取引所に上場している台

湾指数先物の価格形成を，Hasbrouck（1995）と Gonzalo and Granger（1995）のモデルを利用し検証している。その結果，大部分の価格発見がSGX にて行われていることを示した。

Hasbrouck（2003）は，Hasbrouck（1995）の手法を利用し，S & P 500, Nasdaq-100, S & P 400 MidCap に関する先物と対応するミニ先物（E-mini）および ETF の間の価格発見機能について分析を行っている。分析の結果，S & P 500 と Nasdaq-100 に関しては価格発見がミニ取引において行われていること，S & P 400 MidCap については通常の先物と ETF における価格発見機能が拮抗していることを明らかにしている。

また，1 分間隔の取引データを用いて，So and Tse（2004）はハンセン指数とハンセン指数先物および対応する ETF の価格発見機能を Hasbrouck（1995）の手法で分析した。その結果，指数先物の価格発見機能が他の 2 金融資産に比べ高いことを示している。

同様に，Tse, Bandyopadhyay et al.（2006）はダウ・ジョーンズ工業株価平均に関連する先物，ミニ先物および ETF の価格発見機能を検証している。分析結果はミニ先物取引の価格発見能力が高い一方，通常の先物は価格発見にほとんど貢献していないというものであった。ここでも Hasbrouck（1995）の手法が利用されている。

Kurov（2008）は縮小されたティックサイズが価格発見にどのような影響を与えるかについて，Nasdaq-100 先物とその E-mini 先物市場を対象に分析している。Hasbrouck（1995）の手法を用いた結果から，ティックサイズの縮小は価格発見に貢献することが示されている。

日経 225 先物市場を対象として価格発見能力について分析を行ったものとして，Covrig, Ding et al.（2004）が挙げられる。彼らは Hasbrouck（1995）と Gonzalo and Granger（1995）の手法を利用し，大証と SGX に上場されている日経 225 先物および日経平均株価指数の情報シェアを推定した。その結果，取引量が少ない SGX において 33 ％程度の価格発見が行われていることを示している。この研究は，日経 225 先物市場の価格発見能力に着目した先駆的な論文であるが，分析に利用されたデータは日経 225mini が上場される前の 2000 年のものであり，日経 225mini 上場後の価格形成は，彼らの分析

結果と異なることが予想される。

　森保（2010）は，日経225mini上場が大証に上場される前後の時期に着目し，日経225mini上場前後において，Hasbrouckの情報シェアがどのように変化するかを検証している。分析の結果から，日経225先物（SGX）のシェアが高く，価格発見機能の観点からすると，大証よりSGXが優れていることを示した。しかし，日経225miniの上場によって大証全体の情報シェアの合計は大きく向上しており，日経225miniの上場は，大証の日経225先物における価格発見能力の向上に貢献していることが示唆された。ただし，この分析は日経225mini上場前後60取引日のデータを利用しており，この期間において，市場参加者が日経225miniの取引に習熟していない可能性があることに注意が必要である。

2. 日経225先物の取引制度

　日経225先物は，東京証券取引所第1部に関する代表的な株価指数の一つである日経平均株価を基本証券とする先物である。1986年9月にシンガポール国際金融取引所（現在のSGX）に初めて上場し，そのおよそ2年後の1988年6月には大証に上場している。さらに1990年9月には米国シカゴ・マーカンタイル取引所にも上場され，国際金融市場における日本株式市場に対する有力なリスクヘッジの手段の一つとして着実に成長を遂げてきた。さらに，取引単位と呼び値の最小単位が通常の先物より縮小されたミニ取引が大証に2006年7月に上場された。これに追従する形で2007年11月にSGXにおいてもミニ取引が取引を開始されている。

　大証とSGXにおける取引は重複した時間帯に行われるため，各取引所は投資家にとってより容易に取引できるよう，その取引制度を工夫することによって，取引を各市場に呼び込もうとしている。そのため，SGXと大証で取引される通常の先物取引と先物ミニ取引では取引制度が異なっている。ここでは，本稿の分析対象である日経225先物3商品の取引制度について概観する[2]。

　まず，SGXと大証の取引時間帯について確認しよう[3]。SGXの取引時間は

前場が 8 時 45 分から 11 時 15 分，後場が 12 時 15 分から 15 時 30 分である。これに対し，大証での取引時間帯は前場が 9 時から 11 時まで，後場が 12 時 30 分から 15 時 10 分までとなっており，SGX での取引時間帯に大証のすべての取引時間が含まれる形になっている。

取引における取引単位も各商品において異なっている。日経 225 先物（大証）の取引単位は日経平均の 1000 倍である一方，日経 225 先物（SGX）のそれは 500 倍と日経 225 先物（大証）の半分であり，より小口の取引が可能になっている。日経 225mini ではさらに売買が容易になるよう，取引単位は 100 倍に設定されている。

呼び値の最小単位も各先物によって異なっている。日経 225 先物（大証）の価格変動の最小単位は 10 円であるが，日経 225 先物（SGX）と日経 225mini の呼び値の最小単位は 5 円である。

限月の設定については，日経 225 先物（大証）が 3 月，6 月，9 月，12 月を限月（これらを四半期限月と呼ぶ）とし，常に取引日に最も近い 5 つの限月が並行して取引されている。日経 225mini では，四半期限月のうち，直近 2 限月の取引に加え，この 2 限月以外の直近 3 限月の合計 5 限月の取引が並行して行われている。日経 225 先物（SGX）では直近 12 個の四半期限月と，直近 3 限月が設定されている。また，最終取引日はすべての商品において，各限月の第 2 金曜日の前日である。

以上のように，限月の設定方法は日経 225 先物 3 商品によって異なるが，すべての先物において，最も取引が活発に行われているのは直近の四半期限月であり，その売買高の比率は全取引の 90 % 以上を占めている。

3. モデル

日経 225 先物 3 商品の価格発見機能を分析するために，本稿では Hasbrouck（1995）の分析モデルを採用する。第 2 節で言及したように，このモデルは他市場において多くの実証分析が集積されている。したがって，本稿で得られる結果と先行研究の分析結果の比較が容易であると考えられるため，このモデルを採用する。以下では Hasbrouck（1995）のモデルを概説

する。

　理論的には同一の価格を持つはずの n 個の金融商品があり，その商品の t 期における価格のベクトルを $p_t=(p_{1t},p_{2t},...,p_{nt})'$ とする。これらの価格は，取引制度や市場に流入する情報の到達速度などから厳密には一致しないものの，裁定取引によって長期的には $p_{1t}=p_{2t}$, $p_{1t}=p_{3t}$, ..., $p_{1t}=p_{nt}$ が成立する。時系列分析においてはこのような関係を共和分関係と呼び，以下の Vector Error Correction モデルで表現できる。

$$\Delta p_t = A_1 \Delta p_{t-1} + A_2 \Delta p_{t-2} + \cdots + A_k \Delta p_{t-k} + \gamma(z_{t-1}-\mu_z) + u_t \tag{1}$$

ここで，$\Delta p_t = p_t - p_{t-1}$ であり，$A_i(i=1,...,k)$ と γ はそれぞれ $(n \times n)$ と $(n \times (n-1))$ 係数行列である。また，$z_{t-1}-\mu_z$ は誤差修正項であり，$z_t=(p_{1t}-p_{2t},p_{1t}-p_{3t},...,p_{1t}-p_{nt})'$，$\mu_z$ は z_t の平均を表すベクトル，u_t は誤差項である。

　(1)式の推定結果を用いて，Hasbrouck（1995）では第 j 番目の金融商品の情報シェア S_j を以下のように定義している。

$$S_j = \frac{\phi_j^2 \Omega_{jj}}{\phi \Omega \phi'} \tag{2}$$

ここで，Ω は(1)式の残差から得られる分散共分散行列であり Ω_{jj} はその第 j 番目の対角成分である。また，ϕ は(1)式を MA(∞) 表現

$$\Delta p_t = B_0 u_t + B_1 u_{t-1} + B u_{t-2} + \cdots \tag{3}$$

に変換した結果得られる $B_0, B_1,...$ を利用して，以下のように計算される累積インパルス応答関数

$$\Psi_k = \sum_{i=0}^{k} B_k \tag{4}$$

において $k \to \infty$ としたときの，任意の行を取り出した行ベクトルである。

　直感的に言えば，この情報シェアは関連する n 個の金融資産価格全てに永久に織り込まれる情報の合計に対する各金融資産の情報の割合といえる。

　実際の情報シェアの計算では，Ω が対角行列にならないため，(2)式の情報シェアの和は 1 にならない。この問題を回避するため，Hasbrouck

(1995)では2つの方法を提案している。

第一の方法は，できるだけ時系列データのサンプリング間隔を短くし，(1)式を推定することである。これにより，サンプリング間隔を長く取ることによって生じる同時点における情報の集約を避けることが可能になり，市場のイノベーションを無相関に近づけることができる。

第二の手法は Ω を Cholesky 分解することにより，同時点での相関を減少させる方法である。この方法では以下のように情報シェアの上限と下限を計算することにより，情報シェアを区間で表現する。まず，Ω の Cholesky 分解を F としたときに，

$$S_j = \frac{([\phi F]_j)^2}{\phi \Omega \phi'} \tag{5}$$

を計算する。ここで，F は Ω を Cholesky 分解することによって得られる下三角行列であり，$\Omega = FF'$ をみたす。また，$[\phi F]_j$ は ϕF の第 j 番目の成分である。(1)式を推定する際に金融資産の順番を入れ替えれば F も変化する。したがって，全ての順列について(5)式を計算し，その最大値と最小値を各金融資産の情報シェアの上限と下限とする。

本分析では，上記2手法のうち，前者のアプローチを採用することにする。つまり，1秒単位という極めて短い時間間隔の時系列データを構築し分析を行う。

Hasbrouck (1995)では，各取引日において(1)式のモデルを推定することで各商品の情報シェア(2)式を計算し，価格発見機能の優劣を議論している。すべての時系列データを連結し，1度に推定を行わない理由は，観測時間間隔が大きく異なるオーバーナイト・リターンの影響を避けるためである。本稿においても基本的にこの方法を踏襲するが，日経225先物の場合，昼休みによる取引中断があるため，各取引日の前場と後場のデータについてそれぞれモデル推定を行う。また，各取引日の情報シェアは，前場と後場の情報シェアを取引時間の長さをウエイトとし加重平均することによって求める。

実際の推定では，(1)式におけるラグの次数を決定しなければならない。また，(4)式において無限次ラグを計算する代わりに十分大きな k の値を設定しなければならない。本稿では全ての取引セッションにおいて今期の先物

価格は 5 分前の先物価格までに影響を受けるとして(1)式を推定する。すなわちラグの次数を 300 とする。また，先物価格へのショックは 15 分後まで影響が残るとし(4)式における k の値を 900 として Ψ_k を推定し，情報シェアの計算に利用する。

4. データ

本稿では大証と SGX に上場されている日経 225 先物および大証上場の日経 225mini のティックデータを利用する。SGX にも通常の先物取引よりも小さな取引単位で売買できる mini 先物が上場されているが，後述のサンプル期間においてはその取引量が極めて少なく，価格発見に貢献しているとは考えにくいため，分析から除外する[4]。

大証上場の日経 225 先物と日経 225mini のデータは日経メディアマーケティングが提供している「日経 NEEDS ティックデータ」を，SGX 上場の日経 225 先物については SGX が提供している "Tick Data and Daily Statistics" から約定レコードを抽出し利用する。これらのデータには，各取引の約定時間（タイムスタンプは秒単位まで），限月，約定価格，約定数量が記録されている。

分析期間は 2008 年 1 月から 2009 年 11 月とする。このサンプル期間に含まれる半日取引日である 2008 年 1 月 4 日，2008 年 12 月 30 日，2009 年 1 月 5 日は他の取引日と取引の特徴が異なる可能性があることから除外する。この結果，サンプル期間中の取引日は 464 日である。

ティックデータはその性質上，観測時間が等間隔ではないが，情報シェアの推定に必要なモデルは時系列モデルであり等間隔のサンプリング間隔を持つデータが必要である。また，前節で述べたように，(1)式を推定する際のイノベーションにおける同時点の相関を避けるためにはできるだけ短い間隔でサンプリングを行った方がよい。そこで，本稿ではティックデータから構築可能な最短間隔である 1 秒間隔のデータを作成し，分析を行う。1 秒間に複数の約定がある場合には，同一タイムスタンプが付与されている最後のレコードの価格をその時点の約定価格として扱う。また，ある時点において約

定レコードが存在しない場合は，直近の約定価格をその時点の約定価格として使用する。

　日経 225 先物 3 商品は，限月が異なる複数の先物が取引されているが，本分析ではもっとも取引量の多い限月の先物価格を当該取引日の先物価格として分析を行う。サンプル期間において，SGX・大証での先物取引の 90% 以上が期近物に集中しており，この処理を行うことでの情報の損失は非常に少ないと考えられる。

　前述の分析手法では，同時刻に取引される複数の金融資産価格の関連に着目するため，SGX・大証において同時に取引されている時間帯のデータのみを利用しなければならない。一方，前述のように，SGX と大証では取引の時間帯は異なっており，SGX の取引時間帯が大証のそれを包含している。したがって，本稿では大証における日経 225 先物の前場取引時間帯である 9 時から 11 時と後場取引時間帯である 12 時 30 分から 15 時 10 分（両者とも日本標準時）を分析対象時間帯とする[5]。この結果，日経 225 先物（SGX），日経 225 先物（大証），日経 225mini の約定レコードから 1 秒単位の時系列データが 3 系列構築された。各取引日におけるサンプルサイズは前場で 7201，後場で 9601 となる。

5. 分析

5.1 記述統計的分析

　情報シェアの計算の前に，分析対象である日経 225 先物 3 商品と，その基本証券である日経平均株価の記述統計を分析することによって，3 商品の特徴を概観する。

① 基本証券価格の推移

　日経平均先物に関する分析の前に，先物の基本証券である日経平均株価について，サンプル期間中の推移を確認しておく。図 1 はサンプル期間中の日経平均株価終値と，日次変化率の推移を表す時系列グラフである。

　日経平均株価は 2008 年 9 月中旬まで 1 万 2 千円から 1 万 4 千円の価格帯を推移していたが，9 月 15 日に米投資銀行のリーマン・ブラザーズが破綻

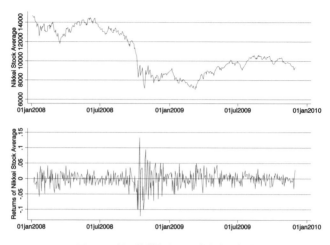

図 1　日経平均株価とその変化率の推移

したことを契機に急速に下落し 8 千円前後の価格を推移している。その後，2009 年 3 月頃から緩やかな上昇局面に入り，サンプル期間末期では 1 万円前後の価格帯を推移している。

　日次変化率については，リーマン・ブラザーズ破綻後のボラティリティが急速に増加したことが見て取れる。株価が上昇する局面より，下落するときのボラティリティの増加量が大きいことはレバレッジ効果として知られているが，本サンプルにおいてもこの効果が確認されているといえよう。この金融危機以後のボラティリティ増加のインパクトは，日経平均株価が上昇トレンドに入る 2009 年 3 月頃まで持続しているように見受けられる。

　表 1 はサンプル期間を金融危機以前（2008 年 8 月以前）・危機中（2008 年 9 月から 2009 年 3 月まで）・危機以後（2009 年 4 月以降）と便宜的に分割した場合の，日経平均株価の変化率に関する基本統計量である。金融危機時の日次変化の標準偏差はその前後に比べ 2 倍程度大きく，最大値および最小値も金融危機時が 3 倍程度大きいことからも，期間のボラティリティの高さを確認できる。

② 取引量

　図 2 はサンプル期間における日経 225 先物 3 商品の月次取引量の推移を表

表1 日経平均株価の日次変化率に関する基本統計量

サンプル期間	N	mean	sd	min	p25	p50	p75	max
金融危機前	163	-0.072	1.810	-5.816	-1.240	-0.042	1.174	4.182
金融危機中	140	-0.341	3.677	-12.111	-2.027	-0.353	1.748	13.235
金融危機後	163	0.087	1.503	-3.268	-0.790	0.193	0.902	4.448
Total	466	-0.097	2.450	-12.111	-1.325	0.023	1.199	13.235

注）サンプル期間における，金融危機前，金融危機中，金融危機後は，それぞれ2008年1月から2008年8月，2008年9月から2009年3月，2009年4月から11月を表す。N, mean, sd, min, max はそれぞれサンプルサイズ，平均，標準偏差，最小値，最大値を表し，p25, p50, p75 はそれぞれ25％分位点，中央値，75％分位点を表す。各基本統計量の単位はパーセントである。

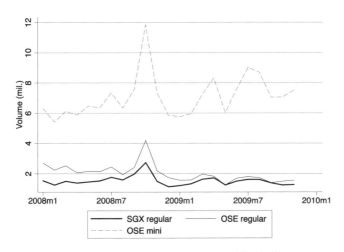

図2 日経225先物3商品の月次取引量の推移

注）SGX regular, OSE regular, OSE mini はそれぞれSGX上場の日経225先物，大証上場の日経225先物，大証上場の日経225mini を表す。取引量は当該取引日において最も取引量が多かった限月のみを集計している。取引量の単位は100万枚である。

したグラフである。すべての期間において日経225mini の取引量が最も多く，他の2商品と比べ3倍程度の取引量で推移している。しかしながら，取引単位が各商品で異なるため，売買金額の観点からすると，日経225先物（大証）が最も大きなシェアを占めており，依然として日経平均先物の代表的な商品であることが分かる。

表 2 日次取引量の相関係数行列

	日経 225（SGX）	日経 225（大証）	日経 225mini
日経 225（SGX）	1.00		
日経 225（大証）	0.73	1.00	
日経 225mini	0.86	0.58	1.00

注）日経 225（SGX），日経 225（大証），日経 225mini はそれぞれ SGX 上場の日経 225 先物，大証上場の日経 225 先物，大証上場の日経 225mini である。相関係数は 2008 年 1 月から 2009 年 11 月における最も取引量が多かった限月の日次取引量から計算された。

3 商品ともに 2008 年の金融危機時に伴う高ボラティリティの期間に多くの取引がなされており，リスクヘッジの手段として先物取引が有効に機能していることが分かる。

サンプル期間すべてにわたり，日経 225 先物 3 商品の取引量は連動しているように見受けられる。この点を検証するため，取引量の相関係数を計算する。表 2 は日次取引量に関する相関係数行列である。日経 225 先物（SGX）と日経 225mini の相関係数が 0.58 とやや低い一方，日経 225 先物（SGX）と日経 225 先物（大証），日経 225 先物（SGX）と日経 225mini の相関はそれぞれ，0.73 と 0.86 である。大証内で取引されている先物の相関係数より，SGX‐大証間で取引される先物の相関係数が高いことから，SGX と大証の間で先物同士の裁定取引が活発であることが示唆される。また，日経 225 先物（SGX）と日経 225mini の相関が日経 225 先物 3 商品の中で一番高いことは，両商品の呼び値の単位が同一であることによる裁定取引の容易さを裏付ける結果といえよう。

表 3 は取引時間中における 1 約定あたりの取引量の基本統計量を日経 225 先物 3 商品について求めたものである。平均値を見ると，日経 225 先物（大証）が 9.51 枚と最も多く，日経 225mini の 7.85 枚が最も少ない。しかし，各分位点を見るとこの分布は右に大きく歪んでいることが分かり，平均値で 1 回の取引における取引量の傾向をつかもうとするのは不適切であることが分かる。

中央値を見ると，日経 225 先物（SGX），日経 225 先物（大証），日経 225mini の値はそれぞれ 2，2，1 であり，日経 225mini が最も小さな単位で

第3章　日経225先物の価格発見　　503

表3　1回の取引における取引量の基本統計量

	N	mean	sd	min	p1	p5	p25	p50	p75	p95	p99	max
日経225(SGX)	8237088	3.85	6.31	1	1	1	1	2	4	11	30	602
日経225(大証)	4344886	9.51	28.75	1	1	1	1	2	5	43	140	3492
日経225mini	19601284	7.85	29.09	1	1	1	1	1	4	30	115	2912

注）日経225（SGX），日経225（大証），日経225miniはそれぞれSGX上場の日経225先物，大証上場の日経225先物，大証上場の日経225miniである。N, mean, sd, min, maxはそれぞれサンプルサイズ，平均，標準偏差，最小値，最大値を表し，p1, p5,…,p99はそれぞれ1％分位点，5％分位点，…,99％分位点を表す。取引量はザラ場において取引されたもののみを利用し，板寄せによる約定は除外している。

表4　日中における取引と取引の時間間隔

	N	mean	sd	min	p1	p5	p25	p50	p75	p95	p99	max
日経225(SGX)	8236160	0.946	3.427	0	0	0	0	0	1	5	16	363
日経225(大証)	4344886	1.789	4.089	0	0	0	0	1	2	8	19	933
日経225mini	19601284	0.396	0.849	0	0	0	0	0	1	2	4	930

注）日経225（SGX），日経225（大証），日経225miniはそれぞれSGX上場の日経225先物，大証上場の日経225先物，大証上場の日経225miniである。N, mean, sd, min, maxはそれぞれサンプルサイズ，平均，標準偏差，最小値，最大値を表し，p1, p5,…,p99はそれぞれ1％分位点，5％分位点，…,99％分位点を表す。

取引される傾向が強いことがわかる。日経225先物（SGX），日経225先物（大証）においても中央値は2であり，約定回数の半数以上において，2枚以下の取引量で約定されていることがわかる。

③　約定時間間隔

価格発見が効率的に行われているのであれば，金融市場にもたらされるニュースは即座に価格に反映されるはずである。したがって，日中における取引と取引の時間間隔は価格発見が健全に行われている市場ほど短くなることが予想される。ここでは，日中の約定間の時間間隔に着目し，日経225先物3商品の特性を検証する。

表4は，日中における取引間の時間間隔に関する基本統計量である。まず，時間間隔を計算するために用いられた約定レコード数から確認しよう。サンプル期間における取引回数は日経225miniが突出して大きく，日経225

先物（SGX）の 2 倍以上，日経 225 先物（大証）の約 5 倍の値である。前述のように，日経 225mini の取引量は他の 2 先物より多く，かつ，小口に取引されるため，結果として日経 225mini の約定回数が顕著に大きく現れている。

取引量同様，約定時間間隔の分布は大きく右に歪んでいる。日経 225 先物（SGX），日経 225mini の 2 先物については，中央値が 0 であり，50 % 以上のサンプルにおいて，約定時間間隔が 1 秒以下であるという結果であった。日経 225 先物（大証）についても，その中央値は 1 であり，1〜2 秒の時間間隔で約定される場合が半数以上であることを示している[6]。99 % 分位点においても，日経 225mini で 4 秒，他の 2 先物でも 20 秒以下となっており，極めて頻繁に取引が行われていることがこの結果から確認される。

④ 約定回数

約定時間間隔の分析では，その間隔が 1 秒以下になる場合が大半を占め，タイムスタンプが秒単位までしか記録されていないティックデータを用いた分析の精度に疑問が残る結果となった。ここでは，日中取引の活発さを単位時間あたりの約定回数という観点から再度検証することにする。単位時間として，データから求めることができる最小の時間単位である 1 秒間を採用する。

表 5 は日経 225 先物 3 商品に関する日中 1 秒あたりの約定回数について基本統計量を計算したものである。平均値を見ると，日経 225mini，日経 225 先物（SGX），日経 225 先物（大証）の順で大きな値をとり，これまで検証してきた指標同様に，日経 225mini の取引の活発さを示唆する結果となっている。分布に関しては，約定回数も他の指標と同様に右に大きく歪んでいる。中央値は 3 商品共に 0 回であり，取引時間の半分以上の時間で約定が行われていないことを示している。一方，最大値は日経 225 先物（SGX），日経 225 先物（大証），日経 225mini がそれぞれ 171 回，83 回，86 回となっている。単純にこれらの約定が 1 秒間の間で等間隔で行われたと仮定すれば，約定時間間隔はそれぞれ 6，12，12 ミリ秒となり，極めて短時間に約定が行われていることになる。

この結果から，通常の取引の活発さと，市場に重要な情報が流入する状況

第 3 章　日経 225 先物の価格発見

表 5　1 秒あたりの約定回数

	N	mean	sd	min	p1	p5	p25	p50	p75	p95	p99	max
日経 225（SGX）	11660544	0.706	2.512	0	0	0	0	0	0	4	12	171
日経 225（大証）	11660544	0.373	1.165	0	0	0	0	0	0	2	5	83
日経 225mini	11660544	1.681	3.536	0	0	0	0	0	2	7	15	86

注）日経 225（SGX），日経 225（大証），日経 225mini はそれぞれ SGX 上場の日経 225 先物，大証上場の日経 225 先物，大証上場の日経 225mini である。N, mean, sd, min, max はそれぞれサンプルサイズ，平均，標準偏差，最小値，最大値を表し，p1, p5,…,p99 はそれぞれ 1％分位点，5％分位点，…,99％分位点を表す。

表 6　約定に伴う価格変化の度数分布

呼び値単位	日経 225（SGX）		日経 225（大証）		日経 225mini	
	度数	相対度数	度数	相対度数	度数	相対度数
−3 以下	401	0.00%	19	0.00%	1746	0.01%
−2	5949	0.07%	303	0.01%	32273	0.16%
−1	437309	5.31%	454596	10.47%	3132672	15.98%
0	7349232	89.23%	3434227	79.06%	13267611	67.69%
1	436866	5.30%	454518	10.46%	3131655	15.98%
2	5997	0.07%	274	0.01%	32642	0.17%
3 以上	406	0.00%	21	0.00%	1757	0.01%
合計	8236160	100%	4343958	100%	19600356	100%

注）日経 225（SGX），日経 225（大証），日経 225mini はそれぞれ SGX 上場の日経 225 先物，大証上場の日経 225 先物，大証上場の日経 225mini である。呼び値の単位は，日経 225（SGX）および日経 225mini が 5 円，日経 225（大証）が 10 円である。

での取引の活発さが極端に異なっていることが分かり，特に日経 225 先物（SGX）において，その傾向が顕著であることが示唆される。

⑤　価格変化

　価格発見が効率的に行われていれば，市場に流入するニュースに応じて，価格も素早く変化するはずである。このことから日中の取引時間における直前の約定価格からの価格変化の頻度について分析する。

　表 6 は現在の約定価格と一つ前の取引における価格との差についての度数分布表である。日経 225 先物 3 商品間で呼び値の最小単位が異なるため，こ

こでは価格差ではなく，呼び値の最小単位の倍数を階級として利用する。

3 先物ともに，分布は 0 を基準に極めて対称に近い形をしており，価格変化がランダム・ウォークにしたがっている可能性が高いことを示唆している。また，2 ティック以上の価格変化が生じることは 0.3 ％未満の割合でしか起きず，99.7 ％以上の価格変動は上下 1 ティックの範囲内で生じていることが分かる。

直前の約定価格から変化しない確率は日経 225 先物（SGX）が最も高く 89.2 ％であった。続いて日経 225 先物（大証）の 79.1 ％，日経 225mini の 67.7 ％となっている。日経 225 先物（SGX），日経 225 先物（大証），日経 225mini の呼び値の最小単位がそれぞれ 5 円，10 円，5 円であることから，日経 225（SGX），日経 225mini において価格変化が頻繁に生じると予想していたが，実際には大証での取引において価格が頻繁に変化することが明らかになった。

5.2 情報シェアの計算

日経 225 先物 3 商品について，Hasbrouck（1995）の情報シェアを推定した結果を表 7 に示す。サンプル期間中の情報シェアの平均は，日経 225mini が 45.8 ％と最も高く，この 3 商品の中で最も価格発見に貢献していることが明らかになった。続いて，呼び値の最小単位が日経 225mini と同じである日経 225 先物（SGX）が 30 ％であり，日経 225 先物（大証）は 9 ％とほとんど価格発見に貢献していないことがわかる。標準偏差も 0.1 から 0.2 程度の値を取り，これらから計算される 95 ％信頼区間も平均 ± 1.5 ％程度であり，各取引日間で情報シェアに大きな変動がないことがうかがえる。その一方，情報シェアの最大値・最小値をみると，日経 225 先物（SGX）や日経 225mini の情報シェアが 15 ％程度まで落ち込むこともあれば，日経 225 先物（大証）の情報シェアが 46 ％まで上昇する取引日も存在することに注意が必要である。

日経 225 先物 3 商品は 24 時間取引されているわけではなく，前場・後場・イブニングセッションの 3 つの時間帯で取引されている。前場の取引開始時には，前日に欧米市場で生じたニュースが織り込まれるため，前日の終

表 7　情報シェアの基本統計量

	日経 225（SGX）	日経 225（大証）	日経 225mini
N	464	464	464
mean	0.297	0.090	0.456
sd	0.136	0.076	0.154
min	0.004	0.001	0.051
p25	0.204	0.031	0.350
p50	0.280	0.069	0.458
p75	0.387	0.130	0.567
max	0.705	0.418	0.912

注）日経 225（SGX），日経 225（大証），日経 225mini はそれぞれ SGX 上場の日経 225 先物，大証上場の日経 225 先物，大証上場の日経 225mini である．N, mean, sd, min, max はそれぞれサンプルサイズ，平均，標準偏差，最小値，最大値を表し，p25, p50, p75 はそれぞれ 25％分位点，中央値，75％分位点を表す．各取引日の情報シェアは，1 秒間隔の時系列データから前場・後場それぞれの推定値を Hasbrouck (1995) の方法にしたがい推定後，前場と後場の取引時間をウエイトとする加重平均として求めた．

値と大きく乖離した価格で約定されることが少なくない．もし，市場が効率的であれば前場の始値に，前日のイブニングセッション終了後から，前場開始時刻までのすべての情報を織り込むはずである．一方，市場が効率的でなければ，前場開始後も前場取引開始以前のニュースがゆっくりと価格形成に影響を与えることが考えられる．したがって，前場と後場の価格発見能力は異なり，価格発見のスピードと取引制度に関係があることも考えられる．このため，前場と後場で各商品の価格発見能力に違いがあるかを検証する．

表 8 は日経 225 先物 3 商品の情報シェアを前場・後場別に集計したものである．3 商品とも前場と後場において情報シェアに大きな違いは見受けられず，価格発見と取引制度の関係に，前場・後場という取引時間帯が影響を与えている可能性が低いことが示唆される．

次に，情報シェアの多寡が，取引回数や取引量などの市場要因に影響を受けるかどうかを検証する．表 9 は情報シェアと，日次取引回数，日次取引量，実現ボラティリティについて，相関係数行列を求めたものである．実現ボラティリティは，日中の 5 分間隔の収益率の 2 乗和として求めている．すなわち，5 分間隔の収益率を r_i とすると，第 k 取引日の実現ボラティリ

表8 情報シェアの基本統計量（前場・後場別）

	日経 225（SGX）		日経 225（大証）		日経 225mini	
	前場	後場	前場	後場	前場	後場
N	464	464	464	464	464	464
mean	0.315	0.31	0.09	0.097	0.487	0.475
sd	0.21	0.192	0.115	0.118	0.236	0.222
min	0	0	0	0	0.01	0
p25	0.142	0.174	0.01	0.014	0.305	0.32
p50	0.296	0.284	0.047	0.05	0.488	0.476
p75	0.454	0.433	0.119	0.136	0.67	0.635
max	0.956	1	0.724	0.722	1	0.989

注）日経 225（SGX），日経 225（大証），日経 225mini はそれぞれ SGX 上場の日経 225 先物，大証上場の日経 225 先物，大証上場の日経 225mini である。N，mean，sd，min，max はそれぞれサンプルサイズ，平均，標準偏差，最小値，最大値を表し，p25, p50, p75 はそれぞれ 25％分位点，中央値，75％分位点を表す。各取引日の情報シェアは，1 秒間隔の時系列データから Hasbrouck（1995）の手法を用いて計算された。

ティ v_k は，

$$v_k = \sum_i r_i^2$$

と定義される。

　表9によると，情報シェアと相関が高い市場要因指標はほとんど存在しない。市場要因指標の 1 次のラグをとって相関係数を計算しても，ほぼ同じ結果となった。また，情報シェアを被説明変数に，市場要因指標とそのラグを説明変数とする回帰分析も行ったが，ほとんどの説明変数が有意ではなく，相関係数による単変量分析と整合的な結果であった[7]。このことから，情報シェアは市場環境に左右されるものではなく，呼び値の最小単位や売買単位など，取引制度に大きく影響を受ける可能性が高いことが示唆される。

　価格発見の 50％弱が売買単位と呼び値の単位が最も小さな日経 225mini で起きており，売買単位と呼び値の最小単位が最も大きい日経 225 先物（大証）が最も価格発見に貢献していないという結果は，取引制度に摩擦が少ない方がより市場が効率的になるという直感的理解と整合的であるといえよう。つまり，呼び値の最小単位が小さければ，株価に関する影響が小さな情

第3章 日経225先物の価格発見

表9 情報シェアと日次取引回数，日次取引量，実現ボラティリティとの相関係数行列

		情報シェア			取引回数			取引量			ボラティリティ
		日経225(SGX)	日経225(大証)	日経225 mini	日経225(SGX)	日経225(大証)	日経225 mini	日経225(SGX)	日経225(大証)	日経225 mini	
情報シェア	日経225(SGX)	1.00									
	日経225(大証)	-0.17	1.00								
	日経225mini	-0.80	-0.37	1.00							
取引回数	日経225(SGX)	-0.07	-0.01	-0.06	1.00						
	日経225(大証)	-0.05	0.03	-0.16	0.75	1.00					
	日経225mini	-0.11	-0.05	-0.06	0.78	0.90	1.00				
取引量	日経225(SGX)	-0.05	0.06	-0.10	0.90	0.73	0.68	1.00			
	日経225(大証)	-0.04	0.01	-0.16	0.74	0.95	0.86	0.75	1.00		
	日経225mini	-0.11	0.00	0.00	0.85	0.63	0.72	0.87	0.63	1.00	
ボラティリティ		-0.10	-0.02	-0.05	0.66	0.76	0.78	0.54	0.68	0.55	1.00

注）日経225（SGX），日経225（大証），日経225miniはそれぞれSGX上場の日経225先物，大証上場の日経225先物，大証上場の日経225miniである。ボラティリティは実現ボラティリティを表し，5分間隔の日経平均株価から計算を行った。5分間隔の収益率を r_i としたとき，実現ボラティリティは $v_k = \sum_i r_i^2$ で推定される。

報が市場に流入した場合でも，呼び値の単位が大きい場合に比べ速やかに価格が更新されるし，取引単位が小さければ売買のタイミングも早くなるため，価格発見に貢献する比率が高くなるということである。

6. おわりに

本稿では取引制度の違いが価格発見機能に影響を与えるかどうか実証分析を行った。具体的には，商品特性が取引制度以外ほとんど同じであるがSGXと大証に同時に上場している日経225先物および日経225miniのティックデータを利用して，各金融資産の価格発見機能の優劣を，Hasbrouck（1995）の手法を用いて分析した。

記述統計的分析から，日経225先物3商品の中で，日経225miniの一回あたりの取引量が少なく，約定時間間隔が短く，1日あたりの約定回数が多いことが明らかになった。また，約定に伴って価格が変化する割合も日経225miniが最も高いことが示された。

価格形成機能の優劣を計る一つの尺度である Hasbrouck (1995) の情報シェアは，日経 225mini のシェアが最も高く，50％弱を示すことが明らかになった。次にシェアが高いのは日経 225 先物 (SGX) であり，日経 225 先物 (大証) はほとんど価格発見には貢献していないことが示された。日経 225mini の取引単位および呼び値の最小単位は，本稿で分析した 3 商品の中で最も小さく，日経 225 先物 (大証) のそれは最も大きい。このことから，取引単位と呼び値の最小単位はともに価格発見機能向上に寄与することが示唆される。

本稿ではサンプル期間を 2009 年 11 月までとしたが，その後も様々な取引制度・取引システムの改善が行われ，国際市場間競争が続いている。例えば，2010 年 6 月には 2007 年 11 月に上場したものの取引が低調であった SGX におけるミニ日経先物に対し，取引制度を改善する措置が行われている。また，大証は近年急速に拡大しているアルゴリズム取引に対応できる売買システム J-GATE を 2011 年 2 月から稼働させている。アルゴリズム取引によって日経平均株価関連先物の価格発見能力がどのように変化したのかは意義深い問題であると考える。直近のサンプル期間を用いた，この点に関する分析は今後の課題としたい。

[**謝辞**]

本稿は，長崎大学経済学部 100 周年記念助成による支援を受けた研究成果です。ここに記して感謝申し上げます。

[**注**]

1) 以下では，日経 225 先物 (大証)，日経 225 先物 (SGX)，日経 225mini の 3 金融資産をまとめて「日経 225 先物 3 商品」と呼ぶことにする。
2) この節における取引制度は，後述するサンプル期間におけるものであり，現在のそれとは異なっている部分があることに注意が必要である。例えば，2012 年末時点で大証の前場と後場は統一され，日中取引時間は 9 時から 15 時 15 分 (日本時間) である。
3) SGX，大証共に前場・後場の他，イブニングセッションを設けているが，本稿では分析対象としていないため，イブニングセッションに関する説明は割愛する。

4) 本稿の分析期間における SGX 上場の mini 先物の取引回数は約 900 回程度であり，大証上場の mini 先物の 0.05 ％程度の約定しか行われていない。
5) 大証における後場の取引時間帯は 12 時 30 分から 15 時 15 分であるが，最後の 5 分間はクロージング・オークションと呼ばれ，注文のみを受け付けマッチングは行わない。そして，15 時 15 分に板寄せによって終値を決定する。
6) 今回利用したティックデータは SGX・大証共にタイムスタンプが秒単位までしか記録されておらず，約定時間間隔の 1 秒未満の部分については切り捨てられていることに気をつけなければならない。
7) 回帰分析の結果は紙幅の関係上割愛する。

[**参考文献**]

Covrig, V., D. K. Ding, et al. (2004). "The contribution of a satellite market to price discovery: Evidence from the Singapore exchange." *Journal of Futures Markets* 24 (10), 981-1004

Gonzalo, J. and C. W. J. Granger (1995). "Estimation of Common Long-Memory Components in Cointegrated Systems." *Journal of Business and Economic Statistics* 13(1), 27-35

Hasbrouck, J. (1995). "One security, many markets: Determining the contributions to price discovery." *Journal of Finance* 50(4), 1175-1199

Hasbrouck, J. (2003). "Intraday Price Formation in U.S. Equity Index Markets." *Journal of Finance* 58(6), 2375-2399

Kurov, A. (2008). "Tick size reduction, execution costs, and informational efficiency in the regular and Efficiency in the regular and E-mini Nasdaq-100 index futures markets." *Journal of Futures Markets* 28(9), 871-888

Roope, M. and R. Zurbruegg (2002). "The Intra-day Price Discovery Process between the Singapore Exchange and Taiwan Futures Exchange." *Journal of Futures Markets* 22(3), 219-240

So, R. W. and Y. Tse (2004). "Price discovery in the Hang Seng Index markets: Index, futures, and the tracker fund." *Journal of Futures Markets* 24(9), 887-907

Tse, Y., P. Bandyopadhyay, et al. (2006). "Intraday price discovery in the DJIA index markets." *Journal of Business Finance and Accounting* 33(9-10), 1572-1585

森保洋(2010).「日経 225 先物市場の価格発見機能」,『経営と経済』90(3), 351-363

第4部

経 営 編

第 1 章

How Can Incumbent Manufacturing Firms Design and Implement e-service?
—— A Case Study on a Heavy Machinery Manufacturing Firm ——

Nobuhiko Nishimura

Abstract

Three major perspectives relating to service business are reviewed, followed by an case study on a new e-service business initiative at a manufacturing firm to examine the applicability of these perspectives and to discuss the implications. Profitable e-services can be designed based on strategic fitting to capability and position already built in its conventional business, with repeat prototyping to elicit potential customers' requirements. The resulting e-service system makes the service offering complementary to and dependent upon products the firm manufactures to raise the entry barrier against competitors. Furthermore, back office improvements are considered to be essential to implement e-services.

Keywords : Service Science, B2B, e-Commerce

Manufacturing firms tend to seek ways of adding the value in the form of services that will improve their bottom lines after their products start to become commodities (Reinartz and Ulaga). Heavy machineries industries, for example the design and construction of thermal and nuclear electric power plants or oil refinery plants, have been conventionally viewed as high-tech industries founded on substantial research and development investment and the accumulation of various kinds of knowledge and skill. However, the commoditization of formerly high-tech products has proceeded in recent years due to the entry of emerging countries into these industries using simulation technologies, computer aided design (CAD) and computer aided manufacturing (CAM) applications with much lower investment than the original technologies, which were developed through large scale and extensive experiments and demonstration tests executed in laboratories, and with global procurement of special equipment.

As the profitability of these industries is increasingly eroded due to convergent rivalry, incumbent manufacturers are seeking appropriate responses. One solution is production in emerging countries to compete on the basis of cost by establishing manufacturing facilities, and/or alliance with or merger and acquisition of manufacturers in emerging countries. Another solution is to add value in the form of services applied to products or installations in operation. It should be noted that after-sales service is also facing the competition with independent service providers (ISPs) as the commoditization proceeds, in spite of efforts to erect barriers to entry through long term service agreements (LTSAs).

Manufacturers are thus attempting to mix products with services in an effort to boost revenue, as presented by Shanker et al. Hybrid solutions or hybrid offerings — products and services combined into innovative offerings — can help manufacturers guard against entry by the ISPs. A highly successful example of this approach, albeit in an unrelated industry, is Apple's product, the iPod, and related services in the form of the iTunes music store. For Apple and many other companies, hybrid solutions have spurred growth and helped reverse market-share or profit decline. While the promise of hybrid solutions is attractive, it is also easy to them wrong. Analysts have categorized these solutions into four segments based on two underling characteristics, a) complementarity, or the degree to which the value to the customer increases when the product and the service are used together, and b) independence of the service to the product. However, little has been mentioned about how to design appropriate hybrid solutions in specific industries.

From a strategic perspective, Hax and Wilde have proposed the Delta Model as a new approach to strategy development for incumbent manufacturers launching e-business initiatives. They proposed four contributes, "The Triangle" (a new set of strategic options), "The Adaptive Process" (linking strategy and expectation), "The Metrics" (aligning aggregate and granular metrics to strategy), and "Experimentation and Feedback" (experimenting in business transformation and monitoring performance). On the other hand, Porter reported that his strategic positioning theory continues to have great relevance to management in the internet era. In either case, although the authors argue for the application of strategic management to the design of e-business, few studies have been carried out to illustrate how incumbent manufacturers can actually launch e-business initiatives (Phan et al.).

The aim of the study presented here is to examine the key success factors for the design and implementation of hybrid solutions using internet technology through an in-depth case study of an e-service initiative in a heavy machinery manufacturing firm.

1. E-Business Strategies and Frameworks

Conventional After-Sales Business

The heavy machinery manufacturing industry, such as fossil/nuclear power plant or oil refinery plant manufacturers, was selected for study, as there are few works on e-business in this industry taking a long term perspective. The typical after sales service in this industry has been composed of the repair or replacement of components or parts that are likely to fail in near future due to aging, or modification of hardware or software to improve plant efficiency or capacity. Although the value to the customer is the prediction of damaged components or parts based on the knowledge and experience of damage mechanisms, or else suitable modification proposals that meet the customer's potential requirements, the profit is not obtained from the service but from selling products. Namely, the cost of the service is retrieved from payments for products that are repaired, replaced, or upgraded.

Previously, in the interest of plant reliability, customers exclusively contracted such work to the original equipment manufacturers (OEMs). As there this involved little or no competition, OEMs had the benefit of highly profitable businesses. Recently, however, companies engaged solely in after-market services have entered the industry. These are known as ISPs, or independent service providers. They independently produce various kinds of parts that the OEMs have traditionally manufactured, using reverse engineering technology (a method of producing items by means of precise 3D dimensional measurement of existing items and then evolving the measured data to the design drawing of CAD data).

After receiving an after-sales service proposal from the OEM, plant owners now typically make the inquiries about parts not only to the OEM but also to ISPs. The more intense the competition, the lower the profits the OEMs can obtain from the after-sales service business. Consequently, OEMs have been trying to raise barriers to prevent ISPs from entering the market by means of long term service agreements with customers, requiring exclusive OEM parts supply in exchange for availability assurance by the OEM. As the commoditization of plant equipment has progressed, and as customer experience and knowledge of operation and maintenance has developed, long term service agreements have been attracting fewer customers in this segment of the industry (Polhemus, 2004). Incumbent companies are thus striving to build new service models in order to safeguard sustainable profits.

Delta Model

The Delta Model, proposed by Hax and Wilde, encompasses a set of frameworks and methodologies to help managers in the articulation and implementation of effective corporate and business strategies in response to the emergence of the internet. The technologies surrounding e-business and e-commerce have made available some new and powerful tools that allow completely different business approaches to become feasible. Hax and Wilde proposed three sets of strategic positioning: *Best Product* positioning, *Total Customer Solution* positioning, and *System Lock-In* positioning.

Best Product positioning, i. e., classical positioning, aims for competitive advantage based on the inherent characteristics of the product itself. Typical inherent characteristics are price advantage or differentiation introducing unique product features that the customer values and for which a premium can be commanded. The price advantage is obtained by the firm's capability to reduce the cost in its internal supply chain. In the internet era, this kind of capability is imitated by means of best practice and benchmarking activities by competitors. As the low cost strategy also aims to deliver standardized products to mass customers, competition converges and industry profitability is reduced. In short, product differentiation is quite difficult in a commodity industry or market. When the product becomes a commodity, *Best Product* positioning can hardly be expected to offer sustainable competitive advantage to the firm.

Total Customer Solution positioning is a complete reversal from the *Best Product* approach. Instead of commoditizing customers, the firm seeks an intimate and deep customer understanding and a relationship that allows the firm to develop value propositions that bond to each individual customer. Instead of developing and marketing standardized and isolated products, the firm seeks to provide a coherent composition of products and services aimed at enhancing the customer's ability to create unique economic value. Instead of concentrating inwardly on the firm's own supply chain, the firm seeks to develop an integrated supply chain that links the firm with key suppliers and customers. Instead of focusing on competitors and imitating them, the firm redefines the ways to capture and serve the customer by putting together an overall set of corporate capabilities.

The *System Lock-In* strategic positioning has the widest scope, and the "complementor" assumes a key role in the value chain. A complementor is a firm that engages in the delivery of products and services that enhance the firm's own product and service portfolio. The prototypical example is Microsoft and Intel, a magic set of complementors during the latter part of the 20th century, which resulted in one of the most successful business ventures ever. A company that achieves systems lock-in can exercise an enormous amount of power. A *System Lock-In* position is not always possible, however. One possible view, although not explicitly mentioned, is that the firm should transform its strategic positioning from *Best Product* to *Total Customer Solution* as its products transform into commodities, and then watch for an opportunity to obtain *System Lock-In* through deep insights into the value chain

Delta Model characteristics of strategic positioning are listed in Table 1.

The execution processes required to achieve each strategic positioning are termed "adaptive processes", three of which are defined in the model: Operation Effectiveness, Customer Targeting and Innovation. Table 2 shows the list of the adaptive processes to obtain the *Total Customer Solution* position.

Experimentation is the key for the responsible undertaking of major business transformation. Particularly when the firm wants to move from one strategic option to another, (say from *Best Product* to *Total Customer Solution*), one is forced to enter unknown territory, without a full understanding of the preferred path to follow. The way to resolve this challenge is to design a careful set of experiments aimed at collecting more thorough knowledge prior to committing to a full-scale organizational effort. The firm should select critical customers who are not necessarily the most important, profitable or biggest customers. These are customers friendly to the firm, willing to participate in joint activity that might generate

Table 1 Characteristics of Strategic Positioning in the Delta Model

COMPETITIVE POSITIONING	BEST PRODUCT	TOTAL CUSTOMER SOLUTION	SYSTEM LOCK-IN
Strategic Focus	*Product:* The Business, its Industry and its Competitors	*Corporation:* The Firm, its Customers and its Suppliers	The Extended Enterprise: The Firm, its Customers, its Suppliers and its Complementors
Relevant Benchmarking	Competitors	Customers	Complementors
The Customer Value Proposition	*Product Focus:* Product Economics	*Customer Focus:* Customer Economics	*System Focus:* System Economics
Product Offering	Standardized Products	Customized Composition of Products and Services	Portfolio of Products and Services Extended by Complementors
Relevant Supply Chain	Internal Supply Chain	*Integrated Supply Chain:* Suppliers, the Firm and the Customers	*System Supply Chain:* Suppliers, the Firm, Customers, and the Complementors
Relevant Channels	Generic Channels, Mass Distribution	Targeted Direct Channel	Massive Direct Channel
Impact on Brands	*Product Orientation:* Brand Explosion	Brands Harmonized around the Customer: Coherent Portfolio of Brands	*Brands Harmonized around the System:* Brand Integration
Innovation Focus	Internal Product Development	Joint Product Innovation with Customers	Open Architecture, Complementors as Key Innovators
IT Role	Internal Support: e.g. SAP	Customer & Supplier Support: e.g. e-business and e-commerce	Total Network Support: e.g.: e-system
Degree of Customer Bonding	*Very Low:* Depends exclusively on the product characteristics	*Potentially High:* Reinforced by customization and mutual learning	*Potentially the Highest:* Reinforced by competitor lock-out and complementor lock-in

significant mutual benefits, and whose business portfolios would provide valid lessons transferable subsequently to the entire customer community.

The final issue is feedback. After the firm has done all of the experimentation, it will need to modify the selected course of action and the consequent strategic agenda to allow for unexpected changes in the basic hypothesis. Thus the firm needs feedback. Performance must be measured, monitored and followed up, while

第 1 章　How Can Incumbent Manufacturing Firms Design and Implement e-service?

Table 2　Role of Adaptive Processes in Supporting Total Customer Solution Positioning

Adaptive Processes	Content
Operational Effectiveness: Best Customer Benefits	● Improve customer economics ● Improve horizontal linkages in the components of total solutions
Customer Targeting: Target Customer Bundles	● Identify and exploit opportunities to add value to key customers by bundling solutions and customization ● Increase customer value and possible alliances to bundle solutions ● Select key vertical markets, and examine channel ownership options
Innovation: Customer Service Innovation	● Identify and exploit joint development linked to the customer value chain ● Expand offerings into the customer value chain to improve customer economics ● Integrate and innovate customer care functions ● Increase customer lock-in through customization and learning

sufficient flexibility must be built into the management system, organizational structures and resources in order to allow for the proper changes to be made.

Hybrid Offering of Products and Service

In the Delta model, the transformation of the firm's strategic positioning from *Best Product* to *Total Customer Solution* means the expansion of its offering from "products" to "compositions of products and services". However the Delta model does not describe the way to design the composite offering.

Shanker et al. termed the composition of products and services as a "hybrid solution" or "hybrid offering". They indicated that many manufacturers, aiming at a hybrid solution to boost revenue through a product, (e.g., iPod) and a service (e.g., iTunes Music Store), failed to properly improve revenue because of insufficient knowledge of the hybrid characteristics. They proposed two underlying characteristics to determine how customers will value and use an offering. The first is complementarity, or the degree to which the value to the customer increases when the product and the service are used together. The iPod and iTunes, for instance, are highly complementary. The other is independence. Some goods and services are highly dependent and therefore must be bundled together. Other products and services are relatively independent. A power plant will function whether or not the customer purchases a long term service agreement. Products and services that are

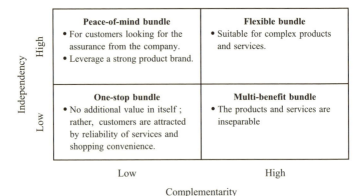

Fig. 1 Four Categories of Hybrid Solutions

highly independent are traditionally sold separately.

Viewing products and services through the lens of complementarity and independence, Shanker et al. proposed four categories of hybrid solutions as shown in Figure 1. Developing hybrid solutions can be challenging because various combinations may have potential. A hybrid solution is most likely to yield sustainable returns if the dependence between the product and the service can be increased and if the solution is scalable. In evaluating options, companies should keep in mind four rules related to differentiation, scalability, pricing, and branding.

Rule 1: Look for points of differentiation in product and service markets.
Rule 2: Scope the service and scale the product.
Rule 3: Assess the revenue and profit potentials of various hybrids.
Rule 4: Invest in the brand.

This analysis supports a multi-benefit bundle if revenue potential for the product or service is high but the purchase cycles of the product and the service are far apart.

Strategy and the Internet

As Shanker et al. have discussed, the dependency of the products and services is a critical factor to boost revenue using a hybrid solution. The internet is considered as a potential technology to increase the dependency. However, Porter has warned that it can be dangerous for firms to approach the internet as a new strategic activity.

He notes that the internet is not always positive: it tends to alter industry structures in ways that dampen overall profitability, and it has a leveling effect on business practices, reducing the ability of any company to establish an operational advantage that can be sustained. Internet technology provides buyers with easier access to information about products and suppliers, thus bolstering buyer bargaining power. Furthermore, the internet mitigates the need for such things as an established sales force or access to existing channels, reducing barriers to entry. By enabling new approaches to meeting needs and performing functions, it creates new substitutes. Because it is an open system, companies have more difficulty maintaining proprietary offerings, thus intensifying the rivalry among competitors.

Porter suggests that the key question is not whether to deploy internet technology—companies have no choice if they want to stay competitive—but how to deploy it. As the average profitability of the industry tends to be lowered by the Internet, the way forward for less profitable average firms is the acquisition of a sustainable competitive advantage by operating at a lower cost, by commanding premium prices, or by doing both. These advantages can be achieved in two ways, operational effectiveness and strategic positioning.

The nature of internet applications makes it difficult to sustain operational effectiveness, due to easy imitation of the best practices of a given firm's operational excellence. As it becomes harder to sustain operational advantages, Porter points to the strategic positioning as becoming more important. He proposes six principles of strategic positioning as follows:

① It must start with the right goal: superior long-term return on investment.
② A company's strategy must enable it to deliver a value proposition, or set of benefits, different from those that competitors offer.
③ Strategy needs to be reflected in a distinctive value chain.
④ Robust strategies involve tradeoffs. A firm must abandon or forego some product features, services, or activities in order to be unique at others.
⑤ Strategy defines how all the elements of what a company does fit together. A strategy involves making choices throughout the value chain that are interdependent; all a company's activities must be mutually reinforcing.
⑥ Strategy involves continuity of direction.

The value chain is the key to considering the strategy of the internet chain — the set of activities through which a product or service is created and delivered to customers. Because every activity in a firm's value chain involves the creation, processing, and communication of information, information technology has a pervasive influence on the value chain. He states that the internet should be used as a complement to strengthen the strategic positioning that the firm has already obtained, and that the firm should carefully design new composites of virtual and physical activities which could not be offered before the internet emerged.

In this study the above-mentioned perspectives on services and the internet are considered based on an e-business initiative designed and implemented in a heavy machinery manufacturing firm, so as to propose a new or modified perspective on strategy for the implementation of services with internet or e-service aspects.

2. Case Study

Background and Method

The firm examined is a Japanese manufacturer of large-scale machinery and equipment, with the specific e-business implementation project consisting of after-sales service in a SBU focused on thermal electric power plants. In the thermal electric power plant industry, Japanese manufacturers developed advanced power plants having the highest efficiencies and the lowest environmental loads in the 1990s, and maintained top shares in the global market. In the 2000s, it was no longer possible to rapidly improve efficiency due to various technical and economic issues. Meanwhile, the global market has shifted sharply from the industrialized countries (where the demand for electricity has essentially been saturated, and where coal cannot be easily used in new installations as a result of global warming and environmental issues) to emerging countries. As a result, intense rivalry has developed with Korean and Chinese manufacturers who have accumulated technologies from Japan, and the profitability and share of the Japanese manufacturers thus dropped precipitously in 2000s.

The Japanese firms have made efforts to expand after-sales service for customers who already own plants. In recent years, then, the after-sales service business has bolstered the bottom line of the SBU in contrast to the minimal profit of new power plant construction business. Most of the after-sales service has consisted of replacement or repair of parts deteriorated during long-term plant operation. Although the value proposition to customers is to apply engineering analysis and non-destructive testing so as to identify the parts which have deteriorated and may impact the availability of the plant, the actual cost of this analytical and testing activity is added to the sales prices of the replaced or repaired parts. The premium of the replacement and repair price has traditionally been paid by customers in exchange for the reliability of activities executed by the OEMs, who have dominated the market.

Recently, firms that offer replacement or repair services to the plant owner independent of the OEM have entered the market. These independent service providers, or ISPs, typically utilize reverse engineering (Sarkar and Menq), by which the precise dimensions of an actual object are measured using laser technology and computer aided design (CAD), drawings are made from the measurement results, and parts are produced (i. e., copied) using computer aided manufacturing (CAM) systems. Given that ISPs need not maintain a large-scale factory or a substantive research and development division, they can provide the replacement and repair work at considerably lower prices to plant owners. While plant owners have traditionally paid a premium for the reliability offered by OEMs, ISP product reliability has been improving. Accordingly, plant owners are now requesting proposals from ISPs as well as from OEMs for the replacement and repair work, i. e., work that was originally specified in OEM proposals based on detailed analysis and non-destructive testing. Predictably, the resulting competition has negatively affected profitability.

As OEM firms have suffered a battering of the after-sales service profits resulting from convergent rivalry with IPSs, the OEMs have been forced to consider alternative approaches. In the context of the current case, the company's chief executive ordered a company-wide initiative for the reconstruction of the service business, integrating the internet and/or e-services. The author of the present study, an ex-manager of the service development section of the firm's research and development center, was asked by the executive to lead the e-service component of the initiative.

This case study was carried out based on the author's experience accumulated during the execution of the initiative, interviews with persons related to the initiative, and relevant internal materials. The initiative was led without the benefit of the managerial insights concerning e-business reviewed in the foregoing section. In the present study, the managerial perspectives on e-business detailed in the following section were examined through comparison with the case study, followed by discussion of the key success factors for e-business, especially as relating to the incumbent heavy machinery manufacturer examined.

Design of Strategic Positioning

The e-service initiative was carried out as a part of a larger company-wide initiative involving around a dozen SBUs in the company. The chief development officer for the larger initiative was the executive deputy president of the firm.

The original e-service concept envisioned by the thermal power plant SBU was the implementation of an e-commerce internet system handling spare parts for customers. The SBU had experienced failure of the launch of an e-commerce system several years previously. The original implementation team managers attributed the failure to 1) un-modified conventional processes (requiring human intervention in the SBU's internal supply chain using various documentation procedures and approval processes in several sections of the SBU) resulting from a lack of cross sectional development and implementation processes, and 2) the fact that customers were forced to input procurement details into the system, even though they had previously been ordering using their own procurement systems.

Based on this failure experience of the e-commerce system, the new development team started with a pilot initiative targeting just a few customers. Although this process was mentioned in the Delta Model, the model developers placed it after completion of system design. In the case study reported here, the development team placed this aspect at the very beginning of the system design process, mainly because of their poor knowledge of customer procurement processes. In the Delta Model, they would have been able to obtain detailed knowledge of customer economics based on the iteration process of prototyping for targeted customers.

Two target customers were selected, one being an in-house energy supplier in newly constructed oil refinery plant in the Middle East, and the other being an independent electric power producer in South East Asia. These particular customers were chosen for the following reasons: 1) They were presumed to feel less secure in terms of support from the OEM due to their distant locations from Japan, 2) they had less knowledge of plant operations and maintenance, and 3) their managerial systems had not been rigidly established, since they had just started their respective business operations.

The launch of a standard type e-commerce system for the supply of spare parts could not improve profitability, given that prices would still be in competition with the ISPs . Furthermore, as indicated in the failure of the previously launched e-commerce system, system requirements might inconvenience customers having their own business systems in place. The team thus focused on their own strategic position that had already been established. This process is coincident with Porter's perspective of not using the internet to cannibalize the existing strategic positioning, but using it instead to complement the strategic positioning already in place.

The project team thought that the applicable strategic positioning consisted of detailed maintenance-related knowledge of the plant components designed by the firm. They therefore proposed to the targeted customers a prototype system to recommend parts requiring inspection as a function of operating hours, and to order parts easily from the recommended parts list. Especially the customer in Middle East, who owned nine power boilers and eight steam turbines, was anxious about proper execution of one to four year periodic maintenance programs for the various components depending on their reliability or condition. Through discussion with the customer, the project team decided to add maintenance scheduling and recording functions into the revised prototype system.

The project team had provisionally decided to use the QR code system, a two-dimensional bar code developed by Denso Corp. of Japan, which has achieved worldwide popularity. QR codes would be attached to the parts being delivered, to facilitate receiving inspection at customer sites. The data of the QR code attached to the delivery was read by a portable QR code reader, transferred to the e-service system, reconciled with the order sheet data upon delivery, and confirmed by the OEM firm for invoicing. The customers were interested in the QR code system and asked to use it for their own stock management. The project team accordingly added a stock management function for customers' warehouses using the QR code system.

This function is now receiving favorable responses from customers, and is expected to contribute to higher entry barriers against ISPs.

This process is quite similar to the joint innovation with customers as described in the adaptive processes of the Delta Model. However, customers' potential needs are not necessarily obvious unless the originating firm supplies relevant ideas in a prototype system. Therefore, it is considered that early prototyping is indispensable for innovation with customers.

Moreover, according to Porter's perspective, innovation using the internet should be based on existing strategic positioning or the superior competence of the firm as viewed by customers. In the case under consideration, the project team clearly defined this competence as consisting of maintenance technology and knowledge, and targeted the customers for which this competence was presumed to be the most effective. Before this system was launched, the relevant competence could not be sold customers directly because the service proposing the optimal maintenance scheduling to customers was independent and non-complemental to the product required for the maintenance. As Shanker et al. pointed out, this combination of service and product is a "Peace-of-Mind Bundle" as shown in fig.1 The bundle is effective for customers seeking assurance from the company and for the company to leverage its strong product brand. Shanker et al. suggested that the company should transfer to a "Multi-Benefit Bundle" if revenue potential for the product or service is high but the purchase cycles of the product and the service are far apart. This bundle features low independence and high complementarity between service and product. The new internet system linked the service to products, transferred the bundle from Peace-of-Mind to Multi-Benefit, and substantially raised the switching cost.

Given that the system was designed jointly with customers as shown in the Adaptive Processes of the Delta Model (see Table 2), it was not implemented as an e-commerce internet site but rather as a plant management support system which included inventory management for the customer's warehouse, maintenance scheduling, and records management within the customer's value chain.

Design and Implementation of E-business
(1) Problems in the Business Process

The SBU examined has a suitable work flow for producing power plants worth

USD several hundred million, one by one. Each plant is designed and constructed as a one-of-a-kind installation according to specific customer requirements, and the ratios of sharing and parts standardization in and among different plants are low. The business process involved in manufacturing such large-scale machinery is quite complex, and the supply chain extends across several sections.

At the same time, approval with paper documents by each section and sub-section manager is needed for procurement of consumables ranging in value from USD 100 to one million, and the required slips prepared by the various sections in the supply chain reaches 30 or more for each procurement. There is a complicated legacy system for procurement, which has been in effect for more than ten years with repeated minor and major modifications.

The magnitude of the process and of the data base has increased to the extent that trouble can occur in the supply chain. There is a unique ID code system composed of more than one hundred characters to identify the category of part, material, size, manufacturer and other attributes. However, as nobody inputs the precise ID code for each instance of procurement, the procurement record cannot be used as a database. In addition, the same information such as order number or name of customer must be input inefficiently several times in the various sections at different steps in the workflow.

(2) Launch of Project Team and Top Manager's Commitment

It was essential to improve the procurement and delivery processes in the back office system in order to make the e-service system a success. A cross-sectional project team was therefore ordered by the chief development officer (CDO), who was also the leader of the previously failed e-commerce system. The project team was composed of members from the product sales division, the service sales division, the design division, the procurement division, the distribution division, the information system division and technical headquarters. As was evident from an interview with the CDO, he clearly recognized that a key success factor of the e-service system was the handling of back office processes, while a key success factor in this handling approach was the empowerment of the cross-functional team and the top manager's commitment based on his previous experience of failure.

The importance of the top manager's commitment to IT initiatives has also been reported by Brown et al., by McAfee, and by McDermott. Most top managers have also recognized the importance, and the problem is generally considered to be the substantivity of their commitment. In concrete terms, most managers are committed at the beginning of the initiative, but this commitment tends to weaken over the course of development. The CDO led a weekly meeting to follow up on progress and to identify any managerial problems, also organizing the monthly division managers' conference to ensure the detailed cooperation items requested for the e-service initiative.

(3) Business Process Analysis

The project team started with the business work flow analysis of the current state. They corrected and analyzed documents and data recorded in the legacy system, addressing the entire process from customers' estimate requests to the correction of bills for actual orders of spare parts. As a result, it was found that 38 slips were prepared in each section in the process from parts estimate requests to the collection of bills, and that it took from one month to several months for the whole process to be completed.

A dedicated worker was stationed in each section solely for the input work to the legacy data system necessary for preparing these slips in each order. As noted above, the data record could not be leveraged as a database, so corresponding data sheets were originally created in each section separately for repeat orders from customers. Accordingly, they searched for the data record from their own data sheets to retype it into the legacy system for each order of spare parts.

An example of processing a spare parts order for a certain pump is shown. The customer identifies the needed part from the design drawing provided by the manufacturer. As there is no ID number stated for minor parts in the drawings provided, the customer requests an estimate for "the outlet gasket of pump number aaa of drawing number zzz". The designated worker in the corresponding design section locates the detailed drawing to determine the ID code of the part(s) from the information in the customer's inquiry, and identifies the part ID number given by the pump vendor. Since the dimensions, weight and material used must be input into the legacy system, the worker prepares the inquiry sheet to the pump vendor for the information and dispatches it after approval by the section manager. These actions are almost all performed manually. When the customer requests another estimate for the same parts, the worker must basically carry out the same process again. To circumvent such time-consuming processes, workers made their own datasheets of information of the parts ordered by each customer.

The process timing of each task was analyzed quantitatively, revealing that the most time was consumed in queues for worker and section manager approvals. The net working time was confirmed to be less than ten percent of total process time.

(4) Solutions

While the power plant itself is designed and manufactured individually according to the customer's specific needs, many of the same types of equipment, such as valves, pumps, and heat exchangers, are installed into different plants. Such equipment is procured via lump sum purchases from vendors when manufacturing a new power plant. On the other hand, many parts needed for maintenance are smaller components, such as gaskets, gears, bearings, and impellers. There are no design drawings or ID codes for these parts from the plant manufacturer.

The main problems in the back office were a) that the procurement process involving parts for the maintenance of existing power plants had to be carried out according to the same procurement process as much more expensive equipment required for the manufacturing of new power plants, and b) that there were no unique ID codes for minor components of equipment supplied by vendors.

The project team then conferred with the information system division and management control division as to whether the supply chains for new power plants and for after-sale service could not be separately undertaken. These divisions disapproved the proposal because of the possible confusion resulting from a dual procurement process. The project team then decided to assemble a Bill of Materials (BOM) database exclusively for service parts and link it to the legacy system through a service workflow arrangement, so that e-service system back office processes could be highly automated without re-constructing the legacy system and its workflow.

The system configuration of the e-service system is illustrated in Figure 1.

The next problem to be solved was the data interaction between customers' systems and e-service system. Various applications were installed to serve as customers' management systems. As Medjahed has noted, there are several types of

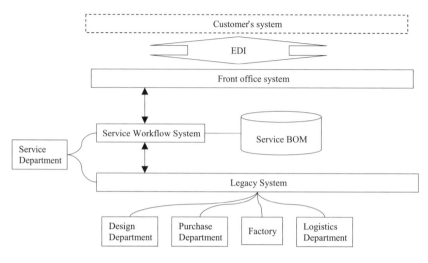

Fig. 2 E-service System Configuration

business-to-business (B2B) interaction technologies. The project team started the interaction with basic electronic data interchange (EDI). The collaborative business process was discussed thoroughly and established with customers. Data was initially translated into CSV file format by means of mapper software. The translated CSV file was then read as the input data for the corresponding system of the other company. Using this method, the data translating process should be determined on a customer-by-customer basis. Currently, XML based interaction is under development. When this is completed, seamless data interaction can be achieved with customers running different maintenance applications, and will also help the OEM to raise barriers to entry against ISPs.

3. Discussion and Implications

The e-service system that was developed corresponds to the transition of strategic positioning from *Best Product* to *Total Customer Solution* in the Delta Model. Here, examining an important aspect that the Delta Model does not describe, is the section that considers the actual transition of this strategic positioning.

Traditionally, the design division and the technological development division had a central role for new product development activity. Focusing on the differentiation of their products according to *Best Product* strategic positioning, these divisions have comparatively low capability in terms of insight into individualized customer's potential needs. In contrast, the e-service development was led by the service sales division and service technology division. Having high sensitivity to customer economics, these divisions had perceived a sense of crisis that the *Best Product* strategic positioning was no longer effective in their market. It is thus considered to crucial that the division having high sensitivity to customer economics and market circumstances leads the development project to transfer the strategic positioning from *Best Product* to *Total Customer Solution* and organizes the cross functional team. Durability of the top manager's commitment is also a top priority in making the project a success.

The Delta Model argues that the transition of strategic positioning from *Best Product* to *Total Customer Solution* and then to *System Lock-In* is highly important when products become a commodity. However the model developers do not touch upon the methodology to support the transition. One of the most important things in this context is considered to be the full leveraging of the firm's existing source or competence to sustain the strategic positioning by applying it to the potential needs of customers. A solution that considers only customers' needs, imitated easily by competitors, can hardly be expected to contribute towards sustainable strategic positioning. This is coincident with Porter's perspective of "Internet as Complement" with the internet being leveraged to strengthen the positioning resulting from raising the entry barrier.

The needs elicited explicitly from the customer are easily obtained not only by the firm but also by its competitors. It is important, then, to obtain potential needs of which even the customers themselves are hardly aware. Given that the solution(s) potentially provided by a specific service is difficult for customers to imagine using oral or documented proposals, rapid and repetitive prototyping is considered to be effective in identifying concealed and/or potential needs of customers, especially in the case of internet service offerings.

Moreover, it is necessary to restructure the back office system to achieve the agility that customers expect of e-business. In particular, the business work flow of the enterprise that manufactures and sells a product that requires several years from the order to the delivery of goods (such as the heavy machinery industry) is tedious, and complex. However, constructing a business flow parallel to the conventional work flow can be counterproductive, and requires time in any case. It is thought to be an adequate solution, then, to automate tasks by constructing a BOM database and service workflow system, interfacing them with the legacy system without reconstructing the legacy system.

It is considered to be essential to interact thoroughly with customer's managerial information system, in order to facilitate the customer's economy according to *Total Customer Solution* positioning. In the case study the interaction based on the EDI level was adopted. The interaction at the middleware level and workflow level could result in deeper linkage and understanding of the customer's economy. Building trust with customers is needed to achieve deeper interaction, so as to rigidly raise entry barriers against competitors.

In this study the effort to improve the interaction with suppliers is not mentioned. The improvement of interaction with suppliers is essential to achieve agility in the e-service system. A system using public cloud computing is currently under development, and the results will be presented in the near future.

Conclusions

As commoditization and convergent competition with emerging countries has become increasingly evident in manufacturing industries, incumbent manufacturers are seeking ways to obtain revenue from service activities, a quest in which firms do not always succeed. This study was to evaluate the key success factors to design and implement service initiatives through a detailed case study of the launch of a service system utilizing the internet (e-service) in a firm in the heavy machinery industry, referring to the Delta Model of Hax and Wilde, the Hybrid Offering of Shanker et al., and the perspective of Porter on the internet.

It is concluded that key success factors to design a profitable service include tightening of the relation between service and product using the internet, innovation leveraging existing strategic positioning of the incumbent firm, and rapid and repetitive prototyping of the system to elicit customers' potential needs.

It is also concluded that a key success factor in the implementation of a service initiative consists of execution of back office agility improvement activity by a cross-functional team led by service division sensitive to the customer's economy and supported by the top manager's durable commitment. In an industry having a long and complex manufacturing work flow such as the heavy machinery industry, the improvement of agility is essential in obtaining customers' satisfaction. An agile work flow can be achieved so as to automate various activities in the conventional workflow using service BOM and work flow management systems, without modifying the legacy system.

[References]

Brown, Susan A., Norman L. Chervany and Bryan A. Reinicke, (2007), "What Matters When Introducing New Information Technology", *Communications of the ACM*, Vol.50, No.9, 91-96

Denso Corporation, http://www.qrcode.com/index-e.html

Hax, Arnoldo and Dean Wilde II, (2001), "The Delta Model—Discovering New Sources of Profitability in a Networked Economy", *European Management Journal*, Vol.9, No.4, 379-391

McAfee, Andrew, (2006), "Mastering the Three Worlds of Information Technology", *Harvard Business Review*, Nov.2006, 141-149

McDermott, Richard, (1999), "Why Information Technology Inspired But Cannot Deliver Knowledge Management", *California Management Review; Summer*, 99, Vol. 41 Issue 4, 103-117

Medjahed, Brahim, Boualem Benatallah, Athman Bouguettaya, Anne H.H. Ngu and Ahmed K Elmagarmid, (2003), "Business-to-business interactions: issues and enabling technologies", *The VLDB Journal*, Vol.12, No.1, 59-85

Phan, Dien D., (2003), "E-business development for competitive advantages: a case study", *Information and Management*, Vol.40, 581-590

Polhemus, Scott A., (2004), "Cost Reduction Strategies for Gas Turbine LTSAs", *Power Engineering*, August 2004, 48-50

Porter, Michael, (2001), "Strategy and the Internet", *Harvard Business Review*, March 2001, 62-78

Ratnasingam, Pauline, (2005), "Trust in inter-organizational exchanges: a case study in business to business electronic commerce", *Decision Support System*, Vol.39, 525-544

Reinartz, Werner and Wolfgang Ulaga, (2008), "How to Sell Services More Profitably", *Harvard Business Review*, May 2008, 90-96

Ribbers, Piet and Koen Mills, (2008), "The role of IT Strategies, Architectures and Services in the Development of Network Economies", *Information Technology for Development*, Vol.

14, No.3, 179-183
Sahaym, Arvin H. Kevin Steensma and Melissa A. Schilling, (2007), "The Influence of Information Technology on the Use of Loosely Coupled Organizational Firms: An Industry Level Analysis", *Organization Science*, Vol.18, No.5, 865-880
Sarkar, B., and C.-H. Menq, (1990), "Smooth-surface approximation and reverse engineering", *Computer-Aided Design*, Vol.23, No.9, 623-628
Shanker Venkatesh, Leonard L. Berry and Thomas Dotzel, (2009), "A Practical Guide to Combining Products and Services", *Harvard Business Review*, November 2009, 95-99
Tang, Nelson H.K., Prabhaker R. Yasa and Paul L. Forrester, (2004), "An application of the Delta Model and BPR in transforming electronic business—the case of a food ingredients company in UK", *Information Systems Journal*, Vol.14, 111-130
Voelpel, Sven C., Malte Dous and Thomas H. Davenport (2005), "Five steps to creating a global knowledge-sharing system: Siemens's Sharenet", *Academy of Management Executive*, Vol. 19, No.2, 9-23.

第2章

再生可能エネルギー推進と地域経営
―― 飯田市の成功要因と地熱資源活用事例を中心に ――

小野　隆弘
岡田　裕正

概要

本稿の目的は，再生可能エネルギー事業経営が自立するための課題と方途を検討することである。東日本大震災以降，わが国においては，再生可能エネルギーの一層の利用拡大が課題となっている。本稿では，長野県飯田市の「おひさまファンド」とわが国における地熱資源の活用事例の検討を通じて，再生可能エネルギーを利用した地域活性化の課題を明らかにする。これらの事例の検討に先立ち，まず再生可能エネルギーが不可欠な理由と地域資源としての特徴について述べる。次に，再生可能エネルギーを地域経営にいかすための支援策として，固定枠買取制度（RPS）と固定価格買取制度（FIT）の特徴，さらにわが国における展開について述べる。これらの検討を通じて，本稿では，①FITの導入と相まって，地域の官民のパートナーシップを支える飯田市の枠組みが事業化の成果をあげていること，②地熱資源による地域での事業化の現状と成功に向けての手がかり及び方途について述べる。

キーワード：再生可能エネルギー，固定価格買取制度（FIT），官民パートナーシップ，地熱資源利用

はじめに

東日本大震災以降，日本では，再生可能エネルギーの導入と普及が進められている。この一環として，再生可能エネルギーの買取りについて，従来の「固定枠買取制度」（Renewable Portfolio Standard, RPS）に替えて，2012年か

ら「固定価格買取制度」(Feed-in Tariff, FIT) が導入された。しかし，2014年，電力会社が再生可能エネルギーの買取りを一時停止したいわゆる「九電ショック」が生じた。九電ショックとその後の 2016 年 4 月から開始された電力小売自由化とは，再生可能エネルギーの利用に関しては，発電だけではなく，資源の特性に基づく地域創生など幅広い検討を必要にしたと言えるであろう。

本稿で取り上げる地熱資源は，わが国では単に温泉だけではなく，熱水や熱源として，わが国の人々の暮らしに深く浸透してきている。そして，地熱資源の利用も，単に発電だけではなく，熱利用全体を包含した地域活性化に向けた多様な可能性が模索されている。

そこで，この再生可能エネルギー事業推進の現状をふまえたうえで，事業経営の自立の課題と方途を検討するのが，本稿の課題である。この検討にあたり，市民出資による事業の自立の成果を示した「おひさまファンド」で先行する長野県飯田市の事例と九州の主に小規模地熱資源活用による地域づくりの事例を検討していくこととする。

1. 再生可能エネルギーへの転換の不可欠性と地域

1.1 エネルギー政策の転換と地域資源としての再生可能エネルギー

低炭素型の社会システムへの革新は，エネルギーを焦点にして，進行している。2011 年 3 月 11 日に発生した東日本大震災，とりわけ福島原発事故が，これまでの日本のエネルギー政策に対して根源的な見直しを要請してきた。この結果，これまで当然のごとく利用してきた「エネルギー」や「電力」について，個々人もあらためて考えることが不可欠になってきている。エネルギーは経済活動の源であり，もともとは物理学の概念が基底にあるが，経済活動は資源・エネルギーへの需要と供給によって支えられるので，経済成長に伴ってエネルギー需要が拡大する。

1970 年代の二度のオイルショックを契機に，わが国では再生可能エネルギー等の石油代替エネルギーへのシフトを進めてきた。東日本大震災以前の低炭素社会に向けた脱化石燃料の方途は，原発優先か自然エネルギー優先か

で分かれていた。FUKUSHIMA 以後，原発に大きく依存したエネルギー供給体制は現実的ではなくなったとはいえ，原発の再稼働にベース電源を頼る考えも復活している。ただ，短・中期的には天然ガスなど化石燃料に依存せざるをえず，低炭素社会への移行という目標には沿わなくなるという矛盾も生じ，あらためて脱原発と低炭素化が両立する次世代エネルギーシステムの検討は最重要の課題になったと言える。

エネルギーをその全体像において理解するには，エネルギーの生成から利用までのプロセスが次の三つのレベルに基づいて構成されていることを，視野に入れておく必要がある。

① 「変換」のレベル：エネルギーをどのように作るかというレベル
② 「輸送・配分」のレベル：作ったエネルギーを利用者にどのように届けるかというレベル
③ 「利用」のレベル：届けられたエネルギーをどのように「利用」するかというレベル

自然エネルギーの推進に即して言えば，①「変換」は，低炭素化に向けてどのように自然エネルギーを生成するかということであり，その利用の拡大につながる。②「輸送・配分」は，送配電問題であり，分散的エネルギーを既存ネットワークに同様に取り込むかというスマートグリッド（次世代送電網）の問題になる。③「利用」は，自然エネルギー活用による地域づくりの問題に広がる。

諸富・浅倉（2013）や植田（2013）によると，再生可能自然エネルギーを公共的に推進する根底には，次の三つの理由がある。すなわち，1）従来のエネルギー資源については，それが枯渇する予想があり，しかも日本の自給率は極端に低いので，地産地消の自然エネルギーへの期待が大きいこと，2）温暖化の急速な進展によって，早急かつ大幅な総量削減の必要性があるので，CO_2 をほとんど排出しない自然エネルギーが重要であること，3）グリーンニューディールの視点，自然エネルギーの飛躍的成長による経済の活性化が期待されることである。

1.2　地域資源としての自然エネルギー

　自然エネルギーは，地域に分散した小規模のエネルギーである。このため，その土地の気候や風土などの地域特性を活かした発電方法を選択することが可能であること，エネルギー供給拠点と需要側との距離が近くなることの2点を特徴とするので，「エネルギーの地産地消」とも言われる。この「地域資源」としての特性を活かした自然エネルギーによる地域再生の試みは，現在，わが国の多数の地域で進められている。

　しかし，自然エネルギーそれ自体は，現在の電力供給源の中で競争力があるわけではない。社会的な必要性が高くても，自ずと導入がすすみ，普及していくとは考えにくい。

　自然エネルギーの長所は確かに大きい。まず，非枯渇性の資源であり，温室効果ガスを排出しないことである。次に，地産地消の地域資源であるため，エネルギー自給率の向上に貢献することである。また，福島原発事故後は，その安全性にも注目されている。

　しかしながら，自然エネルギーが拡大していく際に乗り越えなければならない課題も多く，自然エネルギー大量導入への否定的な意見も根強い。特に発電コストが高く競争力がないことや，供給が不安定であること，供給側が分散していることなどが挙げられる[1]。

　したがって，自然エネルギーは，自立的に普及するだけの競争力を持たないので，公的支援策が必要となる。そして，この公的支援策として有力なのが，固定価格買取制度である。

2.　固定価格買取制度の導入と地域エネルギー経営

2.1　自然エネルギーと支援策の現状：RPSからFITへ

　世界的にみると，自然エネルギー市場は需要の高まりを受け急成長を遂げている。しかし，かつては先進的であった日本における自然エネルギー導入は，東日本大震災時点では既に失速しており，その後は徐々に対応しているものの，世界の流れから取り残されてきた。その大きな原因として考えられるのが，国による自然エネルギー普及促進政策である。

第2章 再生可能エネルギー推進と地域経営

　これまでの世界的な経験から，個別的な補助政策を除けば，自然エネルギーを普及させる枠組みとして二つの政策手法が知られている。「固定枠買取制度（Renewable Portfolio Standard, RPS）」と「固定価格買取制度（Feed in Tariff, FIT）」である。RPSとは，「自然エネルギー割当基準」とも呼ばれるもので，電力供給者に一定比率の自然エネルギーの供給を義務付けるものである。これに対して，FITは，優遇した固定価格によって自然エネルギーを利用して発電された電力を長期間にわたり買い取ることを，電力会社に義務付けるものである。RPSが電力供給量に占める自然エネルギーの割合を政策的に決めるのに対し，FITは買取価格を義務づけるという点で，政策のターゲットに相違がある。

　従来，日本ではRPSが導入されていた。RPSは，市場メカニズムを利用した自然エネルギーの普及制度として1990年代半ばに登場した。欧州では，英国，スウェーデン，イタリアなど，限られた国で導入されているにすぎないが，米国では，テキサス州やカリフォルニア州など19州で導入が進み，日本が2003年に導入した「新エネルギー利用特別措置法」もこの制度に分類される。RPSは一般に固定枠の内部での競争を促すので，経済効率的であることが長所とされる[2]。自然エネルギーの事業や種類にかかわらず，最少費用の事業から導入が進むため，社会全体の総費用が最少ですむという考えである。しかし，国の自然エネルギー導入目標枠の低さなどの問題により，かえって自然エネルギーの普及を阻害するものとなっている。

　これに対して，FITは，EUにおける実績の検討から，自然エネルギー普及の初期段階においては，より適切な促進制度であるとする見解が大勢を占めている[3]。

　わが国もようやくRPSからFITの採用へと移行し，2009年11月より太陽光発電に限定した買取制度がスタートした。この制度開始当初は，家庭の太陽光発電により作られた電力のうち，自家消費を除く余剰電力分を電力会社が1 kWhあたり48円で買い取ることを義務づけていた。この余剰買取制度と補助金の復活などによる設置費用の低減を受け，2009年度は大幅な増加傾向を示したという[4]。

2.2　わが国における全量買取制度への展開

　わが国においてFITを全面的に展開させたのは，2011年3月の閣議において決定された「電気事業者による再生可能エネルギー電気の調達に関する特別措置法」である。この法律は，再生可能エネルギーの範囲を，太陽光発電から風力，水力，地熱，バイオマス等に拡張するとともに（第2条），電力会社が，原則，全量買い取ることを義務付けるもの（第4条）で，2012年7月1日から施行された。

　FITは，欧州では1980年にスペインで導入されたのが最初で，再生可能エネルギーの導入拡大を強力に促進する一方，電気の需要家から電気料金の形で買取費用を回収する制度である。このため，電気料金の上昇の抑制や，発電コストの低減などを勘案し，たとえば2009年にスペインやドイツにおいて買取価格の見直しが行われた。とりわけ，スペインでは，太陽光発電の急増に伴い，買取規模の上限を設定する一方で，買取価格の引き上げ策がとられた。この混乱から読み取れるように，FITが市場競争に対応したものとなるためには，以下のような工夫が不可欠であると考えられる。

　①　買取価格の設定

　買取価格は，種類別・規模別・立地別のコストに対応した価格設定が不可欠である。普及を目的とするならば，自然エネルギーの種類・規模・地域の実情を踏まえたうえで，それぞれ一定の利回りを見込めるよう，コストに基づいた価格を設定すべきである。また，全量買取制度で普及を促す目的は「技術学習効果」[5]にあるので，技術革新に対応した逓減的な価格設定がなされる。携帯電話，パソコン，液晶テレビなどと同じように，普及に従って性能が上がり，技術革新によるコスト低下が生まれれば，自然エネルギーは経済性においても，既存の電源と互角以上の競争力を持つことになるからである。

　②　電気料金への上乗せ

　公的支援策の費用負担方式には，財政負担方式と料金上乗せ方式のふたつがある。韓国は財政負担方式で実施したが，自然エネルギー導入が増え買取額が予想以上に上回ったため，RPSに転換することになった。財政負担方式には限界があるので，ドイツやスペインのように料金上乗せ方式を採用せ

ざるをえないが，重要なことは「プロシューマー」[6]の視点を確認することである。つまり，一方では消費者である国民の負担だが，他方では生産者としてビジネスへの参画を促すかたちで，電力の供給システムの構造変化をもたらす必要がある。

日本で導入された FIT は，「日本型」と言える利点を持っている。まず，太陽光だけではなく全ての再生可能エネルギーに対して，RPS から FIT に転換したことと，従来余剰買取型だったものを全量買取型に転換したことにより，再生可能エネルギー事業の拡大につながることである。次に，種類別・事業規模別で買取価格の設定をすることによって，コストに対応するので，事業経営の目処が立てやすくなることがある。最後に，事業者間の競争を促すことで，再生可能エネルギー導入の推進につながることがある。

逆に問題点としては，例外規定が多いことが挙げられる。例えば，住宅用太陽光発電などの小さな電力に関しては余剰買取型が維持されている。また，電力供給が不安定な時など，電力会社は買取拒否や優先接続を変更することができることとなっている（第4条第2項，第5条第2項）。そして，電気料金への上乗せに対し，消費者への負担増の面を強調するが，事業参画によって発電事業者にもなり，ビジネスになる点に焦点を当てないことが問題点であると考える。

余剰買取型から全量買取型への転換が必要なのは，小規模分散エネルギーの普及によって，住民は，電力の消費者の立場からだけでなく，多くの者が発電事業者にもなり，環境ビジネスの主体になるというプロシューマーの現実を理解することを前提にしているからである。

2.3 FIT による再生可能エネルギーの市場事業への組込みと地域経営

FIT の導入が，再生可能エネルギーの普及に対して与えた影響を示したのが表1である。

表1から，総 kW でみれば，再生可能エネルギーは，2012年（平成24年）6月（FIT 導入直前）までの累積導入量 2,060万 kW であったが，FIT 導入後から2013年（平成25年）11月までの間に，645.3万 kW と 30％ほど拡

表 1　再生可能エネルギー発電設備導入状況

〈平成 25 年 11 月末時点における再生可能エネルギー発電設備の導入状況〉

	設備導入量（運転を開始したもの）			設備認定容量
	固定価格買制度導入前	固定価格買取制度導入後		固定価格買取制度導入後
	平成 24 年 6 月末までの累計導入量	平成 24 年度（7月〜3月末）	平成 25 年度（4月〜11月末）	平成 24 年 7 月〜平成 25 年 11 月末
太陽光（住宅）	約 470 万 kW	96.9 万 kW	95.3 万 kW	215.5 万 kW
太陽光（非住宅）	約 90 万 kW	70.4 万 kW	363.2 万 kW	2,407.1 万 kW
風力	約 260 万 kW	6.3 万 kW	0.9 万 kW	90.1 万 kW
中小水力	約 960 万 kW	0.2 万 kW	0.3 万 kW	12.7 万 kW
バイオマス	約 230 万 kW	3.0 万 kW	8.8 万 kW	71.1 万 kW
地熱	約 50 万 kW	0.1 万 kW	0 万 kW	0.5 万 kW
合計	約 2,060 万 kW	176.8 万 kW	468.5 万 kW	2,796.9 万 kW（721,510 件）
		645.3 万 kW（504,672 件）		

出所）資源エネルギー庁（2014）

　大している。特に，2013 年（平成 25 年）10 月時点から 1 か月で，60.1 万 kW の増加となっている。しかし，国際的にみれば，日本の再生可能エネルギー比率は微増にとどまっており，発電電力に占める比率は 10％である（2012 年現在）。この点で，例えばドイツにおける再生可能エネルギー比率の急成長と比較してなお課題がある[7]。

　わが国における自然エネルギーの利用が進展しない原因は，ヨーロッパの環境政策と比較検討してみれば，再生可能エネルギービジネスに対する基本的姿勢の相違に求められる可能性がある。ヨーロッパにおける経済的手段の高さと負担は，もちろん消費者の負担になるが，それ以上に，ヨーロッパでは，誰もが事業者になれること，生産者としての可能性を開くことを強調していることである。つまり，生産者でもあり消費者でもある「プロシューマー」の視点が基本になる。消費者でありながらエネルギー供給の一役を担うという新しい双方向的な主体の役割が求められる。これに対して，日本で

第2章　再生可能エネルギー推進と地域経営　　　　　　　　　　545

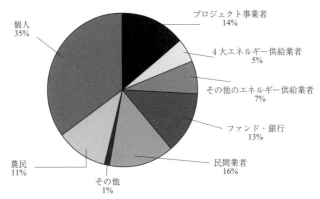

出所）Agentur für Erneuerbare Energien（2014）

図1　ドイツにおける再生可能エネルギーの投資主体・発電主体別寄与度

（2013年4月現在）

は，既に述べたように，電力会社の買取りや電力の接続が原則義務付けられているものの，電力系統が不安定になることを理由に，拒否することが可能となっている。こうした点で，ヨーロッパと比較してプロシューマーとしてはまだ十分な社会的支援がなされているとは言えないであろう。

つぎに，表1の再生可能エネルギー種類別の割合をみると，FIT導入後は，太陽光が住宅と非住宅を合わせて約95％と圧倒的に大きな割合を占めている。この理由は，立地場所の選定も幅広く，ソーラー施設整備を立ち上げるまでのリードタイムが短くて済むことにある。

さらに，再生可能エネルギーへの投資主体に関してドイツと比較をすれば，日本では，電力会社などエネルギー供給事業者が主になるが，図1に示すように，ドイツにおいては，投資主体のなかで個人や農民，民間事業者の割合が大きい。その背景にはドイツ型の協働組合などが存在すること，さらに電力の自由化の進展により，投資主体の多様化が進んでいることがあると考えられる。2013年のドイツにおける投資主体の種別の割合について，諸富（2013）では，図1と2009年度と比べ，個人の割合は42％から35％に，農民は9％から11％に，プロジェクト事業者は15％から14％に，エネルギー供給業者は13％から12％に，ファンド・銀行は11％から13％に，民間事業者は9％から14％に変化していることを示している[8]。個人の割合は

下がったとは言え，日本と違って，個人と農民の割合が高いことに変わりはないと言える。

このことは，再生可能エネルギー事業が地域で展開するためには，FITに代表される公的支援策だけでは不十分であることを意味している。そこで，次節では，この再生可能エネルギー事業に先駆的に取り組んでいる，長野県飯田市の取組みを見ることとする。

3. 再生可能エネルギーによる持続可能な地域づくりの課題と戦略
—— 長野県飯田市の先駆的取組み ——

長野県飯田市では，太陽光発電，小水力発電や木質系バイオマス・エネルギーなどの事業も行っている。本節では，これらのうち，太陽光発電事業を通じた飯田市の地域づくりを取り上げる。

3.1　長野県飯田市の先駆的取組み

飯田市の再生可能エネルギー政策の特性は，「おひさまエネルギーファンド株式会社」が実施する「おひさまファンド」による市民出資型のモデル創出においてよく知られている。さらに，2009年からは，「おひさま０円システム」という初期出資金０円で太陽光パネルの設置事業を行う新たなビジネスモデルを立ち上げている。

まず，市民出資型のおひさまファンドの手法を紹介したのが図２である[9]。おひさまファンドは，2005年に市民出資のファンドを初めて募集した[10]。第１号のファンドは10年満期のＡ号（年２％上限，一口10万円）と15年ないし20年満期のＢ号（年3.3％上限，一口50万円）の２種類である。これら２種類のファンドにより，総額約２億の目標枠を３カ月で集めることができた。

さらに，初期投資がかからない仕組みとして編み出されたのが「おひさま０円システム」である。これは，「おひさまエネルギーファンド株式会社」の関連企業である「おひさま進歩エネルギー株式会社」の事業である[11]。通常は200～250万円かかる太陽光パネルの初期設置費用を，設置者負担０円

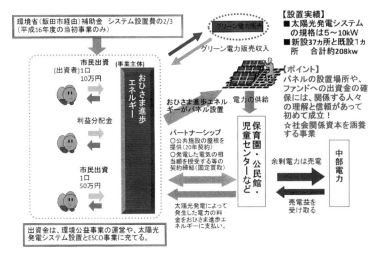

出所）長崎雲仙市から飯田市訪問時の飯田市配付資料

図2　おひさまファンドの概要

でおひさま進歩エネルギー株式会社が設置する。設置者は，毎月一定額を9年間同社に支払う。10年後には，設置したパネルは設置者に譲渡される。2009年度は飯田市内の26件に，各戸約3.5kW容量の設置を行った。

　このように「おひさまファンド」の事業は，市民出資のファンドに加え，関連企業による民間の事業という側面がある。しかし，資金調達における市の交付金での支援，また地方金融機関からの融資なども行われている。この意味で，民と官とのパートナーシップによって成り立つ公益性モデルとなっている[12]。

　このような取組みの成果をふまえ，飯田市は，再生可能エネルギーの推進を支える地域の枠組みを作るために，「飯田市再生可能エネルギーの導入による持続可能な地域づくり条例」を策定し，ドイツでの調査などをふまえて包括的な地域の枠組みの構築を試みている。以下，飯田市地球温暖化対策課が2013年に作成した『地域エネルギービジネスによる持続可能な地域づくりに関する報告書』の整理に従って論点を挙げる[13]。

　①　FIT時代において「新しい環境権」を検討する必要性

　FITは再生可能エネルギー事業の枠組みを開いた。しかし，その分地域

との調和的関係が問われている。飯田市は，そのことを「憲法に由来する一定の新しい人権」という基本に立ち返って問題設定を試みている。すなわち，「地元が地域資源を環境調和的かつ主体的に利用する権利」として，地域エネルギービジネスの展開が地域における事業性と公共性の共生をもたらすルールの模索である。

② 「新しい公共」による市場事業ベースでの公共空間の管理と，市の関与のあり方の整理の必要性

飯田市は，地域環境の保全と改善は，多様な主体の協働のもと，官民のパートナーシップのうえに成り立つものとし，その意味で，個々の市民の取組みがあっての新しい公共の理念を生み出している。ただ，他方では，その取組みを促すための地域の枠組みは，市の関与を重視して，域内でのエネルギー供給対策を政策として積極的に取り上げている。

③ 意志ある市場資金の環境資源への投資促進・資金の円滑な流れを促すための市の関与の必要性

コーディネート組織によって，市は市民投資活動を審査や監査を通して評価し，優良な事業を育てていける地域システムの構築を目指している。

④ 新しいビジネスの立ち上げ期の資金需要に対応するための基金の必要性

地域環境保護など使途を指定した寄付などを原資に持続可能な地域づくりに資する基金を創出する。一方では，無利子の貸付も可能にすると同時に，安易な補助金にしないように運用することで，地域エネルギービジネスの自立を支えている。

以上の新たな取組みにおいて，飯田市は，再生可能エネルギー事業の推進がFITによって事業として発展していくことを歓迎しながらも，外部の大事業者によって事業への出資，運営管理，収益の取得という資金循環が当該地域に留まることなく流出する恐れを認識し，再生可能エネルギー事業を地域ビジネスとして根づかせるための政策的枠組みを構築していると言える。

3.2 地域経営の課題に関する論点

　飯田市では，持続可能な地域づくりに関する課題に取り組んだ。多様な課題に直面しているが，その基本的論点を整理してみる。

　①　投資額の回収計算にもとづく簡略な事業計画

　太陽光売電の収入について，温泉発電と単純計算で比べてみる。100 kWの発電容量による1年間の売電収入は，温泉発電の場合は税抜で1 kWh＝40円なので，100 kW×365日×24時間×40円＝3,504万円，太陽光発電の場合は税抜で1 kWh＝38円なので，100 kW×365日×24時間×38円＝3,328.8万円となる[14]。温泉発電の設備利用率80％に比べると，太陽光での設備利用率は20％以下になるので，3,328.8万円×0.2＝665.76万円となる。導入コストを1億円とした場合，回収には15年かかることになり，維持管理費の規模次第でさらに数年かかる。このように，太陽光発電は，温泉発電よりも，投資額の回収が長期にわたる。その意味で，長期にわたる事業計画が必要であり，飯田市の「おひさまファンド」のような長期間の市民出資が必要であると考えられる。換言すれば，もともと市民出資（さらに言えば地元金融機関からの支援）という基盤の存在が，飯田市の取組みを地元に密着させたものとして継続させていると言えるだろう。

　②　地域に根ざした事業主体の創出

　市民出資に基づく事業を地域に根差した事業主体とするために，飯田市では「匿名組合」を利用している。これは，飯田市では，日独の法的背景の違いに注目しているからである[15]。

　ドイツ法では，「組合」に法人格が与えられており，その結果，組合あるいは個人投資家が優位にたつ制度的根拠がある。しかし，日本の民法における任意組合には法人格が与えられていない。組合契約は，個々の契約が束になった形がイメージされ，任意組合自体が法人格を持たず，組合の構成員は無限責任である[16]。しかもドイツの組合のように組合員が一人一票を行使できる平等性をもたず，業種別の規律を負い，さらに，農協や漁協のような組合は，無限責任を負っている。こうした理由から，日本では，「匿名組合」契約を選ぶことになる。

　匿名組合とは，事業を行う営業者と資金を出資する組合員との間で契約が

結ばれても，出資者である組合員は事業の運営を営業者に任せて，対外的な権利主体としては名前を出さないので「匿名」と言われ，営業者だけが対外的に活動する。したがって，組合員（出資者）は出資した額を限度として有限責任を負うことになり，逆に事業主体としての営業者が組合員（出資者）から独立して活動することが可能となる。このため，出資割合に応じて組合員（出資者）は利益の分配を受け取る。ただし，元本が保証されるわけではない。こうした点で，組合員（出資者）から独立した事業主体として効果的な仕組みであると考えられる。

　このような市民出資に関連する匿名組合とは別に，飯田市では再生可能エネルギー事業を地域に密着させるために，太陽光発電と並行して実施している小水力発電事業においては，その受け皿として地方自治法に基づく「認可地縁団体」制度の活用を構想し，運用している。これは，「町又は字の区域その他市町村の一定の区域に住所を有する者の地縁に基づいて形成された団体」であり，地方自治法が定める要件を充足すれば，法人格を有することができる団体である（地方自治法第260条の2）。町内会なども認可を受ければ，この対象となり得る。行政そのものが関与する場合には，発電事業を行っている地域以外にも発電収入を配分する可能性があるが，この方式を採用すれば，売電収入を地域内で循環させ，地域で主体的に利用が可能になるとされている[17]。再生可能エネルギー事業を地域で運営する新たな事業主体の創出とみることができるだろう。

③　ファイナンスのあり方

　ファイナンスの種類は多様である。おひさま進歩エネルギー株式会社の資金調達の基本は，匿名組合契約による市民出資の他に，地域金融機関からの銀行借入があり，飯田市は地域金融機関と地域活性化パートナーシップ協定を結んでいる。さらに，飯田市は，公共施設の屋根の無償提供や発電した電気を中部電力に買取る契約の締結などについてサポートをしている。また，再生可能エネルギー事業では，事業性の判断とファイナンスのあり方は関連している。そこで，飯田市では，「地域エネルギービジネスコーディネート組織」を発足させ，地域金融機関も参画することによって，事業性の評価と与信，リスクマネジメントを一体的に管理・運営する仕組みを構築してい

る[18]。

4. 地熱資源の活用に取り組む地域づくり

前節では，再生可能エネルギー活用の代表事例として太陽光発電に取り組む飯田市の成果にふれたが，本節では，地熱資源大国の日本において，多数の地域で進展する小規模地熱資源活用の取組みの事例を紹介する。地熱資源は，わが国では，温泉の浴用だけではなく，熱源として発電や農業などでの利用など，深く浸透してきていると言える。この意味で地熱の活用事例は，今後の地域づくりの参考となるであろう。本節では，地熱資源の特性と新たな開発動向に併せてふれることで，再生可能エネルギーによる事業化と地域再生の現状を見ておきたい。

4.1 地熱資源の特性と課題

日本では，地熱は特に豊かな資源である。表2に示すように，世界第3位の地熱資源量を持つ日本では，地熱発電所が全国30ヵ所を超えて建設されている[19]。2013年時点では，その設備容量は515 MW，発電電力量は2,605 GWh に（一次エネルギー供給量全体の約0.3%）であるが，地熱資源量に比して，地熱発電容量では9位となっており[20]，なおその資源に見合った利用をしているとは言い難い。

表2 国別地熱資源量

国名	活火山数	地熱資源量[MW]	地熱発電導入量(2010)[MW]
米国	160	30,000	3,093
インドネシア	146	27,790	1,197
日本	119	23,470	536
フィリピン	47	6,000	1,904
メキシコ	39	6,000	958
アイスランド	33	5,800	575
ニュージーランド	20	3,650	628
イタリア	13	3,270	843

出所）新エネルギー・産業技術総合開発機構（NEDO）(2014) p.12

地熱発電には，太陽光や風力のように天候の影響を受ける自然エネルギーとは異なり，次のような大きなメリットが指摘されている[21]。
1) CO_2 を排出しない純国産の再生可能エネルギーであること
2) 安定した電気を供給できる（設備利用率が高い）こと
3) 安定した電源のためスマートグリッドへの展開が図りやすいこと

しかし，地熱資源は，太陽光や風力に比して，国立公園に多く存在するなど地理的な制約もあるので，その活用は地域主導の事業化とそれを可能とする事業主体の構築が地域経営にとって重要である。

4.2 地熱資源開発・活用の現状とその特徴

わが国の地熱発電は，1977 年開設の八丁原発電所に代表されるように，その開発当初は，認可出力 10,000 kW を超える大規模なフラッシュ発電が主流であった。しかし，高温熱水の発電利用を可能にするバイナリー発電技術開発の結果，2000 年以降を境に，杉乃井地熱発電所（2006 年）のような小規模なバイナリー発電所が普及してきた。さらに近年においては，この小規模地熱資源利用の方式においてもフラッシュ発電がみられるようになっている。現在の地熱資源の利活用の特徴は，次のように整理できよう。

(1) 現在の，小規模な地熱発電の認可/認定出力の規模は 100〜5,000 kW と幅があり，100 kW 未満の規模もみられる。
(2) 地熱資源は，発電に限定することなく熱水の直接利用，二次利用の手法との組合せが多彩に試みられている。
(3) 地域共有資源としての地熱の特性から地熱は地域を特定するので，地元主導での取組への模索と工夫も取り組まれている[22]。

小規模地熱発電は，近年，さらに広がりをみせている。九州地区に限定しても，独立行政法人石油天然ガス・金属鉱物資源機構による地熱資源開発調査事業費の助成金事業（平成 24 年度〜27 年度）として，九重町（大分県），南阿蘇村（熊本県），えびの市（宮崎県），指宿市（鹿児島県）など多数の地域の事業が助成を受けている[23]。これらの地熱資源開発は，多くの場合，熱水利用施設を組み合わせて進められている。それは，発電事業だけで採算をとるためには，1 MW = 1,000 kW 以上が望まれることがあり，多様で多段

階での熱水利用の方策との組合せが求められているからである。

4.3 地熱資源活用と地域再生

近年の特徴をふまえて地域資源活用と地域再生について整理する場合，次の点に注目する必要がある。

① 小規模地熱発電の可能性

小規模な地熱発電は，九重地熱発電所(990 kW)，杉乃井地熱発電所(1,900 kW)などに続いて，近年もその開発は進展している。しかし，小浜温泉のバイナリー発電のように，豊富で未利用な温泉量を活用した実証試験が2013年3月に発電出力72 kW×3台で先行したが，スケール(湯垢)の除去問題や所内での電力使用のために売電での事業化への限界もあり，バイナリー発電の事業化としては課題を残した事業もある。

このような課題を克服するため，近年は，バイナリー発電の他，フラッシュ発電方式での発電所も開設されてきているが，バイナリー発電が主流といえるであろう。九州を例にとれば，2013年以降運転を開始した11ヵ所の地熱発電所のうち，9ヵ所がバイナリー発電である[24]。

② 地域熱電供給体制のインフラ整備

地域資源としての地熱利用にとって重要なことは，地域あるいはある地区を面的に導管（パイプライン）ではりめぐらし，かつ発電と熱利用を併せたコージェネレーションのインフラ施設としての開発計画を策定することである。しかし，わが国では地域全体を網羅する取組みは少ない。この代表事例として，世界的に有名なアイスランドのディルダルトゥング温泉の活用の取組があるが，これは，わが国の参考になるだろう。

アイスランドでは，その電力の3分の1を地熱でまかなっている。その中心にあるディルダルトゥング温泉は，首都レイキャビクまで30 kmの位置にあり，総74 kmにわたるパイプライン網によって1万人に温泉供給を行っている。それを支えるスバルトセンギ地熱発電所は，地下2,000 mにある240℃の熱水貯留槽から汲み上げ，出力46 MWの発電をおこなう。観光で有名な5,000 m²に及ぶ巨大な人工プールのブルーラグーンをはじめ，地域に75℃の室内暖房・給湯を供給し，水泳教室や小学校屋外温水プール

での利用や，トマト，発酵活用，蒸し料理などの温室での活用がみられる。注目すべきは，この地域を網羅する熱電供給体制に対して，市民は月8,000円程度の負担で済むという点である[25]。

ヨーロッパでは，地域や室内における配湯網による暖房が一般的である。この取組は，寒冷で地熱資源が豊富なアイスランドゆえに可能なインフラ整備とも言えるが，地熱資源に乏しいドイツにおいても，この地域熱電供給インフラは紹介されている。

③　熱水の多段階利用の工夫

地熱資源では，発電に有効でない低温の熱水の直接利用の取組も広くみられる。図3に示すような熱水温度による多段階のカスケード利用が要請され，トマトやキノコ栽培などの温室ハウス，テラピアやウナギなどの養殖，温水プールなど熱水の二次利用は幅広く取り組まれている。

熱水の多段階利用として全国的に有名なのは，秋田県湯沢市皆瀬地区の取組である。この取組みでは，ミツバとトマトの温室ハウス栽培，地熱利用農産加工所での乾燥野菜チップの製造，温泉熱利用の低温殺菌による乳製品の製造・販売などが行われている[26]。

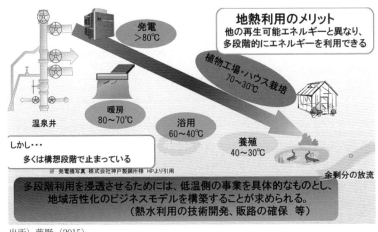

出所）藤野（2015）

図3　熱水の多段階利用

九州でも多様な取組みが行われている。例えば，大分県別府市の地熱観光ラボ「縁間（えんま）」におけるイチゴ栽培の観光農園と地獄蒸し体験とを結びつけた施設，大分県由布市奥湯の郷でのキクラゲ栽培，由布市ハーブガーデンでの温室ハウスとハーブ栽培，九重町愛彩ファーム九重でのトマト・パプリカ栽培，さらに熊本県小国町岳の湯地区の小国町森林組合による温泉熱を利用した木材乾燥などがある。

しかし，これらの取組みにおける最大の課題は，その事業性を担保することの困難さと，その事業に基づく地域活性化の方途を見いだすことである。そのためにさまざまな取組みの組合せに工夫と智恵が必須になっている。項を改めて整理することにする。

4.4 事業化と地域活性化に向けた課題と展望

① 事業化に向けた見通しと工夫

地熱利用の核となるのは，発電事業である。発電事業のメリットは，FITによる収益見通しは立てやすいことである。しかし，建設費用が巨額なこと，内部電力使用料の大きさとスケール（湯垢）対策にかかる費用などの不安定さを考慮しなければならない。

次に，熱水利用などの発電以外の事業選択が課題となる。個々の事業別の経済性に加えて，それぞれの地域の特徴となる農産物や食，観光等と関連づけた事業全体の経済性が問題になる。

地域熱電供給体制の整備の事業性に関しては，ヨーロッパの都市のような熱導管網がインフラ配備され地域暖房が通常行われる状況とは違うが，ひとたびインフラが整備されると，初期の投資コストは巨大でも複合的な効果をもつ地域の集合的機能を持つと言える[27]。

これに類似したわが国の事例としては，木質バイオマスによる環境モデル都市として著名な北海道下川町の取組がある。この事例は，地熱利用にも応用可能と思われる。

下川町は，人口約3,500人で，2008年に，「環境モデル都市」に認定されている。地域熱電供給の取組みは，下川町地域コージェネレーションシステムとして，小規模分散型再生可能エネルギー供給システムの整備が企画され

表3 下川町事業収支シミュレーション

検討パターン[1)]	【検討パターン①】 全域に熱誘導管を敷設し，プラントから全て熱を供給する。	【検討パターン②】 熱需要の大きい施設（公共施設・民間事業所等）に熱導管（幹線）を敷設し，プラントから熱を供給する。
事業体	熱導管投資 　　最大20 km ≒ 20億円 需要家の可能性 　　最大（約1,600戸）	熱導管投資 　　大4.4 km ≒ 4.4億円 需要家の可能性 　　小（129戸）
IRR	−6.50 %	1.6 %
投資回収年	16年	9年
現時点での課題	低炭素社会を実現するには最も理想的なパターン しかし，事業者にとっては設備保有のリスクがあり，需要家の設備改修等の支援策が少ない。	熱需要が高く安定している公共施設，公営住宅への熱供給は，他と比較して実現性が高い。
優先順位	2	1
参考[2)] IRR	4.00%	14.80%
投資回収年	8年	5年

（注1）4パターンの検討結果のうち，優先順位の高い2パターンのみを記載。
（注2）参考は補助金2分の1のケース。
出所）諸富（2015b）p.7

ている。中心市街地に熱導管を面的に整備し，地域暖房と発電をするものだが，やはり最大の課題は費用である。このため，諸富（2015b）では，表4に示すように，下川町作成の事業収支シミュレーションを引用し，公的資金の補助の意義を試算している[28]。

　表3に示す下川町のシミュレーションでは，初期投資は，その巨額さゆえに，公的支援抜きには実現困難であることを示すが，他方では地域の基盤的インフラとしての便益を明らかにしている。先のアイスランドの事例，さらに次の吉田（2015）が示すドイツの二つの事例のように，住民の費用負担を抑えることができれば，このような取組みの実現可能性は高まるであろう。

吉田（2015）が報告しているドイツの二つの事例は，以下のとおりである。これは，今後の日本での展開にとって有益な示唆となろう。

ミュンヘン近郊 AFK 地熱有限会社は 15 km 範囲の 2,500 戸にコージェネレーション供給するものだが，投資額は，掘削に約 18 億円，55 km のパイプラインに約 70 億円かかるが，3 自治体出資 27 億，銀行融資 25 億によって，各家庭負担は約 97 万円の接続費用及び月約 1 万 5 千円弱の暖房費と現実的なものになっている。また，5,500 戸に 40 km のパイプラインで熱電供給をするウンターハッピングの事例では，本体設備 35 億円，掘削 40 億円，パイプライン 72 億円かかる。建設段階では地元 20 ％，外部 80 ％の負担であるが，地元への熱供給収入が年間約 7 億円あるので，操業段階では地元 80 ％に逆転する方式という。すなわち，従来の石油・ガス代金の節約を考慮すれば，公的資金と銀行融資により熱供給価格は受け入れ可能なレベルに維持されている[29]。

② ファイナンスと地域に根ざした事業主体の創出

多くの自治体が事業を実施する場合，飯田市のように自治体主導の事業主体の創出は困難であるとしても，地域主導の安定した事業主体の創出は不可欠となろう。このために，ファイナンスと事業主体のあり方について考え方を整理する。

事業化にあたっての第一の課題は，資金調達である。事業の運営主体となる会社が，借り入れを行う場合の方法として，コーポレート・ファイナンス（CF）とプロジェクト・ファイナンス（PF）がある。CF は，企業の信用力を基礎としたもので，保有資産を担保としている。これに対して，PF は特定の事業から生じることが見込まれる収益に基づくものであり，電力事業，道路，港湾，空港などのインフラ事業に向いていると言われる[30]。

PF を実施する場合，この事業それ自体からの収益性が問題となる。一般に，PF による借入の担保は，事業から生じるキャッシュ・フローである。再生可能エネルギー事業でのキャッシュ・フローは，FIT のため，湯量の確保やスケール（湯垢）の除去の問題など地熱特有の課題があるが，キャッシュ・インフローの安定性はあると言えるであろう。これに対して，返済の財源はプロジェクトから得られるキャッシュ・フローのみである。そこで，

特別目的会社（SPC）の設立によるプロジェクトの信用強化など，地元の事業体の強化が不可欠である。そのために，地域金融機関の関わり方，地域外の事業者との協働のあり方が問われることになる。

さらに，運転管理保守点検費用のように不安定なキャッシュ・アウトフローも課題である。これに備えて，発電による売電や多様な熱水利用等の熱電供給以外の収入源の多様化が必要となってくる。例えば，以下のように，温泉資源のエネルギー「変換」だけでなく，街づくり地域活性化に向けて温泉資源の多岐にわたる「利用」可能性を探ることがあげられるであろう。

・温泉街での地熱開発であれば，本体の温泉浴用収入との組合せ
・発電だけでなく，温水熱利用とのコージェネレーションの企画
・エネルギー利用を観光や環境教育に活用することによる工夫

各地域における取組みも，地域特性に応じた組合せを工夫して，それぞれの地熱資源による事業化と地域活性化の方途を模索している。

結びに代えて

わが国では，地域再生可能エネルギー資源のなかでは，世界三大地熱大国であること，太陽光，風力などに比しても地熱の設備利用率が5倍ほど高いことなどから地熱への期待は大きい。しかしながら，地熱の有利な特性にもかかわらず，小規模温泉エネルギー利用を事業化するにはなお課題も多い。

そのうちの一つは，キャッシュ・フローの安定性や太陽光発電に比べて投資回収期間が短期であるという特性があるにもかかわらず，温泉エネルギー事業の自立を支えるような地域サポートの枠組みの整備に時間がかかることであろう。第3節で述べた飯田市が，地域内のパートナーシップ構築による支援に加えて，全国の研究者との「知のネットワーク」の活用に基づく流出人材の環流を図る人材サイクルの構想という体制整備をしたことは，全国で取り組まれている小規模地熱開発にとって今後検討すべき課題であるように思われる。

現在，九州を主として複数の地域で，地熱を利用した発電の事業計画が進められている。その際に重要なことは，飯田市の取組みが教えるように，事

業化を支える地域での枠組みを，行政，地方金融機関など官と民のパートナーシップをふまえ，多様に深く築くことである．

[注]

1) 再生可能エネルギーの特性，その長所と課題に関しては多くの関連文献が整理してきたが，とりあえずは植田・梶山(2011)第1章，第4章，植田(2013)第6章，寺西ほか(2013)第2章など，再生可能推進策への批判的立場からは朝野(2011)を参照．
2) RPSの経済効率性を指摘する主張は，FIT批判と関連する場合が多い（朝野(2011)）．
3) 植田（2013），諸富・浅倉（2010）．
4) 資源エネルギー庁（2013）p.128.
5) FITの料金設定の難しさとからめて，FITへの賛否を問わず指摘されてきた（朝野，植田（2013），諸富・浅倉（2010））．
6) プロシューマーとは，プロデューサーとコンシューマーを合成した言葉である．
7) ドイツにおける発電量に占める再生可能エネルギー比率は，2014年に21.9％に上昇しているが，他方で電気料金への上乗せに連なる賦課金単価も月あたり2,400円（日本は120円）に増大している（資源エネルギー庁（2013b））．
8) 諸富（2013）pp.154-158.
9) わが国における市民出資の先駆けは，1999年設立の「NPO法人北海道グリーンファンド」である．「NPO法人北海道グリーンファンド」の資金調達方法は，「グリーン電気料金制度」と呼ばれるものである．これは，会員が毎月北海道電力に支払う電気料金に5％の金額を加算し，その加算分を用いて風車の建設費に充てるものである（西城戸，丸山(2006)p.117）．しかし，この寄附だけでは建設費が不足するので，銀行からの借入を行い，市民出資の第1号風車を2001年に完成した（西城戸，丸山(2006)pp.130-131）．
10) おひさまファンドの概要については，諸富（2015a）ならびに同社のホームページを参照のこと．
11) おひさま進歩エネルギー株式会社は，第1号のおひさまファンド事業のリスク分散のために，2007年に設立された．同社の概要については，同社のホームページを参照のこと．
12) おひさま進歩エネルギー（2012）第4章参照．
13) 飯田市は，2013年1月にはドイツ調査を実施し，その報告書を作成している（飯田市地球環境対策課(2013)pp.30-32）．なお，2013年4月に「飯田市再生可能エネルギーの導入による持続可能な地域づくりに関する条例」を施行している．
14) 再生可能エネルギーの調達価格は，毎年設定される．太陽光に関しては，10kW未満の施設では，2013年度は1kWh当たり38円であったが，2014年度は37円に引き下げられた．地熱に関しては，変更はされていない．
15) 飯田市（2013），p.140以下．

16) 飯田市（2013），p.140 以下．
17) 環境新聞 2013 年 1 月 4 日．
18) 環境新聞 2013 年 1 月 4 日．
19) 日本地熱協会（2014）p.12．
20) 石油天然ガス・金属鉱物資源機構（2015）pp.3-4．
21) 江原（2013）pp.41-53．
22) たとえば，地熱資源開発調査事業費補助金は 2013 年度 20 件，2014 年度 23 件，2015 年度 26 件の採択がある．これまでの支援プロジェクトに関しては，石油天然ガス・金属鉱物資源機構（2016）を参照．
23) 石油天然ガス・金属鉱物資源機構（2014）及び（2015）のほか，日本地熱協会（2015）も参照．
24) 日本地熱協会（2015）参照．
25) NHK（2015）
26) 湯沢市の地熱開発の全体像に関しては，湯沢市ホームページを参照．
27) 諸富（2015b）pp.5-8．
28) 諸富（2015b）p.7．ちなみに，下川町地域熱電システムの事業体制と事業予算は下記の通りである．
主体：下川町（統括），三津橋農産株式会社，協同組合ウッディしもかわ，下川エネルギー供給協同組合，財団法人下川ふるさと開発振興公社，NPO 法人　しもかわ未来森林研究所，東京大学，北海道大学，森林総合研究所
総事業費：3,360 百万円（平成 24 年度：750 百万円，平成 25 年度：280 百万円，平成 26 年度：180 百万円，平成 27 年度：2,130 百万円，平成 28 年度：30 百万円）
29) 吉田（2015）pp.175-179．
30) 深町（2000）p.24．

[参考文献]

朝野賢司（2011）『再生可能エネルギー政策論 —— 買取制度の落とし穴 ——』エネルギーフォーラム
飯田市地球温暖化対策課（2013）『地域エネルギービジネスによる持続可能な地域づくりに関する報告書』飯田市
飯田哲也（2011）『エネルギー進化論 ——「第 4 の革命」が日本を変える』ちくま新書
植田和弘・梶山恵司（2011）『国民のためのエネルギー原論』日本経済新聞出版社
植田和弘（2013）『緑のエネルギー原論』岩波書店
江原幸雄（2013）『地熱エネルギー —— 地球からの贈りもの ——』オーム社
大島堅一（2010）『再生可能エネルギーの政治経済学』東洋経済新報社
おひさま進歩エネルギー株式会社（2012）『みんなの力で自然エネルギーを～市民出資による「おひさま」革命～』南信州新聞社
寺西俊一・石田信隆・山下英俊（2013）『ドイツに学ぶ　地域からのエネルギー転換』家の光協会
深町郁彌(2000)「プロジェクト・ファイナンスとキャッシュ・フロー分析」商経論叢，

第 35(3)，222-252

西城戸誠・丸山康司（2006）「「市民風車」に誰が出資したのか？―― 市民風車出資者の比較調査 ――」京都教育大学紀要，No.108，115-132

藤野敏雄（2015）「九重町野矢地区における地熱理解促進事業・勉強会資料」

諸富徹・浅倉美恵（2010）『低炭素経済への道』岩波新書

諸富徹(2011)「スマートコミュニティ構築の政策手法とファイナンス」環境経済・政策学会 2011 年大会・公開シンポジウム「エネルギー政策の新基軸と低炭素社会」2011 年 9 月 24 日

諸富徹（2013）「再生可能エネルギーで地域を再生する ――「分散型電力システム」に移行するドイツから何を学べるか ――」『世界』，848，152-162

諸富徹（2015a）『「エネルギー自治」で地域再生　飯田モデルに学ぶ』岩波書店

諸富徹編（2015b）『再生可能エネルギーと地域再生』日本評論社

吉田文和（2015）『ドイツの挑戦　エネルギー大転換の日独比較』日本評論社

ホームページ

おひさまファンド株式会社（http://www.ohisama-fund.jp/）

おひさま進歩エネルギー㈱会社（http://www.ohisama-energy.co.jp/）

資源エネルギー庁（2013）『エネルギー白書 2013』
  （http://www.enecho.meti.go.jp/topics/hakusho/2013/index.htm）
  2014 年 3 月 10 日アクセス

資源エネルギー庁（2013a）「再生可能エネルギー固定価格買取制度ガイドブック」
  （http://www.enecho.meti.go.jp/saiene/data/kaitori/kaitori_jigyousha2013.pdf）
  2014 年 2 月 27 日アクセス

資源エネルギー庁（2013b）「再生可能エネルギーを巡る課題と対応の方向性について」
  （http://www.enecho.meti.go.jp/info/committee/kihonseisaku/10th/10th-6.pdf）
  2014 年 3 月 9 日アクセス

資源エネルギー庁（2014）「再生可能エネルギーの導入状況を公表します」
  （http://www.enecho.meti.go.jp/saiene/kaitori/dl/setsubi/201311setsubi.pdf）
  2014 年 3 月 9 日アクセス

新エネルギー・産業技術総合開発機構（NEDO）（2014）「地熱発電」，『NEDO 再生可能エネルギー技術白書第 2 版』第 7 章所収
  （http://www.nedo.go.jp/content/100544822.pdf），2016 年 5 月 4 日アクセス

石油天然ガス・金属鉱物資源機構（JOGMEC）（2014）「ニュースリリース　平成 26 年度「地熱資源開発調査事業費助成金交付事業」の採択結果について」
  （http://www.jogmec.go.jp/news/release/news_10_000173.html?recommend = 1）
  2016 年 5 月 8 日アクセス

石油天然ガス・金属鉱物資源機構（JOGMEC）（2015）「ニュースリリース　平成 27 年度「地熱資源開発調査事業費助成金交付事業」の採択結果について」
  （http://www.jogmec.go.jp/news/release/news_06_000079.html?recommend = 1）
  2016 年 5 月 8 日アクセス

石油天然ガス・金属鉱物資源機構（JOGMEC）（2016）「これまでの支援プロジェクト」

(http://www.jogmec.go.jp/geothermal/geothermal_10_000007.html)
2016年5月14日アクセス
日本地熱協会（2015）「日本の地熱発電所」
(http://www.chinetsukyokai.com/information/nihon.html), 2016年5月8日アクセス
湯沢市ホームページ「再生可能エネルギー」
(http://www.city-yuzawa.jp/machidukuri06/index.html), 2016年5月14日アクセス
NHK（2015）「世界で一番大きい温泉　アイスランド　ディルダルトゥング温泉」
(http://www.nhk.or.jp/docudocu/program/3599/2315291/index.html), 2015年6月15日アクセス
Agentur für Erneuerbare Energien (2014) "Trend research 04/2013" (http://www.unendlich-viel-energie. de/themen/gute-gruende/2-mehr-buergerbeteiligung) 2014年3月9日アクセス

第3章

高級ブランドの崩壊に関する一考察

　　　　　　　　　　　　　　　　　　　　　　　　　　　林　　徹

概要

本研究は，高級ブランドが持つ価値について，化粧品ファウンデーションに関する現地調査を通して吟味することを目的としている。そのために，2010年6月，長崎大学経済学部専門ゼミ（指導教員：林徹）の学生が，長崎大学文教キャンパスと同片淵キャンパスにおいて，無作為に抽出された女子学生100人を対象として，シャネル（CHANEL）のロゴ入りファウンデーションとロゴなしのそれについて，試用による比較反応にかかわる現地調査を実施した。その結果と分析に基づいて，一方で，「高級ブランドの崩壊」（Thomas, 2007）の実態が追試されたことを述べ，他方で，「高級ブランドの崩壊」の再解釈の可能性について，ブランド価値に関する先行研究の検討とハウステンボス再生の事例等をふまえて，試論している。

キーワード：高級ブランドの崩壊，比較官能試験，ブランド価値の再解釈

序

　19世紀末から20世紀にかけて，とりわけ米国を中心とする先進諸国において，自社ブランドによる市場支配を目的とする前方統合，安定的な調達を意図する後方統合，さらには多角化の展開による大規模企業を中心とした経営者革命（近代企業）が成立・台頭した（Chandler, 1977）。

　しかし，20世紀終盤から21世紀にかけて，いわゆるIT革命，流通革命，旧共産圏における市場開放政策とともに，グローバリゼーションを背景として，こんどは経営者革命の動きとは逆の，いわゆる垂直分離（分解）が進展しつつある（Langlois, 2003）。

実際，あのユニクロの台頭に代表されるように，ますます多くのPB（プライベート・ブランド）の登場により，あらゆる業界において，NB（ナショナル・ブランド）を含むかつてのブランドの影響力が揺らぎ始めている。

本稿は，こうしたブランドが消費者へ与える影響力の変化に関して（官立長崎高等商業学校開校後，100年を経た），現在の長崎大学のキャンパスの一部において実施された調査，これを出発点としている。

なるほど旧高商ブランドそれ自体の変化を正面から問うことは壮大で取り組み甲斐のある研究テーマである[1]。本稿では，そうではなくて，むしろ側面から，一部の女子学生のブランドに対する見方を問う。このような地道な実態調査を出発点として時代の変化の一端を浮き彫りにすること，これが，一見遠回りのようでありながら，ブランドの本質に迫る近道の1つであるように思われる。

これまでに長崎大学が正式に実施してきた学生生活の実態調査[2]において，そのような趣旨・内容にかかわる調査はこれまでに行われていない。

こうした背景から，ブランドが消費者の意思決定に与える影響について，その調査の対象と期間は次のように限定された。すなわち，2010年6月の1カ月間，長崎大学片淵キャンパスと文教キャンパスにおいて，任意の現役女子学生100人をサンプルとする化粧品（ファウンデーション）の比較使用実験，これである。詳細は以下の通りである。

図1のように，見かけは異なるが中身は同一という，シャネル（CHANEL）のファウンデーション2つ（パッケージのあるものと，リフィル用のもの）を同時に試用したとき，被験者たる消費者は何を基準にいかに反応するか。パッケージにあるエンブレム（ブランド）が従来のような影響力を持つのか。それとも機能・官能に対して忠実に無差別な反応を示すか。その際，日常使用しているファウンデーション，キャンパス（学部・学科），学年，出身地，などの属性について，面接によるアンケート調査を行った（資料1）。

こうして，以下では，第1に，ブランドの概念に関する先行研究を簡単にレビューし，第2に，調査の結果を分析する。それらをふまえて，最後に，

第 3 章　高級ブランドの崩壊に関する一考察

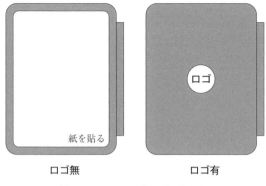

ロゴ無　　　　　　ロゴ有
図1　2つのファウンデーション

写真1　調査の様子

　トーマス（Thomas, 2007）が喝破した高級ブランドの「堕落」に対して，トーマスとは異なる視点，すなわち，事業（business）という面から異説の提唱を試みること，これが本稿の目的である。

1. ブランドの価値

　ブランドに関する先行研究は膨大であるが，その見方は大きく2つに分けられるように思われる。物的な意味での品質それ自体を価値とするものと，クチコミに代表されるように心理的・社会的に形成されるものとしてその価値を捉えるものである。

　前田 (2008) は，前者を第1価値，後者を第2価値と称して両者を峻別している。これに対して，たとえば大須賀 (2004) のように，ブランドのパワーの源泉を品質に求める見方もあれば，広告に加えて，クチコミ，評判，それらの情報源，象徴性，といった心理的・社会的な面を重視して，ブランドと消費者の意思決定の関係を捉えようとする見方もある (e.g., 梅本，1994；濱岡，1994；Xiang, Li, and Wei, 2010)。

　ブランドの価値に対して見方が異なる理由は次のように考えられる。すなわち，冒頭でも述べたように，経済的な発展の段階に応じて，前者から後者へ，その中心も移行してゆく。研究の関心が，ある程度経済的な発展を遂げている状況下であれば後者が中心となる。こうした関係をマズロー (Maslow, 1970) の欲求階層説で喩えるなら，前者は低次の欲求に，後者は高次の欲求に，それぞれ相当する。

　マズロー自身も認めているように，実際，人間は，低次から高次の欲求によって必ずしも直線的に動機づけられるわけではない。ちょうどそれと同様に，消費者によって認知された企業価値は間接的にブランド資産に影響を与え，またブランド資産は消費者とブランドの関係から産まれる (前田, 2008)。しかし，すでに経済的な発展を遂げているわが国においては，多くの消費者にとって，現実として両者の境界は曖昧である。

　生産と消費が同時という特徴を持つサービスの場合には，たとえば，クチコミを信頼して訪れた美容室で不愉快なサービスを受けたときがそうであるように，事前と事後でその商品に対する評価が逆転することがある。また，その実用性がほとんど認められない芸術品や骨董品に代表されるように，需給関係とはほとんど関係なしに主観的な評価や投機的な思惑によって，その商品の価格が変動する商品も少なからず存在する。ゴッホの作品のように，

原作者が死んでからその取引値が高騰する現象はその一例である[3]。

以上を要するに、ブランドは、物的な面と心理的・社会的な面の両面をあわせ持つ、あたかも生き物であるかのような概念であると言える[4]。それだけではない。ゴッホの例からわかるように、ブランドは、主人の手を離れて一人歩きする性質を持っているし、それゆえに、ゾンビ（zombie）のごとく生死を繰り返す面もあるのである。

梅本（1994）やGregory（2009）によれば、化粧品や高級品のブランドは、消費者にとってその機能・信頼性よりもむしろ外見・象徴性が重視され、そのメッセージは、場合によっては消費者の浪費にもつながる。

2. 調査結果の分析

当初、実施目標としての調査対象数は100人であった。しかし、協力者の肌に関する健康上の理由、その他により、集計した結果、分析可能なデータとして得られたサンプル数は91（＝N）であった。

この単純集計結果は資料2の通りである。以下では、これから読みとれる事実と、興味深いと思われるクロス集計結果について、順に述べることにする。

2.1 単純集計の結果から

①どちらが自分の肌にあっているか

ズバリどちらも同じと回答した割合が4分の1であるのに対して、ロゴありが2分の1、ロゴなしが4分の1であった。

②化粧を始めた時期

2分の1強が大学からであるのに対して、4分の1が高校から、8分の1が中学から、であった。

③普段よく使う化粧品

2分の1が「その他」の回答であるが、残りのなかでは、多い順に、マキアージュ、BBクリーム、KATE、が目立った。

④化粧を始めたきっかけ

周囲の影響が2分の1強であり，以下，大学に入学したから，かわいくなりたいから，であった．

⑤化粧品の中で一番お金をかけているもの

3分の1がファウンデーションであり，以下，化粧水，アイシャドウ，の順であった．

⑥化粧品以外で一番お金をかけているもの

2分の1強が洋服，4分の1が食費であり，これらが目立った．

⑦化粧品を選ぶ基準

4分の1が値段，8分の1が肌に合うかどうか，8分の1が評判，以下，メーカー，肌に優しい，と続いた．「肌に優しい」を「肌に合うかどうか」に加えると，その割合は値段とほぼ等しかった．

⑧普段読む雑誌

3分の1が『non-no』，8分の1が『Soup』であるが，その他の雑誌を含めて全体の4分の1がいろいろ読む．これに対して4分の1は読まない．

⑨化粧にかける時間

2分の1が10〜19分であり，4分の1が20〜29分，8分の1が9分以下，8分の1が30分以上，であった．

2.2 クロス集計結果から

⑤と①について

⑤の回答者のうち，ファウンデーションと回答したものを①とクロスさせてみると，次のようになる．同じ4，ロゴあり18，ロゴなし6．このことから，ファウンデーションに一番お金をかけている被験者には，シャネルというブランドを選好する傾向があることが見てとれる．

⑧と①について

⑧の回答者のうち，雑誌を読まないと回答したものを①とクロスさせてみると，次のようになる．同じ6，ロゴあり7，ロゴなし10．雑誌を読まない理由にもよるであろうが，それゆえに，（あたかも天の邪鬼のごとく）あえてロゴなしを選好した，という可能性を完全には払拭はできない．にもかかわらず，これらの回答者に対しては，「雑誌広告のシャネル・ブランドから

の影響が小さいかほとんどない」という評価ができるかもしれない。この点については本稿の後段で詳しく述べる。

⑦と①について

⑦の回答者のうち，評判とメーカーをあわせて，①とクロスさせてみると，次のようになる。同じ3，ロゴあり12，ロゴなし6。シャネルに対する好みの差もあるかもしれないが，興味深い結果となっている。すなわち，メーカーや評判と回答しているわりには，2分の1が，ロゴなしまたは同じ，と回答している。

わけても興味深い結果は，次の通りである。すなわち，⑦の回答者のうち，「肌に合うかどうか」または「肌に優しい」と回答したものを①とクロスさせてみると，同じ21％，ロゴあり63％，ロゴなし11％，となる。

そもそも，化粧品を選ぶ基準が自身の肌との適合性であるなら，「同じ」という回答がもっとも多いはずである。しかし，結果はそうではなかった。半数以上の回答者が，実際には，パッケージにあるシャネルというブランド名に，いわば視覚的に引きずられたわけである（梅本，1994）。

タルムード（Talmud）の有名な箴言に「瓶ではなく中身を調べよ」というのがある。もしかすると，知的な回答者は口頭によるアンケート調査ではそれを暗に言いたかったのかもしれない。ところが皮肉なことに，実のところ，そういう本人たちは中身を調べることなく，瓶を見ていたのである。ただし，今回の調査の方法上，見せられた，という面がないわけではない[5]。

3. 高級ブランド「堕落」の意味

本調査は女子大学生という消費者の特性に注目したものであった。以下では，生産者・供給者側の視点を含む，大局的な見地からのトーマス（Thomas, 2007）による高級ブランドの堕落説を整理・紹介しながら，ブランドと品質，さらに社会の変質の関係について考察を加える。

トーマスによる高級ブランド堕落説は，以下のように整理することができる。第1に，日本の消費者に注目した消費者のアイデンティティについて。第2に，それぞれに歴史を持つ高級ブランドの「企業化」，産業化，さらに

はそのグローバリゼーションについて。第3に，消費者のアイデンティティと高級ブランド産業からなる現代社会の特質について。これらである。以下，順に考察する。

　第1に，消費者のアイデンティティについて。
　「日本では，全面にロゴが入った高級ブランド品を着たり持ち歩いたりすることは，社会経済用語でいう『アイデンティティの獲得』だけでなく，社会集団の枠から外れていないことの証明になる」(Thomas, 2007, 邦訳, 75頁)。
　なるほど，あの円高からバブル期において，香港やシンガポールへいわゆるブランド物の買い物ツアーがわが国で流行したのは事実であるし，偽物を含めて，ヴィトンやグッチなどの財布やバッグを誇示的にあるいは衒示的(Veblen, 1899)に持ち歩く人たちを実際に街角で認めることができる。他方，口紅やファウンデーションなどの化粧品については，バッグを開けない限りそれらを持ち歩いているのかどうか，外からはわからない。実際にそれらを使用しているかどうかは，さらに判別しがたい。
　それゆえに，日本では，機能や品質よりもむしろ，その外見や象徴として(梅本, 1994)，高級ブランドが受け入れられていると言えそうである。
　この点，本調査の結果に照らしてみると，⑧の結果からは，必ずしもそうではない。すなわち，知的な若者らしく，ファッション雑誌に関心のない(を読まない)回答者は，必ずしも広告からの影響を受けているとは言えない。ところが，⑦の結果からは，それと相反して，回答者は高級ブランドのロゴに引きずられていると言える。
　このように，トーマスの論調は大筋で受け入れられるが，本調査の分析結果に鑑みると，とりわけエリート層においては，その当否は微妙である。アイデンティティの獲得を「自分らしさの追求」とすれば，横並びをそうであると考える人と，横並びでないことがそれであると考える人，エリート層ではそのどちらともが支配的ではない，と言うことができる。

　第2に，高級ブランドの「企業化」，産業化，グローバリゼーションにつ

いて。

「高級ブランドは『企業化』した。主要ブランドの大半は，いまや創業者一族の手を離れ，高級ブランドについてほとんど何も知らないがビジネスに関しては海千山千の人間たちが経営の中枢を担っている」（Thomas, 2007, 邦訳, 44頁）。

一定の品質の維持と提供を担う技巧者としての創業者一族と，その納入先である王族との高尚で伝統的な関係が引き裂かれたのは，とにかく儲けたいという卑近な目的のために，高級ブランドが「事業化」されたためである。その生産と流通に関するグローバルな規模での掌握は，以下のように説明される。

「高級ブランドのバッグは中国でも生産されている。それも，トップ・ブランドのバッグだ。(中略) どのブランドも，中国で生産している事実は明かさないことを生産者との契約条項にこっそり盛り込んでいる。そしてそれ以上に，工場側は競合相手に自分がどこのブランドのバッグをつくっているかをぜったいに知られないように気をつかう。ブランドの人間が工場に派遣されてくると，直接生産している工場に案内され，責任者とだけ会話をする。秘密厳守は徹底している」（Thomas, 2007, 邦訳, 206頁）。

こうして，その品質にルーツを持つ高級ブランドの製品は，こんにち，欧州ではなく，いわゆる世界の工場たる中国において秘密裏に生産されている（OEM）ことがわかっている。生産だけではない。

「ヴィトンは高級ブランド産業におけるマクドナルドだ。業界を引っ張るリーダー的企業であり，莫大な売上げを誇り，世界各地の集客力のある観光地のほぼすべてに出店していて———たいていマクドナルドがすぐ近くにある———LVのロゴは黄色いMの文字と同じくらい高い認知度を誇る」（Thomas, 2007, 邦訳, 23頁）。

この指摘は正鵠を射ている。グローバル規模で統一的なサービスを提供するということが競争優位の源泉となっているマクドナルド。その店舗のすぐ近くでルイ・ヴィトンの販売店が軒を連ねている。言われてみればその通りである。

観光地で，免税店で，あるいはホテル内にあるテナントのブティックで，

高級ブランドの「何かがおかしい」と感じることはあっても、それを明確に指摘することはむずかしい。価格は十分に高いし、販売店の雰囲気も店員もそれ相応に高貴に見えるからである。しかし、トーマスはその何かを見事に言い当てている。

すなわち、なかなか手が届かないという経済的な意味ではなく、高級感に不可欠なはずの希少性、物理的に手に入りにくいという本来の特性が、マクドナルドとの対比によって、見事に浮き彫りにされているのである。

第3に、消費者のアイデンティティと高級ブランド産業からなる現代社会の特質について。

「高級ブランド産業は人々の服装を変えた。我々の経済的階層も再構築した。そればかりか、我々の人間関係のあり方まで変質させた。いまやそれは、我々の社会の一要素になっている」(Thomas, 2007, 邦訳, 12頁)。

ちょうど、わが国における大学進学率の推移と社会の変遷の関係がそうであるように、高級ブランドは、ひとたびそれが事業化されると、それをそれまで身につけることのなかった社会階層の人々の手に届くようになった。

要するに、高級ブランドは、わが国における大学と同様に、いまや大衆化したのである。とりわけファッション雑誌媒体を通じて、いまなお一定の高級感を維持しているように装っているけれども、高級ブランドは、トーマスがその実態を喝破している通り、かつてに比べれば堕落したというほかない。

これと同じことが、100年の歴史を持つ長崎大学経済学部にもあてはまるであろうか。その問いは、繰り返しになるが、本稿の直接のテーマではない。しかし、何らかの意味あいをそこから引き出すことは可能であるように思われる。

結　語

本稿は、従来のブランド、とりわけ高級ブランドの価値に注目した。まず、先行研究を簡単にサーベイした後、第2に、長崎大学女子学生を対象に

実施したファンデーションに対するブランド影響力の調査結果を分析し，第3に，高級ブランドの「堕落」の意味について吟味した。

最後に，高級ブランドのリスクと，都市部と比べてインフラが未整備なままの長崎という地域が考えるべきブランド戦略について，それぞれ簡単に吟味しておこう。

第1に，2010年におけるトヨタ自動車による大量リコール事件は，高級ブランドのリスクを象徴している。すなわち，ブランド商品に欠陥があると発覚したとき，それまでのそのブランドに対する消費者の憧れの分だけ，妬みの的でもあったということが明らかになる（日経ビジネス，2010）。

ただし，ブランドの価値は一朝一夕に定着するものではない。したがって，一時的な浮き沈みを必然的に伴う。それに一喜一憂して振り回され続ければ，根無し草となるだけである。トーマスは「堕落」と言うが，それでもなお存続している事実に鑑みれば，高級ブランドは「腐っても鯛」の一面を持っている。長期的な視点を失わなければ，いかなるブランドであれ，容易に消滅することはない。

第2に，村岡（2006）によれば，日本における地域は，創意工夫によって元気な地域とそうでない地域に二極分化しつつある。活性化している地域は，(1)産業誘致型，(2)官業開放型，(3)大学連携型，(4)観光連携型，(5)コミュニティ型に分類される。地域が生き残るには，その独自性を保ちその地域で提供される商品の価値を維持・向上させるために地域ブランド戦略が重要である。

この指摘は，一見，適切な処方箋であるように思われる。しかし，肝心の「元気になろうとする気がある」という点が所与とされている。どんなにその目的が明確であろうとも，野心を欠いていたり保守に固執したりしていては，いくら手段が立派であっても，どうにもならない。そこで育った野心的な若者がますます都会へ移住してゆくせいで過疎化・高齢化がますます進む地方にあっては，その前提条件に遡って政策を検討する必要がある。

端的に言うなら，トーマスが紹介しているように，高級ブランドを「事業化」しようと目論んだ人々の存在，それが決定的に重要である。

たとえば，HIS社の傘下にあるハウステンボスは，HIS社の傘下となる前

に比べて業績を回復し、さらに、パナマ船籍のクルーズ船により、2011年夏を目標に洋上カジノの営業を計画していた（産経ニュース、2011）。ただし、その後、「オーシャンローズ号」は2012年10月以降、運休している。

　ハウステンボスというハードは、1992年の開業以来、ずっと佐世保にある。2003年の会社更生法の適用を経て、2010年まで必ずしも業績は芳しくなかった。ところが、HIS社の手が入った途端に、すなわち創業者の理念や伝統という呪縛から解き放たれるやいなや、業績は好転し、さらに積極的な運営が続けられようとしている。

　ブランドであれ、テーマパークであれ、「事業化」への意欲、「その気」がなければ、いつかは消えるほかない。逆に、それさえあれば、言い換えれば、「哲学」や「こだわり」（阿久津、2010）の下にそれを死滅させまいとするならば、たとえ「堕落」と評されようとも、ブランドが生きる途は拓けるのである。

[注]

1) 1979年の共通第一学力試験導入後、長崎大学経済学部における志願者数の減少という事実は、いわゆる旧高商ブランド影響力が低下した証拠の1つである。ただし、一橋大学商学部（旧東京高等商業学校）、神戸大学経営学部（旧神戸高等商業学校）、横浜国立大学経済学部・経営学部（旧横浜高等商業学校）など、都市部の人気が落ち込んでいない点に鑑みれば、旧高商ブランドの影響力が全面的に失われたとまでは言えない。旧一期校・二期校の廃止のみならず、鉄鋼・造船・海運から自動車・電気機械へのわが国における産業の中心の移行もまた、二極化の原因となっていると考えられる。そのような事実は、本研究のきっかけではあるが、目的ではない。本研究が長崎大学経済学部100周年寄附金による研究支援を受けている所以である。
2) 長崎大学学生支援課にて入手可能なこの種の資料は、長崎大学学生生活調査委員会（2007、2008、2009、2010）であった。
3) ひるがえって、生前のゴッホが、売れるかどうかわからない絵画の制作に専心した事実に注目したとき、彼の「やりがい」を探求すること（e.g., 吉田、2011）は興味深い。
4) 阿久津（2010）によれば、ブランド・アイデンティティーとは、認知から、機能・イメージ、判断・情緒、共鳴に至るまでの、顧客と企業との関係（コンテクスト）から構成される連想的な意味によって規定される。また、体験の場（コンテクスト）を演出することで、企業の哲学やこだわりを顧客が惚れ込むことにより、ブラ

ンド・アイデンティティーが形成される。したがって，ブランドが持つ普遍的な価値を見極め，それを新しい顧客ニーズに結びつけて新たなブランドのストーリーを紡ぎ出してゆく，ブランドの語り手の重要性が高まっている。

5) よく知られているように，シャネルというブランドはもともと化粧品を出発点としているわけではない。たとえば，バッグや衣類などによって，シャネル・ブランドに対して事前に好感を抱いていた回答者が，ファウンデーションのロゴに引きずられた，という面も考えられる（Gregory, 2009）。

[参考文献]

阿久津聡（2010），「消費者心理とブランド戦略」日本経済新聞社編『これからの経営学』日本経済新聞社，169-186

Chandler, Jr., A. (1977), *The Visible Hand: The Managerial Revolution in American Business*, Cambridge, MA: Belknap Press（鳥羽欽一郎・小林袈裟治訳（1979）『経営者の時代：アメリカ産業における近代企業の成立』東洋経済新報社）

Gregory, S. (2009), "The luxury-brand effect: Should BMW sell ketchup?", *TIME*, 5 August

濱岡豊（1994），「クチコミの発生と影響のメカニズム」『消費者行動研究』2(1), 29-74

林ゼミ3年生グループ（2010），「化粧品ブランドと品質に関する研究：長崎大学女子学生に対するファンデーション調査に基づいて」長崎大学経済学部平成22年度学生懸賞論文

Langlois, R. (2003), "The vanishing hand: The changing dynamics of industrial capitalism," *Industrial and Corporate Change*, 12(2), 351-385

前田洋光（2008），「消費者の認知に基づいたブランドエクイティの構造分析」『社会心理学研究』24(1), 58-67

Maslow, A. (1970), *Motivation and Personality*, 2nd ed., New York: Harper & Row.（小口忠彦訳（1987）『改定新版・人間性の心理学』産業能率大学出版部）

村岡元司（2006），「地域の新しい形：地域ブランドと活性化」『地域ブランド研究』2, 1-27

長崎大学学生生活調査委員会（2007），『第8回学生生活調査報告書：STUDENT LIFE NOW』長崎大学学務部

長崎大学学生生活調査委員会（2008），『第9回学生生活調査報告書：STUDENT LIFE NOW』長崎大学学務部

長崎大学学生生活調査委員会（2009），『第10回学生生活調査報告書：STUDENT LIFE NOW』長崎大学学生支援部

長崎大学学生生活調査委員会（2010），『第11回学生生活調査報告書：STUDENT LIFE NOW』（学部生）（大学院生）長崎大学学生支援部

日経ビジネス編集部（2010），「大量リコールと米議会・司法」『日経ビジネス』7月12日号，88-91.

大須賀明（2004），「ブランドのパワーとは何か」『大阪産業大学経営論集』6(1), 1-10

梅本春夫 (1994), 「消費者のブランド意識と商品属性」流通経済研究所『流通情報』308, 10-18
Thomas, D.(2007), *Deluxe: How Luxury Lost its Luster*, New York: Penguin. (実川元子訳 (2009)『堕落する高級ブランド』講談社)
Veblen, T.(1899), *The Theory of the Leisure Class: An Economic Study in the Evolution of Institutions*, New York: McMillan (大野信三訳 (1924)『有閑階級論』而立社 (日本図書センター, 2008). 小原敬士訳 (1961)『有閑階級の理論』岩波書店. 高哲男訳 (1998)『有閑階級の理論』筑摩書房)
Xiang, W., F. Li, and Y. Wei(2010), "How do they really help?: An empirical study of the role of different information sources in building brand trust," *Journal of Global Marketing*, 23(3), 243-252
吉田早季 (2011), 「ゴッホ：異端にみるやりがいとは」平成23年 (第59回卒業) 長崎大学経済学部卒業論文
産経ニュース「ハウステンボス, 長崎～上海でカジノ船運航へ：公海上で営業」(2011年2月10日アクセス)
　　http://sankei.jp.msn.com/economy/news/110107/biz11010719080270-n1.htm

資料1　アンケート調査票

実施日　　月　　日

筆記者（　　　　　　）

≪質問事項≫

学年（年齢）　　　学部（　　　　　）　　出身地（　　　　　　） L□　　　　　R□
◎感想
◎いつ化粧を始めたか
◎日常使用しているファンデーション・値段
◎化粧を始めたきっかけ
◎化粧で一番お金をかけているもの
◎化粧品以外にお金をかけているところ
◎化粧品を選ぶ基準
◎普段読んでいる雑誌
◎化粧にかける時間
自由記入欄   　　　　　　　　　　　　　　　TEL（　　　　　　　）

図1 2つのファウンデーション

調査集計（N=91）

①どちらが自分の肌に合っているか			
どちらも同じ	ロゴあり	ロゴなし	回答なし
21	45	22	3

②化粧を始めた時期			
大学から	高校から	中学から	化粧はしてない
54	22	11	4

③普段よく使うファウンデーション				
マキアージュ	BBクリーム	KATE	マリクワ	セザンヌ
14	8	6	3	3
インテグレート	コフレドール	エリクシール	その他	回答なし
3	3	3	42	6

④化粧を始めたきっかけ				
周りの影響	大学入学	かわいくなりたい	その他	不明・回答なし
48	16	4	15	8

⑤化粧品で一番お金をかけているもの						
ファウンデーション	化粧水	アイシャドウ	下地	スキンケア	その他	回答なし
29	18	12	8	3	18	3

⑥化粧品以外で一番お金をかけているもの					
洋服	食費	靴	交際費	ヘア関係	その他
48	19	3	2	3	16

⑦化粧品を選ぶ基準						
値段	肌に合う	肌に優しい	評判	メーカー	その他	回答なし
25	15	5	15	7	21	4

⑧普段読む雑誌					
ノンノ	スープ	sweet	その他	いろいろ読む	読まない
31	12	3	21	16	24

⑨化粧にかける時間				
9分以下	10分～19分	20分～29分	30分以上	化粧をしない
12	43	22	10	4

第4章

ソーシャル・イノベーションの普及プロセスとそれを育むエコシステム等をめぐる考察

桃井　謙祐

概要

Recently, many notice the rise of social innovations and their potentialities. This paper analyzes the process of the diffusion of social innovations and how to promote and spread them.

First, this reviews the prior researches of social innovations and of the diffusion of innovations. Second, this analyzes the characteristics of social innovation ecosystem and how different it is from the business innovation ecosystem. Third, this considers "ba", relationships promoting knowledge sharing and creation, which facilitates the creation and the spread of social innovations.

キーワード：Social Innovation, Diffusion of Innovations, Innovation Ecosystem, Innovation Management, Knowledge-based Community

はじめに

　社会問題の多様化・多元化，財政再建の必要性や行政の硬直性，ビジネスの手法も活用した柔軟な活動の広がりなどにより，民間主体によるソーシャル・イノベーションとその可能性への注目が高まっている。しかしながら，ソーシャル・イノベーションは，営利を目的とする通常のビジネスのイノベーションとは異なる性格を有するため，その普及プロセスや，その普及を促す手法については，後者のそれらとは異なる検討が必要である。

また近年，イノベーションは単に個々の企業・組織が主体となって創発・普及しうるものというより，その創発・普及を育むものとして，生物学からのアナロジーによるエコシステム（生態系）という考え方が注目されつつある。特に，ソーシャル・イノベーションは，社会課題の解決や社会変革を目指すものであることから，その創発・普及に当たっては，これまでと違った他の主体との連携・協力や，それによる新たな価値の共創が必要であり，それを促すようなエコシステム等をいかに育むかということが一層重要となっていると考えられる。

　こうした問題意識に則り，本稿では，イノベーションの普及をめぐる議論などを概観した上で，ソーシャル・イノベーションの普及プロセスや，それを育むエコシステム，さらにソーシャル・イノベーションを活発に創発・普及させる知の共有と創造が行われる場のあり方をめぐり，考察を進めた。

1. ソーシャル・イノベーションとは

　まず，本稿を進めるに当たり，ソーシャル・イノベーションとはいかなるものかについて概念整理をしておきたい。そもそも，ソーシャル・イノベーションとは，これまで多様な意味で用いられており，必ずしも統一された理解があるとは考えにくいためである。

　谷本（2006）においては，ソーシャル・イノベーションとは，「新しい社会的商品・サービスやその提供する仕組みの開発，あるいは一般的な事業を活用して（提供する商品自体は従来のものと変わらないが）社会的課題に取り組む仕組みの開発。こういった社会的事業を通して，新しい社会的価値を実現し，これまでの社会経済システムを変革していく可能性を示していくこと」としている。

　また，大室（2006）においては，谷本（2006）とほぼ同様であるが，「ソーシャル・イノベーションとは，社会的課題の解決を意図したシステムや製品・サービスを供給もしくは提案することであり，その解決のためには顧客満足を獲得するのみならず，顧客やステイクホルダーの意識変化や新しい社会的価値を創造するもの」であり，これは「ステイクホルダーとの相互関係

を通じて社会を変えていく」としている。

　こうしたソーシャル・イノベーションの定義は，社会的課題の解決に様々なスタイルで取り組む事業体（谷本（2006）），いわゆる社会的企業（ソーシャル・エンタープライズ）の取組みに着目したものである。

　しかしながら，今やソーシャル・イノベーションは，単にある事業体が主体となって始まる，事業を起点とした取組みとして考えるより，多くの関係主体がともにそうした社会変革につながるイノベーションに取り組むことを前提に考える時代に来ているように思われる。また，実際，イノベーションの概念自体についても，そうしたより広い意味で使われるようになってきている。

　例えば，我が国政府においても，閣議決定された『イノベーション25』(2007) において，「イノベーションとは，技術の革新にとどまらず，これまでとは全く違った新たな考え方，仕組みを取り入れて，新たな価値を生み出し，社会的に大きな変化を起こすことである。このためには，従来の発想，仕組みの延長線上での取組では不十分であるとともに，基盤となる人の能力が最大限に発揮できる環境づくりが最も大切であるといっても過言ではない。そして，政府の取組のみならず，民間部門の取組，さらには国民一人ひとりの価値観の大転換も必要となる」と述べている。これは，いわゆるソーシャル・イノベーションに限った議論ではないが，イノベーションを通じた社会変革は，企業などの民間主体はもちろんのこと，政府や個人も含めて進められるべきものとして捉えられている。

　実際，いわゆるソーシャル・アントレプレナーがソーシャル・イノベーションに取り組むに当たっても，単に自らの事業体だけでなく，同様の社会課題や関連性のある社会課題に取り組む事業体はもちろん，営利を目的とした事業を行う他の企業，制度や投資環境を変えることのできる政府等と連携して取り組み，また市民レベルでも支援者・理解者を広げていくことで，より大きな社会変革に取り組むことが可能となる。

　また，現在，通常の営利企業においても，現在の成長市場のフロンティアが高齢化の進展や環境問題への対応等，社会課題の解決にあると見られる中で，ソーシャル・イノベーションに取り組むことは，今後の新たな市場を獲

得する機会としても考えられる。

　政府としても，多種多様で複雑化する社会課題の解決に政府のみで取り組むことは難しくなる中で，ソーシャル・アントレプレナーの力の有効活用を図ることが，今後一層重要性を増すものと考えられる。さらに，現在では，公共政策を担う行政職員が様々な主体と連携しつつ，自らも主体の一員として社会変革を仕掛けていく，といったケースもある[1]。

　このように，今やソーシャル・イノベーションは，ある社会的課題の解決に取り組む一つの事業体が主体としてイノベーションを広げていくというよりも，より多くの関係主体が協力し合いながら広げていくべきものになりつつある。こうしたことから，本稿では，ソーシャル・イノベーションは，今や民間の一事業主体による新商品・新事業開発レベルで考えるのではなく，より大きく捉え，政府や通常の営利企業などもその主体として含まれうる，「社会に必要なシステム変革」と捉えることとする。

2. ソーシャル・イノベーションの普及プロセスをめぐる議論と考察

　ソーシャル・イノベーションのプロセスについては，大室（2006）においては，1）社会的課題の認識，2）想いの事業化，3）社会的場の形成，4）制度と個人の価値・行為の変化，という4つのステップに区分することができるとされている。

　もう少し具体的に述べれば，まず第一に，ソーシャル・アントレプレナーが何らかのきっかけである社会的課題を認識し，それを何らかの方法で解決したいという想いを抱き，第二に，その想いを形にするために，様々なステイクホルダーと協働しながら事業化し，第三に，この事業を理解してくれる投資家，消費者，地域などのステイクホルダーとミッションとコンセプトを共有し，事業に参加してもらえる社会的価値を共創する場を提供することで，この事業を持続させ，第四に，こうして事業化された「想い」が社会に認識され，ステイクホルダーとともに社会的価値を共創するプロセスができあがり，このプロセスでこれまでにない仕組みが制度化されたり，個人の価

値・行為を変えたりし，その結果，事業が認知され，社会的価値が広がっていくこととなる，とされる。

しかしながら，大室（2006）は，どのようにこうしたソーシャル・イノベーションが普及していくかのプロセスについては，詳細には述べていない。このため，本研究では，より詳細にそのプロセスについて考察していく。

イノベーションの普及研究の古典的研究である Rogers（2003）[2]によれば，「イノベーションの普及とは，イノベーションが，あるコミュニケーション・チャンネルを通じて，時間の経過のなかで社会システムの成員の間に伝達される過程のこと」としており，イノベーションの普及に関わる主要な要素として，①イノベーション，②コミュニケーション・チャンネル，③時間の経過，④社会システム，を挙げている。

この Rogers（2003）における議論に即し[3]，ソーシャル・イノベーションの普及プロセスについて検討すると，以下の四つのことが言えよう。

① イノベーション

Rogers（2003）では，イノベーションとは，「個人あるいは他の採用単位によって新しいと知覚されたアイデア，習慣，あるいは対象物」としている。

ソーシャル・イノベーションの場合においては，社会問題に対する新たな解決のアプローチやそれにより提供される社会的価値であり，これは，それ単独ではないとしても，これまで気付かれていなかった社会問題の問題提起[4]も含みえよう。

② コミュニケーション・チャンネル

Rogers（2003）では，コミュニケーション・チャンネルとは，「メッセージがある個人から他の人に伝達される方法である」とされ，これを通じてイノベーションに関する知識が伝播する。

なお，イノベーションの普及において最もきわだった問題の一つは，参加者たちは通常きわめて異類性が高いことであるとし，イノベーションの普及

過程においてしばしば現れる異類性のために，効果的なコミュニケーションを遂行することが課題となる，と指摘されている。

ソーシャル・イノベーションの普及においても，まさにこれまでに認識されていなかった社会問題への解決手法を通じて，社会的価値を実現し，社会を変革しうることを伝えていくことが必要となる。ただ，ソーシャル・イノベーションとは，しばしば人々の価値観の変革をも伴うものであるため，その普及のプロセスにおいて，既にその価値や意義を理解している個人または成員から，まだその価値や意義を理解していない異類性の高い個人または成員に対し，いかにその価値を伝えていくかが大きな課題となる。特に，一部の顧客の支持だけでも事業が成り立ち得るビジネスのイノベーションとは異なり，社会変革をもたらすためには，異類性ある個人に幅広く知識が伝播し，その共感を集めることが特に重要となる。

他方，ソーシャル・イノベーションが提供する価値は，経済的・機能的な面よりも感情的な面が大きい。このため，異類性の高い人々の間でソーシャル・イノベーションの普及を速めるには，より多くの人に共感をもたらしやすいストーリーなども活用しつつ，それを効果的に伝えていくことが重要であろう[5]。

③ 時間の経過

Rogers（2003）では，時間の要素は，イノベーションの普及においては次の局面で現れるとされる。1) 人がイノベーションに関する知識を獲得する段階から，採用ないし拒絶に至るイノベーション決定過程，2) 社会システム内の他の個人ないし成員と比較して，ある個人ないし成員がイノベーションを採用するまでの遅速という意味での革新性，3) 社会システムにおけるイノベーションの採用速度，である。

特に，ソーシャル・イノベーションに関して，その普及を早めようとするには，まず，いかに人々の説得を行うことで採用を早めるかがカギとなろうが，先述のように，ソーシャル・イノベーションが提供する価値は経済的・機能的な面よりも感情的な面が大きいことを考えれば，人が納得しやすい理念，文脈，価値観，物語などをいかに持ち，磨き，それを効果的に伝えていくことが重要であろう。

また，人々の革新性に応じて採用者カテゴリーの分類を適切に行い，どの採用者カテゴリーに初期にソーシャル・イノベーションを採用させ，またそれにより次の採用者カテゴリーへの普及を早めることにつなげるか，などを適切に検討することが重要であろう。

④　社会システム

Rogers（2003）では，社会システムとは，共通の目的を達成するために，共同で課題の解決に従事している相互に関連のある成員の集合のことであり，社会システムには成員間の公式的な構造と，非公式的な対人ネットワークのコミュニケーション構造があるとされる。社会構造の一つの側面が，社会システムの成員に対して確立された行動パターンたる規範である。

なお，ソーシャル・イノベーションは，社会変革をもたらすものであることから，特に当初は，既存の価値観・目的にしたがい形成されている成員間の公式的な構造よりも，非公式なコミュニケーション構造を活かしつつその普及を図ることが重要と考えられる。これは，近年のモバイル通信端末やソーシャルメディアの普及などにより，ますます容易となってきている。

ただ一方で，ソーシャル・イノベーションが本来の目的である社会変革を実現していくためには，いずれ成員間の公式的な構造に影響を与え，また，行政や市民などを幅広く巻き込み，制度や規範を変えていくことを目指すことも重要と言えよう。

イノベーションの実現には資源動員の正当化が必要とも言われるが[6]，特に，ソーシャル・イノベーションにおいては，社会変革を追求するものであるため，その普及に当たっては，いかに社会の中で正当性を獲得していくかが重要であり，そうした意味でも，ソーシャル・イノベーションはやがて規範化を目指すことも重要であると言えよう。

なお，ここでソーシャル・イノベーションと，通常の営利を目的とした企業が取り組むイノベーションとの違いについて，特徴を述べておく。

通常のビジネス・イノベーションの場合，営利を追求する企業はイノベーションそのものを社会に広く普及させるよりも，自らの将来的な利益を最大化できるよう，自らによるイノベーションの独占的利用を図る場合も多い。

しかしながら，ソーシャル・イノベーションの場合，それを開始した主体は，事業の利益最大化よりも，取り組む社会的課題の解決や社会変革を目的としているため，自らのスケールアップ（組織規模拡大）にこだわらず，むしろイノベーションのスケールアウト（他地域展開）を求める[7]ことが多い。ソーシャル・イノベーションの普及に関しては，こうしたことを考慮しておくことが重要である。

3. ソーシャル・イノベーションの創発・普及を育むエコシステム及びそれを活性化する「場」の形成

　ソーシャル・イノベーションは，新たな社会的価値を創出しつつ，いずれは社会に必要なシステム変革までもたらすことを目指すものであり，その普及を促進するためには，その創発・普及を育む環境と，それを活性化する「場」が必要である。そのため，ソーシャル・イノベーションを育むエコシステム（生態系）と場のあり方について考察を進める。

3.1　エコシステムをめぐる議論

　現在，いわゆる営利を追求するビジネスのイノベーションに関しても，Iansiti and Levien（2004）などが述べているように，イノベーションに取り組む企業は，他の企業等との相互依存関係にある中で，そのネットワークをいかに活用・コーディネートし，イノベーションを創出するかといった，いわゆるエコシステム（生態系）を意識することがより一層重要となってきている。

　Iansiti and Levien（2004）によれば，通常のビジネスのエコシステムは，キーストーン企業がエコシステムを牽引しつつ，エコシステムの大半の領域を占めるニッチプレーヤーと価値の創出と共有に取り組むことで，維持・発展していくこととされている。しかしながら，ソーシャル・イノベーションの創発・普及においては，ソーシャル・アントレプレナーと他のステイクホルダーとの関係においては，ソーシャル・アントレプレナーの側では，営利を追求して事業を行っているのではなく，社会変革への想いによって事業を

開始し，またボランタリーに関わっている人も多いことから，キーストーン企業とニッチプレーヤーとの間のように非対等な関係を受け入れるよりも，比較的対等な関係に立とうという意識を持つことが多いと考えられる。特にソーシャル・イノベーションの創発・普及を促すエコシステムの構築を考える場合には，ソーシャル・アントレプレナーとの関係性の構築に当たり，このことに留意する必要があろう。

　他方，このエコシステムとは，企業・産業やその製品レベルでのイノベーションのみならず，地域レベルでも活発に新企業・イノベーションの創出を育むための仕組みとしても用いられることが多い。例えば，シリコンバレーにおけるハイテク産業の成長と成功について述べた Bahrami and Evans (2000) は，シリコンバレーのエコシステムの主要な構成要素として，おおよそ以下の五つがあると述べている。

① 企業や政府の研究機関や大学
② 新会社を設立し成長させるための金融資源を提供するベンチャー・コミュニティ
③ スタートアップ企業が得意分野の尖塔に集中することを可能にするための，洗練されたサービス・インフラ（契約製造サービス，会計事務所，人材供給会社，不動産会社，法律事務所など）
④ 世界中から惹きつけられてきた専門家たちの，多様な人材の蓄積
⑤ 開拓者精神と絶え間ない勤労を特徴とした起業家精神の文化

　そして，シリコンバレーに集合したこれらの集まりは，半ば自律的でありながら相互依存的な組織・コミュニティ・文化によるダイナミックな生態系の特徴を持ち，これがもたらす既存企業の進化と新企業の創造が，企業の設立，消滅，そして再利用が継続的に起こるダイナミズムを生み出したと述べている。

　また，Kenny (2000) は，シリコンバレーにおいてイノベーションを最大限に利用することを目的に新企業が創造されるプロセスを理解する上で，シリコンバレーで行われる重要な経済活動を，既存組織や大学，研究所が従来通りの活動を行う「第一経済」と，新企業形成を奨励し育成する機関や制度の複合体である「第二経済」とに区分し，キャピタルゲインを燃料とする第

二経済の存在こそが，起業家やこの地域の外にあったすべてのスタートアップ企業がこの地域へ移転するように惹きつけ，シリコンバレーのエコシステムを発展させたと述べている。

　金井（2012）はさらに，地域レベルでのイノベーションは，新事業創造や既存企業における企業家活動（企業家活動Ⅰと呼ぶ）と企業家活動Ⅰの苗床となる社会的プラットフォームを形成する企業家活動（企業家活動Ⅱと呼ぶ）を区別することによって，企業家活動Ⅱの創造が多数の企業家活動Ⅰを創出し，クラスターが形成されていくと考えることができる，としている。

　こうした地域レベルで新企業・イノベーションの創出を育むエコシステムに関する議論は，ソーシャル・イノベーションの創発・普及のあり方を検討する上でも参考となる。

3.2　ソーシャル・イノベーションの創発・普及を促進するエコシステム

　ソーシャル・イノベーションは，これまで見過ごされていた，あるいは行政が十分対応できていなかった社会問題に対し，これまでになかったアプローチで社会的価値の実現に取り組むものであり，通常の営利を追求するイノベーションよりも事業性を第一に優先するものではないため，資金や人材等の経営資源の制約にも直面するのみならず，企業や非営利団体，個人，政府等，さらに多様なステイクホルダーとの協働・連携が一層重要な課題となると言える。

　前述のBahrami and Evans（2000）の議論も参考としつつ，筆者がソーシャル・イノベーションに取り組む人たちより聴いた内容も踏まえて整理すると，ソーシャル・イノベーションを活発に創出し普及させていくためには，シリコンバレーのエコシステムの主要な構成要素に相当するもの，すなわち，①ソーシャル・イノベーションを生み出す主体，②資金の出し手，③事業に必要な各種のサービスを提供する支援者[8]，④多様な人材の関心を惹きつけるメディアや学習機会，⑤ソーシャル・イノベーションを理解・称揚する精神・文化，といったものを広げていくことが重要と考えられる。

　特に，Kenny（2000）のいう「第一経済」に相当する担い手の拡大はもちろん，担い手の成功確率を上げ，さらに担い手を増やすことで，ソーシャ

ル・イノベーションの普及を図るためには、「第二経済」に相当する、新たにソーシャル・イノベーションに取り組む主体を奨励し育成する機関や制度をいかに発展させるかが重要であり、金井（2012）のいう、企業家活動Ⅱによって創造される社会的プラットフォームである「企業家プラットフォーム」の形成が重要となってこよう。ソーシャル・イノベーションの普及に取り組む中間支援機関は単に専門スキルやノウハウの提供といった支援を行うにとどまらず、こうしたソーシャル・アントレプレナーのプラットフォームにもなっていくものが増えていくことが期待される。

　さらに、社会全体として、多様な人材を惹きつけその関与を促し、また既成概念や慣行にとらわれない自由や多様性を尊重する文化をいかに形成するか、といったことが重要になってこよう。

　特に、筆者が複数のソーシャル・アントレプレナーに話を聴く中で気付いたことであるが、ソーシャル・アントレプレナーは、ソーシャル・イノベーションを企図した事業開始当初は、当初周囲の人々があまり認識していなかった問題に気付き、想いを抱き、新たな解決アプローチを模索しつつその取り組みを開始するが、当初は理解者も少ない中で、不安を抱きがちで、ともすれば孤独を感じやすいという問題がある。ソーシャル・イノベーションの創発・普及を促す上では、こうした初期段階から、彼らに理解や共感を示すとともに、同じようにソーシャル・イノベーションに取り組む、または関心のある人との交流機会を設けることで、彼らが不安や孤独感を解消し、安心してイノベーションの実現と普及に打ち込める場づくりが重要であり[9]、また、お互いに刺激・触発し合うことでさらにソーシャル・イノベーションへの取り組みを誘発・加速することへとつながる。

　このように、ソーシャル・イノベーションの開始当初における理解者の存在は、ソーシャル・イノベーションの普及を早める上で、心理的な意味においても大変重要である。ソーシャル・イノベーションの普及に取り組む中間支援機関や行政などは、彼らに不足している経営資源を提供し支援するのみならず、精神的にもソーシャル・アントレプレナーに寄り添いながら支援などを行うことも重要と言えよう。

　また、社会変革につながるような革新的なアイデアに対しても寛容性・積

極性のある文化を築き，規範を形成することも，2.で述べたようにソーシャル・イノベーションの普及を早めると考えられる。このため，中間支援機関なども，ときにはアドボカシーに取り組み，またマスメディアなども彼らが提起した社会問題や解決手法にも光を当てていくなどといった役割を果たすことが，ソーシャル・イノベーションの普及を図る上で重要であろう[10]。

3.3 ソーシャル・イノベーションの創発・普及を活性化する「場」の形成

また，ソーシャル・イノベーションは，一人の個人のリーダーシップのみならず，まさに多様な人が多数関わり，参加・協働し，新たな社会的価値を共創・普及することで社会変革を生みだすものである[11]。このためにも，多くの人が参加しながらソーシャル・イノベーションの創発・普及を活性化する場の構築が重要である。

そうした「場」については，伊丹敬之や野中郁次郎などの研究においても，その構成員による知の共有と創発に着目した概念として注目されている。

伊丹（2005）は，「場とは，人々がそこに参加し，意識・無意識のうちに相互に観察し，コミュニケーションを行い，相互に理解し，相互に働きかけ合い，相互に心理的刺激をする，その状況の枠組みのことである」と定義し，場によって，①人々の間の共通理解が増す，②人々がそれぞれに個人としての情報蓄積を深める，③人々の間の心理的共振が起きる，といったことが，いわば自然発生的にあるいは自己組織的に起きるとする。

また，こうした場のマネジメントの必須要件として，組織のメンバーが場での相互作用に自律的に参加する意欲をもっていることを挙げ，こうした場の設定・創発の基礎条件として，自由・信頼・情報共有が必須と述べている。

他方，野中（2011）は，知識経営理論の観点から，「場とは『共有された動的文脈（a shared context in motion）』であり，知識が共有され，創造され，活用されるダイナミックな時空間である」と述べ，場の概念を，一組織内にとどまらず，また，イノベーションの創造・普及とも関連する形で論じてい

る。

　野中（2011）は，知識創造を行う主体たる「企業は顧客や供給業者との協力と協調によって相互依存的に知識を生み出し，共有し，製品やサービスに変換していく生態系をなしており，同時に知識創造企業は独自に形成した，あるいは他社との協調によって生まれた生態系のなかで他社にはない差異性を生み出し，互いに競争（共創）し，協働している」と述べ，「従来の企業にあって閉鎖的な企業組織の壁を超越し，より開かれた関係性を生み出す」この知の生態系においては，「個人，組織，ステイクホルダー，コミュニティ，社会，環境など生態系との相互作用が行われる実存空間としての場が，いくつも重層的に存在し」，この知の生態系を活性化するために，社会関係資本（Social Capital）を充実させていくことの重要性について述べている。

　野中（2011）の議論は，特に営利を目的とした企業に限定したものではないと考えられるが，ソーシャル・イノベーションの創発・普及プロセスにおいては，新しい社会的価値を新しいアプローチで創造・提供し，様々なステイクホルダーとの共創・協働により，社会に広く普及を図る必要があり，そのためには，まさに多様な主体とともに新たな知の創造を促進し，その知を柔軟に受容し，また知を受け入れた者が自らもその普及に参加する，といった場を形成していく必要があろう。

　また，特にソーシャル・イノベーションは，既存の価値観や規範，制度を変えていくものである以上，安心して既存の価値観や規範などに挑む，また既成概念を覆せるような議論をし，行動・公言できる場づくりが重要となろう。そのためにも，こうした場を形成・活性化させていくためには，伊丹（2005）の言う，自由・信頼・情報共有が確保された場づくりを行い，関係性の構築・充実を図ることで，多様なステイクホルダーが共存する中でも社会関係資本が充実していくようにしていくことが重要であろう。

　さらに，ソーシャル・イノベーションの普及のためには，事業性と社会性の両立という，極めて難しいマネジメント上の課題に対処する必要がある。加えて，ソーシャル・イノベーションの目指す社会変革は，人々の固定概念や既存の価値観，規範などに挑むものであり，その普及・実現のためには，

多くの試行錯誤や失敗からの学習を必要とする。このため，ソーシャル・イノベーションの創発・普及を促すためには，失敗を許容する文化を形成するとともに，そうした失敗や試行錯誤の経験から得た貴重なノウハウも含めて社会的に共有される学習プロセスを有する場を意識的に構築することも重要であろう。

むすびに代えて

　本稿では，イノベーションの普及の議論等をレビューした上でソーシャル・イノベーションの普及プロセスについて考察しつつ，こうしたソーシャル・イノベーションの創発・普及を促すエコシステムのあり方とともに，ソーシャル・イノベーションの創発・普及を活性化する，知の共有と創造が行われる場づくりのあり方について考察した。

　本稿で論じた内容については，今後さらに事例やデータによる実証が必要と考えられ，今後も，既存研究のレビューを進めつつ，実証研究等を積み重ね，さらに検証・精緻化していくことが課題であると考えている。

　また，こうしたソーシャル・イノベーションの創発・普及を促進するエコシステムや場については，一体いかなる主体がどのような方法・プロセスによって形成していくのか，という問題が存在しよう。本稿では，この点に関しては時間の制約もあり，十分に考察を深めるまでには至らなかった。今後引き続き検討していくこととしたい。

　この点に関しては，例えば，行政や企業，大学といった存在よりもむしろ，事業性や柔軟性を有する中間支援機関が中心となってそうした役割を果たすことも期待されよう。しかし他方，ではこうした中間支援機関はいかに自立的にそのような活動を行い，スケールアウトしていくかといった問題が生じ得る。

　我が国においても，ソーシャル・イノベーションの担い手たる事業体のみならず，ソーシャル・イノベーションを支えるこうした中間支援機関の発展が期待される。しかし一方，かかる中間支援機関が，真に社会のシステム変革をもたらす存在となるためには，様々なステイクホルダーと協働する必要

はあるものの，行政の支援に依存するような存在ではなく，財政的にも政府からある程度自立的な存在として発展していくことが望ましいと考えられよう。

　こうした中間支援機関は我が国のような環境下ではいかに育ち発展していくのか，という問題が存在する。寄付文化の発達している国々と比べ，それが発達しているとは言い難い我が国において，必ずしも事業性が十分とは限らないソーシャル・イノベーションの創発・普及において重要なエコシステムや場などの形成の中心的役割を担う主体は，いかに形成し発展させていけるのか。そのための仕組みについては更なる考察が必要であるが，今後の検討課題としたい。

[付記]
本研究は，長崎大学平成21年度新任教員スタートアップ助成金及び長崎大学経済学部100周年記念研究助成の支援を受けた研究成果の一部である（初出：2013年9月）。記して謝意を表したい。
　なお，本稿における意見・見解はすべて筆者個人によるものであり，筆者の所属する組織のものではない。

[注]
1) 例えば大室（2009）。
2) 原著の初版は1962年に出版されている。
3) なお，Rogers（2003）においては，イノベーションとは，後でも述べているように「個人あるいは他の採用単位によって新しいと知覚されたアイデア，習慣，あるいは対象物」を指しており，また，「人の行動に関する限り，あるアイデアが『客観的に』みて新しいかどうか，つまりそれが最初に使用されたり発見されたりしてからどれだけ時間が経過していようと，ほとんど意味がない。（中略）あるアイデアが個人にとって新しいものと映れば，それはイノベーションである」とし，通常のイノベーションの概念や，本稿で検討しているソーシャル・イノベーションの概念よりも相当幅広い。しかしながら，それでもその普及をめぐる議論の援用は有用と考えられ，本稿でも彼の普及モデルを用いながら考察を進めることとする。
4) 例えば，発達障害のある子どもが，自分らしく生きていけるようになるためには，単にそうした子どもを支援するのみならず，家族や地域，社会，行政などにおいて発達障害の子どもに対する正しい理解を広げていくことが，併せて重要である。

5) アートも，異類性の高い人々の間に共感や理解を広げる手段として効果があるように考えられる。例えば筆者が調査に訪れた，「太陽の町」と呼ばれるオランダのゼロ・エミッションの町ヘールヒューホヴァールトでは，そのまちづくりに際し，アートを活用して市民との対話や議論を深めていく事例が見られた。
6) 例えば武石・青島・軽部（2012）。
7) 例えば Bornstein and Davis（2012）。
8) 例えば，ソーシャル・イノベーションの創発・普及過程の中で，ソーシャル・イノベーションの創始者においては，ビジネスモデルの構築や事業の仕組み化，成果の測定，マーケティング・広報，組織体制の整備・強化，財務，法務等の分野で課題が生じ，これらに関する支援を必要とすることは往々にして起こる。
9) 実際，筆者が話を聴いたソーシャル・アントレプレナーの方の一人からは，「まだアイデアや事業が形になる前から中間支援機関の方々に支援してもらったことは，寄り添っていただいてともに走っている気がして，事業の開始当初においては何よりありがたかった」との話があった。
10) Bornstein and Davis（2010）
11) 社会起業家の発掘・支援をしている「アショカ」は，組織のビジョンを社会起業家という分野を生み出すことから，「誰もがチェンジメーカーになれる」へと改めた。そして，このような目標に向けた教育は小学校から始めるべきだと考えている（Bornstein and Davis（2010）及び Ashoka ウェブサイト参照）。

[参考文献]

伊丹敬之（2005）『場の論理とマネジメント』日本経済新聞社
大室悦賀（2006）「ソーシャル・イノベーションが変える社会」谷本寛治編著『ソーシャル・エンタープライズ——社会的企業の台頭』中央経済社
大室悦賀（2009）「ソーシャル・イノベーション理論の系譜」京都産業大学『京都マネジメントレビュー』No. 15 pp. 13-40
金井一頼（2012）「企業家活動と地域イノベーション——企業家プラットフォームの意義——」日本ベンチャー学会『VENTURE REVIEW』第 20 巻，pp. 3-13
経済産業省（2008）『ソーシャルビジネス研究会報告書』経済産業省ホームページ http://www.meti.go.jp/policy/local_economy/sbcb/sbkenkyukai/sbkenkyukaihoukokusho.pdf（2013 年 8 月 9 日アクセス可能）
椙山泰生・高尾義明（2011）「エコシステムの境界とそのダイナミズム」『組織科学』第 45 巻第 1 号，pp. 4-16.
武石彰・青島矢一・軽部大（2012）『イノベーションの理由——資源動員の創造的正当化』有斐閣
谷本寛治（2009）『ソーシャル・ビジネスとソーシャル・イノベーション』一橋大学イノベーション研究センター『一橋ビジネスレビュー』第 59 巻第 1 号，pp. 26-41
谷本寛治編著（2006）『ソーシャル・エンタープライズ——社会的企業の台頭』中央経済社

内閣府（2007）長期戦略指針『イノベーション 25』（閣議決定）内閣府ホームページ http://www.cao.go.jp/innovation/innovation/decision/index.html（2013 年 8 月 9 日アクセス可能）

西澤昭夫・忽那憲治・樋原伸彦・佐分利正貴・若林直樹・金井一賴（2012）『ハイテク産業を創る地域エコシステム』有斐閣

野中郁次郎・徳岡晃一郎（2012）『ビジネスモデルイノベーション──知を価値に転換する賢慮の戦略論』東洋経済新報社

野中郁次郎（2011）「イノベーションを持続するコミュニティをつくる」一橋大学イノベーション研究センター『一橋ビジネスレビュー』第 59 巻第 1 号，pp. 6-23

Ashoka ホームページ https://www.ashoka.org/（2013 年 8 月 6 日アクセス可能）

Bahrami, H. and S. Evans (2000), "Flexible Recycling and High-Technology Entrepreneurship," M. Kenny (eds.) *Understanding Silicon Valley: The Anatomy of an Entrepreneurship Region*, Stanford Press（加藤敏春監訳・解説／小林一紀訳（2002）「柔軟なリサイクルとハイテク企業家精神」『シリコンバレーは死んだか』日本経済評論社）

Bornstein, D. and S. Davis (2010), *Social Entrepreneurship: What Everyone Needs to Know*, Oxford University Press（有賀裕子訳／井上英之監修（2012）『社会起業家になりたいと思ったら読む本〜未来に何ができるのか，いまなぜ必要なのか〜』ダイヤモンド社）

Kenny, M. (eds.) (2000), *Understanding Silicon Valley: The Anatomy of an Entrepreneurship Region*, Stanford Press（加藤敏春監訳・解説／小林一紀訳（2002）『シリコンバレーは死んだか』日本経済評論社）

Iansiti, Marco and R. Levien (2004), The Keystone Advantage, Harvard Business School Press（杉本幸太郎訳（2007）『キーストーン戦略──イノベーションを持続させるビジネス・エコシステム』翔泳社）

Rogers, E. M.(2003), *Diffusion of Innovations* (5th ed.), Free Press（三藤利雄訳（2007）『イノベーションの普及』翔泳社）

Schumpeter, J. A. (1934), *The Theory of Economic Development: An Inquiry into Profits, Capital, Credit, Interest, and the Business Cycle*, Harvard University Press（塩野谷祐一・中山伊知郎・東畑精一訳（1977）『経済発展の理論──企業者利潤・資本・信用・利子および景気の回転に関する一研究』岩波書店）

第5章

ソーシャルビジネスに必要とされる人材像
──九州の先進事例を踏まえた試論──

山口　純哉

概要

本稿は，九州における先進事例を基に，ソーシャルビジネスに必要とされる人材像，その人材を育成するための方法にかかる試論である。
まず，ソーシャルビジネス研究会の報告を援用して，国内のソーシャルビジネスの課題を認知度向上，資金調達，人材育成，事業展開の支援，事業基盤の5点に整理した。次に，九州のソーシャルビジネスを牽引する事業者5名の言質から，それらの課題の克服には，他者が共感する社会的課題を発見して新たな社会像を描いて自らの使命を認識できる能力，ニーズを踏まえ差別化された事業を計画できる能力，事業計画を実現するための経営資源を調達できる能力の3点を備えたソーシャルビジネス人材が求められることを示した。最後に，筆者の経験を踏まえて，そのようなソーシャルビジネス人材を育成するためには，体系的な学びの場，ソーシャルビジネス人材に寄り添うコーチ，学び合いネットワークが必要であることを指摘した。

キーワード：ソーシャルビジネス，能力，人材育成

はじめに

近年，国内各地において，ソーシャルビジネス（以下，SB)[1]の必要性が声高に叫ばれている。2009年には，SB先進事例集である経済産業省（2009）が経済産業省により公刊され，それらの事例がSBを志す者の手本となっている。

SBへの期待が高まる背景には，地域経済が停滞して税収が減少する中で，

既存の行政サービスですら量的・質的な維持が困難であること，多様化する新たな住民ニーズに行政サービスでは対応できないこと，社会的課題の解決にやりがいを感じる人が増加してきたこと，SBに雇用吸収力があると認められつつあること等，社会と経済の両面からの期待がある。

しかし，SBが，既存の企業や行政等がとりこぼした住民ニーズに対応する存在，つまり，社会における落ち葉拾い的な位置づけから脱却し，社会の仕組みを変える先導者として住民の日常生活に溶け込み，われわれの社会に必要不可欠な存在となるためには，量的・質的にも更なる活動の充実が求められている。とりわけ，ビジネスの経験のない無償ボランティア中心の市民活動団体が，その活動の維持・発展を目指してビジネスの要素を取り込もうとする際には，多様な課題を克服する必要がある。そして，既存の企業と同じく，SBにおいても，それらの課題を乗り越えるためには，人材，特にSBを経営する人材（以下，SB人材）の能力向上が欠かせないと考えられる。

この小論では，現在のSBが抱える課題を経済産業省（2008）・（2011）によって概観し，それらの課題がSB人材の育成によって克服されることを示すとともに，彼らが備えるべき能力や育成の方法についての試論を展開する。

なお，SB人材に必要とされる人材像にかかる試論を展開するにあたっては，2013年度長崎大学公開講座「先進事例にみるソーシャルビジネスの勘所」[2]における九州の先進的なSB人材の言質を手がかりにする。

1. ソーシャルビジネス研究会報告書に見る課題

2007年から2008年にかけて，経済産業省は，SBの現状，課題等を踏まえ，必要な施策のあり方について検討するために，SB事業者をはじめ，中間支援組織などのSB支援者が参加するSB研究会を6回開催し，その結果を経済産業省（2008）として公表している。

また，2009年度には，政府や地方自治体といった公的機関，商工会議所や商工会といった商工団体や金融機関によるSBへの支援の現状，課題や将来展望を検討するSB推進研究会を開催し，その結果を経済産業省（2011）

にとりまとめている。

　これらの研究会は，SB事業者，各種関係者が一堂に会して，国内におけるSBの現状や課題について体系的に議論する場であったため，国内のそれらの状況を代表する可能性が高いと考えられる。

　本節では，特に経済産業省（2008）を用いて，国内におけるソーシャルビジネスが抱える課題について整理する。

　なお，経済産業省（2008）では，SB事業者やSB事業者が提供するモノやサービスの購入者に対するアンケート調査を実施し，SBの認知度向上，資金調達，人材育成，事業展開の支援，事業基盤の強化の5点を，SBの課題として抽出している。

1.1　認知度向上

　まず，認知度の向上については，図1のアンケート調査の結果を踏まえて，「社会的認知度が向上することによって，地域住民，金融機関，企業等によるSB活動の理解が進み，SBへの資金供給や参画する人材・担い手の増加など資金面・人材面等での支援が底上げ・強化されて，SBの事業環境が改善される」（経済産業省（2008）p.13）との展望を示している。

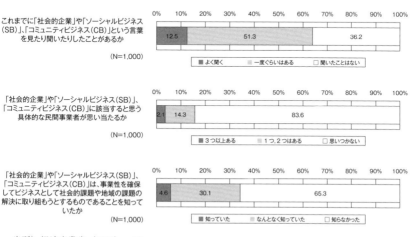

出所）経済産業省（2008）p.12

図1　ソーシャルビジネスの社会的認知度

1.2 資金調達

資金調達については,「事業者アンケート結果をみても,資金調達にあたって,「融資条件が厳しい」(24.3%),「担保や本人保証を求められる」(19.7%),「借入等ができない」(18%)等の課題に直面している」(経済産業省(2008)p.14)との現状認識の下で,社会性の高い事業に対する金融機関の審査能力の向上,SB事業者が上記のような課題を克服する事業計画を策定できる能力を習得すること等を課題として位置づけている。

1.3 人材育成

人材育成については,「SBは社会性と事業性の両立が求められる点において,通常のビジネスよりも運営が難しく,SBを担う人材には高いイノベーション力とマネジメント能力が求められる」(経済産業省(2008)p.16)と前置きした上で,図2のアンケート調査の結果について,「人材確保・育成面での課題と,資金面や事業運営面での課題とが,相互に影響を及ぼしあっていることを示す」(経済産業省(2008)p.16)と指摘している。

これらの課題は,SBに限らず,新たな仕組みが社会に埋め込まれる際には当然発生する課題であると思われるが,強いていえば,最も重要な課題はSBに取り組む人材の育成であるように思われる。

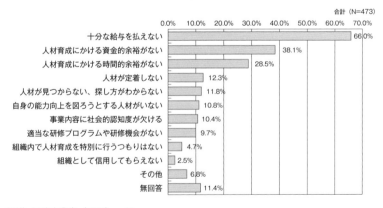

出所)経済産業省(2008)p.17

図2　人材確保・育成上の課題

第 5 章　ソーシャルビジネスに必要とされる人材像　　　601

1.4　事業展開の支援

事業展開の支援については,「SB では社会貢献意識が高く, アイディアはあるが, 事業経営を経験したことのない者が取り組むことも少なくないことから, 事業に対する支援が重要である」(経済産業省 (2008) p.18) ことを指摘した上で,「事業支援の際には, 会計・税務・法務などの専門的知識といったソフト面での支援や事務所等スペースの確保といったハード面に関する支援」(経済産業省 (2008) p.18) の必要性に言及している。

1.5　事業基盤の強化

最後に, 事業基盤の強化については, SB を社会に埋め込むことを目的に,「SB の社会性・社会的価値に関する指標や評価手法を検討していくことが求められる。また評価手法にもよるが, 評価主体としてはサービス受益者や支援主体など様々な関係者が関与することが期待される」(経済産業省 (2008) p.20) ことを指摘し, 事業者が積極的に成果を公表すること等を求めている。

以上のように, 経済産業省 (2008) では, SB の課題 5 点を提示している。そして, 経済産業省 (2011)[3] では, 上記の課題に対する行政, 商工団体や金融機関の取り組みの現状や課題について検討し, それらの更なる推進を求めている。したがって, 上記(1)〜(5)の課題の克服が, 現在の SB においても主要な目標であると考えられる。

2. ソーシャルビジネス人材の理想像

SB, 特にビジネス[4]の経験に乏しい一般市民が各種の課題を克服するために今もっとも必要とされることは何であろうか。たとえば, 地方における SB も対象とする各種補助金のプレゼンテーション審査等において散見されるのは,「何, もしくは誰のために」,「何に」,「どのように」取り組むのかが不明瞭な事業計画である[5]。その結果, 資金調達が上手くいかない, 事業が軌道に乗らない等が発生し, 第 1 節で述べたような課題が抽出されるに

至っていると考えられる。

「企業は人なり」というように，一般的な既存の企業においては，戦略の構築，戦略の実行，その過程における各種課題の解決に人材の重要性が唱えられている。特にSB人材には，その取り組みが社会的な事業であることから，一般的な企業に比して社会的な利害関係者のマネジメント能力が求められる存在であることを鑑みれば，第1節で整理した課題の解決にSB人材の育成が必須であることはいうまでもない。

本節では，第1節で整理した課題の解決にSB人材の育成が欠かせないことを示した上で，九州の先進的なSB人材の講演を手がかりに，SB人材が有すべき能力を明らかにする。

2.1 ソーシャルビジネスにおけるSB人材育成の重要性

第1節で整理した認知度向上，資金調達，人材育成，事業展開の支援，事業基盤の強化といったSBの課題は，SB経営者の資質や能力と密接に関係すると考えられる。

① SBの認知度向上

SBの認知度が向上するためには，SBが生活に欠かせなくなった結果として，口コミ等の媒介も含めて地域住民に自然に広がるという過程を，もしくは政府，地方自治体やSBそのものが積極的に存在をプロモーションするという過程を経なければならない。いずれにしても，SBには，地域住民等に共感してもらえるビジョンやミッションの下で，地域住民の不便や不都合を解消する事業を展開することが求められる。なぜなら，地域住民は，SBが何であるのかを知ったとしても，事業者がSBを標榜するから財やサービスを購入するわけではなく，事業者が社会的課題を解決する財やサービスを提供しているからこそ購入するからである。

② 資金調達

資金調達を円滑に進めるためには，既存の金融機関においては，担保や保証人の確保に加えて，ニーズを踏まえた事業計画とその実現可能性が求められる。また，SB特有の社会性を踏まえて，東日本大震災からの復興において注目を集めた被災地応援ファンド[6]のようなソーシャルファンドを利用す

る際には，事業計画に加えて，ビジョンやミッションが地域住民の共感を得られるものでなければ資金集めに成功しない。さらに，SBとして展開しようとしている団体が，地域の社会的課題を的確に捉えたビジョンやミッション，ニーズに基づく事業計画を有しなければ，個人，企業，行政等による人，モノ，情報等の支援を受けることはできない。

③ 事業展開の支援

経済産業省（2008）p.18では，会計，税務，法務等，専門的知識が求められるソフト支援，事務所スペースの確保等のハード支援の必要性について言及されているが，これらは事業が成立している，もしくは成立する見込みがあって初めて役に立つ支援である。したがって，支援を受ける団体には，ニーズを踏まえた事業計画，その実施を担保する経営資源の調達可能性が認められなければならない。

④ 事業基盤の強化

経済産業省（2008）p.20がいうSBの社会的価値の評価にかかる近年の動きとして，KOBEソーシャルビジネスマーク認証制度[7]がある。この制度は，「NPOや事業者の方々が事業性を確保しつつ継続的に解決していこうとする取り組みである「ソーシャルビジネス」の中で，神戸市内で先進的に実施されている事業を認証する」[8]ものであり，先に触れた認知度向上とも関係すると考えられる。しかし，この審査基準には，事業の社会的価値，事業性等[9]が採用されていることから，評価の一部として捉えられる。そして，申請団体が審査基準をクリアするためには，社会性，事業性，つまり，共感を得られるビジョンやミッション，継続もしくは成長が見込まれる事業計画を有する必要がある。

⑤ 人材育成

図2に示したように，SBにおける人材育成が困難な理由には，給与が払えないこと，人材育成にかける資金・時間に乏しいことがあげられている。これらは，当該団体の事業が安定していないことに起因すると考えられる。つまり，SBにおける人材育成を実施するためには，当該団体および事業が，他者から共感を得るとともに，財やサービスが売れている状態にあることが必要なのである。

以上のように、経済産業省（2008）のいう認知度向上、資金調達、人材育成、事業展開の支援、事業基盤の強化のいずれにおいても、他者から共感の得られるビジョンやミッション、売上の上がる、つまりニーズを的確に捉えた事業計画が課題解決の糸口となっている。そして、これらの糸口の成否を握るのはSB人材であるため、その育成がSBの喫緊の課題であるといえる。

2.2 SB人材に求められる能力

前項にて言及したビジョン、ミッションや事業計画を備えるSB人材の能力については、換言すると次の3点に集約される。また、それらの重要性については、2013年度長崎大学公開講座「先進事例にみるソーシャルビジネスの勘所」におけるSB人材の発言からも確認できる。

① 他者が共感する社会的課題を発見し、その課題が克服された社会像を描くとともに、その実現にかかる自らの社会的使命を認識できること

他者が共感する社会的課題の発見について、たとえば、「社会的課題を克服するためのサービスを提供しているのになかなか利用してもらえない」、「良いことをやっているのに行政の支援が得られない」等の発言がSB事業者から聞かれることがある。これらの声が発せられるのは、社会の多数が共感する「やるべきこと」ではなく、事業者が「やりたいこと」を社会的課題として設定していることによると考えられる。そして、社会的課題が発見できない限り、新たな社会像を描き、自らの社会的使命を認識することはできない。

子育て情報誌「子づれDE CHA・CHA・CHA」を発行する株式会社フラウ[10]代表取締役社長の濱砂圭子氏は、自らの出産や子育てで感じたものと同じ不都合を、福岡に住む母親達が感じているかを確認する、つまり、子育て環境の改善が地域社会の課題であるかどうかを確認するためにアンケート調査を実施した[11,12]という。そして、子育て環境の改善が地域課題であることが確認できたため、出版社を起ち上げ、「子づれDE CHA・CHA・CHA」を創刊している。

② ニーズを踏まえつつ競合相手と差別化した事業を計画できること

　地方におけるSBにかかる行政の補助金審査の場では，事業計画について，「どこにニーズがあるのだろう」，「本当にそれだけのニーズがあるのだろうか」等，ニーズの有無や規模の確認，「既存の企業や行政が提供しているのではないか」等，差別化が不十分だと考えられる事業計画が散見される。ニーズの所在・規模や他社との差別化を念頭に置きながら，何を，どこの，誰に，どの程度の価格で，どのように届けるのかを構想することは，事業計画の根幹を構成するものであり，SBの事業構想にも必要不可欠な要素である。特に，従来型の企業が社会的要素を取り入れるというSB化ではなく，ビジネスの経験がないメンバーで構成される市民活動団体が事業性を取り入れるSB化の場合には，事業の計画に不慣れなため，ニーズの有無や競合他社の状況について相当注意を払う必要がある。

　特定非営利活動法人宮崎文化本舗[13]代表理事の石田達也氏は，宮崎映画祭の事務局を努めた経験から，市民活動団体等が事務局の維持に困っているのではないかと考え，事務局代行業を試しに実施したところ，他の市民団体も同様の悩みを抱えている可能性が高いことに気づいたために同事業を本格的に開始した[14]と語った。

　また，株式会社くまもと健康支援研究所[15]代表取締役社長の松尾洋氏は，地域の健康増進施設で運動することで商店街のポイントが貯まるという，他の誰も実施していない仕組みを構想することで，地域の健康増進と商業振興とを両立している[16]。

③ 事業計画を実現するための経営資源を調達できること

　経営資源の調達可能性については，上述した①および②の能力がSB人材に備わっているか否かに左右される。つまり，地域課題を的確に捉えたビジョンやミッションを有していれば，無償ボランティア等の人的資源や行政の補助金等の資金援助を獲得できる可能性などが，ニーズを踏まえた事業計画が構築されていれば，金融機関から融資を得られる可能性が高まるものと考えられる。

　上述した①および②については，2013年度長崎大学公開講座に登壇した5

事業者のいずれもが満たしており，経営資源の調達についても，無償ボランティア，行政等の他団体との協働，金融機関からの融資など，様々な形で実現している。

2013年度長崎大学公開講座に登壇した5事業者の発言は，「やりたいこと」ではなく「やるべきこと」を社会的課題として認識し，ニーズを踏まえて他者では真似のできないモノやサービスを提供することで，SBとしての成長が実現することを示唆している。なお，当然のことであるが，「やるべきこと」と「やりたいこと」は，決して二者択一的なものではない。また，SB人材が備えるべき能力について言及してきたが，これらは決して生まれ持った資質ではなく，学ぶことによってある程度は習得できる能力であると考えられる。

3. 地域におけるソーシャルビジネス人材の育成

近年，地域活性化にSBが果たす役割への期待が高まる中で，国内各地において様々な主催者や内容によってSB人材育成にかかるセミナーや講演会などが開催されている。また，先進事例で成功した仕組みを他所へ移転しようとするノウハウ移転事業等，SB人材の育成に資する事業も数多く実施されている。一方，行政等の補助金審査に携わった経験からは，それらのセミナー等においてSB人材が大量に輩出されている様子は窺えない。

本節では，主に筆者のSBにかかる補助金審査等の経験を踏まえて，地域におけるSB人材の育成にかかる課題について若干だが言及しておく。

3.1 体系的なソーシャルビジネス人材育成の場

SBの起業について体系的に学べる場が不足している。前節で述べたように，SB人材の育成には，社会的課題の認知から事業計画の作成というSBを起ち上げるに欠かせない内容，さらには法人設立，会計，税務等，様々な内容を教授する必要がある。しかし，SB人材の育成を目標に掲げながらも，社会的課題の認知や事業計画の作成を捨象し，法人設立や会計の実務，情報

発信等を中心に据えた単発の講義によって構成される講座を目にすることが多い。

したがって，SBにおける社会的課題の発見，ビジョンやミッションの設定，事業計画の策定，経営資源の調達，法人の起ち上げ，会計，税務等に至る知識やノウハウを体系的に学ぶ場の創出が求められる[17]。もちろん，このような場は，たとえば県や市など，特定の主体のみによって開催される必要はない。行政，企業，中間支援組織等が実施する単発のセミナーであっても，それらを組み合わせることによって体系的な学びの場が確保されるなら，それらの主体が連携することによって，一連のカリキュラムが構築できる。

3.2 ソーシャルビジネス人材に寄り添うコーチ

SBが社会的な取り組みであることから，SB人材が学ぶべき内容は多岐にわたる。たとえば，一般的な営利企業における顧客のマネジメントの対象は，当該企業の財やサービスを購入する消費者，つまり経済的な取引関係にある者に限られる。しかし，SBのマネジメント対象となる顧客は，消費者に限らない。なぜなら，SBの目的が社会的課題の解決にあるため，当該団体が財やサービスを供給する消費者以外の者への普及啓発を図らなければ，目的が達成されないからである。このことは，環境問題の解決をミッションとして，環境に優しい財やサービスを供給するSBを思い浮かべれば容易に想像できる。そのため，SB人材の育成が，一方的に知識を教授する座学中心の学びだけで達成されるとは考え難い。

したがって，SB人材に寄り添いながら，第三者の視点をもって問題を発見し，助言を与える，いわばコーチを務めるような個人・組織の存在が求められる。もちろん，コーチを務める人材が地域に多数顕在化しているわけではないため，他地域とのネットワークによってそのような人材を調達したり，発掘や育成したりすることにも注力する必要がある。

3.3 学び合いネットワーク

SB人材の育成に寄与できるのは，コンサルタント，大学教員等の支援や

講師を専業とする者だけではない。むしろ，豊富な実践経験を有するSB人材は，経験に裏打ちされた知識とノウハウを教授できる貴重な講師である。このことは，2013年度長崎大学公開講座が招聘した5名のSB人材の講義に対する受講生の反応からも明らかである。

したがって，九州全域にネットワークを持つ九州ソーシャルビジネス促進協議会[18]（通称：Sofi）や一般社団法人SINKa[19]のような組織が中心となって，SB人材同士が学び合える場を構築することが求められる。

おわりに

本稿では，SB人材に求められる能力や育成手法について検討してきた。しかし，ここでの議論は，あくまで仮説的な試論であるため，今後は本稿の精緻化を進める必要がある。特に，先行研究のサーベイ，成功した，失敗したを問わず，SB人材へのインタビュー調査を重ねるなどして，本稿での議論を深めたい。

また，SB人材に求められる能力にかかる議論を進めるとともに，その成果も踏まえながら人材育成の方法について再度検討し，実際の人材育成事業に資することとしたい。

[付記]
本稿は，九州経済産業局（2011）所収の拙稿「九州におけるソーシャルビジネスの課題—人材育成の方向性—」に大幅な加筆・修正を加えたものである。

[注]
1) ソーシャルビジネスの定義については，多様な視点から定義が試みられている。定義の変遷やその多様性については，Ridley-Duff and Bull (2011) pp.56-81, Volkmann, Tokarski, and Ernst (2012) pp.31-45, 谷本（2006）pp.16-25等に詳しい。また，国内における定義については，谷本（2002）が用件として掲げた「社会性」，「事業性」，「革新性」が一般的に用いられており，活動領域や組織形態とともに谷本（2006）pp.4-15に整理されている。
2) 本講座は，九州ソーシャルビジネス促進協議会幹事であり，九州のSB界を牽引し

第 5 章　ソーシャルビジネスに必要とされる人材像　　　　　　　　　　　609

ている株式会社フラウ代表取締役社長濱砂圭子氏，有限会社ラピュタファーム代表取締役杉本利雄氏，株式会社くまもと健康支援研究所代表取締役松尾洋氏，特定非営利活動法人宮崎文化本舗代理事石田達也氏，特定非営利活動法人ハットウ・オンパク運営室長野上泰生氏が招聘され，筆者を加えた計 6 名の講師が 2013 年 10 月 23 日（水）～11 月 27 日（水）にかけて週 1 回 90 分の講義を実施したものである。
3) 経済産業省（2011）p.31 では，認知度向上，資金調達，人材育成，事業展開の支援，事業基盤の強化の 5 点を再整理して，資金調達，人材育成，事業展開支援，普及啓発，企業との連携・協働支援，新たな市場の創出の 6 点を SB に求められる取り組みとしている。
4) ここでいうビジネスの経験とは，企業における就業経験ではなく，経営者として，小さくとも組織を運営した，事業を展開した経験である。
5) 筆者は，たとえば，長崎県新しい公共支援事業運営委員会委員長（2011～2013 年度上半期），長崎市市民力推進委員会委員長（2007 年度～現在）等を務めており，各種の補助金審査に従事している。
6) http://oen.securite.jp
7) http://www.city.kobe.lg.jp/ward/activate/participate/socialbusiness/
8) KOBE ソーシャルビジネスマーク認証に関する要綱
http://www.city.kobe.lg.jp/ward/activate/participate/socialbusiness/img/sbyoko250301.pdf
9) KOBE ソーシャルビジネスマーク認証審査基準
http://www.city.kobe.lg.jp/ward/activate/participate/socialbusiness/img/25sbbessi.pdf
10) http://www.frau-net.com
11) 2013 年度長崎大学公開講座における発言（2013 年 10 月 30 日（水））。
12) 濱砂（2001）p.89 によると，「ベビーカーなんて押したこともない，授乳なんてしたこともない，おむつさえ替えたことのない男の人たちにわからせるには，「女のわがままだい」「そんな声はあがってきとらん」と言わせないためには，データで，数字で示すしかない」。つまり，自らの問題意識の正当性を確認するとともに，子育て環境を改善することの必要性を母親以外に認知させるためにもアンケート調査を活用している。
13) http://www.bunkahonpo.or.jp
14) 2013 年度長崎大学公開講座における発言（2013 年 11 月 20 日（水））。
15) http://www.kwsi.co.jp
16) 2013 年度長崎大学公開講座における発言（2013 年 11 月 13 日（水））。
17) 国内における体系的なソーシャルビジネス人材の育成の場としては，NPO 法人起業支援ネットが開設している「起業の学校」がある。詳しくは，同法人 web サイトを参照。http://www.npo-kigyo.net
18) https://www.facebook.com/kyushu.sofi
19) http://www.sinkweb.net

[参考文献]

Ridley-Duff, R. and Bull M. (2011), *Understanding Social Enterprise*, SAGE Publications Ltd.
Volkmann, Christine K., Tokarski, Kim Oliver and Ernst, Kati (2012), *Social Entrepreneurship and Social Business*, Springer Gabler
神原理 (2011), 『ソーシャル・ビジネスのティッピング・ポイント』白桃書房
九州経済産業局 (2011), 『九州のソーシャルビジネス最前線 2011』九州経済産業局
経済産業省 (2008), 『ソーシャルビジネス研究会報告書』経済産業省
経済産業省 (2009), 『ソーシャルビジネス 55 選』経済産業省
経済産業省 (2011), 『ソーシャルビジネス推進研究会報告書』経済産業省
谷本寛治 (2002), 「社会的企業家精神と新しい社会経済システム」, 下河辺淳監修・根本博著, 『ボランタリー経済と企業』日本評論社, 所収
谷本寛治 (2006), 『ソーシャル・エンタープライズ』中央経済社
谷本寛治, 大室悦賀, 大平修司, 土肥将敦, 古村公久 (2013), 『ソーシャル・イノベーションの創出と普及』NTT 出版
濱砂圭子 (2001), 『チャンス・チャレンジ・チェンジ』花書院

執筆者紹介 (執筆順)

村田 省三　長崎大学名誉教授（前 長崎大学経済学部教授）

藤田　渉　長崎大学経済学部教授

柴多 一雄　長崎大学名誉教授（前 長崎大学経済学部教授）

深浦 厚之　長崎大学経済学部教授

海野 敦史　国土交通省道路局路政課道路利用調整室長（前 長崎大学経済学部准教授）

角田 享介　豊橋創造大学大学院経営情報学研究科教授（前 長崎大学経済学部准教授）

内田　滋　愛知学院大学教授（長崎大学名誉教授・前 経済学部教授）

Celia Lopez Umali　長崎大学経済学部教授

Geoffrey C. Gunn　長崎大学名誉教授（前 長崎大学経済学部教授）

Dipak Basu　東北公益文科大学大学院教授（長崎大学名誉教授・前 経済学部教授）

薛　軍　長崎大学経済学部教授

成田 真樹子　長崎大学経済学部准教授

宇都宮 譲　長崎大学経済学部准教授

丸山 真純　長崎大学経済学部准教授

須齋 正幸　長崎大学経済学部教授

工藤　健　長崎大学経済学部准教授

森保　洋　長崎大学経済学部教授

西村 宣彦　長崎大学経済学部教授

小野 隆弘　長崎大学名誉教授（前 長崎大学大学院水産・環境科学総合研究科教授）

岡田 裕正　長崎大学経済学部教授

林　徹　長崎大学経済学部教授

桃井 謙祐　信州大学学術研究院社会科学系教授（前 長崎大学経済学部准教授）

山口 純哉　長崎大学経済学部准教授

知の地平を越えて
長崎高等商業学校から長崎大学経済学部への100年

2016年8月25日 初版発行

編 者　長崎大学経済学部
発行者　五十川　直　行
発行所　一般財団法人　九州大学出版会
　　　　〒814-0001 福岡市早良区百道浜3-8-34
　　　　九州大学産学官連携イノベーションプラザ305
　　　　電話　092-833-9150
　　　　URL　http://kup.or.jp/
　　　　印刷・製本／大同印刷㈱

Ⓒ長崎大学経済学部, 2016　　　ISBN978-4-7985-0184-0